Guido Eilenberger, Marc Toebe, Frank Scherer
Betriebliches Rechnungswesen

Guido Eilenberger, Marc Toebe, Frank Scherer

Betriebliches Rechnungswesen

Einführung in Grundlagen, Jahresabschluss,
Kosten- und Leistungsrechnung,
Konzernrechnungslegung

8., erweiterte und aktualisierte Auflage

DE GRUYTER
OLDENBOURG

ISBN   978-3-486-74908-3
eISBN   978-3-486-85814-3

Bibliografische Information der Deutschen Nationalbibliothek

Die Deutsche Nationalbibliothek verzeichnet diese Publikation in der Deutschen Nationalbiblio-
grafie; detaillierte bibliografische Daten sind im Internet über http://dnb.dnb.de abrufbar.

Library of Congress Cataloging-in-Publication Data

A CIP catalog record for this book has been applied for at the Library of Congress.

© 2014 Oldenbourg Wissenschaftsverlag GmbH
Rosenheimer Straße 143, 81671 München, Deutschland
www.degruyter.com
Ein Unternehmen von De Gruyter

Lektorat: Dr. Stefan Giesen
Herstellung: Tina Bonertz
Titelbild: thinkstockphotos.com
Druck und Bindung: CPI books GmbH, Leck

Gedruckt in Deutschland
Dieses Papier ist alterungsbeständig nach DIN/ISO 9706.

Vorwort zur 8. Auflage

Die Globalisierung der Güter- und Finanzmärkte, die in der zweiten Hälfte der 1990er Jahre ihren Anfang nahm, prägt mit ihren Auswirkungen auf die Unternehmensprozesse zwangsläufig auch das Betriebliche Rechnungswesen und die Rechnungslegung der Unternehmungen. Der Notwendigkeit der Internationalisierung der Rechnungslegung wurde in Deutschland mit den Regelungen des Bilanzrechtsreformgesetzes vom 4. Dezember 2004 und des Bilanzrechtsmodernisierungsgesetzes vom 28. Mai 2009 Rechnung getragen. Diese Reformgesetze führten zu Anpassungen der bewährten Rechnungslegung nach HGB und tragen den Anforderungen der Mehrzahl der deutschen Unternehmungen − insbesondere der mittelständischen Unternehmungen − Rechnung. Insgesamt behaupten die Rechnungslegungsvorschriften des HGB nach diesen Reformschritten ihre Funktionen als Basis für die Gewinnfeststellung sowie die steuerliche Behandlung deutscher Unternehmungen und stärkt auf absehbare Zeit die Wettbewerbsfähigkeit dieses Rechnungslegungsmodells gegenüber den internationalen Rechnungslegungsstandards IFRS und US-GAAP.

Im Interesse der langfristigen Fortführung eines in sieben Auflagen bewährten Lehrbuches konnte ich Herrn Wirtschaftsprüfer/Steuerberater *Dr. Marc Toebe*, derzeit Lehrstuhlvertreter Allgemeine Betriebswirtschaftslehre und Besondere der Unternehmensfinanzierung an der Brandenburgischen Technischen Universität Cottbus − Senftenberg, und Herrn *Dr. Frank Scherer*, Lehrbeauftragter an der Universität Rostock, zu einer Mitarbeit gewinnen. Dank ihres Engagements und ihrer Fachkompetenz konnte gemeinsam das „Betriebliche Rechnungswesen" vollständig neu überarbeitet und auf den aktuellen Stand der Entwicklung gebracht werden. In dieser Arbeitsteilung haben Herr *Dr. Scherer* das zweite Kapitel und Herr *Dr. Toebe* das vierte Kapitel völlig neu gestaltet. Für das erste und das dritte Kapitel bleibt die Verantwortung bei mir. Mein besonderer Dank gilt Herrn *Stephan Weiland*, der als wissenschaftliche Hilfskraft am Lehrstuhl von Herrn *Dr. Toebe* insbesondere für die Bearbeitungen der Graphiken des dritten Kapitels verantwortlich war, sowie Herrn *Dr. Toebe* für die Übernahme der Schlussredaktion.

Zu danken ist schließlich dem Oldenbourg Wissenschaftsverlag und dem zuständigen Lektor, Herrn *Dr. Stefan Giesen*, für die verständnisvolle und geduldige Begleitung dieser Neubearbeitung.

Guido Eilenberger

Vorwort zur 7. Auflage

Den Entwicklungen in der Kostenrechnung folgend und den Erfordernissen der Praxis entsprechend wurde die vorliegende 7. Auflage um den Abschnitt „Zielkostenmanagement" und um ein zusätzliches, viertes Kapitel „Konzernrechnungslegung" erweitert. In diesem Zusammenhang bedanke ich mich bei meiner Mitarbeiterin am Lehrstuhl für Allgemeine Betriebswirtschaft, Bankbetriebslehre und Finanzwirtschaft der Universität Rostock Dr. Meyer-Struckmann-Stiftungsprofessur Frau Dipl.-Kffr. t. o. Matija D. Mayer, für ihren wesentlichen Beitrag an dieser Erweiterung. Damit ermöglicht die 7. Auflage einen Gesamtüberblick über das betriebliche Rechnungswesen von Einzelunternehmen und von Konzernen. Darüber hinaus erfolgte eine Berücksichtigung der Fortentwicklung des EG-Bilanzrechts und dessen Umsetzung in deutsches Recht, insbesondere in Form des Versicherungsbilanzrichtlinie-Gesetzes vom 24.6. 1994 und der Verordnung über die Rechnungslegung von Versicherungsunternehmen vom 8.11. 1994.

Guido Eilenberger

Vorwort zur 6. Auflage

Die Aufnahme der Rechnungslegungsvorschriften für Kreditinstitute durch das Bankbilanz-richtlinie-Gesetz vom 30. November 1990 in das HGB und die sich abzeichnende Änderung der Rechnungslegung von Versicherungsunternehmen (Richtlinie des Rates über den Jahresabschluss und den konsolidierten Abschluss von Versicherungsunternehmen KOM (89) 474 endg. 2 SYN 78 −)erfordern eine Überarbeitung der nach kurzer Zeit bereits vergriffenen 5. Auflage von 1990. Im Übrigen beschränken sich die Änderungen für die 6. Auflage auf das Verhältnis von Handels und Steuerbilanz nach der Steuerreform 1990 sowie auf die Berücksichtigung von Besonderheiten der Rechnungslegung von Stiftungen.

Guido Eilenberger

Vorwort zur 5. Auflage

Die erfreuliche Resonanz auf die Neufassung des Betrieblichen Rechnungswesens durch die 4. Auflage erfordert bereits nach kurzer Zeit eine 5. Auflage. Angesichts des geringen Änderungsbedarfes, und in Verfolgung der Zielsetzung, einen möglichst günstigen Absatzpreis zu erhalten, wird im Anschluss an das Stichwortverzeichnis ein Nachtrag angefügt. Dieser betrifft die handelsrechtlich bedeutsame Änderung der §§ 5 I und 6 I Nr. 1 EStG (Kodifizierung der umgekehrten Maßgeblichkeit, Aufhebung des strengen Wertzusammenhangs und deren Auswirkung auf die handels- und steuerrechtliche Wertaufholungskonzeption).

Guido Eilenberger

Vorwort zur 4. Auflage

Die Neuregelung der Rechnungslegung durch das Bilanzrichtlinien-Gesetz (BiRiLiG) hat eine vollständige Neubearbeitung und nicht unwesentliche Erweiterung des „Betrieblichen Rechnungswesens" gegenüber der 3. Auflage notwendig gemacht. Neu aufgenommen wurde in das erste Kapitel u. a. ein Abschnitt über Bilanzpolitik und Bilanzmanagement (einschließlich Bilanz-Controlling) und eine Systematik der Rechnungslegungsvorschriften nach dem HGB einschließlich der jeweiligen Rechtsform und branchenspezifischen Rechnungslegungsnormen. Den vom Umfang her bedeutendsten Änderungsbedarf brachte jedoch das zweite Kapitel zur Bilanz, zur Gewinn und Verlustrechnung, zum Anhang sowie zur Prüfung und Offenlegung des Jahresabschlusses. Dabei fanden die wesentlichen Normen für die externe Rechnungslegung der (Einzel-)Unternehmung entsprechend der vom HGB vorgesehenen Differenzierung bezüglich der Kapitalgesellschaften und aller Kaufleute jeweils ebenso Berücksichtigung wie Spezifika bei AG, KGaA, GmbH und Genossenschaften. Besonderes Augenmerk wurde einer verständlichen Darstellung der oft komplexen Sachverhalte und Zusammenhänge unter Einsatz zahlreicher Abb.en und Schemata gewidmet. Eine Erweiterung durch zahlreiche Beispiele erfuhr schließlich das dritte Kapitel zur Kosten und Leistungsrechnung, das schwerpunktmäßig neben der Darstellung der theoretischen Grundlagen insbesondere die konkrete und praktische Durchführung der KLR zum Ziele hat. Der Anhang enthält im Interesse einer praktischen Handhabung die Jahresabschlussvorschriften des HG B im Wortlaut, die Formblätter für die Jahresabschlüsse von Kreditinstituten und Versicherungen sowie eine Synopsis zu den vor lokrafttreten des BiRiLiG geltenden Rechnungslegungsvorschriften, den neuen HGB-Normen und dem HGB-Entwurf der Bundesregierung. Mit dieser Gegenüberstellung ist auch den Interessenten an der Analyse und Beurteilung der Rechnungslegung nach altem und neuem Recht gedient, da auf diese Weise der Vergleich bezüglich der formalen Struktur sowie der Bewertungsmaßstäbe und der diversen Wahlrechte von Jahresabschlüssen, die vor Anwendung des BiRiLiG erstellt worden sind, erleichtert wird. Die speziellen Sachverhalte der Konzernrechnungslegung und der Konzern-Kosten und Leistungsrechnung bleiben im vorliegenden Lehrbuch ausgeklammert und sind einer weiteren Abhandlung vorbehalten.

Mein besonderer Dank gilt Frau Sigrid Böhmer für die mit großem Engagement und nie erlahmender Geduld angefertigte Reinschrift der Korrekturen.

Guido Eilenberger

Inhaltsverzeichnis

1   Grundlagen

Unternehmungen sind Organisationen, die einer zielgerichteten Steuerung durch Führungs-
instanzen (Management; Eigentümer) bedürfen. Der Aufgabenbereich der Unternehmensführung umfasst neben der Festlegung der anzustrebenden Zielsetzungen selbst die **Planung**,
die **Durchführung** und die **Kontrolle** der Unternehmensprozesse. Die in diesem Zusammenhang zu treffenden Entscheidungen beziehen sich nicht nur auf den internen Bereich der
Unternehmung, sondern zeigen auch Auswirkungen auf die Umwelt der Unternehmung, also
auf die Lieferanten und Kunden, die Konkurrenten, den Staat, das öffentliche Interesse und
die natürliche Umwelt.

Güter	Realgüter		Nominalgüter
	Materielle (körperliche) Realgüter (= Sachgüter)	Immaterielle (unkörperliche) Realgüter	
Ursprüngliche (originäre) Güter	1. Unbewegliche Sachgüter (Immobilien) 2. Bewegliche Sachgüter (Mobilien)	1. Arbeitstätigkeiten 2. Dienste 3. Informationen 4. Adjunktive Güter (z. B. Kundenkreis, Absatzorganisation, Firmenruf)	Zentralbankgeld (Banknoten, Münzen)
Abgeleitete (derivative) Güter		1. Ansprüche auf ur-sprüngliche Realgüter a) Ansprüche auf mate-rielle Realgüter b) Ansprüche auf imma-terielle Realgüter 2. Nutzung ursprüngli-cher Realgüter (Mie-ten, Pachten, Patente, Lizenzen)	1. Ansprüche auf ursprüngliche Nomi-nalgüter [Giral- bzw. Buchgeld und elek-tronisches Geld (E-Geld)] 2. Nutzung ursprüngli-cher Nominalgüter (Geld- und Kapital-nutzungen)

Abb. 1.1:   Typologie der Wirtschaftsgüter in Anlehnung an *Kosiol* (1968, 138)

Diese Betrachtungsweise begreift die Unternehmung als Bestandteil eines umfassenderen
Systems (Volkswirtschaft), in dem sie als **sozio-technisches** (Teil-)**System** tätig wird, das
seinerseits aus **sozialen** Systemelementen (Personen, Gruppen) sowie **technischen** System-

elementen (z. B. Bauten, maschinelle Anlagen, Betriebseinrichtungen) besteht und dessen Grenzen gegenüber seiner Umweltdurch eine zweckmäßige Organisation bestimmt werden (zur Unternehmung als System siehe *Ulrich*; zum Industriebetrieb siehe *Heinen* 1978; zum Bankbetrieb siehe *Eilenberger* 2012).

Mit ihrer Umwelt sind derartige sozio-technische Systeme durch eine Vielzahl von Transaktions- und Interaktionsbeziehungen verbunden. Diese resultieren aus den Zielsetzungen von Unternehmungen, Güter (einschließlich Dienstleistungen) herzustellen und diese Produkte dann an die Umwelt abzusetzen. Dazu bedarf es der Beschaffung von Einsatzgütern aller Art (zur Typologie von Gütern siehe Abb. 1.1), die im Produktionsprozess einerseits zu anderen Gütern umgeformt werden und dadurch in ihrer bisherigen Form meist untergehen (**Verbrauch**), andererseits zur Erstellung von Absatzgütern genutzt werden und nur einer Wertminderung bzw. Abnutzung unterliegen (**Gebrauch**).

Den beschriebenen Vorgängen in der Realgütersphäre der Unternehmungen stehen die Vorgänge im Nominalgüterbereich (**Zahlungsströme**) gegenüber, die in der Mehrzahl der Fälle durch Realgütervorgänge ausgelöst (induziert) werden, aber auch autonomer Natur sein können und dann kein realgütermäßiges Äquivalent aufweisen (z. B. Kreditaufnahmen und -rückzahlungen, Vornahme von Finanzanlagen, Steuerzahlungen, Leistung von Sozialabgaben, Zufluss von öffentlichen Subventionen usw.). Abb. 1.2 zeigt schematisch die beschriebenen Zusammenhänge unter Berücksichtigung von notwendigen Lagervorgängen im Realgüterbereich, die aus produktionstechnischen und absatzbedingten Gegebenheiten resultieren.

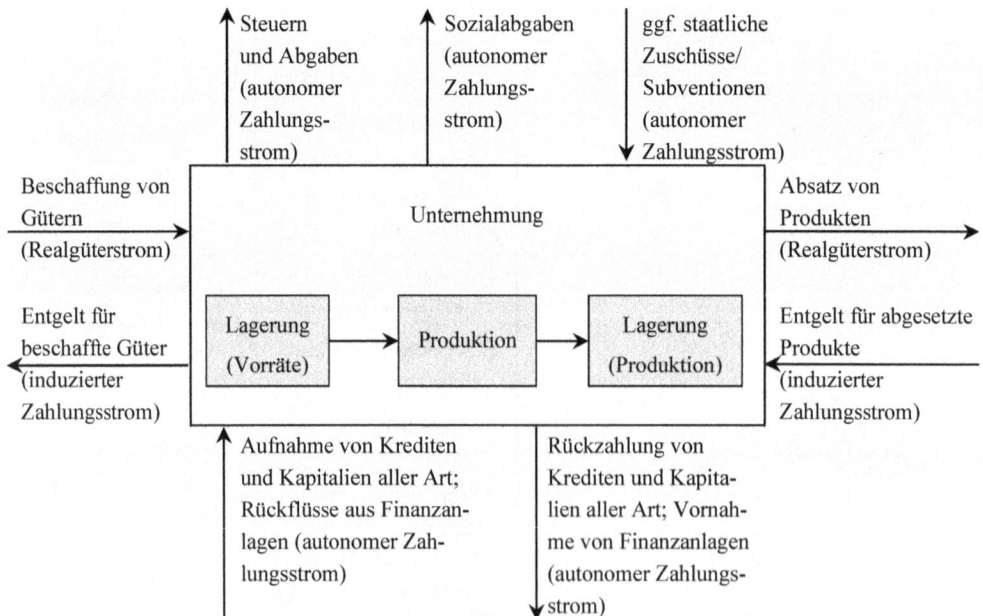

Abb. 1.2:   System von Realgüterströmen und Nominalgüterströmen (Zahlungsströmen) der Unternehmung

1.1 Rechnungswesen als Instrument der Unternehmensführung

Die Unternehmensführung benötigt **Kontrollinformationen**, die Aufschluss darüber geben sollen, ob die getroffenen Entscheidungen den erwarteten Beitrag zur Zielerreichung geleistet haben (**ergebnisorientierte** Kontrollinformationen) und ob die Ausführungsorgane die Verfahrensvorschriften eingehalten haben bzw. ob diese zweckmäßig sind (**verfahrensorientierte** Kontrollinformationen).

Das **betriebliche Rechnungswesen** als die zahlenmäßige Erfassung aller betrieblichen Vorgänge liefert ausschließlich ergebnisorientierte Kontrollinformationen, während die Gewinnung verfahrensorientierter Kontrollinformationen der **internen Revision** obliegt. Letztere dienen neben den angeführten Zwecken auch der Vorbeugung gegenüber möglichen dolosen Handlungen oder Unterschleifen, der Überprüfung einzelner Vorgänge von besonderer Bedeutung im Auftrag der Unternehmensführung u. ä. Verfahrensorientierte Kontrollinformationen entstammen somit nicht dem betrieblichen Rechnungswesen und finden dort auch nur indirekt (über ergebnisverändernde Maßnahmen) ihren Niederschlag, weshalb dieser Teilkomplex betrieblicher Kontrollinformationen nicht weiter verfolgt werden soll.

Gegenstand des Interesses sind somit ausschließlich die **ergebnisorientierten Kontrollinformationen**, die das Management in die Lage versetzen, die Entscheidungsvorbereitung (Planung), die Realisation von Entscheidungen und damit den Grad der Zielerreichung zu verbessern. Durch Vergleich der ergebnisorientierten Kontrollinformationen (Ist-Werte) mit den Planwerten (Soll-Werte) kann entweder die Qualität der Planung (als die gedankliche Vorwegnahme dispositiver Maßnahmen) verbessert werden, indem z. B. eine realitätsnähere Planung erfolgt, oder die Umsetzung der (realistischeren) Planwerte in die betriebliche Praxis durch einen strafferen Entscheidungsvollzug effizienter gestaltet werden. Die Wechselbeziehung zwischen den einzelnen Phasen des Management-Prozesses und der unternehmerischen Zielsetzungen einschließlich der jeweils auftretenden Feedback-Informationen (Rückkopplungs-Informationen) zeigt Abb. 1.3.

Die lückenlose Erfassung aller Geschäftsvorfälle von Unternehmungen sowie Unternehmensverbunden (Konzernen) ist sowohl aus betriebswirtschaftlichen als auch aus rechtlichen Gründen (siehe dazu 1.3) unabdingbar. Dabei handelt es sich in einer ersten Stufe um die Erfassung von (nicht interpretierten) Ist-Werten durch die **Finanzbuchhaltung** als Dokumentationszentrum der Unternehmung für alle mit der **Umwelt** im Rahmen der Abwicklung von betrieblichen Leistungen anfallenden buchungsrelevanten Vorgänge.

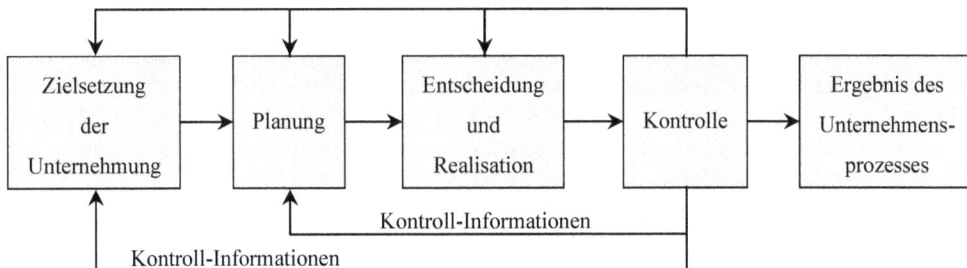

Abb. 1.3:   Stellenwert von Kontroll-Informationen im Rahmen des Management-Prozesses

Das betriebliche Rechnungswesen ist jedoch nicht auf die einfache, systematische und ordnungsmäßige Erfassung einschließlich Dokumentation von Ist-Werten, die bereits in dieser Form als grundlegende Kontrollinformationen für die Unternehmensführung dienen können, beschränkt. Vielmehr müssen die von der Finanzbuchhaltung gespeicherten Kontrollinformationen in weiteren Schritten so kombiniert und ggf. in Kennzahlen oder Zahlenaggregate verdichtet (interpretiert) werden, dass sie einerseits für Entscheidungszwecke der Unternehmensführung nutzbar sind, andererseits im Rahmen periodischer Zusammenfassungen entsprechend gesetzlicher Vorschriften den Anforderungen an eine ordnungsmäßige externe Rechnungslegung genügen (siehe 1.3). Während der zuerst genannte Aspekt die **interne Berichterstattung** betrifft, die Informationen für Zwecke der zielgerichteten Entscheidungsvorbereitung, der Realisation der Entscheidungen und der Entscheidungskontrolle durch die Unternehmensführung zu liefern hat, dient die **externe Berichterstattung** (Rechnungslegung, Jahresabschluss) der Erfüllung der berechtigten Informationsanforderungen, die von bestimmten (dritten) Interessenten von außerhalb an die Unternehmensführung gerichtet sind (siehe dazu 1.2). Das Erfordernis der externen Rechnungslegung bedingt somit eine zweckmäßige Zusammenfassung von Informationen der Finanzbuchhaltung nach gesetzlichen Kriterien, die Aufschluss über das Ergebnis der Unternehmenstätigkeit in einer bestimmten Wirtschaftsperiode zulassen sollen. Dies umfasst auch die Umrechnung von solchen Vorgängen, die sich primär nicht in Geldbeträgen oder Geldbewegungen niederschlagen, durch Wahl geeigneter Bewertungsmaßstäbe und Durchführung von Bewertungsmaßnahmen.

Da die externe Berichterstattung auf der Basis der Kontrollinformationen der Finanzbuchhaltung im Wesentlichen nur die Geschäftsvorfälle hinsichtlich der (monetären) Beziehungen der Unternehmung zu ihrer Umwelt umfasst, sind für Zwecke der effizienten Unternehmensführung **ergänzende Rechenwerke** und die Erschließung weiterer Informationsquellen (auch zukunftsorientierter Art) notwendig.

Eines dieser Rechenwerke, das vorwiegend der **internen Berichterstattung** dient (und dessen Ergebnisse nur in geringerem Maße in die externe Rechnungslegung eingehen können, z. B. bei Ermittlung der Herstellungskosten; siehe 2.1.5.1.b), kann im Gegensatz zur Finanzbuchhaltung als **Betriebsbuchhaltung** bezeichnet werden, die grundsätzlich auf eine Erfassung aller innerbetrieblichen Leistungserstellungs- und Leistungsverwertungsvorgänge gerichtet ist. Somit erscheint der Anwendungsbereich der Betriebsbuchhaltung gegenüber der Finanzbuchhaltung einerseits als eingeschränkt, da er „nur" interne betriebliche Vorgänge umfasst, andererseits geht er jedoch durch den spezifischen Kontrollgegenstand, der auch Lieferungen und Leistungen zwischen den einzelnen betrieblichen Elementen sowie Leistungen der einzelnen betrieblichen Elemente selbst und weitere nichtmonetäre Vorgänge (z. B. Zusatzkosten) einschließt, über den Aufgabenbereich der Finanzbuchhaltung hinaus. Die Betriebsbuchhaltung ermöglicht dadurch sowohl interne Leistungen als auch Kosten zu ermitteln und denjenigen Teilsystemen bzw. Elementen der Unternehmung zuzurechnen, die sie hervorgebracht bzw. verursacht haben, so dass auf dieser Grundlage auch eine realistische Preiskalkulation erfolgen kann (siehe dazu im einzelnen 3.). Im Vordergrund des Interesses steht jedoch die Kontrolle des Unternehmensprozesses insbesondere hinsichtlich seiner Wirtschaftlichkeit und Zieladäquanz.

Den Mittelpunkt der Betriebsbuchhaltung bildet dementsprechend die **Kosten- und Leistungsrechnung (KLR)**, die im Wesentlichen folgende drei Teilaufgaben zu erfüllen hat:

- **Wirtschaftlichkeitskontrolle** erfordert, dass Perioden-Kosten und Perioden-Leistung im Sinne von Arbeit pro Zeiteinheit in Beziehung gesetzt werden:

$$\text{Perioden-Wirtschaftlichkeit} = \frac{\text{Perioden} - \text{Kosten}}{\text{Perioden-Leistung}} \cdot 100$$

  Je kleiner der sich dabei ergebende Prozentsatz, umso höher ist die **Periodenwirtschaftlichkeit** In diesem Zusammenhang sind Soll-Ist-Vergleiche und Zeit-Vergleiche der Ist-Werte bzw. Ist-Reihen möglich.
- **Selbstkostenermittlung** hat die Feststellung von Kosten pro Leistungseinheit für Kalkulationszwecke zum Gegenstand.
- **Erfolgsermittlung** bedeutet die Gegenüberstellung von Erlösen und Kosten zum Zwecke der Aufdeckung von Erfolgsquellen durch Ermittlung des individuellen Erfolgsbeitrages einzelner Produkte oder Abteilungen zum Gesamterfolg.

Zur Durchführung der Leistungs- und Kostenrechnung sind im Rahmen der Betriebsbuchhaltung **Nebenbuchhaltungen** in Form der Anlagen-, Lager- (Material-) sowie der Lohn- und Gehaltsbuchhaltung notwendig, die der Unternehmensführung zusätzliche Informationen auch zur Lösung von Bewertungsfragen der externen Rechnungslegung für die Entscheidungsprozesse liefern.

Finanz- und Betriebsbuchhaltung werden ihrerseits ergänzt durch die **Betriebsstatistik**, deren Aufgabenbereich darin besteht, zusätzliche entscheidungsrelevante Informationen zu gewinnen, die sich nicht in finanz-und/oder erfolgswirtschaftlichen Vorgängen niederschlagen, wie z. B. statistische Erfassung der Auftragsbestände, Personalstatistiken, Umsatzstatistiken nach Monaten und Abteilungen, Stichprobenstatistik Qualitätskontrollen.

Eine weitere Steigerung des Informationsgehalts und der Aussagekraft des betrieblichen Rechnungswesens lässt sich mit Hilfe von Planungsrechnungen externer (**Planbilanzen, Plan-Gewinn und Verlustrechnungen**) und interner Art (**Plan-Kosten- und Leistungsrechnungen, Plan-Erfolgsrechnung**) erzielen, die als Vorschau oder Vorgaberechnungen gestaltet sein können und als zukunftsorientierte Führungsinstrumente dienen. Erst der Vergleich von Planwerten mit den tatsächlich erzielten Ergebnissen lässt Rückschlüsse sowohl auf die Effizienz der Unternehmensführung und des Managements insgesamt im Rahmen des Vollzugs der durch Entscheidungen autorisierten Planungen sowie deren Realisierung, als auch auf die Effizienz der Planung selbst zu. Einen Überblick zum Gesamtzusammenhang des betrieblichen Rechnungswesens vermittelt Abb. 1.4.

Ergänzt und vergleichbar gemacht werden die Ergebnisse insbesondere der externen Berichterstattung durch die **Bilanzanalyse**, die eine Aufbereitung der Ergebnisse von Jahresabschlüssen sowohl durch externe als auch unternehmensinterne Interessenten nach bestimmten (v. a. finanzwirtschaftlichen und erfolgswirtschaftlichen) Kriterien bedeutet. Werden Kennzahlen nach einheitlichen Kriterien gebildet, lassen sich darüber hinaus Unternehmens (bzw. Betriebs-)Vergleiche anstellen, die Schlüsse über die wirtschaftliche Stellung der betreffenden Unternehmung(en) in der jeweiligen Branche oder in der Gesamtwirtschaft zu ziehen erlauben.

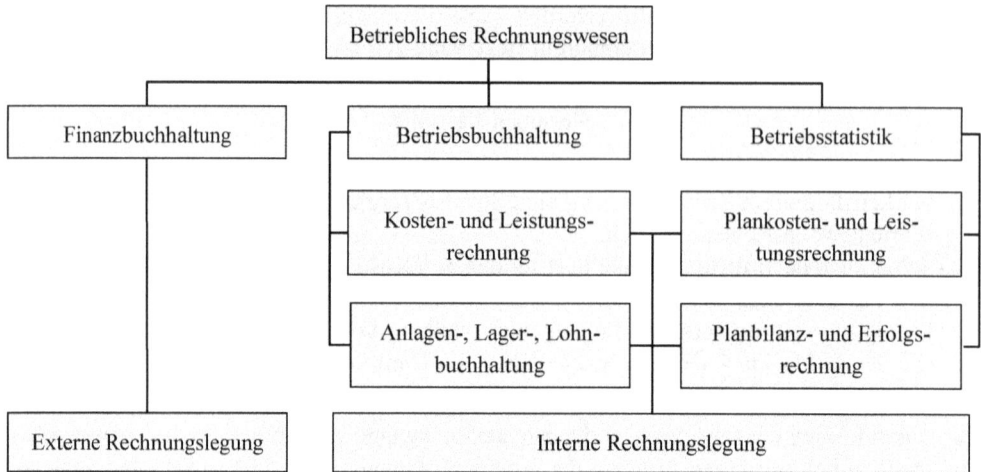

Abb. 1.4:   Teilaspekte des betrieblichen Rechnungswesens und Rechnungszwecke

Die angesprochenen Sachverhalte berücksichtigt dieses Lehrbuch insofern, als im ersten Kapitel die Aspekte des Rechnungswesens insgesamt einschließlich der buchungstechnischen Grundzüge behandelt werden. Das zweite Kapital umfasst den Problembereich der externen Rechnungslegung, während das dritte Kapitel den Grundzügen der Kosten- und Leistungsrechnung gewidmet ist. Dazu kommt ein viertes Kapitel zur Konzernrechnungslegung für Unternehmensverbunde (Konzerne).

1.2   Rechnungslegung als Instrument externer Kontrolle

Da Unternehmungen offene Systeme darstellen, die mit ihrer Umwelt in mannigfachen wirtschaftlichen und rechtlichen Beziehungen stehen, und von externen Elementen bzw. Systemen der Umwelt Vermögenswerte zur Durchführung der Produktion übertragen bekommen, besteht ein legitimes **privates** Interesse dieser Dritten an der Tätigkeit der betreffenden Unternehmung insbesondere unter den Aspekten des Unternehmenserfolges, der Bewahrung der Ertragskraft der Unternehmung und der Gewährleistung des Gläubigerschutzes.

Dazu kommen **öffentliche Interessen**, die sowohl auf die Ordnungsmäßigkeit des Ablaufes der Marktprozesse als auch auf den Unternehmenserfolg als Bemessungsgrundlage für die Steuer und Abgabenerhebung gerichtet sind. Diesen externen Interessenten und deren Kontrollbedürfnissen wird insofern Rechnung getragen, als die Unternehmen zu gesetzlich vorgeschriebenen periodischen Rechnungslegungen in bestimmten Mindestabständen oder freiwilligen Rechnungslegungen innerhalb dieser Mindestfristen (z. B. Monats-, Vierteljahres oder Halbjahresbilanzen) veranlasst sind. Damit erhalten die **externen Interessenten** grundsätzlich einen Mindesteinblick in die wirtschaftlichen Verhältnisse der bilanzierenden Unternehmung für die abgelaufene Wirtschaftsperiode und können auf dieser Grundlage Entscheidungen dahingehend treffen, ob sie auf Grund der Ergebnisse der Rechnungslegung – auch weiterhin – Geschäftsbeziehungen mit der betreffenden Unternehmung aufrechterhalten oder ausbauen wollen. Dabei ist allerdings nicht zu verkennen, dass die Wahrnehmung von Bewertungs- und Ausweiswahlrechten Beeinträchtigungen der Transparenz verursachen kann. Abb. 1.5 zeigt die wichtigsten Gruppen von Interessenten bzw. Adressaten der Rechnungslegung.

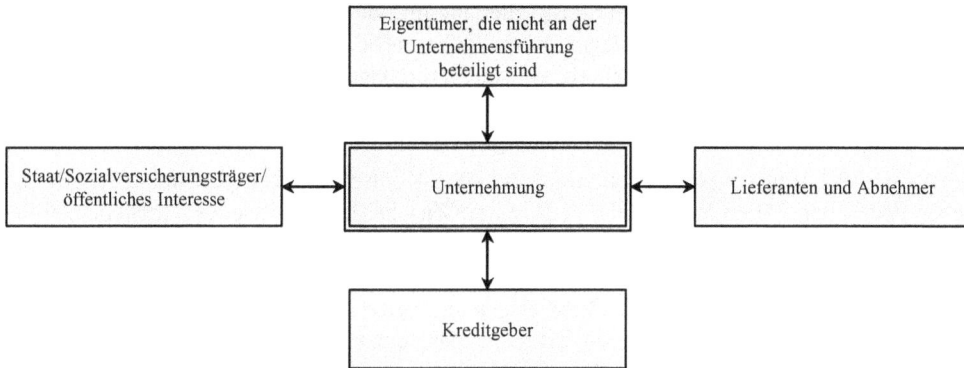

```
                    ┌─────────────────────────┐
                    │ Eigentümer, die nicht an der │
                    │   Unternehmensführung    │
                    │      beteiligt sind      │
                    └─────────────────────────┘
                                ↕
┌──────────────────────┐  ┌──────────────┐  ┌──────────────────────┐
│ Staat/Sozialversicher- │  │              │  │                      │
│ ungsträger/           │←→│ Unternehmung │←→│ Lieferanten und Abnehmer │
│ öffentliches Interesse │  │              │  │                      │
└──────────────────────┘  └──────────────┘  └──────────────────────┘
                                ↕
                    ┌─────────────────────────┐
                    │        Kreditgeber       │
                    └─────────────────────────┘
```

Abb. 1.5:   Adressaten der Rechnungslegung

Hinsichtlich der **Eigentümer**, die an der Unternehmensführung nicht beteiligt und daher als externe Dritte anzusehen sind, ist zwischen Inhabern von verbrieften, börsengängigen Anteilsrechten (Aktionären), die ihre Beteiligung jederzeit über die Börse lösen können, und den sonstigen Eigentümern zu unterscheiden, die ihre Geschäftsanteile infolge der mangelnden Fungibilität (siehe *Eilenberger* 2012, 249; 262) nur unter Einschränkungen zu veräußern in der Lage sind. Den Inhabern von Aktien steht somit die Möglichkeit offen, bei Eintreffen ungünstiger Unternehmensergebnisse sofort zu reagieren und den vermutlichen Verlust aus der Beteiligung in Grenzen zu halten, während dies den Inhabern nicht fungibler Anteile verwehrt ist und insofern nachteilige Unternehmensentwicklungen auf sie stärker durchschlagen. **Potentielle Eigentümer** werden daher durch Analysen der vergangenen veröffentlichten Jahresergebnisse und/oder der Prospekte (Börsenprospekte) prüfen, ob sich die Unternehmung zur Vornahme einer Beteiligung eignet. Die laufenden Ergebnisse der Rechnungslegung dienen dann der Erfolgskontrolle der Beteiligung an der Unternehmung.

Kreditgeber sind ebenso Gläubiger der Unternehmung wie **Lieferanten**, die ihr eine Stundung der Kaufpreisforderung zubilligen oder ihr Zahlungsziele mit der Begünstigung durch Skonti bei vorzeitiger Begleichung der Rechnung einräumen („Lieferantenkredit"; siehe dazu *Eilenberger/Ernst/Toebe*, 286 f.). Auch **Abnehmer** von Produkten der Unternehmung können Gläubiger sein, wenn sie beispielsweise Anzahlungen leisten oder Anspruch auf (längerfristige) Gewährleistungen haben. Während Lieferanten und Abnehmern die Rechnungslegung der Unternehmung nur Anhaltspunkte liefert für die Sicherstellung ihrer Interessen, die sie überdies nur in beschränktem Umfang wahrnehmen können, stellt die Rechnungslegung einschließlich zusätzlicher Informationen für die Kreditgeber eine wesentliche Informationsquelle vor der Kreditgewährung als auch im Rahmen der begleitenden Kreditüberwachung nach erfolgter Kreditvergabe im Sinne einer wirksamen externen Kontrolle dar (zu den Einzelheiten der Kreditwürdigkeitsprüfung siehe *Eilenberger* 2012, 192 ff.).

Instrumente **externer Kontrolle** für die **Finanzbehörden** stellen neben der Verpflichtung zur lückenlosen Dokumentation aller Geschäftsvorfälle durch das betriebliche Rechnungswesen die steuerrechtlichen Bilanzierungs- und Bewertungsvorschriften dar, die das Ziel verfolgen, Gewinnverlagerungen in spätere Perioden oder zu anderen Einheiten eines Unternehmensverbundes ebenso zu verhindern wie Gewinnausweise, die zwar den handelsrechtlichen bzw. spezialgesetzlichen Regelungen entsprechen, nicht aber mit den Erfordernissen einer gleichmäßigen und gerechten Steuererhebung in Einklang stehen. Deshalb sind Korrekturen der Steuerbemessungsgrundlagen durch die Steuerbilanz oft unabweisbar. Andererseits können auch Korrekturen der Steuerbemessungsgrundlagen in entgegengesetzter Richtung dann erfolgen, wenn zur Durchsetzung wirtschafts-und konjunkturpolitischer Ziele Steuerbegünstigungen einen Anreiz für Unternehmungsinvestitionen schaffen sollen.

Sozialversicherungsträger sind an einer externen Kontrolle mittels Rechnungslegung insbesondere in den Fällen interessiert, in denen sie Zuschüsse zum Zwecke der Sicherstellung von Arbeitsplätzen gewährt haben. oder wenn sie selbst als Kreditgeber von langfristigen Darlehen auftreten oder Unternehmungen Mittel zur rentablen Anlage für bestimmte Fristen überlassen haben. Das **öffentliche Interesse** manifestiert sich vor allem im Schutz breiter Bevölkerungsschichten vor ungerechtfertigten, diese einseitig belastenden Unternehmenserfolge, wobei sowohl die Medien als auch staatliche Aufsichtsbehörden (*Bundeskartellamt*, spezialgesetzliche Aufsichtsämter wie z. B. *Bundesanstalt für Finanzdienstleistungsaufsicht – BaFin –*; siehe dazu *Eilenberger* 2012, 70 ff.) dieses Wächteramt ausüben. Derartige Missverhältnisse werden beispielsweise durch „Gewinnexplosionen" augenfällig, aber auch infolge sorgfältiger Branchenanalysen im Wege der externen Bilanzanalyse aufgedeckt.

Gesetzliche Vorschriften, die einen **Publizitätszwang** der Rechnungslegung für Unternehmungen mit bestimmten Größenmerkmalen vorsehen, fördern die Ordnungsmäßigkeit der Marktprozesse in marktwirtschaftlichen Systemen. Zu diesen Bemühungen zählen auch die Versuche auf freiwilliger Basis, durch eine Gegenüberstellung von sozialen Nutzen und sozialen Kosten, die eine Unternehmung verursacht, Sozialbilanzen zu erstellen. Diese zeigen dann den Beitrag der betreffenden Unternehmung zum Wirtschaftsergebnis im gesamtwirtschaftlichen Interesse (und nicht nur im jeweiligen unternehmungsspezifischen Einzelinteresse). Allerdings reichen zur Erstellung von Sozialbilanzen die Daten des betrieblichen Rechnungswesens allein nicht mehr aus; vielmehr sind sie um unternehmensextern zu erhebende Informationen über den sozialen Nutzen und die sozialen Kosten (z. B. Umweltschädigung) zu ergänzen, woraus auch das Problem der Erstellung von Sozialbilanzen im Allgemeinen verdeutlicht wird. Über das öffentliche Interesse werden auch die **Mitarbeiter** der Unternehmung (z. B. Mitbestimmungsgesetze, Publizitätsgesetz) zu Adressaten der Rechnungslegung. Interessenten an der Entwicklung der Unternehmung und primär Betroffene von Unternehmensentscheidungen sind sie ohnehin.

1.3   Rechtliche Grundlagen des betrieblichen Rechnungswesens und der Rechnungslegung

Buchführung wird nicht nur ihres besonderen logischen Reizes – *Goethe* rühmt die doppelte Buchführung in „Wilhelm Meisters Lehrjahre" als „eine der schönsten Erfindungen des menschlichen Geistes" (37) – und der internen Kontrolle wegen von Unternehmungen betrieben, sondern ist einschließlich der externen Rechnungslegung gleichermaßen auf Grund von **handelsrechtlichen Vorschriften**, von Regelungen über die Rechnungslegung für die verschiedenen Unternehmensrechtsformen und von **steuerrechtlichen Vorschriften** erforderlich. Die betreffenden Regelungen sind im Folgenden – ergänzt um die **Grundsätze ord-nungsmäßiger Buchführung (GoB)** – in ihrer Entwicklung seit der Zäsur, die 1985 mit Bilanzrichtlinien-Gesetz verbunden war, bis zum Erlass des Bilanzrechtsmodernisierungsgesetzes im Jahre 2009 kurz darzustellen.

1.3.1   Handelsrechtliche Vorschriften

Das „Gesetz zur Durchführung der Vierten, Siebenten und Achten Richtlinie des Rates der Europäischen Gemeinschaften zur Koordinierung des Gesellschaftsrechts (Bilanzrichtlinien-Gesetz BiRiLiG)" vom 19. Dezember 1985 stellte die Rechnungslegung von Unternehmungen auf eine neue Rechtsgrundlage, und zwar durch Änderungen im HGB, im Einführungsgesetz zum HGB und in einer Reihe von unternehmensrechtsformspezifischen sowie branchenspezifischen Gesetzen.

Auslöser für die weitgehende Umgestaltung des Rechnungslegungsrechts deutscher Unternehmungen war die notwendige Übertragung von drei EG-Richtlinien in deutsches Recht. Der deutsche Gesetzgeber hat sich damals für eine Zusammenfassung in einem **gemeinsamen Transformationsprozess** entschlossen, um eine mehrmalige Änderung der Rechnungslegungsvorschriften zu vermeiden, zumal die 7. und 8. EG-Richtlinie in wesentlichen Teilen auf der Umsetzung der 4. EG-Richtlinie aufbauten.

Allerdings ist der deutsche Gesetzgeber mit dem Erlass des **BiRiLiG** über die Transformationserfordernisse, insbesondere der 4. EG-Richtlinie erheblich hinausgegangen, indem er nicht nur die notwendige Anpassung der Rechnungslegungsvorschriften im GmbH-Gesetz und im Aktiengesetz vorgenommen hat, sondern darüber hinaus **alle Kaufleute** (die nicht Kapitalgesellschaften sind) in eine Art Rechnungslegungsgesetz einbezogen worden sind. Insofern wurde ein formelles Übersoll geleistet, das nach Auffassung von Kritikern allerdings materiell gesehen „nahezu eine Nulllösung" (*Scheidle/Scheidle*, 17) bedeutete, zumal im Wesentlichen nur das festgestellt worden sei, was ohnehin bereits bislang für alle Kaufleute gegolten habe. Dem stand jedoch die Auffassung gegenüber, das BiRiLiG habe eine Klarstellung dahingehend gebracht, dass künftig Bestimmungen, die Kapitalgesellschaften und ggf. Genossenschaften betreffend, nicht ohne weiteres auf alle Kaufleute übertragen werden (könnten), es sei denn, Verallgemeinerungen der für Kapitalgesellschaften vorgeschriebenen Regelungen entsprächen auch den Interessen der Nicht-Kapitalgesellschaften (siehe dazu *Treuberg*, 145).

1.3.1.1   Vierte Richtlinie des Rates („Bilanzrichtlinie")

Die 4. EG-Richtlinie vom 25. Juli 1978 (ABl. Nr. L 222 vom 14. August 1978, 11) verfolgte das Ziel, durch Koordination der einzelstaatlichen Vorschriften über die Gliederung und den Inhalt des Jahresabschlusses und des Lageberichts sowie über die Bewertungsmethoden und die Offenlegung dieser Unterlagen, insbesondere bei der Aktiengesellschaft und der Gesellschaft mit beschränkter Haftung, den Schutz der Gesellschafter sowie Dritter zu gewährleisten. Die gleichzeitige Koordination auf diesen Gebieten wurde bei den angesprochenen Gesellschaftsformen auch für erforderlich gehalten, weil die Tätigkeiten der betreffenden Gesellschaften einerseits häufig über das nationale Hoheitsgebiet hinausreichten und die Gesellschaften andererseits Dritten eine Sicherheit nur durch ihr Gesellschaftsvermögen bieten würden.

Darüber hinaus erachtete es der Rat der Europäischen Gemeinschaften für geboten, hinsichtlich des Umfangs der zu veröffentlichenden finanziellen Angaben in der Gemeinschaft gleichwertige rechtliche Mindestbedingungen für miteinander im Wettbewerb stehende Gesellschaften herzustellen:

Der Jahresabschluss nach BiRiLiG muss ein den tatsächlichen Verhältnissen entsprechendes Bild der Vermögens-, Finanz- und Ertragslage der Gesellschaft vermitteln. Zu diesem Zweck müssen für die Aufstellung der Bilanz sowie der Gewinn und Verlustrechnung zwingend vorgeschriebene Gliederungsschemata vorgesehen und der Mindestinhalt des Anhangs sowie des Lageberichts festgelegt werden. Jedoch konnten für bestimmte Gesellschaften wegen ihrer geringeren wirtschaftlichen und sozialen Bedeutung Ausnahmen zugelassen werden. Die verschiedenen Bewertungsmethoden waren – soweit erforderlich – zu vereinheitlichen, um die Vergleichbarkeit und die Gleichwertigkeit der in den Jahresabschlüssen gemachten Angaben zu gewährleisten.

Der Jahresabschluss aller Gesellschaften, für die diese Richtlinie gilt, ist gemäß der Richtlinie 68/151/EWG offen zu legen. Jedoch können auch in dieser Hinsicht Ausnahmen zugunsten kleiner und mittlerer Gesellschaften zugelassen werden.

Die durch Art. 1 der Richtlinie vorgeschriebenen Maßnahmen der Koordinierung gelten in der Bundesrepublik Deutschland für Unternehmungen in der Rechtsform der Aktiengesellschaft, der Kommanditgesellschaft auf Aktien und der Gesellschaft mit beschränkter Haftung. Bis zu einer späteren Koordinierung konnten die Mitgliedsstaaten von einer Anwendung der Richtlinie auf Banken und andere Finanzinstitute sowie auf Versicherungsgesellschaften vorerst absehen. Von diesem **nationalen Wahlrecht** wurde seinerzeit seitens der Bundesrepublik Deutschland durch entsprechende Gestaltung der §§ 25a ff. KWG und der §§ 55 ff. VAG Gebrauch gemacht.

Die entsprechenden Sonderregelungen für die Rechnungslegung der **Kreditinstitute** hat in der Folge der Rat der Europäischen Gemeinschaften in Form der „Richtlinie des Rates über den Jahresabschluss und den konsolidierten Abschluss von Banken und anderen Finanzinstituten" (Bankbilanzrichtlinie –BBRL–) am 8. Dezember 1986 (ABl Nr. L 372 vom 31.12.1986, 1) erlassen. Die Transformation in nationales Recht erfolgte durch das **Bankbilanzrichtlinie-Gesetz** vom 30. November 1990 (BGBl. I, 2570). Das Bankbilanzrichtlinie-Gesetz bezieht sich in seinem materiellen Bereich auf Bestimmungen, in denen von der 4. und der 7. EG-Richtlinie abgewichen wurde (Art. 1 und Art. 42 BBRL).

Die **Anwendung** der Koordinierung durch die EG-Bankbilanzrichtlinie beschränkt sich für Kreditinstitute nicht auf die in der 4. EG-Richtlinie erfassten Rechtsformen, sondern erstreckt sich auf alle Gesellschaften, die der Definition in Art. 58 Abs. 2 Romvertrag entsprechen. Die Notwendigkeit einer Koordination durch die Bankbilanzrichtlinie sah der Rat der EG in der Tatsache begründet, dass sich immer mehr Kreditinstitute über die Grenzen hinweg betätigten. Für Gläubiger, Schuldner, Gesellschafter und für die Öffentlichkeit war – und ist nach wie vor – eine bessere Vergleichbarkeit der Jahresabschlüsse und der konsolidierten Abschlüsse der Kreditinstitute von wesentlicher Bedeutung. Die Vergleichbarkeit der Jahresabschlüsse und der konsolidierten Abschlüsse setzt jedoch die Regelung einiger grundlegender Fragen der Bilanzierung einzelner Geschäfte voraus. Im Interesse einer besseren Vergleichbarkeit war es ferner erforderlich, den Inhalt der Posten in der Bilanz auch unter dem Bilanzstrich (off balance sheet) genau zu bestimmen. Entsprechendes gilt auch für den Aufbau und die Abgrenzung der Posten der Gewinn und Verlustrechnung. Die Vergleichbarkeit von Zahlenangaben in den Bilanzen und Gewinn und Verlustrechnungen hängt darüber hinaus wesentlich davon ab, zu welchen Werten Vermögensgegenstände oder Verbindlichkeiten in die Bilanz eingestellt werden.

Das Bankbilanzrichtlinie-Gesetz beschränkt sich im Grundsatz auf die Anpassung des deutschen Rechts an die EG-Bankbilanzrichtlinie. Die den Mitgliedstaaten eingeräumten Wahlrechte wurden grundsätzlich an die Kreditinstitute weitergegeben, um ihnen eine möglichst flexible Gestaltung ihrer Rechnungslegung zu ermöglichen.

Die von den Kreditinstituten bei der Rechnungslegung branchenspezifisch zu beachtenden Besonderheiten sind in der **Verordnung über die Rechnungslegung der Kreditinstitute (RechKredV)** geregelt. Eine entsprechende Ermächtigung gibt § 330 Abs. 2 HGB. In der vom Bundesminister der Justiz im Einvernehmen mit dem Bundesminister der Finanzen und im Benehmen mit der *Deutschen Bundesbank* erlassenen Rechtsverordnung wurde auch die bis dahin geltende Formblattverordnung vollständig ersetzt.

Der Koordinierung des Bankenbereichs folgte diejenige der **Versicherungsbetriebe**, für die der Rat der Europäischen Union eine **Versicherungsbilanzrichtlinie** am 19. Dezember 1992 verabschiedet hatte. Die EG-Versicherungsbilanzrichtlinie bekräftigte ungeachtet der Rechtsform von Mutter- bzw. Tochterunternehmungen die Anwendung der Vorschriften der 7. EG Richtlinie in vollem Umfang, wobei sich Einschränkungen lediglich auf die notwendigen Anpassungen an versicherungsspezifische Gliederungs-, Bewertungs- und Anhangsvorschriften für den Einzelabschluss bezogen. Mit der Verabschiedung des Gesetzes zur Durchführung der Richtlinie des Rates der Europäischen Gemeinschaften über den Jahresabschluss und den konsolidierten Abschluss von Versicherungsunternehmen (**Versicherungsbilanzrichtlinie-Gesetz −VersRiLiG−**) am 24. Juni 1994 und der **Verordnung über die Rechnungslegung von Versicherungsunternehmen (RechVersV)** am 8. November 1994 wurden die EG-Rechtsvorgaben in deutsches Recht umgesetzt.

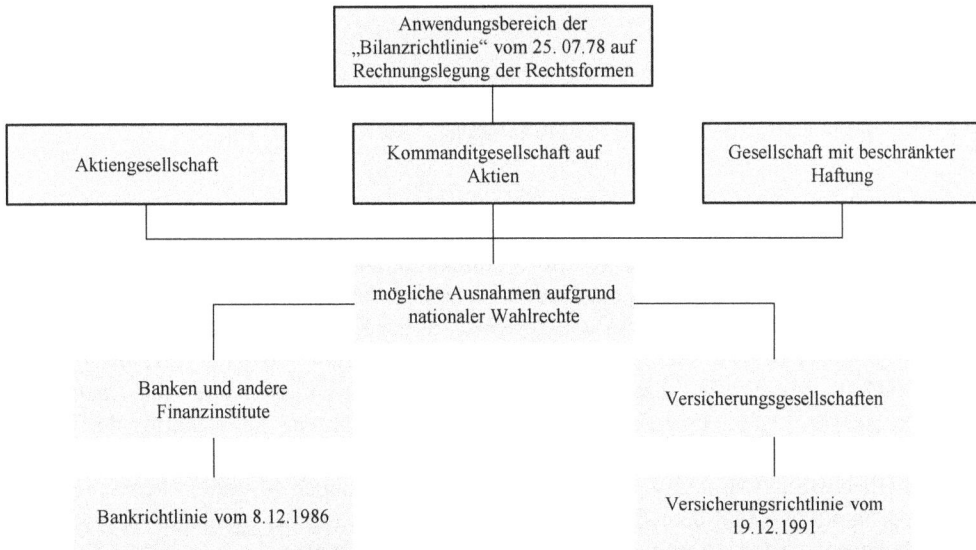

Abb. 1.6:   Anwendungsbereiche der 4. EG-Richtlinie („Bilanzrichtlinie") und den spezifischen EG-Richtlinien für Banken und Versicherungen

Die „Ergänzenden Vorschriften für Kreditinstitute" (§§ 340, 340a bis 340o HGB) und die „Ergänzenden Vorschriften für Versicherungsunternehmen" (§§ 341, 341a bis 341o HGB) wurden gesetzestechnisch als Unterabschnitte im „Vierten Abschnitt: Ergänzende Vorschriften für Unternehmen bestimmter Geschäftszweige" des Dritten Buches des HGB zusammengefasst (siehe Abb. 1.8).

Die Anwendungsbereiche der 4. EG-Richtlinie und der späteren Koordinierung in Form der erlassenen EG Bankbilanzrichtlinie und der EG-Versicherungsbilanzrichtlinie zeigt Abb. 1.6.

Die **Rechnungslegungsinstrumente** nach dem Aktiengesetz 1965 a. F., das bis zur Transformation in nationales Recht Orientierungsfunktion für alle zur Publizität verpflichteten Unternehmungen hatte, und nach der 4. EG-Richtlinie stellt Abb. 1.7 im Vergleich dar.

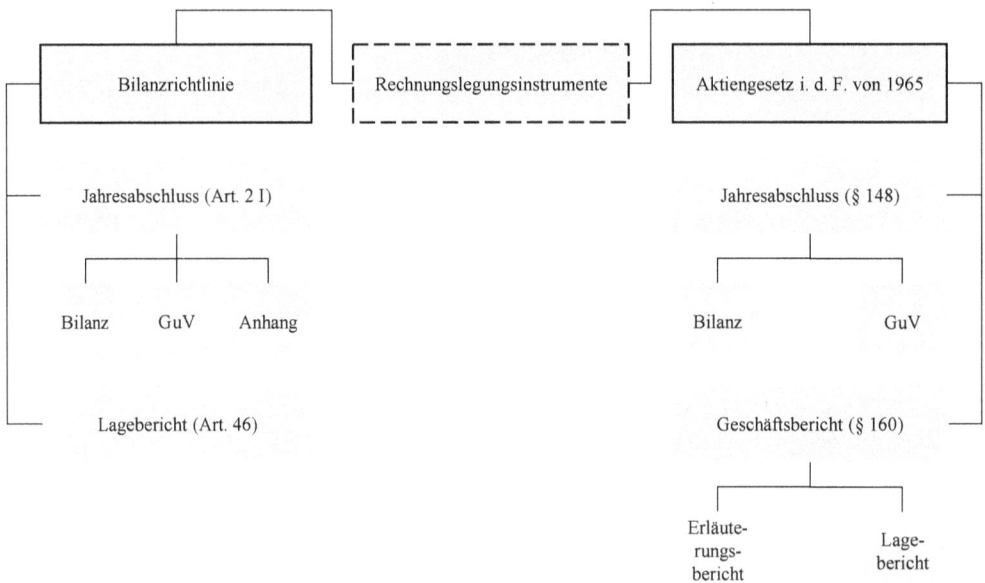

Abb. 1.7:   Rechnungslegungsinstrumente nach „Bilanzrichtlinie" und Aktiengesetz 1965

1.3.1.2   Siebente Richtlinie des Rates („Konzernbilanzrichtlinie")

Gegenstand der 7. EG-Richtlinie ist die Koordination der einzelstaatlichen Vorschriften innerhalb der Europäischen Gemeinschaften über den Jahresabschluss von Kapitalgesellschaften in den Rechtsformen der Aktiengesellschaft, der Kommanditgesellschaft auf Aktien und der Gesellschaft mit beschränkter Haftung (**Konzernbilanz** oder **Konzern-Richtlinie**). Der **Zweck** konsolidierter Abschlüsse besteht darin, Informationen über die finanziellen Verhältnisse von Unternehmenszusammenschlüssen (Konzernen) zur Kenntnis der Gesellschafter und Dritter zu bringen (Schutz der Interessenten gegenüber Kapitalgesellschaften). Um die Gleichwertigkeit und Vergleichbarkeit der Informationen zu verwirklichen, erschien der EG-Kommission und dem Rat der EG eine Koordinierung der nationalen Vorschriften über den konsolidierten Abschluss (Konzernabschluss) für geboten.

Bezüglich der **Konsolidierung** waren sowohl die Fälle zu berücksichtigen, in denen die Beherrschungsbefugnis auf einer Mehrheit der Stimmrechte beruht, als auch jene, in denen dies auf Grund von Vereinbarungen – sofern sie zulässig sind – geschieht. Den Mitgliedstaaten wurden im Rahmen **nationaler Wahlrechte** Regelungen zugestanden für den Fall, dass unter bestimmten Umständen auf Grund einer Minderheitsbeteiligung eine tatsächliche Beherrschung ausgeübt wird, und ebenso für den Fall von Unternehmenszusammenschlüssen, die auf gleicher Ebene zustande gekommen sind.

Der konsolidierte Abschluss muss demnach ein den tatsächlichen Verhältnissen entsprechendes Bild der Vermögens-, Finanz- und Ertragslage der insgesamt in die Konsolidierung einbezogenen Unternehmungen geben. Zu diesem Zweck hat die Konsolidierung grundsätzlich alle Unternehmungen des Zusammenschlusses zu umfassen. Im Rahmen dieser Konsolidierung sind die betreffenden Gegenstände des Aktivvermögens und die Passiva, die Erträge und Aufwendungen dieser Unternehmungen **voll** in den konsolidierten Abschluss zu übernehmen, wobei ein Ausweis der Anteile der außerhalb dieses Zusammenschlusses stehenden Personen gesondert erfolgt. Es sind jedoch die erforderlichen **Berichtigungen** vorzunehmen, um die Auswirkungen finanzieller Beziehungen zwischen den konsolidierten Unternehmungen zu eliminieren.

Im Interesse der Vergleichbarkeit legte die Konzern-Richtlinie Grundsätze für die Erstellung der konsolidierten Jahresabschlüsse und die Bewertung im Rahmen dieser Abschlüsse fest, um sicherzustellen, dass diese übereinstimmende und vergleichbare Vermögenswerte umfassen, sowohl was die hierauf angewandten Bewertungsmethoden als auch die berücksichtigten Geschäftsjahre angeht.

Die Beteiligung am Kapital von Unternehmungen, bei denen von der Konsolidierung betroffene Unternehmungen einen maßgeblichen Einfluss ausüben, müssen in die konsolidierten Abschlüsse auf der Grundlage der **Equity-Methode** einbezogen werden. Darüber hinaus ist es unentbehrlich, dass der Anhang des konsolidierten Abschlusses genaue Angaben über die zu konsolidierenden Unternehmungen enthält.

Bei Unternehmenszusammenschlüssen, die eine bestimmte Größe nicht überschreiten, ist eine **Ausnahme** von der Verpflichtung zur Erstellung eines konsolidierten Abschlusses gerechtfertigt. Insofern war es erforderlich, Höchstgrenzen für eine solche Freistellung festzulegen. Daraus ergab sich, dass die Mitgliedstaaten schon das Überschreiten eines der drei Größenmerkmale für die Nichtanwendung der Ausnahme als ausreichend ansehen oder aber niedrigere Größenmerkmale als die in der Richtlinie vorgesehenen festlegen konnten.

1.3.1.3   Achte Richtlinie des Rates („Prüferrichtlinie")

Ebenso wie die 7. EG-Richtlinie bezieht sich auch die „Prüferrichtlinie" auf grundlegende Voraussetzungen, die von der 4. EG-Richtlinie bezüglich des Erfordernisses der Prüfung des Jahresabschlusses von Gesellschaften bestimmter Rechtsformen durch eine (oder mehrere) zu dieser Prüfung zugelassene Person(en) festgesetzt worden sind. Dazu kamen entsprechende Ergänzungen der 4. EG-Richtlinie durch die „Konzernbilanzrichtlinie", die den konsolidierten Abschluss betrafen. Inhaltlich harmonisierte die 8. EG-Richtlinie die Anforderungen an den Kreis der zur Durchführung der Pflichtprüfungen der Rechnungsunterlagen befähigten und befugten Personen, die unabhängig sein und einen guten Leumund haben sollen.

Berufliche Eignungsprüfung dienen grundsätzlich der Gewährleistung sowohl eines hohen Standes an theoretischen Kenntnissen, der zur Durchführung der Pflichtprüfungen erforderlich ist, als auch zur Fähigkeit, diese Kenntnisse im Rahmen der Pflichtprüfungen praktisch anwenden zu können.

In diesem Zusammenhang wurde den Mitgliedstaaten die Möglichkeit eröffnet, sowohl natürliche Personen als auch Prüfungsgesellschaften zuzulassen, die juristische Personen oder andere Arten von Gesellschaften oder Vereinigungen sein können. Natürliche Personen, die die Pflichtprüfung der Rechnungslegungsunterlagen im Namen einer solchen Prüfungsgesellschaft durchführen, mussten die in dieser Richtlinie niedergelegten Voraussetzungen erfüllen. Dabei konnte ein Mitgliedstaat auch Personen zulassen, die außerhalb dieses Staates Befähigungen erworben haben, die den in dieser Richtlinie vorgeschriebenen gleichwertig waren.

Die Anerkennung von Zulassungen für die Pflichtprüfung, die den Angehörigen anderer Mitgliedstaaten erteilt worden waren, wurde mit Richtlinien über den Zugang zu den Tätigkeiten im Bereich des Finanzwesens, der Wirtschaft und der Buchführung gesondert geregelt, ebenso wie die Ausübung dieser Tätigkeiten und den freien Dienstleistungsverkehr in diesen Bereichen.

1.3.1.4 HGB in der Fassung des BiRiLiG und des Bankbilanzrichtlinie-Gesetzes und des Versicherungsbilanzrichtlinie-Gesetzes

Aus den verschiedenen Möglichkeiten der Transformation der 4., 7. und 8. EG-Richtlinie (siehe dazu *Börner*, 167 f.) wählte der deutsche Gesetzgeber den Weg der **Konzentration** des Rechnungslegungs-, des Offenlegungs- und des Prüfungsrechts für den Jahresabschluss von Unternehmungen und den Konzernabschluss über ein Artikelgesetz (Bilanzrichtlinien-Gesetz −BiRiLiG−) schwerpunktmäßig in einem **neuen Dritten Buch** des **Handelsgesetzbuches** (*BT-Drucksache 10/4268*, 88).

Als Gestaltungskriterien wurden **Übersichtlichkeit** und **Lesbarkeit**, die **Vermeidung von Mehrfachregelungen** sowie das pädagogische Prinzip der **Vorgehensweise vom Einfacheren zum Komplizierteren** bzw. Detaillierteren zu Grunde gelegt. Dementsprechend zeigt sich auch eine durchgehende Differenzierung zwischen Vorschriften, die für alle Kaufleute gelten, und solchen, die nur auf Kapitalgesellschaften Anwendung finden, in der Weise, dass zuerst die „einfachen" Kaufmannsvorschriften und daran anschließend die „komplizierteren" Vorschriften für Kapitalgesellschaften Berücksichtigung finden. Diese Trennung erfolgt andererseits nicht zuletzt aus dem Grund, dass eine (Neu-)Kodifizierung des Rechts der Rechnungslegung von Nicht-Kapitalgesellschaften seitens der EG-Richtlinien nicht gefordert war.

Als sachlich nicht vertretbarer Schönheitsfehler der Transformation der 4. EG-Richtlinie erwies sich allerdings die **Herausnahme der Kapitalgesellschaft & Co.** aus dem Kreise der Kapitalgesellschaften und deren Behandlung als OHG oder als KG, ohne Rücksicht darauf, dass kein persönlich haftender Gesellschafter eine natürliche Person ist. Nach Auffassung der Mehrheit des Rechtsausschusses bestand − in Übereinstimmung mit der Auffassung der Bundesregierung − keine Veranlassung, die Anpassung des deutschen Rechts an die 4. EG-Richtlinie auch auf die GmbH & Co. KG zu erstrecken, obwohl rd. 60.000 derartiger Unternehmungen existierten und diese im Schnitt Größer und bedeutender waren als GmbH. Vermieden werden sollten Wettbewerbsnachteile deutscher Unternehmungen gegenüber nicht einbezogenen vergleichbaren Rechtsformen in anderen EG-Ländern. Darüber hinaus würde

eine OHG oder eine KG nicht deshalb ihren Charakter als Personenhandelsgesellschaft verlieren, weil kein persönlich haftender Gesellschafter eine natürliche Person sei (*BT-
Drucksache 10/4268*, 88). Dem ist jedoch entgegenzuhalten, dass aus der gewählten Konstruktion eine Haftungsbeschränkung resultiert, die denjenigen einer GmbH in keiner Weise
nachsteht: Die Haftung für die Unternehmensverbindlichkeiten wird analog zu Kapitalgesellschaften auf ein bestimmtes Vermögen beschränkt. Darüber hinaus steht durch die getroffene
Ausnahmeregelung Kapitalgesellschaften der Weg offen, durch eine entsprechende Umgrün-
dung in eine GmbH & Co. KG die Anwendung der 4. und 7. EG-Richtlinie zu unterlaufen.

Erklärte **Zielsetzungen der Transformation** (siehe *BR-Drucksache 61/82*, 66) in deutsches
Recht waren schließlich die

- **Vermeidung unangemessener Belastungen der mittelständischen Wirtschaft**
  Die mittelständische Wirtschaft sollte nicht mehr als notwendig belastet werden, weshalb nur solche Angaben gefordert wurden, die für ein ordnungsmäßiges Rechnungswesen schon im Interesse des Kaufmanns selbst erforderlich oder zum Schutze Dritter geboten waren. Dabei war davon auszugehen, dass die Steuerbehörden schon bisher für die
  Abgabe der Steuererklärungen von allen buchführungspflichtigen Gewerbetreibenden
  die Beachtung eines großen Teils der aktienrechtlichen Vorschriften über die Rechnungslegung bis hin zur Einhaltung des Gliederungsschemas verlangten.

  Leitbild der Regelungen über den Inhalt der Rechnungslegung war nicht mehr die große
  börsennotierte AG, sondern die kleine GmbH. Dies deshalb, weil nahezu 90 % der betroffenen Unternehmungen kleine Gesellschaften seien und weil auf dieser Basis in Grö-
  ßerem Umfang gemeinsame Regelungen möglich wären als bei Zugrundelegung der
  großen AG. Dazu kam, dass das Rechnungswesen der großen Aktiengesellschaften
  schon aus Gründen der Unternehmensführung so weitgehend entwickelt war, dass die
  4. EG-Richtlinie für diese Unternehmungen keine über deren Praxis hinausgehenden
  Anforderungen enthielt. Wäre die Rechnungslegung wie bis dahin überwiegend im Aktiengesetz geregelt geblieben, so hätte es nahegelegen, dass diese Rechnungslegungsvorschriften – zumindest über das Steuerrecht – ohne Einschränkung auf kleine und mittlere Unternehmen angewendet worden wären. Dies erschien dem Gesetzgeber jedoch für
  die mittelständische Wirtschaft als nicht zumutbar. Dementsprechend gingen die für das
  HGB vorgesehenen Regelungen von den Mindestanforderungen aus, die für kleine
  GmbH nach der 4. EG-Richtlinie vorgeschrieben werden mussten. Dazu kam, dass die
  Anforderungen der „Bilanzrichtlinie" an kleine Gesellschaften im Allgemeinen unter
  denen des geltenden Aktienrechts lagen und damit sich in weiten Bereichen die Verpflichtungen im Vergleich zum bis dahin bestehenden Rechtszustand reduzierten.

- **Steuerneutrale Umsetzung**
  Ein besonderes Anliegen des deutschen Gesetzgebers stellte die Beibehaltung der prak-
  tizierten Übereinstimmung von Handelsbilanz und Steuerbilanz dar, weshalb eine steuerneutrale Transformation der 4. EG-Richtlinie erforderlich war. Den möglichen Gefah-
  ren einer Auseinanderentwicklung von Steuerrecht und Handelsbilanzrecht wurde mit
  der Übernahme der rechtsformunabhängigen Regelungen in das Handelsgesetzbuch und
  mit dem weitgehenden Verzicht auf rechtsformspezifische Regelungen begegnet.

  Die rechtsformunabhängige Kodifizierung der für alle bilanzierenden Kaufleute geltenden Gewinnermittlungsvorschriften sicherten auch besser als rechtsformspezifische Regelungen in den Einzelgesetzen, dass am Grundsatz der Maßgeblichkeit der Handelsbi-

lanz für die Steuerbilanz festgehalten werden konnte. Dieser Grundsatz besagt, dass bei der steuerlichen Gewinnermittlung das Betriebsvermögen anzusetzen ist, das nach den handelsrechtliehen Grundsätzen ordnungsmäßiger Buchführung auszuweisen ist(§ 5 Abs. 1EStG). Dasselbe gilt auch für die Fälle der sog. umgekehrten Maßgeblichkeit der Steuerbilanz für die Handelsbilanz. Eine solche Handhabung erweist sich wegen des Grundsatzes der Gleichmäßigkeit der Besteuerung nur dann als möglich, wenn gewährleistet ist, dass die Grundsätze ordnungsmäßiger Buchführung – von einzelnen rechtsformspezifischen Besonderheiten abgesehen – für alle bilanzierenden Kaufleute den gleichen Inhalt haben.

- **Erhaltung der Flexibilität der Rechnungslegung**
  Im Interesse der Fortentwicklung der Rechnungslegung wurde eine Festlegung über das im Einzelnen unbedingt notwendige Maß hinaus vermieden. Somit ist in das Dritte Buch des HGB nur ein schon bislang anerkannter Grundbestand von Buchführungs- und Bewertungsgrundsätzen aufgenommen worden. Die auch von der Sache her gebotene Verwendung unbestimmter Rechtsbegriffe ermöglichte zudem ein hohes Maß an Flexibilität. Dadurch konnte auch weiterhin für die Neubildung und Weiterentwicklung ergänzender Grundsätze ordnungsmäßiger Buchführung durch die kaufmännische Praxis Raum und Bedarf bleiben.

  Die Systematik der Rechnungslegungsvorschriften im Dritten Buch des HGB zeigt folgende Struktur (Abb. 1.8): Ein Erster Abschnitt enthält Vorschriften, die für alle Kaufleute gelten (§§ 238–263 HG B), insbesondere die Regelungen zu Buchführung und Inventar (Erster Unterabschnitt), zur Bilanzierung (Zweiter Unterabschnitt: Eröffnungsbilanz, Jahresabschluss), zur Aufbewahrung von Unterlagen und Vorlegung von Aufzeichnungen in bestimmten Fällen (Dritter Unterabschnitt Aufbewahrung und Vorlage) und für Sollkaufleute (Vierter Unterabschnitt). Diese Vorschriften gelten mit Wirkung vom 1. Januar 1986 abschließend für Einzelkaufleute und Personenhandelsgesellschaften (OHG, KG) unterhalb der Anforderungen bezüglich der Größenordnung, die das Publizitätsgesetz festlegt.

Der **Zweite Abschnitt** betrifft ergänzende Vorschriften für Kapitalgesellschaften (§§ 264–335 HGB), wobei in der Überschrift die Beschränkung auf AG, KGaA und GmbH zum Ausdruck kommt. Im Einzelnen handelt es sich dabei um die Bereiche „Jahresabschluss der Kapitalgesellschaft und Lagebericht" (Erster Unterabschnitt), „Konzernabschluss und Konzernlagebericht" (Zweiter Unterabschnitt), „Prüfung" (Dritter Unterabschnitt), „Offenlegung" (Vierter Unterabschnitt), Verordnungsermächtigung für Formblätter (Fünfter Unterabschnitt) sowie Straf- und Bußgeldvorschriften (Sechster Unterabschnitt).

Der **Dritte Abschnitt** hat schließlich ergänzende Vorschriften für eingetragene Genossenschaften zum Inhalt (§§ 336–339 HGB).

Die Umsetzung der EG-Bankbilanzrichtlinie in deutsches Recht erfolgte nach dem Vorbild des BiRiLiG schwerpunktmäßig in Form des **Bankbilanzrichtlinie-Gesetzes** vom 30.11.1990 (BGBl I, 2570) in einem neu geschaffenen **Vierten Abschnitt** des Dritten Buches (Abb. 1.8). In diesen Vierten Abschnitt wurden alle Vorschriften aufgenommen, die für Unternehmungen bestimmter Geschäftszweige sowie bestimmter Größe gelten. Dies bedeutet, dass in diesen Abschnitt auch die Vorschriften für **Versicherungsunternehmungen** aufzunehmen waren.

Rechnungslegungsvorschriften des HGB

Zweites Buch:
Handelsgesellschaften und
stille Gesellschaft

- Erster Abschnitt:
  Offene Handelsgesellschaft
  (§ 120 Gewinn und Verlust)

- Zweiter Abschnitt:
  Kommanditgesellschaft
  (§ 161 II: Analoge Anwendung von § 120)

- Dritter Abschnitt:
  Stille Gesellschaft (§ 232:
  Gewinn und Verlustrechnung;
  § 233: Kontrollrechte des
  stillen Gesellschafters)

Drittes Buch:
Handelsbücher

Erster Abschnitt:
Vorschriften für alle
Kaufleute (§§ 238 – 263)

Zweiter Abschnitt:
Ergänzende Vorschriften für
Kapitalgesellschaften (AG,
KGaA, GmbH (§§ 264 – 335)

Dritter Abschnitt:
Ergänzende Vorschriften für
eingetragene Genossenschaften
(§§ 336 – 339)

Buchführung
Inventar
(§§ 238 – 241)

Eröffnungsbilanz
Jahresbilanz
(§§ 242 – 256)

- Allgemeine Vorschriften
- Ansatzvorschriften
- Bewertungsvorschriften

Aufbewahrung
und Vorlage
(§§ 257 – 261)

Jahresabschluss der Kapitalgesellschaft und Lagebe-
richt (§§ 264 – 289)

- Allgemeine Vorschriften
- Bilanz
- Gewinn- und Verlustrechnung
- Bewertungsvorschriften
- Anhang
- Lagebericht

Konzernabschluss und
Konzernlagebericht
(§§ 290 – 315)

- Anwendungsbereich
  Konsolidierungskreis
- Inhalt und Form des
  Konzernabschlusses
- Vollkonsolidierung
- Bewertungsvorschriften
- Anteilsmäßige Konsolidierung
- Assoziierte Unternehmungen
- Konzernanhang
- Konzernlagebericht

Offenlegung
(§§ 325 – 329)

Verordnungsermächtigung
(§ 330)

Straf- und Bußgeld-
vorschriften Zwangsgelder
(§§ 331 – 335)

Vierter Abschnitt:
Ergänzende Vorschriften für
Unternehmen bestimmter
Geschäftszweige

Erster Unterabschnitt:
Ergänzende Vorschriften
für Kreditinstitute (§§ 340,
340a bis 340 o)

Zweiter Unterabschnitt:
Ergänzende Vorschriften
für Versicherungsuntern.
(§§ 341, 341a bis 341 o)

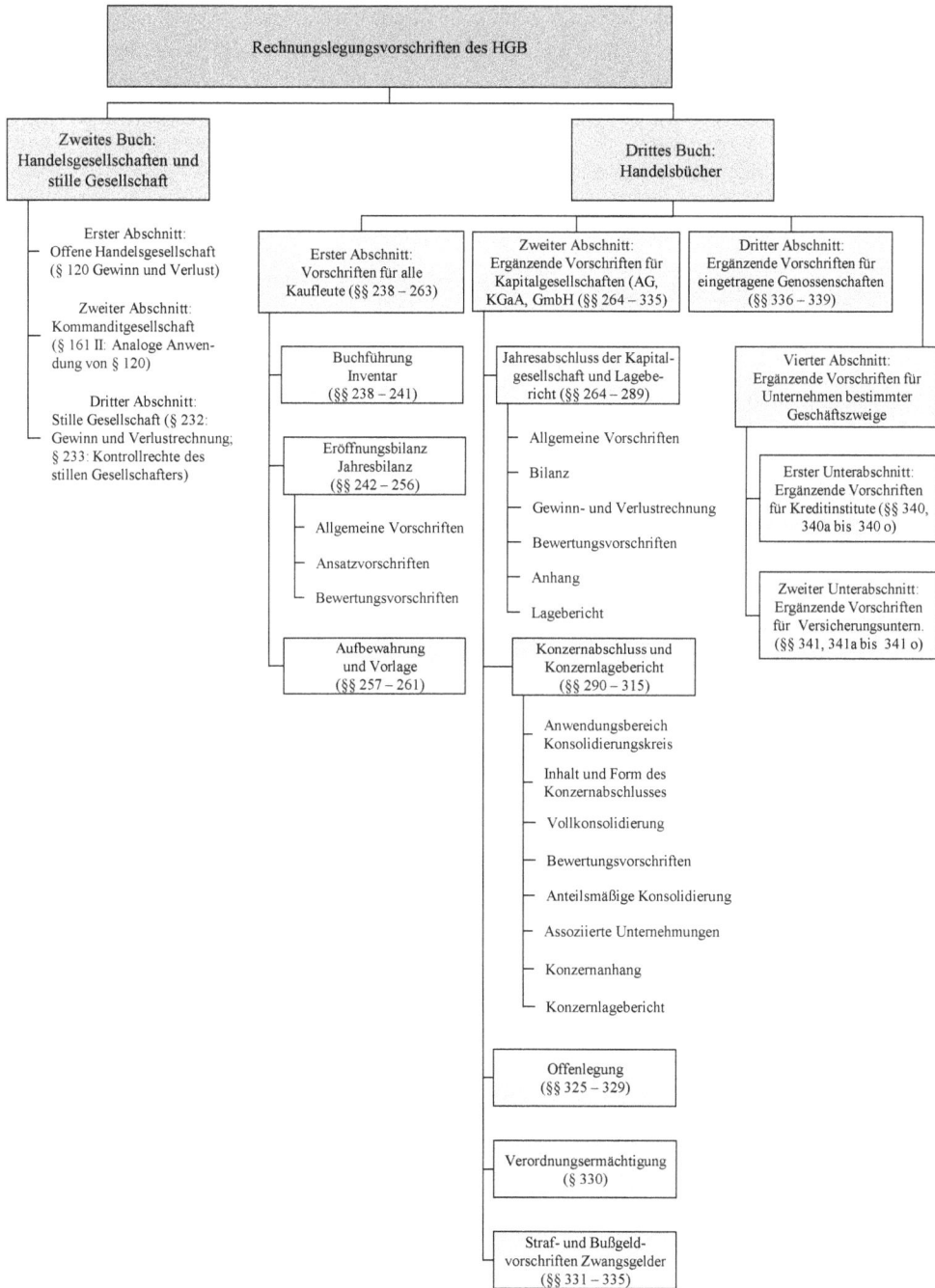

Abb. 1.8: Systematik der Rechnungslegungsvorschriften nach HGB

Diese Konzeption hat gegenüber dem geltenden Recht den Vorteil, dass die Rechnungslegungsvorschriften für Kreditinstitute ausschließlich im Dritten Buch des Handelsgesetzbuchs
und in der nach § 330 Abs. 2 HGB in der Fassung des Entwurfs zu erlassenden Verordnung
geregelt wurden. Im Gesetz über das Kreditwesen (KWG) verblieben somit nur noch solche
Rechnungslegungsvorschriften, die in unmittelbarem Zusammenhang mit der Bankenauf-
sicht stehen. Mit der Einfügung der §§ 340, 340a bis 340o HGB erfolgte gleichzeitig eine
Änderung der §§ 246 Abs. 1, 330 Abs. 1und 2, 334 Abs. 1 und 4 sowie 336 Abs. 3 HGB und
die Aufhebung des bis dahin geltenden § 293 Abs. 2 HGB.

Ergänzend zu den Vorschriften des HGB ist das „Gesetz über die Rechnungslegung von
bestimmten Unternehmen und Konzernen" (**Publizitätsgesetz** –PublG–) vom 15. August
1969 zu beachten und berücksichtigen, das auch diejenigen Unternehmungen zur Offenlegung (Publizierung) des Jahresabschlusses und des Lageberichts verpflichtet, die auf Grund
der Vorschriften über die gewählte Unternehmensrechtsform nicht publizitätspflichtig wären.
Gemäß § 1 Abs. 1 PublG waren zur Rechnungslegung alle Unternehmungen verpflichtet,
wenn für den Abschlussstichtag und für zwei aufeinanderfolgende Abschlussstichtage jeweils mindestens zwei der drei nachstehenden Merkmale zutrafen:

- Die Bilanzsumme einer auf den Abschlussstichtag festgestellten Bilanz überstieg
  125 Mio. DM.
- Die Umsatzerlöse der letzten 12 Monate vor dem Abschlussstichtag überstiegen
  250 Mio. DM.
- Die Unternehmung hatte in den 12 Monaten vor dem Abschlussstichtag durchschnittlich
  mehr als 5.000 Arbeitnehmer beschäftigt.

1.3.1.5   HGB in der Fassung des Bilanzrechtsreformgesetzes

Anlass für Veränderungen der Rechnungslegung nach HGB in Form des Bilanzrechtsreformgesetzes (BilReG) vom 4. Dezember 2004, insbesondere im Hinblick auf die Konzernrechnungslegung und die gesetzliche Abschlussprüfung, waren die im Jahre 2004 erforderlichen Anpassungen des deutschen Bilanzrechts an vier EG-Rechtsakte, und zwar an (im
Folgenden BT-Drucksache 15/4054, 21 ff.):

- die sog. IAS-Verordnung – Verordnung (EG) Nr. 1606/2002 des Europäischen Parlaments und des Rates vom 19. Juli 2002 betreffend internationale Rechnungslegungsstandards (ABl. EG Nr. I. 243 S. 1);
- die sog. Modernisierungsrichtlinie – 2003/51/EG des Europäischen Parlaments und des
  Rates vom 18. Juni 2003 zur Änderung der Richtlinien 78/660/EWG (Bilanzrichtlinie),
  83/349/EWG (Konzernbilanzrichtlinie), 86/635/ EWG (Bankbilanzrichtlinie) und Versicherungsbilanzrichtlinie (91/674/EWG) [ABl. EU Nr. L 178 S. 16];
- die sog. Schwellenwertrichtlinie – 2003/38/EG des Rates vom 13. Mai 2003 zur Änderung
  der Richtlinie 78/660/EWG über den Jahresabschluss von Gesellschaften bestimmter
  Rechtsformen hinsichtlich der in Euro ausgedrückten Beträge (ABl. EU Nr. L 120 S.22);
- die sog. Fair-Value-Richtlinie 2001/65/EG des Europäischen Parlaments und des Rates
  vom 27. September 2001 (ABI. EG Nr. 1. 283 S. 28), diese jedoch nur in Bezug auf diejenigen obligatorischen Bestimmungen, die den Lagebericht und den Anhang betreffen
  (Artikel 1Nr. 1[Artikel 42a Abs. 2, Artikel 42b Abs. 1 der Bilanzrichtlinie (BilRL)], Nr.
  2 [Artikel 43 Abs. 1 Nr. 14 BilRL], Nr. 3 [Artikel 44 Abs. 1 BilRL], Nr. 4 [Artikel 46
  Abs. 2 Buchstabe f BilRL] sowie Artikel 2 Nr. 2 [Artikel 34 Nr. 14 Konzernbilanzricht-

linie] und Nr. 3 [Artikel 36 Abs. 2 Buchstabe e Konzernbilanzrichtlinie]). Regelungen zu Ansatz und Bewertung von Finanzinstrumenten blieben einem für später beabsichtigten, gesonderten Gesetzgebungsvorhaben vorbehalten und sollten im Rahmen eines Bilanzrechtsmodernisierungsgesetzes zu erörtern sein.

Zu berücksichtigen waren im Zuge des Gesetzgebungsverfahrens darüber hinaus *EU*-Kommissionsempfehlung über Unabhängigkeitsregeln für Abschlussprüfer, Empfehlungen der deutschen *Corporate-Governance-Kommission* und der Zehn-Punkte-Maßnahmenkatalog der Bundesregierung zur Stärkung der Unternehmensintegrität und des Anlegerschutzes vom 25. Februar 2003. Diese Überlegungen mündeten in ein Gesetz zur Einführung internationaler Rechnungslegungsstandards und zur Sicherung der Qualität der Abschlussprüfung (Bilanzrechtsreformgesetz – BilReG).

Die Kernregelungen der **IAS-Verordnung** sehen vor, dass Unternehmungen, die als Wertpapieremittenten an einem organisierten Kapitalmarkt auftreten, nach der *IAS*-Verordnung verpflichtet sind, ab 2005 in ihren Konzernabschlüssen zwingend die *International Accounting Standards* (*IAS* bzw. künftig *IFRS = International Financial Reporting Standards*) anzuwenden.

Für die Konzernabschlüsse der übrigen, nicht am organisierten Kapitalmarkt tätigen Unternehmungen und für die Einzelabschlüsse aller Kapitalgesellschaften sieht Artikel 5 der *IAS*-Verordnung die optionale Anwendung der *IAS* vor. Insofern wurde den Mitgliedstaaten die Möglichkeit eingeräumt, die Anwendung dieser Bilanzgrundsätze vorzuschreiben oder als Unternehmenswahlrecht zuzulassen.

Die *IAS* stellen Rechnungslegungsgrundsätze dar, die vom *International Accounting Standards Board* (*IASB*), einem privaten Gremium, das von der in den USA ansässigen *International Accounting Standards Commitee Foundation* getragen wird, entwickelt worden sind. Die *IAS* beruhen daher überwiegend auf der anglo-amerikanischen Bilanzierungstradition und unterscheiden sich damit erheblich von den kontinental-europäischen, insbesondere deutschen Bilanzierungsgrundsätzen. Die *IAS* sind von der *Internationalen Organisation der Börsenaufsichtsbehörden* (*IOSCO*) seit Mai 2000 weltweit für Zwecke der grenzüberschreitenden Börsenzulassung empfohlen worden und gelten als maßgebendes internationales Regelwerk. Der *EU* dienen die *IAS* als Mittel, die Konzernrechnungslegung kapitalmarktorientierter Unternehmen in der *Europäischen Union* international anerkannten Grundsätzen anzupassen mit dem Ziel, die Integration der europäischen Wertpapiermärkte voranzutreiben und die Wettbewerbsfähigkeit europäischer Unternehmen auf globalisierten Finanzmärkten zu verbessern.

Die **Modernisierungsrichtlinie** ist eine Änderungsrichtlinie, die das geltende europäische Bilanzrecht in Form der Bilanzrichtlinie, der Konzernbilanzrichtlinie, der Bankbilanzrichtlinie und der Versicherungsbilanzrichtlinie in weiten Bereichen aktualisiert. Sie führt die Internationalisierung des europäischen Bilanzrechts weiter und räumt zugleich den Mitgliedstaaten größere Flexibilität bei der Anpassung ihres nationalen Rechts ein. Das BilReG beschränkt sich darauf, das Bilanzrecht des HGB an die zwingenden Vorgaben der Richtlinie anzupassen, die vor allem darin bestehen, die Vergleichbarkeit der Rechnungslegung europaweit zu verbessern (Regelungen über den Inhalt der Lageberichterstattung, über die Gestaltung des Bestätigungsvermerks des Abschlussprüfers und über erhöhte Transparenzanforderungen an Kapitalmarktunternehmungen). Die Schaffung weiter reichender Gestaltungsspielräume bleibt ausdrücklich dem gesonderten Vorhaben eines Bilanzrechtsmodernisierungsgesetzes vorbehalten.

Im Rahmen der Umsetzung der **Schwellenwertrichtlinie** passt das BilReG die sog. Schwellenwerte in § 267 Abs. 1 und 2, § 293 Abs. 1 HGB an. § 267 enthält die Umschreibung der Größenklassen für kleine, mittelgroße und große Kapitalgesellschaften. Diese Differenzierung ist maßgebend für verschiedene Befreiungen und Erleichterungen bei den Vorschriften des Dritten Buchs des HGB. So sind z. B. kleine Kapitalgesellschaften von der Verpflichtung befreit, ihren Jahresabschluss prüfen zu lassen (§ 316 Abs. 1 Satz 1 HGB). Nur große Kapitalgesellschaften haben ihren Jahresabschluss im Bundesanzeiger bekannt zu machen (§ 325 Abs. 2 HGB). Darüber hinaus werden in § 293 sind Schwellenwerte im Sinne größenabhängiger Befreiungen von der Pflicht zur Aufstellung eines Konzernabschusses und eines Konzernlageberichts vorgegeben.

Obwohl die Umsetzung der **Fair-Value-Richtlinie** dem Entwurf eines Bilanzrechtsmodernisierungsgesetzes vorbehalten blieb, waren vorab zum 1. Januar 2004 obligatorische Regelungen, die den Anhang und den Lagebericht betreffen, bereits im Rahmen des BilReG zu berücksichtigen und daher vorzuziehen. In diesem Zusammenhang war zu berücksichtigen, dass der von der Fair-Value-Richtlinie verlangte Ansatz und die Bewertung von Finanzinstrumenten nach Marktwert bereits als Unternehmenswahlrecht im Konzernabschluss zugelassen waren (Artikel 42a Abs. 1 Bilanzrichtlinie in der Fassung der Fair-Value-Richtlinie) und im geltenden Recht durch § 292a HGB Rechnung getragen war. Daher konnten Unternehmungen, die den geregelten Kapitalmarkt in Anspruch nahmen, ihren Konzernabschluss nach IAS aufstellen und damit die Möglichkeit nutzen, auch IAS 39 anzuwenden (zur Problematik von IAS 39 siehe auch *Eilenberger* 2012, 76 ff.). Inhaltlich deckt IAS 39 die Anforderungen der Fair-Value-Richtlinie ab und wird durch die neue Vorschrift des § 315a Abs. 3 HGB (Artikel 1 Nr. 20) legitimiert (Unternehmenswahlrecht für einen Konzernabschluss nach IAS).

Mit den Regelungsvorschlägen zur **Unabhängigkeit des Abschussprüfers** durch eine Neufassung von § 319 HGB und durch einen neuen § 319a HGB (Besondere Ausschlussgründe bei Unternehmen von öffentlichem Interesse) setzt der Entwurf Kernpunkte aus dem 10-Punkte-Programm „Unternehmensintegrität und Anlegerschutz" vom 25. Februar 2003 zur Sicherung der Unabhängigkeit der Abschlussprüfer um. Bei der Konzeption dieser Vorschläge sind internationale und nationale Entwicklungen der letzten Zeit miteinbezogen worden.

1.3.1.6   HGB in der Fassung des Bilanzrechtsmodernisierungsgesetzes

Mit dem Inkrafttreten des Bilanzrechtsmodernisierungesetzes (BilMoG) am 28. Mai 2009 erfolgte ein vorläufiger Abschluss der Bemühungen, das HGB zu einem modernen Bilanzrecht unter Berücksichtigung internationaler Erfordernisse zu entwickeln. Das Gesetz verfolgt das Ziel (im Folgenden *BT-Drucksache 16/10067*, 32 ff.) den Unternehmungen eine den *International Financial Reporting Standards* (*IFRS*), die bis zum 1. April 2001 auch als *International Accounting Standards* (*IAS*) bezeichnet wurden, gleichwertige, jedoch einfachere und kostengünstigere Alternative im Rahmen des deutschen HGB zu bieten. Diese Lösung hat den Vorteil, dass der bewährte handelsrechtliche Jahresabschluss Grundlage der Gewinnausschüttung bleibt. Darüber hinaus sichert das BilMoG die Vorzüge der Maßgeblichkeit des handelsrechtlichen Jahresabschlusses für die steuerliche Gewinnermittlung. Somit bleiben diese Eckpfeiler der handelsrechtlichen Rechnungslegung ebenso bestehen wie das System der Grundsätze ordnungsmäßiger Buchführung.

In der Summe bringt das BilMoG den Unternehmungen erhebliche Erleichterungen und Entlastungen. Einzelkaufleute, deren Unternehmenstätigkeit bestimmte Schwellenwerte nicht überschreitet, werden gänzlich von der handelsrechtlichen Buchführungs- und Bilanzierungspflicht befreit. Auf Grund der Anhebung der Schwellenwerte für kleine und mittelgroße Kapitalgesellschaften kann daher künftig eine größere Zahl an Unternehmungen als bisher die größenabhängigen Erleichterungen in Anspruch nehmen.

Mit dem BilMoG wurden darüber hinaus zwei Rechtsakte der Europäischen Union (EU) umgesetzt:

- Zum einen die Richtlinie 2006/46/EG des Europäischen Parlaments und des Rates vom 14. Juni 2006 zur Änderung der Richtlinien des Rates 78/660/EWG über den Jahresabschluss von Gesellschaften bestimmter Rechtsformen, 83/349/EWG über den konsolidierten Abschluss, 86/635/EWG über den Jahresabschluss und den konsolidierten Abschluss von Banken und anderen Finanzinstituten und 91/674/EWG über den Jahresabschluss und den konsolidierten Abschluss von Versicherungsunternehmen, ABl. EU Nr. L 224 S. 1 (sog. Abänderungsrichtlinie), die vorrangig das Bilanzrecht betrifft.
- Zum anderen war die Richtlinie 2006/43/EG des Europäischen Parlaments und des Rates vom 17. Mai 2006 über Abschlussprüfungen von Jahresabschlüssen und konsolidierten Abschlüssen, zur Änderung der Richtlinien 78/660/EWG und 83/349/EWG des Rates und zur Aufhebung der Richtlinie 84/253/EWG des Rates, ABl. EU Nr. L 157 S. 87 (sog. Abschlussprüferrichtlinie), umzusetzen.

Für die Modernisierung des Bilanzrechts waren **drei Aspekte** maßgebend, und zwar die internationalen Entwicklungen der Rechnungslegung, die europäischen Entwicklungen zur Harmonisierung der Rechnungslegung innerhalb der EU und schließlich nationale Entwicklungen:

- Die internationale Rechnungslegung ist von den United States-Generally Accepted Accounting Principles (US-GAAP) und den IFRS geprägt. Bereits im Jahr 2002 haben das für die Erarbeitung der US-GAAP zuständige Financial Accounting Standards Board (FASB) und das für die Erarbeitung der IFRS zuständige IASB eine Vereinbarung abgeschlossen und darin das Ziel formuliert, die IFRS und die US-GAAP zu verbessern und Differenzen zwischen den Standards zu beseitigen. Ergebnis dieser Bemühungen ist die Ende April 2007 unterschriebene Rahmenvereinbarung zwischen der EU und den USA, die zur gegenseitigen Anerkennung der IFRS und der US-GAAP ohne das Erfordernis einer Überleitungsrechnung verpflichten. Demgemäß hat die Securities and Exchange Commission (*SEC*) Ende 2007 auch beschlossen, dass den an Börsen in den USA notierten ausländischen Unternehmungen ab 2008 die Rechnungslegung nach den IFRS ohne Überleitungsrechnung auf die US-GAAP erlaubt ist.
- Die Bestrebungen zu einer Harmonisierung der Rechnungslegung auf europäische Ebene reichen bis in das Jahr 1978 zurück und manifestieren sich im Erlass von Richtlinien. Dabei wurde den Mitgliedstaaten von der von einer informationsorientierten Bilanzierung nach angloamerikanischem Vorbild bis zu der kontinentaleuropäischen Bilanzierungstradition mit der Betonung des Vorsichtsprinzips alle Umsetzungsvarianten erlaubt. Darüber hinaus sind die Bestrebungen darauf ausgerichtet, den Mitgliedstaaten durch eine Öffnung der Bilanzrichtlinie, der Konzernbilanzrichtlinie, der Bankbilanzrichtlinie und der Versicherungsbilanzrichtlinie eine moderate Annäherung ihres nationalen Bilanzrechts an die IFRS zu ermöglichen.
- Auf nationaler Ebene wurde in Deutschland den internationalen und europäischen Entwicklungen mit dem BilReG insofern Rechnung getragen, als der in das HGB aufge-

nommen § 315a HGB die IAS-Verordnung ergänzt und zusammen mit dieser die Rechtsgrundlage für die Konzernrechnungslegung nach IFRS bildet. Grundsätzlich erlaubt § 315a HGB allen konzernrechnungslegungspflichtigen Unternehmungen, den Konzernabschluss mit befreiender Wirkung nach Maßgabe der IFRS aufzustellen. Zudem eröffnet § 325 Abs. 2a HGB Kapitalgesellschaften die Option, einen IFRS-Einzelabschluss zum Gegenstand der Offenlegung zu machen und sich auf diese Weise den Anlegern als Unternehmung mit internationaler Ausrichtung zu empfehlen.

Unter Berücksichtigung der Tatsache, dass die *IFRS* bis 2009 nur für kapitalmarktorientierte Unternehmungen verpflichtende Anwendung erfahren haben sowie deren Ausdehnung auf nicht kapitalmarktorientierte Unternehmungen noch nicht absehbar war, und es kleinen und mittelgroßen Unternehmungen aus Kostengründen nicht vertretbar erscheint, von der etablierten, einfachen und kostengünstigen handelsrechtlichen Rechnungslegung auf die IFRS überzugehen, hielt es der Gesetzgeber für erforderlich, eine **Modernisierung** der **handelsrechtlichen Vorschriften** sowohl für den Jahresabschluss als auch für den Konzernabschluss vorzunehmen. Somit ergibt sich mit der Modernisierung der handelsrechtlichen Rechnungslegungsvorschriften vor allem für kleinere und mittlere Unternehmungen, also den Mittelstand, eine echte **Alternative** zur Rechnungslegung nach *IFRS*.

Die im Verhältnis zu den *IFRS* geschaffene Gleichwertigkeit des handelsrechtlichen Jahresabschlusses bedingt, den im Einkommensteuergesetz niedergelegten Grundsatz der umgekehrten Maßgeblichkeit nach der bisherigen Fassung des § 5 Abs. 1 Satz 2 EStG (a. F.) aufzuheben und durch eine Neufassung von § 5 Abs. 1 EStG (n. F.) zu ersetzen. Allerdings war zu gewährleisten, dass der Jahresabschluss seine bisherige Funktion aufgrund des dann folgenden **Maßgeblichkeitsgrundsatzes** der Handelsbilanz für die Steuerbilanz auch die steuerliche Leistungsfähigkeit des bilanzierenden Kaufmanns abzubilden, weiterhin erfüllen können wird. Mit dieser Neuregelung tritt die Informationsfunktion der Handelsbilanz in den Vordergrund, was zur Folge hatte, dass vom Gesetzgeber das Realisationsprinzip als Gradmesser der steuerlichen Leistungsfähigkeit ggf. punktuell zu modifizieren war. Im Ergebnis dieser Abwägungen entschied sich der Gesetzgeber, auch den handelsrechtlichen Konzernabschluss als einfachere und kostengünstigere Alternative im Vergleich zum Konzernabschluss nach den *IFRS* dauerhaft zu erhalten. Diese Entscheidung berücksichtigt insbesondere die Belange konzernrechnungslegungspflichtiger, nicht kapitalmarktorientierter Unternehmungen. Somit bestand das Ziel der Modernisierung der handelsrechtlichen Vorschriften zum Konzernabschluss vorrangig darin, dessen Vergleichbarkeit mit dem Konzernabschluss nach den *IFRS* im Wege einer moderaten Modernisierung des HGB zu verbessern. Zu diesem Zweck wurden bestehende Wahlrechte beseitigt, womit eine auch Vereinfachung der handelsrechtlichen Konzernrechnungslegung einherging.

1.3.2 Rechtsform- und branchenspezifische Rechnungslegungsvorschriften

In Ergänzung zu den auf alle Unternehmensrechtsformen anwendbaren (rechtsformunabhängigen) Rechnungslegungsvorschriften des Dritten Buches des HGB sind von den Unternehmungen, deren Rechtsformen in Spezialgesetzen oder im Zweiten Buch des HGB (siehe Abb. 1.8) geregelt sind, darüber hinausgehende (rechtsformspezifische) Regelungen zu beachten. Dazu kommen branchenspezifische Rechnungslegungsvorschriften, insbesondere für **Kreditinstitute** nach KWG und dem Bankbilanzrichtlinie-Gesetz vom 30. November 1990 und **Versicherungsunternehmungen** (nach dem VAG) einschließlich der Verordnungen über die (externe) Rechnungslegung von Versicherungsunternehmen und die (interne) Rechnungslegung von Versicherungsunternehmen gegenüber der *BaFin*.

1.3.2.1 Spezifische Rechnungslegungsvorschriften von Kapitalgesellschaften, Genossenschaften und Personengesellschaften

Durch das BiRiLiG wurde eine Reihe von Rechnungslegungsvorschriften des AktG 1965, die seither dort für alle Kapitalgesellschaften ausschließlich enthalten sind, entbehrlich.

Der Fünfte Teil des Ersten Buches (Rechnungslegung, Gewinnverwendung) betrifft für die **Aktiengesellschaft** somit nur noch spezifische Vorschriften zur gesetzlichen Rücklage und zur Kapitalrücklage (§ 150), ergänzende Vorschriften zur Bilanz (§ 152), zur Gewinn und Verlustrechnung (§ 158) und zum Anhang (§ 160). Dazu kommen Neuregelungen zur Prüfung des Jahresabschlusses durch den Aufsichtsrat (§§ 170, 171) sowie zur Feststellung des Jahresabschlusses und zur Gewinnverwendung (§§ 172–176). Demnach kann die Verwaltung, sofern sie den Jahresabschluss feststellt, über die Gewinnverwendung nicht mehr alleine befinden, sondern nur noch die Hälfte des Gewinns ohne besondere Satzungsermächtigung in die Gewinnrücklagen einstellen (§ 172 i. V. m. § 58 Abs. 2 AktG). Die Hauptversammlung (HV) ist im Umfang des festgestellten Jahresabschlusses an die Gewinnverwendung gebunden. Die HV entscheidet über die andere Hälfte, sofern nicht Vorstand und Aufsichtsrat beschlossen haben, die Feststellung des Jahresabschlusses der HV zu überlassen, oder wenn der Aufsichtsrat den Jahresabschluss nicht gebilligt hat. Insofern können sich Einschränkungen bezüglich des Ausmaßes der Selbstfinanzierung (die zu Lasten der Ausschüttung an die Gesellschafter erfolgt) ergeben. Weitere rechnungslegungsrelevante Vorschriften enthält das AktG im Siebenten Teil des Ersten Buches, welche die Nichtigkeit des festgestellten Jahresabschlusses(§§ 256, 257) und den Fall der Sonderprüfung wegen (vermuteter) unzulässiger Unterbewertung (§§ 258–261) zum Gegenstand haben.

Die Besonderheiten bezüglich des Jahresabschlusses und des Lageberichtes der Kommanditgesellschaft auf Aktien regelt§ 286 AktG, der die Tatsache berücksichtigt, dass das Grundkapital der KGaA gesondert auszuweisende Kapitalanteile der persönlich haftenden Gesellschafter enthält. Die Hauptversammlung beschließt über die Feststellung des Jahresabschlusses, wobei dieser Beschluss der Zustimmung des persönlich haftenden Gesellschafters bedarf.

Im Gegensatz zu den (ergänzenden) aktienrechtlichen Regelungen weist das **GmbHG** nur eine relativ geringe Zahl zusätzlicher Rechnungslegungsvorschriften auf: Die Gesellschafter haben für eine ordnungsmäßige Buchführung der Gesellschaft zu sorgen(§ 41) und den Jahresabschluss einschließlich Lagebericht innerhalb der Fristen des § 42a den Gesellschaftern zum Zwecke der Feststellung vorzulegen. In der Bilanz selbst (§ 42) ist das Stammkapital als gezeichnetes Kapital auszuweisen; dazu kommen Spezifikationen zur Nachschusspflicht und zu Ausleihungen, Forderungen und Verbindlichkeiten gegenüber Gesellschaftern. Der Jahresabschluss wird von der Gesamtheit der Gesellschafter festgestellt (§ 46), sofern diese Befugnis nicht durch Satzung den Geschäftsführern oder einem Aufsichtsrat(§ 52) übertragen ist. Über die Verwendung des Ergebnisses entscheidet grundsätzlich die Gesellschafterversammlung.

Das **Gesetz betreffend die Erwerbs und Wirtschaftsgenossenschaften** (GenG) verpflichtet in § 33 den Vorstand, Sorge zu tragen, dass die erforderlichen Bücher der Genossenschaft ordnungsgemäß geführt werden und die Vorlage des Jahresabschlusses einschließlich des Lageberichtes unverzüglich nach ihrer Aufstellung gegenüber Aufsichtsrat und (mit den Bemerkungen des Aufsichtsrates) gegenüber der Generalversammlung erfolgt. Unwesentliche Verletzungen von Formvorschriften begründen nicht die Anfechtung des Jahresabschlusses, sofern dessen Klarheit unbeeinträchtigt bleibt. Für den Fall eines bei Aufstellung der Jahresbilanz oder einer Zwischenbilanz sich ergebenden (oder bei pflichtgemäßem Ermessen anzunehmenden) Verlustes in Höhe der Hälfte der Geschäftsguthaben einschließlich der Rücklagen hat der Vorstand unverzüglich die Generalversammlung einzuberufen und ihr diesen Sachverhalt anzuzeigen.

Offene Handelsgesellschaften (OHG) und Kommanditgesellschaften (KG) als Personengesellschaften ermitteln am Schlusse jedes Geschäftsjahres auf Grund der Bilanz den Gewinn oder Verlust des Jahres sowie den jeweiligen Anteil jedes Gesellschafters am Gewinn/Verlust(§§ 120, 161 Abs. 2 HGB). Der Gewinnanteil wird dem Kapitalkonto des Gesellschafters gutgeschrieben, ein etwaiger Verlustanteil (einschließlich der im Laufe des Jahres entnommenen Kapitalanteile) von diesem abgeschrieben. Die Verteilung des Jahresgewinnes erfolgt nach§ 121 Abs. 1 HGB so, dass zunächst jedem Gesellschafter ein Anteil von 4 % seines Kapitalanteils gebührt; bei geringerem Gewinn bestimmen sich die Anteile nach einem entsprechend niedrigeren Satz. Überschiessende Gewinnanteile dagegen sowie Verluste werden nach Köpfen verteilt. Auf Grund der Ergebnisse eines Geschäftsjahres wird an dessen Schluss jeweils der Gewinn und Verlust im Rahmen einer stillen Gesellschaft ermittelt und der ggf. entstandene Gewinn anteilsmäßig dem stillen Gesellschafter ausbezahlt (§ 232 Abs. 1 HGB). Dem stillen Gesellschafter ist ein Kontrollrecht bezüglich der Richtigkeit des Jahresabschlusses durch § 233 Abs. 1 HGB eingeräumt, das auch die Prüfung des Jahresabschlusses unter Einsicht der Bücher und Papiere umfasst. Auf Antrag des stillen Gesellschafters kann darüber hinaus bei Vorliegen wichtiger Gründe durch das Gericht die Mitteilung einer Bilanz und eines Jahresabschlusses oder sonstiger Aufklärungen sowie die Verlegung der Bücher und Papiere jederzeit angeordnet werden (§ 233 Abs. 3 HGB).

1.3.2.2   Rechnungslegungsvorschriften für Kreditinstitute und Versicherungsunternehmungen

Das **Kreditwesengesetz** (KWG) enthält in § 26 die Verpflichtung, dass Kreditinstitute den Jahresabschluss innerhalb der ersten drei Monate des Geschäftsjahres für das vergangene Geschäftsjahr aufzustellen haben. Weitere Einzelheiten regeln die §§ 340, 340a bis 340o HGB und die Verordnung über die Rechnungslegung von Kreditinstituten (RechKredV). Die RechKredV enthält auch Vorschriften zu den Formblättern zur Gliederung von Bilanz und Gewinn und Verlustrechnung von Kreditinstituten (siehe dazu im Einzelnen *Eilenberger* 2012, 558 ff.).

In analoger Weise verpflichtet das **Versicherungsaufsichtsgesetz** (VAG) in § 55 zur Aufstellung des Jahresabschlusses von Versicherungsunternehmungen. Die Einzelheiten der externen Rechnungslegung enthalten die mit dem Gesetz zur Durchführung der Richtlinie des Rates der Europäischen Gemeinschaften über den Jahresabschluss und den konsolidierten Abschluss von Versicherungsunternehmen (Versicherungsbilanzrichtlinie-Gesetz VersRiLiG) vom 24. Juni 1994 erlassenen Vorschriften, die im Vierten Abschnitt des Dritten

Buches, Zweiter Unterabschnitt, des HGB enthalten sind. Darüber hinaus regelt die Verordnung über die Rechnungslegung von Versicherungsunternehmungen (RechVersV) weitere Einzelheiten der Rechnungslegung. Die RechVersV schreibt darüber hinaus Formblätter zur Gliederung der Bilanz und zur Gliederung der Gewinn und Verlustrechnung für die verschiedenen Hauptzweige der Versicherungsbranche vor. Das VersRiLiG, als „Artikelgesetz" konzipiert, enthält in Art. 1 die HGB-Änderungen und grenzt in §341 HGB den Anwendungsbereich ab. § 341a HGB enthält die für Versicherungsunternehmungen anzuwendenden Vorschriften des HGB, während die §§ 341b bis 341j HGB Spezialitäten der Bewertung und der Bilanzierung regeln.

1.3.2.3   Rechnungslegung von Stiftungen

In Anbetracht der wachsenden Zahl von Stiftungen und der durch steuerrechtliche Anreize geförderten Stiftungsgründungen erhält die Rechnungslegung von Stiftungen zunehmende Bedeutung. Die Rechtsgrundlagen für die Rechnungslegung von Stiftungen finden sich insbesondere in den Landesstiftungsgesetzen (siehe dazu v. a. *Seifart*; zur Rechnungslegung *Orth*), die allerdings teilweise stark voneinander abweichende Anforderungen aufweisen und es weitgehend den Stiftungen freistellen, welche Art der Buchführung (kameralistische Buchführung, einfache Buchführung, doppelte Buchführung) zur Anwendung gelangt. In der Regel stellen Aufzeichnungen über Einnahmen und Ausgaben ausreichende Grundlagen für die von den Landesstiftungsgesetzen geforderte Jahresrechnung (Jahresabrechnung) dar. Einige Stiftungsgesetze fordern darüber hinaus Planungsrechnungen in Form von Haushaltsrechnungen (Haushaltsvoranschläge), die im Rahmen der Prüfung der Jahresrechnung durch die Stiftungsaufsicht (oder die wahlweise damit zu befassenden Wirtschaftsprüfer/Wirtschaftsprüfungsgesellschaften) ergänzend zur Beurteilung der Geschäftsführung durch die Stiftungsorgane herangezogen werden.

Bundesrechtliche Vorschriften in Form des Handelsrechts (HGB) greifen in denjenigen Fällen, in denen Stiftungen mit einem von ihnen unterhaltenen Gewerbebetrieb den von Kauleuten zu erfüllenden Rechnungslegungsanforderungen der §§ 238 bis 263 HGB unterliegen. Die Kaufmannseigenschaft von Stiftungen als juristische Personen (des privaten Rechts) entsteht erst mit der Eintragung in das Handelsregister. Die Verpflichtung zur Führung von Handelsbüchern hängt davon ab, ob sie Vollkaufleute (§ 1 HGB) oder Sollkaufleute (§ 2 HGB) sind. Betreiben Unternehmensträger-Stiftungen ein oder mehrere Einzelunternehmungen, unterliegen sie den vorgenannten Verpflichtungen. Darüber hinaus haben Stiftungen den Rechnungslegungsvorschriften von Kapitalgesellschaften zu entsprechen, wenn zwei der drei Anforderungen des § 1 PublG realisiert sind.

Das Steuerrecht kennt für Stiftungen keine einheitlichen bzw. besonderen Rechnungslegungsvorschriften. Generell sind die Anforderungen über die „Führung von Büchern und Aufzeichnungen" (§§ 140 bis 148 AO) zu erfüllen. Bei gemeinnützigen Stiftungen ergibt sich darüber hinaus die (weitergehende) Verpflichtung des § 63 Abs. 3 AO zur Führung ordnungsmäßiger Aufzeichnungen über die Einnahmen und Ausgaben (zu den Anforderungen an die Ordnungsmäßigkeit der Buchführung siehe auch 1.3.5): Insbesondere haben gemeinnützige Stiftungen den Nachweis zu führen, dass ihre tatsächliche Geschäftsführung auf die ausschließliche und unmittelbare Erfüllung der steuerbegünstigten Zwecke gerichtet ist und den Bedingungen entspricht, welche die Satzung über die Voraussetzungen enthält. Eine Verpflichtung zur Aufstellung von Vermögensübersichten kann jedoch aus § 63 Abs. 3 AO nicht abgeleitet werden. In Anbetracht der Forderung nach zeitnaher Mittelverwendung (§ 55 Abs. 1 AO) und der Einschränkungen zur Rücklagenbildung bestehen auch Nachweispflichten zu etwaigen Rücklagenentwicklungen (Ausnahmefall der Rücklagenzuführung nach§ 58 Nrn. 6 und 7b für „Mittel" sowie § 58 Nr. 7a und § 68 Nr. 7 Satz 3 AO für „Überschüsse"). Aus Vermögensumschichtungen entstandene Buchgewinne unterliegen grundsätzlich nicht der Verpflichtung zur zeitnahen Mittelverwendung.

Hinsichtlich der Organisation der Rechnungslegung und der Buchführung bestehen nach den Landesstiftungsgesetzen insbesondere für kleinere Stiftungen erhebliche Erleichterungen für die Rechnungslegung ein

1.3.2.4   Steuerrechtliche Vorschriften

Die Führung von Büchern und Aufzeichnungen über Geschäftsvorfälle ist schließlich von wesentlicher Bedeutung für die Besteuerung. Die **Abgabenordnung (AO)** enthält in den §§ 140 bis 148 Bestimmungen, die eine Festlegung der Steuerbemessungsgrundlagen im Sinne der Steuergesetze gewährleisten. Von besonderer Bedeutung ist dabei nicht nur die Feststellung des steuerpflichtigen Gewinns, sondern auch der Warenbewegungen (Umsätze) zur Ermittlung der jeweiligen Umsatzsteuerpflicht (Mehrwertsteuer) der Unternehmung. § 140 AO ordnet an, dass Buchführungs- und Aufzeichnungspflichten, die in anderen Gesetzen geregelt sind, auch für die Besteuerung Geltung haben, soweit sie von steuerlicher Bedeutung sind.

Büchern und Aufzeichnungen kommt steuerliche Bedeutung allerdings nicht nur dann zu, wenn sie unmittelbar der Besteuerung unterliegende Gewinne, Umsätze u. ä. ausweisen, sondern auch dann, wenn sie mittelbar die Nachprüfung ausgewiesener Gewinne, Umsätze u. ä. ermöglichen (z. B. können auch betriebsstatistische Aufzeichnungen bei Nachprüfungen Rückschlüsse auf die Richtigkeit der Besteuerungsgrundlage bzw. der abgegebenen Steuererklärung zulassen, obwohl diese nicht direkt zur Ermittlung der Besteuerungsgrundlage heranzuziehen sind). Bedeutung können in diesem Zusammenhang spezifische Bücher und Aufzeichnungen haben, deren Führung in einer Reihe von Gewerbzweigen aus anderen Gründen vorgeschrieben ist (z. B. Betriebsbücher nach der Apothekenverordnung, Einkaufsbücher der Metallhändler, Fremdenbücher für das Hotel- und Gaststättengewerbe, Tagebücher der Handels und Kursmakler usw.).

Insgesamt werden die nach anderen als den Steuergesetzen originär bestehenden Buchführungs- und Aufzeichnungsvorschriften für das Steuerrecht derivativ nutzbar gemacht (abgeleitete Buchführungs- und Aufzeichnungspflicht des § 140 AO). Das Steuerrecht definiert daher auch die Begriffe Bücher, Aufzeichnung und Buchführung nicht besonders (siehe dazu §§ 238 ff. HGB); eine Schaffung eigener Vorschriften zum Inhalt der Buchführung durch das Steuerrecht ist daher entbehrlich. Die handelsrechtlehen Vorschriften sind für die Steuerbilanz maßgeblich (Prinzip der Maßgeblichkeit der Handelsbilanz für die Steuerbilanz).

§ 141 AO regelt die steuerliche Buchführungspflicht bestimmter Steuerpflichtiger (gewerbliche Unternehmer sowie Land und Forstwirte, die nicht von § 140 AO erfasst werden) nach Maßgabe von im Einzelnen aufgeführten Kriterien. Buchführungspflichtige Land und Forstwirte haben neben den jährlichen Bestandsaufnahmen und den jährlichen Abschlüssen ein Anbauverzeichnis zu führen (§ 142 AO). Zentrale Bedeutung zur steuerlichen Erfassung von Warenbewegungen (Käufe und Verkäufe) haben §143 AO (Aufzeichnungspflicht für den

Wareneingang) und § 144 AO, der die Aufzeichnungspflicht für den Warenausgang bei gewerblichen Unternehmungen begründet.

Die formalen Anforderungen an die Buchführung und steuerliche Aufzeichnungen sind in den §§ 145 und 146 AO niedergelegt. In Anlehnung an die von der Rechtsprechung mitentwickelten Grundsätze ordnungsmäßiger Buchführung muss die Buchführung einer Unternehmung so beschaffen sein, dass sich ein sachverständiger Dritter ohne fremde Hilfe innerhalb angemessener Zeit einen Überblick über die Geschäftsvorfälle und über die Lage der betreffenden Unternehmung verschaffen kann; insbesondere müssen sich die Geschäftsvorfälle in ihrer Entstehung und Abwicklung bis zur Bilanzierung verfolgen lassen (§ 145 Abs. 1 AO). Als sachverständige Dritte kommen v. a. einerseits Angehörige der steuerberatenden Berufe, andererseits die vom Fiskus eingesetzten Betriebsprüfer in Betracht. § 146 AO betrifft die Ordnungsvorschriften für die Buchführung und für Aufzeichnungen; im Wesentlichen stimmt sein Wortlaut mit § 239 HGB überein. Dasselbe gilt für § 147 AO, der in Übereinstimmung mit den §§ 257 und 261 HGB Ordnungsvorschriften für die Aufbewahrung von Unterlagen enthält (Aufbewahrungsfristen identisch mit § 257 Abs. 4 HGB). Von den einzelnen Anforderungen an die Buchführungs-, Aufzeichnungs-und Aufbewahrungsfristen können gemäß § 148 AO von den Finanzbehörden Erleichterungen für einzelne Fälle oder für bestimmte Gruppen von Fällen gewährt werden, wenn diese durch Steuergesetze begründeten Pflichten Härten mit sich bringen und die Besteuerung durch die Gewährung von Erleichterungen nicht beeinträchtigt wird. Derartige Erleichterungen gelten jedoch nicht für Pflichten nach dem Handelsrecht.

Bei Vollkaufleuten und bestimmten anderen Gewerbetreibenden, die auf Grund handelsrechtlicher Vorschriften Bücher zu führen und regelmäßig Abschlüsse zu erstellen haben, ist nach den Vorschriften des **Einkommensteuergesetzes** für den Schluss des Wirtschaftsjahres gemäß§ 5 Abs. 1 EStG das Betriebsvermögen anzusetzen, das nach den handelsrechtlichen Grundsätzen ordnungsmäßiger Buchführung auszuweisen ist (Maßgeblichkeit der Handelsbilanz für die Steuerbilanz; **Maßgeblichkeitsprinzip**). Eine Abweichung vom Maßgeblichkeitsprinzip ist dann möglich und erforderlich, wenn im Rahmen der Ausübung eines steuerlichen Wahlrechts ein anderer Ansatz gewählt wird oder wurde. Voraussetzung für die Ausübung steuerlicher Wahlrechte ist, dass die Wirtschaftsgüter, die nicht mit dem handelsrechtlich maßgeblichen Wert in der steuerlichen Gewinnermittlung ausgewiesen werden, in besondere, laufend zu führende Verzeichnisse aufgenommen werden (§ 5 Abs. 1 Satz 2 EStG n.F.). In diesen Verzeichnissen sind der Tag der Anschaffung oder Herstellung, die Anschaffungs- oder Herstellungskosten, die Vorschrift des ausgeübten steuerlichen Wahlrechts und die vorgenommenen Abschreibungen nachzuweisen. Es besteht ein Saldierungsverbot von Posten der Aktivseite mit denen der Passivseite (§ 5 Abs. 1a Satz 1 EStG). Als steuerrechtlicher Gewinn gilt der Unterschied zwischen dem Betriebsvermögen am Schluss des vorangegangenen Wirtschaftsjahres und dem Betriebsvermögen am Schluss des Wirtschaftsjahres, vermehrt um den Wert der Entnahmen und vermindert um den Wert der Einlagen (§ 4 Abs. 1 EStG).

Der Steuerpflichtige darf die Vermögensübersicht (Bilanz) auch nach ihrer Einreichung beim Finanzamt ändern, soweit sie den Grundsätzen ordnungsmäßiger Buchführung unter Befolgung des EStG nicht entspricht (§ 4 Abs. 2 EStG). Weitere Vorschriften des EStG betreffen Einzelheiten der Berücksichtigung verschiedener Sachverhalte in der Steuerbilanz (§§ 6 ff. EStG).

Für Körperschaften, Personenvereinigungen und Vermögensmassen gemäß § 1 Abs. 1 KStG, die ihre Geschäftsleitung oder ihren Sitz im Inland haben, bemisst sich die Steuer gemäß Körperschaftsteuergesetz nach dem zu versteuernden Einkommen (§ 7 KStG), dessen Ermittlung entsprechend nach § 8 KStG sowohl nach den Vorschriften des EStG als auch nach den Vorschriften des KStG zu erfolgen hat.

Dem **Umsatzsteuergesetz** unterliegen die in § 1 UStG detaillierten Umsätze, insbesondere die Umsätze aus Lieferungen und Leistungen im Inland. Die Berechnung der Steuer erfolgt auf der Basis der vereinnahmten Entgelte (§ 13 UStG). Dabei kann die Unternehmung gemäß § 15 UStG Vorsteuerbeträge für solche Lieferungen und Leistungen abziehen, die von anderen Unternehmungen für die betreffende Unternehmung ausgeführt worden sind (Vorsteuerabzug). Der Unternehmer ist verpflichtet, zur Feststellung der Steuer und der Grundlagen ihrer Berechnung Aufzeichnungen zu machen, aus denen vor allem die vereinbarten Entgelte für die vom Unternehmer ausgeführten Lieferungen und Leistungen als auch die vereinnahmten Entgelte und Teilentgelte für noch nicht ausgeführte Lieferungen und Leistungen zu ersehen sein müssen (§ 22 UStG).

1.3.3   Anweisungen an die Finanzverwaltung (Steuerrichtlinien)

Steuerrichtlinien behandeln Zweifelsfragen und Auslegungsfragen von allgemeiner Bedeutung, um eine einheitliche Anwendung des Steuerrechts durch die Behörden der Finanzverwaltung sicherzustellen. Sie sollen den Finanzämtern aus Gründen der Verwaltungsvereinfachung als Anweisungen dienen, wie in bestimmten Fällen zu verfahren ist.

In diesem Zusammenhang sind vor allem die Einkommensteuer-Richtlinien (EStR) und die Körperschaftsteuer-Richtlinien (KStR) von Belang. Für die Gewinnermittlung sind dementsprechend (§ 5 EStG, § 8 KStG) die handelsrechtlichen Vorschriften einschließlich der Verfahrensregelungen nach den EStR bzw. KStR und der AO in den §§ 140 – 148 sowie 154 (Kontenwahrheit bei Kreditinstituten) zu beachten.

1.3.4   Grundsätze ordnungsmäßiger Buchführung und Bilanzierung

In Erkenntnis der Unmöglichkeit, allen erdenklichen Geschäftsvorfällen und ihrer Behandlung in der unternehmerischen Praxis durch gesetzliche Regelungen gerecht werden zu können, hat der Gesetzgeber lediglich den groben Rahmen durch Normen des Handels und Steuerrechts festgelegt. Eine große Zahl von Problemen der Buchführung, Inventur und Bilanzierung sind daher mit Hilfe von Grundsätzen (= Leitsätze, Verfahrensregeln, Generalklauseln) zu lösen, die sich im Laufe der Zeit durch die

- praktische Übung ordentlicher und ehrenwerter Kaufleute (induktive Methode) sowie
- durch die Ableitung aus den Bilanzzwecken (deduktive Methode)

herausgebildet haben und als **Grundsätze ordnungsmäßiger Buchführung (GoB)** bezeichnet werden (sehe dazu im Einzelnen *WP Handbuch* 2012, Fachlicher Teil, Kapitel E. I.). Nach juristischem Sprachverständnis ist dabei unter dem kaufmännischen bzw. betriebswirtschaftlichen Begriff der „Buchführung" neben der Buchführung im engeren Sinne (siehe 1.4) auch die Inventur und der Jahresabschluss (Buchführung im weiteren Sinne oder „Bilanzierung") gemeint (siehe dazu v. a. *Leffson*, 18 u. 55; *Baetge*; *Fey*, 51 ff.). Als Quellen der **deduktiv** gewonnenen GoB kommen vor allem Fachgutachten (Wirtschaftsprüfer, Industrie und Handelskammern), die betriebswirtschaftliche Lehrmeinung und die Rechtsprechung (insbesondere des Bundesfinanzhofes für den steuerlichen Aspekt) in Betracht. Die deduktive Methode der Gewinnung von GoB galt lange Zeit als herrschende Auffassung.

Neuerdings erhält die sog. **hermeneutische Methode** der Gewinnung von GoB zunehmende Bedeutung: Demnach sollen alle Einflusselemente auf die Rechnungslegung Berücksichtigung bei der Auslegung kodifizierter und der Ableitung nicht kodifizierter GoB finden und müssen „sich die Ergebnisse in das Gesamtsystem der GoB sowie in das System der übrigen kodifizierten Vorschriften einfügen" (WP-Handbuch 2012, a.a.O.). Zu diesem Zweck sind beispielsweise die Entstehungsgeschichte von gesetzlichen Vorschriften und deren Begründung, Wortlaut und Wortsinn zu berücksichtigen. Auf Grund dieser weichen Faktoren erfährt diese Methode nicht unerhebliche Kritik in der Literatur.

Der technische Fortschritt mit den Möglichkeiten der Dokumentation von Geschäftsvorfällen mittels verschiedener Speichermedien erforderte schließlich die Entwicklung von Grundsätzen ordnungsmäßiger Speicherbuchführung (GoS), an der entwicklungshistorisch insbesondere die Finanzverwaltung durch Erlass einer bindenden Verwaltungsanweisung (Schreiben des *Bundesfinanzministeriums – BMF –* vom 5.7.1978, BStBl. I, 250) maßgeblichen Anteil hatte. Da sich die GoS im Wesentlichen auf die EDV-Dokumentation und den Datenfluss zwischen den Arbeitsgebieten von der Dateneingabe bis zu den Endergebnissen beschränken, jedoch zusätzlich die Abwicklung der täglichen EDV-Arbeiten ebenso wie die Funktionsfähigkeit der EDV-Organisation für die Ordnungsmäßigkeit der Buchführung mittels EDV insgesamt zu berücksichtigen sind, ist eine Erweiterung der GoS durch Einbeziehung aller wesentlichen ordnungsbedürftigen Erscheinungsformen der Datenverarbeitung in Richtung auf Grundsätze ordnungsmäßiger Datenverarbeitung (GoD) notwendig (siehe dazu *Schuppenhauer*). Dazu kamen Grundsätze für die Verfilmung von gesetzlich aufbewahrungspflichtigem Schriftgut (Mikrofilm-Grundsätze; *BMF*-Schreiben vom 1.2.1984 BStBl. I, 156) und Grundsätze ordnungsmäßiger Buchführung bei computergestützten Verfahren und deren Prüfung (Stellungnahme *FAMA* 1/1987). Den aktuellen Stand zu diesem Komplex fasst die *IDW*-Stellungnahme zur Rechnungslegung: „Grundsätze ordnungsgemäßer Buchführung bei Einsatz von Informationstechnologie" (*IDW RS FAIT* 1) zusammen.

Bezüglich einer Systematisierung der Grundsätze ordnungsmäßiger Buchführung können entsprechend des vielgestaltigen Begriffsinhalts folgende Teilaspekte unterschieden werden (auf die im Einzelnen unter 1.4.2 und 2.2 einzugehen ist):

- GoB im engeren Sinne, welche die Ordnungsmäßigkeit der (Finanz)-Buchführung betreffen und ggf. die GoS sowie die GoD miteinschließen;
- GoB im weiteren Sinne, die sich auf die Ordnungsmäßigkeit der Bilanzierung, also des Jahresabschlusses (Bilanz einschließlich Gewinn und Verlustrechnung), beziehen;
- Grundsätze ordnungsmäßiger Inventur, die sowohl für die Buchführung als auch für die Bilanzierung Bedeutung haben.

Obwohl der Gesetzgeber durch das BiRiLiG Kodifizierungen der GoB i. w. S. (für Nicht-Kapitalgesellschaften und Kapitalgesellschaften) vorgenommen hat, bleiben diese in mehr oder weniger großem Umfang unbestimmte Rechtsbegriffe, die unterschiedlicher Interpretation unterliegen können. Die Möglichkeit, GoB aus unterschiedlichen Quellen mit u. U. konträren Zielsetzungen zu schöpfen, führt zum Teil zu gegensätzlichen, sich ausschließenden Ergebnissen. So unterliegt die induktive Gewinnung von GoB – wie *Heinen* 1982, 165 – feststellt insbesondere deshalb zunehmender Kritik, weil

- sich gezeigt hat, dass weitgehende Entscheidungsfreiheit von Unternehmungen dazu benutzt wurde, die Vermögens und Ertragslage falsch darzustellen und Dritten den Einblick in die Wirtschaftsverhältnisse zu erschweren;
- das Empfinden ordentlicher und ehrenwerter Kaufleute über eine „gesunde Bilanzierungspraxis" eine unbestimmte und unbestimmbare Kategorie darstellt, die sich einerseits wissenschaftlich-exakter Nachprüfung entzieht, andererseits ständigem Wechsel unterworfen ist;
- es unrealistisch ist, von Kaufleuten als Mitgliedern einer Organisation „eine gleichsam objektive oder neutrale Position zu erwarten, die sämtlichen, oft divergierenden Zielsetzungen der zahlreichen Bilanzinteressen bei der Fixierung von Bilanzierungsregeln Rechnung trägt" (*Heinen* 1982, 166).

Die genannten Mängel können durch ein begleitendes oder korrigierendes deduktives Vorgehen behoben bzw. vermieden werden. Die Grundlage für die Entwicklung deduktiv gewonnener Grundsätze liefern für Kapitalgesellschaften vor allem §§ 243 Abs. 2 und 264 Abs. 2 HGB, die u. a. fordern, dass der Jahresabschluss klar und übersichtlich aufzustellen ist und ein den tatsächlichen Verhältnissen entsprechendes Bild der Vermögens-, Finanz und Ertragslage der Kapitalgesellschaft zu geben hat.

Über die Frage, ob unter steuerlichen Aspekten den Grundsätzen ordnungsmäßiger Buchführung Genüge getan ist, geben die **Einkommensteuerrichtlinien** Auskunft (vgl. EStR 2005, H 5.2 zu § 5 EStG). Diese stützen sich insbesondere auf Entscheidungen des *Bundesfinanzhofs*, Vorschriften des HGB und auf *BMF*-Schreiben. Zusammengefasst sind im Wesentlichen folgende Anforderungen zu erfüllen:

1. Eine Buchführung ist ordnungsmäßig, wenn sie den Grundsätzen des Handelsrechts entspricht. Das ist der Fall, wenn die für die kaufmännische Buchführung erforderlichen Bücher geführt werden, die Bücher förmlich in Ordnung sind und der Inhalt sachlich richtig ist. Ein bestimmtes Buchführungssystem ist nicht vorgeschrieben. Das gewählte Buchführungssystem muss jedoch die Erfassung aller Geschäftsvorfälle und des Vermögens gewährleisten.
2. Sämtliche Geschäftsvorfälle sind zeitnah und geordnet in Grundbüchern zu erfassen. Die zeitnahe Erfassung der Geschäftsvorfälle erfordert mit Ausnahme des baren Zahlungsverkehrs keine tägliche Aufzeichnung. Es muss jedoch ein zeitlicher Zusammenhang zwischen den Vorgängen und ihrer buchmäßigen Erfassung bestehen. Dabei ist die Entwicklung der Verhältnisse zu berücksichtigen. Aus Gründen der Rationalisierung der Buchführungsarbeiten und des wirtschaftlichen Einsatzes von Datenverarbeitungsanlagen bei der Erstellung der Buchführung werden in der Praxis die Geschäftsvorfälle nicht laufend, sondern nur periodenweise verbucht. Um diese Rationalisierungsbestrebungen nicht zu beeinträchtigen, ist es nicht zu beanstanden, wenn die grundbuchmäßige Erfassung der Kreditgeschäfte eines Monats bis zum Ablauf des folgenden Monats erfolgt, sofern organisatorische Vorkehrungen getroffen werden, um sicherzustellen, dass Buchführungsunterlagen bis zu ihrer grundbuchmäßigen Erfassung nicht verlorengehen, z. B. durch laufende Nummerierung der eingehenden und ausgehenden Rechnungen oder durch ihre Abheftung in besonderen Mappen oder Ordnern. Die allgemeinen Anforderungen an die Ordnungsmäßigkeit der Buchführung nach Handelsrecht müssen auch in diesem Fall erfüllt sein.

3. Enthält die Buchführung formelle Mängel, so ist ihre Ordnungsmäßigkeit nicht zu beanstanden, wenn die Voraussetzungen gemäß (1) erfüllt sind, das sachliche Ergebnis der Buchführung nicht beeinflusst wird und die Mängel keinen erheblichen Verstoß gegen die sonstigen, angeführten Anforderungen bedeuten.

4. Enthält die Buchführung materielle Mängel (z. B. Geschäftsvorfälle sind nicht oder falsch verbucht), so wird ihre Ordnungsmäßigkeit dadurch nicht berührt, wenn es sich dabei um unwesentliche Mängel handelt, d. h. nur unbedeutende Vorgänge nicht oder falsch dargestellt sind. Die Fehler sind dann zu berichtigen oder das Buchführungsergebnis ist durch eine Zuschätzung richtigzustellen. Wird die Überprüfung des sachlichen Ergebnisses durch Buchführungsmängel nicht wesentlich beeinträchtigt, so kann im Allgemeinen bei überschaubaren Verhältnissen kleinerer Betriebe die Ordnungsmäßigkeit der Buchführung bejaht werden.

5. Die pauschale Verbuchung von Privatentnahmen in Waren berührt die Ordnungsmäßigkeit der Buchführung nicht, wenn sie durch besondere Verwaltungsanordnung zugelassen ist.

Weiter vertiefend werden die GoB im Rahmen des externen Rechnungswesens unter 2.3.1 behandelt.

1.4 Buchungstechnische Grundlagen und Begriffe

Die Entscheidung der Unternehmung für ein bestimmtes Buchführungssystem wird ausschließlich von Zweckmäßigkeitsüberlegungen bestimmt, nicht aber von handels- oder steuerrechtliehen Vorschriften beeinflusst, zumal weder Handels noch Steuerrecht Hinweise auf die Art des zu verwendenden Systems enthalten.

Im Wesentlichen stehen drei Grundtypen von Buchführungssystemen zur Wahl, und zwar

- die einfache kaufmännische Buchhaltung,
- die doppelte kaufmännische Buchhaltung,
- die kameralistische Buchhaltung (siehe *Oettle*; *Wysocki*, 1965).

Während die kameralistische Buchhaltung ihren traditionellen Anwendungsbereich in öffentlichen Erwerbs und Versorgungsbetrieben findet und im Wesentlichen eine Einnahmen-/ Ausgabenrechnung darstellt, erfasst die einfache kaufmännische Buchhaltung die chronologisch geordneten Zu- und Abgänge von Vermögen und Schulden, getrennt nach baren und unbaren Geschäftsvorfällen und den Wareneingang. Da die Buchungen nur einfach (nicht doppelt) erfolgen, ist eine automatische Kontrolle (durch eine Gegenbuchung) nicht möglich. Auf Grund dieser Charakteristika eignet sich die einfache Buchhaltung allenfalls für Kleinbetriebe. Kameralistischer und einfacher kaufmännischer Buchhaltung ist gemeinsam, dass sie die Kategorien „Aufwand" und „Ertrag" nicht kennen; der kameralistischen Buchhaltung sind sogar die Begriffe „Gewinn" und „Verlust" fremd. Die einfache kaufmännische Buchhaltung erlaubt zwar die Ermittlung eines Periodenerfolgs (Gewinn oder Verlust) durch Gegenüberstellung des Vermögens und der Schulden zum Bilanzstichtag, die Erfolgskomponenten (Aufwand/Ertrag) und deren Entwicklung bleiben jedoch unberücksichtigt.

Die Mängel, die sowohl der kameralistischen als auch der einfachen kaufmännischen Buchhaltung anhaften, führen dazu, dass das System der doppelten Buchhaltung dominiert, zumal es für eine effiziente Unternehmungsführung ohne Alternative bleibt.

1.4.1 Doppelte kaufmännische Buchhaltung

Bereits im 15. Jahrhundert bestand für den fortschrittlichen Kaufmann das Problem, gute Rechenmeister zu finden. Diese waren für eine konkurrenzfähige Kaufmannspraxis unabdingbar, zumal sie das „Geheimnis" der doppelten Buchführung hüteten, ohne deren Anwendung schon damals die Führung von verzweigten Großunternehmen – wie dasjenige der Fugger – nicht denkbar war. Die Kenntnis dieser, von den Italienern erfundenen und von den Venezianern zur Blüte gebrachten, in Deutschland so bezeichneten „Hanthierungskunst" machte den Handel aus einem ehemals unkontrollierten Zufallsgeschäft zu einer Wissenschaft, und zwar in einer Zeit, als die geordnete Buchhaltung in Deutschland „aus Lässigkeit noch wenig geübt" (*Winkler*, 37) war. Auf Grund der venezianischen Lehren von den „Meistern des Abakus" weitergegeben, organisierte *Jacob Fugger* (1459–1525) in Augsburg bereits ein Musterrechnungswesen, das die Bücher und alle Elemente einer modernen Finanzbuchhaltung umfasste und zusätzlich zur periodischen Bilanz in eine Gewinn und Verlustrechnung mündete. Damit war es jederzeit möglich, eine Übersicht über die Geschäftslage zu erhalten. Dies bedeutete gegenüber den Konkurrenten, die sich derartiger Methoden des Rechnungswesens noch nicht bedienten, einen erheblichen Wettbewerbsvorteil.

Die besondere Rolle Venedigs für die systematische Gestaltung der doppelten Buchführung besteht darin, dass man deren Grundzüge, die schon im 14. Jahrhundert vereinzelt in Genua und Florenz nachweisbar sind (siehe *Schneider*, D., 96 f.), auf breiter Front einsetzte und in einer Weise fortentwickelte, die von einer Führung der Bücher alla Veneziana (*Hering*, 36) zu sprechen erlaubt. Die besonderen Verdienste bestehen hinsichtlich der Buchhaltungstechnik in Fragen der Anordnung und des Stils, die dann später allgemein übernommen wurden, wie z. B. die Anordnung von Soll und Haben in parallelen Spalten links und rechts, oder die Erstellung von Regeln, wonach jede Eintragung auf dieselbe Weise zu beginnen hatte, oder die Vorschrift, Querverweise vom Journal zum Hauptbuch und von einem Hauptbuchkonto zum anderen anzubringen (siehe dazu *Lane*, 219). Diese Art der Buchführung ermöglichte es dem Kaufmann, einen Abschluss in Form einer Gewinn und Verlustrechnung ebenso vorzunehmen (Berücksichtigung von Erträgen und Aufwendungen) wie die Aktiva und Passiva (Bestandsgrößen) der Höhe nach festzustellen.

Ein frühes Beispiel für die Vorteilhaftigkeit sorgfältiger doppelter Buchführung ist in der Person des venezianischen Kaufmanns *Andrea Barbarigo* überliefert, von dem als erstem Geschäftsbücher (einschließlich Journal und Hauptbuch) erhalten geblieben sind (vgl. *Lane*, 221): Er trug das mäßige Vermögen, das er bei seinem Tod 1449 hinterließ vor allem dadurch zusammen, dass er mit Akribie seine Bücher führte, auf dieser exakten Grundlage bis zum äußersten investieren konnte und jederzeit sich mittels seiner (doppelten) Buchführung darüber informieren konnte, ob er Gewinne machte oder nicht.

1.4.1.1 Charakteristika der doppelten Buchhaltung (Doppik)

Es bestehen folgende Grundregeln:

1. Jeder Geschäftsvorfall wird doppelterfasst und berührt daher zumindest zwei Konten. Damit ergibt sich insbesondere der Vorteil einer automatischen Kontrolle und Abstimmung.

2. Die Geschäftsvorfälle werden jeweils in zeitlicher Reihenfolge in einem Grundbuch (Journal) und nach bestimmten sachlichen Gesichtspunkten im sog. Hauptbuch, den einzelnen Konten, aufgezeichnet.

3. Eines der betroffenen Konten wird im Soll, das andere im Haben (Gegenbuchung) verändert, wobei die Veränderungen sowohl im Soll als auch im Haben der jeweiligen Konten in gleicher Höhe erfolgen müssen.

4. Es erfolgt eine Trennung der Konten in Bestandskonten (Bilanzkonten; Vermögens und Kapitalkonten) und in Erfolgskonten (Konten der Gewinn- und Verlust-Rechnung: Aufwands und Ertragskonten). Diese Strukturierung erlaubt eine Ermittlung des Unternehmenserfolges (Periodenerfolg ebenso wie Totalerfolg) durch Gegenüberstellung (Bestandsvergleich) der Bestandskonten. Dabei bleibt die Bilanzgleichung V (Vermögen) = K (Kapital) jeweils erhalten, sofern Erhöhungen des Vermögens gegenüber dem Kapital als Ausgleichsposten auf der Passivseite (Gewinn) oder Erhöhungen des Kapitals gegenüber dem Vermögen als Ausgleichsposten auf der Aktivseite (Verlust) berücksichtigt werden.

5. Bei Ermittlung des Periodenerfolges ergibt sich der Unternehmenserfolg als Jahresüberschuss aus der Differenz der Erträge gegenüber den Aufwendungen (siehe 2.11).

Hinsichtlich der Wirkungen der Verbuchung von Geschäftsvorfällen auf das Bilanzvolumen der Unternehmung lassen sich folgende grundlegende Sachverhalte unterscheiden:

1. Die Verbuchung eines Geschäftsvorfalles erhöht das Bilanzvolumen. Es erfolgt eine Vermehrung der Aktiva und der Passiva um denselben Betrag. und zwar entweder hinsichtlich des Volumens einzelner Positionen der Bilanz oder bezüglich der Zahl der Bilanzpositionen. In beiden Fällen nimmt die Bilanzsumme zu. Man spricht deshalb von Bilanzverlängerung. Beispiel: Beschaffung von Waren durch Kauf auf Ziel ("Lieferantenkredit"). Dem wertmäßigen Zugang auf der Aktivseite entspricht eine Erhöhung der Verbindlichkeiten auf der Passivseite.

2. Die Verbuchung eines Geschäftsvorfalls löst eine Verringerung des Bilanzvolumens insofern aus, als Aktiva und Passiva der Unternehmung um denselben Betrag vermindert werden (Bilanzverkürzung). Beispiel: Rückzahlung eines Bankkredits (Passivseite) durch entsprechende Überweisung vom Bankguthaben bzw. durch Barzahlung (Aktivseite).

3. Die Verbuchung eines Geschäftsvorfalls berührt jeweils nur die Aktivseite oder nur die Passivseite. Die entsprechenden Bilanzsummen der Aktivseite und Passivseite bleiben zwar konstant, doch tritt eine Veränderung in der Zusammensetzung der einzelnen Positionen der Aktiva oder Passiva ein (Aktivtausch oder Passivtausch). Die Struktur der Aktivseite ändert sich beispielsweise dann, wenn ein Kunde eine gegen ihn bestehende Forderung der Unternehmung durch Überweisung auf das Bankkonto der Unternehmung ausgleicht: Das Aktivum „Forderung" hat sich um den Betrag verringert, um den das Ak-

tivum „Bankguthaben" zugenommen hat; die Bilanzsumme der Aktivseite bleibt jedoch von dieser Transaktion unberührt. Ebenso verhält es sich beispielsweise bei einer Umfinanzierung auf der Passivseite, wenn eine Umschuldung von kurzfristigen Verbindlichkeiten in derselben Höhe in langfristige Verbindlichkeiten durchgeführt wird.

Alle Geschäftsvorfälle lassen sich im Hinblick auf ihre Bilanzwirksamkeit auf eine der unter 1. bis 3. genannten Varianten zurückführen.

1.4.1.2   Kontenarten

Zentrales Element der Doppik – und untrennbar mit ihr verbunden – ist das Konto, das sowohl zur Verbuchung der laufenden Geschäftsvorfälle als auch zur Darstellung des Jahresabschlusses dienen kann. Entsprechend der häufigsten gebrauchten Form wird es auch als T-Konto bezeichnet, das folgende Grundstruktur für die Verbuchung der laufenden Geschäftsvorfalle aufweist:

Soll (S)	Konto …	Haben (H)

Für Zwecke des Jahresabschlusses erfolgt lediglich eine Veränderung der Bezeichnungen, und zwar für die Bilanz in

Aktiva (A)	Bilanz zum …	Passiva (P)

und für die Gewinn und Verlustrechnung (GuV) nach

Aufwendungen (A)	GuV für die Zeit von … bis …	Erträge (E)

Die Konten für die Verbuchung der einzelnen laufenden Geschäftsvorfälle sind aus der Bilanz (Bestandskonten) bzw. aus der GuV als Erfolgsrechnung (Erfolgskonten) abgeleitet. Hinsichtlich der Wirksamkeit von Geschäftsvorfällen für Bilanz bzw. GuV kommt es darauf an, in welcher Weise diese ein Aktivkonto bzw. Ertragskonto oder ein Passivkonto bzw. Aufwandskonto oder ggf. zwei Aktivkonten allein (Fall des „Aktivtausches") oder zwei Passivkonten allein (Fall des „Passivtausches") berühren.

a) Bestandskonten

Bei Aktivkonten, auf denen die Vermögensbestände und deren Veränderungen erfasst werden, erscheinen die Anfangsbestände (der Eröffnungsbilanz) und die jeweiligen Vermögensmehrungen (Zugänge) auf der Soll-Seite, die Vermögensminderungen (Abgänge) dagegen auf der Haben-Seite. Vergleicht man zum Abschlusszeitpunkt die Soll-Seite mit der Haben-Seite, ergibt sich regelmäßig ein Saldo (Endbestand) auf der Haben-Seite, der als Soll-Saldo bezeichnet und in die (Schluss-)Bilanz als Aktivum übertragen wird:

Soll (S) Aktiv-Konto …	Haben (H)
Anfangsbestand	Abgänge
Zugängen	(Soll-)Saldo ⟶ Bilanz (Aktiva)

Auf Passivkonten werden die Kapitalbestände bzw. Schulden der Unternehmung einschließlich ihrer Veränderungen dergestalt ausgewiesen, dass die Anfangsbestände ebenso wie die Zugänge (Kapital bzw. Schulden-Zunahmen) auf der Haben-Seite, die Verringerungen der Schulden bzw. Kapitalrückzahlungen auf der Soll-Seite ihren Niederschlag finden. Demnach muss sich ein Endbestand zum Abschlusszeitpunkt, der in die Bilanz zu übernehmen ist, folgerichtig auf der Soll-Seite als Haben-Saldo ergeben:

Soll (S) Passiv-Konto …	Haben (H)
Abgänge	Anfangsbestand
Bilanz (Passiva) ⟵ (Haben-)Saldo	Zugänge

b) Erfolgskonten

Wenn Aufwandskonten ihrer Struktur nach auch dem Typus des Aktivkontos entsprechen, so ergibt sich insofern eine Besonderheit, als Anfangsbestände nicht auftreten. Aufwandskonten erfassen nämlich nur die in der Rechnungsperiode anfallenden Aufwendungen (z. B. für Löhne und Gehälter, Materialien usw.), die mit dem jeweiligen Saldo in die Erfolgsrechnung (GuV) eingehen. Übertragungen von „Beständen" in die nächste Rechnungsperiode scheiden aus, zumal es sich bei Aufwendungen um periodisierte Ausgaben handelt. Daher zeigen Aufwandskonten folgende Struktur:

Soll (S) Aufwands-Konto …	Haben (H)
Aufwendungen der Rechnungsperiode	ggf. Verminderung von Aufwendungen (Stornierungen)
	(Soll-)Saldo als Ausdruck der Wertminderung ⟶ GuV (Aufwand)

Die Aufwendungen der Periode berühren praktisch ausschließlich die Soll-Seite, Verminderungen auf der Haben-Seite werden ggf. dann notwendig werden, wenn Stornierungen oder Umbuchungen erfolgen. Der Soll-Saldo auf der Haben-Seite geht in die GuV-Rechnung ein.

Für die Ertragskonten gelten hinsichtlich der Charakterisierung der zu verbuchenden Vorgänge dieselben Grundsätze wie für Aufwandskonten, nur erfolgen die Verbuchungen der in der Rechnungsperiode anfallenden Erträge auf der Haben-Seite, ggf. verringert um bestimmte Ertragsminderungen (sofern diese nicht auf gesonderten Erfolgskonten erfasst werden) auf der Soll-Seite. Die Endbestände erweisen sich in Analogie zum Typus des Passiv-Kontos als Haben-Salden, die in die GuV-Rechnung zu übertragen sind:

	Soll (S)	Ertrags-Konto ...	Haben (H)
	ggf. Minderungen (Stornierungen)	Erträge der Rechnungsperiode	
GuV ← (Erträge)	(Soll-)Saldo als Ausdruck des Wertzuwachses		

c) Gemischte Konten

Grundsätzlich wäre auch eine Kombination von Bestands und Erfolgskonten denkbar und praktizierbar, deren Saldo eine Mischung von Endbestand und Erfolg darstellt. Ein derartiger Saldo wäre, damit sinnvolle Aussagen und Zuordnungen möglich werden, durch die Ergebnisse der Inventur zu bereinigen, so dass der Saldo letztlich nur noch den Erfolg zeigt. Als bekannteste Form eines gemischten Kontos ist das ungeteilte Warenkonto anzuführen, auf dem sowohl der Wareneinkauf als auch der Warenverkauf seinen Niederschlag findet. Derartige Vermengungen von Bestands und Erfolgselementen auf einem gemischten Konto können zwar bei sehr kleinen Unternehmungen eine noch akzeptable Erfassungsform von Geschäftsvorfällen darstellen, für die überwiegende Mehrzahl der Unternehmungen ist jedoch die Trennung in ein reines Bestandskonto (hier: Wareneinkaufskonto) und ein reines Erfolgskonto (hier: Warenverkaufskonto) unabdingbar, zumal in diesem Zusammenhang auch zwei unterschiedliche betriebliche Funktionen (Beschaffung vs. Absatz) betroffen sind. Im Folgenden wird daher ausschließlich von einer Trennung in reine Bestandskonten und reine Erfolgskonten ausgegangen, die auch der Forderung nach (unsaldiertem) Nettoausweis genügt. Abb. 1.9 zeigt die Kontenarten im Überblick.

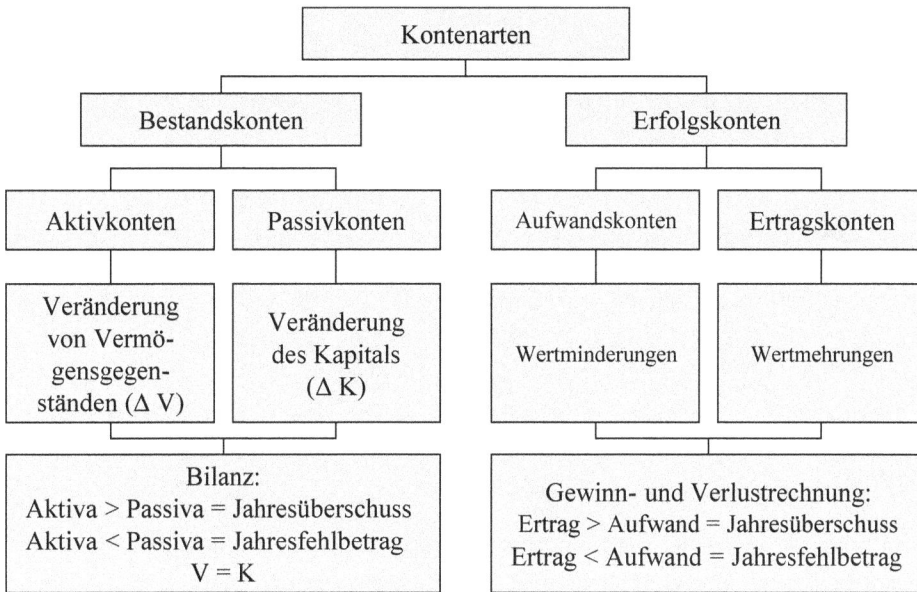

Abb. 1.9:   Kontenarten und Rechnungsergebnisse

1.4.1.3   Kontenrahmen und Kontenplan

Die Vielzahl von Konten erfordert es, diese systematisch in Kontengruppen so zusammenzu-fassen, dass jeweils verwandte Konten eine Kontenklasse bilden, die dann in ihrer Gesamt-heit dem Kontenplan der Unternehmung entsprechen. Zwar ist jede Unternehmung in der Wahl eines zweckmäßigen Kontenplans insofern frei, als gesetzliche Vorschriften für seine Strukturierung fehlen und daher die GoB als alleiniges Kriterium zu beachten sind. Im Inte-resse einer rationalen Betriebsführung und möglicher Betriebsvergleiche wurden von ver-schiedenen Spitzenverbänden der Wirtschaft Kontenrahmen als Grundlage zur Ableitung von Kontenplänen erarbeitet und zur Anwendung empfohlen, die den spezifischen Gegebenhei-ten der jeweiligen Branche angepasst sind.

Für einen Großteil der gewerblichen Unternehmungen kommt denjenigen Kontenrahmen, deren Systematik auf Industriebetriebe ausgerichtet ist, erhebliche praktische Bedeutung zu. Während der **Gemeinschaftskontenrahmen der Industrie (GKR)** am Prozessgliederungs-prinzip orientiert ist und die Betriebsbuchhaltung mit mehreren Kontenklassen direkt ein-schließt, zeigt der **Industriekontenrahmen (IKR)** eine Gliederung nach dem Abschluss oder Bilanzgliederungsprinzip, wobei die Betriebsbuchhaltung als gesonderter Abrech-nungskreis (Kontenklasse 9) sich an die Finanzbuchhaltung anlehnt. Der Industriekonten-rahmen, der 1971 vom *Bundesverband der Deutschen Industrie* (*BDI*) eingeführt und zuletzt 1986 dem BiRiLiG angepasst, zeigt daher den in Abb. 1.10 wiedergegebenen grundsätzli-chen Aufbau nach Kontenklassen.

Kontenklasse 0 Aktivkonten ⎤
Kontenklasse 1 Aktivkonten ⎥
Kontenklasse 2 Aktivkonten ⎥─ Bestandskonten
Kontenklasse 3 Passivkonten ⎥
Kontenklasse 4 Passivkonten ⎦   ⎤
                                                                  ⎥─ Finanzbuchhaltung
Kontenklasse 5 Ertragskonten ⎤   ⎥
Kontenklasse 6 Aufwandskonten ⎥─ Erfolgskonten   ⎥
Kontenklasse 7 Aufwandskonten ⎦   ⎥

Kontenklasse 8 Ergebnisrechnungen   ⎦

Kontenklasse 9 Kosten- und Leistungsrechnung ⎤─ Erfolgskonten

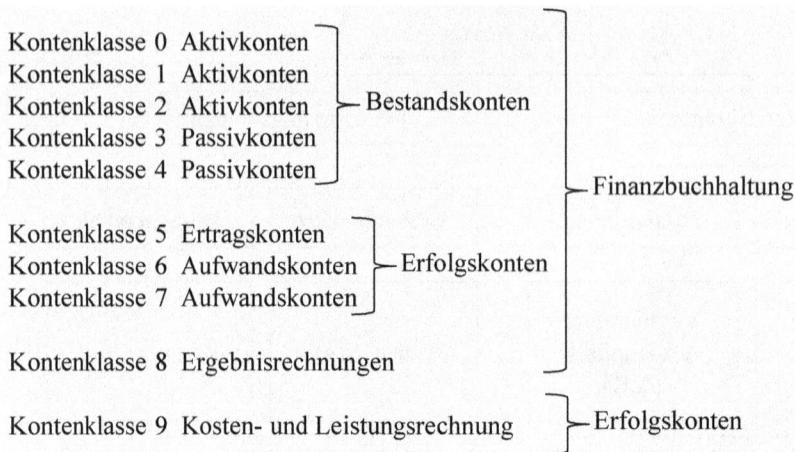

Abb. 1.10:   Systematik des IKR nach Kontenklassen

Abb. 1.11 veranschaulicht die weitergehende Detaillierung des IKR in Kontengruppen. Dabei handelt es sich um eine Grobgliederung, die ihrerseits nach Bedarf weitere Untergliederungen dadurch erfahren kann, dass Unterkonten mit drei-, vier oder mehrstelligen Kontonummern gebildet werden. Als Beispiel für eine derartige Tiefgliederung soll die Aufgliederung der Konten für Forderungen gegen verbundene Unternehmungen nach Restlaufzeiten dienen (Abb. 1.12).

AKTIVA

Anlagevermögen

Kontenklasse 0

0   Immaterielle Vermögensgegenstände und Sachanlagen

   00 Ausstehende Einlagen

   01 Aufwendungen für die Ingangsetzung und Erweiterung des Geschäftsbetriebes

   02 Konzessionen, gewerbliche Schutzrechte und ähnliche Rechte und Werte sowie Lizenzen an solchen Rechten und Werten

   03 Geschäfts- oder Firmenwert

   04 Geleistete Anzahlungen auf immaterielle Vermögensgegenstände

   05 Grundstücke, grundstücksgleiche Rechte und Bauten einschließlich der Bauten auf fremden Grundstücken

   06 Frei

   07 Technische Anlagen und Maschinen

   08 Andere Anlagen, Betriebs- und Geschäftsausstattung

   09 Geleistete Anzahlungen und Anlagen im Bau

Kontenklasse 1

1 Finanzanlagen

   10 Frei

   11 Anteile an verbundenen Unternehmen

   12 Ausleihungen an verbundene Unternehmen

   13 Beteiligungen

   14 Ausleihungen an Unternehmen, mit denen ein Beteiligungsverhältnis besteht

   15 Wertpapiere des Anlagevermögens

   16 Sonstige Ausleihungen (sonstige Finanzanlagen)

Umlaufvermögen

Kontenklasse 2

2 Umlaufvermögen und aktive Rechnungsabgrenzung

   20 Roh-, Hilfs- und Betriebsstoffe

   21 Unfertige Erzeugnisse, unfertige Leistungen

   22 Fertige Erzeugnisse und Waren

   23 Geleistete Anzahlungen auf Vorräte

   24 Forderungen aus Lieferungen und Leistungen

   25 Forderungen gegen verbundene Unternehmen und gegen Unternehmen , mit denen ein Beteiligungsverhältnis besteht

   26 Sonstige Vermögensgegenstände

   27 Wertpapiere

   28 Flüssige Mittel

   29 Aktive Rechnungsabgrenzung

PASSIVA

Kontenklasse 3

3 3 Eigenkapital und Rückstellungen

   30 Kapitalkonto/Gezeichnetes Kapital

   31 Kapitalrücklage

   32 Gewinnrücklagen

   33 Ergebnisverwendung

   34 Jahresüberschuss/Jahresfehlbetrag

   35 Sonderposten mit Rücklageanteil

   36 Wertberichtigungen

   37 Rückstellungen für Pensionen und ähnliche Verpflichtungen

38 Steuerrückstellungen

39 Sonstige Rückstellungen

Kontenklasse 4

4   Verbindlichkeiten und passive Rechnungsabgrenzung

40 Frei

41 Anleihen

42 Verbindlichkeiten gegenüber Kreditinstituten

43 Erhaltene Anzahlungen auf Bestellungen

44 Verbindlichkeiten aus Lieferungen und Leistungen

45 Wechselverbindlichkeiten

46 Verbindlichkeiten gegenüber verbundenen Unternehmen

47 Verbindlichkeiten gegenüber Unternehmen, mit denen ein Beteiligungsverhältnis besteht

48 Sonstige Verbindlichkeiten

49 Passive Rechnungsabgrenzung

ERTRÄGE

Kontenklasse 5

5   Erträge

50 Umsatzerlöse

51 Umsatzsteuersatz/ Erlösberichtigungen

52 Erhöhung oder Verminderung des Bestandes an unfertigen und fertigen Erzeugnissen

53 Andere aktivierte Eigenleistungen

54 Sonstige betriebliche Erträge

55 Erträge aus Beteiligungen

56 Erträge aus anderen Wertpapieren und Ausleihungen des Finanzanlagevermögens

57 Sonstige Zinsen und ähnliche Erträge

58 Außerordentliche Erträge

59 Erträge aus Verlustübernahme

AUFWENDUNGEN

Kontenklasse 6

6   Betriebliche Aufwendungen

60 Aufwendungen für Roh-, Hilfs- und Betriebsstoffe und für bezogene Waren

61 Aufwendungen für bezogene Leistungen

62 Löhne

63 Gehälter

64 Soziale Abgaben und Aufwendungen für Altersversorgung und Unterstützung

65 Abschreibungen

66 Sonstige Personalaufwendungen

67 Aufwendungen für die Inanspruchnahme von Rechten und Diensten

68 Aufwendungen für Kommunikation (Dokumentation, Information. Reisen, Werbung)

69 Aufwendungen für Beiträge und Sonstiges sowie Wertkorrekturen und periodenfremde Aufwendungen

Kontenklasse 7

7   Weitere Aufwendungen

70 Betriebliche Steuern

71 Frei

72 Frei

73 Frei

74 Abschreibungen auf Finanzanlagen und auf Wertpapiere des Umlaufvermögens und Verluste aus entsprechenden Abgängen

75 Zinsen und ähnliche Aufwendungen

76 Außerordentliche Aufwendungen

77 Steuern vom Einkommen und Ertrag

78 Sonstige Steuern

79 Aufwendungen aus Gewinnabführungsvertrag

ERGEBNISRECHNUNGEN

Kontenklasse 8

8   Ergebnisrechnungen

80 Eröffnung/Abschluss

81 Herstellungskosten

82 Vertriebskosten

83 Allgemeine Verwaltungskosten

84 Sonstige Betriebliche Aufwendungen

85 Korrekturkonten zu den Erträgen der Kontenklasse 5

86 Korrekturkonten zu den Aufwendungen der Kontenklasse 6

87 Korrekturkonten zu den Aufwendungen der Kontenklasse 7

88 Kurzfristige Erfolgsrechnung (KER)

89 Innerjährige Rechnungsabgrenzung

KOSTEN UND LEISTUNGSRECHNUNG

Kontenklasse 9 (Vollkostenrechnung)

9   Kosten- und Leistungsrechnung (KLR)

  90 Unternehmensbezogene Abgrenzungen

  91 Kostenrechnerische Korrekturen

  92 Kostenarten und Leistungsarten

  93 Kostenstellen

  94 Kostenträger

  95 Fertige Erzeugnisse

  96 Interne Lieferungen und Leistungen sowie deren Kosten

  97 Umsatzkosten

  98 Umsatzleistungen

  99 Ergebnisausweise

Abb. 1.11:   Kontenklassen und Kontengruppen des IKR in Grobgliederung (Quelle: *BDI 1986*, 21 ff)

Entsprechend der grundlegenden Vorgaben der Kontenrahmen lassen sich für die einzelne Unternehmung den spezifischen Bedürfnissen entsprechende individuelle Kontenpläne entwickeln, die nicht alle die in Abb. 1.10 und Abb. 1.11 aufgeführten Kontengruppen bzw. Einzelkonten enthalten müssen. Von wesentlicher Bedeutung ist jedoch, dass Kontenpläne im Interesse der Nachprüfbarkeit zu den nach § 257 HGB aufbewahrungspflichtigen Unterlagen zählen.

In Zusammenhang mit der Einführung der Bilanzierung nach BiRiLiG wurde der **DATEV-Kontenrahmen SKR 04** entwickelt und 2010 dem BilMoG angepasst. Dabei bilden die Kontenklassen 0 bis 3 die Bilanzkonten ab (0 und 1 Aktivkonten; 2 und 3 Passivkonten für Eigen- und Fremdkapital), während die Kontenklassen 4 bis 7 die Konten der GuV-Rechnung betreffen. Kontenklasse 8 ist frei und Kontenklasse 9 umfasst Saldovortragskonten.

Forderungen

253 Sonstige Forderungen gegen verbundene Unternehmen

  2531 – RLZ kleiner 1 Jahr

  2535 – RLZ größer 1 Jahr

258 Sonstige Forderungen gegen Unternehmen, mit denen ein Beteiligungsverhältnis besteht

  2581 – RLZ kleiner 1 Jahr

  2585 – RLZ größer 1 Jahr

265 Forderungen an Mitarbeiter, an Organmitglieder und an Gesellschafter

  Mitarbeiter:

  2651 – RLZ kleiner 1 Jahr

  2653 – RLZ größer 1 Jahr

Geschäftsführer/Vorstandmitglieder:

2654 – RLZ kleiner 1 Jahr
2655 – RLZ größer 1 Jahr
Mitglieder des Aufsichtsrats:
2656 – RLZ kleiner 1 Jahr
2657 – RLZ größer 1 Jahr

Gesellschafter:

2658 – RLZ kleiner 1 Jahr
2659 – RLZ größer 1 Jahr

266 Andere sonstige Forderungen

2665 -Kautionen, RLZ größer 1 Jahr
2666 – Darlehen, RLZ größer 1 Jahr
2669 – übrige sonstige Forderungen, RLZ größer 1 Jahr

Abb. 1.12:   Tiefgliederung der Forderungen nach Restlaufzeiten (Quelle: *BDI* 9 f.)

1.4.1.4   Verbuchung auf Konten

Die Struktur der Konten mit gleichbleibendem Aufbau, unabhängig davon, ob es sich um Aktiv oder Passiv-Konten bzw. Aufwands oder Ertrags-Konten handelt erlaubt es, die Verbuchungen der Geschäftsvorfälle in stets gleichbleibender Reihenfolge vorzunehmen. Diesen Vorgang bezeichnet man in seinem die eigentliche Buchführung vorbereitenden Teil als Kontierung, die mit Hilfe von sog. Buchungssätzen (als Anweisungen an den die eigentliche Buchung Ausführenden) unter Beachtung des Kontenplanes der Unternehmung erfolgt.

In diesem Zusammenhang zeigt sich auch eine Arbeitsteilung innerhalb der Organisation des betrieblichen Rechnungswesens insofern, als für die Kontierung ein Mindestmaß an betriebswirtschaftlichen Kenntnissen erforderlich ist und diese deshalb in den Kompetenzbereich von Buchhaltern und entsprechend qualifizierten Organen bzw. Instanzen fällt, während die Ausführung dieser Buchungsanweisungen durch manuelle oder maschinelle Buchung auf den Konten bzw. durch EDV-Verarbeitung im allgemeinen geeignetem (teilweise darauf spezialisiertem) Hilfspersonal der Unternehmung selbst – oder bei kleineren Unternehmungen Spezialdiensten außer Haus – überlassen werden kann. Grundsätzlich ergibt sich daher folgender Ablauf der Verbuchung von Geschäftsvorfällen:

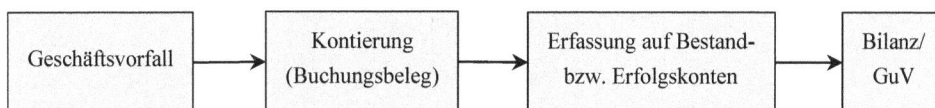

| Geschäftsvorfall | → | Kontierung (Buchungsbeleg) | → | Erfassung auf Bestand- bzw. Erfolgskonten | → | Bilanz/ GuV |

Abb. 1.13:   Ablauf der Verbuchung von Geschäftsvorfällen

Die eigentliche Buchungsanweisung in Form des Buchungssatzes erfolgt in der Weise, dass man, jeweils unter Bezeichnung der betroffenen Konten, in stets gleichbleibender Reihenfolge mit der Soll-Buchung beginnt, der sich die Haben-Buchung anschließt (d. h. das Gegenkonto wird „angerufen"):

Konto ...   EUR ...   an   Konto ...   EUR ...

oder in stärker formalisierter Art (Kontierungsstempel):

Konto ...	Konto ...
EUR ...	EUR ...

Die Kennzeichnung der Konten kann durch die Zahlen des Kontenplanes oder durch eine verbale Kontenbezeichnung erfolgen. Auf dem jeweiligen Konto wird, um bei Nachprüfungen die Vorgänge rekonstruieren zu können, der Buchungssatz (verbal oder als Zahlenkombination) vermerkt.

Beispiel 1 (Wertangaben in EUR):

Hat eine Unternehmung Verbindlichkeiten aus Schuldwechseln in Höhe von 10.000 zu begleichen und erfolgt der Ausgleich durch Kassenmittel, so lautet der Buchungssatz:

Schuldwechsel   10.000   an   Kasse   10.000

bzw. abgekürzt

Schuldwechsel an Kasse 10.000

oder auch vereinfachter

Schuldwechsel/Kasse 10.000.

Als Zahlenkombination gemäß Kontenplan der Unternehmung (z. B. nach IKR) könnte der Buchungssatz auch wie folgt formuliert werden:

45/288 10.000.

Die Verbuchung auf den Konten zeigt folgendes Bild:

S	Kasse (288)	H	S	Schuldwechsel (45)	H
(45)	10.000		10.000	(288)	

oder allgemein:

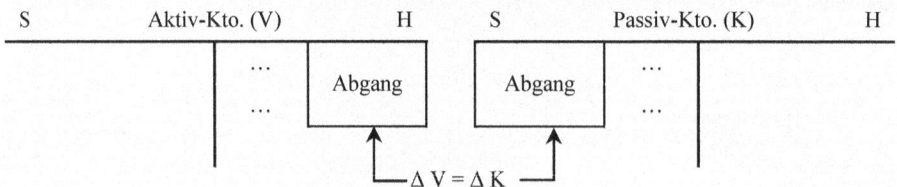

S	Aktiv-Kto. (V)	H	S	Passiv-Kto. (K)	H
... ...	Abgang		Abgang	... ...	

$\Delta V = \Delta K$

Neben den oben dargestellten einfachen Buchungen werden häufig zusammengesetzte Buchungen dann notwendig, wenn ein Geschäftsvorfall gleichzeitig mehr als zwei Konten betrifft. In diesen Fällen muss zwar auch jeweils die Summe aller Soll-Buchungen der Summe aller Haben-Buchungen für den betreffenden Geschäftsvorfall gleich sein, nur ergeben sich unterschiedliche Verteilungen von Teil-Beträgen innerhalb der Soll-Buchungen und/oder Haben-Buchungen.

Beispiele 2 (Wertangaben in EUR):

Beispiel a)

Die Unternehmung beschafft Rohstoffe zum Gesamtpreis von 100.000, deren Bezahlung zur Hälfte in bar (Kasse) und zur Hälfte in Form eines Lieferantenkredits (Verbindlichkeit) erfolgt (in Klammern ist jeweils vermerkt ob es sich um ein Aktivkonto -A- oder ein Passivkonto -P- handelt):

Rohstoffe (A)	100.000	an	Kasse (A)	50.000
			Verbindlichkeiten aus Lieferungen und Leistungen (P)	50.000

S	Rohstoffe	H
Kasse/ Verbl. LuL	100.000	

S	Verbindlichkeiten aus Lieferungen und Leistungen (Verbl. LuL)	H
		Rohstoffe 50.000

S	Kasse	H
		Rohstoffe 50.000

Beispiel b)

Die Unternehmung tilgt einen Bank-Kredit des Kreditinstituts H (KI H) in Höhe von 100.000 in der Weise, dass sie 80.000 von ihrem Guthaben bei Kreditinstitut S (KI S) und 20.000 von ihrem Postscheck-Konto an die B-Bank überweist:

Verbindlichkeiten gegenüber KI H (P)	100.000	an	Guthaben bei KI S (A)	80.000
			Postscheckguthaben (A)	20.000

S	Verbindlichkeiten gegenüber KI H	H
GH S/ PS-GH	100.000	

S	Guthaben bei KI S (GH S)	H
		Verbl. KI H 80.000

S	Postscheckguthaben (PS-GH)	H
		Verbl. KI H 20.000

Beispiel c)

Die Unternehmung beschafft einen Sonderposten Büromaterial für 100.000, von dem sie einen Anteil von 10.000 an eine andere (Konzern-)Unternehmung weiter zu veräußern beabsichtigt. Der Ausgleich erfolgt zum Teil durch Barzahlung (30.000), der Rest des Kaufpreises wird vom Lieferanten gestundet. Buchungssatz:

Waren (A)	100.000	an	Kasse (A)	30.000

Verbindlichkeiten aus Lieferun-   70.000
gen und Leistungen (P)

S	Waren	H		S	Kasse	H
Kasse/ Verbl. LuL	100.000				Waren	30.000

Verbindlichkeiten aus Lieferungen

S	und Leistungen (Verbl. LuL)	H
	Waren	70.000

1.4.1.5   Abschlussbuchungen

Die Vorarbeiten zur Erstellung des Jahresabschlusses erfordern zum einen die Erfassung aller Salden der Einzelkonten im Rahmen einer Abschlussübersicht (Bilanz-, Betriebsübersicht), zum anderen die Zusammenfassung von bestimmten Bilanzpositionen zu aggregierten Größen sowie die Berücksichtigung von notwendigen Umbuchungen bzw. Jahresabschlussbuchungen, die erst zum Bilanzstichtag vorgenommen werden (z. B. Verbuchung der Abschreibungen, Abschluss des Kapitalkontos usw.).

Zweckmäßigerweise geht man dabei so vor, dass in der Abschlussübersicht (Abb. 1.14) in einem ersten Schritt die Bestände der Eröffnungsbilanz (= Endbestände des Vorjahres) erfasst werden, dann die Zugänge bzw. Abgänge während der Rechnungsperiode Berücksichtigung finden und auf dieser Basis eine Summenbilanz gebildet wird, aus der sich wiederum eine Saldenbilanz I als Grundlage für zu erfolgende Umbuchungen ableiten lässt. Diese Veränderungen schlagen sich in der Saldenbilanz II nieder, deren Werte entweder in die Schlussbilanz oder in die Gewinn und Verlustrechnung übernommen werden, wobei mit Hilfe der letzteren bereits der Erfolg der Rechnungsperiode bestimmt wird. Die Werte der Spalten „Schlussbilanz" und „Gewinn und Verlustrechnung" stellen den vorläufigen Abschluss dar und werden sodann, vorausgesetzt dass keine weiteren Berichtigungen und Umbuchungen erfolgen, entsprechend bestehender Gliederungsvorschriften in die endgültige Bilanz (Schlussbilanz) und in die Gewinn- und Verlustrechnung übernommen.

Je nachdem, ob die Aktivseite oder die Passivseite der Bilanz (des „Schlussbilanzkontos") von Abschlussbuchungen betroffen ist, lauten die Buchungssätze beispielsweise

Schlussbilanzkonto an Anlagen   (Aktivseite)

oder

Eigenkapital an Schlussbilanzkonto   (Passivseite).

Kontenbe-zeichnung	Eröffnungsbilanz		Summenzugänge		Summenbilanz		Saldenbilanz I		Umbuchungen		Saldenbilanz II		Schlussbilanz		Gewinn- und Verlustrechnung	
	Aktiva	Passiva	Soll	Haben	Soll	Haben	Soll	Haben	Soll	Haben	Soll	Haben	Aktiva	Passiva	Aufwand	Ertrag
Summe	Aktiva = Passiva		Soll = Haben		Soll = Haben		Soll = Haben		Soll = Haben		Soll = Haben					
											Periodenergebnis		(Verlust)	(Gewinn)	(Gewinn)	(Verlust)
													Aktiva = Passiva		Aufwand = Ertrag	

Abb. 1.14: Struktur einer Abschlussübersicht

Der Abschluss der Erfolgskonten erfolgt über das GuV-Konto in der Weise, dass die einzelnen Salden der Aufwandskonten und Ertragskonten auf dieses Sammelkonto mit Hilfe folgender Buchungssätze zu übertragen sind, beispielsweise

GuV an Personalaufwand   (Aufwandskonten)

oder

Umsatzerlöse an GuV   (Ertragskonten).

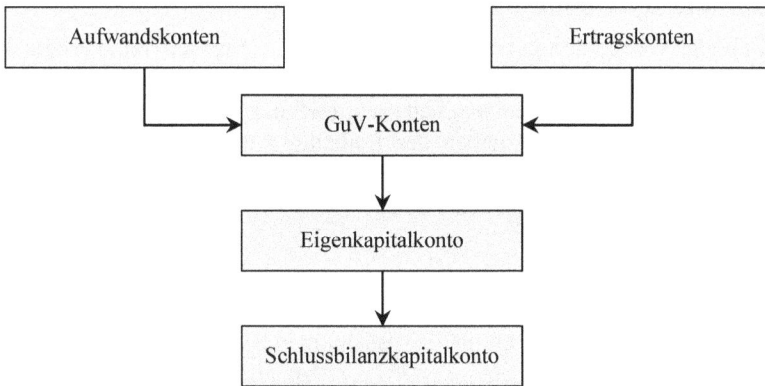

Abb. 1.15: Abschluss des GuV-Kontos bei variablem Eigenkapital

Der Abschluss des GuV-Kontos selbst, der entweder einen Haben-Saldo (Jahresüberschuss bzw. Gewinn) oder einen Soll-Saldo (Jahresfehlbetrag bzw. Verlust) aufweisen kann, wird bei Unternehmungen mit variablem Eigenkapital (Einzelkaufmann, Personengesellschaft) über das Eigenkapitalkonto vorgenommen, dessen Ergebnis seinerseits in das Schlussbilanzkonto eingeht (Abb. 1.15).

Handelt es sich um Unternehmensformen mit fixem Nominalkapital (Kapitalgesellschaften), dann erscheint das Jahresergebnis gesondert in der Bilanz unter den Eigenkapitalpositionen „Jahresüberschuss" bzw. „Jahresfehlbetrag" oder es wird bereits (teilweise) mit Rücklagen verrechnet oder als Gewinn- bzw. Verlustvortrag ausgewiesen (Abb. 1.16).

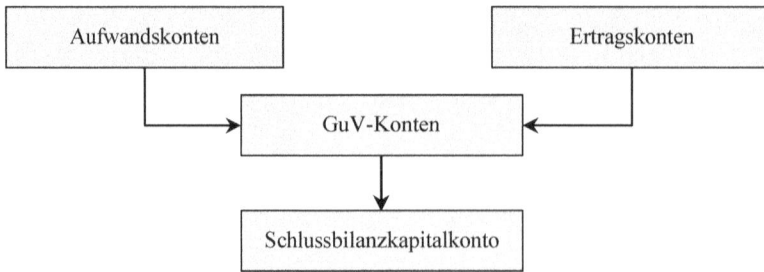

Abb. 1.16:   Abschluss des GuV-Kontos bei fixem Eigenkapital

1.4.2   Konkretisierung der GoB im engeren Sinne („Dokumentationsgrundsätze")

In Verfolgung ihrer Aufgabe der Dokumentation von Geschäftsvorfällen hat die Buchführung grundsätzlich klar und übersichtlich zu erfolgen, was ein sinnvoll aufeinander abgestimmtes Kontierungssystem in Form eines Kontenplans ebenso zur Voraussetzung hat wie die sachlich einwandfreie und der zeitlichen Reihenfolge entsprechende Erfassung der Geschäftsvorfälle (**Grundsatz der Klarheit**).

Dazu kommt das Erfordernis der vollständigen (lückenlosen) und zeitnahen Verbuchung aller Geschäftsvorfälle unter Wahrung der materiell-wirtschaftlichen, rechtlichen und formalen Richtigkeit (**Grundsätze der Vollständigkeit und der Richtigkeit**).

Materielle Richtigkeit der Buchführung ist gewährleistet, wenn die Geschäftsvorfälle in Einklang mit gesicherter betriebswirtschaftlicher Praxis und Lehre sowie gegebenenfalls mit handelsrechtliehen Vorschriften über die Bilanzgliederung (siehe 1.3.1 und 1.3.2) verbucht werden. Die **rechtliche Richtigkeit** wird neben der Einhaltung dieser Bilanzierungsvorschriften für die verschiedenen Unternehmensrechtsformen insbesondere durch das Steuerrecht (1.3.3) und Anweisungen an die Finanzverwaltung (1.3.4) sowie die Rechtsprechung des Bundesfinanzhofes bestimmt.

Von wesentlicher Bedeutung für die Ordnungsmäßigkeit der Buchführung ist darüber hinaus die **formale Richtigkeit** der Verbuchungen von Geschäftsvorfällen, die sowohl die Voraussetzungen zur Buchung als auch die Durchführung der Buchungen betrifft:

Voraussetzung für jede Buchung ist das Vorhandensein eines Beleges (**Belegprinzip**: Keine Buchung ohne Beleg!), wobei zwischen natürlichen und künstlichen Belegen zu unterscheiden ist. Den Regelfall bilden die Buchungen auf Grund **natürlicher Belege**, die im Rahmen der Geschäftsbeziehungen entstehen (Rechnungen, Quittungen, sonstige Dokumente, Wertpapiere, Lohnlisten usw.). Im Gegensatz dazu werden aber auch Buchungen notwendig, für die Belege erst geschaffen werden müssen (**künstliche Belege**), um die unter Beachtung des Belegprinzips erforderlichen Umbuchungen, Korrekturbuchungen aller Art auf Grund von Fehlbuchungen oder Stornierungen, Eröffnungs- und Abschlussbuchungen vornehmen zu können. Künstliche Belege, die für die genannten Buchungen angefertigt werden müssen, erlauben es, bei späteren Nachprüfungen auch diejenigen Buchungsanlässe hinsichtlich ihrer Entstehung und Abwicklung nachzuvollziehen und auf ihre Richtigkeit hin zu untersuchen, die sich in Geschäftsvorfällen des Außenverkehrs der Unternehmung mit ihrer Umwelt, oder teilweise auch des Innenverkehrs nicht niedergeschlagen haben.

Für die Durchführung von Verbuchungen unter dem Aspekt der formalen Richtigkeit sind die handelsrechtliehen Bestimmungen, die Buchungstermine und die buchtechnisch richtige Verarbeitung, d. h. die richtige Verbuchung der Geschäftsvorfälle mit Hilfe von Buchungssätzen, unter Beachtung der materiell-wirtschaftlichen Richtigkeit Maßgebend (zur buchtechnisch richtigen Verarbeitung einzelner, typischer Buchungsvorgänge siehe v. a. *Engelhardt/Raffée* und *Graf/Hecht*).

Der **Grundsatz der Klarheit** mit seinen Ausprägungen in Form der **Übersichtlichkeit** und der **Nachprüfbarkeit** hat eine für alle Kaufleute verbindliche Kodifizierung in § 238 Abs. 2, S. 1 und 2 HGB gefunden, während es sich bei den Grundsätzen der Vollständigkeit und der Richtigkeit nach wie vor um nichtkodifizierte GoB handelt. Eine Übersicht bezüglich der Systematik der GoB i. e. S. gibt Abb. 1.17.

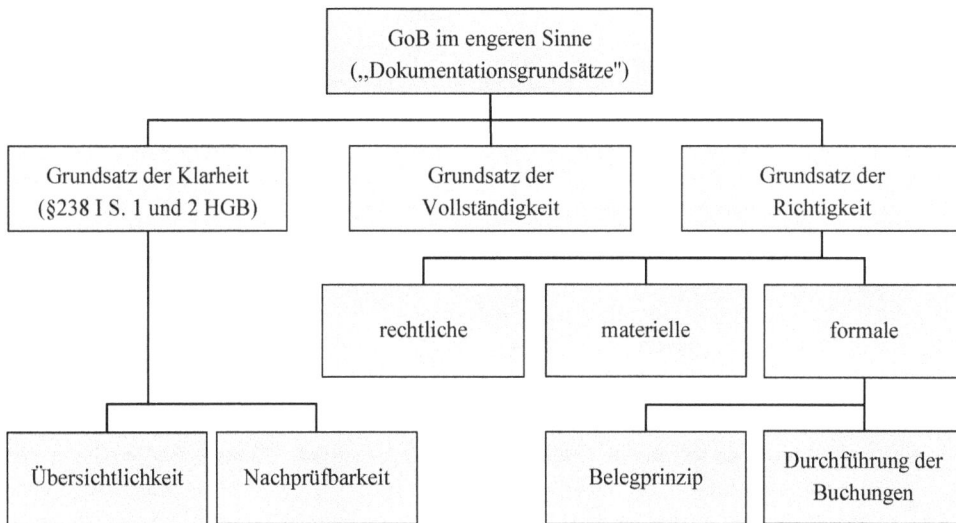

Abb. 1.17:   Systematik der GoB i. e. S.

1.4.3   Organisation der Buchhaltung und des Rechnungswesens

Die Entscheidungsträger von Unternehmungen benötigen aktuelle Informationen als Entscheidungsgrundlage, die u. a. vom betrieblichen Rechnungswesen möglichst umgehend und in der gewünschten Form (z. B. komprimiert in Kennzahlen) zu liefern sind. Dies setzt als Mindestanforderung voraus, dass die Geschäftsvorfälle an dem Tag zu verbuchen sind, an dem sie sich ereignet haben (**Grundsatz der Tagfertigkeit der Buchhaltung**).

Die Verhältnisse bei verschiedenen Typen von Betriebswirtschaften, wie beispielsweise bei Bankbetrieben, erfordern jedoch eine noch schnellere Erfassung der Geschäftsvorfälle einschließlich deren buchtechnischer Abwicklung innerhalb eines Geschäftstages, damit die notwendigen Entscheidungen auf allen Ebenen ohne zeitlichen Verzug und aus der Sicht dieser Unternehmung zieladäquat getroffen werden können. Damit wandelt sich das Postulat der Tagfertigkeit teilweise zum **Grundsatz der Stundenfertigkeit**, auf dessen Realisierung Bankbetriebe wegen der Eigenarten der bankbetrieblichen Leistungserstellung (siehe dazu *Eilenberger* 2012, 171 ff.) für zielgerichtete und fundierte Dispositionen angewiesen sind. So muss beispielsweise bei Bankbetrieben in Anbetracht der direkten Kundenkontakte der jeweilige aktuelle Kontostand des nachfragenden Kunden ebenso bekannt sein wie ein ggf. an einem bestimmten Tag oder zu einer bestimmten Stunde bestehender Liquiditätsengpass, der durch entsprechende Mittelaufnahmen auf dem Geldmarkt zu überbrücken ist bzw. ein aufgetretener Liquiditätsüberschuss am Geldmarkt zum Ausgleich zu bringen ist, anderenfalls (bei unterbliebenem Ausgleich) Rentabilitätseinbußen in Kauf zu nehmen wären.

Die **Organisation der Buchhaltung** trägt diesen Erfordernissen durch weitgehende Rationalisierungen der Belegverarbeitung und der buchtechnischen Abwicklungsmethoden sowie durch den Einsatz von EDV-Anlagen insofern Rechnung, als die Buchungen im Dialogbetrieb mit Hilfe von Terminals (Datensichtstationen am Arbeitsplatz) on-line erfolgen. Der restliche Teil der Buchungen, der eine derartig umgehende Erfassung und Verarbeitung nicht erfordert, wird nicht zuletzt aus Kostengründen im Stapelverfahren (batch processing) meist während der Nachtstunden abgewickelt. Die Dokumentation der Geschäftsvorfälle auf digitalen Speichermedien ersetzt dabei in beiden Fällen der Verarbeitung die früher üblichen manuellen und/oder maschinellen Erfassungen in Büchern und die damit verbundenen Dokumentationsmethoden in raumbeanspruchenden Archiven. Die erheblichen Leistungssteigerungen im Computerbereich ermöglichen selbst kleinen Unternehmungen den Einsatz von EDV-Systemen, insbesondere von Personal Computern (PCs) im Rechnungswesen. Dadurch entstehen den Unternehmungen einerseits wirtschaftliche Vorteile. Andererseits aber auch eine Reihe von zusätzlichen, neuen Problemen. auf die noch hinzuzuweisen ist.

Da manuelle Techniken nach wie vor in der betrieblichen Praxis Anwendung finden können und auch EDV-Anwendungen im Grunde auf diesen Anwendungen basieren, sind sie an dieser Stelle in ihren Grundzügen zu charakterisieren:

Manuelle Verfahren der Buchhaltung setzen die Existenz

- eines **Grundbuches (Journal)**, in dem die Geschäftsvorfälle in der Reihenfolge des zeitlichen Anfalls lückenlos ohne Rücksicht auf die sachliche Zuordnung zu bestimmten Konten erfasst werden (Abb. 1.18), und
- eines **Hauptbuches**, in das die im Grundbuch erfassten Geschäftsvorfälle systematisch auf die sachlich zugehörigen Konten (entsprechend der Bilanzgliederung übertragen werden,

voraus. Das Grundbuch kann im Wege der Arbeitsteilung durch das Kassenbuch (für die Dokumentation der Bar-Ein- und Auszahlungen), durch Bankbücher und durch Rechnungseingangs- und Rechnungsausgangsbücher u. ä. detailliert werden. Dasselbe gilt für das Hauptbuch.

Tag	Buchungstext	Betrag	Kasse		Bank		Wareneingang		Warenausgang		...	
			Soll	Haben	Soll	Haben	Soll	Haben	Soll	Haben	Soll	Haben

| Grundbuch | Hauptbuch |

Abb. 1.18:   Tabellenbuchhaltung

Unabhängig von den Erscheinungsformen im Einzelnen erfolgt die Erfassung der Geschäftsvorfälle grundsätzlich in zweifacher Weise (Doppik), nämlich im Grundbuch und im Hauptbuch. Jedoch ergeben sich Unterschiede der manuellen Verfahren nach der Art der Übertragung in das Hauptbuch insofern, als

- die Übertragungsbuchhaltung die Geschäftsvorfälle chronologisch im Grundbuch erfasst und dann auf die einzelnen Konten des (getrennt geführten) Hauptbuches übernimmt;
- die Tabellenbuchhaltung („amerikanisches Journal") das Grundbuch und das Hauptbuch in einem gemeinsamen Buch vereint (Abb. 1.17) und dadurch Fehlerquellen, die bei Übertragungen in getrennte Bücher auftreten, zu vermeiden versucht. Allerdings ist in Anbetracht des verfügbaren Platzes nur eine geringe Zahl von Hauptbuchkonten möglich, so dass sich diese Methode auf kleine und kleinste Unternehmungen beschränkt;
- die Durchschreibebuchführung die Buchung der Geschäftsvorfälle in Grund und Hauptbuch gleichzeitig (Durchschrift) ermöglicht und damit sowohl vom Arbeitsaufwand als auch wegen der Vermeidung von Übertragungsfehlern die rationellste und sicherste manuelle Methode darstellt sowie die Zahl der Konten nicht beschränkt ist. Die Anwendung dieser Methode bedingt die Einrichtung einer Lose-Blatt-Buchhaltung (bzw. Offene-Posten-Buchhaltung), in der die Belege die Funktion des Grundbuches übernehmen. Dies setzt allerdings die Aufbewahrung der offenen Rechnungen nach fortlaufenden Nummern bzw. die (getrennte) Aufbewahrung der offenen Rechnungen („offene Posten") und der ausgeglichenen Rechnungen nach einem am Kontenplan der Unternehmung orientierten Ordnungssystem voraus.

Ein sehr weitgehendes Stadium der Rationalisierung und Beschleunigung der Buchungsvorgänge einschließlich deren Dokumentation bringt der Einsatz von **EDV-gestützten Verfahren**, die auf Automatisierung der Abwicklung ausgerichtet sind und darüber hinaus auch weitergehende Auswertungsaufgaben übernehmen können. Bei Einsatz dieser Verfahren lassen sich nicht nur innerhalb kürzester Zeit Tagesabschlüsse („Tagesbilanzen") erstellen, sondern auch Verknüpfungen von Bilanzpositionen bzw. Hauptkonten herstellen, die eine Verdichtung dieser Werte zu Kennzahlen und die Erstellung von Statistiken oder die Anfertigung von Listen über Außenstände (Offene-Posten-Listen über Debitoren insgesamt und Einzelaufstellungen für einzelne Schuldner nach Fälligkeiten, Mahnhäufigkeiten usw.) zulassen und dem Management der Unternehmung auf diese Weise rasch brauchbare Entscheidungsgrundlagen liefern. Die Entwicklung der EDV-Anwendungen führt schließlich auch dazu, dass vor allem kleinere Unternehmungen die Möglichkeiten der Fernbuchhaltung außer Haus durch spezialisierte Dienstleistungsunternehmungen (wie z. B. das *DATEV*-Buchführungssystem der steuerberatenden Berufe mit Zentrale in Nürnberg; siehe dazu *Rudolph*) nutzen können. EDV-gestützte Buchungsverfahren ersetzen in Anbetracht der Speicherung der Buchungsvorgänge die Dokumentation auf platzbeanspruchenden papiergestützten Systemen. Die Ergebnisse bzw. gespeicherten Daten lassen sich jederzeit einzeln abfragen oder listenmäßig ausdrucken. Personal Computer finden zunehmend bei kleineren Unternehmungen und Handwerkern Einsatz, die damit einerseits die Loslösung von Externen (Steuerberatern und sonstigen Buchführungsberechtigten) bei der Buchführung anstreben und sich andererseits eine verbesserte Auslastung des PC versprechen. Allerdings ist in diesem Zusammenhang zu berücksichtigen, dass auch der Einsatz von PC Kenntnisse in der Buchhaltung nicht ersetzt, sondern voraussetzt. Dazu kommt das Erfordernis eines ausreichenden Speichervolumens des PC, die Existenz von ordnungsgemäß arbeitenden Programmen und die Verfügbarkeil von Personal mit ausreichenden Buchhaltungskenntnissen, also Mitarbeitern, die sachgerecht kontieren können (zu den Voraussetzungen und zur Technik des PC-Einsatzes siehe v. a. *Fröhlich*).

Spezifische Probleme für den PC-Einsatz im Bereich der Buchführung ergeben sich grundsätzlich insofern, als ein derartiges Buchführungssystem den GoB in ihrer Konkretisierung der GoS (siehe *FAMA*; *BMF* 1981; *IDW RS FAIT* 1) entsprechen muss. Zu erfüllen sind daher die Grundsätze der Vollständigkeit, Richtigkeit, Zeitgerechtigkeit, Sicherheit und Prüfbarkeit (siehe auch *Hanisch*): Der **Grundsatz der Vollständigkeit** verlangt, dass das Verarbeitungssystem alle Geschäftsvorfälle und Buchungen zu erfassen und die gespeicherten Daten zumindest bis zu ihrem Ausdruck zu erhalten hat. Dazu kommt das Erfordernis, in den EDV-Ausdrucken der Kontoblätter und Journale alle Buchungen zu dokumentieren, um die Beleg-, Grundbuch- und Kontenfunktion zu gewährleisten. Nach dem **Grundsatz der Richtigkeit** muss die richtige Verarbeitung durch das (die) Buchhaltungsprogramm(e), die richtige Datenerfassung und die Einhaltung der richtigen Reihenfolge der Verarbeitung sichergestellt sein. Entsprechend dem **Grundsatz der Zeitgerechtigkeit** hat die EDV die Verbuchung der Geschäftsvorfälle ohne Zeitverzug zu ermöglichen und die Buchungsvorgänge den richtigen Buchungsperioden zuzuordnen, so dass insgesamt ein zeitlicher Zusammenhang zwischen den Buchungsanlässen und ihrer buchungsmäßigen Erfassung besteht. Der **Grundsatz der Nachprüfbarkeit** (durch einen sachverständigen Dritten) erfordert nicht nur eine sachlogische Beschreibung des PC-Abrechnungsverfahrens einschließlich Sicherung der ordnungsgemäßen Programmverwendung, sondern auch die Aufbewahrung der Arbeitsanweisungen an die Mitarbeiter und der Verarbeitungsprogramme innerhalb der Aufbewahrungsfrist von 10 Jahren. Da beim Einsatz von Standardprogrammen ein Großteil der Verfahrensdokumentation beim Software-Hersteller verbleibt, muss sichergestellt sein, dass z. B. auf Verlangen der Finanzverwaltung im Rahmen der Betriebsprüfung die Verfahrensdokumentation vom Software-Hersteller zur Verfügung gestellt wird (was bei der nicht seltenen Liquidation des Software-Herstellers zu erheblichen Problemen führen könnte). Der **Grundsatz der Sicherheit** ist erfüllt, wenn die Daten jederzeit nach denselben Regeln verarbeitet sowie vor Vernichtung und/oder missbräuchlicher Verwendung geschützt werden. Zweckmäßigerweise sollte der Anwender in diesem Zusammenhang die Daten aufbewahren, mit denen der Test der Programme bei der Installation erfolgte.

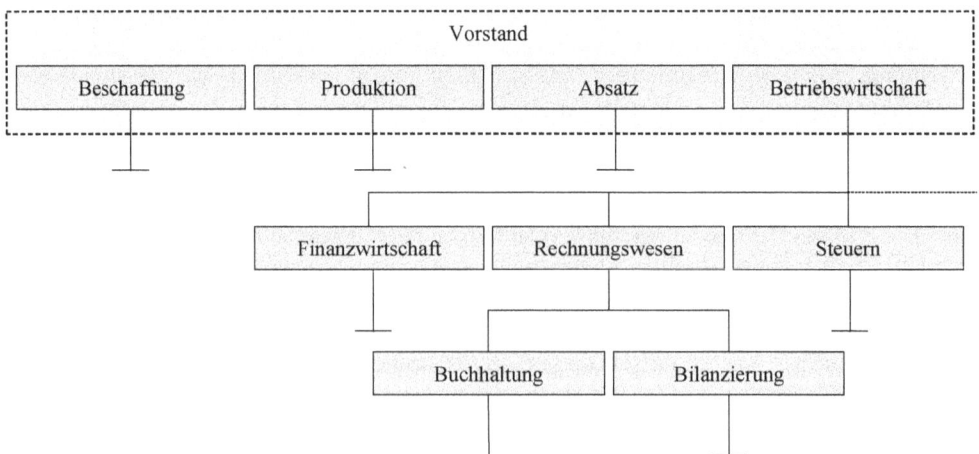

Abb. 1.19:   Einordnung des Rechnungswesens in eine nach betrieblichen Funktionen strukturierte Unternehmensorganisation

Die Organisation des betrieblichen Rechnungswesens zeigt schließlich auch Auswirkungen auf die Gestaltung der Aufbauorganisation der Unternehmung insofern, als jedenfalls bei größeren Unternehmungen die Aufgabengebiete der Buchhaltung und der Bilanzierung in eigene Abteilungen oder Unterabteilungen innerhalb des Ressorts Betriebswirtschaft bzw. Rechnungswesen oder innerhalb einer Zentralabteilung (bei Spartenorganisationen) getrennt werden (Abb. 1.19 und Abb. 1.20).

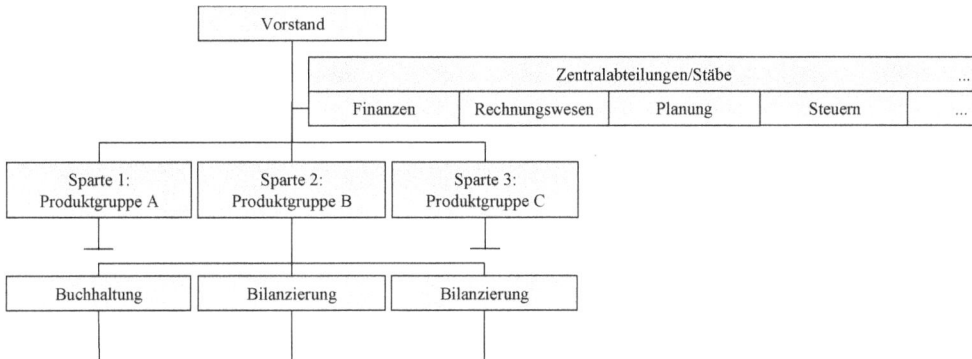

Abb. 1.20: Integration des Rechnungswesens in einer produktorientierten Spartenorganisation (zentrales Rechnungswesen)

Literatur zu Kapitel 1

Baetge, J., Grundsätze ordnungsmäßiger Buchführung. DB 1986, Beilage Nr. 26/86.

Eilenberger, G. (2012), Bankbetriebswirtschaftslehre. Grundlagen – Internationale Bankleistungen – Bank-Management, 8. Aufl., München/Wien 2012.

Eilenberger, G., Ernst, D. und Toebe, M., Betriebliche Finanzwirtschaft, 8. Aufl., München 2013.

Engelhardt, W./H. Raffee, Grundzüge der doppelten Buchhaltung, 2. Aufl., Wiesbaden 1976 (Nachdruck 1984)

FAMA, Entwurf einer Verlautbarung: Minicomputer im Rechnungswesen – Besonderheiten des internen Kontrollsystems und der Prüfung, in: WPg 1983, 219–221.

Fey, D., Imparitätsprinzip und GoB-System im Bilanzrecht 1986, Berlin 1987.

Fröhlich, M., Finanzbuchführung mit Personal Computern, Düsseldorf 1988.

Graf, H./E. Hecht, Rechnungswesen für Wirtschaftsschulen, Bände 1–3, München 1978.

Hanisch, H., Probleme der internen Kontrolle beim Einsatz von Personal Computern im Rechnungswesen kleiner Unternehmen, in: DB 1986, 1988–1991.

Hanisch, H., Die Gestaltung des Internen Kontrollsystems bei PC-gestütztem Rechnungswesen, in: DB 1987, 749–752.

Heinen, E., Handelsbilanzen. 10. Aufl., Wiesbaden 1982 (12. Aufl. 1986).

IDW RS FAIT 1 Grundsätze ordnungsmäßiger Buchführung bei Einsatz von Informationstechnologie, in: WPg 21/2002, S. 1157–1167.

Hering, E., Die Fugger, Leipzig 1940.

Lane, F.C., Seerepublik Venedig, München 1980.

Leffson, U., Die Grundsätze ordnungsmäßiger Buchführung. 7. Aufl., Düsseldorf 1987.

Oettle, K., Buchhaltung, kameralistische. Handwörterbuch des Rechnungswesens. Hrsg. von E. Kosiol, 2. Aufl., Stuttgart 1981, S. 313–324.

Rudolph, S., Das DATEV-Buchführungssystem, 3. Aufl., Köln 1984.

Scheidle, H., Scheidle, G., Der Jahresabschluß nach dem neuen Bilanzrichtlinien-Gesetz. München 1986.

Schneider, D., Allgemeine Betriebswirtschaftslehre. 3. Aufl. München/Wien 1987.

Schneider, D., Geschichte betriebswirtschaftlicher Theorie, München/Wien 1981.

Seifart, W. (Hrsg.), Handbuch des Stiftungsrechts, München 1987.

Treuberg, H. Graf v., Auswirkungen der Reform für „Kaufleute", in: BFuP 1986, 145–159.

Winkler, W., Jacob Fugger der Reiche, München 1940.

WP-Handbuch 2012, Wirtschaftsprüfung, Rechnungslegung, Beratung, Band I, 14. Aufl., Düsseldorf 2012.

Wysocki, K. v., Kameralistisches Rechnungswesen, Stuttgart 1965.

2 Externe Rechnungslegung (Jahresabschluss und Lagebericht)

Im Zentrum dieses Kapitels stehen die handelsrechtlichen Vorschriften zur handelsrechtlichen Rechnungslegung. Darüber hinaus sollen auch die steuerrechtlichen Vorschriften zur Bilanzierung dargestellt werden.

Die Verbindung zwischen beiden Rechnungswerken ist der **Maßgeblichkeitsgrundsatz**, der im § 5 Abs. 1 EStG kodifiziert ist. Dieser fordert von buchführenden Gewerbetreibenden, dass für den Schluss des Wirtschaftsjahres das Betriebsvermögen anzusetzen ist, das nach den handelsrechtlichen Grundsätzen ordnungsmäßiger Buchführung auszuweisen ist. Die Ansätze in der Steuerbilanz richten sich also ebenfalls nach den Grundsätzen ordnungsmäßiger Buchführung. Dieser Grundsatz gilt allerdings nur insoweit, wie es keine abweichenden steuerrechtlichen Vorschriften gibt, die eine andere Bilanzierung gebieten oder erlauben.

Der Logik des Maßgeblichkeitsgrundsatzes folgend werden zu jedem Themengebiet immer zuerst die handelsrechtlichen Vorschriften dargestellt, bevor im Anschluss auf abweichende steuerrechtliche Vorschriften eingegangen wird.

2.1 Grundlagen der externen Rechnungslegung

2.1.1 Zwecke der externen Rechnungslegung

Die handelsrechtlichen Vorschriften zur Rechnungslegung unternehmen nicht den Versuch, der Vielfalt an denkbaren Geschäftsvorfällen durch eine Vielzahl von einzelfallbezogenen Regelungen gerecht zu werden. Vielmehr beschränkt sich das HGB auf die Festlegung relativ abstrakter Rechnungslegungsprinzipien, die im Einzelfall zu konkretisieren und auszulegen sind. Die Grundlage hierfür bilden die mit dem Jahresabschluss verfolgten Zwecke.

Das Handelsrecht enthält jedoch keine explizite Formulierung der Jahresabschlusszwecke. Auch die Formulierung des § 264 Abs. 2 HGB, wonach der Jahresabschluss unter Beachtung der Grundsätze ordnungsmäßiger Buchführung ein den tatsächlichen Verhältnissen entsprechendes Bild der Vermögens-, Finanz- und Ertragslage der Kapitalgesellschaft zu vermitteln hat, gibt in dieser Frage wenig Aufschluss. Das liegt zum einen daran, dass die Grundsätze ordnungsmäßiger Buchführung nicht vollständig kodifiziert sind, und zum anderen an der Unbestimmtheit der verwendeten Begriffe der Vermögens-, Finanz- und Ertragslage.

Folglich bleibt dem Gesetzesanwender nichts anderes übrig, als die Zwecke des Jahresabschlusses aus den kodifizierten Bilanzierungsnormen abzuleiten. Somit ist die Beziehung zwischen den handelsrechtlichen Normen und den Jahresabschlusszwecken wechselseitig. Die Jahresabschlusszwecke dienen als Grundlage für die Auslegung handelsrechtlicher Vorschriften, die ihrerseits Ausgangspunkt für die Bestimmung der Jahresabschlusszwecke sind.

In der betriebswirtschaftlichen Literatur existieren unterschiedliche Systematisierungen der Jahresabschlusszwecke. Im Folgenden soll kurz die Unterteilung in

- Dokumentation,
- Rechenschaft und
- Kapitalerhaltung

dargestellt werden (*Baetge/Kirsch/Thiele*, S. 92 ff.).

2.1.1.1   Dokumentation

Der **Dokumentationszweck** lässt sich unmittelbar aus dem § 238 Abs. 1 HGB (Buchführungspflicht) ablesen. Dieser verlangt von jedem Kaufmann eine vollständige und übersichtliche Aufzeichnung aller Geschäftsvorfälle, die für einen sachverständigen Dritten nachvollziehbar ist. Die Dokumentation bildet damit die Grundlage für die Aufstellung des Jahresabschlusses und für die Erfüllung der übrigen Jahresabschlusszwecke. Darüber hinaus liefert die Dokumentation Unterlagen für eventuelle rechtliche Auseinandersetzungen (z. B. im Zusammenhang mit dolosen Handlungen). Auf diese Art und Weise erfüllt die Dokumentation auch eine Schutzfunktion, weil sie unzulässige Interessenverletzungen zumindest erschwert.

2.1.1.2   Rechenschaft

Unter dem Begriff **Rechenschaft** oder Information wird die Aufgabe des Jahresabschlusses verstanden, die unterschiedlichen Rechnungslegungsadressaten mit den gewünschten Informationen zu versorgen, um diese in die Lage zu versetzen, ihre unternehmensbezogenen Entscheidungen treffen zu können. Der Jahresabschluss dient den Adressaten somit als Dispositionshilfe. Neben den externen Interessenten, wie beispielsweise Anteilseigner, Fremdkapitalgeber, Kunden, Lieferanten, Arbeitnehmer und Staat, kommen hier auch die Unternehmensleitung und etwaige Aufsichtsorgane in Betracht (siehe im Einzelnen Abschnitt 1.1 und 1.2). Die exemplarische Aufzählung der Adressaten macht deutlich, dass die Interessen der beteiligten Gruppen im Hinblick auf Art und Umfang der bereitzustellenden Informationen teilweise gegensätzlich sein werden. Folglich kann es sich beim Normensystem zum Jahresabschluss immer nur um das Ergebnis einer Abwägung zwischen den verschiedenen Informationsinteressen handeln. In der handelsrechtlichen Rechnungslegung haben die Finanzinteressen der Fremdkapitalgeber besonderes Gewicht, was sich in einem stark ausgeprägten Gläubigerschutzgedanken manifestiert.

2.1.1.3   Kapitalerhaltung

Zahlreiche handelsrechtliche Rechnungslegungsvorschriften lassen erkennen, dass der Jahresabschluss das Ziel der **nominellen Kapitalerhaltung** verfolgt. Der zu ermittelnde Periodenerfolg soll demnach dem Betrag entsprechen, der maximal entnommen werden kann, ohne dass es zu einer Reduzierung des nominellen Eigenkapitals kommt.

Eine zusätzliche Dimension hat das Ziel der Kapitalerhaltung für Kapitalgesellschaften und haftungsbeschränkte Personengesellschaften. Bei diesen spiegelt sich der Gläubigerschutzgedanke nämlich nicht nur in der Gewinnermittlung wider, sondern auch in der Gewinnverwendung. So sieht der § 268 Abs. 8 HGB spezielle **Ausschüttungssperren** für bestimmte Aktiva vor. Das betrifft beispielsweise nach § 248 Abs. 2 Satz 1 HGB aktivierte selbst geschaffene immaterielle Vermögensgegenstände des Anlagevermögens. Da es hier erhebliche Unsicherheiten in Bezug auf die Werthaltigkeit dieser Vermögensgegenstände gibt, schreibt der § 268 Abs. 8 Satz 1 HGB vor, dass der Gewinn, soweit er auf den Ansatz dieser Vermögensgegenstände entfällt, nicht ausgeschüttet werden darf (BT-Drucksache 16/10067, S. 50).

Darüber hinaus ist der Jahresabschluss von Kapitalgesellschaften Anknüpfungspunkt für die im AktG und GmbHG festgelegten Ausschüttungsrestriktionen. Die Begrenzung der an die Anteilseigner ausschüttbaren Beträge und damit die Gewährleistung eines bestimmten Mindesthaftvermögens ist ebenfalls Ausfluss des bereits angesprochenen Gläubigerschutzgedankens (*Coenenberg/Haller/Schultze*, S. 19). Wegen des unmittelbaren Einflusses auf die Höhe der Ausschüttungen wird dem Jahresabschluss auch eine **Zahlungsbemessungsfunktion** zugesprochen.

Eine Zahlungsbemessungsfunktion erfüllt auch die Steuerbilanz. Ihre vornehmliche Aufgabe ist die Ermittlung eines Gewinns, aus dem sich die Bemessungsgrundlagen für die Gewerbe-, die Einkommen- bzw. die Körperschaftsteuer ableiten lassen.

2.1.2   Aufstellungspflicht und Umfang der externen Rechnungslegung

Die allgemeine **Pflicht zur Aufstellung** des Jahresabschlusses legt der § 242 HGB für alle Kaufleute fest. Ausgenommen sind gemäß § 242 Abs. 3 HGB i.V. m. § 241a HGB lediglich Einzelkaufleute, die für zwei aufeinander folgende Geschäftsjahre Umsatzerlöse von nicht mehr als 500.000 EUR und einen Jahresüberschuss von nicht mehr als 50.000 EUR aufweisen. Im § 242 Abs. 3 HGB sind auch die Bestandteile des Jahresabschlusses explizit genannt, nämlich die **Bilanz** und die **Gewinn- und Verlustrechnung**.

Für Kapitalgesellschaften fordert der § 264 Abs. 1 HGB zusätzlich die Aufstellung eines **Anhangs**, der ebenfalls Bestandteil des Jahresabschlusses wird. Bei **kapitalmarktorientierten Kapitalgesellschaften**, die nicht zur Aufstellung eines Konzernabschlusses verpflichtet sind, gehören zum Jahresabschluss darüber hinaus eine **Kapitalflussrechnung** und ein **Eigenkapitalspiegel**. Eine Kapitalgesellschaft gilt gemäß § 264 d als kapitalmarktorientiert, wenn von ihr ausgegebene Wertpapiere im Sinne des § 2 Abs. 1 Satz 1 des WpHG (z. B. Schuldverschreibungen, Aktien oder Genussscheine) an einem organisierten Markt im Sinne des § 2 Abs. 5 des WpHG gehandelt werden oder zumindest die Zulassung beantragt ist.

Die Erweiterungen des Jahresabschlusses durch den § 264 Abs. 1 HGB gelten ebenfalls für **haftungsbeschränkte Personenhandelsgesellschaften** im Sinne des § 264 a HGB. Hierunter fallen OHGs und KGs, bei denen keine natürliche Person unmittelbar oder mittelbar (über andere Personengesellschaften) persönlich haftet. Die erweiterten Vorschriften greifen für diese Gesellschaften jedoch nicht, wenn durch die Einbeziehung in einen Konzernabschluss die Voraussetzungen des § 264 b HGB erfüllt sind.

Neben dem zusätzlichen Jahresabschlussbestandteil Anhang (und eventuell auch Kapitalflussrechung und Eigenkapitalspiegel) schreibt der § 264 Abs. 1 HGB den Kapitalgesellschaften und haftungsbeschränkten Personengesellschaften auch die Aufstellung **eines Lageberichtes** vor, der allerdings begrifflich nicht zum Jahresabschluss gehört. Von dieser Pflicht sind lediglich kleine Kapitalgesellschaften im Sinne des § 267 Abs. 1 befreit. Das sind solche, die nicht kapitalmarktorientiert sind und mindestens zwei der drei nachstehenden Merkmale nicht überschreiten:

1. 4.840.000 EUR Bilanzsumme nach Abzug eines auf der Aktivseite ausgewiesenen Fehlbetrags (§ 268 Abs. 3).
2. 9.680.000 EUR Umsatzerlöse in den zwölf Monaten vor dem Abschlussstichtag.
3. Im Jahresdurchschnitt fünfzig Arbeitnehmer.

Die steuerliche Pflicht zur Führung von Büchern und zur Erstellung von Abschlüssen ergibt sich für Kaufleute (mit Ausnahme derer, die unter § 241 a HGB fallen) aus dem § 140 AO. Dieser fordert von allen Steuerpflichtigen, die nach anderen als den Steuergesetzen Bücher und Aufzeichnungen führen müssen, dies auch für steuerliche Zwecke zu tun. Da sich die steuerliche Buchführungspflicht hier aus anderen Gesetzen ableitet (in diesem Kontext aus dem HGB), spricht man auch von einer **derivativen Buchführungspflicht**.

Daneben existiert für Gewerbetreibende und Land- und Forstwirte noch eine originäre steuerliche Buchführungspflicht im § 141 AO, die an die Erfüllung bestimmter Größenmerkmale geknüpft ist.

Aus formaler Sicht ist noch darauf hinzuweisen, dass es keine gesetzliche Pflicht zur Erstellung einer eigenständigen **Steuerbilanz** gibt. Der § 60 Abs. 1 und 2 EStG räumt dem Steuerpflichtigen vielmehr ein Wahlrecht ein, anstelle einer Steuerbilanz eine Handelsbilanz einzureichen, in der die Bilanzposten durch Zusätze und Anmerkungen an die steuerlichen Vorschriften angepasst werden. Dessen ungeachtet wird in diesem Kapitel stets von der Steuerbilanz gesprochen. Diese Vereinfachung scheint gerechtfertigt, weil der Ausübung dieses Wahlrechtes keine materielle Bedeutung zukommt.

2.1.3   Grundsätze ordnungsmäßiger Buchführung (GoB)

Die **allgemeine Generalnorm** zur Aufstellung des Jahresabschlusses im § 243 Abs. 1 HGB verlangt von allen Kaufleuten, dass die Aufstellung nach den Grundsätzen ordnungsmäßiger Buchführung (GoB) zu erfolgen hat. Auch die **spezielle Norm für Kapitalgesellschaften** des § 264 Abs. 2 HGB fordert, dass der Jahresabschluss unter Beachtung der GoB ein den tatsächlichen Verhältnissen entsprechendes Bild der Vermögens-, Finanz- und Ertragslage zu vermitteln hat. Die GoB können somit im Zusammenhang mit dem Jahresabschluss als Grundregeln verstanden werden, die immer dann heranzuziehen sind, wenn für einen konkreten Sachverhalt eine Auslegung der gesetzlichen Einzelvorschriften vorzunehmen ist.

Der Gesetzgeber erwähnt den Begriff der GoB zwar in zahlreichen Vorschriften, er verzichtet jedoch darauf, ihn zu definieren. Somit handelt es sich bei den GoB um einen unbestimmten Rechtsbegriff, der von der Rechtsprechung, Wissenschaft und Praxis zu konkretisieren ist. Das hat auf der einen Seite den Vorteil, dass die Anpassung der Rechnungslegungsnormen an neue Erkenntnisse oder Entwicklungen in der Wirtschaftspraxis leichter möglich ist. Auf der anderen Seite führt die Unbestimmtheit zu Unsicherheiten beim Bilanzierenden, wie im Einzelfall die GoB-konforme Bilanzierung auszusehen hat. Obwohl einige GoB mittlerweile Eingang in das Gesetz gefunden haben, besteht die angesprochene Unsicherheit fort, weil die Kodifizierung nicht vollständig und teilweise nicht hinreichend bestimmt ist.

Anders als es ihre Bezeichnung nahelegt, beziehen sich die GoB nicht nur auf die laufende Buchführung, sondern auch auf Inventur und Bilanzierung, wobei letztere im Mittelpunkt dieses Abschnittes stehen. Da es keine allgemein verbindliche Systematisierung der GoB gibt, soll im Folgenden die Systematisierung von *Leffson* vorgestellt werden, die zwischen oberen Grundsätzen und unteren Grundsätzen unterscheidet (*Leffson*, S. 30). Die oberen Grundsätze leiten sich unmittelbar aus den Zielen des Jahresabschlusses ab und haben den Charakter von allgemeinen Regelungen. Hieraus wird auf konkrete Vorschriften zur Inventur, Buchführung und Bilanzierung geschlossen, die als untere Grundsätze bezeichnet werden. Eine alternative Systematisierung nimmt *Ballwieser* vor (*Ballwieser*, S. 115 ff.).

Die oberen Grundsätze ordnet *Leffson* in die Kategorien Rahmengrundsätze, Abgrenzungsgrundsätze und ergänzende Grundsätze ein (*Leffson*, S. 179).

Rahmengrundsätze
- Richtigkeit und Willkürfreiheit
- Klarheit
- Vollständigkeit

Abgrenzungsgrundsätze
- Realisationsprinzip
- Grundsatz der sachlichen Abgrenzung
- Grundsatz der zeitlichen Abgrenzung
- Imparitätsprinzip

Ergänzende Grundsätze
- Stetigkeit
- Vorsicht

Die oberen Grundsätze werden anschließend im Einzelnen erläutert, während die unteren Grundsätze im Zusammenhang mit den konkreten Bilanzierungsregeln zu den verschiedenen posten von Bilanz und GuV behandelt werden.

Richtigkeit und Willkürfreiheit

Der Grundsatz der **Richtigkeit** fordert, dass die zugrunde liegenden Sachverhalte im Rechnungswesen zutreffend abgebildet werden, d. h. gemäß der Rechnungslegungsvorschriften. Die Übereinstimmung zwischen den tatsächlichen Verhältnisse im Unternehmen und den Aussagen im Jahresabschluss muss auch für einen Dritten nachvollziehbar sein. Die Forderung nach Willkürfreiheit bezieht sich auf den Umgang mit Schätzwerten. Der Bilanzierende muss hierbei die wahrscheinlichste Ausprägung für die zu schätzende Größe wählen. Er darf den vorhandenen Spielraum nicht nutzen, um die Aussagen des Jahresabschlusses in seinem Sinne zu beeinflussen.

Klarheit

Der Grundsatz der **Klarheit** stellt Anforderungen an die Form der Aufzeichnungen in der Buchführung und im Jahresabschluss. Diese müssen so gestaltet sein, dass ein sachverständiger Dritte jederzeit in der Lage ist, ohne übermäßigen Aufwand die Rechnungslegungsdaten auszuwerten und nachzuprüfen. Hierzu müssen die einzelnen Posten zutreffend bezeichnet werden und übersichtlich geordnet sein.

Ausfluss des Grundsatzes der Klarheit ist z. B. das **Prinzip der Einzelbewertung**. Der im § 252 Abs. 1 Nr. 3 HGB kodifizierte Einzelbewertungsgrundsatz verlangt, dass für Vermögensgegenstände und Schulden eigenständige Werte zu ermitteln und anzusetzen sind. Das HGB kennt jedoch auch Ausnahmen von diesem Grundsatz, wie z. B. die Gruppenbewertung, das Festwertverfahren oder die Sammelbewertungsverfahren.

Auch das **Saldierungsverbot** im § 246 Abs. 2 Satz 1 HGB lässt sich auf den Grundsatz der Klarheit zurückführen. Demnach dürfen Posten der Aktivseite nicht mit Posten der Passivseite, Aufwendungen nicht mit Erträgen, und Grundstücksrechte nicht mit Grundstückslasten verrechnet werden (Bruttoausweis). Eine verpflichtende Ausnahme (Verrechnungsgebot) sieht das HGB im § 246 Abs. 2 Satz 2 für sogenannte Altersversorgungsvermögen vor.

Vollständigkeit

Der Grundsatz der **Vollständigkeit** ist für den Jahresabschluss im § 246 Abs. 1 HGB kodifiziert. Er verlangt, dass sämtliche Vermögensgegenstände, Schulden, Rechnungsabgrenzungsposten sowie Aufwendungen und Erträge zu erfassen sind. Für die Einhaltung dieses Grundsatzes ist eine Bestandsaufnahme für alle Bilanzposten und die buchhalterische Erfassung aller Mengen- und Wertänderungen erforderlich. Aus dem Vollständigkeitsgrundsatz lässt sich somit auch die Verpflichtung zur Inventur und zur Aufstellung des Inventars ableiten (§ 240 HGB). Das Handelsrecht kennt einige Ausnahmen vom Grundsatz der Vollständigkeit in Form von Ansatzwahlrechten und Ansatzverboten.

Darüber hinaus bezieht sich die geforderte Vollständigkeit auch auf den Umfang der zu berücksichtigenden Informationen über buchungs- und abschlussrelevante Sachverhalte. So stellt sich insbesondere für Informationen, die den Bilanzierenden zwischen Bilanzstichtag und Bilanzaufstellung erreichen, die Frage, inwieweit diese zu berücksichtigen sind.

Liegen die Vorgänge und Gegebenheiten, auf die sich die Information bezieht vor dem Bilanzstichtag, spricht man von **wertaufhellenden Informationen**. Diese sind im Rahmen der Bilanzerstellung zwingend zu berücksichtigen, weil es sich um zusätzliche Erkenntnisse über den Bilanzgegenstand am Bilanzstichtag handelt. Wertaufhellende Informationen können insbesondere dazu beitragen, die am Bilanzstichtag existierenden Risiken besser einzuschätzen. Hiervon zu unterscheiden sind die **wertbegründenden Informationen**, die für die Jahresabschlusserstellung unbeachtlich sind, weil sie Ereignisse nach dem Bilanzstichtag betreffen.

Realisationsprinzip

Wie auch alle anderen Abgrenzungsgrundsätze beschäftigt sich das **Realisationsprinzip** (§ 252 Abs. 1 Nr. 4 HGB) mit der Zuordnung der aus den einzelnen Geschäftsvorfällen resultierenden Nettovermögensänderungen zu den Perioden. Das Realisationsprinzip regelt, wann der Ertrag, der mit der Erstellung von Erzeugnissen und Dienstleistungen verbunden ist, erfasst und ausgewiesen wird. Allgemein lässt sich der Realisationszeitpunkt als der Zeitpunkt charakterisieren, in dem das leistungswirtschaftliche Risiko für das liefernde bzw. leistende Unternehmen untergeht. Im Falle einer Lieferung von Erzeugnissen entsteht der Ertrag deshalb erst, wenn der Gefahrenübergang auf den Abnehmer stattfindet. Analog entsteht der Ertrag aus Dienstleistungen erst bei vollständiger Erbringung.

Als Resultat des Realisationsprinzips kann auch das **Anschaffungswertprinzip** gemäß § 253 Abs. 1 HGB gesehen werden, welches die Bewertung von Vermögensgegenständen auf ihre Anschaffungs- bzw. Herstellungskosten begrenzt. Die Festlegung dieser Bewertungsobergrenze hat zur Folge, dass Erträge solange nicht realisiert werden, wie die zugrunde liegenden Vermögensgegenstände noch im Eigentum des Unternehmens stehen.

Grundsatz der sachlichen Abgrenzung

Der **Grundsatz der sachlichen Abgrenzung** knüpft unmittelbar an das Realisationsprinzip an, indem es fordert, dass die Aufwendungen aus der Leistungserstellung der Periode zugeordnet werden sollen, in der auch die zugehörigen Erträge aus den Leistungen realisiert werden. Dieser Grundsatz manifestiert sich beispielsweise in der Regelung, dass selbst geschaffene Vermögensgegenstände am Bilanzstichtag mit den Herstellungskosten zu bewerten sind. Auf diese Art und Weise werden die Aufwendungen, die zur Erstellung der aktivierten Vermögensgenstände angefallen sind, dem Aufwand des laufenden Jahres entzogen und erst im Veräußerungsjahr erfolgswirksam erfasst.

Grundsatz der zeitlichen Abgrenzung

Der **Grundsatz der zeitlichen Abgrenzung** befasst sich mit Aufwendungen und Erträgen, die zeitraumbezogen sind. Liegt in dem relevanten Zeitraum ein Bilanzstichtag, so sind die Beträge zeitproportional (pro rata temporis) auf die betreffenden Perioden aufzuteilen.

Imparitätsprinzip

Das Realisationsprinzip bestimmt, dass Erträge erst ausgewiesen werden dürfen, wenn sie realisiert sind. Das **Imparitätsprinzip** (§ 252 Abs. 1 Nr. 4 HGB) schreibt jedoch eine abweichende Regelung für Verluste vor. Die ungleiche (imparitätische) Behandlung besteht darin, dass Verluste bereits erfolgswirksam zu erfassen sind, wenn sie mit hinreichender Sicherheit bekannt sind.

Ausfluss des Imparitätsprinzips sind das **Niederstwertprinzip** und der Ansatz von Drohverlustrückstellungen. Das Niederstwertprinzip besagt beispielsweise für Waren, dass diese abzuschreiben sind, wenn der erzielbare Veräußerungspreis unter den Anschaffungskosten liegt. Somit werden die Verluste am Bilanzstichtag bereits ausgewiesen, obwohl deren Realisation nach dem Bilanzstichtag stattfindet. Das Gleiche gilt für drohende Verluste aus schwebenden Geschäften. Hierbei handelt es sich um Verträge, die noch von keiner Seite erfüllt wurden (zweiseitig unerfüllt). Grundsätzlich sind derartige Verträge im Jahresabschluss nicht zu berücksichtigen. Zeichnet sich aus dem Geschäft am Bilanzstichtag jedoch ein Verlust ab, weil die zu erwartende Gegenleistung hinter der Leistung zurückbleibt, muss dieser Verlust in Form einer Drohverlustrückstellung bereits erfasst werden, ob der Realisationszeitpunkt in künftigen Perioden liegt.

Stetigkeit

Der **Grundsatz der Stetigkeit** bezieht sich einmal auf die formelle und auf die materielle Stetigkeit. Die formelle Bilanzstetigkeit befasst sich mit der Darstellung und dem Ausweis der Bilanzposten und verlangt, dass die Postenabgrenzungen, die Bezeichnungen und die Darstellungsweise im Zeitablauf gleich bleiben.

Ein Aspekt der materiellen Stetigkeit ist die **Ansatzstetigkeit**, die im § 246 Abs. 3 HGB geregelt ist. Demnach sind die Ansatzmethoden, die auf den vorhergehenden Jahresabschluss angewendet wurden, beizubehalten. Analog ist im § 252 Abs. 1 Nr. 6 HGB die **Bewertungsstetigkeit** kodifiziert, die die Beibehaltung der Bewertungsmethoden vorschreibt. Eine Abweichung vom Grundsatz der materiellen Stetigkeit (sowohl Ansatz- als auch Bewertungsstetigkeit) ist gemäß § 252 Abs. 2 HGB nur in begründeten Ausnahmefällen zulässig.

Vorsicht

Zwei wesentliche Ausprägungen des Vorsichtsprinzips sind bereits weiter oben vorgestellt worden, und zwar das Realisationsprinzip und das Imparitätsprinzip. Außerdem kommt das Vorsichtsprinzip bei der Bewertung von Rückstellungen zum Tragen; insbesondere wenn keinerlei statistische Daten existieren, auf die sich der Bilanzierende stützen kann. Unter

Verweis auf das Vorsichtsprinzip werden hier auch eher pessimistische Schätzwerte für zulässig gehalten.

Das Vorsichtsprinzip wird häufig mit dem Gläubigerinteresse nach Kapitalerhaltung gerechtfertigt. Eine zu weite Auslegung des Vorsichtsprinzips und die damit einhergehende Schaffung stiller Reserven kann allerdings auch zur Informationsverzerrung und zu einem Konflikt mit den Grundsätzen der Richtigkeit, Willkürfreiheit und Klarheit führen.

2.2   Ansatzregeln – Bilanzierung dem Grunde nach

Im Zusammenhang mit der Bilanzierung stellen sich drei grundlegende Fragen, die von jedem Rechnungslegungssystem zu beantworten sind:

1. Im Rahmen des Ansatzes (Bilanzierung dem Grunde nach) ist zu entscheiden, welche Vorgänge oder Gegenstände in die Bilanz aufzunehmen sind. Es geht also um die Frage, ob der betrachtete Sachverhalt zu einem Bilanzansatz führt oder nicht.
2. Weiterhin ist die Frage der Bewertung zu klären (Bilanzierung der Höhe nach), d. h. mit welchem Wert die Aufnahme in die Bilanz erfolgen soll.
3. Der Bilanzausweis beschäftigt sich mit der Frage, an welcher Stelle der Bilanz der Sachverhalt aufzuführen ist.

Den Einstieg in die Bilanzierungsentscheidung bildet immer die Frage nach dem Ansatz, weil sich die übrigen Fragen nur stellen, wenn der Ansatz des betrachteten Vorgangs geboten oder zumindest möglich ist.

2.2.1   Ansatz von Aktiva

2.2.1.1   Abstrakte und konkrete Aktivierungsfähigkeit

Der § 246 Abs. 1 HGB (Vollständigkeitsgebot) fordert, dass sämtliche Vermögensgegenstände und Schulden angesetzt werden müssen, soweit gesetzlich nichts anderes bestimmt ist. Hieraus lässt sich für die Aktivseite ableiten, dass eine grundsätzliche Aktivierungsfähigkeit gegeben ist, wenn ein **Vermögensgegenstand** vorliegt. Eine Legaldefinition für den Begriff des Vermögensgegenstandes existiert nicht. Die folgenden Begriffsmerkmale lassen sich vielmehr nur durch Ableitung aus den GoB gewinnen (*Coenenberg/Haller/Schultze,* S. 76):

1. Der Gegenstand muss einen hinreichend konkretisierten (greifbaren) wirtschaftlichen Wert darstellen. Es muss sich um eine Sache, ein Recht oder einen sonstigen wirtschaftlichen Vorteil handeln.
2. Es muss eine selbständige Bewertbarkeit gegeben sein.
3. Der Vermögensgegenstand muss einzeln verwertbar sein.

Sofern die Kriterien erfüllt sind, spricht man von einer abstrakten Aktivierungsfähigkeit des Vermögensgegenstandes. Hiervon zu unterscheiden ist die konkrete Aktivierungsfähigkeit, die sich infolge abweichender gesetzlicher Vorschriften ergibt. Abweichungen zwischen abstrakter und konkreter Aktivierungsfähigkeit ergeben sich, wenn eine gesetzliche Vorschrift für einen abstrakt aktivierungsfähigen Vermögensgegenstand den Ansatz untersagt oder für einen Gegenstand, der keinen Vermögensgegenstand darstellt, die Aktivierung vorschreibt oder zumindest erlaubt.

Der § 246 Abs. 1 HGB regelt neben der Aktivierungsfähigkeit auch die grundsätzliche Ansatzpflicht für alle Vermögensgegenstände. Einschränkungen des **Vollständigkeitsgebots** ergeben sich aus § 248 Abs. 2 HGB für selbst geschaffene immaterielle Vermögensgegenstände des Anlagevermögens. Der § 248 Abs. 2 Satz 2 HGB enthält ein Ansatzverbot für selbst geschaffene Marken, Drucktitel, Verlagsrechte, Kundenlisten oder vergleichbare immaterielle Vermögensgegenstände des Anlagevermögens. Für alle anderen selbst geschaffenen Vermögensgegenstände des Anlagevermögens gewährt der Gesetzgeber im § 248 Abs. 2 Satz 1 HGB ein Ansatzwahlrecht.

Neben Vermögensgegenstände können bzw. müssen auch bestimmte Posten aktiviert werden, die nicht den Charakter von Vermögensgegenständen aufweisen (Nicht-Vermögensgegenstände). Dazu zählen die folgenden Wahlrechte:

- Disagio (§ 250 Abs. 3 HGB)
- aktive latente Steuern (§ 274 Abs. 1 Satz 2 HGB)

Als **Disagio** wird die Differenz zwischen dem Rückzahlungsbetrag und dem Ausgabebetrag einer Verbindlichkeit bezeichnet. Dieser Unterschiedsbetrag darf unter den aktiven Rechnungsabgrenzungsposten angesetzt werden. Wird auf die Ausübung des Wahlrechtes verzichtet, führt das Disagio zu Aufwand im Zeitpunkt der Darlehensausreichung.

Als **aktive latente Steuern** können künftige Steuerentlastungen angesetzt werden, die daraus resultieren, dass sich gegenwärtige Differenzen zwischen steuerrechtlichen und handelsrechtlichen Wertansätzen in der Zukunft abbauen. Weiterhin dürfen aktive latente Steuern für bestimmte steuerliche Verlustvorträge gebildet werden (vgl. hierzu genauer Abschnitt 2.9.2).

Neben den genannten Wahlrechten für den Ansatz von Nicht-Vermögensgegenständen existieren Aktivierungsgebote für die folgenden Nicht-Vermögensgegenstände:

- entgeltlich erworbener Geschäfts- oder Firmenwert (§ 246 Abs. 1 Satz 4 HGB)
- aktiver Rechnungsabgrenzungsposten (§ 250 Abs. 1 HGB)

Der entgeltlich erworbene **Geschäfts- oder Firmenwert** wird vom Gesetzgeber definiert als positiver Unterschiedsbetrag zwischen der im Rahmen einer Unternehmensübernahme bewirkten Gegenleistung und dem Zeitwert der übernommenen Vermögensgegenstände abzüglich der Schulden im Übernahmezeitpunkt.

Der Geschäfts- oder Firmenwert spiegelt alle nicht bilanzierungsfähigen Werte eines Unternehmens wieder wie z. B. den Kundenstamm oder den Markenwert.

Dem Charakter nach handelt es sich beim Geschäfts- oder Firmenwert nicht um einen Vermögensgegenstand, weil es ihm an der einzelnen Verwertbarkeit mangelt. Mit der Formulierung „gilt als zeitlich begrenzt nutzbarer Vermögensgegenstand" wird der Geschäfts- oder Firmenwert vom Gesetzgeber vielmehr durch eine Fiktion zum Vermögensgegenstand erklärt.

Vom entgeltlich erworbenen Geschäfts- oder Firmenwert, der auch als derivativer Geschäfts- oder Firmenwert bezeichnet wird und für den eine Ansatzpflicht besteht, ist der **selbst geschaffene (originäre) Geschäfts- oder Firmenwert** zu unterscheiden. Letzterer darf nicht angesetzt werden, weil er nicht die Merkmale eines Vermögensgegenstandes aufweist und auch nicht von der gesetzlichen Fiktion des § 246 Abs. 1 Satz 4 HGB erfasst wird.

Als **aktive Rechnungsabgrenzungsposten** sind Ausgaben vor dem Bilanzstichtag anzusetzen, die Aufwand für eine bestimmte Zeit nach dem Bilanzstichtag darstellen (vgl. hierzu ausführlich Abschnitt 2.9.1). Diese Art von Rechnungsabgrenzungsposten wird auch als transitorischer Rechnungsabgrenzungsposten bezeichnet. Die zweite Art sind die so genannten antizipativen Rechnungsabgrenzungsposten, bei denen der Aufwand bzw. Ertrag vor dem Bilanzstichtag liegt und die Zahlungswirkung nach dem Bilanzstichtag. Die antizipativen Rechnungsabgrenzungsposten haben in der Regel den Charakter eines Vermögensgegenstandes bzw. einer Schuld und sind deshalb nicht unter den Rechnungsabgrenzungsposten auszuweisen.

2.2.1.2   Zurechnung von Vermögensgegenständen

Mit der Feststellung der konkreten Aktivierungsfähigkeit eines Vermögensgegenstandes ist die Prüfung des Bilanzansatzes jedoch noch nicht abgeschlossen. Es ist weiterhin zu klären, ob der betreffende Vermögensgegenstand dem Unternehmen auch zuzurechnen ist. Ausschlaggebend für die persönliche Zurechnung eines Vermögensgegenstandes sind die wirtschaftlichen, nicht die juristischen Verhältnisse. Das regelt § 246 Abs. 1 Satz 2 HGB, der für den Fall, dass juristisches und **wirtschaftliches Eigentum** voneinander abweichen, festlegt, dass stets der wirtschaftliche Eigentümer den Vermögensgegenstand zu bilanzieren hat. Charakteristisch für den wirtschaftlichen Eigentümer ist, dass er den Vermögensgegenstand wie seinen eigenen nutzen darf und für seinen Verlust selbst haftet wie bei seinem juristischen Eigentum. Die wesentlichen Kriterien für die persönliche Zurechnung von Vermögensgegenständen sind somit Nutzungsrecht und Gefahrentragung (*Förschle/Kroner*, in *Beck'scher Bilanzkommentar*, § 246 Rz. 5).

Im Folgenden sollen einige Beispiele für vom Zivilrecht abweichende wirtschaftliche Zuordnungen kurz angesprochen werden.

* Eigentumsvorbehalt: Wird ein Vermögensgegenstand gegen Eigentumsvorbehalt veräußert, so bleibt das Eigentum am Gegenstand beim Verkäufer bis die Bedingung, an die der Eigentumsübergang geknüpft ist (z. B. die Bezahlung), eintritt. Nichtsdestotrotz wird der Gegenstand dem Erwerber zugerechnet, sobald der Besitz am Gegenstand übergegangen ist.
* Sicherungsübereignung/ Sicherungsabtretung: Hierbei übereignet der Sicherungsgeber den Sicherungsgegenstand unter der Bedingung, dass der Sicherungsnehmer diesen Gegenstand nur verwerten darf, wenn der Sicherungsgeber die zugrunde liegende Forderung nicht bedient. Der Besitz am Sicherungsgegenstand verbleibt beim Sicherungsgeber. Deshalb muss dieser den Vermögensgegenstand auch in seiner Bilanz ansetzen.
* Das Gleiche gilt für die Sicherungsabtretung, bei der eine Forderung zu Sicherungszwecken abgetreten wird. Auch hier erfolgt die Zurechnung weiterhin beim Sicherungsgeber.
* Treuhandverhältnisse: Das im Rahmen von Treuhandverhältnissen überlassene Vermögen wird dem Treugeber zugerechnet und bei diesem aktiviert, obwohl das rechtliche Eigentum auf den Treuhänder übergegangen ist.
* Weitere Fälle, in denen das wirtschaftliche vom zivilrechtlichen Eigentum abweichen kann, sind Mieterein-, -um- und -ausbauten, Leasing, Pensionsgeschäfte, Vorbehaltsnießbrauch oder Factoring. Die Entscheidung über die Zurechnung im Einzelfall hängt wesentlich von der konkreten Ausgestaltung des Vertragsverhältnisses ab und kann deshalb nicht pauschal, sondern nur im Ergebnis einer differenzierten Betrachtung erfolgen.

2.2.2   Ansatz von Passiva

Im § 246 Abs. 1 Satz 1 HGB ist die grundsätzliche Passivierungsfähigkeit und Passivierungspflicht von Schulden geregelt. Analog zum Begriff des Vermögensgegenstandes auf der Aktivseite ist auch der Begriff der „Schuld" nicht explizit im Gesetz definiert. Aus den GoB lassen sich die folgenden Kriterien für eine **Schuld** ableiten (*Beck'scher Bilanzkommentar*, § 247 Rz. 201):

1. Es liegt eine Verpflichtung des bilanzierenden Unternehmens gegenüber einem Dritten vor (Außenverpflichtung).
2. Diese Verpflichtung führt zu einer wirtschaftlichen Belastung.
3. Die Verpflichtung muss selbständig bewertbar (quantifizierbar) sein.

Eine **Außenverpflichtung** ist immer dann gegeben, wenn sich das Unternehmen der Leistungsabgabe nicht entziehen kann (*ADS*, § 246 Anm. 4). Der Leistungszwang kann sich hierbei auf Geld-, Sach- oder Dienstleistungen beziehen. Die Verpflichtung kann zum einen eine rechtliche Grundlage haben. Hierzu zählen zivilrechtliche Verpflichtungen, die beispielsweise aus Lieferverträgen resultieren, ebenso wie öffentlich-rechtliche Verpflichtungen, die z. B. dadurch entstehen, dass das Unternehmen positive ertragsteuerliche Bemessungsgrundlagen realisiert und damit die Verpflichtung zur Steuerzahlung auslöst.

Für das Bestehen einer Außenverpflichtung ist ein rechtlicher Zwang zur Leistungserbringung nicht unbedingt erforderlich. Es genügt bereits ein wirtschaftlicher Zwang. Ein solcher liegt vor, wenn betriebswirtschaftliche, soziale oder sittliche Erfordernisse die Leistungsabgabe gebieten. Wenn beispielsweise die Kunden des bilanzierenden Unternehmens an branchenübliche Kulanzleistungen gewöhnt sind, würde das Unternehmen erhebliche wirtschaftliche Nachteile erfahren, wenn es derartige Kulanzleistungen, zu denen es rechtlich nicht verpflichtet ist, verweigert.

Eine **wirtschaftliche Belastung** besteht, wenn in der Zukunft eine Minderung des Vermögens eintritt. Der zu erwartenden Leistungsabgabe, dürfen somit keine künftigen Erträge gleichwertig gegenüber stehen. Diese Situation tritt z. B. ein, wenn bei einem zweiseitig verpflichtenden Vertrag die Gegenseite bereits geleistet hat und die Leistung des bilanzierenden Unternehmens noch aussteht. Eine wirtschaftliche Belastung ist auch in den Fällen gegeben, in denen eine Gegenleistung des Dritten gar nicht vorgesehen ist, wie z. B. bei Steuerzahlungen.

Zu einer Schuld führen die Außenverpflichtung und die hieraus erwachsende wirtschaftliche Belastung allerdings nur, wenn diese hinreichend konkretisiert sind. Wenn das Unternehmen beispielsweise als Bürge für die Schulden eines Dritten fungiert, liegt zweifellos eine vertragliche Verpflichtung vor. Solange der Dritte seinen Zahlungsverpflichtungen jedoch nachkommt, muss das Unternehmen nicht mit einer Inanspruchnahme rechnen. Solange sich die Inanspruchnahme aus der Bürgschaft nicht ernstlich abzeichnet, muss eine Passivierung einer solchen Belastung unterbleiben, weil es an der Wahrscheinlichkeit der Inanspruchnahme fehlt. In diesem Zusammenhang wird auch davon gesprochen, dass die Entstehung der Verpflichtung vorhersehbar sein muss, was immer dann der Fall sein soll, wenn es mehr Gründe für als gegen den Eintritt der Verpflichtung gibt (BFH vom 01.08.1984 – I R 88/80, S. 44–47).

Das Kriterium der **Quantifizierbarkeit** verlangt, dass für die Verpflichtung entweder ein eindeutiger Wert oder zumindest eine Bandbreite angegeben werden kann (vgl. hierzu genauer Abschnitt 2.8).

Der Begriff der „Schuld" beinhaltet neben den Verbindlichkeiten auch die Rückstellungen, soweit es sich nicht um Aufwandsrückstellungen handelt (vgl. hierzu weiter unten). Die Rückstellungen unterscheiden sich von den Verbindlichkeiten dadurch, dass die künftige wirtschaftliche Belastung dem Grunde und/oder der Höhe nach ungewiss ist.

Das HGB kennt eine **Ausnahme** von der grundsätzlichen Ansatzpflicht für Schulden, und zwar im Bereich der Pensionsverpflichtungen. Unmittelbare Pensionszusagen an Mitarbeiter erfüllen zweifelsfrei die Kriterien einer Schuld. Allerdings beschränkt der Art. 28 Abs. 1 Satz 1 EGHGB die hieraus resultierende Ansatzpflicht auf die Pensionszusagen, die nach dem 31.12.1986 gegeben wurden. Für sogenannte Altzusagen (vor dem 1.01.1987) gilt ein Ansatzwahlrecht.

Das Gleiche gilt für mittelbare Pensionsverpflichtungen, die immer dann zu Schulden führen, wenn das Unternehmen für eine vorhandene Deckungslücke einstehen muss. D. h. die Mittel der Unterstützungskasse genügen nicht, um die eingegangenen Pensionsverpflichtungen zu erfüllen, und der Unternehmer muss die entstehende Differenz übernehmen. Für diesen Fall sieht Art. 28 Abs. 1 Satz 2 EGHGB ebenfalls ein Wahlrecht vor, und zwar unabhängig vom Zeitpunkt der Pensionszusage.

Auf der Passivseite sind weiterhin die folgenden Posten zu erfassen (Ansatzpflicht), die nicht den Charakter einer Schuld haben:

* Eigenkapital
* Aufwandsrückstellungen nach § 249 Abs. 1 Satz 2 Nr. 1 HGB
* Passive Rechnungsabgrenzungsposten
* Passive latente Steuern

Das **Eigenkapital** stellt lediglich den Saldo aus der Summe der Aktiva und den übrigen Passivposten dar.

Im § 249 Abs. 1 Satz 2 Nr. 1 HGB fordert der Gesetzgeber, dass für unterlassene Instandhaltung bzw. unterlassene Abraumbeseitigung, die innerhalb von drei Monaten bzw. im kommenden Geschäftsjahr nachgeholt wird, Rückstellungen anzusetzen sind. Bei diesem Posten handelt es sich nicht um eine Schuld, weil es an der erforderlichen Außenverpflichtung mangelt. Man spricht in diesem Zusammenhang auch von **Aufwandsrückstellungen**, weil ihr Ansatz allein durch den Wunsch nach einer periodengerechten Aufwandszuordnung motiviert ist.

Unter den **passiven Rechnungsabgrenzungsposten** sind Einzahlungen vor dem Bilanzstichtag zu erfassen, die Ertrag für eine bestimmte Zeit nach dem Bilanzstichtag darstellen (§ 250 Abs. 2 HGB). Wie auf der Aktivseite werden somit nur die transitorischen Rechnungsabgrenzungsposten erfasst.

Passive latente Steuern sind gemäß § 274 Abs. 1 HGB anzusetzen, wenn zwischen den handelsrechtlichen Wertansätzen von Vermögensgegenständen, Schulden und Rechnungsabgrenzungsposten und ihren steuerlichen Wertansätzen Differenzen bestehen, die sich in späteren Geschäftsjahren voraussichtlich abbauen und dabei zu einer Steuerbelastung führen.

2.2.3 Ansatz in der Steuerbilanz

Das Steuerrecht verwendet in seinen Bilanzierungsvorschriften nicht die aus dem Handelsrecht bekannten Begriffe „Vermögensgegenstand" und „Schuld", sondern die Begriffe der **„positiven" bzw. „negativen Wirtschaftsgüter"**. Während die Begriffe „Schuld" und „negatives Wirtschaftsgut" allgemein als deckungsgleich gelten, wird die Identität der Begriffe „Vermögensgegenstand" und „positives Wirtschaftsgut" zum Teil in Frage gestellt. Nach ständiger Rechtsprechung (BFH vom 19.06.1997, BStBl. II, S. 808), der auch die Finanzverwaltung (H 4.2 (1) EStR) folgt, sind Wirtschaftsgüter

- Sachen, Rechte oder tatsächliche Zustände, konkrete Möglichkeiten oder Vorteile für den Betrieb,
- deren Erlangung der Kaufmann sich etwas kosten lässt,
- die einer besonderen Bewertung zugänglich sind,
- in der Regel eine Nutzung für mehrere Wirtschaftsjahre erbringen und
- zumindest mit dem Betrieb übertragen werden können.

Vergleicht man diese Kriterien mit denen des **Vermögensgegenstandes**, fällt auf, dass der **Wirtschaftsgutbegriff** weiter gefasst ist. Während das Handelsrecht für die Annahme eines Vermögensgegenstandes verlangt, dass dieser einzeln verwertbar ist, genügt es für ein Wirtschaftsgut, wenn dieses im Rahmen der Veräußerung des gesamten Unternehmens übertragen werden kann und hierbei den Gesamtkaufpreis erhöht (*Beck'scher Bilanzkommentar*, § 247 Rz. 13). Dieser begriffliche Unterschied macht sich bemerkbar beim entgeltlich erworbenen Geschäfts- oder Firmenwert. Während aus handelsrechtlicher Sicht mangels Einzelverwertbarkeit kein Vermögensgegenstand vorliegt, sind die Merkmale des Wirtschaftsgutes erfüllt. Allerdings ergeben sich hieraus keine materiellen Unterschiede zwischen Handels- und Steuerrecht, weil das Handelsrecht für den entgeltlich erworbenen Geschäfts- oder Firmenwert einen Vermögensgegenstand fingiert und auf diesem Weg ebenfalls zur Aktivierung dieses Postens gelangt.

Die im § 5 Abs. 1 EStG festgelegte **Maßgeblichkeit** der Handelsbilanz für die Steuerbilanz fordert grundsätzlich, dass alle handelsrechtlichen Bilanzierungsgebote und -verbote auch für die Steuerbilanz gelten, soweit keine abweichenden steuerlichen Regelungen bestehen. Handelsbilanzielle Wahlrechte werden vom Maßgeblichkeitsgrundsatz nicht erfasst. Vielmehr führen laut BFH grundsätzlich handelsbilanzielle Aktivierungswahlrechte zu einer steuerbilanziellen Aktivierungspflicht und handelsbilanzielle Passivierungswahlrechte zu einem steuerbilanziellen Passivierungsgebot (BFH vom 03.02.1969, BStBl. II S. 291). Wie die folgenden Ausführungen zeigen werden, gibt es von diesen grundsätzlichen Festlegungen einige Ausnahmen.

Das Steuerrecht enthält für die folgenden Posten Regelungen, die von der handelsrechtlichen Behandlung abweichen:

- selbst geschaffene immaterielle Vermögensgegenstände
- Disagio
- Latente Steuern
- Drohverlustrückstellungen
- Rückstellungen für mittelbare Pensionsverpflichtungen

Steuerlich dürfen **selbst geschaffene immaterielle Wirtschaftsgüter** des Anlagevermögens nicht aktiviert werden. Das ergibt sich im Umkehrschluss aus § 5 Abs. 2 EStG. Das steuerliche Aktivierungsverbot ist somit weiter gefasst als das handelsrechtliche, welches sich nur auf die im § 248 Abs. 2 Satz 2 HGB genannten Vermögensgegenstände erstreckt.

Für das **Disagio**, welches handelsbilanziell gemäß § 250 Abs. 3 HGB unter den aktiven Rechnungsabgrenzungsposten angesetzt werden darf, besteht in der Steuerbilanz nach herrschender Meinung eine Aktivierungspflicht (H 6.10 EStR). Hier greift der Grundsatz, dass ein Aktivierungswahlrecht im Handelsrecht zu einem steuerlichen Aktivierungsgebot führt.

Aktive und passive latente Steuern erfüllen nicht die Voraussetzungen für positive bzw. negative Wirtschaftsgüter. Folglich dürfen sie in der Steuerbilanz nicht angesetzt werden. Letztlich handelt es sich beim Konzept der latenten Steuern um ein rein handelsrechtliches Konstrukt, das nicht auf die Steuerbilanz durchschlägt.

Drohverlustrückstellungen, welche handelsrechtlich gemäß § 249 Abs. 1 Satz 1 HGB angesetzt werden müssen, dürfen in der Steuerbilanz laut § 5 Abs. 4a EStG nicht passiviert werden.

Für **mittelbare Pensionsverpflichtungen** sieht der Art. 28 Abs. 1 Satz 2 EGHGB ein handelsbilanzielles Wahlrecht vor. Über den oben genannten Grundsatz folgt aus dem handelsrechtlichen Passivierungswahlrecht ein steuerliches Passivierungsverbot (BMF vom 13.03.1987, BStBl. 1987, S. 365).

Darüber hinaus gelten im Steuerrecht für bestimmte Rückstellungen eigenständige Passivierungsvoraussetzungen (siehe hierzu ausführlich Abschnitt 2.8).

Weiterhin gewährt der Steuergesetzgeber verschiedene Möglichkeiten zu Bildung von steuerfreien Rücklagen in der Steuerbilanz. Für diese Rücklagen besteht handelsrechtlich ein Passivierungsverbot.

2.3   Bewertungsregeln – Bilanzierung der Höhe nach

Wenn der Bilanzierende feststellt, dass ein Vermögensgegenstand bzw. eine Schuld angesetzt werden muss, oder er bei Vorliegen eines Ansatzwahlrechtes sich für den Ansatz entscheidet, muss er dem Bilanzierungsgegenstand einen bestimmten Wert (Geldbetrag) beimessen. Im Rahmen der Bewertung wird zwischen der Bewertung im Zugangszeitpunkt (Zugangsbewertung) und der Bewertung zu den folgenden Bilanzstichtagen (Folgebewertung) unterschieden.

2.3.1   Zugangsbewertung von Vermögensgegenständen

2.3.1.1   Anschaffungskosten

Die Anschaffungskosten sind der maßgebliche Wertmaßstab für alle vom Unternehmen entgeltlich bezogenen Vermögensgegenstände. Kodifiziert sind die **Anschaffungskosten** im § 255 Abs. 1 HGB, welcher sie definiert als alle „Aufwendungen, die geleistet werden, um einen Vermögensgegenstand zu erwerben und ihn in einen betriebsbereiten Zustand zu versetzen, soweit sie dem Vermögensgegenstand einzeln zugeordnet werden können. Zu den

Anschaffungskosten gehören auch die Nebenkosten sowie die nachträglichen Anschaffungskosten. Anschaffungspreisminderungen sind abzusetzen." Das Steuerrecht stützt sich ebenfalls auf den handelsrechtlichen Anschaffungskostenbegriff. Schematisch lassen sich die einzelnen Bestandteile der Anschaffungskosten wie folgt darstellen:

Anschaffungspreis

+ Anschaffungsnebenkosten

– Anschaffungspreisminderungen

= Anschaffungskosten

Basis für die Anschaffungskostenermittlung ist der Anschaffungspreis. In diesem Preis ist die Umsatzsteuer nicht enthalten, soweit der Unternehmer zum Vorsteuerabzug berechtigt ist.

Werden mehrere Vermögensgegenstände im Rahmen eines Veräußerungsvorgangs übertragen und wird hierbei nur ein Gesamtkaufpreis vereinbart, so ist dieser für bilanzielle Zwecke nach dem Verhältnis der Zeitwerte aufzuteilen. Diese Notwendigkeit ergibt sich regelmäßig für den Kaufpreis von bebauten Grundstücken, der auf den erworbenen Grund und Boden und das Gebäude aufzuteilen ist.

Beim **Tausch** hat der bilanzierende im Handelsrecht nach herrschender Meinung ein Wahlrecht. Er kann den Buchwert des hingegebenen Wirtschaftsgutes, den beizulegenden Wert oder einen steuerneutralen Zwischenwert ansetzen (*Beck'scher Bilanzkommentar*, § 255 Rz. 13). In Abhängigkeit von der Ausübung des Wahlrechtes kommt es beim Unternehmen zur Auflösung von stillen Reserven. Steuerrechtlich ist das zugehende Wirtschaftsgut mit dem gemeinen Wert des hingegebenen Wirtschaftsgutes anzusetzen (§ 6 Abs. 6 EStG), was zwangsläufig zu einer Auflösung von stillen Reserven führt. Eine Buchwertfortführung und die damit einhergehende Übertragung der stillen Reserven ist nur unter den Voraussetzungen des § 6b EStG möglich.

Als **Anschaffungsnebenkosten** kommen beispielsweise in Betracht: Transport-, Montagekosten, Notariats-, Gerichtsgebühren oder Provisionen. Voraussetzung für die Einbeziehung der Nebenkosten ist, dass die Ausgaben dem betrachteten Vermögensgegenstand einzeln zugeordnet werden können. An diesem Kriterium scheitert nach herrschender Meinung auch der Ansatz von Fremdkapitalzinsen als Anschaffungsnebenkosten.

Zu den **Anschaffungspreisminderungen** zählen Rabatte, Boni und Skonto. Für alle Bestandteile der Anschaffungskosten gilt, dass auch nachträgliche Änderungen zu berücksichtigen sind.

2.3.1.2   Herstellungskosten

Handelsrecht

Die im § 255 Abs. 2 HGB definierten **Herstellungskosten** sind der einschlägige Wertmaßstab für alle vom Unternehmen selbst hergestellten Vermögensgegenstände.

„Herstellungskosten sind die Aufwendungen, die durch den Verbrauch von Gütern und die Inanspruchnahme von Diensten für die Herstellung eines Vermögensgegenstands, seine Erweiterung oder für eine über seinen ursprünglichen Zustand hinausgehende wesentliche Verbesserung entstehen. Dazu gehören die Materialkosten, die Fertigungskosten und die Sonderkosten der Fertigung sowie angemessene Teile der Materialgemeinkosten, der Fer-

tigungsgemeinkosten und des Werteverzehrs des Anlagevermögens, soweit dieser durch die Fertigung veranlasst ist. Bei der Berechnung der Herstellungskosten dürfen angemessene Teile der Kosten der allgemeinen Verwaltung sowie angemessene Aufwendungen für soziale Einrichtungen des Betriebs, für freiwillige soziale Leistungen und für die betriebliche Altersversorgung einbezogen werden, soweit diese auf den Zeitraum der Herstellung entfallen. Forschungs- und Vertriebskosten dürfen nicht einbezogen werden."

Durch den Bezug auf „…Aufwendungen, die …" im Satz 1 macht der Gesetzgeber deutlich, dass nur aufwandsgleiche Kosten in die Herstellungskosten einfließen dürfen. Somit ist in den Herstellungskosten kein Platz für den Ansatz von kalkulatorischen Kosten.

In den Sätzen 2 bis 4 konkretisiert der Gesetzgeber die Bestandteile der Herstellungskosten. Im Satz 2 sind die Kosten aufgezählt, die zwingend in die Herstellungskosten einzubeziehen sind. Satz 3 enthält die Bestandteile, für die ein Einbeziehungswahlrecht besteht, und Satz 4 spricht ein explizites Einbeziehungsverbot für Forschungs- und Vertriebskosten aus.

Darüber hinaus gewährt § 255 Abs. 3 HGB ein Wahlrecht zur Aktivierung von Fremdkapitalzinsen, soweit sie auf den Zeitraum der Herstellung entfallen. Die einzelnen Herstellungskostenbestandteile lassen sich wie folgt systematisieren:

	Materialeinzelkosten	Pflicht
+	Fertigungseinzelkosten	Pflicht
+	Sondereinzelkosten der Fertigung	Pflicht
+	Materialgemeinkosten	Pflicht
+	Fertigungsgemeinkosten	Pflicht
+	Werteverzehr des Anlagevermögens	Pflicht
=	**Wertuntergrenze für die Herstellungskosten**	
+	Verwaltungskosten	Wahlrecht
+	Aufwendungen für soziale Einrichtungen …	Wahlrecht
+	Fremdkapitalzinsen	Wahlrecht
=	**Wertobergrenze für die Herstellungskosten**	

In Bezug auf die **Gemeinkosten** (§ 255 Abs. 2 Satz 2 und 3 HGB) fordert der Gesetzgeber, dass die in die Herstellungskosten einbezogenen Beträge angemessen sein müssen. Diese Beschränkung hat materielle Auswirkungen, wenn die zu bewertenden Vermögensgegenstände in Zeiten einer schwachen Kapazitätsauslastung hergestellt wurden. Da die genannten Gemeinkosten typischerweise den Charakter von Fixkosten haben und diese im Rahmen der Vollkostenrechnung den während der Periode erstellten Produkten zugerechnet werden, hängt die Höhe der Gemeinkostenzuschlagssätze maßgeblich von der Kapazitätsauslastung ab. Je niedriger die Kapazitätsauslastung ausfällt, desto höher sind die Gemeinkostenzuschläge. Das Gebot der Angemessenheit verlangt in diesem Zusammenhang, dass der Teil der Gemeinkosten, der auf nicht ausgelastete Kapazitäten (**Leerkosten**) zurückzuführen ist, nicht in die Herstellungskosten einbezogen werden darf. Bei der Frage, welches Beschäftigungsniveau als Referenzmaß für die Bestimmung der Leerkosten dienen soll, stellt man auf ein betriebstypisches Beschäftigungsintervall ab. Nur wenn die tatsächliche Beschäftigung unter diesem Beschäftigungsintervall liegt, muss der auf die nicht genutzte Kapazität entfallende Teil der Gemeinkosten herausgerechnet werden.

Für die Bestimmung der Herstellungskosten ist im Zusammenhang mit selbst geschaffenen immateriellen Vermögensgegenständen die nicht immer einfache Abgrenzung zwischen **Forschungs- und Entwicklungskosten** von Bedeutung. Während für die Forschungskosten ein Einbeziehungsverbot besteht, sind die Entwicklungskosten als Fertigungskosten zwingend als Herstellungskosten zu behandeln.

Im § 255 Abs. 2a Satz 2 HGB wird der Begriff „**Entwicklung**" definiert als die Anwendung von Forschungsergebnissen oder von anderem Wissen für die Neu- oder Weiterentwicklung von Gütern oder Verfahren mittels wesentlicher Änderungen. In Abgrenzung dazu wird Forschung betrachtet als die eigenständige Suche nach neuen wissenschaftlichen oder technischen Erkenntnissen oder Erfahrungen allgemeiner Art, über deren technische Verwertbarkeit und wirtschaftliche Erfolgsaussichten grundsätzlich keine Aussagen gemacht werden können (§ 255 Abs. 2a Satz 3 HGB). Für den Fall, dass Entwicklungs- und Forschungskosten nicht voneinander getrennt werden können, verbietet der § 255 Abs. 2a Satz 4 HGB die Aktivierung von Entwicklungskosten.

Zu den Vorgängen, die aktivierungspflichtige Herstellungskosten auslösen, zählen gemäß § 255 Abs. 2 Satz 1 HGB nicht nur die Herstellung eines Vermögensgegenstandes, sondern auch dessen spätere Erweiterung oder wesentliche Verbesserung. Man spricht in diesem Zusammenhang auch von nachträglichen Herstellungskosten. Bei einzelnen Maßnahmen zur **Instandhaltung oder Instandsetzung** kann es mitunter fraglich sein, ob die hierdurch ausgelösten Aufwendungen aktivierungspflichtige, nachträgliche Herstellungskosten oder sofort abzugsfähige **Erhaltungsaufwendungen** darstellen.

Nachträgliche Herstellungskosten sind in den folgenden Fällen anzunehmen (*ADS*, § 255 Anm. 122–126):

- Der Vermögensgegenstand wird in seiner Substanz vermehrt. Es kommt hierbei zu einer **Erweiterung** der Nutzungsmöglichkeiten (z. B. Steigerung der Nutzfläche eines Gebäudes durch An- oder Ausbau). Die Substanzmehrung kann auch in Form einer wesentlich verlängerten Nutzungsdauer auftreten
- Die Gebrauchs- oder Verwendungsmöglichkeit des Vermögensgegenstandes wird wesentlich **verbessert**.

Arbeiten, die lediglich zur Erhaltung eines ordnungsgemäßen, gebrauchsfähigen Zustandes des Vermögensgegenstandes dienen, führen zu Erhaltungsaufwendungen. Eine mit diesen Arbeiten eventuell einhergehende Modernisierung spricht nicht gegen den Charakter von Erhaltungsaufwendungen. Das Gleiche gilt für eine geringfügig verlängerte Nutzungsdauer des Vermögensgegenstandes.

Steuerrecht

Grundsätzlich verwenden Handels- und Steuerrecht denselben **Herstellungskostenbegriff**. Im Zusammenhang mit der Abgrenzung zwischen Erhaltungsaufwand und nachträglichen Herstellungskosten ist jedoch auf eine steuerliche Besonderheit hinzuweisen, und zwar die im § 6 Abs. 1a EStG definierten **anschaffungsnahen Herstellungskosten**. Hierbei handelt es sich um Aufwendungen für Instandsetzung und Modernisierung eines Gebäudes, die innerhalb von drei Jahren nach Anschaffung des Gebäudes anfallen, sofern die Aufwendungen ohne die Umsatzsteuer 15 Prozent der Anschaffungskosten des Gebäudes übersteigen. Hiervon ausgenommen sind Erweiterungsaufwendungen und Erhaltungsaufwendungen, die jährlich üblicherweise anfallen.

Die anschaffungsnahen Herstellungskosten müssen als Herstellungskosten aktiviert werden. Das EStG qualifiziert bei Überschreiten der 15%-Grenze Aufwendungen zu Herstellungskosten, bei denen es sich handelsrechtlich nach der obigen Abgrenzung um Erhaltungsaufwand handelt.

Für den Bilanzierenden eröffnet die Legaldefinition der Herstellungskosten einen **bilanzpolitischen Spielraum**, weil er sich für jeden Wert zwischen Wertunter- und Wertobergrenze entscheiden kann, und die Entscheidung unmittelbaren Einfluss auf die Darstellung der Vermögens- und Ertragslage hat. Dieser Spielraum wird jedoch eingeschränkt durch das Stetigkeitsgebot aus § 252 Abs. 1 Nr. 6 HGB, wonach die Bewertungsmethoden aus dem vorhergehenden Jahresabschluss grundsätzlich beibehalten werden müssen. Eine Abweichung von diesem Grundsatz und damit eine andere Ausübung des Wahlrechtes ist nur in begründeten Ausnahmefällen möglich (§ 252 Abs. 2 HGB).

2.3.2   Zugangsbewertung von Schulden

Handelsrecht

Der zentrale Bewertungsmaßstab für die Zugangsbewertung von Schulden ist im § 253 Abs. 1 Satz 2 HGB festgelegt. Demnach sind Verbindlichkeiten zu ihrem Erfüllungsbetrag und Rückstellungen in Höhe des nach vernünftiger kaufmännischer Beurteilung notwendigen Erfüllungsbetrages anzusetzen. Als **Erfüllungsbetrag** ist der Betrag anzusehen, welchen das Unternehmen aufzubringen muss, um die Verpflichtung zu erfüllen. Der Erfüllungsbetrag kann sich auf Geld-, Sach- und Dienstleistungsverpflichtungen beziehen.

Bei der Bewertung von Rückstellungen ist auf die **Preis- und Kostenverhältnisse** abzustellen, die im Zeitpunkt des tatsächlichen Anfalls der Aufwendungen gelten. Somit fließen die künftigen Preis- und Kostenänderungen in den Wertansatz ein.

Für Rückstellungen mit einer Restlaufzeit von mehr als einem Jahr kodifiziert § 253 Abs. 2 HGB ein **Abzinsungsgebot**. Für Rückstellungen mit einer Laufzeit von bis zu einem Jahr gilt im Umkehrschluss, dass keine Abzinsung des Erfüllungsbetrages vorzunehmen ist.

Der für die Abzinsung maßgebliche **Zinssatz** ist nach § 253 Abs. 2 Satz 1 HGB der Marktzinssatz für die betreffende Restlaufzeit, der sich im Durchschnitt der vergangenen sieben Jahre ergeben hat. Für Altersversorgungsverpflichtungen oder vergleichbare langfristig fällige Verpflichtungen besteht gemäß § 253 Abs. 2 Satz 2 HGB hinsichtlich des zu verwendenden Zinssatzes ein Wahlrecht. Abweichend von § 253 Abs. 2 Satz 1 HGB kann die Abzinsung mit dem durchschnittlichen Marktzinssatz erfolgen, der sich bei einer angenommenen Restlaufzeit von 15 Jahren ergibt. Dasselbe Wahlrecht gilt für Rentenverpflichtungen, für die eine Gegenleistung nicht mehr zu erwarten ist (§ 253 Abs. 2 Satz 3 HGB).

Steuerrecht

In der Steuerbilanz sind Verbindlichkeiten mit ihren Anschaffungskosten anzusetzen (§ 6 Abs. 1 Nr. 3 i. V. m. § 6 Abs. 1 Nr. 2 EStG). Als Anschaffungskosten gilt in diesem Zusammenhang der Nennwert (Rückzahlungsbetrag) der Verbindlichkeit (H 6. 10 EStR; BFH vom 4.5.1977 – BStBl. II S. 802). Somit gehen Handels- und Steuerrecht grundsätzlich von demselben Bewertungsmaßstab aus. Im Gegensatz zum Handelsrecht sieht das Steuerrecht aber ein **Abzinsungsgebot** für Verbindlichkeiten mit einer Restlaufzeit von mindestens einem Jahr vor. Der anzuwendende Zinssatz beträgt hierbei 5,5 %. Ausgenommen von der Abzinsung sind verzinsliche Verbindlichkeiten und solche, die auf einer Anzahlung oder Vorausleistung beruhen.

Auch im Hinblick auf die Bewertung von Rückstellungen enthält das EStG abweichende Regelungen. So regelt der § 6 Abs. 1 Nr. 3a Buchstabe f EStG, dass die Wertverhältnisse am Bilanzstichtag maßgeblich sind, und nicht – wie handelsrechtlich – die im Erfüllungszeitpunkt. **Künftige Preis- und Kostensteigerungen** lassen den steuerlichen Wertansatz folglich unberührt.

Ein weiterer Unterschied ergibt sich aus differierenden Abzinsungsregeln für Rückstellungen. Gemäß § 6 Abs. 1 Nr. 3a Buchstabe e EStG gelten steuerlich nämlich die gleichen Regeln wie für die Verbindlichkeiten. Im Gegensatz zum laufzeitadäquaten Durchschnittszinssatz des Handelsrechtes kommt im Steuerrecht ein **pauschaler Zinssatz** von 5,5 % zur Anwendung. Lediglich im Rahmen der Bewertung von Pensionsrückstellungen beträgt der Zinssatz 6 %.

2.3.3 Folgebewertung

2.3.3.1 Vermögensgegenstände des Anlagevermögens

<u>Handelsrecht</u>

Für die Folgebewertung des Anlagevermögens ist zwischen den **abnutzbaren und den nicht abnutzbaren Vermögensgegenständen** zu unterscheiden. Die Abnutzbarkeit der Vermögensgegenstände wird bilanziell dadurch berücksichtigt, dass der Zugangswert (Anschaffungs- oder Herstellungskosten; kurz AHK) um planmäßige Abschreibungen reduziert wird. Die genaue Höhe der Abschreibungen ist abhängig vom Abschreibungsplan (siehe hierzu ausführlich Abschnitt 2.4.1.2). Er verteilt die AHK auf die voraussichtliche Nutzungsdauer und soll den Werteverzehr der Anlagegegenstände korrekt abbilden. Die AHK abzüglich der bis zum Stichtag verrechneten planmäßigen Abschreibungen werden als **fortgeführte AHK** bezeichnet.

Darüber hinaus kommen für alle Vermögensgegenstände des Anlagevermögens (abnutzbare und nicht abnutzbare) **außerplanmäßige Abschreibungen** in Betracht. Inwieweit im Einzelfall eine Pflicht, ein Wahlrecht oder ein Verbot zu einer solchen Abschreibung besteht hängt von der voraussichtlichen Dauer der zugrundeliegenden Wertminderung und von der Art des Anlagegutes ab.

Voraussetzung für eine außerplanmäßige Anschreibung ist eine Wertminderung, welche immer dann vorliegt, wenn der so genannte beizulegende Wert am Abschlussstichtag unter den AHK bzw. bei abnutzbaren Vermögensgegenständen unter den fortgeführten AHK liegt.

- Für den **beizulegenden Wert** existiert keine Legaldefinition (nicht zu verwechseln mit dem beizulegenden Zeitwert nach § 255 Abs. 4 HGB). Der beizulegende Wert muss kontextabhängig so ausgelegt werden, dass die Abschreibung das Niederstwertprinzip als Ausfluss des Imparitätsprinzips umsetzt. Die folgenden Ansätze kommen als beizulegende Werte im Anlagevermögen in Betracht.
- Die **Wiederbeschaffungskosten** sind für alle betriebsnotwendigen Vermögensgegenstände maßgeblich. Bei abnutzbaren Vermögensgegenständen ist darauf zu achten, dass die Wiederbeschaffungskosten den Abnutzungsgrad des zu bewertenden Vermögensgegenstandes abbilden. Hierfür kann entweder auf den Beschaffungsmarkt für gebrauchte Anlagegüter abgestellt werden oder – sofern ein solcher nicht verfügbar ist – die Anschaffungskosten für einen neuwertigen Vermögensgegenstand um fingierte planmäßige Abschreibungen gekürzt werden. In jedem Fall sind aber die Anschaffungsnebenkosten (z. B. Transportkosten) zu berücksichtigen.

- Der **Einzelveräußerungspreis** wird herangezogen, sofern der Vermögensgegenstand für die Fortführung des Unternehmens nicht erforderlich ist (z. B. nicht mehr benötigtes Betriebsgrundstück). In diesem Fall ergibt sich der beizulegende Wert aus der Verwertungssicht, und zwar als Einzelveräußerungspreis abzüglich noch anfallender Kosten (z. B. für Grundstücksberäumung).

- Der **Ertragswert** kommt in Betracht, wenn es für den betreffenden Vermögensgegenstand weder einen Beschaffungs- noch einen Absatzmarkt gibt. Das trifft insbesondere auf individuelle immaterielle Vermögensgegenstände zu (z. B. Nutzungsrechte)

Bei einer **voraussichtlich dauerhaften Wertminderung** muss gemäß § 253 Abs. 3 Satz 3 HGB eine außerplanmäßige Abschreibung erfolgen (Abschreibungsgebot). Diese Regelung ist Ausfluss des Niederstwertprinzips. Ist die Wertminderung voraussichtlich nicht von Dauer, darf eine Abschreibung nur im Finanzanlagevermögen vorgenommen werden (Abschreibungswahlrecht nach § 253 Abs. 3 Satz 4 HGB). Für alle anderen Vermögensgegenstände des Anlagevermögens besteht bei nicht dauerhafter Wertminderung ein Abschreibungsverbot. Da das Niederstwertprinzip nicht für voraussichtlich vorrübergehenden Wertminderung gilt, spricht man im Anlagevermögen auch vom **gemilderten Niederstwertprinzip**.

	Wertminderung voraussichtlich	
	dauerhaft	nicht dauerhaft
Immaterielle Vermögensgegenstände und Sachanlagen	Abschreibungspflicht	Abschreibungsverbot
Finanzanlagen	Abschreibungspflicht	Abschreibungswahlrecht

Abb. 2.1:   Folgebewertung des Anlagevermögens bei Wertminderung

Für den Bilanzierenden stellt sich die Frage, wann eine Wertminderung als dauerhaft einzustufen ist. Bei abnutzbaren Vermögensgegenständen liegt eine dauerhafte Wertminderung vor, wenn der beizulegende Wert am Bilanzstichtag während eines erheblichen Teils der Restnutzungsdauer unter dem Wert liegt, der sich bei planmäßiger Abschreibung ergibt (*Beck'scher Bilanzkommentar*, § 253 Rz. 315). Für nicht abnutzbare Vermögensgegenstände müssen die künftigen beizulegenden Werte prognostiziert und mit den AK verglichen werden. Neben der Prognoseunsicherheit ist auch die Tatsache, dass sich eventuelle Bewertungsfehler nicht durch planmäßige Abschreibungen im Zeitablauf automatisch korrigieren, ein Grund, im Zweifel von der Dauerhaftigkeit der Wertminderung auszugehen (*ADS*, § 253 Anm. 476).

Sollten die Gründe, die in der Vergangenheit zu einer außerplanmäßigen Abschreibung eines Vermögensgegenstandes geführt haben, wieder entfallen, so muss insoweit gemäß § 253 Abs. 5 Satz 1 HGB eine **Zuschreibung** erfolgen (Zuschreibungs- oder Wertaufholungsgebot). Die Zuschreibung dient hierbei der Rückgängigmachung der früheren außerplanmäßigen Abschreibung und ist deshalb höchstens bis auf die fortgeführten AHK vorzunehmen. Eine Ausnahme vom Zuschreibungsgebot gilt für den entgeltlich erworbenen Geschäfts- oder Firmenwert. Für diesen kodifiziert § 253 Abs. 5 Satz 2 ein Zuschreibungsverbot.

Steuerrecht

Als steuerrechtliche Entsprechung zur Abschreibung auf den niedrigeren beizulegenden Wert kann die **Teilwertabschreibung** betrachtet werden. Bei abnutzbaren Wirtschaftsgütern kommt auch eine Absetzung für außergewöhnliche technische oder wirtschaftliche Abnutzung nach § 7 Abs. 1 Satz 7 EStG in Betracht

Der **Teilwert** wird im § 6 Abs. 1 Nr. 1 Satz 3 EStG definiert als der Betrag, den ein Erwerber des ganzen Betriebs im Rahmen des Gesamtkaufpreises für das einzelne Wirtschaftsgut ansetzen würde; dabei ist davon auszugehen, dass der Erwerber den Betrieb fortführt. Für den Anwender ist diese Definition mit zwei konkreten Problemen verbunden. Erstens müsste er den Gesamtkaufpreis des gedachten Erwerbers kennen, der den Charakter eines Ertragswertes haben muss und deshalb von einigen nicht eindeutig prognostizierbaren Größen abhängt. Zweitens muss der Bilanzierende diesen Wert auf die im Unternehmen vorhandenen Wirtschaftsgüter aufteilen können.

Angesichts der Schwierigkeiten in der konkreten Handhabung der Teilwertdefinition hat die Rechtsprechung für Wirtschaftsgüter des Anlagevermögens die folgenden Teilwertvermutungen entwickelt:

- Im **Zeitpunkt der Anschaffung oder Herstellung** des Wirtschaftsgutes entspricht der Teilwert den AHK (BFH vom 13.4.1988, BStBl. II S. 892)
- Bei **nicht abnutzbaren** Wirtschaftsgütern des Anlagevermögens entspricht der Teilwert auch zu späteren Zeitpunkten den AHK (BFH vom 21.7.1982, BStBl. II S. 758).
- Bei **abnutzbaren** Wirtschaftsgütern des Anlagevermögens entspricht der Teilwert zu späteren Zeitpunkten dem um die lineare AfA verminderten AHK (BFH vom 30.11.1988, BStBl. 1989 II S. 183).

Der Steuerpflichtige hat die Möglichkeit, die die Teilwertvermutungen zu **widerlegen**. Die folgenden Gründe gelten hierfür als ausreichend.

- Die Wiederbeschaffungskosten des Wirtschaftsgutes sind gesunken.
- Die Anschaffung oder Herstellung war eine Fehlmaßnahme.
- Das Wirtschaftsgut ist im Wert gemindert durch Mängel, technisches Veralten oder modischen Wandel.

Eine Abschreibung auf den niedrigeren Teilwert kommt nur in Betracht, wenn der Teilwert auf Grund einer **voraussichtlich dauernden Wertminderung** niedriger ist als die AHK abzüglich gegebenenfalls Absetzungen für Abnutzung, erhöhte Absetzungen, Sonderabschreibungen, Abzüge nach § 6b und ähnliche Abzüge. Der Gesetzgeber gewährt dem Steuerpflichtigen in diesem Fall ein Wahlrecht (§ 6 Abs. 1 Nr. 1 Satz 2 EStG für abnutzbare Wirtschaftsgüter und § 6 Abs. 1 Nr. 2 Satz 2 EStG für nicht abnutzbare Wirtschaftsgüter).

Ist im Vorjahr eine Teilwertabschreibung für ein Wirtschaftsgut geltend gemacht worden, und sind die Gründe hierfür bis zum nächsten Bilanzstichtag entfallen, stellt sich die Frage, ob der Steuerpflichtige verpflichtet ist, die Teilwertabschreibung rückgängig zu machen. Anders als im Handelsrecht ist die **Zuschreibungspflicht** im Steuerrecht nicht explizit geregelt, sie ergibt sich vielmehr aus der Konstruktion der Bewertungsnorm, die nicht auf den niedrigeren Teilwert aus dem Vorjahr abstellt, sondern auf den Vergleich zwischen den AHK abzüglich AfA auf der einen Seite und dem Teilwert am betrachteten Bilanzstichtag auf der anderen Seite. Folglich ist ein niedrigerer Teilwert Jahr für Jahr aufs Neue zu begründen, weshalb eine Beibehaltung eines niedrigeren Teilwertes ausscheidet, sofern die Gründe hierfür nicht mehr bestehen.

2.3.3.2   Vermögensgegenstände des Umlaufvermögens

Handelsrecht

Ebenso wie für die Vermögensgegenstände des Anlagevermögens besteht auch für die des Umlaufvermögens die Möglichkeit von außerplanmäßigen Abschreibungen, um eventuelle Wertminderungen abzubilden. Im Unterschied zum Anlagevermögen besteht im Umlaufvermögen unabhängig von der Dauer der Wertminderung eine Abschreibungspflicht (**strenges Niederstwertprinzip** nach § 253 Abs. 4 HGB). Anders als im Anlagevermögen wird bei der Prüfung einer eventuellen Wertminderung im Umlaufvermögen vorrangig auf den Börsen- oder Marktpreis abgestellt.

Als Börsenpreis gilt ein an einer amtlichen anerkannten Börse festgestellter Preis, wobei zu diesem Preis auch ein tatsächlicher Umsatz stattgefunden haben muss (*IDW*, WP-Handbuch I, E Tz. 432). Der Marktpreis ist der Betrag, der an einem Handelsplatz für Waren einer bestimmten Gattung und von durchschnittlicher Art und Güte zu einem bestimmten Zeitpunkt gezahlt wird (*ADS*, § 253 Anm. 512). Somit handelt es sich beim Börsenpreis letztlich nur um einen speziellen Marktpreis. Allerdings ist nicht der **Börsen- oder Marktpreis** selbst anzusetzen, sondern der sich hieraus ergebende Wert. Folglich sind noch Anpassungen vorzunehmen, um zum maßgeblichen Wert nach § 253 Abs. 4 HGB zu gelangen. Nur für den Fall, dass ein Börsen- oder Marktpreis nicht feststellbar ist, wird der beizulegende Wert herangezogen (§ 253 Abs. 4 Satz 2 HGB).

Die Ermittlung des maßgeblichen Wertes nach § 253 Abs. 4 HGB kann sich entweder am Beschaffungs- oder am Absatzmarkt orientieren:

- Die **Beschaffungsmarktorientierung** kommt in Betracht für die betriebsnotwendigen Vermögensgegenstände des Umlaufvermögens, wie z. B. Roh-, Hilfs- und Betriebsstoffe oder fremdbezogene unfertige Erzeugnisse. Hier sind die Wiederbeschaffungskosten (inkl. Erwerbsnebenkosten) am Abschlussstichtag relevant.

- Die **Absatzmarktorientierung** geht von einer Verwertung des betreffenden Vermögensgegenstandes aus. Hiervon betroffen sind neben den Überbeständen an Roh-, Hilfs- und Betriebsstoffe sowie unfertigen Erzeugnissen auch die fertigen Erzeugnisse und Forderungen. Grundlage für die Bewertung ist der voraussichtliche Veräußerungspreis, der um die im Rahmen der Veräußerung noch anfallenden Aufwendungen zu kürzen ist.

Für die Wertaufholung gilt im Umlaufvermögen die bereits für das Anlagevermögen dargestellte Regelung des § 253 Abs. 5 Satz 1 HGB, wonach eine Zuschreibung erfolgen muss, soweit die Gründe für eine in der Vergangenheit vorgenommene außerplanmäßige Abschreibung am Abschlussstichtag nicht mehr vorliegen.

Steuerrecht

Die steuerrechtlichen Regelungen zur außerplanmäßigen Abschreibung im Umlaufvermögen sind identisch mit denen für das nicht abnutzbare Anlagevermögen. Nach § 6 Abs. 1 Nr. 2 Satz 2 EStG hat der Steuerpflichtige das **Wahlrecht** auf den Teilwert abzuschreiben, wenn dieser aufgrund einer voraussichtlich dauerhaften Wertminderung niedriger ist. Für eventuelle Wertaufholungen gelten die Ausführungen zum Anlagevermögen (§ 6 Abs. 1 Nr. 1 Satz 4 EStG. Hinzuweisen ist noch auf die für das Umlaufvermögen geltende Teilwertvermutung, wonach der Teilwert grundsätzlich den Wiederbeschaffungskosten entspricht. Der Teilwert von zum Absatz bestimmten Waren hängt jedoch auch von deren voraussichtlichem Veräußerungserlös (Börsen- oder Marktpreis) ab (BFH vom 27.10.1983, BStBl. II 1984 S. 35).

2.3.3.3   Schulden

<u>Handelsrecht</u>

Im Rahmen der Folgebewertung von Schulden stellt sich die Frage, welcher Wertansatz zu wählen ist, wenn der Erfüllungsbetrag am Bilanzstichtag von dem des Vorjahres abweicht. In Analogie zum **Niederstwertprinzip** auf der Aktivseite ist auf der Passivseite das sogenannte Höchstwertprinzip anzuwenden, welches als Ausfluss des Imparitätsprinzips gesehen wird. Demnach muss ein erhöhter Erfüllungsbetrag am Bilanzstichtag angesetzt werden (**Zuschreibungspflicht**). Ein im Vergleich zum Vorjahr niedrigerer Erfüllungsbetrag ist ebenfalls zu berücksichtigen, allerdings darf der Erfüllungsbetrag des Zugangszeitpunktes hierbei nicht unterschritten werden. Somit stellt der Erfüllungsbetrag des Zugangszeitpunktes die Wertuntergrenze für die Verbindlichkeit bzw. Rückstellung dar. Das Abstellen auf den Erfüllungsbetrag am Bilanzstichtag führt zu einem Wertaufholungsgebot für Zuschreibungen, für welche die Gründe an folgenden Bilanzstichtagen nicht mehr vorliegen.

<u>Steuerrecht</u>

Im § 6 Abs. 1 Nr. 3 EStG ist für Verbindlichkeiten geregelt, dass diese unter sinngemäßer Anwendung des § 6 Abs. 1 Nr. 2 EStG anzusetzen sind. Anders als im Handelsrecht besteht im Steuerrecht bei Vorliegen eines höheren Erfüllungsbetrages am Bilanzstichtag keine Zuschreibungspflicht, sondern lediglich das **Wahlrecht**, auf den höheren Teilwert zuzuschreiben. Voraussetzung für die mögliche Zuschreibung ist eine voraussichtlich dauernde Werterhöhung. Für nicht dauernde Werterhöhungen besteht ein Zuschreibungsverbot.

2.4   Bilanzierung des Anlagevermögens

Die Grenze zwischen den Vermögensgegenständen des Anlagevermögens und denen des Umlaufvermögens zieht der § 247 Abs. 2 HGB. Dieser legt fest, dass im Anlagevermögen nur die Gegenstände auszuweisen sind, die dazu bestimmt sind, dem Geschäftsbetrieb dauernd zu dienen. Alle übrigen Vermögensgegenstände zählen im Umkehrschluss zum Umlaufvermögen.

Maßgeblich für die Zuordnung des Vermögensgegenstandes ist die Zweckbestimmung, dem Betrieb dauernd zu dienen. Diese setzt voraus, dass der betrachtete Vermögensgegenstand auch **geeignet ist**, dem Geschäftsbetrieb dauernd zu dienen. Sofern der Vermögensgegenstand also im Rahmen des Leistungserstellungsprozesses untergeht (Betriebsstoffe), weiterverarbeitet (Rohstoffe) wird oder verkauft werden soll, ist die Behandlung als Anlagevermögen ausgeschlossen.

Neben der objektiven Eignung des Vermögensgegenstandes ist auch der **subjektive Wille** der Unternehmensleitung zur dauernden Nutzung erforderlich. Der Begriff „dauernd" wird hierbei so interpretiert, dass der Vermögensgegenstand für einen Zeitraum von mehr als einem Jahr im Unternehmen genutzt wird. Eine beabsichtigte Veräußerung des Vermögensgegenstandes nach Ablauf der Nutzung ist unbeachtlich.

Bei Vermögensgegenständen, die keinerlei Bezug zur Leistungserstellung haben und bei denen deshalb **keine Nutzung** feststellbar ist (z. B. Wertpapiere), wird auf die beabsichtigte Haltedauer abgestellt. Ist diese im Anschaffungszeitpunkt länger als ein Jahr, gehört dieser Vermögensgegenstand zum Anlagevermögen, andernfalls zum Umlaufvermögen.

Die Abgrenzung zwischen Anlagevermögen und Umlaufvermögen ist nicht nur für den Bilanzausweis interessant, sie kann vielmehr auch materielle Auswirkungen auf die Bewertung haben. Wie im Abschnitt 2.3.3 dargestellt, ist die Zuordnung des Vermögensgegenstandes ausschlaggebend dafür, ob im Fall einer voraussichtlich nicht dauerhaften Wertminderung eine Pflicht (Umlaufvermögen), ein Wahlrecht (Finanzanlagen) oder ein Verbot (Sachanlagen und immaterielle Vermögensgegenstände des Anlagevermögens) zu einer außerplanmäßigen Abschreibung besteht.

Das Anlagevermögen gliedert sich gemäß § 266 HGB auf der ersten Ebene in:

- Immaterielle Vermögensgegenstände des Anlagevermögens,
- Sachanlagen und
- Finanzanlagen.

2.4.1   Sachanlagevermögen

2.4.1.1   Umfang des Sachanlagevermögens

Das Sachanlagevermögen wird gemäß § 266 Abs. 2 A. II. HGB untergliedert in:

- Grundstücke, grundstücksgleiche Rechte und Bauten einschließlich der Bauten auf fremden Grundstücken,
- technische Anlagen und Maschinen,
- andere Anlagen, Betriebs- und Geschäftsausstattung,
- geleistete Anzahlungen und Anlagen im Bau;

Das Sachanlagevermögen umfasst in erster Linie **körperliche Gegenstände**. Darüber hinaus werden mit den grundstücksgleichen Rechten und den geleisteten Anzahlungen allerdings auch immaterielle Vermögenswerte bzw. Forderungen im Sachanlagevermögen ausgewiesen.

2.4.1.2   Verfahren der planmäßigen Abschreibung

Der Gesetzgeber fordert im § 253 Abs. 3 Satz 1 HGB für die Folgebewertung von abnutzbaren Vermögensgegenständen des Anlagevermögens, dass die Anschaffungs- oder die Herstellungskosten um **planmäßige Abschreibungen** zu reduzieren sind. Im Hinblick auf die Wahl der Abschreibungsmethode enthält das HGB keine expliziten Vorgaben. Es muss lediglich die Konformität mit den Grundsätzen ordnungsmäßiger Buchführung gegeben sein.

Der Abschreibungsplan ist gekennzeichnet durch:

- die insgesamt zu verteilenden Anschaffungs- oder Herstellungskosten,
- die voraussichtliche Nutzungsdauer (im Fall der Leistungsabschreibung die voraussichtlich erzielbaren Leistungseinheiten) und
- das Abschreibungsverfahren.

Der über die Abschreibung zu verteilende Betrag (Abschreibungsvolumen) entspricht in der Regel den Anschaffungs- oder Herstellungskosten. Sofern für das Ende der Nutzungsdauer noch ein erheblicher Restwert (z. B. aufgrund eines hohen Materialwertes) zu erwarten ist, muss dieser das Abschreibungsvolumen reduzieren (*Federmann*, S. 479). Eventuell anfallende Veräußerungs- und Abbruchkosten sind entsprechend gegenzurechnen.

Grundsätzlich kann zwischen den Verfahren der **Zeitabschreibung** und der Leistungsabschreibung unterschieden werden. Die Zeitabschreibungen, zu denen die lineare, die degressive und die progressive Abschreibung zählen, verteilen die AHK auf die voraussichtliche Nutzungsdauer. Maßgeblich ist hierbei nicht die technische Nutzungsdauer, sondern die aus wirtschaftlicher Sicht optimale Nutzungsdauer, welche sich allerdings schwierig intersubjektiv nachvollziehbar ermitteln lässt. Die wirtschaftliche Nutzungsdauer ist z. B. abhängig von den Verkaufspreisen der mit dem Vermögensgegenstand erzeugten Güter, von der Entwicklung des Reparaturaufwandes im Zeitablauf oder von den eventuell zukünftig noch erzielbaren Restwerten.

In der Praxis orientieren sich die meisten Unternehmen an den von der Finanzverwaltung herausgegebenen AfA-Tabellen, welche die **betriebsgewöhnliche Nutzungsdauer** für Anlagegüter festschreiben. Die aufgeführten Nutzungsdauern werden allgemein als vorsichtige Schätzung anerkannt und dürfen damit auch für die Handelsbilanz verwendet werden (*Beck'scher Bilanzkommentar*, § 253 Rz. 231). Im Einzelfall können jedoch besondere betriebliche Umstände vorliegen, die eine abweichende Nutzungsdauer gebieten.

Im Jahr der Anschaffung bzw. Herstellung erfolgt die Abschreibung grundsätzlich **pro rata temporis**, wobei der Monat der Anschaffung bzw. Herstellung als voller Monat zählt (*IDW*, WP-Handbuch I, E Anm. 392). Diese Vorgehensweise entspricht der steuerlichen Regelung zur linearen Abschreibung im § 7 Abs. 1 Satz 4 EStG. Handelsrechtlich wird auch die steuerlich nicht mehr erlaubte **Halbjahresregelung** für zulässig gehalten. Hiernach kann die Abschreibung für Zugänge des ersten Halbjahres vollständig und für jene des zweiten Halbjahres hälftig vorgenommen werden.

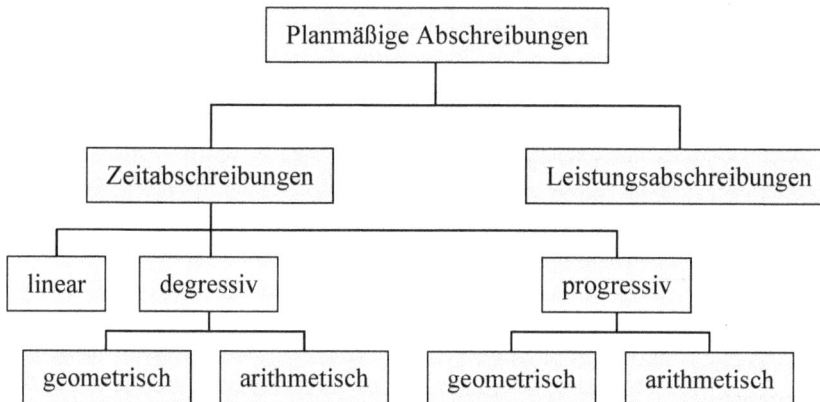

Abb. 2.2:   Systematik der Verfahren zur planmäßigen Abschreibung

Im Gegensatz zur Zeitabschreibung verteilt die **Leistungsabschreibung** die AHK nicht auf die voraussichtliche Nutzungsdauer, sondern auf die voraussichtliche Leistungsabgabe. Man spricht deshalb auch von einer Abschreibung nach Maßgabe der Inanspruchnahme. Diese Abschreibungsform unterstellt, dass die Wertminderung des Vermögensgegenstandes weniger durch Zeitablauf als vielmehr durch Beanspruchung ausgelöst wird. Dasselbe Konzept liegt der Abschreibung von Rohstoffvorkommen zugrunde, bei denen die Abschreibung nach Maßgabe des Abbaus vorzunehmen ist (für das Steuerrecht § 7 Abs. 6 EStG).

Das Unternehmen hat generell die freie Wahl zwischen den genannten Abschreibungsverfahrens. Ausgeschlossen sind im Einzelfall lediglich die Verfahren, die den wirtschaftlichen Gegebenheiten völlig widersprechen (*ADS*, § 253 Anm. 385). Bei einem geplanten **Methodenwechsel** ist jedoch der Grundsatz der Bewertungsstetigkeit (§ 252 Abs. 1 Nr. 6 HGB) zu beachten, von dem nur in begründeten Ausnahmefällen abgewichen werden kann (§ 252 Abs. 2 HGB).

2.4.1.2.1 Lineare Abschreibung

Die in der Praxis gebräuchlichste Form der planmäßigen Abschreibung ist die **lineare Abschreibung**. Ein wesentlicher Grund hierfür ist, dass dieses Verfahren der steuerlichen Regelabschreibung (lineare AfA nach § 7 Abs. 1 und 4 EStG) entspricht. Charakteristisch für die lineare Abschreibung ist die gleichmäßige Verteilung des Abschreibungsvolumens auf die voraussichtliche Nutzungsdauer. Der für alle Jahre konstante Abschreibungsbetrag AB_t ergibt sich als Quotient aus dem Abschreibungsvolumen (AHK-Restwert) und der Nutzungsdauer n.

$$AB_t = \frac{AHK - Restwert}{n}$$

Beispiel 1:

Eine Maschine wird im Januar des Jahres 1 angeschafft. Die Anschaffungskosten von 72.000 EUR werden über 8 Jahre linear abgeschrieben. Der Restwert am Ende der Nutzungsdauer soll alternativ 0 EUR oder 12.000 EUR betragen.

a) lineare Abschreibung ohne Restwert:

Jahr	Buchwert Jahresbeginn	Abschreibung	Buchwert Jahresende
1	72.000	9.000	63.000
2	63.000	9.000	54.000
3	54.000	9.000	45.000
4	45.000	9.000	36.000
5	36.000	9.000	27.000
6	27.000	9.000	18.000
7	18.000	9.000	9.000
8	9.000	9.000	0

b) lineare Abschreibung mit Restwert:

Jahr	Buchwert Jahresbeginn	Abschreibung	Buchwert Jahresende
1	72.000	7.500	64.500
2	64.500	7.500	57.000
3	57.000	7.500	49.500
4	49.500	7.500	42.000
5	42.000	7.500	34.500
6	34.500	7.500	27.000
7	27.000	7.500	19.500
8	19.500	7.500	12.000

Als Vorzug der linearen Abschreibung gilt die über die Jahre der Nutzung gleichbleibende Belastung des Jahresergebnisses. Dieser Umstand verbessert die Vergleichbarkeit der einzelnen Jahresergebnisse. Dies gilt allerdings nur solange, wie die Wartungs- und Instandhaltungsaufwendungen, die mit zunehmendem Alter der Anlagen steigen dürften, außer Acht gelassen werden. Betrachtet man die Summe aus Abschreibungen und Wartungs- und Instandhaltungsaufwendungen, so führt der Wunsch nach gleichbleibenden Anlagekosten zwingend zu der Forderung nach einer im Zeitablauf sinkenden Abschreibung.

2.4.1.2.2 Degressive Abschreibung

Kennzeichnend für **degressive Abschreibungen** sind die im Zeitablauf fallenden jährlichen Abschreibungsbeträge. Hierdurch wird dem Vorsichtsprinzip stärker Rechnung getragen als bei der linearen Abschreibung, weil sich beispielsweise eine Verkürzung der Nutzungsdauer (z. B. durch technische oder wirtschaftliche Überholung) weniger stark auswirkt, weil bereits ein größerer Teil der AHK abgeschrieben wurde (*Leffson*, S. 441). Außerdem bildet die degressive Abschreibung den Nutzungsverlauf vieler Anlagegegenstände besser ab als die lineare Abschreibung.

Im Hinblick auf den rechnerischen Zusammenhang zwischen den Abschreibungsbeträgen der aufeinander folgenden Perioden lassen sich **geometrisch-degressive** und **arithmetisch-degressive** Abschreibungen unterscheiden.

Bei **geometrisch-degressiven Abschreibungen** sinkt der jährliche Abschreibungsbetrag im Vergleich zu dem des jeweiligen Vorjahres um einen konstanten Prozentsatz. Dies wird beispielsweise durch die **Buchwertabschreibung** realisiert. Hierbei ergibt sich der Abschreibungsbetrag einer Periode durch Anwendung eines festen Prozentsatzes (s) auf den jeweiligen Restbuchwert der Vorperiode. Für die Abschreibung des ersten Jahres bezieht sich der Prozentsatz auf die AHK.

$$AB_t = s \cdot AHK \quad \textit{für } t = 1$$

$$AB_t = s \cdot RBW_{t-1} \quad \textit{für } t > 1$$

Beispiel 2:

Für Beispiel 1 (Abschnitt 2.4.1.2.1) und einen Abschreibungssatz von 25 % ergibt sich der folgende Abschreibungsplan:

Jahr	Buchwert Jahresbeginn	Abschreibung	Buchwert Jahresende
1	72.000	18.000	54.000
2	54.000	13.500	40.500
3	40.500	10.125	30.375
4	30.375	7.594	22.781
5	22.781	5.695	17.086
6	17.086	4.271	12.814
7	12.814	3.204	9.611
8	9.611	2.403	7.208

Das Beispiel macht deutlich, dass bei der Buchwertabschreibung in ihrer reinen Form am Ende der Nutzungsdauer ein erheblicher Restbuchwert verbleibt, der zusätzlich zum Abschreibungsbetrag des letzten Jahres den Aufwand belastet. Dieser Effekt wird in der Praxis dadurch vermieden, dass während der Nutzungsdauer zur linearen Abschreibung gewechselt wird. Ein solcher Wechsel stellt keinen Verstoß gegen den Grundsatz der Bewertungsstetigkeit dar, wenn der Methodenwechsel von vornherein Bestandteil des Abschreibungsplans war. Die **Kombination** aus zunächst degressiver und anschließend linearer Abschreibung ist vielmehr als eigenes Abschreibungsverfahren zu betrachten (*ADS*, § 253 Anm. 409).

Beispiel 3:

Für Beispiel 2 ergibt sich bei **Kombination** der degressiven und linearen Abschreibung folgender Abschreibungsplan:

Jahr	Buchwert Jahresbeginn	Abschreibung	Buchwert Jahresende
1	72.000	18.000	54.000
2	54.000	13.500	40.500
3	40.500	10.125	30.375
4	30.375	7.594	22.781
5	22.781	5.695	17.086
6	17.086	5.695	11.391
7	11.391	5.695	5.695
8	5.695	5.695	0

Im Beispiel wechselt das Unternehmen nach dem vierten Jahr zur linearen Abschreibung. Der Restbuchwert nach dem vierten Jahr wird gleichmäßig auf die verbleibenden vier Jahre der Nutzungsdauer verteilt. Dieser Zeitpunkt ist der optimale Umstiegszeitpunkt, weil der Abschreibungsbetrag des fünften Jahres bei Fortsetzung der degressiven Abschreibung erstmalig niedriger gewesen wäre als bei einem **Wechsel zur linearen Abschreibung**. Auf diese Art und Weise werden die AHK so früh wie möglich als Aufwand verrechnet.

Wenn mittels Buchwertabschreibung ein Vermögensgegenstand auf einen bestimmten Restwert abgeschrieben werden soll, ermittelt sich der Abschreibungssatz wie folgt:

$$s = 1 - \sqrt[n]{\frac{Restwert}{AHK}}$$

Beispiel 4:

Für das bisherige Beispiel ergibt sich ein Abschreibungssatz von ca. 20 %:

Jahr	Buchwert Jahresbeginn	Abschreibung	Buchwert Jahresende
1	72.000	14.448	57.552
2	57.552	11.549	46.004
3	46.004	9.231	36.773
4	36.773	7.379	29.394
5	29.394	5.898	23.496
6	23.496	4.715	18.781
7	18.781	3.769	15.012
8	15.012	3.012	12.000

Im Gegensatz zur geometrisch-degressiven Abschreibung reduziert sich der Abschreibungsbetrag bei der **arithmetisch-degressiven** Abschreibung von Jahr zu Jahr nicht um denselben Prozentsatz, sondern um denselben absoluten Betrag. Bei einem Restwert von Null gelangt man zu der sogenannten digitalen Abschreibung. Hierbei werden die einzelnen Jahre mit Gewichtungsfaktoren versehen; das erste Jahre erhält den Faktor n (=Nutzungsdauer), die folgenden Jahre n-1, n-2 usw. Der Degressionsbetrag ergibt sich als Quotient aus dem Abschreibungsvolumen und der Summe aller Gewichtungsfaktoren:

$$Summe\ der\ Gewichtungsfaktoren = \frac{n \cdot (n+1)}{2}$$

$$Degressionsbetrag = \frac{AHK}{\frac{n \cdot (n+1)}{2}}$$

Die jährliche Abschreibung ergibt sich als Produkt aus dem jeweiligen Gewichtungsfaktor der Periode und dem Degressionsbetrag.

Beispiel 5:

Für Beispiel 1 (Abschnitt 2.4.1.2.1) ergibt sich folgender Abschreibungsplan:

Jahr	Buchwert Jahresbeginn	Abschreibung	Buchwert Jahresende
1	72.000	16.000	56.000
2	56.000	14.000	42.000
3	42.000	12.000	30.000
4	30.000	10.000	20.000
5	20.000	8.000	12.000
6	12.000	6.000	6.000
7	6.000	4.000	2.000
8	2.000	2.000	0

Auch in der **Steuerbilanz** waren degressive Abschreibungen lange Zeit zulässig. So gewährte das EStG a. F. beispielsweise im § 7 Abs. 2 für bewegliche Wirtschaftsgüter ein Wahlrecht zur Buchwertabschreibung. Außerdem durften Gebäude nach § 7 Abs. 5 EStG a. F. degressiv nach fallenden Abschreibungssätzen (allerdings bezogen auf die AHK) abgeschrieben werden. Für aktuell angeschaffte oder hergestellte Wirtschaftsgüter dürfen degressive Abschreibungen nicht mehr vorgenommen werden.

2.4.1.2.3 Progressive Abschreibung

Die **progressive Abschreibung** ist dadurch charakterisiert, dass die Abschreibungsbeträge im Zeitablauf steigen. Somit werden die späteren Jahre der Nutzungsdauer stärker belastet als die früheren. Analog zu den degressiven Abschreibungen können geometrisch-progressive und arithmetisch-progressive Abschreibungen unterschieden werden. Progressive Abschreibungsverfahren sind handelsrechtlich zulässig, sofern dem nicht die GoB, insbesondere das Vorsichtsprinzip, entgegenstehen. In der Steuerbilanz sind progressive Abschreibungen nicht erlaubt.

Da progressive Abschreibungsverfahren keine praktische Bedeutung haben, wird an dieser Stelle auf weitergehende Ausführungen verzichtet.

2.4.1.2.4 Leistungsabschreibung

Die **Leistungsabschreibung** geht von der Prämisse aus, dass der Werteverzehr der Anlagegegenstände in erster Linie durch die tatsächliche Inanspruchnahme ausgelöst wird, und weniger durch Zeitablauf. Sie ist sowohl handelsrechtlich als auch steuerrechtlich zulässig. Das EStG regelt dieses Abschreibungsverfahren im § 7 Abs. 1 Satz 6 EStG unter der Bezeichnung **Absetzung für Abnutzung nach Maßgabe der Leistung**. Voraussetzung für die Anwendung in der Steuerbilanz ist, dass dieses Abschreibungsverfahren wirtschaftlich begründet ist und die auf das einzelne Wirtschaftsjahr entfallende Leistungsabgabe nachgewiesen werden kann. Auch die Absetzung für Substanzverringerung nach § 7 Abs. 6 EStG kann als Form der Leistungsabschreibung angesehen werden.

Ausgangspunkt für die Abschreibungsberechnung ist die Schätzung der insgesamt vom Vermögensgegenstand abgegebenen Leistungsmenge. Dividiert man die AHK durch die voraussichtliche Gesamtleistungsmenge (L), erhält man einen Abschreibungsbetrag pro Leistungseinheit. Die Abschreibung des Geschäftsjahres ergibt sich durch Multiplikation des Abschreibungsbetrages je Leistungseinheit mit der tatsächlichen Leistungsabgabe (l_t) des Geschäftsjahres.

$$AB_t = \frac{AHK}{L} \cdot l_t$$

Beispiel 6:

Wird für Beispiel 1 (Abschnitt 2.4.1.2.1) von einer voraussichtlichen Gesamtleistungsmenge von 36.000 h ausgegangen, stellen sich für die angenommenen jährlichen Leistungsabgaben die folgenden Abschreibungsbeträge ein:

Jahr	Leistungs-abgabe	Buchwert Jahresbeginn	Abschreibung	Buchwert Jahresende
1	1000	72.000	2.000	70.000
2	4000	70.000	8.000	62.000
3	6000	62.000	12.000	50.000
4	2000	50.000	4.000	46.000
5	5000	46.000	10.000	36.000
6	7000	36.000	14.000	22.000
7	7000	22.000	14.000	8.000
8	4000	8.000	8.000	0

2.4.1.3   Nicht GoB-konforme Abschreibungen im Steuerrecht

In der Systematik der Abschreibungen nehmen die allein steuerlich zulässigen Abschreibungen eine **Sonderstellung** ein. Diese Abschreibungen sollen weder den Werteverzehr des Anlagevermögens periodengerecht zuordnen noch eventuelle Wertminderungen abbilden. Die Einräumung dieser Abschreibungswahlrechte ist allein wirtschaftspolitisch motiviert.

Die hieraus resultierenden Wertansätze sind mit den GoB nicht vereinbar und deshalb auch handelsrechtlich nicht mehr zulässig.

Zur Ausübung der steuerlichen Wahlrechte ist die Aufnahme des in der Steuerbilanz von der Handelsbilanz abweichend bilanzierten Wirtschaftsgutes in ein besonderes, laufend zu führendes Verzeichnis erforderlich (§ 5 Abs. 1 Sätze 2 und 3 EStG). Beispielhaft sollen einzelne Wahlrechte kurz erläutert werden.

Bewertungsabschläge zur Übertragung stiller Reserven: In diesem Zusammenhang sind R 6.6 EStR und § 6b EStG zu nennen. Beide Regelungen gewähren dem Steuerpflichtigen unter bestimmten Umständen die Möglichkeit, beim Ausscheiden von Wirtschaftsgütern aus dem Betriebsvermögen die **Realisierung** der enthaltenen **stillen Reserven zu vermeiden**.

Die Regelung gemäß R 6.6 Abs. 1 EStR setzt voraus, dass ein Wirtschaftsgut des Anlage- oder Umlaufvermögens gegen Entschädigung aus dem Betriebsvermögen infolge höherer Gewalt oder infolge eines **behördlichen Eingriffes** oder zur Vermeidung eines behördlichen Eingriffes ausscheidet und innerhalb einer bestimmten Frist ein funktionsgleiches Wirtschaftsgut (**Ersatzwirtschaftsgut**) angeschafft oder hergestellt wird.

Möchte der Steuerpflichtige die Besteuerung der stillen Reserven vermeiden, kann er die Differenz zwischen Entschädigungssumme und Buchwert des ausgeschiedenen Wirtschaftsgutes von den Anschaffungs- oder Herstellungskosten des Ersatzwirtschaftsgutes abziehen. Die Übertragung der stillen Reserven ist auch möglich, wenn die Ersatzbeschaffung erst in einem späteren Wirtschaftsjahr erfolgt. In diesem Fall werden die aufgedeckten stillen Reserven zunächst einer **steuerfreien Rücklage** zugeführt.

Ähnlich ist der § 6b EStG konzipiert. Demnach dürfen die bei der Veräußerung begünstigter Wirtschaftsgüter des Anlagevermögens durch Aufdeckung stiller Reserven verwirklichten Gewinne unter festgelegten Voraussetzungen erfolgsneutral behandelt werden, indem sie von den Anschaffungs- oder Herstellungskosten bestimmter neu angeschaffter oder hergestellter Wirtschaftsgüter abgezogen werden. Der Abzug bei zukünftig anzuschaffenden Wirtschaftsgütern ist wiederum über die zwischenzeitliche Bildung einer steuerfreien Rücklage möglich.

Investitionsabzugsbetrag und Sonderabschreibungen nach § 7g EStG: Steuerpflichtige, deren Betrieb eine definierte Größe nicht überschreitet, können einen Investitionsabzugsbetrag für die künftige Anschaffung oder Herstellung eines abnutzbaren beweglichen Wirtschaftsgutes des Anlagevermögens vornehmen. Der gewinnmindernde **Investitionsabzugsbetrag** ist begrenzt auf 40 % der voraussichtlichen Anschaffungs- oder Herstellungskosten. Die Summe der im Wirtschaftsjahr des Abzuges und in den 3 vorangegangenen Wirtschaftsjahren insgesamt abgezogen Beträge darf hierbei 200.000 EUR nicht überschreiten.
Im Wirtschaftsjahr der Anschaffung oder Herstellung ist der für dieses Wirtschaftsgut in Anspruch genommene Investitionsabzugsbetrag i.H.v. 40 % der tatsächlichen Anschaffungs- oder Herstellungskosten außerbilanziell gewinnerhöhend hinzuzurechnen, wobei die Hinzurechnung den abgezogenen Investitionsabzugsbetrag nicht übersteigen darf.
Gleichzeitig können die tatsächlichen Anschaffungs- oder Herstellungskosten des Wirtschaftsgutes zusätzlich um bis zu 40 % gewinnmindernd herabgesetzt werden.

Weiterhin räumt § 7g Abs. 5 EStG unter den Voraussetzungen des Abs. 6 dem Steuerpflichtigen die Möglichkeit ein, neben der AfA nach § 7 Abs. 1 oder Abs. 2 EStG eine **Sonderabschreibung** in Höhe von 20% der AHK vorzunehmen. Diese Sonderabschreibung kann auf die ersten 5 Jahre der Nutzungsdauer verteilt werden.

Die Sonderabschreibung nach § 7g Abs. 5 EStG ist unabhängig von der Inanspruchnahme eines Investitionsabzugsbetrages nach § 7g Abs. 1 EStG; sie darf deshalb auch mit dem Investitionsabzugsbetrag kombiniert werden.

2.4.1.4   Geringwertige Wirtschaftsgüter

Aus dem Vollständigkeitsgrundsatz ergibt sich die Notwendigkeit alle abnutzbaren Anlagegegenstände unabhängig von ihrer Wertigkeit im Anlagenbestand zu erfassen und planmäßig abzuschreiben. Das Steuerrecht bietet dem Steuerpflichtigen aus Vereinfachungsgründen für **geringwertige Wirtschaftsgüter** (GWG) zwei Möglichkeiten an, um die Regelabschreibung nach § 7 EStG zu vermeiden. Voraussetzung ist, dass es sich um abnutzbare bewegliche Wirtschaftsgüter des Anlagevermögens handelt, die einer selbständigen Nutzung fähig sind:

1. Sofortiger Betriebsausgabenabzug für Wirtschaftsgüter mit AHK bis zu 410 EUR (§ 6 Abs. 2 Satz 1 EStG)
2. Bildung eines Sammelpostens für Wirtschaftsgüter mit AHK zwischen 150 EUR und 1.000 EUR (§ 6 Abs. 2a EStG)

zu 1.: Das EStG erlaubt dem Steuerpflichtigen, Wirtschaftsgüter mit AHK von maximal 410 EUR im Jahr des Zugangs vollständig abzuschreiben. Die Grenze von 410 EUR bezieht sich auf die AHK ohne Umsatzsteuer. Dies gilt auch für Steuerpflichtige, die nicht zum Vorsteuerabzug berechtigt sind. Für die Wirtschaftsgüter mit AHK von über 150 EUR muss der Steuerpflichtige allerdings ein Verzeichnis führen, aus dem sich der Tag der Anschaffung oder Herstellung und die AHK ergeben, sofern diese Angaben nicht bereits aus der Buchführung ersichtlich sind. Die dargestellte Regelung wird auch handelsrechtlich für zulässig gehalten.

zu 2.: Alternativ zur Variante (1) kann der Steuerpflichtige Wirtschaftsgüter mit AHK bis maximal 150 EUR sofort im Jahr des Zugangs abschreiben. Für alle Wirtschaftsgüter mit AHK von mehr als 150 EUR und nicht mehr als 1.000 EUR wird ein **Sammelposten** gebildet. Die genannten Wertgrenzen verstehen sich wiederum exklusive Umsatzsteuer. Dieser Sammelposten wird im Jahr seiner Bildung und den folgenden vier Jahren zu je 20% aufgelöst (Poolabschreibung). An dieser Auflösungsvorgabe ändert sich auch nichts, wenn einzelne Wirtschaftsgüter, die zur Bildung dieses Sammelpostens geführt haben, vor Ablauf von fünf Jahren aus dem Betriebsvermögen ausscheiden oder erhebliche Wertminderungen erfahren. Die Anwendung der **Poolabschreibung** im Handelsrecht setzt nach herrschender Meinung voraus, dass die Sammelposten von untergeordneter Bedeutung sind (*IDW*, WP-Handbuch I; E Anm. 244).

Das Wahlrecht zwischen den Varianten 1. und 2. muss für alle in einem Wirtschaftsjahr zugegangenen Wirtschaftsgüter einheitlich ausgeübt werden.

Abschließend ist noch darauf hinzuweisen, dass nach Meinung der Finanzverwaltung die Abschreibungen i. S. d. § 6 Abs. 2 oder 2 a EStG nicht in die Berechnung der Herstellungskosten der Erzeugnisse einbezogen werden dürfen (R 6.3 Abs. 3 Satz 5 EStR).

2.4.1.5   Bewertungsvereinfachungsverfahren im Anlagevermögen

Das Handelsrecht lässt für Vermögensgegenstände des Sachanlagevermögens die beiden folgenden **Bewertungsvereinfachungsverfahren** zu:

*   Festbewertung nach § 240 Abs. 3 HGB
*   Gruppenbewertung nach § 240 Abs. 4 HGB

An dieser Stelle soll lediglich das **Festwertverfahren** dargestellt werden. Die Gruppenbewertung wird im Zusammenhang mit der Bewertung des Vorratsvermögens ausführlich behandelt. Der Bilanzierende kann das Festwertverfahren anwenden, wenn die Vermögensgegenstände

- regelmäßig ersetzt werden,
- ihr Bestand in seiner Größe, seinem Wert und seiner Zusammensetzung nur geringen Veränderungen unterliegt und
- ihr Gesamtwert für das Unternehmen von nachrangiger Bedeutung ist.

Sind diese Voraussetzungen erfüllt (z. B. Inventar im Hotelgewerbe, Büroausstattungen), dürfen die Vermögensgegenstände mit einer **gleichbleibenden Menge** und einem **gleichbleibenden Wert** angesetzt werden. Der Einzelbewertungsgrundsatz wird insoweit ausgehebelt. Solange der Wertansatz unverändert bleibt, werden die Zugänge als sofortiger Materialaufwand behandelt.

Im abnutzbaren Anlagevermögen muss der Festwert neben den AHK auch die Abschreibungen berücksichtigen. Hierzu werden sogenannte Wertigkeitsquoten (Prozentsatz von den AHK) herangezogen, die die Altersstruktur, die Nutzungsdauern und das Abschreibungsverfahren abbilden sollen. In der Praxis sind Quoten von ca. 50 % üblich.

Eine Überprüfung des Festwertes durch **körperliche Bestandsaufnahme** braucht nur alle drei Jahre zu erfolgen. In Abhängigkeit vom Inventurergebnis ist eine Anpassung des Festwertes vorzunehmen.

Das Festwertverfahren ist auch **steuerlich** zulässig, wobei die Finanzverwaltung konkrete Regeln (R 5.4 Abs. 3 Satz 2 und 3 EStR) entwickelt hat, wann und wie die Anpassung des Festwertes zu erfolgen hat. Zum einen ist eine körperliche Bestandsaufnahme spätestens nach fünf Jahren vorgeschrieben. Zum anderen braucht eine Erhöhung des Festwertes nur vorgenommen werden, wenn der bisherige Wert um mehr als 10 % überschritten wird. In diesem Fall wird der alte Festwert so lange um die Zugänge seit dem Bilanzstichtag des vorangegangenen Wirtschaftsjahres aufgestockt, bis der neue Festwert erreicht ist. Liegt der mittels Inventur festgestellte Wert unter dem bisherigen Festwert, so wird dem Steuerpflichtigen ein Wahlrecht zur Abstockung eingeräumt, während handelsrechtlich eine Pflicht hierzu besteht.

2.4.2   Immaterielles Anlagevermögen

Das **immaterielle Anlagevermögen** umfasst grundsätzlich alle Vermögensgegenstände, die weder körperlich greifbar sind noch finanziellen Charakter haben. Hierzu zählen Konzessionen, gewerbliche Schutzrechte (z. B. Patente, Warenzeichen oder Urheberrechte) und ähnliche Rechte (z. B. Nutzungsrechte) und Werte sowie Lizenzen an solchen Rechten und Werten.

Die Bilanzierung der immateriellen Vermögensgegenstände richtet sich danach, ob diese selbst geschaffen oder entgeltlich erworben worden sind. Der Hintergrund für diese Unterscheidung ist die für schwierig gehaltene Wertmessung für immaterielle Vermögensgegenstände. Im Fall des entgeltlichen Erwerbs wird zwischen dem Erwerber und dem Veräußerer eine Gegenleistung ausgehandelt, die als Bewertungsgrundlage herangezogen werden kann. Der auf diese Weise durch den Markt objektivierte Wertansatz reduziert die Unsicherheit hinsichtlich der Werthaltigkeit des Vermögensgegenstandes. Ein solcher Markttest hat für selbstgeschaffene immaterielle Vermögensgegenstände naturgemäß nicht stattgefunden, sodass der Gesetzgeber für die Vermögensgegenstände besondere Regelungen vorsieht.

Weiterhin sind entgeltlich erworbene (derivative) Geschäfts- oder Firmenwerte im immateriellen Anlagevermögen auszuweisen.

2.4.2.1   Entgeltlich erworbene immaterielle Vermögensgegenstände

Nach dem Vollständigkeitsgebot des § 246 Abs. 1 HGB müssen grundsätzlich alle Vermögensgegenstände aktiviert werden, somit auch die immateriellen Vermögensgegenstände. Im HGB existieren für erworbene immaterielle Vermögensgegenstände weder Ansatzwahlrechte noch Ansatzverbote, die die Geltung des Vollständigkeitsgebotes einschränken. Folglich sind alle erworbenen immateriellen Vermögensgegenstände des Anlagevermögens aktivierungspflichtig.

Im Hinblick auf die Bewertung existieren für entgeltlich erworbene Vermögensgegenstände des Anlagevermögens keine Besonderheiten. Gemäß § 253 Abs. 1 Satz 1 HGB werden sie bei Zugang mit den Anschaffungskosten bewertet. Im Rahmen der Folgebewertung sind die Anschaffungskosten der immateriellen Vermögensgegenstände, deren Nutzung zeitlich begrenzt ist, um planmäßige Abschreibungen zu reduzieren. Ist der beizulegende Wert am Bilanzstichtag aufgrund einer voraussichtlich dauerhaften Wertminderung niedriger als die fortgeführten Anschaffungskosten, muss eine entsprechende außerplanmäßige Abschreibung vorgenommen werden.

2.4.2.2   Selbst geschaffene immaterielle Vermögensgegenstände

Für **selbst geschaffene immaterielle Vermögensgegenstände** hebelt das HGB das Vollständigkeitsgebot nach § 246 Abs. 1 HGB aus, wonach grundsätzlich alle Vermögensgegenstände zu aktivieren sind. Aufgrund des **Ansatzwahlrechtes** gemäß § 248 Abs. 2 Satz 1 HGB hat der Bilanzierende die Möglichkeit, auf den Ansatz der selbst geschaffenen immateriellen Vermögensgegenstände zu verzichten.

Für bestimmte selbst geschaffene immaterielle Vermögensgegenstände enthält § 248 Abs. 2 Satz 2 HGB ein **Ansatzverbot**, nämlich für Drucktitel, Verlagsrechte, Kundenlisten und vergleichbare immaterielle Vermögensgegenstände. Auch hierbei handelt es sich um eine Durchbrechung des Vollständigkeitsgebotes. Gerechtfertigt wird diese Ausnahme damit, dass die Abgrenzung zwischen den genannten Werten und den geschäftswertbildenden Faktoren, die den nicht aktivierungsfähigen, originären Geschäftswert ausmachen, äußerst schwierig ist. Ließe man die Aktivierung der aufgeführten immateriellen Werte zu, bestünde für den Bilanzierenden ein erheblicher **Spielraum**, auch Ausgaben anzusetzen, die eigentlich dem nicht aktivierungsfähigen, originären Geschäftswert zuzurechnen sind.

Das Ansatzverbot des § 248 Abs. 1 Satz 2 HGB ist ebenso Ausfluss des Gläubigerschutzgedankens wie die **Ausschüttungssperre** des § 268 Abs. 8 HGB. Dieser fordert, dass Kapitalgesellschaften, die in Ausübung des Wahlrechtes nach § 246 Abs. 1 HGB selbstgeschaffene immaterielle Vermögensgegenstände aktivieren, Gewinne nur ausschütten dürfen, wenn die nach Ausschüttung verbleibenden frei verfügbaren Rücklagen zzgl. eines Gewinnvortrages und abzüglich eines Verlustvortrages mindestens den Wertansätzen (abzgl. der hierfür gebildeten passiven latenten Steuern) entsprechen.

Sofern der Bilanzierende in Ausübung des Wahlrechtes nach § 248 Abs. 1 Satz 1 HGB selbst geschaffenen Vermögensgegenstände ansetzen möchte, ist es erforderlich, Forschungs- und Entwicklungskosten voneinander zu trennen. Während die Entwicklungskosten gemäß § 255 Abs. 2a HGB aktivierungsfähig sind, gilt für die Forschungskosten ein Aktivierungsverbot. Fehlt es an einer verlässlichen Unterscheidung zwischen diesen beiden Kostenarten, kommt eine Aktivierung des betreffenden Vermögensgegenstandes nicht in Betracht (§ 255 Abs. 2a Satz 4 HGB).

Der Gesetzgeber betrachtet **Forschung** als die eigenständige und planmäßige Suche nach neuen wissenschaftlichen oder technischen Erkenntnissen oder Erfahrungen allgemeiner Art, über deren technische Verwertbarkeit und wirtschaftliche Erfolgsaussichten grundsätzlich keine Aussagen gemacht werden können (§ 255 Abs. 2a Satz 3 HGB). Bei diesem Begriffsverständnis scheitert die Aktivierung von Forschungsaufwendungen daran, dass der eventuelle wirtschaftliche Vorteil aus der Forschungstätigkeit nicht hinreichend konkretisiert ist.

In Abgrenzung zur Forschung definiert § 255 Abs. 2a Satz 2 HGB den Begriff **Entwicklung** als „Anwendung von Forschungsergebnissen oder von anderem Wissen für die Neuentwicklung von Gütern oder Verfahren oder die Weiterentwicklung von Gütern oder Verfahren mittels wesentlicher Änderungen" (z. B. die Erstellung von Prototypen). Im Unterschied zur Forschung weist die Entwicklung einen unmittelbaren Bezug zu einem speziellen Produkt oder einem Produktionsverfahren auf.

Der Umfang der aktivierungsfähigen Entwicklungskosten lässt sich aus § 255 Abs. 2a Satz 1 HGB ableiten, welcher auf § 255 Abs. 2 HGB verweist. Demnach zählen neben den Einzel- und Gemeinkosten auch wahlweise anteilige Verwaltungskosten zu den Herstellungskosten des Vermögensgegenstandes.

2.4.2.3 Derivativer Geschäfts- oder Firmenwert

Der **derivative Geschäfts- oder Firmenwert** wird im § 246 Abs. 1 Satz 4 HGB definiert als „der Unterschiedsbetrag, um den die für die Übernahme eines Unternehmens bewirkte Gegenleistung den Wert der einzelnen Vermögensgegenstände des Unternehmens abzüglich der Schulden im Zeitpunkt der Übernahme übersteigt". Die Berechnung des derivativen Geschäfts- oder Firmenwertes lässt sich anhand des folgenden Schemas verdeutlichen:

> Gegenleistung für Übernahme des Unternehmens
> – Zeitwerte der zu aktivierenden Vermögensgegenstände
> <u>+ Zeitwerte der zu passivierenden Schulden</u>
> = derivativer Geschäfts- oder Firmenwert

Der Geschäfts- oder Firmenwert spiegelt zum einen die nicht aktivierungsfähigen Vermögenswerte wieder, wie z. B. den Kundenstamm des übernommenen Unternehmens. Zum anderen beinhalt der Geschäfts- oder Firmenwert den Mehrwert, der sich aus dem unternehmensspezifischen Zusammenwirken der einzelnen Vermögensgegenstände ergibt.

Im § 246 Abs. 1 Satz 4 HGB wird der derivative Geschäfts- oder Firmenwert nicht nur definiert, sondern auch zum zeitlich **begrenzt nutzbaren Vermögensgegenstand** erklärt, wodurch sich im Zusammenhang mit dem Vollständigkeitsgebot die Ansatzpflicht begründet.

Aufgrund der begrenzten Nutzungsdauer ist der Geschäfts- oder Firmenwert im Rahmen der Folgebewertung gemäß § 253 Abs. 3 HGB **planmäßig abzuschreiben**. Das Gesetz enthält jedoch keine Vorgaben hinsichtlich der Abschreibungsdauer. Einen Anhaltspunkt liefert der § 285 Nr. 13 HGB, welcher eine explizite Begründung im Anhang fordert, wenn die bilanzierende Kapitalgesellschaft von einer betrieblichen Nutzungsdauer von mehr als fünf Jahren ausgeht. Diese Norm deutet darauf hin, dass der Gesetzgeber Nutzungsdauern von mehr als fünf Jahren eher als Ausnahmefall ansieht.

Im Rahmen der Folgebewertung besteht für den derivativen Geschäfts- oder Firmenwert eine Besonderheit, und zwar hat der Gesetzgeber den derivativen Geschäfts- oder Firmenwert vom Wertaufholungsgebot ausgenommen und ein **Wertaufholungsverbot** festgelegt. Hat in der Vergangenheit eine außerplanmäßige Abschreibung des derivativen Geschäfts- oder Firmenwertes stattgefunden und sind die Gründe hierfür später entfallen, so ist der niedrigere Wert dennoch beizubehalten (§ 253 Abs. 5 Satz 2 HGB).

Sofern die Gegenleistung für die Übernahme des Unternehmens kleiner ist als der Saldo der Zeitwerte der übernommenen Vermögensgegenstände und Schulden, ergibt sich ein **negativer Geschäfts- oder Firmenwert**. In diesem Fall sind zunächst die Zeitwerte der übernommenen Aktiva soweit zu kürzen, bis der Saldo des übernommenen Reinvermögens der Übernahmegegenleistung entspricht, wobei die liquiden Mittel von der Abstockung ausgenommen sind. Diese Vorgehensweise gebietet das Anschaffungskostenprinzip, wonach die übernommenen Vermögensgegenstände und Schulden mit den hierfür entstandenen Anschaffungskosten anzusetzen sind. Sollte auch nach maximal möglicher Abstockung ein negativer Geschäfts- oder Firmenwert verbleiben, so ist dieser gemäß § 265 Abs. 5 Satz 2 HGB gesondert zu passivieren (*IDW*, WP-Handbuch I, E Anm. 502). In den Folgejahren ist dieser Betrag insoweit aufzulösen, wie die negativen Erwartungen, die der negativer Geschäfts- oder Firmenwert widerspiegelt, eintreten oder wegfallen.

In der **Steuerbilanz** besteht ebenfalls eine **Aktivierungspflicht** für den derivativen Geschäfts- oder Firmenwert, die sich aus der Wirtschaftsguteigenschaft dieses Postens ableitet. Im Steuerrecht bestimmt sich der Geschäfts- oder Firmenwert als der Betrag, um den die bewirkte Gegenleistung im Zuge der Übernahme das übernommene Reinvermögen zu Teilwerten übersteigt. Trotz der begrifflichen Unterschiede zum Handelsrecht dürfte der steuerliche Wert in den meisten Fällen dem handelsrechtlichen entsprechen.

Im Gegensatz zum Handelsrecht enthält das Steuerrecht eine explizite Norm für die anzuwendende **Abschreibungsdauer** und das Abschreibungsverfahren. Nach § 7 Abs. 1 Satz 1 i. V. m. Satz 3 EStG muss der Geschäfts- oder Firmenwert linear über 15 Jahre abgeschrieben werden.

2.4.3   Finanzanlagevermögen

2.4.3.1   Gliederung

Das Gliederungsschema des § 266 Abs. 2 HGB unterteilt das **Finanzanlagevermögen** in die folgenden Posten:

1. Anteile an verbundenen Unternehmen;
2. Ausleihungen an verbundene Unternehmen;
3. Beteiligungen;
4. Ausleihungen an Unternehmen, mit denen ein Beteiligungsverhältnis besteht;
5. Wertpapiere des Anlagevermögens;
6. sonstige Ausleihungen.

Voraussetzung für die Aufnahme im Finanzanlagevermögen ist, dass die jeweilige Anlage dazu bestimmt ist, **dauerhaft** dem Geschäftsbetrieb zu dienen. Andernfalls muss der Ausweis im Umlaufvermögen erfolgen. Die aufgeführten Finanzinvestitionen lassen sich in zwei Gruppen unterteilen.

(I) Charakteristisch für die erste Gruppe, zu der die Posten 1. und 3. zählen, ist, dass durch die Anlage ein gesellschaftsrechtlicher Anspruch gegenüber dem finanzierten Unternehmen begründet wird. Das bilanzierende Unternehmen übernimmt typischerweise eine Eigenkapitalposition.

(II) Im Gegensatz dazu haben die Posten 2., 4.und 6. den Charakter von Fremdkapital. Die Grundlage ist in der Regel ein schuldrechtlicher Anspruch.

Die Wertpapiere des Anlagevermögens 5. enthalten sowohl Instrumente der Gruppe (I) als auch solche der Gruppe (II). Die Unterschiede zwischen den Posten innerhalb einer Gruppe bestehen im Ausmaß der finanziellen Verflechtung.

zu (I):

Eine sehr starke Verflechtung besteht bei **Anteilen an verbundenen Unternehmen**. Im Hinblick auf die Rechtsform des verbundenen Unternehmens gibt es keine Einschränkungen. Es kann sich sowohl um Personen- als auch um Kapitalgesellschaften handeln. Folglich kommen auch verschiedene Arten von Anteilen in Betracht; z. B. Aktien, GmbH-Anteile, Kommanditeinlagen.

Der Begriff der verbundenen Unternehmen ist im § 271 Abs. 2 HGB definiert. Demnach sind solche Unternehmen verbunden, die als Mutter- oder Tochterunternehmen (§ 290) in den Konzernabschluss eines Mutterunternehmens nach den Vorschriften über die Vollkonsolidierung einzubeziehen sind. Ausschlaggebend ist die Möglichkeit des Mutterunternehmens, einen beherrschenden Einfluss innerhalb des Konzerns auszuüben.

Eine schwächere Form der Verflechtung liegt bei **Beteiligungen** vor. Hierunter versteht der § 272 Abs. 1 HGB Anteile, die dazu bestimmt sind, dem eigenen Geschäftsbetrieb durch Herstellung einer dauernden Verbindung zu jenen Unternehmen zu dienen. Ausschlaggebendes Kriterium für das Vorliegen einer Beteiligung ist somit die **Beteiligungsabsicht**. Diese liegt vor, wenn die Interessen des beteiligten Unternehmens über eine bloße Kapitalanlage hinausgehen. So könnte eine Beteiligung beispielsweise dazu dienen, existierende Lieferbeziehungen zu stärken. Das Ziel, auf die unternehmerischen Entscheidungen Einfluss zu nehmen, ist nicht erforderlich (Beck'scher Bilanzkommentar, § 271 Rz. 17).

Eine bestimmte Beteiligungshöhe ist nicht notwendig. Sofern allerdings Zweifel am Vorliegen einer Beteiligungsabsicht bestehen, geht der Gesetzgeber bei Anteilen an Kapitalgesellschaften von einer Beteiligung aus, wenn die Anteile mehr als 20 % des Nennkapitals ausmachen (§ 271 Abs. 1 Satz 3 HGB). Diese Beteiligungsvermutung ist allerdings widerlegbar.

Unter den **Wertpapieren des Anlagevermögens** werden verbriefte Ansprüche zur langfristigen Kapitalanlage ausgewiesen, die weder im Zusammenhang mit verbundenen Unternehmen noch mit Beteiligungen stehen. Hierzu zählen neben Aktien auch Schuldverschreibungen und Pfandbriefe. Auch wertpapierähnliche Rechte wie Bundesschatzbriefe sind unter diesem Posten auszuweisen.

zu (II):

Unter den **Ausleihungen** werden Finanzforderungen erfasst, die dazu bestimmt sind, dem Geschäftsbetrieb dauerhaft zu dienen. Voraussetzung für die Zuordnung zum Anlagevermögen ist eine Gesamtlaufzeit der Ausleihung von mindestens einem Jahr. Andernfalls muss der

Ausweis unter den Forderungen und sonstigen Vermögensgegenständen im Umlaufvermögen erfolgen. Beispiele für Ausleihungen sind Hypothekenforderungen, Schuldscheindarlehen oder Grundschulddarlehen.

Forderungen, die aus Lieferungs- und Leistungsbeziehungen resultieren, werden unabhängig von ihrer Laufzeit im Umlaufvermögen ausgewiesen.

2.4.3.2   Bewertung

Für die Bewertung von Finanzanlagen gelten die bereits im Abschnitt 2.3 dargestellten, allgemeinen Grundsätze. An dieser Stelle soll noch einmal auf die Besonderheit im Finanzanlagevermögen im Zusammenhang mit den außerplanmäßigen Abschreibungen hingewiesen werden. Im Unterschied zum übrigen Anlagevermögen, darf bei den Finanzanlagen eine außerplanmäßige Abschreibung nämlich auch vorgenommen werden, wenn eine **voraussichtlich nicht dauernde Wertminderung** zugrunde liegt. Im Folgenden sollen einige Bewertungsfragen behandelt werden, die sich speziell im Finanzanlagevermögen stellen.

Finanzanlagen mit Eigenkapitalcharakter

Im **Zugangszeitpunkt** werden Beteiligungen mit den Anschaffungskosten bilanziert. Als Anschaffungsnebenkosten im Zusammenhang mit dem Beteiligungserwerb kommen insbesondere Notariatskosten, Provisionen und Spesen in Betracht. Nicht dazu zählen die Kosten der Entscheidungsvorbereitung (z. B. für die Erstellung eines Wertgutachtens). Im Fall der Neugründung (originärer Anteilserwerb) umfassen die Anschaffungskosten alle eingeforderten Einlagen, auch wenn diese noch nicht geleistet wurden. Einlagen, die nach dem Zugangszeitpunkt geleistet werden, gelten als nachträgliche Anschaffungskosten.

Im Rahmen der Folgebewertung stellt sich die Frage nach dem beizulegenden Wert am Bilanzstichtag. Für börsennotierte Anteile leitet sich der beizulegende Wert aus dem Börsen- oder Marktpreis ab. Grundsätzlich entspricht der beizulegende Wert einer Beteiligung ihrem **Ertragswert** (*ADS*, § 253 Amn. 465). Dieser ergibt sich als Barwert der künftigen Einnahmenüberschüsse, die aus der Beteiligung beim beteiligungshaltenden Unternehmen resultieren. Für die Berechnung schlägt das IDW alternativ das Ertragswert- oder die Discounted-Cashflow-Verfahren vor. Als Diskontierungssatz ist hierbei die Rendite einer risikoadäquaten Alternativanlage heranzuziehen (*IDW*, S 1 Tz 123 ff.). Die Bewertungskonzeption macht deutlich, dass der in einer Periode erzielte Verlust bzw. Gewinn nicht automatisch zu einem veränderten beizulegenden Wert führt. Nur wenn das Periodenergebnis ein Indiz für verschlechterte bzw. verbesserte Ertragsaussichten darstellt, kommt eine Reduzierung bzw. Erhöhung des beizulegenden Wertes in Betracht.

Das **Steuerrecht** hat in Bezug auf Beteiligungen an **Personengesellschaften** eine grundsätzlich andere Sichtweise als das Handelsrecht. Im Gegensatz zum Handelsrecht stellt die Beteiligung steuerrechtlich kein eigenständiges Wirtschaftsgut dar. Vielmehr erfolgt die Bilanzierung nach der so genannten Spiegelbildmethode. Demnach repräsentiert der Wertansatz die Anteile an den Wirtschaftsgütern und Schulden der Personengesellschaft. Der Wertansatz spiegelt somit das Kapitalkonto bei der Personengesellschaft.

Das bedeutet für den **Verlustfall**, dass der dem Gesellschafter zugewiesene Verlust sein Kapitalkonto in der Personengesellschaft und damit den Wertansatz der Beteiligung mindert.

Anders als im Handelsrecht kommt es hierbei nicht darauf an, ob der Wert im Sinne des Ertragswertes der Beteiligung gesunken ist.

Erzielt die Personengesellschaft einen Gewinn und wird dieser nicht vollständig an die Gesellschafter ausgekehrt, sondern den Kapitalkonten gutgeschrieben, führt das automatisch zu einer korrespondierenden Aufstockung des Beteiligungsansatzes. Das gilt auch, wenn hierdurch, die ursprünglichen Anschaffungskosten überschritten werden.

<u>Finanzanlagen mit Fremdkapitalcharakter</u>
Die Anwendung des Anschaffungskostenprinzips auf Ausleihungen (z. B. Darlehen, Schuldverschreibungen) bedeutet, dass diese mit dem Auszahlungsbetrag zu aktivieren sind. Dieser Grundsatz gilt auch, wenn die Ausleihung **unverzinslich oder niedrigverzinslich** ist. In solchen Fällen kommt allerdings im Rahmen der Folgebewertung eine Abschreibung auf den niedrigeren beizulegenden Wert (in Form des Barwertes) in Betracht. Fraglich ist in diesem Zusammenhang, ob die Unverzinslichkeit zu einer dauerhaften Wertminderung führt. In Abhängigkeit von der Beantwortung dieser Frage besteht handelsrechtlich entweder ein Abschreibungswahlrecht oder eine Abschreibungspflicht.

Für das **Steuerrecht** hat der BFH eine Teilwertabschreibung wegen Unverzinslichkeit einer langfristigen Forderung abgelehnt (BFH-Urteil vom 24.10.2006, BStBl 2007 II S. 469). Der Teilwert, der sich durch Abzinsung des Nominalbetrages ergibt, ist zwar niedriger als der Auszahlungsbetrag. Allerdings verneint der BFH die Dauerhaftigkeit der Wertminderung mit der Begründung, dass der Gläubiger im Fälligkeitszeitpunkt den Nominalbetrag ausgezahlt bekommt. Da die Dauerhaftigkeit der Wertminderung eine notwendige Voraussetzung für eine Teilwertabschreibung ist, ist eine solche unzulässig.

Ist der Auszahlungsbetrag niedriger als der Rückzahlungsbetrag (Nennbetrag), stellt der Unterschiedsbetrag (**Disagio**) einen zusätzlichen Zinsertrag (Zinsregulativ) dar. Für die Behandlung des Disagios werden zwei alternative Bilanzierungen für zulässig gehalten.
Bei der ersten Möglichkeit wird der Auszahlungsbetrag aktiviert und jährlich um den Teil des Disagios zugeschrieben, der auf das jeweilige Jahr entfällt. Bis zum Ende der Laufzeit wird so der Rückzahlungsbetrag angesammelt und der durch das Disagio repräsentierte Zinsertrag vereinnahmt.

Die zweite Möglichkeit (auch als Bruttoausweis bezeichnet) sieht die Aktivierung des Rückzahlungsbetrages im Ausgabezeitpunkt vor. Die Differenz zum Auszahlungsbetrag (Disagio) wird in einen passiven Rechnungsabgrenzungsposten (§ 250 Abs. 2 HGB) eingestellt und über die Laufzeit der Ausleihung ertragswirksam aufgelöst (*Beck'scher Bilanzkommentar*, § 255 Rz. 254).

Charakteristisch für sogenannte **Zerobonds** (Nullkupon-Anleihen) ist, dass während der Laufzeit keine Zinszahlungen erfolgen. Die Vergütung für die Kapitalüberlassung besteht einzig und allein in dem Unterschiedsbetrag zwischen Auszahlungs- und Rückzahlungskurs liegt. Die Zinsen sind somit erst am Ende der Laufzeit fällig. Zerobonds sind im Zugangszeitpunkt mit dem Kaufkurs zzgl. Anschaffungsnebenkosten zu aktivieren. Im Rahmen der Folgebewertung muss eine Zuschreibung um die bis zum Bilanzstichtag aufgelaufenen Zinsforderungen erfolgen. Für die Ermittlung der Zinsforderung ist die Effektivverzinsung im Zugangszeitpunkt (im Emissionszeitpunkt die Emissionsrendite) maßgeblich.

Beispiel 7:

Das bilanzierende Unternehmen erwirbt am 31.07.2013 für 70.000 EUR einen Zerobond zum Kurs von 87,17 %. Der Zerobond wird am 31.01.2017 zu 100 % zurückgezahlt. Der Effektivzinssatz ist der Zinssatz, mit dem der Kaufkurs über die Restlaufzeit (3,5 Jahre) aufgezinst werden muss, um den Rückzahlungskurs zu erhalten:

$$\left(1+i_{eff}\right)^{3,5} \times 0{,}8717 = 1$$

$$i_{eff} = {}^{3,5}\!\sqrt{\frac{1}{0{,}8717}} - 1 = 0{,}04$$

Vorbehaltlich außerplanmäßiger Abschreibungen ergeben sich die folgenden Bilanzansätze und Zinserträge für die einzelnen Kalenderjahre:

	2013	2014	2015	2016
Zerobond	71.153,34	73.999,47	76.959,45	80.037,83
Zinsertrag	1.153,34	2.846,13	2.959,98	3.078,38

Im Zusammenhang mit dem Kauf von festverzinslichen Wertpapieren muss der Käufer in der Regel **Stückzinsen** entrichten. Diese repräsentieren den Zinsanspruch des Verkäufers, der seit dem letzten Zinszahlungszeitpunkt aufgelaufen ist. Die Stückzinsen gehören nicht zu den Anschaffungskosten der festverzinslichen Wertpapiere, sie stellen vielmehr einen eigenständigen Vermögensgegenstand dar, der unter den sonstigen Vermögensgegenständen im Umlaufvermögen auszuweisen ist.

Die Bewertung von Finanzanlagen, die auf **ausländische Währungen** lauten, muss gemäß § 256a HGB mit dem **Devisenkassamittelkurs** vorgenommen werden. Obwohl sich diese Vorschrift auf den Abschlussstichtag und damit auf die Folgewertung bezieht, wird die Anwendung auch für die Zugangsbewertung gefordert.

Im Rahmen der Folgebewertung wird dieser Grundsatz jedoch eingeschränkt durch das Anschaffungskostenprinzip sowie das Realisations- und Imparitätsprinzip. Eine Bewertung der Finanzanlagen über den Anschaffungskosten und der damit verbundene Ausweis unrealisierter Gewinne sind folglich ausgeschlossen. Aufwertungen der Fremdwährung gegenüber dem Zugangszeitpunkt wirken sich also nicht auf den Bilanzansatz aus.

Etwas anderes gilt nur für Finanzanlagen, deren Restlaufzeit ein Jahr oder weniger beträgt. Für diese hebt der § 256a Satz 2 HGB das Anschaffungskostenprinzip sowie das Realisations- und Imparitätsprinzip auf. Diese sind auch dann mit dem Devisenmittelkurs zu bewerten, wenn hierdurch **unrealisierte Gewinne** ausgewiesen werden.

2.4.4   Anlagespiegel

Der Gesetzgeber fordert im § 268 Abs. 2 HGB von Kapitalgesellschaften, dass sie die Entwicklung der einzelnen Posten des Anlagevermögens in der Bilanz oder im Anhang gesondert darstellen. Kleine Kapitalgesellschaften sind gemäß § 274 a Abs. 1 HGB von dieser Verpflichtung befreit.

Der geforderte Nachweis wird in der Form eines **Anlagespiegels** (auch Anlagegitter) erbracht. Dieser wird nach der direkten Bruttomethode erstellt, welche dadurch gekennzeichnet ist, dass alle Vermögensgegenstände des Unternehmens mit ihren historischen Anschaffungs- und Herstellungskosten geführt werden. Hiervon werden die kumulierten Zu- und Abschreibungen abgezogen, um den Buchwert am Ende des Geschäftsjahres zu ermitteln.

Im Einzelnen muss der Anlagespiegel gemäß § 268 Abs. 2 HGB mindestens die folgenden Angaben zu jedem einzelnen Posten enthalten:

- die **ursprünglichen (historischen) Anschaffungs- und Herstellungskosten** aller am Anfang des Geschäftsjahres im Unternehmen vorhandenen Vermögensgegenstände des Anlagevermögens

- die **mengenmäßigen Zugänge** des Geschäftsjahres mit den Anschaffungs- und Herstellungskosten; das schließt auch nachträgliche Anschaffungs- und Herstellungskosten für bereits in den Vorjahren aktivierte Vermögensgegenstände mit ein

- die **mengenmäßigen Abgänge** des jeweiligen Geschäftsjahres; hier sind die Anschaffungs- und Herstellungskosten der im Geschäftsjahr ausgeschiedenen Vermögensgegenstände auszuweisen.

- die **Umbuchungen** innerhalb des Anlagevermögens oder zwischen Anlage- und Umlaufvermögen; Umgliederung einzelner Vermögensgegenstände; z. B. von „geleistete Anzahlungen und Anlagen im Bau" auf „Grundstücke, grundstücksgleiche Rechte und Bauten einschließlich der Bauten auf fremden Grundstücken"

- **Zuschreibungen** des Geschäftsjahres; hierbei handelt es sich um Korrekturen von außerplanmäßigen Abschreibungen aus Vorjahren (Wertaufholungen). Im Folgejahr werden die kumulierten Abschreibungen (siehe unten) um diese Zuschreibungen gemindert.

- **Kumulierte Abschreibungen** für alle am Ende eines Geschäftsjahres noch vorhandenen Vermögensgegenstände, einschließlich der Abschreibungen des Geschäftsjahres. Die kumulierten Abschreibungen werden wie folgt aus dem Vorjahreswert ermittelt:

$$
\begin{array}{ll}
 & \text{kumulierte Abschreibungen des Vorjahres} \\
- & \text{Zuschreibungen des Vorjahres} \\
- & \text{auf die Abgänge des Geschäftsjahres entfallende kumulierte Abschreibungen} \\
+ & \text{Abschreibungen des Geschäftsjahres} \\
\underline{+/-} & \underline{\text{kumulierte Abschreibungen aufgrund von Umbuchungen}} \\
= & \text{kumulierte Abschreibungen des Geschäftsjahres}
\end{array}
$$

Darüber hinaus erscheint es zweckmäßig, im Anlagespiegel auch die Abschreibungen des Geschäftsjahres aufzuführen, die gemäß § 268 Abs. 2 Satz 3 HGB ohnehin in Bilanz oder Anhang anzugeben sind. Der Ausweis der Buchwerte am Jahresende ist gesetzlich zwar nicht gefordert, er ist jedoch eine sinnvolle und übliche Ergänzung. Das Gleiche gilt für die Buchwerte des Vorjahres. Unter Berücksichtigung dieser Erweiterungen kann der Anlagespiegel wie in Abb. 2.3 strukturiert werden, wobei die Reihenfolge der einzelnen Spalten nicht gesetzlich geregelt ist.

Posten-bezeichnung	Historische Anschaffungs- und Herstellungskosten				
	1.01.01 (1)	Zugänge (2)	Umbuchungen (3)	Abgänge (4)	31.12.01 (5)=(1)+(2)±(3)–(4)
⋮	⋮	⋮	⋮	⋮	⋮
⋮	⋮	⋮	⋮	⋮	⋮

Abschreibungen						Buchwerte	
1.01.01 kumuliert (6)	Geschäfts-jahr (7)	Umbu-chungen (8)	Abgänge (9)	Zuschrei-bungen (10)	31.12.01 kumuliert (11)=(6)+(7) ±(8)-(9)+(10)	31.12.01 (12)=(5)-(11)	31.12.00 (13)=(1)-(7)
⋮	⋮	⋮	⋮	⋮	⋮	⋮	⋮

Abb. 2.3:   Struktur Anlagespiegel

2.5   Bilanzierung des Umlaufvermögens

Das **Umlaufvermögen** gliedert sich gemäß § 266 HGB auf der ersten Ebene in:

* Vorräte,
* Forderungen und sonstige Vermögensgegenstände,
* Wertpapiere,
* Kassenbestand, Bundesbankguthaben, Guthaben bei Kreditinstituten und Schecks.

Im Folgenden soll auf einzelne Posten des Umlaufvermögens mit Ausnahme des letzten Postens ausführlicher eingegangen werden.

2.5.1   Vorräte

2.5.1.1   Begriff

Zu den Vorräten zählen alle Vermögensgegenstände, die für den betrieblichen Leistungser-stellungsprozess erworben oder in dessen Rahmen selbst erstellt wurden. Im § 266 Abs. 2 HGB werden die Vorräte unterteilt in:

1. Roh-, Hilfs- und Betriebsstoffe;
2. unfertige Erzeugnisse, unfertige Leistungen;
3. fertige Erzeugnisse und Waren und
4. geleistete Anzahlungen.

Unter 1. werden alle Vorräte erfasst, die vom Unternehmen erworben wurden, um in der Produktion oder bei der Erstellung von Dienstleistungen eingesetzt zu werden. **Rohstoffe** sind hierbei die Stoffe, die als wesentlicher Bestandteil in die zu erstellenden Produkte ein-gehen. Ebenso wie die Rohstoffe gehen auch die **Hilfsstoffe** in das Erzeugnis ein. Allerdings stellen diese nur einen unwesentlichen Bestandteil dar (z. B. Verbindungsmittel wie Schrau-ben, Leim, Dübel). Im Gegensatz zu den Roh- und Hilfsstoffen werden die **Betriebsstoffe** im Produktionsprozess verbraucht, ohne Bestandteil des Produktes zu werden (z. B. Brennstoffe und Schmiermittel).

Zu den **unfertigen Erzeugnissen** zählen die Vermögensgegenstände, deren Bearbeitung bereits begonnen hat, die aber am Bilanzstichtag noch nicht verkaufsfähig sind. Analog hierzu handelt es sich bei unfertigen Leistungen um solche, die noch nicht vollständig erbracht sind. Obwohl beide Arten von Vorräten in demselben Posten ausgewiesen werden, haben sie doch einen unterschiedlichen juristischen Charakter. Während die unfertigen Erzeugnisse im rechtlichen Sinne Sachen darstellen, sind die unfertigen Leistungen Forderungen. Im Zusammenhang mit den unfertigen Leistungen stellt sich die Frage, unter welchen Voraussetzungen eine unfertige Leistung als verwertbarer Vermögensgegenstand aktivierbar ist. Hierzu muss regelmäßig eine vertragliche Grundlage vorliegen oder die spätere Fertigstellung sicher sein.

Unter 3. werden alle verkaufsfähigen (versandfertigen) Produkte zusammengefasst. Das betrifft zum einen die Produkte, die im Unternehmen hergestellt wurden (**fertige Erzeugnisse**). Zum anderen zählen hierzu auch Produkte, die ohne wesentliche Weiterverarbeitung im eigenen Unternehmen veräußert werden (Waren). Fertiggestellte Leistungen werden nicht unter 3. ausgewiesen, weil die Fertigstellung unmittelbar zur Entstehung einer Forderung führt.

Unter den **geleisteten Anzahlungen** werden Anzahlungen ausgewiesen, die das Unternehmen im Rahmen von schwebenden Geschäften auf Vermögensgegenstände des Vorratsvermögens geleistet hat.

2.5.1.2 Bewertungsvereinfachungsverfahren

Die konsequente Umsetzung des Einzelbewertungsgrundsatzes ist im Vorratsvermögen aus wirtschaftlichen Gründen häufig nicht vertretbar und manchmal sogar unmöglich. Deshalb existieren für Vermögensgegenstände des Vorratsvermögens die folgenden Bewertungsvereinfachungen:

- Festbewertung § 240 Abs. 3 i. V. m. § 256 Satz 2 HGB (vgl. Abschnitt 2.4.1.5),
- Gruppenbewertung nach § 240 Abs. 4 i. V. m. § 256 Satz 2 HGB,
- Sammelbewertung nach § 256 Satz 1 HGB,
- retrograde Wertermittlung.

Die aufgeführten Verfahren dienen lediglich der vereinfachten Ermittlung der Anschaffungs- oder Herstellungskosten der betrachteten Mengen. Im Rahmen der Folgebewertung ist deshalb in einem zweiten Schritt regelmäßig zu prüfen, ob die Posten eventuell mit einem niedrigeren Börsen- oder Marktpreis oder beizulegenden Wert anzusetzen sind.

2.5.1.2.1 Gruppenbewertung

Voraussetzung für die Anwendung des **Gruppenverfahrens** ist, dass die zu einer Gruppe zusammengefassten Vermögensgegenstände gleichartig sind. Die **Gleichartigkeit** liegt vor, wenn die Gegenstände derselben Warengattung angehören oder zumindest funktionsgleich sind.

Außerhalb des Vorratsvermögens ist die Gruppenbewertung für bewegliche Gegenstände auch bei mangelnder Gleichartigkeit zulässig, wenn dafür eine Gleichwertigkeit der einbezogenen Gegenstände gegeben ist. Als gleichwertig werden die Gegenstände einer Gruppe angesehen, solange die Spanne zwischen den Einzelpreisen 20 % nicht übersteigt (*ADS*, § 240 Anm. 127).

Sind die Voraussetzungen erfüllt, darf die für die Gruppe festgestellte Menge mit dem gewogenen Durchschnitt der Einzelpreise bewertet werden. Diese **Durchschnittsmethode** existiert in zwei Varianten, dem **einfachen gewogenen Durchschnitt** und dem **gleitenden gewogenen Durchschnitt**. Bei der einfachen Form der Durchschnittsbetrachtung wird einmalig am Ende des Jahres der Durchschnittspreis aus dem Angangsbestand und allen Zugängen bestimmt. Mit diesem Preis werden alle Abgänge und der Endbestand des Jahres bewertet. Am folgenden Beispiel sollen die Vorgehensweisen der verschiedenen Verfahren verdeutlicht werden.

Beispiel 8:

Der Bestand für einen bestimmten Rohstoff entwickelt sich während des Geschäftsjahres wie folgt:

01. Jan	Anfangsbestand	200	kg	25	€/kg
04. Feb	Zugang	50	kg	20	€/kg
08. Feb	Abgang	120	kg		
07. Mai	Zugang	70	kg	28	€/kg
12. Jul	Abgang	150	kg		
14. Sep	Zugang	150	kg	24	€/kg
11. Dez	Abgang	100	kg		

einfacher gewogener Durchschnitt

01. Jan	Anfangsbestand	200	kg	25,00	€/kg	5.000,00 €
04. Feb	Zugang	50	kg	20,00	€/kg	1.000,00 €
07. Mai	Zugang	70	kg	28,00	€/kg	1.960,00 €
14. Sep	Zugang	150	kg	24,00	€/kg	3.600,00 €
		470	kg			11.560,00 €
	Durchschnittspreis			24,60	€/kg	
	Abgänge	370	kg			
31. Dez	Endbestand	100	kg	24,60	€/kg	**2.460,00 €**

Der gleitende gewogene Durchschnitt berechnet nach jedem Zugang einen neuen Durchschnittspreis, mit welchem alle Abgänge bewertet werden, die bis zum nächsten Zugang bzw. bis zum Periodenende anfallen.

gleitende gewogener Durchschnitt					
01. Jan	Anfangsbestand	200	kg	25,00	€/kg	5.000,00 €
04. Feb	Zugang	50	kg	20,00	€/kg	1.000,00 €
	Bestand	250	kg	24,00	€/kg	6.000,00 €
08. Feb	Abgang	120	kg	24,00	€/kg	2.880,00 €
	Bestand	130	kg	24,00	€/kg	3.120,00 €
07. Mai	Zugang	70	kg	28,00	€/kg	1.960,00 €
	Bestand	200	kg	25,40	€/kg	5.080,00 €
12. Jul	Abgang	150	kg	25,40	€/kg	3.810,00 €
	Bestand	50	kg	25,40	€/kg	1.270,00 €
14. Sep	Zugang	150	kg	24,00	€/kg	3.600,00 €
	Bestand	200	kg	24,35	€/kg	4.870,00 €
11. Dez	Abgang	100	kg	24,35	€/kg	2.435,00 €
31. Dez	Endbestand	100	kg	24,35	€/kg	**2.435,00 €**

Das sehr einfache Beispiel zeigt bereits den höheren Aufwand des gleitenden Durchschnitts. Dieser resultiert in erster Linie daraus, dass eine exakte Erfassung jedes einzelnen Abgangs erforderlich ist.

Die Methode der gewogenen Durchschnittsbewertung wird sowohl in der einfachen als auch in der gleitenden Form **steuerlich** anerkannt (R 6.8 Abs. 4 EStR).

2.5.1.2.2 Sammelbewertung

Das HGB regelt im § 256 Satz 1 für gleichartige Vermögensgegenstände des Vorratsvermögens grundsätzlich zwei Formen der **Sammelbewertung**, die auch als **Verbrauchsfolgeverfahren** bezeichnet werden:

- Lifo-Verfahren (last in – first out)
- Fifo-Verfahren (first in – first out)

Das **Lifo-Verfahren** unterstellt, dass die zuletzt angeschafften oder hergestellten Vermögensgegenstände zuerst verbraucht oder veräußert worden sind. Beim Fifo-Verfahren ist die angenommene Verbrauchsfolge, dass die zuerst angeschafften oder hergestellten Vermögensgegenstände zuerst verbraucht oder veräußert werden.

Die jeweils angenommene Verbrauchsfolge stellt lediglich eine Fiktion dar. Sie muss folglich nicht exakt mit der tatsächlichen Verbrauchfolge übereinstimmen. Ausgeschlossen ist ein Verfahren nur, wenn die fingierte Verbrauchsfolge im Widerspruch zur tatsächlichen Verbrauchfolge steht (*Herzig/Gasper*, S. 559).

Ebenso wie bei der Durchschnittsmethode können auch die Sammelbewertungsverfahren in periodischer oder gleitender (permanenter) Form ausgestaltet werden.

Beispiel 9:

Für das Zahlenbeispiel aus Abschnitt 2.5.1.1 ergeben sich die folgenden Ergebnisse bei Anwendung des Lifo-Verfahrens.

Perioden-Lifo-Verfahren

01. Jan	Anfangsbestand		200	kg	25,00	€/kg	5.000,00 €
04. Feb	Zugang		50	kg	20,00	€/kg	1.000,00 €
07. Mai	Zugang		70	kg	28,00	€/kg	1.960,00 €
14. Sep	Zugang		150	kg	24,00	€/kg	3.600,00 €
			470	kg			11.560,00 €
	Abgänge		370	kg			
31. Dez	Endbestand		100	kg	25,00	€/kg	**2.500,00 €**

Permanentes Lifo-Verfahren

01. Jan	Anfangsbestand		200	kg	25,00	€/kg	5.000,00 €
04. Feb	Zugang		50	kg	20,00	€/kg	1.000,00 €
	Bestand		250	kg			6.000,00 €
08. Feb	Abgang		120	kg			
		davon	50	kg	20,00	€/kg	1.000,00 €
			70	kg	25,00	€/kg	1.750,00 €
	Bestand		130	kg			3.250,00 €
07. Mai	Zugang		70	kg	28,00	€/kg	1.960,00 €
	Bestand		200	kg			5.210,00 €
12. Jul	Abgang		150	kg			
		davon	70	kg	28,00	€/kg	1.960,00 €
			80	kg	25,00	€/kg	2.000,00 €
	Bestand		50	kg			1.250,00 €
14. Sep	Zugang		150	kg	24,00	€/kg	3.600,00 €
	Bestand		200	kg			4.850,00 €
11. Dez	Abgang		100	kg	24,00	€/kg	2.400,00 €
31. Dez	Endbestand		100	kg	24,50	€/kg	**2.450,00 €**

Das Lifo-Verfahren ist als fingierte Verbrauchfolge gemäß § 6 Abs. 1 Nr. 2a EStG auch **steuerlich zulässig**, und zwar sowohl in der Form des permanentes Lifo-Verfahrens als auch in der Form des Perioden-Lifo-Verfahrens (R 6.9 Abs. 4 Satz 1 EStR). Wie im Handelsrecht ergeben sich die Grenzen der Anwendbarkeit aus den GoB. Das heißt, die angenommene Verbrauchsfolge darf zwar von der tatsächlichen abweichen, sie darf jedoch nicht völlig unvereinbar mit dem betrieblichen Geschehensablauf sein (R 6.9 Abs. 2 Satz 2 EStR).

Die Verbrauchsfolgeverfahren können auch nach der sogenannten **Layermethode** ausgestaltet sein. Hierbei wird der Gesamtbestand geschichtet, indem die jahresbezogenen Mehrbestände (Layer) als eine separate Gruppe ausgewiesen und fortgeführt werden. Ergeben sich am Ende eines Geschäftsjahres Minderbestände, so sind diese beim Lifo-Verfahren mit den jüngsten Layern zu verrechnen. Die Layermethode ist nicht nur handelsrechtlich zulässig, sie wird auch von der Finanzverwaltung anerkannt (R 6.9 Abs. 4 Satz 4–6 EStR).

Beispiel 10:

Das **Fifo-Verfahren** liefert für das bekannte Zahlenbeispiel das folgende Ergebnis.

Perioden-Fifo-Verfahren

01. Jan	Anfangsbestand	200 kg	25,00	€/kg	5.000,00 €
04. Feb	Zugang	50 kg	20,00	€/kg	1.000,00 €
07. Mai	Zugang	70 kg	28,00	€/kg	1.960,00 €
14. Sep	Zugang	150 kg	24,00	€/kg	3.600,00 €
		470 kg			11.560,00 €
	Abgänge	370 kg			
31. Dez	Endbestand	100 kg	24,00	€/kg	**2.400,00 €**

Für die **Steuerbilanz** untersagt die Finanzverwaltung mit R 6.9 Abs. 1 EStR die Anwendung der Fifo-Methode als unterstellte Verbrauchsfolge. Diese Vorschrift schließt die Fifo-Methode aber nur insoweit aus, als die Fifo-Verbrauchsfolge nicht fingiert werden darf. Sofern der Steuerpflichtige nachweisen kann, dass die Fifo-Methode der tatsächlichen Verbrauchsfolge entspricht, wird deren Anwendung für zulässig gehalten (Beck'scher Bilanzkommentar, § 255 Rz. 85).

2.5.1.2.3 Retrograde Wertermittlung

Die Anschaffungskosten werden regelmäßig ermittelt, indem die einzelnen Komponenten gemäß § 255 Abs. 1 HGB summiert werden. Alternativ zu dieser progressiven Anschaffungskostenermittlung können bestimmte Unternehmen, insbesondere Handelsunternehmen, die Anschaffungskosten der Vorräte auch auf retrogradem Wege bestimmen. Hierzu werden vom **Verkaufspreis Abschläge** für den Rohgewinn und für Erlösschmälerungen (Preisnachlässe wie Skonto, Boni, Rabatte) vorgenommen, um zu den Anschaffungskosten zu gelangen. Diese Vorgehensweise wird sowohl im Handels- als auch im Steuerrecht für zulässig gehalten, obwohl es hierfür keine explizite gesetzliche Grundlage gibt (Beck'scher Bilanzkommentar, § 255 Rz. 212).

Beispiel 11:

Die Einzelhandels-GmbH erwirbt Waren mit einem Verkaufspreis von 30.000 EUR. Die Rohgewinnspanne (Rohgewinnabschlag) in dieser Warengruppe beträgt ungefähr 30 %. Im Durchschnitt belaufen sich die Erlösschmälerungen auf 5 % des Verkaufspreises.

Verkaufspreis	30.000,00 EUR
- Erlösschmälerungen	1.500,00 EUR
= Netto-Verkaufspreis	28.500,00 EUR
- Rohgewinnspanne	8.550,00 EUR
= Anschaffungskosten (retrograd)	19.950,00 EUR

Da es sich bei den verwendeten Abschlägen zum einen um Durchschnittswerte und zum anderen um Vergangenheitswerte handelt, können die retrograd ermittelten Anschaffungskosten nur den Charakter eines Schätzwertes haben.

Die retrograde Wertermittlung darf immer dann angewendet werden, wenn große Mengen mit vergleichbaren Gewinnspannen und hoher Umschlaghäufigkeit zu bewerten sind. Unter diesen Umständen führt die retrograde Wertermittlung zu einer erheblichen Erleichterung für das bilanzierende Unternehmen, weil die genaue Zuordnung von Ein- und Verkaufspreisen zu den einzelnen Artikeln einer Warengruppe entbehrlich wird. Gleichzeitig ist der resultierende Schätzfehler aufgrund der relativ ähnlichen Gewinnspannen innerhalb der Warengruppe vertretbar.

2.5.1.3   Folgebewertung im Vorratsvermögen

Im Handelsrecht gilt für das Umlaufvermögen das strenge Niederstwertprinzip (§ 253 Abs. 4 HGB), wonach die Vermögensgegenstände abzuschreiben sind, sofern der sich aus einem Börsen- oder Marktpreis ergebende Wert bzw. ersatzweise der beizulegende Wert am Abschlussstichtag niedriger ist.

Insbesondere bei den Vorräten stellt sich die bereits im Abschnitt 2.3.3.2 dargestellte Frage, ob sich die Ermittlung des nach § 253 Abs. 4 HGB maßgeblichen Wertes am Beschaffungs-, am Absatzmarkt oder eventuell an beiden Märkten orientieren soll.

Beschaffungsmarkt

Der Beschaffungsmarkt ist immer dann maßgeblich, wenn die Bewertung aus der Perspektive der **Reproduktion** des betrachteten Vermögensgegenstandes vorgenommen wird.

Der nach § 253 Abs. 4 HGB maßgebliche Wert umfasst alle zur Wiederbeschaffung erforderlichen Kosten einschließlich Anschaffungsnebenkosten mit Einzelkostencharakter. Gegebenenfalls sind noch Abschläge erforderlich, z. B. um dem Alter der zu bewertenden Vermögensgegenstände Rechnung zu tragen.

Der Beschaffungsmarkt ist insbesondere relevant für die betriebsnotwendigen Bestände an Roh-, Hilfs- und Betriebsstoffen sowie für unfertige Erzeugnisse, die fremdbezogen werden.

Absatzmarkt

Der Absatzmarkt ist maßgeblich für Überbestände an Roh-, Hilfs- und Betriebsstoffen sowie für fertige und unfertige Erzeugnisse.

Die **Verwertungsperspektive** führt stets zu einer Form der retrograden Bewertung, wobei ausgehend vom voraussichtlichen Veräußerungspreis die nach dem Bilanzstichtag noch anfallenden Kosten abgezogen werden, um den beizulegenden Wert zu bestimmen. Für die Kürzung kommen noch anfallende Herstellungskosten, Vertriebskosten und Verwaltungskosten in Frage, wobei nicht nur der Abzug von Einzelkosten sondern auch der Abzug von Vollkosten für zulässig gehalten wird. Dieses Ermittlungsschema führt zu einem beizulegenden Wert am Bilanzstichtag, der die bei Verwertung des Vermögensgegenstandes voraussichtlich entstehenden Verluste vorwegnimmt und somit eine verlustfreie Veräußerung ermöglicht. Deshalb wird diese Vorgehensweise auch als „**verlustfreie Bewertung**" bezeichnet.

Die Bestimmung des steuerlichen Teilwertes geht noch einen Schritt weiter. Im Gegensatz zum beizulegenden Wert in der Handelsbilanz, darf bei der Teilwertermittlung neben den noch anfallenden Kosten auch ein durchschnittlicher Unternehmergewinn abgezogen werden (R 6.8 Abs. 2 Satz 3 EStR).

Beschaffungs- und Absatzmarkt

Für bestimmte Vermögensgegenstände, wie z. B. Waren und unfertige Erzeugnisse, die entweder fremdbezogen oder selbst erstellt werden können, lässt sich ein beizulegender Wert sowohl über die Beschaffungsseite als auch über die Absatzseite ermitteln. In solchen Fällen ist der niedrigere der beiden Werte maßgeblich.

2.5.1.4   Langfristige Fertigungsaufträge

Langfristige Fertigung erfolgt typischerweise im Kundenauftrag. Das bedeutet zum einen, dass der Absatzakt schon vor Herstellungsbeginn stattfindet und zum anderen, dass die vereinbarte Leistung auf die speziellen Kundenwünsche zugeschnitten ist. Üblich sind langfristige Fertigungsaufträge z. B. im Schiffbau sowie im Maschinen- und Anlagenbau.

Die rechtliche Grundlage für langfristige Fertigungsaufträge bilden Werkverträge. Hieraus resultieren auch die Schwierigkeiten bei der bilanziellen Behandlung, weil der Auftragnehmer bis zur Abnahme des Werkes durch den Auftraggeber die Gefahr des zufälligen Untergangs trägt. Der Gefahrenübergang findet somit üblicherweise erst mit Fertigstellung des Werkes statt. Etwas anderes gilt nur, wenn zwischen den Parteien Teilabnahmen vereinbart sind, wovon im Folgenden nicht ausgegangen wird.

Sofern die Abnahme des Werkes durch den Auftraggeber erst nach dem Bilanzstichtag erfolgt, ist die zu erbringende Lieferung oder Leistung zum Bilanzstichtag zu bewerten. Die Höhe des Wertansatzes entscheidet darüber, welcher Teil des Auftragsgewinns dem betrachteten Geschäftsjahr zugeordnet wird. Im Hinblick auf die bilanzielle Abbildung der langfristigen Fertigungsaufträge werden die folgenden Vorgehensweisen diskutiert:

1. Completed-Contract-Methode
2. Selbstkostenaktivierung

Die beiden Methoden sollen anhand von Beispiel 12 erläutert werden.

Beispiel 12:

Die Großanlagenbau-GmbH erhält einen Auftrag, der sich über eine Fertigungsdauer vom 1.10.2014 bis zum 30.09.2017 erstreckt. Der vereinbarte Verkaufspreis beträgt 20 Mio. EUR. Die GuV wird nach dem Gesamtkostenverfahren aufgestellt. Die Kosten verteilen sich wie folgt auf die Fertigungszeit:

	Geschäftsjahr (Angaben in Mio. EUR)				
	2014	2015	2016	2017	Summe
Herstellungskosten – Untergrenze	0,80	4,00	5,00	3,00	12,80
Herstellungskosten – Obergrenze	0,88	4,40	5,50	3,30	14,08
aufwandsgleiche Selbstkosten	1,00	5,00	6,25	3,75	16,00

1. Completed-Contract-Methode

Die sowohl im Handels- als auch im Steuerrecht anerkannte Methode zur Abbildung langfristiger Fertigungsaufträge ist die **Completed-Contract-Methode**. Die Completed-Contract-Methode ist die konsequente Umsetzung des Realisationsprinzips, wonach es zur Gewinnrealisierung erst bei Untergang des leistungswirtschaftlichen Risikos kommt. Das bedeutet für den Fertigungsauftrag, dass der hierbei entstehende Gewinn erst mit Abnahme des Werkes durch den Auftraggeber auszuweisen ist. Bis zu diesem Zeitpunkt muss das Erzeugnis bzw. die Leistung mit den Herstellungskosten gemäß § 255 Abs. 2 und 3 HGB bewertet werden. Mit Abnahme und Endabrechnung kann der Entgeltsanspruch aktiviert und gleichzeitig der Umsatz aus dem gesamten Fertigungsauftrag ausgewiesen werden.

Die Anwendung der Completed-Contract-Methode hat zwei Konsequenzen, die die Aussagefähigkeit der Periodenergebnisse beeinträchtigen:

- In den Jahren vor der Abnahme fallen so genannte Auftragszwischenverluste an. Diese entstehen dadurch, dass nicht alle Selbstkostenbestandteile im Rahmen des § 255 Abs. 2 und 3 HGB aktivierungsfähig sind (z. B. Vertriebskosten). Die Periodenergebnisse der Auftragsbearbeitung werden in Höhe der nicht aktivierten Selbstkostenbestandteile belastet, obwohl diese durch das vereinbarte Entgelt abgedeckt sind. Im Jahr der Abnahme erhöhen die Auftragszwischenverluste der Vorperioden den ausgewiesenen Gewinn.

  Das Ausmaß der Auftragszwischenverluste lässt sich natürlich dadurch begrenzen, dass das Erzeugnis bzw. die Leistung am Bilanzstichtag mit der Herstellungskostenobergrenze angesetzt wird, indem alle Herstellungskostenbestandteile, für die ein Wahlrecht besteht (Verwaltungskosten, Aufwendungen für soziale Einrichtungen und Fremdkapitalzinsen), einbezogen werden.

- Der mit Abnahme ausgewiesen Auftragsgewinn wird allein dem Geschäftsjahr der Abnahme zugeordnet, obwohl er auch in den Vorjahren erwirtschaftet wurde.

Beide Effekte führen dazu, dass die Periodenergebnisse vor der Abnahme unzutreffend belastet werden, und zwar zugunsten des Periodenergebnisses im Abnahmejahr. Der **verzerrte Ergebnisausweis** erschwert dem Jahresabschlussadressaten die Analyse der Periodenergebnisse, insbesondere im Hinblick auf einen Periodenvergleich.

zu Beispiel 12:

Completed-Contract-Methode (Untergrenze der Herstellungskosten in Mio. EUR):

Umsatzerlöse	0,00	0,00	0,00	20,00	20,00
Bestandsveränderungen	0,80	4,00	5,00	-9,80	0,00
Bestand unfertige Leistung	0,80	4,80	9,80	0,00	
Aufwand	1,00	5,00	6,25	3,75	16,00
Projektgewinn/-verlust	-0,20	-1,00	-1,25	6,45	4,00

Completed-Contract-Methode (Obergrenze der Herstellungskosten in Mio. EUR):

Umsatzerlöse	0,00	0,00	0,00	20,00	20,00
Bestandsveränderungen	0,88	4,40	5,50	-10,78	0,00
Bestand unfertige Leistung	0,88	5,28	10,78	0,00	
Aufwand	1,00	5,00	6,25	3,75	16,00
Projektgewinn/-verlust	-0,12	-0,60	-0,75	5,47	4,00

Die mit der Completed-Contract-Methode verbundenen Verzerrungen im Ergebnisausweis haben zur Folge, dass die Generalnorm des § 264 Abs. 2 Satz 1 HGB verletzt wird. Aus § 264 Abs. 2 Satz 2 HGB ergibt sich deshalb für den Anwender die Pflicht, zu den Umsätze, die dazu führen, dass der Jahresabschluss ein den tatsächlichen Verhältnissen der Vermögens-, Finanz- und Ertragslage entsprechendes Bild nicht vermittelt, im Anhang zusätzliche Angaben zu machen.

Eine Möglichkeit, den verzerrten Ergebnisausweis zu vermeiden, besteht darin, den Gesamtauftrag vertraglich in mehrere **Teilleistungen** zu zerlegen, die einzeln abgenommen und abgerechnet werden können. In diesem Fall liegen vertraglich abgegrenzte Teilleistungen vor, die mit Teilabnahme und Teilabrechnung zur Realisierung von Teilgewinnen führen. Voraussetzung für eine derartige Konstruktion ist, dass der Gesamtauftrag tatsächlich in Teilleistungen zerlegbar ist und der Auftraggeber dies akzeptiert.

2. Selbstkostenaktivierung

In weiten Teilen der Literatur wird es auch für zulässig gehalten, die erstellte Leistung nicht mit den Herstellungskosten nach § 255 Abs. 2 und 3 HGB zu bewerten, sondern mit den aufwandsgleichen **Selbstkosten**. Voraussetzungen für diese Vorgehensweise sind, dass sich der Fertigungsauftrag über mindestens zwei Jahre erstreckt und insgesamt verlustfrei ist (Beck'scher Bilanzkommentar, § 255 Rz. 459). Der Vorteil der Selbstkostenaktivierung im Vergleich zur Completed-Contract-Methode ist, dass während der Fertigung keine Zwischenverluste anfallen und somit der Gewinnsprung im Jahr der Fertigstellung weniger stark ausfällt, weil sich dieser auf den Auftragsgewinn reduziert.

zu Beispiel 12:

Selbstkostenaktivierung (in Mio. EUR):

Umsatzerlöse	0,00	0,00	0,00	20,00	20,00
Bestandsveränderungen	1,00	5,00	6,25	-12,25	0,00
Bestand unfertige Leistung	1,00	6,00	12,25	0,00	
Aufwand	1,00	5,00	6,25	3,75	16,00
Projektgewinn/-verlust	0,00	0,00	0,00	4,00	4,00

Grundsätzliches Problem der Selbstkostaktivierung ist die Kollision mit der kodifizierten Herstellungskostenobergrenze nach § 255 Abs. 2 und 3 HGB. Diese verbietet die Aktivierung bestimmter Selbstkostenbestandteile, weshalb diese Methode auch teilweise abgelehnt wird (*Baetge/Kirsch/Thiele*, S. 366).

Sollte sich am Bilanzstichtag ein **Verlust** aus dem Fertigungsauftrag abzeichnen, greift das strenge Niederstwertprinzip, welches eine Abschreibung der erstellten Leistung nach dem Prinzip der verlustfreien Bewertung fordert. Soweit der erwartete Verlust die Herstellungskosten der erstellten Leistung (maximale Abschreibung) übersteigt, ist eine Drohverlustrückstellung nach § 249 Abs. 1 Satz 1 HGB zu bilden. Dies gilt sowohl für die Completed-Contract-Methode als auch für die Selbstkostenaktivierung.

2.5.2   Forderungen und sonstige Vermögensgegenstände

2.5.2.1   Begriff

Der § 266 Abs. 2 HGB gliedert die Forderungen und sonstigen Vermögensgegenstände in die folgenden Posten:

1. Forderungen aus Lieferungen und Leistungen,
2. Forderungen gegen verbundene Unternehmen,
3. Forderungen gegen Unternehmen, mit denen ein Beteiligungsverhältnis besteht und
4. sonstige Vermögensgegenstände.

Die „**Forderungen aus Lieferungen und Leistungen**" beinhalten alle Ansprüche, die das bilanzierende Unternehmen aus Lieferungs-, Werks- und Dienstleistungsverträgen erworben hat. Während das Unternehmen seine vertragliche Verpflichtung durch Lieferung oder Leistung bereits erfüllt hat, steht der vom Vertragspartner geschuldete Kaufpreis noch aus.

Analog zu den Ausleihungen im Finanzanlagevermögen sind auch die Forderungen im Umlaufvermögen separat auszuweisen, sofern diese gegen ein **verbundenes Unternehmen** oder gegen ein Unternehmen, mit dem ein **Beteiligungsverhältnis** besteht, gerichtet sind (zu den Begriffen „verbundenes Unternehmen" und „Beteiligung" siehe Abschnitt 2.4.3.1). Dies gilt für alle Forderungen, unabhängig von der Art ihrer Begründung. Somit sind auch Forderungen aus Lieferungen und Leistungen vorrangig unter den Posten 2. und 3. zu erfassen, wenn sie gegenüber solchen Unternehmen bestehen. Auch Darlehensforderungen und Ansprüche auf Gewinnausschüttungen sind unter den Posten 2. bzw. 3. auszuweisen.

Die „**sonstigen Vermögensgegenstände**" stellen einen Restposten dar, der alle Vermögensgegenstände des Umlaufvermögens aufnimmt, die keinem anderen Posten zuordnbar sind. Hierzu zählen beispielsweise GmbH-Beteiligungen ohne dauerhafte Besitzabsicht, Gehaltsvorschüsse und Steuererstattungsansprüche.

2.5.2.2   Spezielle Ansatzfragen

Im Folgenden sollen zwei spezielle Ansatzprobleme behandelt werden, die sich beim Posten „Forderungen und sonstige Vermögensgegenstände" ergeben können. Das sind die Frage des Ansatzzeitpunktes von Dividendenforderungen und die Abbildung des Factorings.

Ansatzzeitpunkt von Dividendenforderungen
Im Zusammenhang mit der bilanziellen Abbildung von Dividendenforderungen stellt sich die Frage, **zu welchem Zeitpunkt** diese entstehen. Grundsätzlich entsteht der Ausschüttungsanspruch erst mit Beschluss der Hauptversammlung bzw. Gesellschafterversammlung des Beteiligungsunternehmens über den auszuschüttenden Betrag. Das beteiligte Unternehmen kann die Beteiligungserträge demnach erst im Folgejahr vereinnahmen (phasenverschobene Gewinnvereinnahmung).

Abweichend von diesem Grundsatz haben der EuGH und der BGH mit ihren Urteilen vom 27.06.1996 (Rs. C-234/94, S. 1400) bzw. vom 12.01.1998 (II ZR 82/93, S. 567) die folgenden Voraussetzungen entwickelt, bei deren Vorliegen eine **phasengleiche Gewinnvereinnahmung** zwingend vorzunehmen ist.

- Die Muttergesellschaft ist Alleingesellschafterin des Tochterunternehmens.
- Mutter- und Tochtergesellschaft bilden nach nationalem Recht einen Konzern.
- Die Geschäftsjahre der Gesellschaften sind deckungsgleich.
- Die Gesellschafterversammlung des Tochterunternehmens hat ihren Jahresabschluss festgestellt und einer Zuweisung des Gewinns an die Muttergesellschaft zugestimmt, bevor die Jahresabschlussprüfung der Muttergesellschaft für das betreffende abgeschlossen ist.
- Der Jahresabschluss der Tochtergesellschaft für das betreffende Geschäftsjahr vermittelt ein den tatsächlichen Verhältnissen entsprechendes Bild ihrer Vermögens-, Finanz- und Ertragslage.

Besonders kritisch wird die im 4. Anstrich genannte Voraussetzung gesehen. Die Muttergesellschaft kann die zeitlich Abfolge von eigener Jahresabschlussprüfung und Gesellschafterversammlung der Tochtergesellschaft frei gestalten. Somit hat sie ein **faktisches Wahlrecht**, ob sie die Ausschüttung der Tochtergesellschaft phasengleich oder phasenverschoben vereinnahmen möchte.

Aus diesem Grund hat der BFH für die **Steuerbilanz** weit restriktivere Bedingungen für eine phasengleiche Gewinnvereinnahmung aufgestellt, die nur in Ausnahmefällen vorliegen dürften (BFH vom 7.8.2000, GrS 2/99). Demnach müssen am Bilanzstichtag die folgenden Voraussetzungen anhand objektiv nachprüfbarer und nach außen in Erscheinung tretender Kriterien festgestellt werden können:

- die Tochtergesellschaft muss am Bilanzstichtag einen Bilanzgewinn ausweisen,
- der mindestens ausschüttungsfähige Gewinn muss der Muttergesellschaft am Bilanzstichtag bekannt sein und
- die Muttergesellschaft ist am Bilanzstichtag endgültig entschlossen, eine bestimmte Gewinnverwendung (genau bezifferter Betrag erforderlich) künftig zu beschließen.

Die genannten Voraussetzungen machen deutlich, dass in der Steuerbilanz die phasenverschobene Vereinnahmung den Regelfall darstellen dürfte.

Factoring

Unter **Factoring** versteht man den vertraglich festgelegten, laufenden Verkauf von Forderungen aus Lieferungen und Leistungen an einen Factor. In Abhängigkeit von der Ausgestaltung des Vertrages übernimmt der Factor eine oder mehrere der folgenden Funktionen: Delkredere-, Finanzierungs- und Servicefunktion. Für die Bilanzierung ist ausschlaggebend, ob der Factor die Delkrederefunktion übernimmt, d. h. ob er das Ausfallrisiko für die übertragenen Forderungen trägt (in diesem Fall spricht man auch von echtem Factoring). Beim **echten Factoring** scheiden die verkauften Forderungen aus dem Vermögen des Unternehmens aus, während gleichzeitig eine Forderung gegenüber dem Factor eingebucht wird, die unter den sonstigen Vermögensgegenständen auszuweisen ist.

Das zivilrechtliche Eigentum an den Forderungen geht auch beim unechten Factoring auf den Forderungskäufer (Factor) über. Im Unterschied zum echten Factoring verbleibt aber das Ausfallrisiko der verkauften Forderungen beim Forderungsverkäufer. Deshalb geht die herrschende Meinung (IDW, WP-Handbuch I, E Anm. 56) davon aus, dass der Forderungsverkäufer beim **unechten Factoring** die Forderungen unverändert in seiner Bilanz auszuweisen hat, weil er aufgrund des nach wie vor bestehenden Ausfallrisikos als wirtschaftlicher Eigentümer der Forderung anzusehen ist. Der vom Factor für die Forderungen gezahlte Kaufpreis wird beim Forderungsverkäufer als Verbindlichkeit gegenüber dem Factor bilanziert.

Vom Factoring zu unterscheiden ist die **Sicherungsabtretung**. Hierbei erfolgt die Abtretung der Forderungen nur sicherungshalber. Die schuldrechtliche Grundlage bildet der Sicherungsvertrag zwischen Sicherungsgeber (Zedent) und Sicherungsnehmer (Zessionar), der alle Rechte und Pflichten zwischen den Parteien regelt. Dieser verpflichtet beispielsweise den Zessionar, die Forderungen an den Zedenten zurück zu übertragen, sofern die besicherte Schuld durch diesen beglichen wurde. Bei der Sicherungsabtretung verbleibt das wirtschaftliche Eigentum an den Forderungen beim Zedenten, der diese deshalb auch weiterhin in seiner Bilanz ansetzen muss.

2.5.2.3   Spezielle Bewertungsfragen

Im Folgenden werden einige spezielle Fragen diskutiert, die im Zusammenhang mit der Bewertung von Forderungen auftreten.

Skonto

Beim Verkauf von Leistungen wird der in der Ausgangsrechnung ausgewiesene Rechnungsbetrag inklusive Umsatzsteuer als Forderung (entspricht den AHK) eingebucht. Gleichzeitig
wird die Umsatzsteuer als Verbindlichkeit gegenüber dem Finanzamt erfasst. Gewährt der
Verkäufer dem Kunden Skonto und zahlt der Kunde innerhalb der Skontofrist unter Abzug
des Skontobetrages, so wird diese Erlösschmälerung unter Korrektur der Umsatzsteuer als
Skontoaufwand erfasst.

Beispiel 13:

Die Großhandels-GmbH verkauft Waren im Wert von 50.000 EUR zzgl. Umsatzsteuer von
19% an einen Kunden. Die GmbH gibt dem Kunden die Möglichkeit bei Zahlung innerhalb von
10 Tagen ein Skonto von 3 % des Rechnungsbetrages zu ziehen. Der Kunde nutzt diese Möglichkeit und überweist innerhalb der Skontofrist unter Abzug des Skontobetrages.

Buchung – Rechnungsausgang

Forderung	59.500 EUR	an	Umsatzerlöse	50.000 EUR
			Umsatzsteuer	9.500 EUR

Buchung – Zahlungseingang

Bank	57.715 EUR	an	Forderung	59.500 EUR
Skontoaufwand	1.500 EUR			
Umsatzsteuer	285 EUR			

Im Jahresabschluss wird der Skontoaufwand mit den Erlösen verrechnet.

Unverzinsliche Forderungen aus Lieferungen und Leistungen

Sind langfristige Forderungen aus Lieferungen und Leistungen unverzinslich oder niedrig
verzinslich, so sind diese im Zugangszeitpunkt mit dem Barwert zu bewerten. Diese Vorgehensweise ist dadurch gerechtfertigt, dass im Forderungsbetrag ein Zinsanteil vermutet wird,
der nicht mit Entstehung der Forderung realisiert werden sollte, sondern erst über die Laufzeit.

Bei kurzfristigen (Restlaufzeit bis zu einem Jahr) unverzinslichen oder niedrig verzinslichen
Forderungen kann aus Vereinfachungsgründen auf die Abzinsung verzichtet werden (*ADS*,
§ 253 Anm. 570).

Fremdwährungsforderungen

Wie bereits im Abschnitt 2.4.3.2 für das Finanzanlagevermögen dargestellt, sind auch die
Fremdwährungsforderungen des Umlaufvermögens gemäß § 256 Satz 1 HGB zum **Devisenkassamittelkurs** am Abschlussstichtag umzurechnen. Grundsätzlich beschränken aber
Anschaffungskostenprinzip sowie Realisations- und Imparitätsprinzip den Wertansatz, sodass eine Bewertung über den Anschaffungskosten und ein damit einhergehender Ausweis
unrealisierter Gewinne ausgeschlossen ist.

Eine Ausnahme, die insbesondere die Forderungen des Umlaufvermögens betrifft, sieht der
Gesetzgeber im § 256a Satz 2 HGB für Forderungen mit einer Restlaufzeit von bis zu einem
Jahr vor. Hier sind Anschaffungskostenprinzip sowie Realisations- und Imparitätsprinzip
nicht anzuwenden mit der Folge, dass der Ausweis unrealisierter Gewinne möglich ist.

An dieser Stelle können sich Abweichungen zwischen Handels- und Steuerrecht ergeben,
denn das Steuerrecht kennt eine Ausnahme, wie sie im § 256a Satz 2 HGB für das Handelsrecht kodifiziert ist, nicht. Demnach ist **steuerlich** ein Wertansatz über den Anschaffungskosten auch bei Forderungen mit kurzer Restlaufzeit ausgeschlossen.

Wertberichtigungen

Der Bilanzierende muss im Rahmen der Folgebewertung beurteilen, inwieweit der Forderungsbestand am Abschlussstichtag von Ausfällen bedroht ist und entsprechende Wertberichtigungen vornehmen. In diesem Zusammenhang muss grundsätzlich unterschieden werden zwischen speziellen Risiken, die nur eine einzelne Forderung oder zumindest eine genau abgegrenzte Gruppe von Forderungen betreffen, und dem allgemeinen (unspezifischen) Kreditrisiko, dem alle Forderungen unterliegen.

Der Grundsatz der Einzelbewertung fordert, dass jede Forderung separat im Hinblick auf spezielle Ausfallrisiken untersucht und gegebenenfalls abgeschrieben wird. Bei umfangreichen Forderungsbeständen ist diese Vorgehensweise jedoch nicht praktikabel oder zumindest unwirtschaftlich. Deshalb ist es auch zulässig, spezielle Risiken, die sich für eine bestimmte Gruppe von Forderungen feststellen lassen, durch prozentuale Abschläge auf diese Forderungen zu berücksichtigen. Die Höhe der Abschläge orientiert sich an Erfahrungswerten aus der Vergangenheit. Die Abschreibungen, die spezielle Risiken abbilden sollen, werden als **Einzelwertberichtungen** bezeichnet. Sofern das bilanzierende Unternehmen eine Delkredereversicherung für die Forderungen abgeschlossen hat, sind die Leistungen aus der Versicherung bei der Bemessung der Wertberichtigung zu berücksichtigen. D. h. Wertberichtigungen sind nur insoweit vorzunehmen, wie die Forderungsausfälle nicht durch die Delkredereversicherungen abgedeckt sind.

Neben den Einzelwertberichtigungen sind auch sogenannte **Pauschalwertberichtigungen** zulässig, um das allgemeine Kreditrisiko des Forderungsbestandes abzubilden. Pauschalwertberichtigungen können durch Anwendung eines einheitlichen Prozentsatzes auf den gesamten Forderungsbestand vorgenommen werden. Ausgenommen sind lediglich Forderungen, die bereits einzelwertberichtigt wurden oder für die eine Delkredereversicherung besteht. Der anzuwendende Prozentsatz stützt sich auf in der Vergangenheit beobachtete Ausfälle auf nicht einzelwertberichtigte Forderungen.

Sämtliche Wertberichtigungen dürfen immer nur auf **Nettoforderungen** vorgenommen werden, d. h. auf die Forderung exklusive Umsatzsteuer. Der Umsatzsteueranteil der Forderung ist von der Wertberichtigung ausgeklammert, weil dieser keinem Ausfallrisiko unterliegt. Der Grund hierfür ist, dass der Unternehmer sich die Umsatzsteuer auf den Forderungsausfall, die bei Begründung der Forderung gezahlt wurde, bei teilweiser oder vollständiger Uneinbringlichkeit erstatten lassen kann.

2.5.3   Wertpapiere des Umlaufvermögens und liquide Mittel

Das Bilanzgliederungsschema des § 266 HGB unterteilt die Wertpapiere des Umlaufvermögens in:

1. Anteile an verbundenen Unternehmen und
2. sonstige Wertpapiere.

Anteile an verbundenen Unternehmen (zum Begriff vgl. Abschnitt 2.4.3.1) sind immer dann im Umlaufvermögen auszuweisen, wenn das Unternehmen keine dauerhafte Besitzabsicht hat. Die Zuordnung zum Anlage- bzw. Umlaufvermögen ist nicht nur eine Ausweisfrage, sie hat materielle Konsequenzen, wenn die Anteile einer voraussichtlich nicht dauerhaften Wertminderung unterliegen. Im Umlaufvermögen besteht eine Abschreibungspflicht (§ 253 Abs. 4 HGB strenges Niederstwertprinzip), während der Bilanzierende im Anlagevermögen ein Abschreibungswahlrecht hat (§ 253 Abs. 3 Satz 4 HGB, gemildertes Niederstwertprinzip).

Sonstige Wertpapiere werden üblicherweise mit dem Ziel gehalten, überschüssige Liquidität vorrübergehend anzulegen. In Frage kommen Anlageformen wie z. B. Aktien, Staats- oder Industrieanleihen oder Genussscheine.

Im Hinblick auf die Bewertung der Wertpapiere des Umlaufvermögens gelten die in Abschnitt 2.3 dargestellten Grundsätze.

Die **liquiden Mittel** beinhalten laut Postenbezeichnung im § 266 HGB Kassenbestände, Bundesbankguthaben, Guthaben bei Kreditinstituten und Schecks. Weiterhin sind auch Postwertzeichen unter diesem Posten zu erfassen.

Liquide Mittel sind stets zum **Nominalwert** zu bewerten. Ein niedrigerer beizulegender Wert ist nur bei Schecks und Guthaben bei Kreditinstituten denkbar, wenn die Zahlungsfähigkeit des Schuldners fraglich ist. Fremdwährungsguthaben bei Kreditinstituten und Sorten (Bargeld in Fremdwährung) sind gemäß § 256a Satz 1 HGB zum Devisenkassamittelkurs am Abschlussstichtag umzurechnen, wobei im Sinne von § 256a Satz 2 HGB eine Bewertung auch über den Anschaffungskosten möglich ist.

2.6 Bilanzierung des Eigenkapitals

Das Eigenkapital ergibt sich als Differenz zwischen den Aktiva auf der einen Seite sowie dem Fremdkapital und passiven Rechnungsabgrenzungsposten auf der anderen Seite. Aus dem Charakter als **Residualgröße** folgt unmittelbar, dass die einzelnen Bestandteile des Eigenkapitals nicht über die Bilanzierungsschritte Ansatz und Bewertung ermittelt werden.

Inhaltlich lässt sich das Eigenkapital interpretieren als die von den Eigentümern des Unternehmens zur Verfügung gestellten Mittel. Diese sind in der Vergangenheit in Form von Geld- bzw. Sacheinlagen von außen dem Unternehmen zugeflossen oder durch Einbehaltung (Thesaurierung) von Gewinnen bereitgestellt worden.

Die **Darstellung** des Eigenkapitals ist abhängig von der Rechtsform des Unternehmens. Die gesetzlichen Regelungen zur Bilanzierung des Eigenkapitals beziehen sich fast ausschließlich auf Kapitalgesellschaften, weshalb der Schwerpunkt der folgenden Ausführungen auf dieser Rechtsform liegt. Der Eigenkapitalausweis von Personengesellschaften wird abschließend im Abschnitt 2.6.2 behandelt.

2.6.1 Bilanzierung des Eigenkapitals von Kapitalgesellschaften

2.6.1.1 Überblick

Grundsätzlich unterteilt der Gesetzgeber im § 272 HGB das Eigenkapital der Kapitalgesellschaft in die folgenden drei Kategorien.

- Das gezeichnete Kapital zeigt die Haftungsbeschränkung der Gesellschafter für Verbindlichkeiten der Kapitalgesellschaft gegenüber Gläubigern.
- Die Kapitalrücklage erfasst alle Beträge, die dem Eigenkapital von außen über das gezeichnete Kapital hinaus zugeführt werden.

• Die Gewinnrücklagen enthalten die thesaurierten Gewinne der Kapitalgesellschaft.

In Abhängigkeit davon, welche Art von Ergebnisausweis die Gesellschaft praktiziert, kommen entweder noch die Posten „Gewinnvortrag/Verlustvortrag" und „Jahresüberschuss/ Jahresfehlbetrag" oder der Posten „Bilanzgewinn/ Bilanzverlust" hinzu.

Gemäß § 266 Abs. 3 A. HGB soll das Eigenkapital von Kapitalgesellschaften grundsätzlich wie folgt ausgewiesen werden:

    I. Gezeichnetes Kapital;
    II. Kapitalrücklage;
    III. Gewinnrücklagen:
      1. gesetzliche Rücklage;
      2. Rücklage für Anteile an einem herrschenden oder mehrheitlich beteiligten Unternehmen;
      3. satzungsmäßige Rücklagen;
      4. andere Gewinnrücklagen;
    IV. Gewinnvortrag/Verlustvortrag;
    V. Jahresüberschuss/Jahresfehlbetrag.

Darüber hinaus kann es aufgrund von **rechtsformspezifischen Vorschriften** zu Ergänzungen der genannten Posten kommen. So ist beispielsweise das eingeforderte Nachschusskapital bei einer GmbH gemäß § 42 Abs. 2 Satz 3 GmbHG in dem Posten „Kapitalrücklage" gesondert auszuweisen.

2.6.1.2 Gezeichnetes Kapital

Im § 272 Abs. 1 Satz 1 HGB ist das **gezeichnete Kapital** charakterisiert als „das Kapital, auf das die Haftung der Gesellschafter für die Verbindlichkeiten der Kapitalgesellschaft gegenüber den Gläubigern beschränkt ist." Die vom Gesetzgeber gewählte Formulierung ist dahingehend irreführend, als die Gesellschafter der Kapitalgesellschaft, sofern sie ihre Einlagen geleistet haben, nicht für die Schulden der Gesellschaft haften (ausgenommen der Komplementär der KGaA). Vielmehr haftet die Gesellschaft mit ihrem Gesellschaftsvermögen gegenüber ihren Gläubigern, und zwar unabhängig von der Höhe des gezeichneten Kapitals.

Das gezeichnete Kapital ist das **Nominalkapital** einer Kapitalgesellschaft. Während es bei der Aktiengesellschaft dem Grundkapital entspricht (§ 152 Abs. 1 Satz 1 AktG), wird es bei der GmbH als Stammkapital bezeichnet (§ 42 Abs. 1 GmbHG).

Das Grundkapital einer AG muss gemäß § 7 AktG mindestens 50.000 EUR betragen. Es ist in Aktien unterteilt, wobei die Aktien entweder als Nennbetragsaktien oder als Stückaktien (ohne Nennwert) ausgegeben werden dürfen (§ 8 Abs. 1 AktG). Ein Nebeneinander von Nennbetragsaktien und Stückaktien ist nicht zulässig.

Wird das Grundkapital durch **Nennbetragsaktien** begründet, entspricht die Summe der Nennbeträge aller Aktien dem Grundkapital. Der Nennbetrag der einzelnen Aktie muss hierbei mindestens auf 1 EUR lauten; höhere Nennbeträge müssen auf volle EUR lauten (§ 8 Abs. 2 AktG).

Bei der Ausgabe von **Stückaktien** wird das festgelegt Grundkapital durch eine bestimmte Anzahl von Aktien verkörpert. Obwohl für die einzelne Stückaktie kein Nennbetrag ausgewiesen ist, lässt sich jedoch ein fiktiver Nennbetrag je Stückaktie errechnen, indem das Grundkapital durch die Anzahl der Stückaktien dividiert wird. Analog zu den Nennbetragsaktien darf auch der fiktive Nennbetrag der Stückaktie nicht unter 1 EUR liegen (§ 8 Abs. 3 Satz 2 AktG).

Die **Kommanditgesellschaft auf Aktien** (KGaA) ist dadurch gekennzeichnet, dass es zwei Typen von Gesellschaftern gibt. Während mindestens ein Gesellschafter persönlich für Verbindlichkeiten der Gesellschaft haftet (**Komplementär**), beteiligen sich die anderen Gesellschafter am Grundkapital und sind von der persönlichen Haftung freigestellt (**Kommanditisten, Kommanditaktionäre**). Das in der Bilanz der KGaA ausgewiesene Grundkapital spiegelt somit lediglich die Beteiligung der Kommanditisten wider. Der Kapitalanteil des Komplementärs ist in der Bilanz als variables Eigenkapital nach dem gezeichneten Kapital gesondert auszuweisen (§ 286 Abs. 2 AktG).

Das Stammkapital der GmbH, welches nach § 5 Abs. 1 GmbHG mindestens 25.000 EUR betragen muss, entspricht der Summe der Nennbeträge aller Geschäftsanteile. Die Nennbeträge der einzelnen Geschäftsanteile können unterschiedlich hoch sein; sie müssen jedoch auf volle EUR lauten (§ 5 Abs. 2 und 3 GmbHG).

Das gezeichnete Kapital ist gemäß § 272 Abs. 1 Satz 2 HGB mit dem Nennwert anzusetzen. Bei Gründung der Gesellschaft muss das gezeichnete Kapital jedoch nicht vollständig eingezahlt werden (§ 36a Abs. 1 AktG bzw. § 7 Abs. 2 GmbHG). Folglich kann das tatsächlich eingezahlte Kapital niedriger sein als das gezeichnete. Die Differenz wird als **ausstehende Einlagen** bezeichnet, deren bilanzielle Abbildung § 272 Abs. 1 Satz 3 HGB regelt.

Demnach muss für den **eingeforderten Teil** der **ausstehenden Einlagen** eine Forderung ausgewiesen werden. Der nicht eingeforderte Teil ist offen vom „gezeichneten Kapital" abzusetzen und der Saldo als Posten „**Eingefordertes Kapital**" in der Hauptspalte der Passivseite auszuweisen (Nettoausweis). Das folgende Beispiel soll die bilanzielle Abbildung ausstehender Einlagen verdeutlichen.

Beispiel 14:

Das gezeichnete Kapital des betrachteten Unternehmens beträgt 1.000.000 EUR, wovon bis zum Abschlussstichtag 600.000 EUR eingezahlt sind. Von den verbleibenden 400.000 EUR sind 100.000 EUR eingefordert.

In der Bilanz sind die ausstehenden Einlagen wie folgt abzubilden (Angaben in TEUR):

Aktiva		Passiva
⁞	A. Eigenkapital	
B. Umlaufvermögen	I. Eingefordertes Kapital	
II. Forderungen und sonstige	Gezeichnetes Kapital	1.000
Vermögensgegenstände	nicht eingeforderte Einlagen	300
5. Eingefordertes, noch nicht		700
eingezahltes Kapital 100		

2.6.1.3   Rücklagen

Die im Folgenden zu behandelnden Kapital- und Gewinnrücklagen werden in Abgrenzung zu den **stillen Rücklagen** auch als **offene Rücklagen** bezeichnet, weil sie für den externen Bilanzleser unmittelbar ersichtlich sind. Im Gegensatz dazu treten die stillen Rücklagen (auch stille Reserven) in der Bilanz nicht Erscheinung und sind somit für den Bilanzadressaten nicht erkennbar. Sie sind das Ergebnis von Unterbewertungen auf der Aktivseite oder Überbewertungen auf der Passivseite.

Die Unterscheidung der offenen Rücklagen in **Gewinn- und Kapitalrücklagen** soll einen Einblick in die Herkunft der jeweiligen Beträge gewähren. Als Abgrenzungskriterium dient - analog zur Unterscheidung in Außen- und Innenfinanzierung – der Ursprung der jeweiligen zufließenden Mittel, je nachdem, ob sie von außerhalb des Unternehmen stammen (Kapitalrücklage) oder vom Unternehmen selbst erwirtschaftet und im Zuge der Gewinnverwendung entstanden sind (Gewinnrücklage).

2.6.1.3.1 Kapitalrücklage

Der Gesetzgeber zählt im § 272 Abs. 2 HGB die Sachverhalte auf, die generell zur Bildung von Kapitalrücklagen führen, nämlich:

1. Beträge, die bei der Ausgabe von Anteilen einschließlich von Bezugsanteilen über den Nennbetrag oder, falls ein Nennbetrag nicht vorhanden ist, über den rechnerischen Wert hinaus erzielt werden (Emissionsagio bei Anteilen);

2. Beträge, die bei der Ausgabe von Schuldverschreibungen für Wandlungsrechte (Wandelanleihen) und Optionsrechte (Optionsanleihen) zum Erwerb von Anteilen erzielt werden (Agio durch Gewährung von Wandel- und Optionsrechten);

3. Zuzahlungen, die Gesellschafter gegen Gewährung eines Vorzuges für ihre Anteile leisten (Zuzahlungen für Vorzugsrechte bei Gewinnverteilung, Liquidation u.ä.);

4. andere Zuzahlungen, die Gesellschafter in das Eigenkapital leisten.

Auflösung der Kapitalrücklage bei einer AG oder KGaA
Im Hinblick auf die **Auflösungsmöglichkeiten** der Kapitalrücklage ist zwischen den Beträgen nach § 272 Abs. 2 Nr. 1–3 HGB einerseits und § 272 Abs. 2 Nr. 4 HGB andererseits zu unterscheiden. Über die Beträge nach Nr. 4 kann die AG frei verfügen. Es existieren diesbezüglich keine Verwendungsbeschränkungen.

Im Gegensatz dazu ist die Verwendung der Beträge nach Nr. 1–3 explizit im § 150 Abs. 3 und 4 AktG geregelt. Welche konkreten Verwendungsmöglichkeiten die AG hat, hängt von der Summe aus Kapitalrücklage nach Nr. 1–3 und gesetzlicher Rücklage ab. Eine ausführliche Erläuterung erfolgt im nächsten Abschnitt im Zusammenhang mit den gesetzlichen Rücklagen.

Auflösung der Kapitalrücklage bei einer GmbH
Die GmbH unterliegt keinen gesetzlichen Beschränkungen bezüglich der Auflösung der Kapitalrücklage. Einzig für die Verwendung von Nachschüssen enthält § 30 Abs. 2 GmbHG eine Verwendungsbeschränkung.

2.6.1.3.2 Gewinnrücklagen

Als Gewinnrücklagen dürfen nur Beträge ausgewiesen werden, die im Geschäftsjahr oder in einem früheren Geschäftsjahr aus dem **Ergebnis** gebildet worden sind. Dazu gehören nach § 272 Abs. 3 HGB aus dem Ergebnis zu bildende gesetzliche oder auf Gesellschaftsvertrag, Satzung beruhende Rücklagen und andere Gewinnrücklagen.

Ebenfalls zu den Gewinnrücklagen zählt die Rücklage gemäß § 272 Abs. 4 HGB für Anteile an einem herrschenden oder mehrheitlich beteiligten Unternehmen.

Gesetzliche Rücklage

Derartige Rücklagen und ihre Bildung beschränken sich auf die Rechtsform der AG und der KGaA (§ 150 Abs. 1 AktG). In die gesetzliche Rücklage hat die Gesellschaft jeweils 5 % des ggf. um einen Verlustvortrag aus dem Vorjahr geminderten Jahresüberschusses so lange einzustellen, bis die **gesetzliche Rücklage und die Kapitalrücklagen** nach § 272 Abs. 2 Nr.1–3 HGB zusammen 10 % des Grundkapitals oder einen höheren durch die Satzung bestimmten Teil des Grundkapitals erreichen (§ 150 Abs. 2 AktG).

Die Möglichkeiten zur Auflösung der gesetzlichen Rücklage lassen sich nur in Verbindung mit dem Bestand der Kapitalrücklage nach § 272 Abs. 2 Nr. 1–3 HGB ermitteln. Es sind zwei Fälle zu unterscheiden.

Fall I: Kapitalrücklage nach Nr. 1–3 und gesetzliche Rücklage übersteigen zusammen nicht 10 % oder den in der Satzung der AG bestimmten höheren Prozentsatz des Grundkapitals (§ 150 Abs. 3 AktG). In diesem Fall dürfen die Rücklagenbeträge nur zum

1. Ausgleich eines Jahresfehlbetrages, soweit er nicht durch einen Gewinnvortrag aus dem Vorjahr und nicht durch Auflösung anderer Gewinnrücklagen kompensiert werden kann oder zum

2. Ausgleich eines Verlustvortrags aus dem Vorjahr, soweit er nicht durch den Jahresüberschuss des Geschäftsjahres gedeckt ist und nicht durch Auflösung anderer Gewinnrücklagen ausgeglichen werden kann, verwendet werden.

Fall II: Kapitalrücklage nach Nr. 1–3 und gesetzliche Rücklage übersteigen zusammen 10% oder den in der Satzung der AG bestimmten höheren Prozentsatz des Grundkapitals. Der übersteigende Betrag darf nach § 150 Abs. 4 AktG verwendet werden

3. zum Ausgleich eines Jahresfehlbetrags, soweit er nicht durch einen Gewinnvortrag aus dem Vorjahr gedeckt ist,

4. zum Ausgleich eines Verlustvortrags aus dem Vorjahr, soweit er nicht durch einen Jahresüberschuss gedeckt ist oder

5. zur Kapitalerhöhung aus Gesellschaftsmitteln nach den §§ 207 bis 220 AktG.

Der Ausgleich eines Jahresfehlbetrags oder eines Verlustvortrags nach § 150 Abs. 4 S. 1 AktG ist allerdings nicht zulässig, wenn gleichzeitig Gewinnrücklagen zur Gewinnausschüttung aufgelöst werden (Ausschüttungssperre gemäß § 150 Abs. 4 S. 2 AktG).

Rücklage für Anteile an einem herrschenden oder mehrheitlich beteiligten Unternehmen

Diese Rücklage ist gemäß § 272 Abs. 4 Satz 1 HGB zu bilden, sofern das bilanzierende Unternehmen Anteile an einem Unternehmen hält, von dem es **beherrscht wird oder welches die Mehrheit der Anteile** am bilanzierenden Unternehmen hält. Die Verpflichtung zur Bildung einer solchen Rücklage verfolgt das Ziel der Kapitalerhaltung und ist somit Ausfluss des Gläubigerschutzgedankens. Denn der Erwerb von Anteilen an einem beherrschenden Unternehmen ist wirtschaftlich vergleichbar mit dem Fall, in dem das beherrschende Unternehmen selbst die eigenen Anteile erwirbt. Aus diesem Grund muss eine Rücklage in der Höhe des auf der Aktivseite für die Anteile angesetzten Betrages gebildet werden.

Gemäß § 272 Abs. 4 Satz 3 HGB ist die Rücklage bereits bei Aufstellung der Bilanz aus den frei verfügbaren Rücklagen zu bilden. Mit „frei verfügbar" sind die Rücklagen gemeint, die keinen gesetzlichen oder durch Satzung auferlegten Verwendungsbeschränkungen unterliegen. Hierzu zählen die „anderen Gewinnrücklagen" und die frei verfügbaren Teile der Kapitalrücklage. Während bei der GmbH die komplette Kapitalrücklage frei verfügbar ist, gilt das bei der AG und der KGaA nur für die Kapitalrücklage nach § 272 Abs. 2 Nr. 4 HGB.

Der § 272 Abs. 4 Satz 3 HGB impliziert weiterhin, dass die Rücklage auch dann gebildet werden muss, wenn für das betreffende Jahr kein Jahresüberschuss ausgewiesen wird.

Die **Auflösung** der Rücklage regelt § 272 Abs. 4 Satz 4 HGB. Demnach ist die Rücklage nur aufzulösen, wenn die entsprechenden Anteile veräußert, ausgegeben oder eingezogen werden oder auf der Aktivseite ein niedrigerer Betrag angesetzt wird. Die Rücklage fungiert somit als Ausschüttungssperre.

Satzungsmäßige Rücklagen

Satzungsmäßige (auch statutarische) Rücklagen beruhen auf verpflichtenden Regelungen in der **Satzung bzw. im Gesellschaftsvertrag** der Kapitalgesellschaft. Eine Ermächtigung zur Rücklagenbildung ist nicht ausreichend. Bezieht sich die Regelung jedoch auf die Höhe der gesetzlichen Rücklage, so sind die Beträge vorrangig der gesetzliche Rücklage zuzuführen, auch wenn diese 10 % des Grundkapitals übersteigen.

Die Möglichkeiten zur **Auflösung** der satzungsmäßigen Rücklage richten sich nach den Regelungen in der Satzung bzw. Gesellschaftsvertrag. Es existieren keine allgemeinverbindlichen, gesetzlichen Regelungen.

Satzungsmäßige Rücklagen können an einen **bestimmten Zweck gebunden** werden. Zweckgebundene Rücklagen betreffen z. B. Rücklagen für Rationalisierung, Werbung, Substanzerhaltung u. ä.

Andere Gewinnrücklagen

Die „anderen Gewinnrücklagen" bilden einen **Auffangposten** für alle in die Gewinnrücklagen eingestellten Beträge, die nicht unter die anderen drei Arten von Gewinnrücklagen fallen (Rücklage für Anteile an einem herrschenden oder mit Mehrheit beteiligten Unternehmen, satzungsmäßige und gesetzliche Rücklage). Analog zu den satzungsmäßigen Rücklagen können auch andere Gewinnrücklagen mit einer Zweckbindung versehen sein.

Für die GmbH existieren keine gesetzlichen Vorschriften, die den Anteil des Jahresergebnisses reglementieren, der in die anderen Gewinnrücklagen eingestellt werden darf. Somit ist eine vollständige, teilweise oder gar keine Dotierung der anderen Gewinnrücklagen zulässig.

Anders verhält es sich bei der AG und der KGaA. Für diese regelt § 58 AktG die Kompetenzen von Vorstand und Aufsichtsrat einerseits und Hauptversammlung andererseits hinsichtlich der Verwendung des Jahresüberschusses. Im § 58 Abs. 1 und 2 AktG werden zunächst zwei Fälle unterschieden:

- Die **Hauptversammlung stellt den Jahresabschluss fest** (§ 58 Abs. 1 AktG). In diesem Fall kann die Satzung festlegen, dass ein Teil des Jahresüberschusses in die anderen Gewinnrücklagen eingestellt werden muss. Der Anteil darf höchstens 50 % des Jahresüberschusses betragen, wobei dieser vorab um die Zuführung zur gesetzlichen Rücklage und um einen Verlustvortrag zu kürzen ist.

- **Vorstand und Aufsichtsrat stellen den Jahresabschluss fest** (§ 58 Abs. 2 AktG). In diesem Fall dürfen Vorstand und Aufsichtsrat bis zu 50 % des Jahresüberschusses den anderen Gewinnrücklagen zuführen, wobei dieser vorab um die Zuführung zur gesetzlichen

Rücklage und um einen Verlustvortrag zu kürzen ist. Die Satzung kann Vorstand und Aufsichtsrat jedoch ermächtigen, einen kleineren oder größeren Teil des Jahresüberschusses einzustellen. Aufgrund einer derartigen Satzungsermächtigung dürfen Einstellungen nur erfolgen, wenn die anderen Gewinnrücklagen die Hälfte des Grundkapitals nicht übersteigen und nur soweit wie die anderen Gewinnrücklagen nach der Einstellung die Hälfte nicht übersteigen (§ 58 Abs. 2 Satz 3 AktG). Die Einstellung von 50 % des Jahresüberschusses nach § 58 Abs. 2 Satz 3 AktG wird von dieser Begrenzung nicht erfasst.

Neben den genannten Zuführungsmöglichkeiten nach § 58 Abs. 1 und 2 AktG kann die **Hauptversammlung im Rahmen des Beschlusses über den Bilanzgewinn** weitere Beträge in die Gewinnrücklagen einstellen (§ 58 Abs. 3 AktG). Begrenzt wird die Hauptversammlung in ihrer Entscheidung durch § 254 Abs. 1 AktG, der den Beschluss über die Verwendung des Bilanzgewinns für anfechtbar erklärt, wenn die Rücklagendotierung dazu führt, dass nicht mindestens 4 % des Grundkapitals ausgeschüttet werden.

Unabhängig von der Frage, welches Organ den Jahresabschluss feststellt, können Vorstand und Aufsichtsrat gemäß § 58 Abs. 2a AktG die folgenden Beträge den anderen Gewinnrücklagen zuführen.

- **Wertaufholungsrücklage**: Sofern Vermögensgegenstände des Anlage- und Umlaufvermögens außerplanmäßig abgeschrieben wurden und die Gründe für die Abschreibungen später entfallen sind, müssen gemäß § 253 Abs. 5 HGB Wertaufholungen vorgenommen. Vorstand und Aufsichtsrat können die hierbei entstehenden Erträge für Ausschüttungen sperren, indem sie einen Betrag in Höhe der Wertaufholung in die anderen Gewinnrücklagen einstellen.
- **Steuerfreie Rücklage**: Nach demselben Prinzip können auch in der Steuerbilanz aufgedeckte stille Reserven, die steuerlich passiviert werden, nach Abzug des Steueranteils in der Handelsbilanz durch Zuführung zu den anderen Rücklagen passiviert werden.

Die **Auflösung** der anderen Gewinnrücklage wird durch die Organe vorgenommen, denen auch die Feststellung des Jahresabschlusses obliegt. Grundsätzlich sind die Organe frei in der Entscheidung über die Verwendung der anderen Gewinnrücklagen, es sei denn, es bestehen bestimmte Satzungsregelungen oder Zweckbindungen.

2.6.1.4　　Ergebnisausweis

In Abhängigkeit vom Stand der Ergebnisverwendung im Zeitpunkt der Bilanzaufstellung sind nach HGB drei Varianten für den Ausweis des Jahresergebnisses denkbar.

1. Ergebnisausweis vor Ergebnisverwendung
2. Ergebnisausweis nach teilweiser Ergebnisverwendung
3. Ergebnisausweis nach vollständiger Ergebnisverwendung

Als mögliche Formen der Ergebnisverwendung kommen in Betracht die Auflösung von Kapitalrücklagen, die Einstellung oder Auflösung in bzw. von Gewinnrücklagen und die Ausschüttung an Gesellschafter.

<u>zu 1.</u>

Der Ergebnisausweis **vor jeglicher Ergebnisverwendung** liegt dem Gliederungsschema des § 266 Abs. 3 HGB zugrunde. Demnach sind neben dem gezeichneten Kapital, den Kapital- und Gewinnrücklagen der Jahresüberschuss/Jahresfehlbetrag und der Gewinn- bzw. Verlustvortrag auszuweisen.

Ein Gewinnvortrag repräsentiert denjenigen Teil Vorjahresergebnisses, der nicht verwendet wurde, d. h. weder in die Gewinnrücklagen eingestellt noch an die Gesellschafter ausgeschüttet worden ist. Er kann entweder an die Gesellschafter ausgeschüttet, den Rücklagen zugeführt oder in das nächste Jahr vorgetragen werden. Dagegen handelt es sich bei einem Verlustvortrag um denjenigen Teil des Vorjahresergebnisses, der nicht durch Entnahmen aus Rücklagen oder einen Gewinnvortrag ausgeglichen werden konnte und daher auf neue Rechnung mit negativem Vorzeichen auf der Passivseite vorzutragen ist.

Der Jahresüberschuss/Jahresfehlbetrag ist der Unternehmenserfolg der Rechnungsperiode in Form der erfolgwirksamen Veränderung des Reinvermögens während des Geschäftsjahres. Er ist identisch mit dem Saldo der Erträge und Aufwendungen der in der GuV-Rechnung als „Jahresüberschuss/-fehlbetrag" erscheint.

Voraussetzung für den Ergebnisausweis vor Ergebnisverwendung ist, dass die bilanzerstellenden Organe keiner gesetzlichen oder satzungsmäßigen Verpflichtung unterliegen, bestimmte Beträge in die Gewinnrücklagen einzustellen.

zu 2.

Der häufigste Fall ist der Ergebnisausweis unter Berücksichtigung der **teilweisen Ergebnisverwendung**. Hierbei ersetzt der Posten „**Bilanzgewinn/Bilanzverlust**" die Posten „Jahresüberschuss/Jahresfehlbetrag" und „Gewinnvortrag/Verlustvortrag". Die Höhe des Gewinn- bzw. Verlustvortrages, der in den Bilanzgewinn eingeflossen ist, muss in der Bilanz oder im Anhang angegeben werden (§ 268 Abs. 1 Satz 2 Halbsatz 2 HGB).

zu 3.

Der Gesetzgeber ermöglicht im § 268 Abs. 1 HGB auch den Ergebnisausweis unter Berücksichtigung der **vollständigen Ergebnisverwendung**. Hierbei besteht das Eigenkapital nur aus dem gezeichneten Kapital, den Kapital- und den Gewinnrücklagen. Die Posten „Jahresüberschuss/Jahresfehlbetrag", „Gewinnvortrag/Verlustvortrag" oder „Bilanzgewinn/Bilanzverlust" entfallen. Eine solche Konstellation ergibt sich z. B., wenn der Jahresüberschuss (korrigiert um einen eventuellen Ergebnisvortrag) aufgrund gesetzlicher oder satzungsmäßiger Verpflichtungen vollständig den Rücklagen zuzuführen ist. Das Gleiche gilt, wenn ein Verlust mit den Gewinnrücklagen verrechnet wird.

2.6.1.5   Nicht durch Eigenkapital gedeckter Fehlbetrag

Im Falle des buchmäßigen Überschusses der Passivposten über die Aktivposten und des Aufbrauchs des Eigenkapitals durch Verluste hat gemäß § 268 Abs. 3 HGB ein gesonderter Ausweis am Schluss der Bilanz auf der Aktivseite unter der Bezeichnung „**Nicht durch Eigenkapital gedeckter Fehlbetrag**„ zu erfolgen.

Allerdings handelt es sich dabei um den Ausweis der **buchmäßigen Überschuldung** der Kapitalgesellschaft, der nicht mit dem Zustand tatsächlicher (echter) Überschuldung im Sinne des Insolvenzrechtes identisch sein muss. Denn die insolvenzrechtliche Überschuldung ist anhand der Zeitwerte von Vermögensgegenständen und Schulden in einem Liquidationsstatus zu beurteilen. Solange also ausreichend stille Reserven vorhanden sind, zieht die formelle (buchmäßige) Überschuldung nicht die insolvenzrechtliche Überschuldung nach sich.

Der Ansatz des Saldobetrages auf der Aktivseite gemäß § 268 Abs. 3 HGB vermeidet den ansonsten erforderlichen Ausweis des negativen Eigenkapitals mit einem Minuszeichen auf der Passivseite.

2.6.1.6   Bilanzierung eigener Anteile

Kapitalgesellschaften ist es unter Einhaltung der jeweiligen gesetzlichen Vorschriften (§ 71 AktG bzw. § 33 GmbHG) erlaubt, eigene Anteile zu erwerben. Die aktuellen handelsrechtlichen Regelungen (§ 272 Abs. 1a und 1b HGB) zur Bilanzierung eigener Anteile gehen davon aus, dass es sich beim Erwerb eigener Anteile um die **Rückzahlung von Eigenkapital** handelt.

Erwerb

Beim Erwerb der eigenen Anteile ist deren Nennbetrag bzw. bei Stückaktien der rechnerische (fiktive) Nennbetrag **offen vom Posten Gezeichnetes Kapital abzusetzen** (§ 272 Abs. 1a Satz 1 HGB). Die Differenz zwischen den Anschaffungskosten und dem Nennbetrag bzw. rechnerischem Wert muss mit den frei verfügbaren Rücklagen verrechnet werden (§ 272 Abs. 1a Satz 2 HGB). Frei verfügbar sind die anderen Gewinnrücklagen und die frei verfügbaren Teile der Kapitalrücklage. Während bei der GmbH die komplette Kapitalrücklage frei verfügbar ist, gilt das bei der AG und der KGaA nur für die Kapitalrücklage nach § 272 Abs. 2 Nr. 4 HGB. Zu den Anschaffungskosten im Sinne von § 272 Abs. 1a Satz 2 HGB zählen nicht die Anschaffungsnebenkosten. Diese sind gemäß § 272 Abs. 1a Satz 3 HGB Aufwand des Geschäftsjahres und somit die einzige erfolgswirksame Komponente des Erwerbsvorgangs.

Veräußerung

Werden die eigenen Anteile wieder **veräußert**, entfällt der Ausweis gemäß § 272 Abs. 1a Satz 1 HGB (offene Absetzung vom gezeichneten Kapital). Der Unterschied zwischen dem Veräußerungserlös und dem Nennbetrag bzw. fiktivem Nennbetrag wird in die Rücklagen eingestellt, mit denen die Verrechnung im Erwerbszeitpunkt erfolgte. Allerdings ist die Einstellung begrenzt auf den im Erwerbszeitpunkt verrechneten Betrag (§ 272 Abs. 1b Satz 2 HGB). Die Begrenzung greift, wenn der Veräußerungserlös über den Anschaffungskosten (wiederum ohne Anschaffungsnebenkosten) liegt. In diesem Fall muss der Differenzbetrag der Kapitalrücklage nach § 272 Abs. 2 Nr. 1 HGB zugeführt werden (§ 272 Abs. 1b Satz 3 HGB), weil der Gesetzgeber die Veräußerung der eigenen Anteile als Kapitalerhöhung betrachtet. Die Anschaffungsnebenkosten stellen – wie beim Erwerbsvorgang – Aufwand des Veräußerungsjahres dar (§ 272 Abs. 1b Satz 4 HGB).

Das folgende Beispiel soll die Regelungen verdeutlichen.

Beispiel 15:

Die EGO-AG erwirbt 100.000 eigene Aktien zum Preis von 70 EUR/Stück mit einem Nennwert je Aktie von 5 EUR. Die Aktien werden im Folgejahr zu einem Preis von (a) 50 EUR bzw. (b) 100 EUR wieder veräußert. Die folgende Tabelle zeigt die Veränderung der einzelnen Kapitalposten (Angaben in Mio. EUR).

	Erwerb	Veräußerung	
		(a)	(b)
I. Gezeichnetes Kapital – Nennwert eigener Anteile	... - 0,5	... + 0,5	... + 0,5
II. Kapitalrücklage (§ 272 Abs. 2 Nr. 1 HGB)	...	...	+ 3,0
III. Gewinnrücklagen	- 6,5	+ 4,5	+ 6,5

2.6.2 Bilanzierung des Eigenkapitals von Personengesellschaften

Der Eigenkapitalausweis für **Personengesellschaften** ist gesetzlich nicht konkret geregelt. Die Gliederungsnorm aus § 247 Abs. 1 HGB verlangt lediglich, dass das Eigenkapital gesondert auszuweisen und hinreichend aufzugliedern ist.

Eine Ausnahme bilden die haftungsbeschränkten Personengesellschaften im Sinne des § 264a Abs. 1 HGB. Diese müssen gemäß § 264c Abs. 2 Satz 1 HGB ihr Eigenkapital untergliedern in:

I. Kapitalanteile
II. Rücklagen
III. Gewinnvortrag/Verlustvortrag
IV. Jahresüberschuss/Jahresfehlbetrag

Personengesellschaften, die nicht unter § 264a Abs. 1 HGB fallen, können den Kapitalanteil eines jeden persönlich haftenden Gesellschafters über ein **einheitliches Kapitalkonto** ausweisen. Dieses ist zwangsläufig ein variables Kapitalkonto, welches sämtliche Eigenkapitalveränderungen (Einlagen, Entnahmen, anteilige Verluste, nicht entnommene anteilige Gewinne) abbildet.

In der Praxis ist dem einheitlichen Eigenkapitalkonto häufig ein **Privatkonto** vorgeschaltet, welches sämtliche Einlagen und Entnahmen des Geschäftsjahres separat erfasst und über das einheitliche Kapitalkonto abgeschlossen wird.

Eine übliche Variante des Eigenkapitalausweises besteht darin, für jeden Gesellschafter **zwei Kapitalkonten** zu führen. Auf dem Kapitalkonto I wird ein im Zeitablauf konstanter Betrag ausgewiesen (festes Kapitalkonto) und auf einem Kapitalkonto II die Kapitalbewegungen des Geschäftsjahres. Der Vorteil der festen Kapitalkonten besteht darin, dass diese so eingerichtet werden können, dass die Beteiligungsverhältnisse der Gesellschafter auch bilanziell zum Ausdruck kommen.

Das Kapitalkonto des **Kommanditisten** einer KG wird in Höhe seiner gesellschaftsrechtlich festgelegten Einlage ausgewiesen. Eine Veränderung des Kapitalkontos kann nur durch Erhöhung oder Reduzierung der Kommanditeinlage oder durch Verluste eintreten. Soweit diese Einlage vom Kommanditisten noch nicht vollständig erbracht wurde, ist auf der Aktivseite ein Posten „noch ausstehende Einlagen auf die Kommanditeinlage" auszuweisen. Die dem Kommanditisten zugewiesenen Gewinnanteile auf seine Kommanditeinlage sind, soweit sie noch nicht geflossen sind, unter den sonstigen Verbindlichkeiten zu erfassen.

2.7 Bilanzierung der Verbindlichkeiten

2.7.1 Begriff, Ansatz und Ausweis

Der Begriff der Verbindlichkeiten bezeichnet eine spezielle Form der Schuld (vgl. Abschnitt 2.2.2). Es handelt sich um **Verpflichtungen** des Unternehmens zur Erbringung bestimmter Leistungen, die am Bilanzstichtag dem Grunde und der Höhe nach feststehen. Die geschuldeten Leistungen können hierbei Geld-, Dienst- oder Sachleistungen sein.

Notwendiges Merkmal der Verbindlichkeit ist weiterhin, dass sie eine wirtschaftliche Belastung für das Unternehmen darstellen muss. D. h. der Verpflichtung darf keine noch zu erbringende, gleichwertige Gegenleistung gegenüber stehen.

Das Gliederungsschema des § 266 HGB sieht eine Aufschlüsselung der Verbindlichkeiten in die folgenden Posten vor:

1. Anleihen, davon konvertibel;
2. Verbindlichkeiten gegenüber Kreditinstituten;
3. erhaltene Anzahlungen auf Bestellungen;
4. Verbindlichkeiten aus Lieferungen und Leistungen;
5. Verbindlichkeiten aus der Annahme gezogener Wechsel und der Ausstellung eigener Wechsel;
6. Verbindlichkeiten gegenüber verbundenen Unternehmen;
7. Verbindlichkeiten gegenüber Unternehmen, mit denen ein Beteiligungsverhältnis besteht;
8. sonstige Verbindlichkeiten, davon aus Steuern, davon im Rahmen der sozialen Sicherheit.

Der Gesetzgeber gliedert die Verbindlichkeiten offenkundig nach **Gläubigergruppen**. Der Bilanzadressat wird sich außerdem für die Fristigkeit der Verbindlichkeiten interessieren. Um diesem Informationsinteresse Rechnung zu tragen, verpflichtet § 268 Abs. 5 HGB den Bilanzierenden, die Verbindlichkeiten mit einer Restlaufzeit von bis zu einem Jahr für jeden Verbindlichkeitsposten gesondert anzugeben.

Darüber hinaus besteht gemäß § 285 Nr. 1a und 2 HGB die Pflicht, im Anhang für jeden Verbindlichkeitsposten die Verbindlichkeiten mit einer Restlaufzeit über fünf Jahren auszuweisen, was üblicherweise in Form eines **Verbindlichkeitenspiegels** passiert. Auf dieser Grundlage werden alle Verbindlichkeiten in die folgenden drei Laufzeitkategorien eingeteilt:

• kurzfristig, Restlaufzeit ≤ 1 Jahr
• mittelfristig, 1 Jahr < Restlaufzeit ≤ 5 Jahre
• langfristig, Restlaufzeit > 5 Jahre

Bei Verbindlichkeiten, die in Raten zu erfüllen sind (z. B. Annuitätendarlehen), muss der Gesamtbetrag entsprechend der Tilgungsbeträge für die einzelnen Laufzeitkategorien aufgeteilt werden.

Von den in der Bilanz auszuweisenden Verbindlichkeiten sind die so genannten **Eventualverbindlichkeiten** abzugrenzen. Hierunter versteht man Risiken, die nur möglicherweise eine Belastung für das Unternehmen darstellen. Das unterscheidet sie von den Verbindlichkeiten, für die zumindest eine Wahrscheinlichkeit der Inanspruchnahme bestehen muss. Um den Bilanzleser über die möglichen Risiken aus Eventualverbindlichkeiten zu informieren, schreibt der Gesetzgeber einen Ausweis unter der Bilanz vor. Im § 251 HGB findet sich eine abschließenden Aufzählung der aufzuführenden Haftungsverhältnisse. Im Einzelnen handelt es sich um

• Verbindlichkeiten aus der Begebung und Übertragung von Wechseln,
• Verbindlichkeiten aus Bürgschaften, Wechsel- und Scheckbürgschaften,
• und Verbindlichkeiten aus Gewährleistungsverträgen,
• sowie Haftungsverhältnisse aus der Bestellung von Sicherheiten für fremde Verbindlichkeiten.

Gemäß § 251 Satz 2 HGB sind diese Eventualverbindlichkeiten auch dann auszuweisen, wenn gleichwertige Rückgriffsforderungen bestehen.

Neben dem Ausweis unter der Bilanz sind im Zusammenhang mit den Eventualverbindlichkeiten im Anhang auch die Gründe anzugeben, die zu der Entscheidung geführt haben, die Verbindlichkeit nicht in der Bilanz auszuweisen, sondern unter der Bilanz (§ 285 Nr. 27 HGB).

Aus einem unter der Bilanz auszuweisenden Haftungsverhältnis wird eine in der Bilanz auszuweisende sonstige Verbindlichkeit, sobald mit der Inanspruchnahme zu rechnen ist. Dieser Fall tritt z. B. ein, wenn ein Dritter, für dessen Schulden das bilanzierende Unternehmen bürgt, in Zahlungsschwierigkeiten gerät und die Inanspruchnahme aus dem Bürgschaftsverhältnis durch den Gläubiger droht.

2.7.2   Bewertung

Im Folgenden sollen ausgewählte Bewertungsfragen im Zusammenhang mit der Bilanzierung von Verbindlichkeiten behandelt werden.

Abweichungen zwischen Auszahlungs- und Rückzahlungsbetrag

Verbindlichkeiten müssen in der Handelsbilanz mit dem Erfüllungsbetrag angesetzt werden (§ 253 Abs. 1 Satz 2 HGB). Im Zusammenhang mit Geldleistungsverpflichtungen ist dies der Rückzahlungsbetrag. Bei der Emission von Anleihen oder Aufnahme von Darlehen können der einzubuchende Auszahlungsbetrag und der Rückzahlungsbetrag voneinander abweichen. Folgende Konstellationen können sich einstellen.

1. Der Auszahlungsbetrag ist niedriger als der Rückzahlungsbetrag (Disagio, Damnum).
2. Der Auszahlungsbetrag ist höher als der Rückzahlungsbetrag (Agio).

In diesen Fällen ist die bilanzielle Behandlung des Unterschiedsbetrages zu klären. Das **Disagio** im Fall (1) kann wirtschaftlich als einmalige Zinszahlung zu Beginn des Kreditverhältnisses gesehen werden, die für den Gläubiger eine Kompensation für niedrigere Zinszahlungen während der Laufzeit darstellt. Deshalb kann das Disagio in der Handelsbilanz in den aktiven Rechnungsabgrenzungsposten eingestellt und als Zinsaufwand planmäßig über die Laufzeit verteilt werden. In der Steuerbilanz besteht für das Disagio eine Aktivierungspflicht (vgl. hierzu ausführlich Abschnitt 2.9.1).

Im Fall (2) kann der Unterschiedsbetrag analog interpretiert werden. Der den Rückzahlungsbetrag übersteigende Teil des Auszahlungsbetrages ist ein Ausgleich, den der Schuldner einmalig erhält für die in Zukunft (während der Laufzeit) höheren Zinszahlungen. Somit ist der Unterschiedsbetrag ein **Korrekturposten** für die künftigen Zinsaufwendungen. Aus diesem Grund ist der Unterschiedsbetrag in den passiven Rechnungsabgrenzungsposten einzustellen und über die Laufzeit des Darlehens bzw. der Anleihe gegen den Zinsaufwand aufzulösen.

Unverzinsliche und niedrig verzinsliche Verbindlichkeiten

Verbindlichkeiten sind auch dann mit dem Erfüllungsbetrag anzusetzen, wenn sie **unverzinslich oder niedrig verzinslich** sind. Eine Abzinsung ist aufgrund des Wortlautes des § 253 Abs. 1 HGB und des Realisationsprinzips nicht zulässig (*Schulze-Osterloh*, S. 351).

Für unverzinsliche Verbindlichkeiten besteht eine abweichende Behandlung im Steuerrecht. Grundsätzlich sind Verbindlichkeiten steuerlich gemäß § 6 Abs. 1 Nr. 3 Satz 1 EStG mit einem Zinssatz von 5,5 % abzuzinsen. Von diesem steuerlichen Abzinsungsgebot ausgenommen sind Verbindlichkeiten, die verzinslich sind oder eine Restlaufzeit von weniger als einem Jahr haben. Außerdem müssen Vorauszahlungen und Anzahlungen nicht abgezinst werden.

Zerobonds

Zerobonds (auch Nullkuponanleihen) sind festverzinsliche Wertpapiere, bei denen die Zinszahlung erst am Ende der Laufzeit erfolgt. Als Erfüllungsbetrag im Sinne des § 253 Abs. 1 HGB ist der niedrigere Ausgabebetrag anzusehen. Die Differenz zum späteren Rücknahmebetrag entspricht der Zinsverpflichtung, die erst während der Laufzeit entsteht. Bilanziell ist eine Zinsverbindlichkeit zu Lasten des Zinsaufwandes zu passivieren, die um die jährlich anfallenden Zinsen aufgestockt werden muss, sodass am Ende der Laufzeit der Unterschiedsbetrag zwischen Rückzahlungs- und Ausgabebetrag angesammelt ist. Für die Berechnung der auf die einzelnen Jahren entfallenden Zinsbeträge ist der Effektivzinssatz des Zerobonds heranzuziehen (zur Berechnung vgl. Abschnitt 2.4.3.2).

Alternativ zum Ausweis einer separaten Zinsverbindlichkeit können die bis zum Bilanzstichtag angesammelten Zinsen auch zusammen mit dem Zerobond angesetzt. Der Bilanzansatz entspricht dann dem Auszahlungsbetrag zuzüglich der aufgelaufenen Zinsschuld.

Fremdwährungsverbindlichkeiten

Die Bewertung von **Fremdwährungsverbindlichkeiten** erfolgt im Zugangszeitpunkt durch Umrechnung des Erfüllungsbetrages mit dem Devisenkassamittelkurs. Für die Folgebewertung greift § 256a HGB. Demnach ergibt sich der Bilanzansatz durch Umrechnung des Erfüllungsbetrages mit dem Devisenkassamittelkurs am Abschlussstichtag. Allerdings sind hierbei Realisations- und Imparitätsprinzip sowie Anschaffungskostenprinzip zu beachten. D. h. für die Passivseite, dass ein Wert oberhalb des Zugangswertes angesetzt werden muss, während ein Wert unterhalb des Zugangswertes nicht angesetzt werden darf. Der Zugangswert stellt somit die Bewertungsuntergrenze dar. Ein Unterschreiten dieser Grenze würde den Ausweis unrealisierter Gewinne bedeuten.

Ebenso wie auf der Aktivseite gilt die Beschränkung durch Realisations- und Imparitätsprinzip sowie Anschaffungskostenprinzip nicht für Verbindlichkeiten mit einer Restlaufzeit von bis zu einem Jahr (§ 256a Satz 2 HGB). Eine Abwertung der Fremdwährung im Vergleich zum Zugangszeitpunkt führt bei diesen Verbindlichkeiten also zwangsläufig zum Ausweis unrealsierter Gewinne. Die Bilanzierung der Fremdwährungsverbindlichkeiten gestaltet sich somit **spiegelbildlich zur Bilanzierung der Fremdwährungsforderungen**.

In der **Steuerbilanz** ist eine Durchbrechung von Realisations- und Imparitätsprinzip sowie Anschaffungskostenprinzip, wie sie der § 256a Satz 2 HGB für die Handelsbilanz regelt, nicht zulässig. Damit ist ein Ansatz unterhalb des Zugangswertes steuerlich nicht möglich. Auch die Behandlung einer Aufwertung der Fremdwährung ist im Steuerrecht abweichend geregelt. Sollte der Teilwert am Abschlussstichtag über dem Zugangswert liegen, muss eine Zuschreibung für den Fall unterbleiben, dass die Aufwertung der Fremdwährung voraussichtlich nicht von Dauer ist. Bei voraussichtlich dauerhaften Aufwertungen der Fremdwährung hat der Steuerpflichtige im Unterschied zur Handelsbilanz ein Zuschreibungswahlrecht (§ 6 Abs. 1 Nr. 3 i. V. m. Nr. 2 EStG).

Rentenverpflichtungen

Verbindlichkeiten, die auf einer **Rentenverpflichtung** beruhen, sind gemäß § 253 HGB abzuzinsen. Der Gesetzgeber beschränkt die anzusetzenden Rentenverpflichtungen auf jene, für die eine Gegenleistung nicht mehr zu erwarten ist (§ 253 Abs. 2 Satz 3 HGB). Hierbei handelt es sich allerdings eher um eine Klarstellung, weil andernfalls das für das Vorliegen einer Verbindlichkeit notwendige Kriterium der wirtschaftlichen Verursachung nicht erfüllt wäre. Soweit noch Gegenleistungen ausstehen, kommt der Ansatz allein aufgrund der allgemeinen Verbindlichkeitskriterien nicht in Betracht.

Nach § 253 Abs. 2 Satz 1 HGB muss die Abzinsung mit dem laufzeitadäquaten Marktzinssatz erfolgen, der sich im Durchschnitt der vergangen sieben Geschäftsjahre eingestellt hat. Alternativ darf laut § 253 Abs. 2 Satz 2 HGB auch der durchschnittliche Marktzinssatz, der sich für eine Restlaufzeit von 15 Jahren ergibt, verwendet werden.

Skonto

Gewährt ein Lieferant dem bilanzierenden Unternehmen die Möglichkeit, die seine Rechnung unter Abzug von **Skonto** zu begleichen, stellt sich die Frage nach der Höhe der in der Bilanz auszuweisenden Verbindlichkeit. Die Bilanzierung ist davon abhängig, ob das Unternehmen den Skontoabzug in Anspruch nehmen möchte oder nicht.

Bei beabsichtigter Inanspruchnahme erfolgt die Bewertung der Verbindlichkeit mit dem Rechnungsbetrag abzüglich Skonto. Im umgekehrten Fall ist die Verbindlichkeit zum Rechnungsbetrag (also inklusive Skonto) zu bilanzieren. Sofern das Unternehmen die Verbindlichkeit nicht wie beabsichtigt und auch bilanziert bezahlt, muss eine erfolgsneutrale Korrektur stattfinden.

2.8   Bilanzierung der Rückstellungen

2.8.1   Begriff, Ansatz und Ausweis

Grundsätzlich lassen sich alle Rückstellungen im Hinblick auf ihren Verpflichtungscharakter in zwei Kategorien eingruppieren.

I.   Rückstellungen auf der Grundlage einer Verpflichtung gegenüber einem Dritten (Außenverpflichtung)

II.   Aufwandsrückstellungen (ohne Außenverpflichtung)

Rückstellungen der Kategorie I zählen ebenso wie die Verbindlichkeiten zu den Schulden. Sie erfüllen alle im Abschnitt 2.2 dargestellten Kriterien. D. h. auch, dass dem Rückstellungsbetrag keine künftigen Erträge gegenüber stehen dürfen. Im Unterschied zu den Verbindlichkeiten sind die Rückstellungen der Kategorie I der Höhe und/oder dem Grunde nach ungewiss. Die **Außenverpflichtung** muss dabei nicht zwingend eine rechtliche Grundlage haben und damit auch rechtlich durchsetzbar sein. Es genügt, wenn sich das Unternehmen aus rein **wirtschaftlichen** Erwägungen den Ansprüchen von Außenstehenden nicht entziehen kann. Wenn die Kunden beispielsweise marktübliche Kulanzleistungen vom Unternehmen erwarten, so wird das Unternehmen diese nicht verweigern können, ohne wirtschaftliche Nachteile davonzutragen.

Die Rückstellungen für Außenverpflichtungen sind Ausdruck der statischen Bilanzauffassung, die das Ziel einer korrekten Vermögensdarstellung verfolgt. Demnach dürfen in der Bilanz nur Rückstellungen gebildet werden, die auf Außenverpflichtungen beruhen, weil nur diese das Reinvermögen am Abschlussstichtag schmälern. Die enge Sicht der **Zerschlagungsstatik** beschränkt die Rückstellungsbildung auf solche Verpflichtungen, die vom Außenstehenden auch rechtlich durchsetzbar sind, weil nur diese den Zerschlagungswert belasten. Rückstellungen ohne rechtliche Verpflichtung sind mit dieser Variante der Statik nicht vereinbar. Die **Fortführungsstatik** berücksichtigt alle Verpflichtungen die im Fortführungsfall entstehen, womit auch solche Verpflichtungen erfasst werden, die allein aus wirtschaftlichen Gründen unvermeidbar sind.

Die Rückstellungen der Kategorie II werden als **Aufwandsrückstellungen** bezeichnet, da es nicht darum geht, Außenverpflichtungen bilanziell abzubilden, sondern Aufwendungen den Perioden ihrer wirtschaftlichen Verursachung zuzuordnen. Es werden Verpflichtungen des Bilanzierenden gegen sich selbst abgebildet (*Moxter*, S. 84). Diese Rückstellungsinterpretation ist Ausfluss der **dynamischen Bilanztheorie**, die das Ziel der Bilanz primär in einer periodengerechten Erfolgsermittlung sieht. Aufgrund der fehlenden Außenverpflichtung zählen die Aufwandsrückstellungen nicht zu den Schulden.

Eine Aufzählung der handelsrechtlich zulässigen Rückstellungen enthält § 249 HGB, wobei für alle aufgeführten Rückstellungsarten eine Passivierungspflicht besteht.

1. Rückstellungen für ungewisse Verbindlichkeiten (§ 249 Abs. 1 Satz 1 HGB)
2. Rückstellungen für drohenden Verluste aus schwebenden Geschäften (§ 249 Abs. 1 Satz 1 HGB)
3. Rückstellungen für Gewährleistungen ohne rechtliche Verpflichtung; Kulanzrückstellungen (§ 249 Abs. 2 Satz 2 Nr. 2 HGB)
4. Rückstellungen für im Geschäftsjahr unterlassene Aufwendungen für Instandhaltung, die im folgenden Geschäftsjahr innerhalb von drei Monaten, oder für Abraumbeseitigung, die im folgenden Geschäftsjahr nachgeholt werden (§ 249 Abs. 1 Satz 2 Nr. 1 HGB)

Die Aufzählung im § 249 Abs. 1 HGB ist **abschließend**, was sich unmittelbar aus § 249 Abs. 2 HGB ergibt. Die Rückstellungsarten 1. bis 3. sind in der vorstehenden Systematisierung in die Kategorie I einzuordnen, wobei den Rückstellungen 1. und 2. eine rechtliche und der Rückstellung 3. eine lediglich wirtschaftliche Verpflichtung zugrunde liegt. Bei Rückstellung 4. handelt es sich um eine Aufwandsrückstellung.

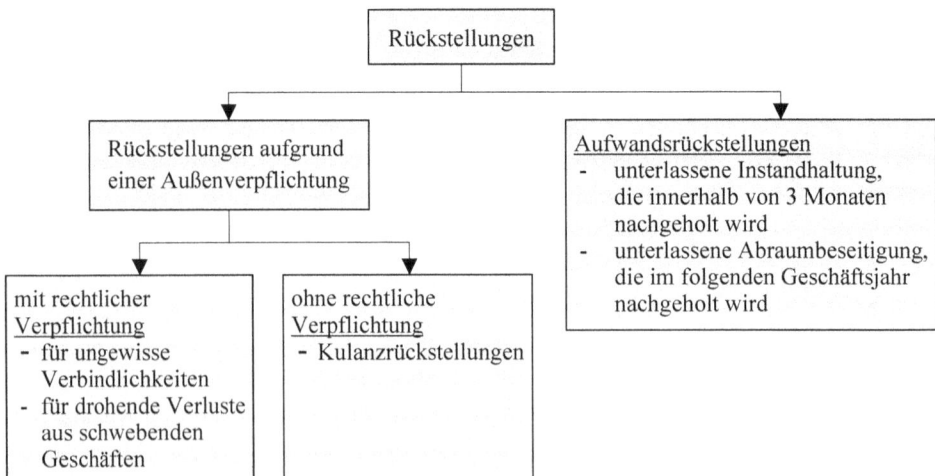

Abb. 2.4:   Arten von Rückstellungen

Aufgrund der Maßgeblichkeit sind grundsätzlich alle Rückstellungen, die gemäß § 249 HGB handelsrechtlich geboten sind, auch **steuerlich** zu bilden, soweit steuerrechtlich keine anderslautenden Regelungen existieren. Für einzelne Rückstellungen enthält das EStG jedoch spezielle Vorschriften, wie z. B. das Bilanzierungsverbot für Drohverlustrückstellungen (§ 5 Abs. 4a EStG).

Für den Ausweis der Rückstellungen schreibt § 266 Abs. 3 HGB eine Untergliederung in

- Rückstellungen für Pensionen und ähnliche Verpflichtungen;
- Steuerrückstellungen und
- sonstige Rückstellungen vor.

Die Gliederung macht deutlich, dass der Gesetzgeber nicht der Unterteilung im Hinblick auf den Verpflichtungscharakter der Rückstellung folgt. Die Aufwandsrückstellungen gemäß § 249 Abs. 1 Satz 2 Nr. 1 HGB werden unter den sonstigen Rückstellungen ausgewiesen, und zwar zusammen mit Rückstellungen, die auf einer Außenverpflichtung beruhen. Aufschluss gibt bei großen und mittelgroßen Kapitalgesellschaften deren Anhang, in dem der Posten „sonstige Rückstellungen" zu erläutern ist (§ 285 Nr. 12 HGB).

2.8.2   Bewertung

Rückstellungen sind gemäß § 253 Abs. 1 Satz 2 HGB mit dem **Erfüllungsbetrag** anzusetzen, der nach vernünftiger kaufmännischer Beurteilung notwendig ist. Die Rückstellung ist also in der Höhe der voraussichtlichen Inanspruchnahme zu bilden. Aufgrund des Charakters der Rückstellungen steht der Erfüllungsbetrag nicht mit Sicherheit fest, er muss vielmehr im Wege der Schätzung ermittelt werden. Unter Beachtung des Vorsichtsprinzips sind hierbei alle bestehenden Risiken zu berücksichtigen.

Für einige Rückstellungen lässt sich ein Betrag angeben, der **beinahe sicher** eintreten wird. Hierzu zählen beispielsweise Steuerrückstellungen, da deren Bemessungsgrundlagen zum Bilanzstichtag berechnet werden können. Das Gleiche gilt für vom Unternehmen abgegebene Bürgschaften, die auf einen bestimmten Betrag beschränkt sind und mit deren Inanspruchnahme zu rechnen ist.

Bei anderen Rückstellungen kann der Bilanzierende auf **statistische Wahrscheinlichkeiten** zurückgreifen, die sich aus der Auswertung von Vergangenheitsdaten ergeben (z. B. Gewährleistungsrückstellungen). Bei einem Großteil der Rückstellungen bleibt dem Bilanzierenden jedoch nichts anderes übrig, als die Rückstellungshöhe im Wege einer subjektiven Schätzung unter Berücksichtigung des Einzelfalls zu ermitteln. Hierbei sind die zugrunde liegenden Annahmen und Berechnungen nachvollziehbar darzustellen.

Bei **Sach- und Dienstleistungsverpflichtungen** schließt der gesetzlich anzusetzende Erfüllungsbetrag sämtliche Kosten ein, die im Erfüllungszeitpunkt voraussichtlich aufzuwenden sind. Im Handelsrecht ist folglich eine Bewertung zu Vollkosten vorzunehmen, wozu neben den Einzelkosten auch die Gemeinkosten zählen.

Der Begriff „Erfüllungsbetrag" macht deutlich, dass der Betrag zurückzustellen ist, der im Zeitpunkt der Erfüllung erforderlich ist, um der Verpflichtung nachzukommen. Somit sind die Preis- und Kostenverhältnisse im Erfüllungszeitpunkt maßgeblich, weshalb **künftige Preis- und Kostensteigerungen** in die Berechnung des Rückstellungsbetrages einfließen.

Rückstellungen können **einzeln oder pauschal** bewertet werden. Bei der Einzelbewertung muss der Bilanzierende gemäß dem Einzelbewertungsgrundsatz die Höhe jeder Verpflichtung einzeln abschätzen. Ebenso zulässig ist die Pauschalbewertung, bei der gleichartige

Risiken zu einer Gruppe zusammengefasst werden, für die dann ein einheitlicher Wertansatz erfolgt.

Im Handelsrecht gilt gemäß § 253 Abs. 2 Satz 1 HGB für Rückstellungen mit einer Restlaufzeit von mehr als einem Jahr ein **Abzinsungsgebot**. Alle anderen Rückstellungen (Restlaufzeit bis zu einem Jahr) sind im Umkehrschluss nicht abzuzinsen. Die Diskontierung muss laut § 253 Abs. 2 Satz 1 HGB mit dem durchschnittlichen Marktzinssatz der vergangenen sieben Geschäftsjahre vorgenommen werden, wobei der herangezogene Marktzinssatz laufzeitadäquat zur betrachteten Verpflichtung sein muss. Die zu verwenden Zinssätze werden monatlich von der Bundesbank veröffentlicht.

Das **Steuerrecht** enthält im § 6 Abs. 1 Nr. 3a EStG eigenständige Regelungen zur Bewertung von Rückstellungen, die zu Wertansätzen führen können, die von den handelsrechtlichen abweichen. Allerdings definieren die aufgeführten Vorschriften lediglich Höchstgrenzen für den steuerlichen Wertansatz. Sofern also im Ausnahmefall der handelsrechtliche Wertansatz niedriger ist als der nach § 6 Abs. 1 Nr. 3a EStG ermittelte Wert, greift der allgemeine Maßgeblichkeitsgrundsatz und der handelsrechtliche Wert ist auch für die Steuerbilanz maßgeblich.

Abweichungen zwischen Handels- und Steuerbilanz ergeben sich insbesondere aufgrund der folgenden Regelungen.

- **Sachleistungsverpflichtungen** sind gemäß § 6 Abs. 1 Nr. 3a Buchstabe b) EStG mit den Einzelkosten und angemessenen Teilen der notwendigen Gemeinkosten zu bewerten. Somit dürfen Teile der Gemeinkosten nicht in den steuerlichen Wertansatz einfließen, was zwingend zur Abweichung vom handelsrechtlichen Vollkostensatz führt.
- Das Steuerrecht sieht ebenso wie das Handelsrecht grundsätzlich eine **Abzinsung** von Rückstellungen vor (§ 6 Abs. 1 Nr. 3a Buchstabe e) EStG). Vom Abzinsungsgebot ausgenommen sind – wie bei den Verbindlichkeiten – Rückstellungen mit einer Restlaufzeit von weniger als zwölf Monaten und solche Rückstellungen, die auf einer verzinslichen Verpflichtung beruhen. Abweichend zum Handelsrecht ist der Zinssatz mit 5,5 % gesetzlich fixiert.
- Das EStG legt im § 6 Abs. 1 Nr. 3a Buchstabe f) EStG unter Berufung auf das Stichtagsprinzip fest, dass **künftige Preis- und Kostensteigerungen** im Gegensatz zum Handelsrecht nicht berücksichtigt werden dürfen.

2.8.3   Einzelne Rückstellungsarten

2.8.3.1   Pensionsrückstellungen

Pensionsverpflichtungen entstehen durch Zusagen des Unternehmens, dem Arbeitnehmer (bzw. seinen Hinterbliebenen) für die Fälle des Erreichens einer bestimmten Altersgrenze, des Todes oder Invalidität Versorgungsleistungen zu gewähren, entweder als laufende Pension (lebenslänglich oder befristet) oder als Einmalzahlung. Die rechtliche Grundlage ist entweder ein **Einzelvertrag** (z. B. als Bestandteil des Arbeitsvertrages) oder eine **kollektivrechtliche Regelung** (z. B. Betriebsvereinbarung).

Bei wirtschaftlicher Betrachtung ist davon auszugehen, dass der Arbeitnehmer seinen Pensionsanspruch über die gesamte Zeit seiner Tätigkeit im Unternehmen **ansammelt**. Der bis zum Bilanzstichtag aufgelaufene Pensionsanspruch hat somit den Charakter von „gestunde-ten" Lohn- bzw. Gehaltsaufwendungen, für die künftige Gegenleistungen nicht mehr zu erwarten sind.

Ansatz

Pensionsverpflichtungen des Unternehmens erfüllen alle Kriterien einer Schuld (vgl. hierzu Abschnitt 2.2.2), was in Verbindung mit dem Vollständigkeitsgebot gemäß § 246 Abs. 1 Satz 1 und § 249 Abs. 1 Satz 1 HGB grundsätzlich eine Ansatzpflicht auslöst. Allerdings regelt Art. 28 EGHGB, dass in bestimmten Fällen nur ein Ansatzwahlrecht gelten soll. Hier-bei ist zwischen unmittelbaren und mittelbaren Pensionsverpflichtungen zu unterscheiden.

Unmittelbare Pensionszusagen sind dadurch gekennzeichnet, dass sie vom Unternehmen selbst erteilt werden, ohne Einschaltung einer anderen Institution (Pensions- und Unterstüt-zungskassen, Pensionsfonds oder Versicherungen). Die Ansprüche des Pensionsberechtigten richten sich unmittelbar gegen das Unternehmen. Für unmittelbare Pensionsverpflichtungen besteht aufgrund von § 249 Abs. 1 Satz 1 HGB und Art. 28 Abs. 1 Satz 1 EGHGB eine **Pas-sivierungspflicht** für alle Zusagen, die nach dem 31.12.1986 erfolgt sind, und ein **Passivie-rungswahlrecht** für solche, die vor dem 1.01.1987 eingegangen wurden (Altzusagen). Das Wahlrecht gilt auch wenn eine Altzusage nach dem 31.12.1986 erhöht wurde.

Bei **mittelbaren Pensionsverpflichtungen** schaltet das Unternehmen einen anderen Rechts-träger ein, der dem Arbeitnehmer gegenüber zur Versorgungsleistung verpflichtet ist. Der Anspruch des Arbeitnehmers richtet sich zwar an den jeweiligen Versorgungsträger. Aller-dings muss das Unternehmen nach § 1 BetrAVG für die Erfüllung der zugesagten Leistungen einstehen. Gemäß Art. 28 Abs. 1 Satz 2 EGHGB besteht auch für mittelbare Pensionsver-pflichtungen ein Ansatzwahlrecht, und zwar unabhängig vom Zeitpunkt ihrer Begründung.

Dieselbe Vorschrift regelt auch ein Ansatzwahlrecht für **ähnliche Verpflichtungen**. Bei diesen Verpflichtungen kommt es weder auf den Zeitpunkt der Zusage noch darauf an, ob sie mittelbar oder unmittelbar gegenüber dem Unternehmen bestehen. Unter den Begriff der ähnlichen Verpflichtungen fallen beispielsweise Vorruhestandsgelder (Beck'scher Bilanzkommentar, § 249 Rz. 162).

Bewertung

Gemäß dem für die Rückstellungsbewertung allgemein geltenden Grundsatz (§ 253 Abs. 1 Satz 2 HGB) sind auch die Pensionsrückstellungen mit ihrem nach vernünftiger kaufmäni-scher Beurteilung notwendigen Erfüllungsbetrag anzusetzen. Folglich sind alle Faktoren zu berücksichtigen, die auf die Höhe der Verpflichtung Einfluss haben. Für Pensionsrückstel-lungen dürften insbesondere Invaliditäts- und Sterbewahrscheinlichkeiten sowie die künfti-gen Gehalts- und Rentenentwicklung relevant sein.

Im Rahmen der Bewertung müssen Pensionsverpflichtungen danach unterschieden werden, ob der Versorgungsfall bereits eingetreten ist oder nicht. Nach Eintritt des Versorgungsfalls bezieht der Pensionsberechtigte **laufende Versorgungsleistungen** vom Unternehmen. In diesem Fall ergibt sich die Rückstellungshöhe am Bilanzstichtag durch Diskontierung der erwarteten künftigen Pensionsleistungen, wobei versicherungsmathematische Grundsätze anzuwenden sind.

Ist der Versorgungsfall noch nicht eingetreten, spricht man von **Pensionsanwartschaften**. Während der Anwartschaftszeit sind der Rückstellung jährlich Beträge zuzuführen, sodass bei Eintritt des Versorgungsfalls die Rückstellungshöhe dem Barwert der erwarteten Pensionsleistungen entspricht. Für die Ermittlung der jährlichen Zuführungsbeträge sind im Handelsrecht zwei Methoden zulässig; die Gegenwartswert- und die Teilwertmethode. Beide Verfahren unterscheiden sich hinsichtlich des Zeitraums, über den die gleichmäßige Ansammlung des Rückstellungsbetrages erfolgt. Die **Gegenwartswertmethode** geht davon aus, dass der Pensionsanspruch vom Zeitpunkt der Pensionszusage bis zum voraussichtlichen Eintritt des Versorgungsfalls vom Arbeitnehmer verdient wird. Folglich verteilt die Gegenwartswertmethode den Aufwand für die künftigen Pensionsleistungen in Form der Rückstellungszuführungen gleichmäßig über diesen Zeitraum. Im Gegensatz dazu unterstellt die **Teilwertmethode** eine gleichmäßige Verteilung des Aufwandes auf die Zeit zwischen Diensteintritt und Eintreten des Versorgungsfalls.

Der Unterschied zwischen den Methoden besteht im Zeitraum, über den der Pensionsberechtigte seinen Anspruch verdient. Bei der Teilwertmethode beginnt dieser Zeitraum bei Diensteintritt und bei der Gegenwartswertmethode im eventuell späteren Zusagezeitpunkt. Fallen diese Zeitpunkte zusammen, sind beide Methoden identisch. Ansonsten führt die Teilwertmethode zu niedrigeren Zuführungsbeträgen als die Gegenwartsmethode, weil der Verteilungszeitraum ein längerer ist. Dafür ist bei der Teilwertmethode im Zusagezeitpunkt eine Einmalrückstellung in Höhe des Anwartschaftsbarwertes zu bilden. Dieser Betrag repräsentiert den Teil des Pensionsanspruchs, der vom Arbeitnehmer zwischen Diensteintritt und Pensionszusage verdient wurde.

Ebenso wie für alle übrigen Rückstellungen gilt auch für Pensionsrückstellungen das **Abzinsungsgebot** des § 253 Abs. 2 Satz 1 HGB, wonach Rückstellungen mit einer Restlaufzeit vom mehr als einem Jahr mit dem laufzeitadäquaten durchschnittlichen Marktzinssatz der vergangenen sieben Jahre abzuzinsen sind. Für Altersvorsorgeverpflichtungen und vergleichbare langfristig fällige Verpflichtungen räumt Satz 2 der Vorschrift dem Bilanzierenden das Wahlrecht ein, abweichend von Satz 1 die Abzinsung pauschal mit einem Marktzinssatz für 15 Jahre vorzunehmen.

Eine spezielle Regelung gilt für die Bewertung sogenannter **wertgebundener Pensionszusagen**. Diese sind dadurch gekennzeichnet, dass die Höhe der Pensionsverpflichtung von der Wertentwicklung bestimmter Wertpapiere abhängt. Im § 253 Abs. 1 Satz 3 HGB ist geregelt, dass solche Rückstellungen zum beizulegenden Wert anzusetzen sind, wenn deren Höhe sich ausschließlich nach dem beizulegenden Zeitwert von Wertpapieren im Sinne des § 266 Abs. 2 A. III. 5 HGB bestimmt und ein garantierter Mindestbetrag überschritten ist.

Eine weitere Besonderheit ergibt sich für sogenanntes **Planvermögen**. Hierunter versteht man Vermögensgegenstände, die dem Zugriff aller übrigen Gläubiger entzogen sind und ausschließlich der Erfüllung von Schulden aus Altersversorgungsverpflichtungen oder vergleichbaren langfristig fälligen Verpflichtungen dienen (§ 246 Abs. 2 Satz 2 HGB). Entgegen dem grundsätzlichen Saldierungsverbot im § 246 Abs. 2 Satz 1 HGB muss das Planvermögen mit den entsprechenden Rückstellungen verrechnet werden. Für die Verrechnung ist hierbei der beizulegende Wert der Vermögensgegenstände maßgeblich (§ 253 Abs. 1 Satz 4 HGB).

Steuerbilanz

Der Ansatz und die Bewertung von Pensionsrückstellungen in der Steuerbilanz ist im § 6a EStG sehr detailliert geregelt. Hierbei sind auch einige Ansatzvoraussetzungen zu erfüllen, die im Handelsrecht unbekannt sind. Aus Gründen der Übersichtlichkeit wird auf eine vollständige Darstellung aller Ansatz- und Bewertungsregeln verzichtet.

Die Bilanzierung der Pensionsrückstellungen ist im Steuerrecht als **Wahlrecht** ausgestaltet, welches unabhängig von Behandlung in der Handelsbilanz ausgeübt werden kann. Das gilt sowohl für Alt- als auch für Neuzusagen.

Für die Bewertung schreibt § 6a EStG zwingend das **Teilwertverfahren** vor. Das handelsrechtlich ebenfalls mögliche Gegenwartswertverfahren ist steuerlich nicht zulässig. Eine weitere Abweichung zum Handelsrecht ergibt sich in Bezug auf den anzuwendenden **Zinssatz,** welcher im § 6a Abs. 3 Satz 3 EStG mit 6 % festgelegt ist. Außerdem gilt wie für alle übrigen Rückstellungen auch, dass künftige Preis- und Kostensteigerungen nicht berücksichtigt werden dürfen (§ 6 Abs. 1 Nr. 3a Buchstabe f EStG).

2.8.3.2   Drohverlustrückstellungen

Unter einem **schwebenden Geschäft** versteht man einen zweiseitig verpflichtenden Vertrag, der noch von keiner Seite erfüllt wurde. Auch Dauerschuldverhältnisse (z. B. Miet- und Pachtverträge), soweit sie die Zukunft betreffen, stellen schwende Geschäfte dar. Grundsätzlich wird davon ausgegangen, dass im Zeitpunkt des Vertragsabschlusses der eigenen Leistung mindestens eine gleichwertige Gegenleistung aus dem Vertragsverhältnis gegenüber steht. Solange es keine Anzeichen gibt, die gegen diese Ausgeglichenheitsvermutung sprechen, bleiben schwebende Geschäfte in der Bilanz unberücksichtigt.

Kommt es nach Vertragsabschluss und vor Bilanzstichtag zu einer **Störung der Ausgeglichenheit von Leistung und Gegenleistung** in der Form, dass die zu erbringende Leistung den Wert der Gegenleistung des Vertragspartners übersteigt, ist eine Rückstellung für drohende Verluste aus schwebenden Geschäften (Drohverlustrückstellungen) zu bilden (§ 249 Abs. 1 Satz 1 HGB).

Abb. 2.5 verdeutlicht die zeitlichen Voraussetzungen für den Tatbestand der Drohverlustrückstellung.

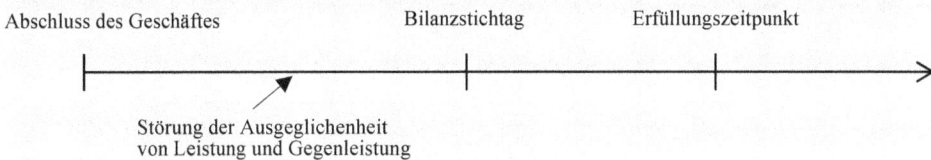

Abb. 2.5:   Zeitstrahl der zeitlichen Voraussetzungen für den Tatbestand einer Drohverlustrückstellung

Voraussetzung für die Bildung einer Drohverlustrückstellung ist, dass der Verlust nicht nur möglich ist, sondern konkrete Tatsachen dafür vorliegen, dass dieser auch **wahrscheinlich** ist.

Die drohenden Verluste können sich auf verschiedene Arten von Geschäften beziehen:

- Beschaffungsgeschäfte: Der im Rahmen eines Abnahmevertrages für Waren vereinbarte Kaufpreis liegt noch vor der ersten Lieferung über dem Marktpreis.
- Absatzgeschäfte: Bei Bearbeitung eines Fertigungsauftrages tritt eine überraschende Kostensteigerung ein, die durch den vereinbarten Verkaufspreis nicht abgedeckt werden kann.
- Dauerschuldverhältnisse: Eine langfristige angemietete Bürofläche wird nicht mehr benötigt. Um die Verluste über die verbleibende Mietzeit zu begrenzen, werden die Räumlichkeiten zu einem niedrigeren Mietpreis untervermietet.

Die Höhe der zu bildenden Rückstellung entspricht der **Differenz** zwischen dem höheren Wert der eigenen Leistung und dem niedrigeren Wert der Gegenleistung. Für **Beschaffungsgeschäfte** ermittelt sich der Verpflichtungsüberschuss als Unterschiedsbetrag zwischen dem vertraglich fixierten Preis und den gesunkenen Wiederbeschaffungskosten. Bei **Absatzgeschäften** führen Kostensteigerungen erst dann zur Rückstellungsbildung, wenn der vereinbarte Verkaufspreis die zu Vollkosten bewertete Leistung nicht mehr abdeckt.

Im Zusammenhang mit schwebenden **Absatzgeschäften** sind am Bilanzstichtag unter Umständen schon Vermögensgegenstände zu aktivieren (z. B. unfertige Leistungen oder Waren), die Gegenstand dieses Absatzgeschäfts sind. In solchen Fällen hat die Abschreibung nach § 253 Abs. 4 HGB (auf den niedrigeren Börsen- oder Marktpreis oder den niedrigeren beizulegenden Wert) Vorrang gegenüber einer Drohverlustrückstellung. Eine Drohverlustrückstellung ist nur zu bilden, sofern und soweit auch nach Vollabschreibung des Vermögensgegenstandes noch ein Verlust verbleibt.

Für die **Steuerbilanz** ist die Bildung von Drohverlustrückstellungen mit § 5 Abs. 4a EStG gesetzlich untersagt. In Kombination mit dem handelsrechtlichen Passivierungsgebot entstehen hieraus tendenziell aktivische Steuerlatenzen.

2.8.3.3   Gewährleistungs-, Garantie- und Kulanzrückstellungen

Rückstellungen sind zu bilden für Verpflichtungen des Unternehmens, im Zusammenhang mit verkauften Produkten oder Leistungen künftig Reparaturen, Wandlungen oder Nachbesserungen vorzunehmen. Diese Verpflichtung ist entweder rechtlich oder wirtschaftlich begründet. Die **rechtliche Verpflichtung** gründet sich entweder auf gesetzliche Vorschriften (Gewährleistung) oder auf einzelvertragliche Vereinbarungen (Garantien). Gewährleistungen ohne rechtliche Verpflichtungen (Kulanz) erbringt das Unternehmen aufgrund eines **faktischen Zwangs**, weil es bei Versagung der Kulanzleistungen erhebliche Wettbewerbsnachteile erleiden würde.

Derartige Rückstellungen sind nicht erst zu bilden, wenn der Schaden vom Kunden angezeigt und geltend gemacht wird. Es genügt, dass das Produkt oder die Leistung vor dem Bilanzstichtag veräußert wurde und die Inanspruchnahme wahrscheinlich ist.

Die Bemessung der Rückstellung kann entweder **einzeln oder pauschal** erfolgen. Die Einzelrückstellung stellt auf ein bestimmtes Produkt oder eine bestimmte Leistung ab und versucht die Höhe der anfallenden Gewährleistungsaufwendungen abzuschätzen. Diese Variante kommt insbesondere für langfristige Fertigungsaufträge und andere Großaufträge in Betracht. Eine Pauschalrückstellung ist geboten, wenn die Gewährleistungsrisiken für eine Vielzahl gleichartiger Produkte antizipiert werden muss. Die Ermittlung der konkreten Rückstellungshöhe muss auf der Grundlage von **Erfahrungswerten** für die Gewährleistungsaufwendungen vergangener Geschäftsjahre erfolgen, wobei Unterschiede in den jeweiligen Umsätzen ebenso zu berücksichtigen sind wie Unterschiede im Umfang der Gewährleistungsverpflichtungen.

2.8.3.4   Aufwandsrückstellungen

Der Gesetzgeber zählt im § 249 Abs. 1 Satz 2 Nr. 1 HGB abschließend zwei Fälle auf, in denen auch ohne Existenz einer Außenverpflichtung eine Rückstellung zu bilden ist. Das sind die Rückstellung für unterlassene Instandhaltung, die innerhalb der ersten drei Monate des folgenden Geschäftsjahres nachgeholt werden, und die Rückstellung für unterlassene Abraumbeseitigung, die innerhalb des folgenden Geschäftsjahres nachgeholt wird.

Für beide Rückstellungen gilt eine Passivierungspflicht auch für die **Steuerbilanz** (R 5.7 Abs. 11 EStR). Diese lässt sich aus dem allgemeinen Maßgeblichkeitsgrundsatz und dem Fehlen von abweichenden steuerrechtlichen Regelungen ableiten.

Für die Rückstellung für **unterlassene Instandhaltung** kommen alle Formen von Wartungs-, Inspektions- und Instandsetzungsarbeiten, die insbesondere im Zusammenhang mit Produktionsanlagen anfallen, in Betracht. Voraussetzung für die Rückstellungsbildung ist, dass diese Arbeiten betriebswirtschaftlich dem abgelaufenen Geschäftsjahr zuzuordnen sind. Dies ist der Fall, wenn der Wartungsplan eine entsprechende Maßnahme für das abgelaufene Jahr vorgesehen hat oder ein Defekt aufgetreten ist, der im abgelaufenen Jahr noch nicht behoben wurde.

Weitere Voraussetzung ist, dass die unterlassenen Instandhaltungsmaßnahmen innerhalb der ersten drei Monate des folgenden Geschäftsjahres im Wesentlichen auch beendet sind (*ADS*, § 249 Anm. 178).

2.9   Weitere Bilanzposten

2.9.1   Rechnungsabgrenzungsposten

Periodengerechte Rechnungslegung hat von dem Grundsatz auszugehen, dass einem Geschäftsjahr nur derjenige Erfolg zuzurechnen ist, der in dieser Rechnungsperiode auch tatsächlich entstanden ist. Dies bedeutet, dass geleistete und/oder empfangene Zahlungen (Ausgaben und/oder Einnahmen) nicht immer derjenigen Periode zugerechnet werden dürfen, in der sie geleistet bzw. empfangen wurden. Sie müssen vielmehr derjenigen Periode (oder denjenigen Perioden) zugeordnet werden, für die sie Aufwendungen bzw. Erträge darstellen (zur Abgrenzung von Ausgaben/ Aufwand bzw. Einnahmen /Erträgen siehe 2.11.1).

Die Rechnungsabgrenzungsposten, die keine Vermögensgegenstände sind, sondern lediglich bilanzierungspflichtige Korrekturtatbestände zur **zeitraumgerechten Periodenabgrenzung** darstellen, grenzen in der Bilanz die Ausgaben von den Aufwendungen und die Einnahmen von den Erträgen ab. Damit grenzen sie gleichzeitig die einzelnen Perioden erfolgsrechnerisch voneinander ab und dienen der Ermittlung des periodengerechten Erfolgs.

Dabei sind folgende **Typen von Sachverhalten** zu unterscheiden, bei denen die Größen Ausgaben/Aufwand bzw. Einnahmen/Ertrag nicht periodengleich anfallen:

1. Eine im alten Jahr getätigte Ausgabe ist Aufwand im neuen Jahr (dies gilt z. B., wenn im Dezember die Mietzahlung für Januar geleistet wird);

2. der Aufwand gehört zum alten, die Ausgabe zum neuen Jahr (dies ist z. B. der Fall, wenn die Mietzahlung für Dezember erst im Januar geleistet wird);

3. eine Einnahme geht im alten Jahr ein, sie ist Ertrag aber erst für das neue Jahr (der Mieter eines von der Unternehmung vermieteten Gebäudes zahlt im Dezember die Januar-Miete);

4. der Ertrag betrifft das alte Jahr, die Einnahme erfolgt aber erst im neuen Jahr (der erwähnte Mieter zahlt die Dezember-Miete im Januar).

Diese vier Typen lassen sich nach zwei Kriterien ordnen. Das erste Kriterium ist, ob die Erfolgswirksamkeit der Zahlungsvorgänge vor dem Bilanzstichtag oder nach dem Bilanzstichtag liegt. Danach unterscheidet man zwischen transitorischer und antizipativer Abgrenzung. **Transitorisch** („ins neue Jahr hinübergehend") sind diejenigen Vorgänge, bei denen die Zahlung vor dem Bilanzstichtag erfolgt, aber die Zeit nach dem Bilanzstichtag betreffen und daher für diese Zeit Aufwand bzw. Ertrag ist (Fälle 1. und 3.). Von **antizipativ** („vorwegnehmend") spricht man, wenn die Erfolgswirksamkeit vor dem Bilanzstichtag liegt, die dazugehörenden Zahlungen aber danach erfolgen (Fälle 2. und 4.).

Das zweite Kriterium betrifft die Frage, ob die Abgrenzungsposten ihrer Natur nach unter den Aktiva oder unter den Passiva zu bilanzieren sind. Unter diesem Aspekt handelt es sich um entweder aktive oder passive Rechnungsabgrenzungsposten. Eine **aktive** Abgrenzung liegt dann vor, wenn aus dem alten Jahr eine „Forderung" an das neue oder spätere Jahr besteht. Bei 2. und 3. handelt es sich dagegen um **passive** Abgrenzungen. Dabei „schuldet" das alte Jahr dem neuen Jahr entsprechende Zahlungen. Unterlässt die Unternehmung eine aktive Abgrenzung, so weist sie einen zu niedrigen Gewinn aus. Dagegen führt der Verzicht auf eine passive Abgrenzung dazu, dass der Periodenerfolg zu hoch ausgewiesen wird.

Die vier grundlegenden Typen abgrenzungsbedürftiger Vorgänge werden bilanziell unterschiedlich behandelt. Die Rechnungsabgrenzungsposten gemäß § 250 HGB beinhalten **nur die transitorischen Vorgänge**:

1. Auf der Aktivseite dürfen nur Ausgaben vor dem Abschlussstichtag ausgewiesen werden, soweit sie Aufwand für eine bestimmte Zeit nach diesem Tag darstellen (transitorische aktive Vorgänge).
2. Auf der Passivseite dürfen nur Einnahmen vor dem Abschlussstichtag erfasst werden, soweit sie Ertrag für eine bestimmte Zeit nach diesem Tag darstellen (transitorische passive Vorgänge).

Dagegen stellen die antizipativen Vorgänge, soweit sie die Aktivseite betreffen, Forderungen dar, die unter „Sonstige Vermögensgegenstände" auszuweisen sind. Soweit sie die Passivseite betreffen, verkörpern sie Verbindlichkeiten, die als „Sonstige Verbindlichkeiten" bilanziert werden.

	Aktive Abgrenzung	Passive Abgrenzung
Transitorische Vorgänge	Ausgabe vor, Aufwand nach dem Bilanzstichtag. Zu bilanzieren als aktive Rechnungsabgrenzungsposten	Einnahme vor, Ertrag nach dem Bilanzstichtag. Zu bilanzieren als passive Rechnungsabgrenzungsposten
Antizipative Vorgänge	Ertrag vor, Einnahmen nach dem Bilanzstichtag. Zu bilanzieren als „Sonstige Vermögensgegenstände"	Aufwand vor, Ausgaben nach dem Bilanzstichtag. Zu bilanzieren als „Sonstige Verbindlichkeiten"

Abb. 2.6:   Transitorische und antizipative Periodenabgrenzung

In der **Steuerbilanz** sind die Rechnungsabgrenzungsposten ebenfalls auf die transitorischen Posten beschränkt (§ 5 Abs. 5 S. 1 EStG). Die Bildung eines Rechnungsabgrenzungspostens ist dabei nur insoweit zulässig, als die vor dem Abschlussstichtag angefallenen Ausgaben (oder Einnahmen) Aufwand (oder Ertrag) für eine **bestimmte Zeit** nach dem Abschlussstichtag darstellen. Eine „bestimmte Zeit" liegt nur vor, wenn die Zeit, der die abzugrenzenden Ausgaben und Einnahmen zuzurechnen sind, festliegt und nicht nur geschätzt wird. Die abzugrenzenden Ausgaben und Einnahmen müssen deshalb schon ihrer Art nach unmittelbar zeitbezogen sein, also nur für einen bestimmten, nach dem Kalender bemessenen Zeitraum bezahlt oder vereinnahmt werden, z. B. monatliche, vierteljährliche, halbjährliche Mietvorauszahlungen.

Gemäß § 250 Abs. 3 HGB besteht für den Fall, dass der Rückzahlungsbetrag von Verbindlichkeiten höher als deren Ausgabebetrag ist, ein Wahlrecht, den Unterschiedsbetrag (das **Disagio**) abzüglich der vorzunehmenden Abschreibungen in den Rechnungsabgrenzungsposten auf der Aktivseite aufzunehmen oder sofort als Finanzierungsaufwand in die GuV einzustellen.

In der **Steuerbilanz** wird für die Behandlung des Disagios allerdings eine Aktivierungspflicht gesehen (H 6.10 EStR), sodass dieser Unterschiedsbetrag in die aktive Rechnungsabgrenzung aufzunehmen und gemäß § 250 Abs. 3 Satz 2 HGB durch planmäßige jährliche Abschreibung über die gesamte Laufzeit der Verbindlichkeit zu tilgen ist.

Unterschiede zwischen handelsrechtlichem und steuerrechtlichem aktiven Rechnungsabgrenzungsposten, stellen sich außerdem ein, wenn einer der folgenden Sachverhalte realisiert wird:

- als Aufwand berücksichtigte Zölle und Verbrauchsteuern, soweit sie auf am Abschlussstichtag auszuweisende Wirtschaftsgüter des Vorratsvermögens entfallen,
- als Aufwand berücksichtigte Umsatzsteuer auf am Abschlussstichtag auszuweisende Anzahlungen.

Für beide Fälle schreibt § 5 Abs. 5 Satz 2 EStG einen verpflichtenden Ansatz unter den aktiven Rechnungsabgrenzungsposten vor. Im Handelsrecht ist die Aktivierung dieser Beträge nicht mehr zulässig.

2.9.2 Latente Steuern

Die Regelungen zur Abgrenzung von Steuerlatenzen im § 274 HGB sind für große und mittelgroße Kapitalgesellschaften verpflichtend. Kleine Kapitalgesellschaften sind gemäß § 274a Nr. 5 HGB von der Anwendung befreit. **Passive latente Steuern müssen** angesetzt werden, während für **aktive latente Steuern ein Ansatzwahlrecht** besteht. Latente Steuern können durch temporäre Differenzen zwischen Handels- und Steuerbilanz oder durch die Existenz von steuerlichen Verlust- oder Zinsvorträgen begründet sein.

2.9.2.1 Ansatz

2.9.2.1.1 Latente Steuern zur Abgrenzung temporärer Differenzen

Das dem § 274 HGB zugrunde liegende **Temporary-Konzept** zur Abgrenzung der latenten Steuern verfolgt das Ziel, künftig eintretende Steuerentlastungen und Steuerbelastungen vollständig handelsbilanziell abzubilden, um so einen aussagefähigeren Vermögensausweis zu generieren.

In der Gewinn- und Verlustrechnung führt die Berücksichtigung latenter Steuern zu einem Ertragsteuerausweis, der in einem sinnvollen Verhältnis zum handelsrechtlichen Ergebnis steht.

Ausgangspunkt für die Bestimmung latenter Steuern sind Unterschiede zwischen den handelsrechtlichen Wertansätzen von Vermögensgegenständen, Schulden und Rechnungsabgrenzungsposten und den steuerrechtlichen Wertansätzen. Es sind jedoch alle Unterschiede auszuklammern, die sich zukünftig nicht umkehren. Die latenten Steuern beschränken sich somit nur auf jene Unterschiede zwischen Handels- und Steuerbilanz, die sich im Zeitablauf ausgleichen (**temporäre Differenzen**). Das Temporary-Konzept bezieht dabei alle temporären Differenzen mit ein, unabhängig davon, ob die Wertunterschiede im Entstehungszeitpunkt erfolgswirksam waren oder nicht. Ebenso unerheblich ist, wann sich die temporären Differenzen zukünftig ausgleichen, weshalb das Temporary-Konzept auch quasi-permanente Differenzen einschließt. Bei diesen Differenzen ist der Zeitpunkt, in dem sie sich umkehren, nicht genau bestimmt, er hängt vielmehr von einer künftigen unternehmerischen Disposition ab, z. B. über die Veräußerung von Vermögensgegenständen.

Aktive latente Steuern

Die folgenden Fälle führen zu aktiven latenten Steuern.

1. Vermögensgegenstände, aktive Rechnungsabgrenzungsposten oder ein derivativer Geschäfts- oder Firmenwert werden in der Handelsbilanz niedriger bewertet als in der Steuerbilanz; oder sie werden im Gegensatz zur Steuerbilanz gar nicht angesetzt.
   Beispiele:
   - Ein Geschäfts- oder Firmenwert wird handelsbilanziell über einen kürzeren Zeitraum als über die steuerlich vorgeschriebenen 15 Jahre abgeschrieben (§ 7 Abs. 1 Satz 3 EStG).
   - Handelsbilanziell entscheidet sich der Bilanzierende gegen eine Aktivierung des Disagios (§ 250 Abs. 3 HGB), die steuerlich verpflichtend ist.
2. Verbindlichkeiten, Rückstellungen oder passive Rechnungsabgrenzungsposten werden in der Handelsbilanz höher bewertet als in der Steuerbilanz; oder die Posten werden nur in der Handelsbilanz angesetzt.
   Beispiele:
   - Bildung einer Drohverlustrückstellung (§ 249 Abs. 1 Satz 1 HGB) in der Handelsbilanz, die gemäß § 5 Abs. 4a EStG steuerlich nicht passivierbar ist.
   - Bei der Abzinsung von Rückstellungen wird handelsbilanziell ein niedrigerer Zinssatz verwendet als steuerlich vorgeschrieben.

Aktive latente Steuern bedeuten, dass in der **Gegenwart** in Relation zum Handelsbilanzergebnis **zu viel Steuern** gezahlt wurden. Deshalb wird der gegenwärtige Steueraufwand entlastet, indem ein Teil aktiv abgegrenzt wird. Kehrt sich die Differenz, die für die Bildung der aktiven latenten Steuer ursächlich war, in der Zukunft um, fallen in Relation zum Handelsbilanzergebnis zu niedrigere Steuern an. Der künftige Steueraufwand wird dann über die Auflösung der aktiven latenten Steuer erhöht.

Für aktive latente Steuern gewährt § 274 Abs. 1 Satz 2 HGB ein **Wahlrecht**. Allerdings bezieht sich dieses nicht auf einzelne Wertdifferenzen, sondern auf einen Überhang der sich nach Saldierung mit den passiven latenten Steuern ergibt. Entscheidet sich der Bilanzierende für die Ausübung des Wahlrechtes, muss er den gesamten Überhang der aktiven latenten Steuern ansetzen. Eine teilweise Aktivierung ist unzulässig.

Da es sich bei den aktiven latenten Steuern dem Charakter nach nicht um einen verwertbaren Vermögensgegenstand handelt, sondern um einen Posten eigener Art, hat der Gesetzgeber im Interesse des Gläubigerschutzes im § 268 Abs. 8 Satz 2 HGB eine **Ausschüttungssperre** für den Überhang der aktiven latenten Steuer verankert. Demnach dürfen Gewinne nur ausgeschüttet werden, wenn die nach der Ausschüttung verbleibenden frei verfügbaren Rücklagen zuzüglich eines Gewinnvortrags und abzüglich eines Verlustvortrags dem aktivierten Betrag entsprechen.

Passive latente Steuern

Die folgenden Konstellationen ziehen passive latente Steuern nach sich.

1. Vermögensgegenstände oder aktive Rechnungsabgrenzungsposten werden in der Handelsbilanz höher bewertet als in der Steuerbilanz; oder die Posten werden nur in der Handelsbilanz angesetzt.
   Beispiel:
   • Aktivierung selbst geschaffener immaterieller Vermögensgegenstände in der Handelsbilanz (Wahlrecht § 248 Abs. 2 HGB); steuerliches Ansatzverbot (§ 5 Abs. 2 EStG)

2. Verbindlichkeiten, Rückstellungen oder passive Rechnungsabgrenzungsposten werden in der Handelsbilanz niedriger bewertet als in der Steuerbilanz; oder sie werden im Gegensatz zur Steuerbilanz gar nicht angesetzt.
   Beispiel:
   • Rückstellungen werden handelsbilanziell mit einem höheren Zinssatz abgezinst als steuerlich.

Passive latente Steuern repräsentieren eine künftige Steuerbelastung. Im Jahr der Bildung ist die **Ertragsteuerzahlung gemessen am handelsbilanziellen Ergebnis zu niedrig** (beispielsweise wurden Aufwendungen für einen selbst geschaffenen immateriellen Vermögensgegenstand handelsbilanziell aktiviert und steuerbilanziell aufwandswirksam behandelt). Durch Bildung der passiven latenten Steuern wird der Ertragsteueraufwand erhöht. In den Folgejahren kehrt sich die Bewertungsdifferenz um (im Beispiel durch die handelsbilanziell vorzunehmenden Abschreibungen auf den immateriellen Vermögenswert). In dem Maße ist die Ertragsteuerzahlung in Relation zum handelsrechtlichen Ergebnis zu hoch, was durch die Auflösung der passiven latenten Steuer kompensiert wird, um einen adäquaten Steueraufwand im Jahresabschluss auszuweisen.

Im Gegensatz zu den aktiven latenten Steuern besteht für die passiven latenten Steuern eine **Ansatzpflicht** (§ 274 Abs. 1 Satz 2 HGB).

2.9.2.1.2 Latente Steuern aufgrund von steuerlichen Verlust- und Zinsvorträgen

Neben Bewertungsdifferenzen zwischen Handels- und Steuerbilanz können auch **steuerliche Verlustvorträge** für künftige Steuerentlastungen sorgen. Das Steuerrecht gewährt im § 10d EStG dem Steuerpflichtigen die Möglichkeit eines intertemporalen Verlustausgleichs in Form eines **Verlustrücktrags oder Verlustvortrags** (für Kapitalgesellschaften i. V. m. § 8 Abs. 1 Satz 1 KStG). Demnach darf der Steuerpflichtige Verluste bis zu einem Betrag von 1 Mio. EUR mit Gewinnen der Vorperiode verrechnen (Verlustrücktrag). Hieraus resultiert für das laufende Geschäftsjahr ein Steuererstattungsanspruch, der unter den sonstigen Vermögensgegenständen auszuweisen ist. Latente Steuern entstehen im Zusammenhang mit einem Verlustrücktrag nicht.

Soweit die Verluste nicht zurückgetragen wurden, können sie zeitlich unbegrenzt in künftige Perioden vorgetragen werden. Der Verlustvortrag ist betragsmäßig beschränkt auf 1 Mio. EUR zuzüglich 60 % der Einkünfte, soweit diese 1 Mio. EUR übersteigen. Eine gleichlautende Regelung existiert auch für die **Gewerbesteuer** (§ 10a GewStG), wobei für die Gewerbesteuer keine Möglichkeit eines Verlustrücktrags besteht. Der Verlustvortrag hat für die Zukunft also eine steuerentlastende Wirkung, sofern in der Zukunft verrechenbare Gewinne anfallen.

Für die Berechnung aktiver latenter Steuern legt § 274 Abs. 2 Satz 4 HGB fest, dass steuerliche Verlustvorträge bei deren Berechnung zu berücksichtigen sind. Allerdings enthält die Regelung eine Beschränkung auf die erwartete Verlustverrechnung der nächsten fünf Geschäftsjahre.

Dieselbe Regelung ist auch auf **Zinsvorträge** anzuwenden (BT-Drucksache 16/10067, S. 67), die im Rahmen der Zinsschranke nach 4h EStG auflaufen (für Kapitalgesellschaften über § 8a KStG anwendbar). Die Zinsschranke begrenzt die Abzugsfähigkeit von Zinsaufwendungen auf die Summe aus Zinserträgen und 30 % des EBITDA. Die Beschränkung greift jedoch nur, soweit die Zinsaufwendungen (abzüglich Zinserträge) die Freigrenze von 3 Mio. EUR erreichen und keine der Befreiungen nach § 4h Abs. 2 Buchstabe b und c EStG vorliegt. Zinsaufwendungen, die aufgrund der Beschränkung im Jahr ihrer Entstehung nicht abgezogen werden, sind in die folgenden Wirtschaftsjahre vorzutragen.

Voraussetzung für die Aktivierung latenter Steuern aus Verlustvorträgen ist, dass die **zukünftige Verrechenbarkeit wahrscheinlich** ist, was für Dritte nachvollziehbar dargelegt werden muss. Hierfür ist eine detaillierte Planungsrechnung unumgänglich, die die Entwicklung der künftigen Verrechnungsgrundlagen zeigt, wobei auch die Interdependenz zwischen Verlustvortrag nach § 10d EStG und Zinsvortrag nach § 4h EStG abzubilden ist.

2.9.2.2   Bewertung und Ausweis

Treten zwischen Handels- und Steuerbilanz mehrere temporäre Differenzen auf, stellt sich die Frage, ob jede Bewertungsdifferenz und die hieraus resultierende latente Steuer einzeln behandelt wird (Einzeldifferenzenbetrachtung), oder die latente Steuer aus einer Gesamtdifferenz abgeleitet wird (Gesamtdifferenzbetrachtung). Im deutschen Handelsrecht sind beide Methoden zulässig (BT-Drucksache 16/12407, S. 87).

Die **Einzeldifferenzenbetrachtung** berechnet für jede temporäre Differenz die Steuerabgrenzung separat, und zwar vom Zeitpunkt der Entstehung bis zum Zeitpunkt des vollständigen Ausgleichs. Durch Summierung aller aktiven latenten Steuerabgrenzungen einerseits und aller passiven latenten Steuerabgrenzungen andererseits ergeben sich die Bilanzposten aktive bzw. passive latente Steuern. Wenn der Bilanzierende den Bruttoausweis (vgl. weiter unten) praktiziert, ist dies nur über eine Einzeldifferenzenbetrachtung möglich.

Bei der **Gesamtdifferenzbetrachtung** wird die anzusetzende latente Steuer direkt über die gesamte temporäre Differenz zwischen handels- und steuerrechtlichen Wertansätzen bestimmt. Diese Vorgehensweise führt zwangsläufig zu einem saldierten Ausweis latenter Steuern.

Im Rahmen der Bilanzierung latenter Steuern ist weiterhin zu klären, mit welchem **Steuersatz** die Bewertung erfolgen soll. Das bereits dargestellte Temporary-Konzept, welches der Bilanzierung latenter Steuern im Handelsrecht zugrunde liegt, führt zur Bewertung nach der **Verbindlichkeitenmethode (Liability-Methode)**. Demnach zielt die latente Steuerabgrenzung primär auf den korrekten Ausweis von Vermögen und Schulden ab. Die bilanzierten latenten Steuern sollen somit die künftigen Steuerbe- und Steuerentlastungen abbilden. Hieraus folgt unmittelbar, dass die Bewertung auch mit den in den künftigen Perioden geltenden Steuersätzen vorgenommen werden muss (§ 274 Abs. 2 Satz 1 HGB).

Im Zusammenhang mit der Ermittlung des konkreten Steuersatzes ist auch zu klären, welche Steuerarten relevant sind. Für Kapitalgesellschaften in Deutschland sind die Körperschaftsteuer, die Gewerbesteuer und der Solidaritätszuschlag einzubeziehen. Der Körperschaftsteuersatz (s_{KSt}) beträgt einheitlich 15%. Der Solidaritätszuschlag ist als Zuschlag von 5,5 % (s_{Solz}) auf die Körperschaftsteuer ausgestaltet. Der Gewerbesteuertarif setzt sich als Produkt aus zwei Komponenten zusammen, der einheitlichen Steuermesszahl (SMZ) von 3,5 % und dem von der jeweiligen Gemeinde festgelegten Gewerbesteuerhebesatz (h). Der **kombinierte Ertragsteuersatz** (s_{komb}) berechnet sich auf dieser Grundlage wie folgt:

$$s_{komb} = s_{KSt} \cdot (1 + s_{Solz}) + h \cdot SMZ$$

Für einen beispielhaften Gewerbesteuerhebesatz von 450 % ergibt sich der folgende Wert für den kombinierten Ertragsteuersatz:

$$s_{komb} = 0,15 \cdot (1 + 0,055) + 4,5 \cdot 0,035$$

$$s_{komb} = 0,31575 = 31,575\,\%$$

Die Verwendung eines einheitlichen Steuersatzes ist insoweit eine Vereinfachung, als sie unterstellt, dass die Bemessungsgrundlagen von Körperschaft- und Gewerbesteuer identisch sind. Sofern für die betrachtete Periode Hinzurechnungen (§ 8 GewStG) und Kürzungen (§ 9 GewStG) nicht betragsgleich sind, ist diese Prämisse verletzt.

§ 274 Abs. 1 Sätze 1 und 2 HGB gehen grundsätzlich von einem saldierten **Ausweis** latenter Steuern aus. Im Satz 3 lässt die Vorschrift aber auch den unsaldierten Ausweis (Bruttoausweis) zu. In der GuV sind die sich aus latenten Steuern ergebenden Aufwendungen und Erträge gesondert unter dem Posten „Steuern vom Einkommen und Ertrag" auszuweisen.

2.10 Sicherungsgeschäfte

2.10.1 Formen von Sicherungsgeschäften

Ein Charakteristikum unternehmerischer Tätigkeit ist, dass diese mit Risiken verbunden ist. Zur Vermeidung oder zumindest Begrenzung bestimmter Risiken schließen Unternehmen Sicherungsgeschäfte (Hedge) ab. Damit das Sicherungsgeschäft die Funktion der **Risikoreduzierung** tatsächlich erfüllen kann, muss ein Zusammenhang zur abzusichernden (risikobehafteten) Position (Grundgeschäft) in der Weise bestehen, dass sich die Werte der beiden Geschäfte in Abhängigkeit von derselben unsicheren Größe gegenläufig entwickeln. Eventuelle Verluste aus dem Grundgeschäft könnten so durch Gewinne aus dem Sicherungsgeschäft kompensiert werden.

Beispiel 16:

Das bilanzierende Unternehmen hält in seinem Forderungsbestand am Bilanzstichtag (31.12.) eine Forderung gegenüber einem ausländischen Kunden in Höhe von 50.000 USD. Dieser Betrag ist am 30.06 des Folgejahres zur Zahlung fällig.

Ausgehend vom Devisenkurs von 1,35 USD/EUR am Bilanzstichtag befürchtet das Unternehmen eine Abwertung des USD und schließt deshalb ein Devisenoptionsgeschäft ab, dass ihm die Möglichkeit einräumt, 50.000 USD am 30.06 des Folgejahres zum Kurs von 1,38 USD/EUR zu verkaufen.

Durch Abschluss des gegenläufigen Devisentermingeschäftes ist das Unternehmen von der Abwertung nur bis 1,38 USD/EUR betroffen. Soweit die Abwertung darüber hinausgeht, wird der Abwertungsverlust bei der Forderung durch den Rückfluss aus dem Optionsgeschäft kompensiert. Beträgt der Kassakurs am 30.06. des Folgejahres beispielsweise 1,40 USD/EUR, erzielt das Unternehmen vom 1.01 bis 30.06 aus Grund- und Sicherungsgeschäft die folgenden Ergebnisse:

Forderung = 50.000 USD/1,40 USD/EUR – 50.000 USD/1,35 USD/EUR = –1.322,75 EUR

Optionsgeschäft = 50.000 USD/1,38 USD/EUR – 50.000 USD/1,40 USD/EUR = 517,60 EUR

Per Saldo verbleibt ein Verlust von 805,15 EUR. Dieser entspricht dem Abwertungsverlust bis auf 1,38 USD/EUR (–805,15 EUR = 50.000 USD · {1/1,38 USD/EUR – 1/1,35 USD/EUR}).

In Abhängigkeit von der Ausgestaltung des Sicherungszusammenhangs unterscheidet man zwischen Micro-, Macro- und Portfolio-Hedge. Beim **Micro-Hedge** wird genau eine risikobehaftete Position (Vermögens- oder Schuldposition) abgesichert. Wie im vorstehenden Beispiel kann das Sicherungsgeschäft eindeutig einem bestimmten Grundgeschäft zugeordnet werden.

Im Gegensatz dazu bezieht sich der **Macro-Hedge** auf das Risiko vieler, verschiedenartiger Risikopositionen eines Unternehmens. Es werden also viele (evtl. alle) risikobehafteten Posten eines Unternehmens aggregiert und über ein oder mehrere Sicherungsgeschäfte abgesichert. Die eindeutige Zuordenbarkeit von Grund- und Sicherungsgeschäft, wie sie für den Micro-Hedge charakteristisch ist, liegt beim Macro-Hedge nicht mehr vor.

Der **Portfolio-Hedge** sichert das Risiko aus einem genau abgegrenzten Portfolio von risikobehafteten Positionen ab. Ebenso wie beim Macro-Hedge wird eine Vielzahl von Grundgeschäften durch ein oder mehrere Sicherungsgeschäfte gesichert, weshalb auch beim Portfolio-Hedge die eindeutige Zuordnung von gegenläufigen Gewinnen und Verlusten aus Grund- und Sicherungsposition nicht möglich ist. Im Gegensatz zum Macro-Hedge ist das abzusichernde Aggregat aufgrund der scharfen Abgrenzungskriterien deutlich homogener (z. B. alle Forderungen in USD mit einer bestimmten Laufzeit). Deshalb fällt es auch leichter, die Netto-Risikoposition des Portfolios zu bestimmen und ein geeignetes Sicherungsinstrument mit der erforderlichen Korrelation zum Portfoliorisiko auszuwählen.

Aus handelsrechtlicher Sicht ergibt sich das Problem, dass eine Bilanzierung von Grund- und Sicherungsgeschäft unter Beachtung von Einzelbewertungsgrundsatz (§ 252 Abs. 1 Nr. 3 HGB) sowie Imparitäts- und Realisationsprinzip (§ 252 Abs. 1 Nr. 4 HGB) den Sicherungszusammenhang zwischen den Geschäften nicht korrekt abbildet.

Dem Charakter von Sicherungsgeschäften entsprechend verhalten sich Gewinne und Verluste aus **Grund- und Sicherungsgeschäft gegenläufig**. Entstehen bei der einen Position Verluste, werden diese durch die Gewinne der anderen Position zumindest teilweise kompensiert. Gemäß Imparitäts- und Realisationsprinzip müssen die nicht realisierten Verluste am Bilanzstichtag ausgewiesen werden, während die nicht realisierten Gewinne nicht berücksichtigt werden dürfen. Diese asymmetrische Erfassung von negativen und positiven Erfolgsbeiträgen führt am Bilanzstichtag zum Ausweis von Verlusten, die sich zukünftig nicht einstellen werden.

Die segregierte Betrachtung von Grund- und Sicherungsgeschäft würde zwangsläufig zu einer Kollision mit der Generalnorm des § 264 Abs. 2 Satz 1 HGB führen. Deshalb erlaubt § 254 HGB unter bestimmten Voraussetzungen die Bildung von **Bewertungseinheiten** und insoweit die Aushebelung von Einzelbewertungsgrundsatz sowie Imparitäts- und Realisationsprinzip.

2.10.2 Voraussetzungen für die Bildung von Bewertungseinheiten

Grundvoraussetzung für die Konstruktion einer Bewertungseinheit ist, dass Grund- und Sicherungsgeschäft demselben Risiko unterliegen, welches eindeutig identifizierbar sein muss (z. B. Zinsrisiko, Währungsrisiko oder Aktienkursrisiko). Eine Absicherung des allgemeinen Unternehmensrisikos kommt nicht in Betracht.

Bewertungseinheiten dürfen gemäß § 254 HGB für die folgenden Grundgeschäfte gebildet werden:

- Vermögensgegenstände,
- Schulden,
- schwebende Geschäfte und
- mit hoher Wahrscheinlichkeit erwartete Transaktionen.

Bei der Einbeziehung von erwarteten Transaktionen spricht man auch von **antizipativen Bewertungseinheiten**. Diese dürfen nur gebildet werden, wenn die Eintrittswahrscheinlichkeit sehr hoch ist und diese Transaktionen nur durch Ereignisse verhindert werden können, die außerhalb des Einflussbereiches des Unternehmens liegen (BT-Drucksache 16/10067, S. 58).

Der Gesetzgeber beschränkt den Kreis der zulässigen Sicherungsgeschäfte nicht nur auf die derivativen Finanzinstrumente. Vielmehr kommen alle Formen von Finanzinstrumenten in Betracht, somit auch originäre. Beispielsweise kann eine Bewertungseinheit auch aus eine Fremdwährungsforderung und einer entsprechenden Verbindlichkeit bestehen.

Eine Voraussetzung für die Bildung von Bewertungseinheiten ist, dass sich das Sicherungsgeschäft nicht nur zur Absicherung des Grundgeschäftes eignet, sondern dass das Unternehmen ex ante auch die **Absicht** hat, das Ergebnis aus dem Grundgeschäft über das betreffende Sicherungsgeschäft abzusichern und diese Sicherungsbeziehung bis zur Erreichung des Sicherungszweckes beizubehalten (Durchhalteabsicht).

Die Bildung von Bewertungseinheiten nach § 254 HGB setzt die **Existenz eines Sicherungszusammenhangs** voraus, der für Grund- und Sicherungsgeschäft gegenläufige Wertänderungen oder Zahlungsströme aus dem Eintritt vergleichbarer Risiken gewährleistet. Das Unternehmen muss die Wirksamkeit dieser Sicherungsbeziehung prospektiv und retrospektiv nachweisen. Der Nachweis wird bei einem Micro-Hedge in der Regel relativ einfach zu erbringen sein, wenn Grund- und Sicherungsgeschäft in den wesentlichen Parametern übereinstimmen. Schwieriger ist dies beim Portfolio- und Macro-Hedge, weil es hier an der eindeutigen Zuordenbarkeit von Grund- und Sicherungsgeschäft fehlt. Deshalb kann der Nachweis bei diesen Sicherungsformen auf der Grundlage eines angemessenen und wirksamen Risikomanagementsystems erbracht werden (BT-Drucksache 16/12407, S. 86).

Im **Steuerrecht** enthält § 5 Abs. 1a Satz 2 EStG eine explizite Regelung zur Maßgeblichkeit von im Handelsrecht gebildeten Bewertungseinheiten für die Steuerbilanz. Demnach sind die Ergebnisse der in der handelsrechtlichen Rechnungslegung zur Absicherung finanzwirtschaftlicher Risiken gebildeten Bewertungseinheiten auch in die steuerliche Gewinnermittlung zu übernehmen.

2.10.3   Abbildung von Bewertungseinheiten

Für die Bewertungseinheit sind gemäß § 254 HGB in dem Umfang und für den Zeitraum, in dem sich die gegenläufigen Wertänderungen oder Zahlungsströme aus Grund- und Sicherungsgeschäft ausgleichen, die folgenden Vorschriften nicht anzuwenden:

- § 249 Abs. 1 HGB (Bildung von Drohverlustrückstellungen)
- § 252 Abs. 1 Nr. 3 HGB (Einzelbewertungsgrundsatz)
- § 252 Abs. 1 Nr. 4 HGB (Imparitäts- und Realisationsprinzip)
- § 253 Abs. 1 Satz 1 HGB (Anschaffungskostenprinzip) und
- § 256a (Währungsumrechnung).

Der § 254 HGB macht deutlich, dass die **Aufhebung der genannten Vorschriften nur insoweit gilt, wie der Sicherungszusammenhang reicht**. Für den nicht abgesicherten (ineffektiven) Teil des Risikos gelten die allgemeinen handelsrechtlichen Grundsätze (Imparitäts-, Realisations- und Anschaffungskostenprinzip). Demnach müssen Verluste aus dem ineffektiven Teil erfasst werden, während Gewinne unberücksichtigt bleiben.

Die Bewertungseinheit kann bilanziell entweder nach der Einfrierungsmethode oder nach der Durchbuchungsmethode abgebildet werden, wobei beide Verfahren zum selben Periodenergebnis führen. Der Unterschied zwischen den beiden Methoden soll anhand des folgenden Beispiels erläutert werden.

Beispiel 17:

> Die Z-GmbH verkauft am 31.10.2013 Waren zum Preis 2 Mio. USD an einen US-amerikanischen Kunden. Mit diesem ist vereinbart, dass die Zahlung erst am 31.03.2014 erfolgt. Am 31.10.2013 beträgt der Devisenkassakurs 1,35 USD/EUR. Zur Absicherung gegen das Währungsrisiko verkauft die Z-GmbH am 31.10.2013 per Termin zum 31.03.2014 2 Mio. USD zum Terminkurs vom 1,38 USD/EUR. Am Bilanzstichtag (31.12.2013) beträgt der Kassakurs 1,40 USD/EUR.

Die **Einfrierungsmethode** lässt alle Wertänderungen von Grund- und Sicherungsgeschäft unberücksichtigt, soweit der Absicherungszusammenhang reicht (effektiver Teil). Für den ineffektiven Teil der Sicherungsbeziehung gelten die allgemeinen handelsrechtlichen Grundsätze, wonach die Wertänderungen zum Bilanzstichtag imparitätisch behandelt werden.

zu Beispiel 17:

> Die Forderung wird am 31.10.2013 mit dem Sicherungskurs von 1,38 USD/EUR eingebucht. Der Wertansatz der Forderung im Zugangszeitpunkt beträgt somit 1.449.275,36 EUR. Die Umsatzerlöse werden jedoch durch Umrechnung mit dem Devisenkassakurs am 31.10.2013 erfasst; also i. H. v. 1.481.481,48 EUR. Die Differenz i. H. v. 32.206,12 EUR stellt sonstigen betrieblichen Aufwand im Jahr 2013 dar.
>
> Forderung   1.449.275,36 EUR   an   Umsatzerlöse   1.481.481,48 EUR
>
> s. b. Aufwendungen 32.206,12 EUR

Die USD-Abwertung zum 31.12.2013 wirkt sich nicht auf den Wertansatz der Forderung aus. Die Abwertung auf den Sicherungskurs ist bereits im Zugangszeitpunkt berücksichtigt worden und die weitere Abwertung auf den Stichtagskurs ist durch den Sicherungszusammenhang abgedeckt. Der Währungsverlust im Jahr 2013 entspricht dem ineffektiven Teil der Sicherungsbeziehung:

Währungsverlust: 2 Mio. USD · {1/1,35 USD/EUR – 1/1,38 USD/EUR}) = 32.206,12 EUR

Im Gegensatz zur Einfrierungsmethode erfasst die **Durchbuchungsmethode** – ungeachtet des Sicherungszusammenhangs – alle Wertänderungen von Grund- und Sicherungsgeschäft. Für den effektiven Teil der Sicherungsbeziehung kompensieren sich die Ergebniswirkungen von Grund- und Absicherungsgeschäft. Für den ineffektiven Teil der Sicherungsbeziehung gelten Imparitäts-, Realisations- und Anschaffungskostenprinzip.

zu Beispiel 17:

Die Forderung wird im Zugangszeitpunkt mit dem Devisenkassakurs von 1,35 USD/EUR eingebucht:

Forderung   1.481.481,48 EUR   an   Umsatzerlöse   1.481.481,48 EUR

Am Bilanzstichtag muss die Forderung zum Kassakurs am Stichtag von 1,40 USD/EUR umgerechnet werden. Hieraus ergibt sich die folgende Forderungsabschreibung.

Abschreibung   52.910,05 EUR   an   Forderung   52.910,05 EUR

Für das Termingeschäft ergibt sich aufgrund der Differenz zwischen Stichtagskurs und Terminkurs am Bilanzstichtag ein Wert von 20.703,93 EUR, der am Bilanzstichtag zu aktivieren ist.

Wert Termingeschäft: 2 Mio. USD · {1/1,38 USD/EUR – 1/1,40 USD/EUR}) = 20.703,93 EUR

Sonstige VGe   20.703,93 EUR   an   s. b. Erträge   20.703,93 EUR

Saldiert man die Ergebniswirkungen aus Grund- und Sicherungsgeschäft, verbleibt der Währungsverlust für den ineffektiven Teil der Sicherungsbeziehung.

Grundgeschäft (Abschreibung Forderung)   – 52.910,05 EUR
+ Sicherungsgeschäft (Ertrag Termingeschäft)   + 20.703,93 EUR
= Saldo (=Währungsverlust ineffektiver Teil)   – 32.206,12 EUR

2.11   Gewinn- und Verlustrechnung

Der **Zweck** der Gewinn- und Verlustrechnung (GuV) besteht darin, in Ergänzung zur Erfassung der Bestandsgrößen zum Bilanzstichtag durch die Bilanz als Zeitpunktrechnung die Veränderungen der Bilanzbestände innerhalb einer Rechnungsperiode aufzuzeigen **(Zeitraumrechnung)**. Damit dokumentiert die GuV **periodisierte Ausgaben** (z. B. Personalaufwand) und **periodisierte Einnahmen** (z. B. Zinserträge), die als Stromgrößen keinen Niederschlag in der Beständerechnung der Bilanz finden können. In diesem Sinne stellt die GuV eine **Erfolgsrechnung** für den Zeitraum einer bestimmten Rechnungsperiode dar, welche die einzelnen Erfolgskomponenten – systematisiert nach Erträgen und Aufwendungen – hinsichtlich ihrer Herkunft (nach Art und Quellen) sowie ihrer Höhe offenlegt. Zwischen den Bestandsgrößen der Bilanz und den Stromgrößen der GuV bestehen grundsätzlich **direkte Zusammenhänge** insofern, als Minderungen von Vermögensbeständen innerhalb einer Rechnungsperiode jeweils als Aufwendungen der betreffenden Periode (z. B. Materialverbrauch an Roh-, Hilfs- und Betriebsstoffen, die bereits in der Vorperiode beschafft und bezahlt worden sind) ebenso in die Erfolgsrechnung eingehen wie Vermögensmehrungen (z. B. Bestandserhöhungen durch Einkäufe von Rohstoffen u. ä.) als Erträge dieser Periode.

Die **Funktion** der GuV besteht somit darin, ein — auch von § 264 Abs. 1 HGB für die Kapitalgesellschaften ausdrücklich gefordertes – Bild von der **Ertragslage (Erfolgslage)** der Unternehmung zu vermitteln. Durch die Detaillierung von Aufwendungen und Erträgen ergibt sich eine für die Unternehmung unverzichtbare Übersicht über diejenigen Faktoren, die für die Entwicklung des Eigenkapitals während der Rechnungsperiode ursächlich waren. Dazu kommt die Möglichkeit, externe Bilanzadressaten entsprechende Einblicke in die Erfolgsentwicklung und Erfolgslage zu bieten. Allerdings ist in diesem Zusammenhang auf die Offenlegungsbeschränkungen hinzuweisen: Kleine Kapitalgesellschaften brauchen die GuV nicht offenzulegen (§ 326 Abs. 1 HGB); für mittelgroße Kapitalgesellschaften sieht § 276 HGB Erleichterungen insofern vor, als sie bestimmte Posten unter der Bezeichnung „Rohergebnis" zusammenfassen dürfen. Nicht-Kapitalgesellschaften sind – mit Ausnahme der nach PublG verpflichteten Unternehmungen – nicht offenlegungspflichtig.

Den **Zusammenhang** zwischen Bilanz und GuV bzw. die Ergänzungsfunktion der letzteren zur Bilanz verdeutlicht insbesondere die vom HGB für Kapitalgesellschaften vorgeschriebene Gliederung des Eigenkapitals: Bei Ausweis **vor** Ergebnisverwendung stimmen „Jahresüberschuss/Jahresfehlbetrag", der auf der Basis der Bilanz im Sinne eines Vermögensvergleichs (**Reinvermögensänderung**) ermittelt worden ist, und „Jahresüberschuss/Jahresfehlbetrag" der GuV, der sich als Saldo von Erträgen und Aufwendungen der Rechnungsperiode ergibt, überein (siehe Abb. 2.7).

Aktiva	Passiva		GuV	
Vermögenswerte	Schulden		Erträge	
			Aufwendungen	
	Jahresüberschuss	↔	Jahresüberschuss	

Abb. 2.7: Schematische Darstellung zur Identität von Jahresüberschuss in der Bilanz und in der GuV bei Ausweis vor Ergebnisverwendung (Kapitalgesellschaften)

Aktiengesellschaften haben auf Grund von § 158 Abs. 1 Satz 1 AktG die GuV nach dem Posten „Jahresüberschuss/Jahresfehlbetrag" um die folgenden Posten in Fortführung der Nummerierung zu ergänzen:

1. Gewinnvortrag/Verlustvortrag aus dem Vorjahr
2. Entnahmen aus der Kapitalrücklage
3. Entnahmen aus Gewinnrücklagen
   a) aus der gesetzlichen Rücklage
   b) aus der Rücklage für Anteile an einem herrschenden oder mehrheitlich beteiligten Unternehmen
   c) aus satzungsmäßigen Rücklagen
   d) aus anderen Gewinnrücklagen

4. Einstellungen in Gewinnrücklagen
   a) in die gesetzliche Rücklage
   b) in die Rücklage für Anteile an einem herrschenden oder mehrheitlich beteiligten Unternehmen
   c) in satzungsmäßige Rücklagen
   d) in andere Gewinnrücklagen
5. Bilanzgewinn/Bilanzverlust.

Diese Angaben können wahlweise auch im Anhang gemacht werden (§ 158 Abs. 1 Satz 2 AktG).

Somit erweist sich der „Jahresüberschuss/Jahresfehlbetrag" als der effektive Gewinn/Verlust der Rechnungsperiode, während der Bilanzgewinn/Bilanzverlust das um die Ergebnisverwendung korrigierte Jahresergebnis darstellt.

In Anbetracht der zentralen Bedeutung der Abgrenzung von Auszahlungen, Ausgaben, Aufwand und Kosten einerseits sowie der Abgrenzung von Einzahlungen, Einnahmen, Ertrag und Leistung andererseits für die Erfolgsrechnung und auch die Kosten- und Leistungsrechnung sind im Folgenden diese Zusammenhänge zu erörtern.

2.11.1 Grundlagen der Erfolgsrechnung

Eine **periodengerechte Erfolgsrechnung** muss davon ausgehen, dass sich der tatsächlich entstandene Erfolg (betriebswirtschaftlich richtiger, echter bzw. effektiver Gewinn) der betreffenden Periode nur durch eine entsprechende Zurechnung (Periodisierung) der Ausgaben und Einnahmen (Aus- und Einzahlungen) einschließlich der periodengerechten Erfassung der Vermögensveränderungen ermitteln lässt.

- **Auszahlungen** bewirken grundsätzlich eine Verminderung des Zahlungsmittelbestandes (Summe von Kassenbestand + jederzeit verfügbare Bank- und Postscheckguthaben) der Unternehmung, während die **Ausgaben** der laufenden Periode eine Verminderung des Geldvermögens (Summe aus Zahlungsmittelbestand + Bestand an Geldforderungen ./. Bestand an Geldverbindlichkeiten) der Unternehmung nach sich ziehen. Dies bedeutet, dass Auszahlungen und Ausgaben nicht in derselben Höhe anfallen müssen:
- Die **Auszahlungen entsprechenden Ausgaben**, wenn bei Geschäftsvorfällen infolge der Verminderung des Zahlungsmittelbestandes gleichzeitig das Geldvermögen im selben Umfang vermindert wird (Auszahlung = Ausgabe). Beispiel: Eine Bewirtungsrechnung wird vor Ort in bar bezahlt.
- Es entstehen zwar **Auszahlungen, aber keine Ausgaben**, wenn einer Zahlungsbestandsverminderung keine Verminderung des Geldvermögens gegenübersteht. Dies ist in den Fällen gegeben, in denen innerhalb des Geldvermögens eine Kompensation des Zahlungsmittelabflusses mit einer Verminderung des Bestandes an Geldverbindlichkeiten (oder Erhöhung des Bestandes an Geldforderungen) erfolgt und daher die Änderung des Geldvermögens insgesamt gleich Null ist (neutrale Auszahlungen). Beispiel: Eine in der Vorperiode eingegangene Rechnung wird in der laufenden Periode durch Überweisung beglichen.
- Eine Abweichung zwischen Auszahlungen und Ausgaben ergibt sich darüber hinaus im Falle des Zugangs von Gütern, denen keine Verminderung des Zahlungsmittelbestandes gegenübersteht (= Kauf auf Ziel). Es entsteht zwar eine **Ausgabe** insofern, als das Geldvermögen durch den Zugang an Verbindlichkeiten (aus dem Wareneinkauf auf Ziel) eine Verminderung erfährt; eine **Auszahlung liegt jedoch nicht vor** (Ausgabe, keine Auszahlung).

Werden in die Überlegungen neben Veränderungen des Geldvermögens auch die Veränderungen des Sachvermögens (alle übrigen Vermögensgegenstände und Schulden sowie Rechnungsabgrenzungsposten) einbezogen, so lassen sich Verminderungen dieses Gesamtvermögens (Reinvermögen, Nettovermögen) als **Aufwand** bezeichnen. Ausgeklammert werden an dieser Stelle jene Reinvermögensminderungen, die durch Abflüsse in die Privatsphäre der Gesellschafter ausgelöst werden (Entnahmen, Ausschüttungen, Kapitalrückzahlungen u. ä.).

Hinsichtlich der Relation zwischen Ausgaben einerseits und Aufwendungen andererseits lassen sich die folgenden Fälle unterscheiden:

- Die **Ausgaben entsprechen den Aufwendungen** (Aufwandsausgaben), da der Geschäftsvorfall sowohl das Geldvermögen als auch das Gesamtvermögen vermindert (Ausgabe = Aufwand). Beispiel: Kauf von Rohstoffen, die noch in derselben Periode verbraucht werden.
- Es entstehen zwar **Ausgaben der laufenden Periode, die aber nicht zu Aufwand** der laufenden Periode führen (Ausgabe, kein Aufwand; neutrale Ausgaben). Eine Kompensation von Zugängen im Sachvermögen durch Verminderungen des Geldvermögens lässt das Gesamtvermögen unberührt. Beispiel: Zugang von Rohstoffen im Vorratsvermögen (Sachvermögen) und Ansatz der Anschaffungskosten – unabhängig vom Zeitpunkt der tatsächlichen Bezahlung – als Minderung im Geldvermögen (Ausgabe), ohne dass es in der laufenden Periode zu einem Verbrauch kommt.
- Eine Abweichung zwischen Ausgaben und Aufwand in der Weise, dass einer Verminderung des Gesamtvermögens keine Veränderung des Geldvermögens gegenübersteht (also nur Verminderung des Sachvermögensbestandes), tritt im Falle eines Verbrauchs in der laufenden Periode (z. B. durch Lagerentnahme von Rohstoffen, die in der Vorperiode beschafft worden sind) ein (**Aufwand, keine Ausgabe**).

Insgesamt erweisen sich somit die Aufwendungen als periodisch abgegrenzte Ausgaben für Einsatzgüter.

Während sich die Kategorien Auszahlungen, Ausgaben und Aufwendungen auf unterschiedliche Begriffsebenen des Bereiches der Finanzbuchhaltung beziehen, ist zur Abgrenzung der Aufwendungen von den Kosten eine weitere Begriffsebene zu berücksichtigen, die den Bereich der Betriebsabrechnung betrifft. Charakteristisch für diese Begriffsebene ist die Erfassung des Werteverzehrs (Kosten) im Rahmen des Produktionsprozesses der Unternehmung, der einerseits seinen Niederschlag in einer Verminderung von Vermögensbeständen (Gesamtvermögen) findet, andererseits aber auch über derartige Bestandsveränderungen hinausgehen kann und sich nicht in diesen manifestiert. Legt man der Definition der Kosten die wertmäßige Interpretation zu Grunde, erweisen sich die **Kosten als leistungsbedingter bewerteter Güterverzehr** (*Hummel/Männel*, S. 73); Kosten weisen demnach eine Mengen- und eine Wertkomponente auf (zum pagatorischen Kostenbegriff siehe unten).

Die Mengenkomponente der Kosten lässt sich durch das **Verzehrkriterium** und das Kriterium der **Leistungsbezogenheit** wie folgt kennzeichnen: Güterverzehr liegt vor, wenn die Güter ihre Fähigkeit verlieren, in einer den Zielen von Betrieb und Unternehmung entsprechenden Weise zur Erstellung betrieblicher Leistungen beizutragen. Dies ist auf zweifache Weise möglich: Zum einen können Güter im Wege des Tausches an einen anderen Betrieb abgegeben werden, um dafür ein anderes Gut zu erhalten. In diesem Fall wird der Wertverzehr durch den erhaltenen Gegenwert kompensiert, der dem Betrieb zufließt. Ein solcher Tauschverzehr wird für die Bestimmung der Mengenkomponente nicht erfasst. Zum anderen

– und das ist in diesem Zusammenhang die für die Bestimmung der Mengenkomponente unter dem Aspekt des wertmäßigen Kostenbegriffes einzig relevante Verzehrsart – erfolgt interner, erfolgswirksamer Güterverzehr, der in keiner unmittelbaren Verbindung mit einem (von außerhalb) zufließenden Gegenwert steht.

Hinsichtlich der Leistungsbezogenheit ist im Rahmen des wertmäßigen Kostenbegriffes vor allem die ökonomische Interpretation des Begriffes der Leistung (welche die technische Interpretation letztlich miteinschließt) relevant. Als Leistung im ökonomischen Sinne ist das Ergebnis anzusehen, das als Beitrag zur Befriedigung menschlicher Bedürfnisse durch die Kombination von Produktionsfaktoren im Betrieb hervorgebracht wird. Da eine auf die abgesetzten Güter beschränkte Begriffsextension ex ante nicht möglich ist, muss die Einschränkung der Mengenextension des wertmäßigen Kostenbegriffs auf vom Markt anerkannte Leistungen abgelehnt werden.

Bezüglich der Wertkomponente der Kosten ist vom **Wert** als einem gemäß einer Präferenzordnung bestimmten Objekten zugeordneten Geldbetrag auszugehen (Kostenwert; im Unterschied dazu repräsentiert der **Preis** das objektive Austauschverhältnis von Gütern am Markt). Im Rahmen einer wertmäßigen Interpretation des Kostenbegriffs erfüllt der Kostenwert zwei Funktionen (*Heinen*, S. 75):

- **Verrechnungsfunktion**: Der in Geldeinheiten ausgedrückte Wert liefert einen einheitlichen Maßstab, der den Verzehr heterogener Realgüter vergleichbar und somit in einheitlicher Dimension verrechenbar macht.
- **Lenkungsfunktion**: Die Zuordnung von Werten zu Kostengütern soll gewährleisten, dass sie der Erzeugung derjenigen Leistungen zugeführt werden, deren Beitrag zur Erfüllung der Leistungserstellung entsprechend der übergeordneten Zielsetzung am größten ist. Die Bestimmung eines Kostenwertes setzt also die Existenz einer Zielsetzung voraus.

Auf Grund der vorgenommenen Analyse des (wertmäßigen) Kostenbegriffes wird deutlich, dass sich der Aufwandsbegriff wesensmäßig primär auf monetäre Vorgänge (spezifische Ausgabenkategorien) bezieht, während der Kostenbegriff auch die realen Güterbewegungen erfasst. Im Ergebnis lassen sich alle Sachverhalte einem der vier folgenden Fälle zuordnen:

- **Aufwand, aber keine Kosten**: Der Aufwandsbegriff ist insofern weiter als der Kostenbegriff, als in den Aufwand auch derjenige Güterverzehr einzubeziehen ist, der nicht zur Erstellung von Leistungen der Periode führt. Dieser so genannte **neutrale Aufwand** wird noch einmal wie folgt unterteilt:
  1. **betriebsfremder Aufwand** ist dadurch gekennzeichnet, dass er keinen Bezug zur Leistungserstellung hat (z. B. Spenden);
  2. **außerordentlicher Aufwand** steht zwar im Zusammenhang mit dem Betriebszweck, sein Anfall ist allerdings sehr unregelmäßig und nicht vorhersehbar (z. B. Diebstahl). Um die Aussagefähigkeit des Betriebsergebnisses nicht zu gefährden, werden sie nicht in der tatsächlichen Höhe berücksichtigt;
  3. **periodenfremder Aufwand** ist nicht der betrachteten Periode zuzuordnen, weil er wirtschaftlich in einer anderen Periode verursacht wurde (z. B. Steuernachzahlungen infolge einer Betriebsprüfung).
- **Aufwand und Kosten in derselben Höhe**: Aufwendungen und Kosten stimmen überein; das ist beispielsweise der Fall bei Lohnzahlungen, Sofortverbrauch von Materialien u. ä. Das Zahlenmaterial der Finanzbuchhaltung kann unverändert in die Kostenrechnung übernommen werden.

- **Kein Aufwand, aber Kosten (Zusatzkosten)**: Andererseits wird ein Teil des Kostenbegriffs nicht durch den Aufwandsbegriff gedeckt. Dieser Teil wird als Zusatzkosten bezeichnet. Er ist dem leistungsbedingten Güterverzehr zuzurechnen, der nicht mit Ausgaben im Zusammenhang steht. Dazu zählen kalkulatorische Kosten wie Eigenkapitalzinsen, Unternehmerlohn und kalkulatorische Eigenmieten. Daneben kann auch eine unterschiedliche zeitliche Erfassung des leistungsgemäßen Güterverzehrs zur Entstehung von Zusatzkosten führen. Der Aufwandsbegriff ist insoweit enger als der Kosten Begriff.
- **Aufwand und Kosten sind nicht betragsgleich (Anderskosten)**: Der betrachtete Werteverzehr wird dem Grunde nach im Aufwand und in den Kosten berücksichtigt, aber in unterschiedlicher Höhe. Beispielsweise werden kalkulatorische Abschreibungen in der Kostenrechnung in anderer Höhe vorgenommen als in der Finanzbuchhaltung.

Das folgende Schema verdeutlicht noch einmal den Zusammenhang zwischen Aufwand und Kosten.

             Aufwand der Periode
−   neutraler Aufwand
+   Zusatzkosten
+/- Anderskosten (Differenz zwischen Kosten und entsprechendem Aufwand)
=   Kosten der Periode

Die angestellten Überlegungen machen deutlich, dass im Handels- und Steuerrecht ein anderer Kostenbegriff, nämlich der **pagatorische Kostenbegriff**, herrscht, während die Leistungs- und Kostenrechnung (Betriebsbuchhaltung) den wertmäßigen Kostenbegriff verwendet. Daher unterscheiden sich beispielsweise zwangsläufig die bilanziellen Abschreibungen von den kalkulatorischen Abschreibungen, wenn in letztere Zusatzkosten (Basis: Wiederbeschaffungspreise) einbezogen werden.

Der pagatorische Kostenbegriff, der ebenfalls leistungsbezogen bzw. betriebszweckbezogen ausgerichtet ist, stellt dagegen ausschließlich auf die aus den **Ausgaben** der Finanzbuchhaltung abgeleiteten Kosten ab, umfasst also sowohl die aufwandsgleichen Ausgaben derselben Periode als auch die periodisierten Ausgaben für betriebliche Zwecke, nicht jedoch die neutralen Aufwendungen.

Auf eine ausführliche Darstellung der **Abgrenzungen zwischen Einzahlungen, Einnahmen, Erträge und Leistungen** wird verzichtet, da es sich grundsätzlich um eine **analoge Anwendung** der bereits für die Kostenseite dargestellten Grundsätze handelt, nur mit umgekehrten Vorzeichen. Einzahlungen bedeuten Zugänge an liquiden Mitteln in der laufenden Periode, Einnahmen bewirken eine Erhöhung des Geldvermögens und Erträge stellen den Wertzuwachs am Gesamtvermögen (in Geld bewertete Wertzugänge pro Periode) dar, soweit er nicht erfolgsneutral zu behandeln ist (z. B. Einlagen oder Kapitalerhöhungen). In Analogie zum Zweckaufwand ist der Betriebsertrag der Wert aller erbrachten Leistungen pro Periode im Rahmen der typischen Betriebstätigkeit (Ertrag aus dem Prozess der betrieblichen Leistungserstellung und Leistungsverwertung). Dagegen entsprechen den neutralen Aufwendungen die neutralen Erträge, die entweder betriebsfremde Erträge (d. h. aus untypischen Betriebstätigkeiten resultierend, wie z. B. Erträge aus Wertpapieren, sofern es sich nicht um Banken handelt, für die diese Betriebsergebnisse wiederum typisch wären), außerordentliche Erträge (z. B. aus dem Verkauf von Gegenständen des Anlagevermögens über dem Buchwert) oder periodenfremde Erträge (z. B. Steuererstattungen) sein können. Der Begriff der

Leistung, der das Ergebnis der betrieblichen Tätigkeit (gemessen an der Produktion der Realgüter) repräsentiert, kann als „Gegenbegriff" zu den Kosten aufgefasst werden, wobei in Höhe der Differenz zwischen Leistung und Kosten das Betriebsergebnis abzulesen ist. Dementsprechend umfasst die (Betriebs-)Leistung die Elemente

1. Umsatzerlöse;
2. Veränderung der Bestände an Halb- und Fertigfabrikaten;
3. innerbetriebliche Erträge aus dem Einsatz selbst erstellter und in der eigenen Unternehmung eingesetzter Anlagegüter (Maschinen, Werkzeuge).

Abweichend von den Kategorien der Erfolgsrechnung des handelsrechtlichen Jahresabschlusses ermittelt das **Steuerrecht** das steuerliche Ergebnis (Gewinn oder Verlust) nach § 4 Abs. 1 EStG in Form der Feststellung des steuerlichen Gewinns als dem Unterschiedsbetrag zwischen dem Betriebsvermögen am Schluss des Wirtschaftsjahres und dem Betriebsvermögen am Schluss des vorangegangenen Wirtschaftsjahres, vermehrt um den Wert der Entnahmen und vermindert um den Wert der Einlagen.

2.11.2   Aufbau der GuV-Rechnung

Grundsätzlich kann die Gegenüberstellung von Erträgen und Aufwendungen, aus deren Differenz sich der Jahresüberschuss/Jahresfehlbetrag der Rechnungsperiode ergibt, in Staffelform oder in Kontoform erfolgen. Während diese Entscheidung den Einzelkaufleuten und Personengesellschaften ebenso offensteht wie die Wahl des Verfahrens (Gesamtkosten- oder Umsatzkostenverfahren), beschränkt sich die Darstellungsform der GuV für Kapitalgesellschaften zwingend auf die Staffelform (§ 275 Abs. 1 HGB), wobei allerdings die Wahlmöglichkeit zwischen **Gesamtkosten- und Umsatzkostenverfahren** gegeben ist.

Die **Staffelform** beginnt grundsätzlich mit den Erträgen – insbesondere den Umsatzerlösen – und summiert diese; daran schließen sich die einzelnen Aufwandspositionen und die Bildung ihrer Gesamtsumme an. Die Subtraktion der Summe der Aufwendungen von der Summe der Erträge führt zum „Jahresüberschuss/Jahresfehlbetrag", wobei die Gliederung nach §275 Abs. 2 oder Abs.3 HGB Zusammenfassungen zu einem Betriebsergebnis, einem Finanzergebnis, dem Ergebnis der gewöhnlichen Geschäftstätigkeit und einem außerordentlichen Ergebnis, ergänzt um die Summe der Steuern, vorsieht (Abb. 2.8) und insofern dem externen Analytiker eine Erfolgsspaltung liefert.

Zwischenergebnisse/ Ergebnis der GuV	Gesamtkostenverfahren (Positionen Nrn.)	Umsatzkostenverfahren (Positionen Nrn.)
Betriebsergebnis Finanzergebnis	1–8 9–13	1–7 8–12
Ergebnis der gewöhnlichen Geschäftstätigkeit	14	13
Außerordentliches Ergebnis	15–17	14–16
Steuern	18–19	17–18
Jahresüberschuss/ Jahresfehlbetrag	20	19

Abb. 2.8:   Struktur von Erfolgsermittlungsverfahren nach HGB

Der **Unterschied** zwischen Gesamtkostenverfahren und Umsatzkostenverfahren besteht im Wesentlichen darin, dass das Gesamtkostenverfahren eine Produktionsrechnung darstellt, welche die gesamte Betriebsleistung der Rechnungsperiode ohne Rücksicht darauf erfasst, ob die Betriebsleistung (Produktion) auch tatsächlich als Umsatz realisiert worden ist; der Zwecksetzung entsprechend weist das Gesamtkostenverfahren die Aufwendungen nach Kostenarten (Material-, Personal- und Abschreibungsaufwand) aus.

Dagegen erfasst das Umsatzkostenverfahren nur diejenigen Aufwendungen, die für die verkauften Produkte notwendig waren (Umsatzaufwendungen) und stellt diese dem Umsatz der Periode gegenüber. In Verfolgung dieser Zielsetzung gliedert das Umsatzkostenverfahren die Aufwendungen nach Funktionsbereichen (Produktionskosten, Vertriebskosten, allgemeine Verwaltungskosten). Eine Gemeinsamkeit der beiden Verfahren zeigt sich insofern, als nach dem Realisationsprinzip der Gewinn jeweils auf der Basis der Absatzmengen zu ermitteln ist.

Das Umsatzkostenverfahren berücksichtigt allerdings nicht den Material- und Personalaufwand, sodass bei Anwendung dieses Verfahrens gemäß § 285 Nr. 8 HGB im Anhang sowohl der Materialaufwand des Geschäftsjahres (gegliedert nach § 275 Abs. 2 Nr. 5 HGB) als auch der Personalaufwand des Geschäftsjahres (gegliedert nach§ 275 Abs. 2 Nr. 6 HGB) anzugeben ist. Die vorgeschriebene Gliederung der GuV nach dem Gesamtkostenverfahren (§ 275 Abs. 2 HGB) und nach dem Umsatzkostenverfahren (§ 275 Abs. 3 HGB) sind nachfolgend dargestellt. Beiden Verfahren ist gemeinsam, dass Veränderungen der Kapital- und Gewinnrücklagen in der GuV erst nach dem Posten „Jahresüberschuss/Jahresfehlbetrag" ausgewiesen werden dürfen (§ 275 Abs. 4 HGB) und größenabhängige Erleichterungen für kleine und mittelgroße Kapitalgesellschaften gewährt werden: Diese dürfen die Posten § 275 Abs. 2 Nr. 1 bis 5 oder § 275 Abs. 3 Nr. 1–3 und Nr. 6 HGB zu einem Posten unter der Bezeichnung „Rohergebnis" zusammenfassen.

Gesamtkostenverfahren (§ 275 Abs. 2 HGB)

1. Umsatzerlöse
2. Erhöhung oder Verminderung des Bestands an fertigen und unfertigen Erzeugnissen
3. andere aktivierte Eigenleistungen
4. sonstige betriebliche Erträge
5. Materialaufwand:
   a) Aufwendungen für Roh-, Hilfs- und Betriebsstoffe und für bezogene Waren
   b) Aufwendungen für bezogene Leistungen
6. Personalaufwand:
   a) Löhne und Gehälter
   b) soziale Abgaben und Aufwendungen für Altersversorgung und für Unterstützung, davon für Altersversorgung
7. Abschreibungen:
   a) auf immaterielle Vermögensgegenstände des Anlagevermögens und Sachanlagen
   b) auf Vermögensgegenstände des Umlaufvermögens, soweit diese die in der Kapitalgesellschaft üblichen Abschreibungen überschreiten
8. sonstige betriebliche Aufwendungen
9. Erträge aus Beteiligungen, davon aus verbundenen Unternehmen
10. Erträge aus anderen Wertpapieren und Ausleihungen des Finanzanlagevermögens, davon aus verbundenen Unternehmen
11. sonstige Zinsen und ähnliche Erträge, davon aus verbundenen Unternehmen

12. Abschreibungen auf Finanzanlagen und auf Wertpapiere des Umlaufvermögens
13. Zinsen und ähnliche Aufwendungen, davon an verbundene Unternehmen
14. Ergebnis der gewöhnlichen Geschäftstätigkeit
15. außerordentliche Erträge
16. außerordentliche Aufwendungen
17. außerordentliches Ergebnis
18. Steuern vom Einkommen und vom Ertrag
19. sonstige Steuern
20. Jahresüberschuss/Jahresfehlbetrag

Umsatzkostenverfahren (§ 275 Abs. 3 HGB)

1. Umsatzerlöse
2. Herstellungskosten der zur Erzielung der Umsatzerlöse erbrachten Leistungen
3. Bruttoergebnis vom Umsatz
4. Vertriebskosten
5. allgemeine Verwaltungskosten
6. sonstige betriebliche Erträge
7. sonstige betriebliche Aufwendungen
8. Erträge aus Beteiligungen, davon aus verbundenen Unternehmen
9. Erträge aus anderen Wertpapieren und Ausleihungen des Finanzanlagevermögens, davon aus verbundenen Unternehmen
10. sonstige Zinsen und ähnliche Erträge, davon aus verbundenen Unternehmen
11. Abschreibungen auf Finanzanlagen und auf Wertpapiere des Umlaufvermögens
12. Zinsen und ähnliche Aufwendungen, davon an verbundene Unternehmen
13. Ergebnis der gewöhnlichen Geschäftstätigkeit
14. außerordentliche Erträge
15. außerordentliche Aufwendungen
16. außerordentliches Ergebnis
17. Steuern vom Einkommen und vom Ertrag
18. sonstige Steuern
19. Jahresüberschuss/Jahresfehlbetrag

Die **Kontoform** weist auf der linken Seite die Aufwendungen und auf der rechten Seite die Erträge aus, sodass sich entweder durch Bildung eines Saldos auf der linken Seite ein Jahresüberschuss oder auf Grund eines Saldos auf der rechten Seite ein Jahresfehlbetrag ergibt.

Für Staffel- und Kontoform gilt, dass die Erträge und Aufwendungen unsaldiert auszuweisen (Bruttorechnung) sind, um den geforderten Einblick in die Ertragslage der Unternehmung zu gewährleisten.

2.11.3   Positionen der GuV-Rechnung

In Anbetracht der Wahlmöglichkeit zwischen Gesamtkostenverfahren und Umsatzkostenverfahren erfolgt die Darlegung in der Weise, dass den Anknüpfungspunkt primär die Gliederung des Gesamtkostenverfahrens bildet, zumal die Positionen Nr. 1 sowie Nrn. 8 bis einschließlich 20 des Gesamtkostenverfahrens mit den Posten Nr. 1 sowie Nrn. 7 bis einschließlich 19 des Umsatzkostenverfahrens identisch sind. Die Besonderheiten des Umsatzkostenverfahrens (Positionen Nrn. 2 bis 6) werden in einem gesonderten Abschnitt (2.11.3.2) erläutert.

2.11.3.1   Gesamtkostenverfahren

Für Kapitalgesellschaften sind nach § 277 Abs. 1 HGB als **Umsatzerlöse** (Nr. 1) auszuweisen die

- Erlöse aus dem Verkauf und der Vermietung oder Verpachtung von für die gewöhnliche Geschäftstätigkeit der Gesellschaft typischen Erzeugnissen und Waren sowie
- Erlöse aus für die gewöhnliche Geschäftstätigkeit der Gesellschaft typischen Dienstleistungen.

Diese Umsatzerlöse aus gewöhnlicher Geschäftstätigkeit sind um die Erlösschmälerungen (Skonti, Rabatte, Umsatzvergütungen u. ä.) sowie um die Umsatzsteuer zu bereinigen.

Die Charakterisierung der **gewöhnlichen Geschäftstätigkeit** stellt auf den primären Betriebszweck als Abgrenzungskriterium ab, wie er beispielsweise in den Handelsregistereintragungen oder den Satzungen zum Ausdruck kommt oder sich aus dem tatsächlichen Erscheinungsbild im Einzelfall ergibt. Das Ergebnis der gewöhnlichen Geschäftstätigkeit setzt sich aus den Komponenten **Betriebsergebnis** und **Finanzergebnis** zusammen.

Der **handelsrechtliche Umsatzbegriff** nach § 277 Abs. 1 HGB stellt somit ausschließlich darauf ab, ob die Lieferungen und Leistungen in Verfolgung des Betriebszweckes aus dem Absatz der eigentlichen Betriebsleistung erfolgen und schließt somit alle Erlöse bzw. Erträge aus solchen abgesetzten Leistungen aus, die nicht dem Betriebszweck entsprechen (z. B. Erträge aus der Vermietung von Werkswohnungen an Mitarbeiter, aus dem Betrieb von Kantinen u. ä.).

Zur Ermittlung des Ergebnisses der gewöhnlichen Geschäftstätigkeit einer Unternehmung bedarf es neben der Feststellung der Umsatzerlöse (Nr. 1) zusätzlich der Berücksichtigung der **Bestandsveränderungen an fertigen und unfertigen Erzeugnissen** (Nr. 2), die durch Inventur ermittelt werden, und ggf. der Berücksichtigung anderer aktivierter Eigenleistungen (Nr. 3) vornehmlich im Anlagevermögen (z. B. selbsterstellte Anlagen, mit eigenen Kräften durchgeführte Großreparaturen, Ingangsetzung und Erweiterung des Geschäftsbetriebs).

Gemäß § 277 Abs. 2 HGB sind als Bestandsveränderungen sowohl Änderungen der Menge als auch solche des Wertes zu berücksichtigen; Abschreibungen jedoch nur, soweit diese nicht über die in der Kapitalgesellschaft sonst üblichen Abschreibungen hinausgehen.

Überschreiten die Abschreibungen der Kapitalgesellschaft die sonst bei dieser üblichen Abschreibungen, beispielsweise wegen des strengen Niederstwertprinzips, so sind diese Wertänderungen unter dem Posten Nr. 7b „Abschreibungen auf Vermögensgegenstände des Umlaufvermögens, soweit diese die in der Kapitalgesellschaft üblichen Abschreibungen überschreiten" auszuweisen (zum Kriterium der Üblichkeit siehe Nr. 7.b). Bilanzveränderungen in Handelswaren erscheinen dagegen gesondert unter Position Nr. 5a.

Als korrespondierender Posten zu den im Anlagevermögen aktivierten Eigenleistungen, deren notwendige Aufwendungen in den verschiedenen Positionen der GuV enthalten sind, muss in der GuV der Ausweis **anderer aktivierter Eigenleistungen** als **Ertrag** erfolgen. Wäre dies nicht der Fall, würden die Aufwendungen um die aktivierten Beträge gekürzt und damit ein zu geringes Jahresergebnis ausgewiesen.

Als **Sammelposten** für alle aus gewöhnlicher Geschäftstätigkeit resultierenden Erträge, die nicht den zuvor genannten Positionen (Nrn. 1–3) zugehören, dient der Posten Nr. 4 **Sonstige betriebliche Erträge**. Im Einzelnen handelt es sich v. a. um Erlöse aus Nebenumsätzen (siehe auch Nr. 1, insbesondere Miet- und Pachteinnahmen, sowie Lizenz- und Patentgebühren), Erträge aus der Auflösung von Rückstellungen, Erträge aus Zuschreibungen und aus Wertaufholungen, Zahlungseingänge auf in früheren Jahren ausgebuchte Forderungen und Schuldnachlässe, Buchgewinne aus dem Abgang von Gegenständen des Anlagevermögens und aus dem Verkauf von Wertpapieren des Umlaufvermögens einschließlich der Bezugsrechte dieser Wertpapiere, Kursgewinne aus Währungen, Erträge aus Schadensersatzleistungen (soweit nicht für verkaufte Erzeugnisse) sowie Erträge aus Sozialeinrichtungen der Kapitalgesellschaft.

Die Position **Nr. 5 Materialaufwand** enthält sowohl **Aufwendungen für Roh-, Hilfs- und Betriebsstoffe und für bezogene Waren (Nr. 5 a)** und damit primär den gesamten **Materialverbrauch** der Periode der Fertigungsprozesse (Materialeinsatz, Energieaufwand, Reparaturstoffe, Werkzeuge) sowie die Einstandswerte der **Handelswaren,** als auch **Aufwendungen für bezogene Leistungen (Nr. 5b)** in dem Sinne, dass sie in Zusammenhang mit dem Materialverbrauch (Nr. 5 a) stehen (z. B. Aufwendungen für Leiharbeitnehmer, für Mieten, für Versicherungsprämien, für Lohnbearbeitungen von Fertigungsstoffen und Erzeugnissen). Somit können **nur bestimmte Fremdleistungen** unter Nr. 5b einbezogen werden, während sonstige bezogene Leistungen Dritter, die nicht das Kriterium des betriebswirtschaftlichen Zusammenhangs mit dem Materialaufwand erfüllen, an anderer Stelle zu erfassen sind (z. B. unter Nr. 8 „Sonstige betriebliche Aufwendungen"*).

Der **Personalaufwand (Nr. 6)** setzt sich aus den Unterpositionen **Löhne und Gehälter (Nr. 6a)** und **soziale Abgaben und Aufwendungen für Altersversorgung und Unterstützung (Nr. 6b)** zusammen. Während unter Nr. 6a die **Bruttolöhne (-gehälter)** sowie alle sonstige an Belegschaftsmitglieder im Geschäftsjahr geleisteten, Bruttovergütungen auszuweisen sind (einschließlich Nachzahlungen für vorangegangene Geschäftsjahre, soweit eine Rückstellungsbildung nicht erfolgt ist), enthält die Position Nr. 6b die Arbeitgeberanteile an Sozialabgaben (Kranken-, Renten-, Arbeitslosenversicherungsbeiträge) und die Aufwendungen für Altersversorgung und Unterstützung. Der Personalaufwand für Altersversorgung wird gesondert durch einen „davon"-Vermerk offengelegt; im Einzelnen handelt es sich einerseits um die geleisteten Pensionszahlungen, andererseits um die Zuführungen zu den Pensionsrückstellungen einschließlich der Zuweisungen an gesondert betriebene Unterstützungs- und /oder Pensionskassen. Pensionszahlungen sind allerdings nur in dem Umfang zu erfassen, als die Zahlungen nicht erfolgsneutral durch entsprechende Auflösungen der Pensionsrückstellungen vorgenommen werden. Dagegen betreffen Unterstützungen die Beihilfezahlungen in besonderen Fällen (Krankheit, Unfälle, sonstige wirtschaftliche Notlagen).

Wertminderungen des Anlage- und Umlaufvermögens – soweit sie nicht Finanzanlagen und Wertpapiere des Umlaufvermögens betreffen – werden durch die Position Nr. 7 Abschreibungen erfasst. Dabei gehen die Abschreibungen auf immaterielle Vermögensgegenstände des Anlagevermögens und Sachanlagen in den Posten Nr. 7 a ein.

Die Position Nr. 7 a enthält neben dem entsprechenden planmäßigen Abschreibungsaufwand auch den Aufwand für außerplanmäßige Abschreibungen im Rahmen der Ermittlung des Ergebnisses der gewöhnlichen Geschäftstätigkeit, während den außerordentlichen Abschreibungsaufwand, der zusätzlich zur gewöhnlichen Geschäftstätigkeit (siehe oben unter Nr. 1) anfällt, Position Nr. 15 (Außerordentliche Erträge) erfasst. Die außerplanmäßigen Abschreibungen nach§ 253 Abs. 3 Satz 3 und 4 HGB sind allerdings wegen§ 277 Abs. 3 HGB gesondert auszuweisen oder im Anhang anzugeben.

Als **Abschreibungen auf Vermögensgegenstände des Umlaufvermögens**, soweit diese die in der Kapitalgesellschaft üblichen Abschreibungen überschreiten (Nr. 7b), kommen nur diejenigen Abschreibungen in Betracht, die nicht bereits als übliche Abschreibungen in den Positionen Nr. 2 (Bestandsveränderungen an fertigen und unfertigen Erzeugnissen), Nr. 5a (Aufwendungen für Roh-, Hilfs-und Betriebsstoffe) und Nr. 8 (sonstige betriebliche Aufwendungen) Berücksichtigung gefunden haben. Das Kriterium der Üblichkeit der Abschreibungen ergibt sich aus der regelmäßig erfolgten Handhabung in der Vergangenheit und der Einmaligkeit der Abweichungen von dieser Übung. Die „Üblichkeit" erfährt sicherlich mit dem Übergang auf andere Bewertungsmethoden oder -verfahren eine Änderung und führt in der Differenz zum neuen, darüber liegenden Abschreibungsaufwand für die entsprechenden Vermögensgegenstände zu einem Ausweis unter Nr. 7b.

Ausnahmslos dagegen ist der Abschreibungsaufwand für Wertpapiere des Umlaufvermögens ausschließlich unter Position Nr. 12 zu erfassen.

Die Position **Sonstige betriebliche Aufwendungen** (Nr. 8) bezieht als Sammelposten alle übrigen Aufwendungen (mit Ausnahme der unter Nr. 16 zu zeigenden außerordentlichen Aufwendungen) aus gewöhnlicher Geschäftstätigkeit ein, die nicht anderen GuV-Positionen zugehören, also v. a. die üblichen Abschreibungen auf Forderungen (z. B. die Pauschalwertberichtigungen in üblicher Höhe) und auf sonstige Vermögensgegenstände sowie die Aufwendungen in Form von Reise- und Frachtspesen, Büromaterial, Post und Telefon, Ausbildung, Bewirtung, Versicherungen, Spenden, Mieten, Kosten des Zahlungsverkehrs, Spenden u. ä.

Die Position **Erträge aus Beteiligungen** (Nr. 9) betrifft die laufenden (Brutto-) Erträge aus Beteiligungen (§ 271 Abs. 1 HGB) in Form von erhaltenen Dividenden- und Gewinnausschüttungen sowie in Form von Gewinnanteilen aus Personengesellschaften. Weiterhin zählen hierzu Zinsen auf beteiligungsähnliche Darlehen, sofern diese als Beteiligungen bilanziert sind. Eines gesonderten Ausweises durch „davon"-Vermerk bedürfen die Erträge aus verbundenen Unternehmen (§ 271 Abs. 2 HGB). Sofern laufende Erträge auf Grund einer Gewinngemeinschaft, eines Gewinnabführungs- oder eines Teilgewinnabführungsvertrages anfallen, sind auch diese gesondert unter entsprechender Kennzeichnung (Nr. 9a) auszuweisen (§ 277 Abs. 3 Satz 2 HGB).

In Abgrenzung zur Position Nr. 9 werden alle übrigen laufenden (Brutto-)**Erträge aus Finanzanlagen**, also aus Schuldverschreibungen und solchen, die nicht aus Beteiligungen und nicht aus Wertpapieren des Umlaufvermögens stammen, unter der Position **Erträge aus anderen Wertpapieren und Ausleihungen des Finanzanlagevermögens** (Nr. 10) erfasst. Dazu kommen die Erträge aus langfristigen Darlehen der Kapitalgesellschaft, die sie an andere Unternehmungen gewährt hat. Als Unterposten bzw. „davon"-Vermerk sind wiederum die entsprechenden Erträge, die von verbundenen Unternehmen stammen, zu zeigen.

Die Position **Sonstige Zinsen und ähnliche Erträge** (Nr. 11) stellt einen Sammelposten für alle nicht unter den Nrn. 8 und 9 auszuweisenden Erträge dar, wobei der Ausweis der von verbundenen Unternehmen zugeflossenen Beträge wie oben unter Nrn. 8, 9 und 10 zu handhaben ist. Es gilt für alle Unternehmungen, die Nichtbanken sind, ein striktes Saldierungsverbot auf der Grundlage des § 246 Abs. 2 HGB. Dieses erstreckt sich sowohl auf Saldierungen bezüglich eines Bankkontos als auch auf verschiedene Bankkonten.

Bei den **Zinsen** der Position Nr. 11 handelt es sich um Erträge aus Bankguthaben, aus Forderungen und sonstigen Vermögensgegenständen (die nicht zu Nr. 10 rechnen) und aus Zinsen und Dividenden auf Wertpapiere des Umlaufvermögens. Dagegen stellen Erträge in Form des Agios oder erhaltene Kreditprovisionen zinsähnliche Erträge dar.

In Ergänzung zu den Abschreibungen unter Nr. 7 schließen die **Abschreibungen auf Finanzanlagen und auf Wertpapiere des Umlaufvermögens** (Nr. 12) alle bezüglich der Bilanzpositionen nach § 266 Abs. 2 A. III und § 266 Abs. 2 B. III HGB erforderlichen Abschreibungen ein, unabhängig davon, wodurch sie begründet und ob sie üblich sind oder nicht. Insbesondere enthält der Posten außerplanmäßige Abschreibungen wegen § 253 Abs. 3 Satz 3 HGB. Auch in diesem Zusammenhang sind die außerplanmäßigen Abschreibungen gemäß § 277 Abs. 3 Satz 1 HGB gesondert auszuweisen oder im Anhang anzugeben.

Zinsen und ähnliche Aufwendungen (Nr. 13) betreffen die von der Kapitalgesellschaft in der Rechnungsperiode bezahlten Entgelte in Form von Zinsen, Provisionen, Gebühren für aufgenommene Kredite einschließlich der Finanzierungskosten durch Inanspruchnahme von Wechsel- und/oder Scheck-Diskontierungen. Dazu kommen Abschreibungen auf ein aktiviertes Disagio (Damnum). Auch in diesem Zusammenhang ergibt sich die Notwendigkeit, entsprechende Aufwendungen an verbundene Unternehmen gesondert auszuweisen (Unterposten oder „davon"-Vermerk). Kosten des Zahlungsverkehrs (z. B. Kontoführungsgebühren) fallen nicht unter die Nr. 13.

Das **Ergebnis der gewöhnlichen Geschäftstätigkeit** (Nr. 14) stellt eine Zwischensumme unter Berücksichtigung der unter den Nrn. 1 bis 13 zugeordneten Erträge und Aufwendungen dar, die als Überschuss/Fehlbetrag aus der gewöhnlichen Geschäftstätigkeit gekennzeichnet werden kann.

Davon zu unterscheiden ist das **außerordentliche Ergebnis** (Nr. 17) als positiver oder negativer Saldo (Überschuss/Fehlbetrag aus den außerordentlichen Posten) der Positionen außerordentliche Erträge (Nr. 15) und außerordentliche Aufwendungen (Nr. 16). Dazu schreibt § 277 Abs. 4 HGB vor, dass nur solche Erträge und Aufwendungen unter diesen Posten auszuweisen sind, die außerhalb der üblichen Geschäftstätigkeit (zur Kennzeichnung siehe oben Nr. 1) der Kapitalgesellschaft anfallen. Die jeweiligen Posten sind hinsichtlich ihres Betrages und ihrer Art im Anhang unter der Voraussetzung zu erläutern, dass die ausgewiesenen Beträge für die Beurteilung der Ertragslage nicht von untergeordneter Bedeutung sind. Dasselbe gilt für die Erträge und Aufwendungen, die einem anderen Geschäftsjahr zuzurechnen sind.

Der Aufwand der Kapitalgesellschaft an **Steuern vom Einkommen und Ertrag** (Nr. 18) resultiert aus der Körperschaftsteuer und der Gewerbesteuer und aus entsprechenden ausländischen Steuern im Ausland. Die Bildung sowie Auflösung von latenten Steuern erfolgt ebenfalls gegen diesen Posten. Es dürfen nur die Steuern enthalten sein, für die das Unternehmen auch Steuerschuldner ist. Für die Dritte abgeführte Steuern sind nicht erfolgswirksam, wie z. B. die Kapitalertragsteuer für die Ausschüttungen an die Anteilseigner.

Direkt und endgültig von der Kapitalgesellschaft zu tragende Steuern stellen Aufwand dar und werden unter dem Sammelposten **Sonstige Steuern** (Nr. 19) unter Einbezug v. a. der Verkehrsteuern und der Steuern vom Vermögen (Grundsteuer) zusammengefasst, wobei die Saldierung von anrechenbaren Erstattungsansprüchen zulässig ist.

Die Berücksichtigung der unter Nrn. 1 bis einschließlich 19 erfassten Erträge und Aufwendungen führt schließlich zum Ergebnisausweis unter Nr. 20 **Jahresüberschuss/Jahres-**

fehlbetrag, der den im Geschäftsjahr erwirtschafteten Gewinn/Verlust repräsentiert. Wie bereits unter 2.1.1 dargelegt, können Aktiengesellschaften wahlweise nach dem Posten Jahresüberschuss/Jahresfehlbetrag in fortlaufender Nummerierung die Verwendung des Jahresergebnisses unter Berücksichtigung des Gewinnvortrags/Verlustvortrags aus dem Vorjahr (der die Nr. 21 enthält) zeigen (die schließlich zum Bilanzgewinn/Bilanzverlust (Nr. 25) führen) oder die Ergebnisverwendungsrechnung im Anhang durchführen.

Generell gilt für alle Kapitalgesellschaften, dass Veränderungen der Kapital- und Gewinnrücklagen erst nach dem Posten „Jahresüberschuss/Jahresfehlbetrag" ausgewiesen werden dürfen (§ 275 Abs. 4 HGB).

2.11.3.2 Umsatzkostenverfahren

Die Besonderheiten gegenüber dem Gesamtkostenverfahren betreffen insbesondere die Nrn. 2 bis einschließlich 5 des Gliederungsschemas nach § 275 Abs. 3 HGB und zeigen sich in der Ermittlung des Betriebsergebnisses (Nrn. 1 bis 7).

Bei Anwendung des Umsatzkostenverfahrens erübrigt sich die beim Gesamtkostenverfahren notwendige Ergebniskorrektur auf Grund der Bestandsveränderungen der fertigen und unfertigen Erzeugnisse, da nur **die Herstellungskosten der zur Erzielung von Umsätzen erbrachten (Betriebs-)Leistungen** als Umsatzkosten sowie die in diesem Zusammenhang entstandenen Vertriebskosten und allgemeinen Verwaltungskosten bezüglich der Umsatzerlöse der Rechnungsperiode Berücksichtigung finden. Es ist zu beachten, dass die Herstellungskosten in dieser Definition auch Aufrundungen für den Aufbau von Lagerbeständen enthalten insoweit diese nicht in die Herstellungskosten der Erzeugnisbestände einbezogen sind. Der im Gesamtkostenverfahren getrennt ausgewiesene Material- und Personalaufwand (Nrn. 5 und 6) sowie der Abschreibungsaufwand (Nr. 7) sind in den Herstellungskosten der Umsätze sowie in den Vertriebs- und Verwaltungskosten enthalten, sodass sich das Erfordernis eines gesonderten Ausweises im Anhang (§ 285 Nr. 8 HGB), gegliedert nach den Vorschriften über das Gesamtkostenverfahren ergibt. Allerdings beschränkt sich dieser Ausweis bei kleinen und mittelgroßen Kapitalgesellschaften wegen der größenabhängigen Erleichterungen nach § 276 HGB auf den Personalaufwand , sodass dem externen Adressaten Informationen über den Materialaufwand vorenthalten werden, während sich der Abschreibungsaufwand aus dem Anlagespiegel entnehmen lässt. Damit erscheint die Beurteilung der Ertragslage nur eingeschränkt möglich.

Ebenso wie der Ausweis der Bestandsveränderungen erübrigt sich beim Umsatzkostenverfahren auch der Ansatz der aktivierten Eigenleistungen (§ 275 Abs. 2 Nr. 3 HGB), da diese mit den entsprechenden Aufwendungen verrechnet werden.

Die Herstellungskosten der zur Erzielung der Umsatzerlöse erbrachten Leistungen (Nr. 2) umfassen die durch Herstellung der in der Rechnungsperiode abgesetzten Erzeugnisse (Umsatzgüter/-leistungen) verursachten Materialkosten, Fertigungskosten und Sonderkosten der Fertigung. Das schließt auch alle Abschreibungen auf das Anlage- und Umlaufvermögen mit ein, soweit sie den Fertigungsbereich betreffen.

Das **Bruttoergebnis vom Umsatz** (Nr. 3) erlaubt – unter Berücksichtigung der oben angeführten Einschränkungen (siehe Nr. 2) – dem externen Adressaten Rückschlüsse auf das Kosten-/Leistungsverhältnis der Kapitalgesellschaft, sofern nicht – wie bei kleinen und mittelgroßen Kapitalgesellschaften möglich (§ 276 HGB) – die Positionen Nrn. 1 bis 3 und 6 zu einem Posten unter der Bezeichnung „Rohergebnis" zusammengefasst sind.

Da **Vertriebskosten** gemäß § 255 Abs. 2 S. 4 HGB nicht in die Herstellungskosten einbezogen werden dürfen und die Kosten der allgemeinen Verwaltung nicht den Herstellungsbereich betreffen, ergibt sich das Erfordernis eines gesonderten Ausweises als Posten Vertriebskosten (Nr. 4) und allgemeine Verwaltungskosten (Nr. 5).

Die Ermittlung des Betriebsergebnisses im Rahmen des Umsatzkostenverfahrens wird schließlich durch den Ansatz der **sonstigen betrieblichen Erträge** (Nr. 6) und der sonstigen **betrieblichen Aufwendungen** (Nr. 7) sowie entsprechenden Einbezug in die Posten Nrn. 1 bis 7 möglich. Allerdings könne sich trotz gleichlautender Bezeichnungen der korrespondierenden Posten beim Gesamtkostenverfahren (Nrn. 4 und 8) wegen des unterschiedlichen Einbezuges der in den Posten Nrn. 1 bis 5 (Umsatzkostenverfahren) und in den Posten Nrn. 1 bis 3 sowie Nrn. 5 bis 7 (Gesamtkostenverfahren) in diese als Sammelposten für sonstige betriebliche Erträge und Aufwendungen fungierenden Positionen inhaltliche und betragsmäßige Abweichungen ergeben.

2.12   Anhang

Der **Anhang** stellt neben der Bilanz und der GuV den dritten Bestandteil des Jahresabschlusses von Kapitalgesellschaften dar. Ebenso wie Bilanz und GuV dient auch der Anhang der Erfüllung der Generalnorm des § 264 Abs. 2 HGB, wonach der Jahresabschluss ein den tatsächlichen Verhältnissen entsprechendes Bild der Vermögens-, Finanz- und Ertragslage vermitteln soll. Im Zusammenspiel der drei Berichtsinstrumente kommt dem Anhang die Aufgabe zu, die quantitativen Informationen aus Bilanz und GuV durch insbesondere verbale Erläuterungen zu ergänzen, um so einen besseren Einblick in die Vermögens-, Finanz- und Ertragslage zu gestatten.

Neben den Kapitalgesellschaften sind auch die Genossenschaften zur Aufstellung eines Anhangs verpflichtet. Für Nicht-Kapitalgesellschaften ergibt sich eine Aufstellungspflicht aus § 5 Abs. 2a PublG, wenn diese gemäß § 1 PublG in den Anwendungsbereich des PublG fallen und darüber hinaus kapitalmarktorientiert sind.

Die **gesetzlichen Vorschriften** für den Anhang beschränken sich nicht auf die §§ 284 bis 287 HGB, die unter der gleichlautenden Überschrift zusammengefasst sind. Vielmehr enthalten auch zahlreiche andere Paragrafen aus den „Ergänzenden Vorschriften für Kapitalgesellschaften" (§§ 264 ff. HGB) Berichtspflichten für den Anhang. Weitere Vorschriften zu Anhangsangaben finden sich im AktG und GmbHG. Im Hinblick auf den Ausweis können die Anhangsangaben unterschieden werden in solche, die verpflichtend im Anhang vorzunehmen sind, und solche, die wahlweise im Anhang oder in Bilanz bzw. GuV erfolgen dürfen.

Für kleine und mittelgroße Kapitalgesellschaften gewährt § 288 Abs. 1 bzw. Abs. 2 HGB **größenabhängige Erleichterungen** in der Form, dass bestimmte Angaben, die für große Kapitalgesellschaften zwingend sind, entfallen können.

Die einzelnen Anhangsangaben lassen sich vier verschiedenen Funktionen zuordnen (*Coenenberg/Haller/Schultze*, S. 853):

1. Interpretationsfunktion,
2. Korrekturfunktion,

3. Entlastungsfunktion,
4. Ergänzungsfunktion.

Im Folgenden sollen die einzelnen Funktionen anhand ausgewählter Anhangsangaben erläutert werden.

1. Interpretationsfunktion

Bestimmte Anhangsangaben dienen der Erläuterung von rein quantitativen Informationen in Bilanz oder GuV. Diese Angaben sollen den Jahresabschlussadressaten in die Lage versetzen, die Beträge in Bilanz und GuV zutreffend zu interpretieren.

Beispiele:

- **Angabe der Bilanzierungs- und Bewertungsmethoden**: Diese Angabe soll dem Bilanzleser zeigen, wie das Unternehmen Ansatz- und Bewertungswahlrechte ausgeübt hat. Als zu erläuternde Ansatzwahlrechte kommen z. B. in Betracht: selbstgeschaffene immaterielle Vermögensgegenstände (§ 248 Abs. 2 Satz 1 HGB), Disagio (§ 250 Abs. 3 HGB). Erläuterungsbedürftige Bewertungswahlrechte betreffen u. a. Bewertungsvereinfachungsverfahren bei den Roh-, Hilfs- und Betriebsstoffen oder die außerplanmäßigen Abschreibungen im Finanzanlagevermögen bei voraussichtlich nicht dauerhafter Wertminderung.

- **Erläuterungen zu Methodenabweichungen**: Für Ansatz und Bewertung fordert der Gesetzgeber im § 246 Abs. 3 Satz 1 bzw. § 252 Abs. 1 Nr. 6 HGB grundsätzlich Methodenstetigkeit. Nur in begründeten Ausnahmefällen dürfen die angewendeten Methoden von denen des Vorjahres abweichen (§ 246 Abs. 3 Satz 2 bzw. § 252 Abs. 2 HGB). Sollte sich das Unternehmen auf einen solchen Ausnahmefall berufen, ist es gemäß § 284 Abs. 2 Nr. 3 HGB verpflichtet, im Anhang nicht nur die Abweichung anzuzeigen, sondern auch die Begründung für den Methodenwechsel anzugeben. Darüber hinaus muss das Unternehmen den Einfluss der Methodenabweichung auf die Vermögens-, Finanz- und Ertragslage gesondert darzustellen. Die Erläuterungen zu Methodenabweichungen sollen dem Bilanzleser insbesondere einen aussagekräftigen Zeitvergleich gegenüber Vorjahren ermöglichen.

2. Korrekturfunktion

Es sind Sachverhalte denkbar, in denen die Einhaltung sämtlicher gesetzlicher Regelungen zu einer Verletzung der Generalnorm gemäß § 264 Abs. 2 Satz 1 HGB führt und der Jahresabschluss ein den tatsächlichen Verhältnissen entsprechendes Bild der Vermögens-, Finanz- und Ertragslage nicht vermittelt wird. Für diesen Fall schreibt § 264 Abs. 2 Satz 2 HGB zusätzlichen Angaben im Anhang vor.

3. Entlastungsfunktion

Zahlreiche Angaben zu Bilanz und GuV lassen sich ohne Informationsverlust in den Anhang verlagern. Bilanz und GuV werden auf diese Weise entlastet und gewinnen an Klarheit und Übersichtlichkeit.

Beispiele:

- **Anlagespiegel**: Gemäß § 268 Abs. 2 Satz 1 HGB kann das Unternehmen die Darstellung der Entwicklung der einzelnen Posten des Anlagevermögens statt in der Bilanz auch im Anhang vornehmen, was üblicherweise durch die Erstellung eines Anlagespiegels geschieht.

- **Außerplanmäßige Abschreibungen im Anlagevermögen**: Eine Entlastung der GuV kann dadurch geschehen, dass der gesonderte Ausweis der außerplanmäßigen Abschreibungen des Anlagevermögens nach § 253 Abs. 3 Satz 3 und 4 HGB im Anhang passiert (§ 277 Abs. 3 Satz 1 HGB).

4. Ergänzungsfunktion

Die Anhangsangaben mit Ergänzungsfunktion beziehen sich auf Sachverhalte, die sich weder in der Bilanz noch in der GuV niedergeschlagen haben, die jedoch für die Beurteilung der Vermögens-, Finanz- und Ertragslage erforderlich sind.

Beispiele:

- **Außerbilanzielle Geschäfte**: Für Geschäfte, die in der Bilanz nicht enthalten sind, müssen Art und Zweck sowie Risiken im Anhang angegeben werden (§ 285 Nr. 3 HGB).
- **Sonstige finanzielle Verpflichtungen**: Nach § 285 Nr. 3a HGB müssen sonstige finanzielle Verpflichtung im Anhang angegeben werden, wobei eine Abgrenzung zu den außerbilanziellen Geschäften häufig schwierig sein dürfte. Hierunter fallen z. B. Miet- und Pachtverträge, Leasingverträge und Haftungsverhältnisse, soweit diese nicht unter § 251 HGB fallen.

2.13 Lagebericht

Die **Pflicht** zur Lageberichterstattung im Rahmen des erweiterten Jahresabschlusses betrifft ausschließlich die Kapitalgesellschaften (§ 264 Abs. 1 HGB) und die Genossenschaften (§ 336 Abs. 1 HGB). Der Lagebericht (§ 289 HGB) soll als zusätzliches Instrument der Rechnungslegung insbesondere Informationen über den Geschäftsverlauf und die wirtschaftliche Lage der Unternehmung in der Weise liefern, dass ein den tatsächlichen Verhältnissen entsprechendes Bild vermittelt wird. Insofern handelt es sich um einen Wirtschaftsbericht, der neben Angaben zur gesamtwirtschaftlichen Entwicklung (und der Rolle der Unternehmung in diesem Zusammenhang) insbesondere Angaben z. B. über Auftragseingang und -bestand, Preisentwicklung, Kapazitätsauslastung, Rationalisierungsbemühungen, Betriebsexpansion oder Betriebseinschränkungen, Wettbewerbsposition, Rentabilität, Finanz- und Investitionspolitik sowie sonstige wesentliche, nicht in der Bilanz oder im Anhang angeführte Sachverhalte enthalten soll.

Darüber hinaus hat der Lagebericht im Sinne eines Nachtragsberichts auf **Vorgänge von besonderer Bedeutung** einzugehen, die nach dem Schluss des Geschäftsjahres eingetreten sind, d. h. die Existenzfähigkeit bedrohende Ereignisse oder Entwicklungen ebenso wie wichtige positive Vorgänge, z. B. in Form des Abschlusses von Kooperationsabkommen, die eine erhebliche Verbesserung der Absatzmöglichkeiten eröffnen und sich vermutlich entsprechend in der oder den nächsten Bilanz(en) niederschlagen werden. Da diese Ausführungen bereits die voraussichtliche Entwicklung der Kapitalgesellschaft als weiteres Berichtserfordernis zum Gegenstand haben, erweist sich der Lagebericht unter diesem Aspekt als Prognosebericht. Ob die jeweiligen Vorgänge von besonderer Bedeutung – und damit berichtspflichtig sind, hängt von der Bedeutung ab, die sie (subjektiv) für die betreffende Unternehmung haben; objektive Kriterien, die eine Berichtspflicht auslösen würden, existieren nicht. Der jeweilige Prognosezeitraum wird in der Regel auf zwei Jahre bemessen sein; die jeweiligen verbalen Prognosen können durch Prognoserechnungen ergänzt bzw. unterstützt werden.

Der Bericht über den Bereich der **Forschung und Entwicklung** (F und E-Bericht) umfasst im allgemeinen Ausführungen zu den vorhandenen Forschungs- und Entwicklungseinrichtungen, die einerseits Mittel der Unternehmung binden, andererseits aber für die künftige Wettbewerbsposition von entscheidender Bedeutung sein können. Insofern erweisen sich für den externen Bilanzadressaten Angaben bezüglich des Forschungs- und Entwicklungsaufwandes – ggf. getrennt nach wesentlichen Forschungs- und Entwicklungsrichtungen – einschließlich der Zahl der in diesen Einrichtungen beschäftigten Mitarbeiter als nützlich. Angaben über die Zielsetzungen und den Stand der Forschungs- und Entwicklungsergebnisse werden sich häufig wegen der damit verbundenen Gefahr der Preisgabe von wettbewerbsrelevanten Informationen und Sachverhalten verbieten.

2.14   Prüfung und Offenlegung

2.14.1   Prüfung des Jahresabschlusses

Prüfungspflichtig sind gemäß § 316 Abs. 1 HGB alle Kapitalgesellschaften, die keine kleinen Kapitalgesellschaften im Sinne des § 267 Abs. 1 HGB sind. Von der **Prüfungspflicht** ausgenommen sind somit alle Kapitalgesellschaften, die mindestens zwei der drei nachstehenden Merkmale nicht überschreiten:

1. 4.840.000 EUR Bilanzsumme nach Abzug eines auf der Aktivseite ausgewiesenen Fehlbetrags (§ 268 Abs. 3 HGB).
2. 9.680.000 EUR Umsatzerlöse in den zwölf Monaten vor dem Abschlussstichtag.
3. Im Jahresdurchschnitt fünfzig Arbeitnehmer.

Darüber hinaus sind auch **Einzelkaufleute und Personenhandelsgesellschaften**, die nach § 1 Abs. 1 PublG unter das Publizitätsgesetz fallen, gemäß § 6 Abs. 1 PublG prüfungspflichtig. Die Prüfungspflicht von Genossenschaften richtet sich nach § 53 GenG.

Sollte eine große oder mittelgroße Kapitalgesellschaft ihrer Prüfungsverpflichtung nicht nachkommen, hat dies zur Konsequenz, dass der betreffende Jahresabschluss nicht festgestellt und damit auch nicht offengelegt werden kann.

Im Interesse einer fristgerechten Feststellung des Jahresabschlusses haben die gesetzlichen Vertreter der Unternehmung dem Abschlussprüfer den Jahresabschluss und den Lagebericht unverzüglich nach der Aufstellung vorzulegen. Sie haben ihm zu gestatten, die Bücher und Schriften der Kapitalgesellschaft sowie die Vermögensgegenstände und Schulden, namentlich die Kasse und die Bestände an Wertpapieren und Waren, zu prüfen (§ 320 Abs. 1 HGB). Dieser kann zusätzlich alle Aufklärungen und Nachweise verlangen, die für eine sorgfältige Prüfung notwendig sind. Diese Rechte stehen ihm auch schon vor Aufstellung des Jahresabschlusses zu, soweit es die Vorbereitungen für die Abschlussprüfungen erforderlich erscheinen lassen (§ 320 Abs.2 HGB).

Objekte der Prüfung sind der Jahresabschluss und die Buchführung (§ 317 Abs. 1 Satz 1 HGB). Die Prüfung des Jahresabschlusses hat sich im Umfang auch auf die Beachtung der Einhaltung der gesetzlichen Vorschriften und die sie ergänzenden Bestimmungen des Gesellschaftsvertrages und der Satzung zu erstrecken. Der Lagebericht ist daraufhin zu prüfen, ob die Ausführungen mit dem Jahresabschluss in Einklang stehen und ob die sonstigen Angaben im Lagebericht nicht eine falsche Vorstellung von der Lage der Unternehmung bewirken könnten. Der Abschlussprüfer, dessen Bestellung und Abberufung § 318 HGB regelt, hat über das Ergebnis der Prüfung einen schriftlichen Bericht anzufertigen, in dem besondere Feststellungen über die Gesetzmäßigkeit der Buchführung, des Jahresabschlusses und Lageberichts ebenso zu treffen sind wie über den Sachverhalt, ob die gesetzlichen Vertreter die verlangten Aufklärungen und Nachweise erbracht haben.

Für den Abschlussprüfer entsteht eine Redepflicht (§ 321 Abs. 1 HGB), wenn er in Wahrnehmung seiner Aufgaben Tatsachen feststellt, die den Bestand der geprüften Unternehmung gefährden oder ihre Entwicklung wesentlich beeinträchtigen können oder die schwerwiegende Verstöße der gesetzlichen Vertreter gegen Gesetz, Gesellschaftsvertrag oder Satzung erkennen lassen.

Ergibt die Prüfung des Jahresabschlusses, dass keine Einwendungen zu erheben sind, dann hat der Abschlussprüfer dies mit folgendem **Vermerk** (uneingeschränkter Bestätigungsvermerk) zu bestätigen (§ 322 Abs. 3 Satz 1 HGB):

„Die Buchführung und der Jahresabschluss entsprechen nach meiner/unserer pflichtgemäßen Prüfung den gesetzlichen Vorschriften. Der Jahresabschluss vermittelt unter Beachtung der Grundsätze ordnungsmäßiger Buchführung ein den tatsächlichen Verhältnissen entsprechen- des Bild der Vermögens-, Finanz- und Ertragslage der Kapitalgesellschaft. Der Lagebericht steht im Einklang mit dem Jahresabschluss.“

Sofern zusätzliche Bemerkungen erforderlich erscheinen, ist der Bestätigungsvermerk in geeigneter Weise zu **ergänzen**, um einen falschen Eindruck über den Inhalt der Prüfung und die Tragweite des Bestätigungsvermerks zu vermeiden. Auf die Übereinstimmung mit dem Gesellschaftsvertrag oder der Satzung ist hinzuweisen wenn diese in zulässiger Weise ergänzende Vorschriften über den Jahresabschluss enthalten.

Wenn Einwendungen zu erheben sind, hat der Abschlussprüfer den Bestätigungsvermerk **einzuschränken oder zu versagen**. Die Versagung ist durch einen Vermerk zum Jahresabschluss zu erklären. Die Einschränkung und die Versagung sind zu begründen. Einschränkungen hat der Abschlussprüfer so darzustellen, dass deren Tragweite deutlich erkennbar wird. Ergänzungen des Bestätigungsvermerks nach § 322 Abs. 3 Satz 2 HGB werden nicht als Einschränkungen angesehen.

2.14.2 Offenlegung des Jahresabschlusses

Den grundsätzlichen Umfang der **Offenlegungspflicht** für Kapitalgesellschaften bestimmt § 325 Abs. 1 HGB. Dementsprechend haben die gesetzlichen Vertreter der Gesellschaft den Jahresabschluss unverzüglich nach seiner Vorlage an die Gesellschafter, jedoch spätestens vor Ablauf des zwölften Monats des dem Abschlussstichtag nachfolgenden Geschäftsjahrs, mit dem Bestätigungsvermerk oder dem Vermerk über dessen Versagung beim Betreiber des Bundesanzeigers elektronisch einzureichen. Die Offenlegungsfrist von zwölf Monaten verkürzt sich für kapitalmarktorientierte Kapitalgesellschaften und Unternehmen, die unter das Publizitätsgesetz fallen, auf vier Monate (§ 325 Abs. 4 HGB und § 9 Abs. 1 PublG).

Gleichzeitig sind der Lagebericht, der Bericht des Aufsichtsrats, die Erklärung zum Corporate Governance Kodex (§ 161 AktG) und – soweit sich der Vorschlag für die Verwendung des

Ergebnisses und der Beschluss über seine Verwendung aus dem eingereichten Jahresabschluss nicht ergeben – der Vorschlag für die Verwendung des Ergebnisses und der Beschluss über seine Verwendung unter Angabe des Jahresüberschusses oder Jahresfehlbetrags ebenfalls elektronisch einzureichen.

Mittelgroßen Kapitalgesellschaften gewährt§ 327 Abs. 1 HGB Erleichterungen hinsichtlich des Umfanges (im Gegensatz zur großen Kapitalgesellschaft, welche die Bilanz in vollem Umfang gemäß § 266 Abs. 2 HGB offenzulegen haben) insofern, als die gesetzlichen Vertreter nur die Bilanz in der für die kleine Kapitalgesellschaft nach § 266 Abs. 1 S. 3 HGB vorgeschriebenen Form zum Handelsregister einreichen müssen. Allerdings sind für diesen Fall in der Bilanz oder im Anhang einige Posten des § 266 Abs. 2 und 3 HGB zusätzlich anzugeben.

Für **kleine Kapitalgesellschaften** sieht § 326 Abs. 1 HGB eine Erleichterung in der Form vor, dass diese lediglich Bilanz und Anhang einreichen müssen, wobei auf die GuV-Angaben im Anhang verzichtet werden kann.

Literatur zu Kapitel 2

ADS (Adler, Hans, Düring, Walther und Schmaltz, Kurt), Rechnungslegung und Prüfung der Unternehmen, 6. Aufl. und Ergänzungsband, Stuttgart 2001.

Baetge, Jörg, Kirsch, Hans-Jürgen und Thiele, Stefan, Konzernbilanzen, 9. Aufl., Düsseldorf 2011.

Ballwieser, Wolfgang, Informations-GoB – auch im Lichte von IAS und US-GAAP, in: Zeitschrift für internationale und kapitalmarktorientierte Rechnungslegung 2002, S. 115–121.

Beck'scher Bilanz-Kommentar. Handels- und Steuerbilanz, 7. Aufl., München 2010.

Coenenberg, Adolf, Haller, Axel und Schultze, Wolfgang, Jahresabschluss und Jahresabschlussanalyse, 22. Aufl., Stuttgart 2012.

Federmann, Rudolf, Bilanzierung nach Handelsrecht, Steuerrecht und IAS/IFRS, 12. Aufl. Berlin 2010.

Heinen, Edmund, Betriebswirtschaftliche Kostenlehre, Kostentheorie und Kostenentscheidungen 6. Auflage, Wiesbaden 1985.

Herzig, Norbert und Gasper, Richard, Die Lifo-Methode in der Handels- und Steuerbilanz, in: Der Betrieb 1991, S. 557–565.

Hummel, Siegfried und Männel, Wolfgang, Kostenrechnung 1 – Grundlagen, Aufbau und Anwendung. Wiesbaden 1986.

IDW S 1, Grundsätze zur Durchführung von Unternehmensbewertungen, in: IDW-Fachnachrichten, Heft 7, S. 271–292.

WP-Handbuch 2012, Wirtschaftsprüfung, Rechnungslegung, Beratung, Band I, 14. Aufl., Düsseldorf 2012.

Leffson, Ulf, Die Grundsätze ordnungsmäßiger Buchführung. Düsseldorf 1987.

Moxter, Adolf, Bilanzrechtsprechung, 6. Aufl., Tübingen 2007.

Schulze-Osterloh, Joachim, Rückzahlungsbetrag und Abzinsung von Rückstellungen und Verbindlichkeiten – Überlegungen zur Reform des HGB-Bilanzrechts. Betriebs-Berater 2003, S. 351–355.

3   Kosten- und Leistungsrechnung

Während die Finanzbuchhaltung, die in den vorangegangenen Kapiteln Gegenstand der Betrachtung war, diejenigen Wertebewegungen erfasst und verrechnet, die zwischen der Unternehmung und ihrer Umwelt stattfinden, bezieht sich die **Betriebsbuchhaltung** primär auf den **internen Bereich** der Leistungserstellung und den dadurch hervorgerufenen Güterverbrauch. Gegenstand der Rechnung ist dabei zum einen die Ermittlung der **Kosten** die im Rahmen der Produktionsprozesse entstehen (**Kostenrechnung**), für die sich der Monat als Abrechnungsperiode in der Praxis durchgesetzt hat. Da Produktionsprozesse nicht nur einen Güterverbrauch verursachen, sondern regelmäßig auch eine **Güterentstehung** in Form von selbständig absetzbaren Produkten als Ergebnis nach sich ziehen, ist zum anderen die Ermittlung der Leistung Gegenstand der Betriebsbuchhaltung (**Leistungsrechnung**). Für beide Fälle gilt, dass die internen Rechnungen auch von externen Daten ausgehen, zu deren Gewinnung insbesondere auf die Finanzbuchhaltung zurückgegriffen werden muss. Durch Gegenüberstellung von Leistungen und Kosten ergibt sich schließlich im Rahmen der Betriebsbuchhaltung der **Betriebserfolg** als Resultat der typischen betrieblichen Leistungserstellung und Leistungsverwertung (**Betriebsergebnis**).

Diese Interdependenz zwischen Kosten und Leistung über den Produktionsprozess mit gegenseitiger Prozessbezogenheit von Realgüterverbrauch und Realgüterentstehung zeigt Abb. 3.1. Die Einsatzgüter sind die Wirkungsursache der Ausbringungsgüter (Produkte), deren produktive Verbundenheit zur gemeinsamen Prozessbezogenheit von Güterverbrauch und Güterentstehung, insbesondere zur Leistungsbezogenheit der Kosten führt, die auf Grund ihrer graduellen Differenzierung bei den einzelnen Kostenarten unterschiedlich sein kann (vgl. *Kosiol* 1979, 30).

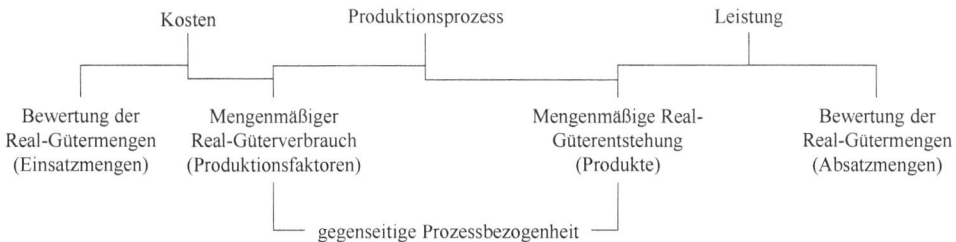

Abb. 3.1:   Wechselwirkung zwischen Kosten und Leistung bezüglich des Produktionsprozesses

Die dargelegten Wechselwirkungen zeigen, dass Betriebsbuchhaltung und Finanzbuchhaltung einander **ergänzen** und in engem materiellen Zusammenhang insofern stehen, als die Betriebsbuchhaltung in gewissem Umfang auf dem von der Finanzbuchhaltung gelieferten Zahlenwert aufbaut. Darüber hinaus bestehen kontenmäßige Verbindungen zwischen Finanz und Betriebsbuchhaltung (siehe die Ausführungen zum Kontenrahmen und Kontenplan in Abschnitt 1.4.1.3 und Abschnitt 3.1.5).

Bezüglich des zu Grunde zu legenden Kostenbegriffs gehen Praxis und Wissenschaft in der Mehrzahl der Fälle vom **wertmäßigen Kostenbegriff** sowie hinsichtlich des Leistungsbegriffs vom **wertmäßigen Leistungsbegriff** aus. Diese Betrachtungsweise hat zur Konsequenz, dass in denjenigen Fällen die **Herstellungskosten** der Handels-/Steuerbilanz Abweichungen zu dem kostenrechnerischen Begriff der **Herstellkosten** auftreten, wenn zusätzlich zu den Grundkosten auch kalkulatorische Kostenelemente (**Zusatzkosten**) Berücksichtigung finden, die in der Handels-/ Steuerbilanz nicht aktivierungsfähig sind. Die **aufwandsgleichen vollen Herstellungskosten pagatorischer Natur** (2.3.1.2) werden die Herstellkosten (trotz Ansatz kalkulatorischer Elemente) übersteigen, zumal die letzteren definitionsgemäß Verwaltungsgemeinkosten nicht enthalten.

Da die (wertmäßigen) **Kosten** als leistungsbedingter bewerteter Güterverzehr

Kosten = Güterverzehrmenge(n) · Kostenwert(e)

und die **Leistung** als bewertete, im Produktionsprozess entstandene Produktmengen

Leistung = absatzfähige Produktmenge(n) · (Absatz-)Preis(e)

sowie der aus ihnen resultierende **Betriebserfolg**

Erfolg = Leistung Kosten

die zentralen Gegenstände der Kosten- und Leistungsrechnung und der Erfassung durch die Betriebsbuchhaltung darstellen (siehe *Kosiol*, 8), sind im Folgenden die produktionstheoretischen, kostentheoretischen und preistheoretischen Grundlagen ebenso zu erörtern wie der theoretischen Bestimmung des Gesamterfolges und den abrechnungstechnischen Grundlagen nachzugehen ist.

3.1   Grundlagen der Kosten- und Leistungsrechnung

Analysen der betrieblichen Leistungserstellung und der Leistungsverwertung einschließlich der korrespondierenden Güterverzehre und Güterentstehungen haben deren Mengenkomponente und Leistungskomponente gleichermaßen zu berücksichtigen, und zwar in der Weise, dass in einem ersten Schritt die mengenmäßigen Zusammenhänge geklärt und darauf aufbauend in einem zweiten Schritt die wertmäßigen Konsequenzen einbezogen werden (siehe dazu v. a. *Gutenberg*; *Heinen* 1978; *Heinen* 1980; *Kosiol* 1979).

3.1.1   Produktionstheoretische Grundlagen

Das Mengengerüst der Kosten bestimmen die zu Grunde liegenden Verhältnisse der **physischen Produktionsprozesse**. Zu untersuchen sind daher die möglichen mengenmäßigen Beziehungen zwischen dem Verzehr an eingesetzten Produktionsfaktoren (= reale Produktionsfaktormengen) und denjenigen Größen, die diesen Verzehr verursachen. Damit beschränkt sich die Problemstellung ausschließlich auf die Analyse der Mengenrelationen. Produktionsfunktionen dienen der Abb. derartiger Interdependenzen.

Im Rahmen einer **Produktionsfunktion** werden die Aussagen in einer Symbolsprache formalisiert. Die Produktionsfunktion beschreibt allgemein den Zusammenhang zwischen dem mengenmäßigen Ertrag und den für die Erstellung dieses Ertrages eingesetzten Produktionsfaktormengen. Bezeichnet r_i ($i = 1, 2 ..., n$) die Einsatzmenge der i-ten Produktionsfaktorart und x_1 die erstellte Ertragsmenge der Leistungsart 1, lässt sich eine Produktionsfunktion durch folgende Funktionen veranschaulichen:

$$x_1 = f(r_1, r_2, ..., r_n)$$

$$r_i = f(x_1, x_2, ..., x_n)$$

Die betriebswirtschaftliche Literatur beherrschen im Wesentlichen die Produktionsfunktionen vom Typ A, vom Typ B und vom Typ C.

3.1.1.1 Produktionsfunktion vom Typ A

Wenn für die Erwirtschaftung eines bestimmten Mengenertrages verschiedene Kombinationen von Produktionsfaktoren verwendet werden können, entsteht das Problem der Zurechenbarkeit von Ertragseinheiten zu den einzelnen Produktionsfaktoren. Zur Ermittlung eines auf einen bestimmten Produktionsfaktor (r_v) zurückzuführenden Ertragszuwachses, unterstellt man, dass bei dessen Variation die Einsatzmengen aller anderen Faktoren konstant (r_c) gehalten werden:

$$x = f(r_v, r_c)$$

Die Geltung des zuerst von *Turgot* für den Bereich der Landwirtschaft entwickelten **Ertragsgesetzes** unterstellt, dass sich bei Variation eines Faktors bzw. einer Faktorgruppe bei Konstanz der Einsatzmengen aller anderen Faktoren zunächst steigende, dann abnehmende Ertragszuwächse ergeben. Die **Gesamtertragsfunktion** $x(r_v)$ zeigt bei unendlicher Teilbarkeit des variierten Faktors den in Abb. 3.2 wiedergegebenen Verlauf.

Aus der Gesamtertragsfunktion(-kurve) können weitere Funktionen abgeleitet werden: Die **Grenzproduktivitätsfunktion** $x'(r_v)$ $x(r_v)$ ergibt sich mathematisch als erste Ableitung des Ertrages nach der Einsatzmenge des variierten Faktors (Abb. 3.3). Bei sukzessiver Vermehrung der Einsatzmenge des variablen Faktors um jeweils eine Einheit steigt die Grenzproduktivitätskurve zunächst an; sie erreicht ihr Maximum beim Wendepunkt (W) der Gesamtertragskurve. Im Maximum (M) der Gesamtertragskurve schneidet die Grenzproduktivitätskurve die Abszisse $x'(r_v)$.

Der **Durchschnittsertrag** $e(r_v)$ lässt sich mittels Division des jeweiligen Ordinatenwertes der Gesamtertragskurve durch die entsprechenden Abszissenwerte berechnen (Abb. 3.4). Das Maximum des Durchschnittsertrages entsteht in dem Punkt (T), an dem der Fahrstrahl zur Tangente an die Gesamtertragskurve wird.

Bei Aufgabe der vereinfachenden Annahme der Variation nur einer Faktorart wird das Ertragsgesetz einer erweiterten Interpretation zugänglich: Sind zwei Produktionsfaktoren (r_1, r_2) für die Erzielung des Ertrages x notwendig, lässt sich die Produktionsfunktion von Typ A geometrisch in einem **Ertragsgebirge** (Abb. 3.5) darstellen. Dabei zeigt sich, dass verschiedene Kombinationen von r_1 und r_2 für die Erzielung desselben mengenmäßigen Ertrages möglich sind. Sofern die beiden variierbaren Faktorarten innerhalb gewisser Grenzen einander ersetzen können, liegen **substitutionale Faktorkombinationen** vor. Während der dargestellte Verlauf der Gesamtertragskurve als vertikaler, parallel zu r_1 oder r_2 verlaufender Schnitt in das Ertragsgebirge interpretiert werden kann, lässt sich ein **horizontaler** Schnitt als geometrischer Ort für alle Mengenkombinationen r_1 und r_2 auffassen, die die gleiche Ertragsmenge x erbringen (Abb. 3.6). Eine derartige Linie wird als **Isoquante** bezeichnet.

Abb. 3.2:   Gesamtertragsfunktion

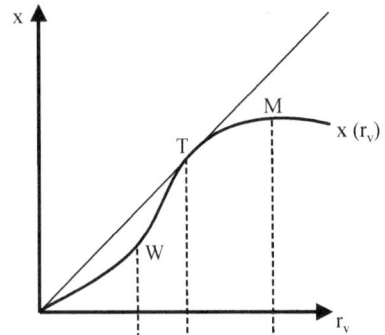

Abb. 3.3:   Grenzproduktivitätsfunktion

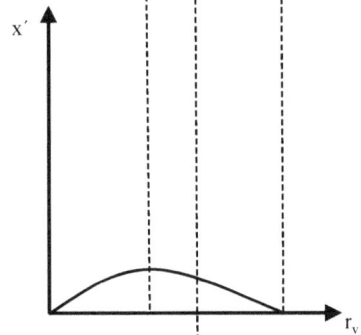

Abb. 3.4:   Durchschnittsertragsfunktion

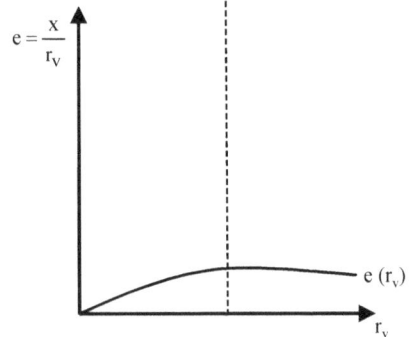

Bei Substitutionalität der Einsatzfaktoren und unter der Annahme, dass die Zielfunktion „Kostenminimierung" vorliegt, kann nach Bewertung der Produktionsfaktoren mit Kostenwerten diejenige Faktoreinsatzmengenkombination von r_1 und r_2 gewählt werden, welche die geringsten Kosten verursacht und deshalb als **Minimalkostenkombination** bezeichnet wird. Sie ist dann erreicht, wenn sich die partiellen Grenzproduktivitäten $\left(\dfrac{\delta x}{\delta r_1} \right)$ und $\left(\dfrac{\delta x}{\delta r_2} \right)$ wie die (Einsatz-)Preise der Faktoren (π_1, π_2) verhalten, also:

$$\frac{\dfrac{\delta x}{\delta r_1}}{\dfrac{\delta x}{\delta r_2}} = \frac{\pi_1}{\pi_2}$$

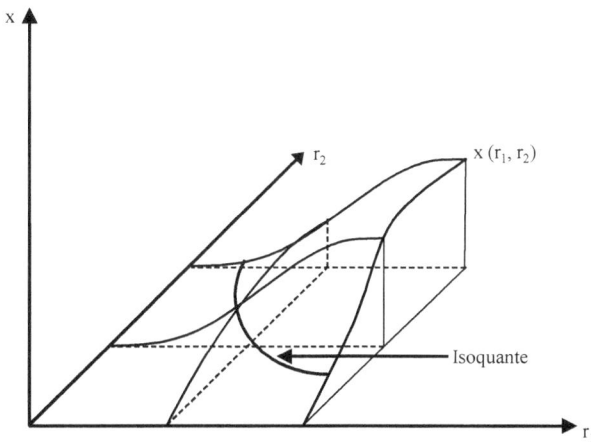

Abb. 3.5:   Ertragsfunktionen bei Einsatz von zwei Produktionsfaktoren

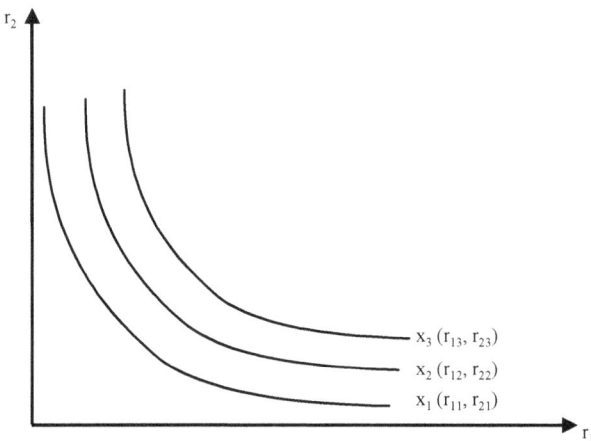

Abb. 3.6:   Isoquanten für verschiedene Faktorkombinationen von r_1 und r_2

Diese Aussage gilt auch für beliebig viele variable Produktionsfaktoren. Graphisch lässt sich die Minimalkostenkombination in der Weise ableiten, dass die **Isokostengeraden**, die sich aus der Kostengleichung

$$K = \pi_1 \cdot r_1 + \pi_2 \cdot r_2$$

durch Umformung nach r_1 ergeben und durch die Funktion

$$r_1 = \frac{K}{\pi_1} + \frac{K}{\pi_2} \cdot r_2$$

als der geometrische Ort aller Mengenkombinationen von r_1 und π_2 welche dieselben Kosten verursachen, repräsentiert werden, in dem Koordinatensystem (π_1, π_2) mit den Isoquanten verglichen werden. Dabei entstehen jeweils für bestimmte Isoquanten und Isokostengeraden Tangentialpunkte **(kostenminimale Produktion** für entsprechende Faktormengenkombinationen). Die Verbindung dieser Tangentialpunkte ergibt die Minimalkostenlinie, die letztlich die Angebotsfunktion der Unternehmung für das mit der Kombination von r_1, r_2 produzierte Gut bei vollständiger Konkurrenz darstellt (Abb. 3.7).

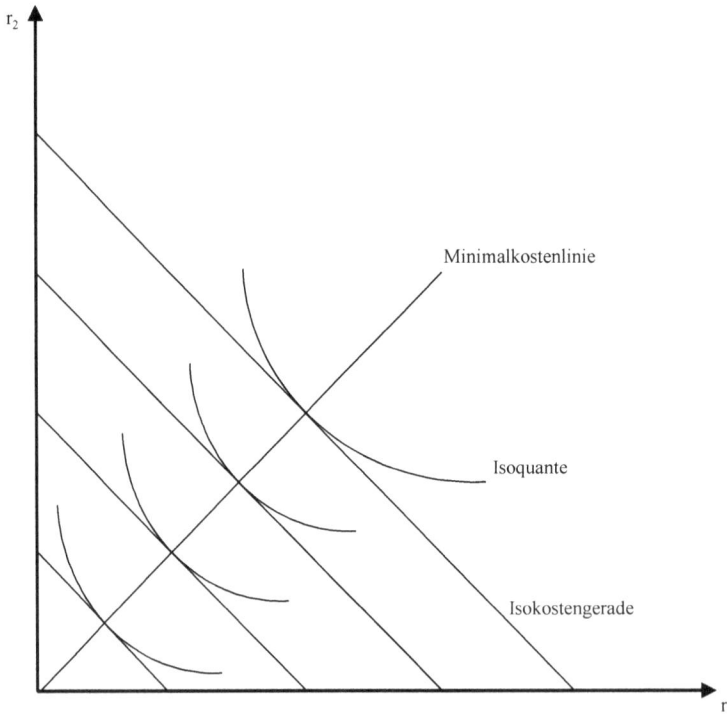

Abb. 3.7:   Minimalkostenkombination (r_1, r_2) und Minimalkostenlinie

Die **analytische** Ermittlung der Minimalkostenkombination besteht darin, ein Wertepaar von r_1, r_2 zu finden, das sowohl die Kostenfunktion minimiert, als auch auf einer Isoquante mit einem vorgegebenen Ertragsindex liegt. Auszugehen ist davon, dass der totale Grenzertrag entlang einer Isoquante gleich Null ist, weshalb die **Bestimmungsgleichung** für die **Isoquante** wie folgt lautet:

$$dx = \frac{\delta x}{\delta r_1} \cdot dr_1 + \frac{\delta x}{\delta r_2} \cdot dr_2 = 0$$

umgeformt:

$$\frac{\frac{\delta x}{\delta r_1}}{\frac{\delta x}{\delta r_2}} = -\frac{dr_2}{dr_1}$$

Zu minimieren ist darüber hinaus die Kostenfunktion:

$$K = \pi_1 \cdot r_1 + \pi_2 \cdot r_2 \rightarrow Min!$$

Bei Bildung des totalen Differentials von K folgt (4)

$$K' = \pi_1 \cdot dr_1 + \pi_2 \cdot dr_2 = 0$$

und daraus

$$-\pi_1 \cdot dr_1 = \pi_2 \cdot dr_2$$

Bei weiterer Umformung ergibt sich die Gleichung

$$\frac{dr_2}{dr_1} = -\frac{\pi_1}{\pi_2}$$

die unter Berücksichtigung von (2) das gewünschte Ergebnis (Bestimmung der **Minimalkostenkombination** darstellt:

$$\frac{\frac{\delta x}{\delta r_1}}{\frac{\delta x}{\delta r_2}} = \frac{\pi_1}{\pi_2}$$

3.1.1.2   Produktionsfunktion vom Typ B

Die von *Gutenberg* entwickelte Produktionsfunktion vom Typ B soll die theoretische Erfassung derjenigen realen Produktionsprozesse ermöglichen, die im Rahmen der Produktionsfunktion vom Typ A keine Berücksichtigung finden, nämlich der **limitationalen Produktionsprozesse**. Ein limitationaler Produktionsprozess liegt dann vor, wenn ein bestimmter Faktorertrag in einer bestimmten Zeit nur mit einem ganz bestimmten mengenmäßigen Verhältnis verschiedener Einsatzfaktoren realisiert werden kann.

Erfolgt der Einbezug der (betriebswirtschaftlichen) **Produktionsfaktoren**, also

* menschliche Arbeitsleistungen,
* Arbeits- und Betriebsmittel,
* Werkstoffe und
* dispositiver Faktor

in die Betrachtung, muss wegen der Besonderheiten des Potentialfaktorverzehrs die Annahme eines unmittelbaren Zusammenhangs zwischen Input- und Outputmengen teilweise aufgegeben werden.

a) Analyse der unmittelbaren Input-Output-Relationen

Unmittelbare Relationen zwischen Faktorverzehrs und Ausbringungsmenge enthalten keine schwierigen produktionstheoretischen Probleme. Bezeichnet man die Einsatzmengen aller Faktorarten i ($i = 1, 2, ..., n$) mit s_i, ergeben sich alle unmittelbar von der Ausbringungsmenge abhängigen Faktoreinsatzmengen aus der Gleichung:

$$s_i = g_i(x)$$

Mit zunehmender Ausbringung x wächst der Güterverzehr **linear** (proportional, über- oder unterproportional). Derartige Beziehungen liegen in der Empirie hauptsächlich beim Verzehr von **Werkstoffen** vor (Abb. 3.8).

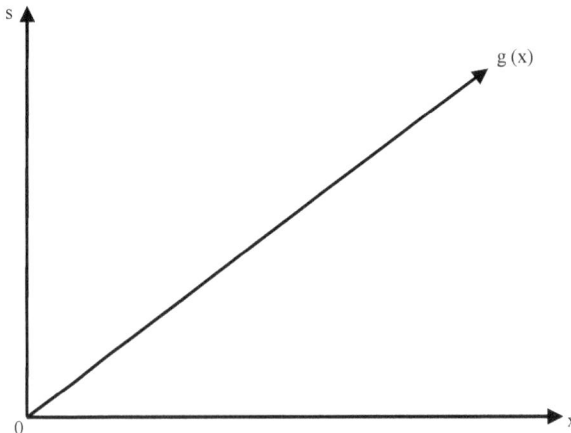

Abb. 3.8:   Proportionaler Verlauf der Produktionsfunktion bei unmittelbarer Input-Output-Beziehung

Produktionsfunktionen auf der Basis unmittelbarer Beziehungen zwischen Faktorverzehrmengen und der Ausbringungsmenge berücksichtigen allerdings nicht diejenigen (mittelbaren) Beziehungen, die von sog. Potentialfaktoren ausgehen.

b) Analyse der mittelbaren Input-Output-Relationen

In Anbetracht der unterschiedlichen Konsequenzen der Erfassung des Faktor-verzehrs der Betriebsmittel (als Potentialfaktoren) und der menschlichen Arbeitskraft ergibt sich die Notwendigkeit, die mittelbaren Input-Output-Relationen für die beiden Faktorkategorien getrennt zu behandeln.

ba) Die Einsatzbedingungen von Betriebsmitteln

Potentialfaktoren verkörpern Nutzungspotentiale, die nur auf lange Sicht ausgeschöpft werden, ohne dass sich die physisch-mengenmäßige Substanz wahrnehmbar verringert. Sollen die Bestimmungsgrößen des Faktorverzehrs auch bei mittelbaren Input-Output-Relationen ermittelt werden, sind in einem ersten Schritt die Einsatzbedingungen für Potentialfaktoren zu analysieren. Dabei spielen sowohl die **technischen Eigenschaften** von Potentialfaktoren, die mit $z_1, z_2, ..., z_n$ (z-Situation) benannt werden, als auch die Leistung des jeweiligen Aggregats eine wesentliche Rolle. Die **Leistung** (d_j) häufig als **Intensität** bezeichnet ist durch die Anzahl der erstellten physikalischen Einheiten (b_j) während der Laufzeit (t_j) des Aggregates j bestimmt:

$$d_j = \frac{b_j}{t_j}$$

Wird die z-Situation als gegeben betrachtet, lässt sich die Verbrauchsmenge (r) als alleinige Funktion der Leistung darstellen.

Den Zusammenhang zwischen der technischen Leistung d_j und der Faktorverzehrmenge r_j beschreibt die **Verbrauchsfunktion**:

$$(1) \quad f_{ij}(d_j) = \frac{r_{ij}}{b_j}$$

Diese Gleichung gibt die funktionale Beziehung zwischen der auf eine Arbeitseinheit entfallenden Verzehrmenge r_{ij} des Faktors i an dem Potentialfaktor j und der technischen Leistung d_j des Potentialfaktors an.

Während Gleichung *(1)* den Faktorverzehr auf Arbeitseinheiten b_j bezieht, ergibt sich der Faktorverzehr pro Einheit der Laufzeit t_j des Aggregates dadurch, dass beide Seiten der Gleichung *(1)* mit d_j multipliziert werden, also:

$$(2) \quad f_{ij}(d_j) \cdot d_j = \frac{r_{ij}}{t_j}$$

Beispiel 1:

Der Verbrauch (V) von Dieselkraftstoff pro Umdrehung eines Antriebsaggregats lässt sich für alternative Tourenzahlen zwischen 100 und 2.500 Umdrehungen (U) pro Minute mit folgender Funktion wiedergeben:

$$V = \frac{1}{500} \cdot d^2 - \frac{4}{100} \cdot d + 0{,}6$$

wobei: V = Ltr./100 U und d = 100 U/min.

Aus dieser Verbrauchsfunktion (V) kann der **Verbrauch** an Dieselkraftstoff in Litern **pro**

100 Umdrehungen für alternative Tourenzahlen d wie folgt berechnet werden:

d	5	10	15	20	25
V	0,45	0,4	0,45	0,6	0,8

Diese Zusammenhänge gibt Abb. 3.9 graphisch wieder.

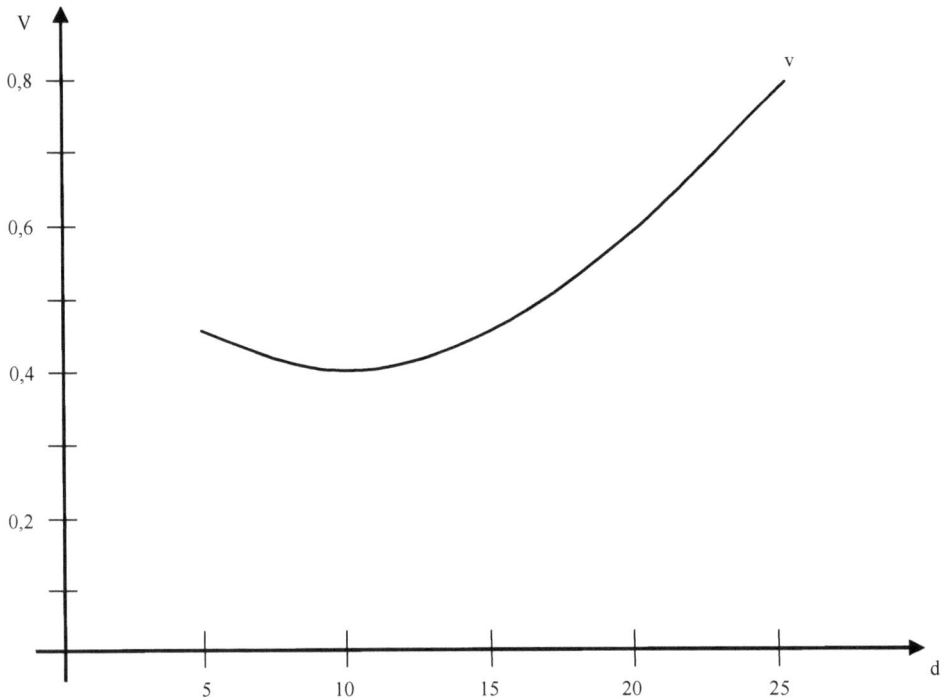

Abb. 3.9:   Verbrauch pro 100 Umdrehungen bei alternativer Tourenzahl

Soll dagegen der **Kraftstoffverbrauch pro Zeiteinheit** (Ltr./min) bei alternativen Tourenzahlen ermittelt werden, sind die beiden Seiten der Gleichung mit d (100 U/min) zu multiplizieren:

$$V \cdot d = \frac{1}{500} \cdot d^3 - \frac{4}{100} \cdot d^2 + 0,6 \cdot d$$

d	5	10	15	20	25
$V \cdot d$	2,25	4,0	6,75	12,00	21,25

Die graphische Darstellung der Zusammenhänge zwischen Kraftstoffverbrauch pro Zeiteinheit und alternativen Tourenzahlen zeigt Abb. 3.10.

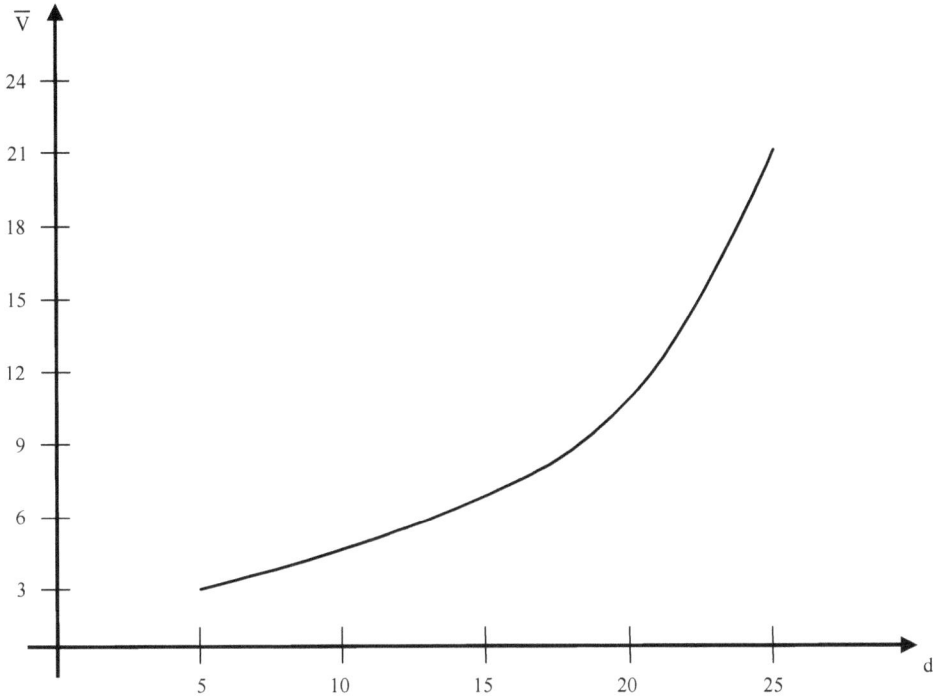

Abb. 3.10: Verbrauch pro Zeiteinheit bei alternativen Tourenzahlen

Durch Umformung der auf technische Arbeitseinheiten bezogenen Verbrauchsfunktion *(1)* entsteht die **Faktoreinsatzfunktion**:

$$(3) \quad r_{ij} = f_{ij}(d_j) \cdot b_j$$

Die Faktoreinsatzfunktion gibt an, welche Einsatzmenge von einer Faktorart verzehrt wird, wenn ein Potentialfaktor j bei konstanter physikalischer Leistung d_j insgesamt b_j physikalische Arbeitseinheiten erbringen soll.

Die Produktionsfunktion vom Typ B löst das Problem der Umrechnung von technisch-physikalischen Arbeitseinheiten (b_j) in Erzeugniseinheiten (x) formal durch die Annahme der Proportionalität zwischen beiden Größen $(b_j = \alpha_j \cdot x)$.

Zur Darstellung der Beziehungen zwischen Faktoreinsatz und Ertrag kann die Produktionsfunktion vom Typ B unter dieser Annahme in folgende Form gebracht werden:

$$(4) \quad r_{ij} = \sum_{j=1}^{m} f_{ij}(d_j) \cdot \alpha_j \cdot x$$

bb) Die Einsatzbedingungen menschlicher Arbeitskraft

Zur Messung des Mengenverzehrs knüpft die Produktionstheorie üblicherweise an die **Lohnformen** an. Zu diesem Zweck ist es notwendig den Verzehr menschlicher Arbeitskraft nach der Art der Bezahlung zu systematisieren. Entsprechend der typischen Entlohnungsformen nach Zeitlohn oder **Leistungslohn** ergeben sich die aus den in den Abb.en 3.11 bis 3.14 dargestellten Verbrauchsfunktionen. Im Falle des Leistungslohnes (Akkordlohnes) besteht Unabhängigkeit der Verzehrmenge pro technischer Arbeitseinheit (Stück), so dass die **Verbrauchskurve** $\left[\dfrac{r_{ij}}{b_j}\right]$ parallel zur Abszisse verläuft (Abb. 3.11); dagegen erweist sich der **Faktorverzehr pro Zeiteinheit** $\left[\dfrac{r_j}{t}\right]$ in Abhängigkeit von der Leistung als linear zunehmend (Abb. 3.12).

Anders liegen die Verhältnisse beim **Zeitlohn**: Hier zeigt die **Verbrauchskurve** bei zunehmender Einsatzzeit grundsätzlich **fallende Tendenz** (Abb. 3.13), da bei Entlohnung nach einem Stundensatz kein Anreiz zu konstanter Arbeitsleistung (bezogen auf das Stück) besteht; allerdings ist der Faktorverzehr pro Zeiteinheit bei Zeitentlohnung definitionsgemäß konstant (Abb. 3.14).

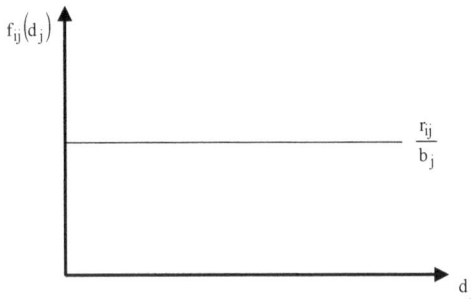

Abb. 3.11:   Verbrauchkurve bei Leistungslohn

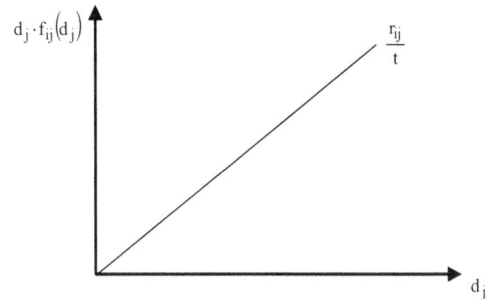

Abb. 3.12:   Faktorverzehr pro Zeiteinheit bei Leistungslohn

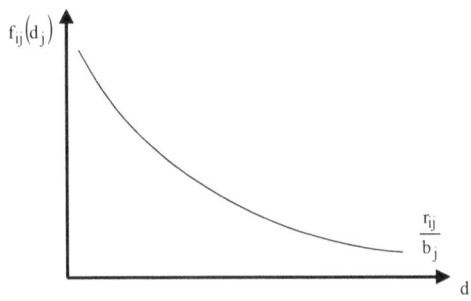

Abb. 3.13:   Verbrauchkurve bei Zeitlohn

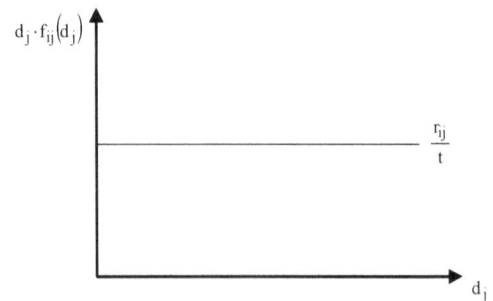

Abb. 3.14:   Faktorverzehr pro Zeiteinheit bei Zeitlohn

3.1.1.3 Produktionsfunktion vom Typ C

Heinens Produktionsfunktion vom Typ C vereinigt in sich Grundaussagen der Produktionsfunktionen vom Typ A und Typ B. Sie kann insofern als gewisse **Synthese** zwischen diesen aufgefasst werden und weist dementsprechend folgende **Grundstruktur** auf:

$$r_i = \sum_{j=1}^{m} r_{ij} \cdot w_j$$

Dieses Gleichungssystem bringt zum Ausdruck, dass der Gesamtverbrauch des Produktionsfaktors r_i während eines Betrachtungszeitraums sich aus dem Verzehr dieses Faktors an sämtlichen Elementarkombinationen j, an denen er beteiligt ist, und der Zahl der Durchführungen w_j dieser Elementarkombinationen ergibt.

Eine **Elementarkombination** ist als Teilkombination im betrieblichen Kombinationsprozess aufzufassen, die folgenden Kriterien genügt:

- Der Faktorverbrauch und die Potentialfaktorleistung müssen in hinreichend eindeutiger Beziehung stehen (**technische Fundierung**).
- Ebenso müssen die Potentialfaktorleistung und die ökonomische Leistung (**Kombinationsleistung**) in hinreichend eindeutiger Beziehung zueinander stehen.

Die **Wiederholungsfunktion**

$$w_j = f(x, y, z)$$

beschreibt, von welchen Einflussgrößen und insbesondere von welchen Entscheidungen die Zahl der Wiederholungen der einzelnen Elementarkombinationen abhängt. Bei Zusammenfassung derjenigen Arten von Elementarkombinationen, für die sich die Zahl der Wiederholungen nach gleichen Einflussgrößen richtet, können drei **Wiederholungstypen** unterschieden werden:

- **Primäre Elementarkombinationen**: Die Zahl der Wiederholungen hängt unmittelbar von den Mengen der zu erstellenden Fertigprodukte ab.
- **Sekundäre Elementarkombinationen**: Die Zahl der Wiederholungen variiert unmittelbar nur mit der Serien-, Los- oder Auflagengröße.
- **Tertiäre Elementarkombinationen**: Die Zahl der Wiederholungen hängt kaum oder gar nicht von der Zahl der geforderten Fertigprodukte ab (z. B. Heizungsvorgänge, Reinigungsvorgänge u. ä., die arbeitstäglich durchgeführt werden müssen).

Die Bestimmungsgründe für den **Faktorverzehr** im Rahmen einer Elementarkombination (**E-Kombination**) veranschaulicht Abb. 3.15. Da im Rahmen einer Einführung eine Erörterung dieser komplexen Zusammenhänge im Detail nicht möglich ist, sei wegen weiterer Einzelheiten auf die Darstellung von *Heinen* (1978) verwiesen. Ein Vergleich der Produktionsfunktionen vom Typ B und Typ C hinsichtlich des Untersuchungsobjekts, ihrer Grundstruktur, der Basis der Funktionen, der untersuchten Produktionsprozesse und der Ansatzpunkte der Untersuchung zeigt das in Abb. 3.16 wiedergegebene Bild bezüglich Gemeinsamkeiten und Unterschieden.

Faktorverzehr im Rahmen einer E-Kombination

Arbeit

Betriebsmittel

Werkstoffe
$r_{ij}=(\lambda_j)$

Zeitabhängiges Entgelt
$r_i=f(t)$

Leistungsabhängiges Entgelt
$r_{ij}=f(\lambda_j)$

Repetierfaktoren

Potentialfaktoren
(mit der Produktionsfunktion nur teilweise erfassbar)

Outputabhängiger Verbrauch
$r_{ij}=f(\lambda_j)$

Potentialfaktorabhängiger Verbrauch

Techn. Verbrauchsfunktion
$$\frac{dr_i}{dt}=f\left(\frac{dA_1*}{dt}\right)$$

Belastungsfunktion bei:

outputfixer limitationaler E-Kombination
$$\frac{dA_i*}{dt}=f_{ij}(t)$$

outputvariabler limitationaler E-Kombination
$$\frac{dA_1*}{dt}=f_{ij}(\lambda_{j,t})$$

outputfixer substitutionaler E-Kombination
$$\frac{dA_1*}{dt}=f_{ij}\frac{(dA_{2,t})}{dt}$$

outputvariabler substitutionaler E-Kombination

Die Belastung von A_1 ist abhängig von
1. λ_{jj}
2. t_j
3. Der Belastung von A_2

Ökonomische Verbrauchsfunktion

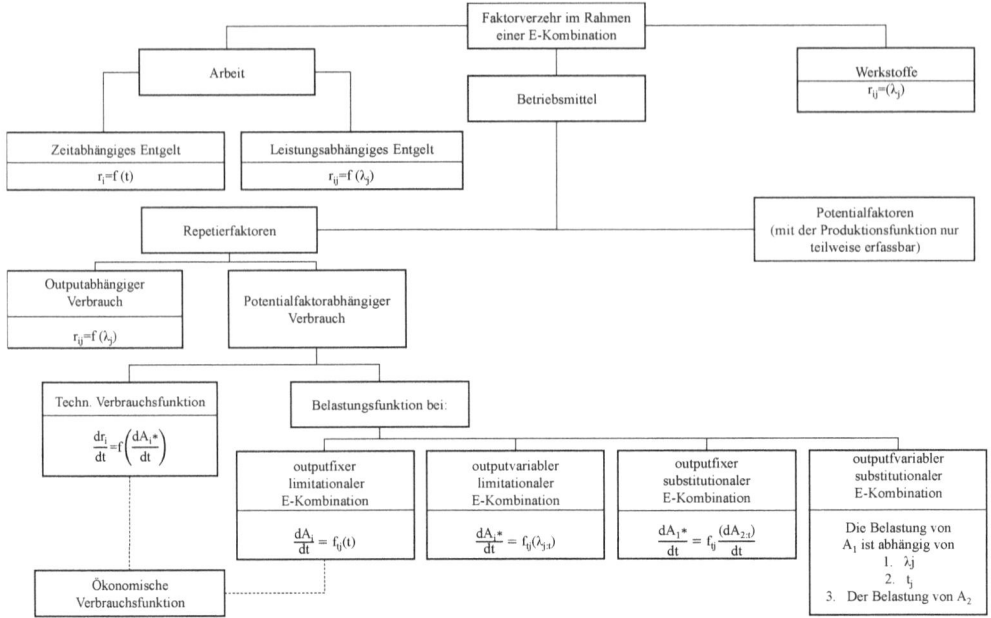

Abb. 3.15: Produktionsfunktion vom Typ C: Bestimmungsgründe des Faktorverzehrs im Rahmen einer Elementarkombination

	Typ B	Typ C
Untersuchungsobjekt	Einproduktbetrieb, einstufig oder mehrstufig auf Mehr-produktbetrieb Industrielle Fertigung	Ein- und Mehrproduktbetriebe, einstufig oder mehrstufig Industrielle Fertigung
Grundstruktur	$$r_i=\sum_{j=1}^{m} f_{ij}(dj)\cdot b_j$$ $(i=1,2,...,n)$	$$r_i=\sum_{j=1}^{m} r_{ij}\cdot w_j$$ $(i=1,2,...,n)$
Basis der Funktion	Verbrauchsfunktionen	Verzehr von Produktionsfaktoren pro Vollzug einer Elementarkombination
Untersuchte Funktionsprozesse	limitationale	limitationale und substitutionale
Ansatzpunkte der Untersuchung	Aufteilung des Gesamtbetriebes in Aggregate technische Verbrauchsfunktionen technologisch fundiert Erfassung des direkt und indirekt outputabhängigen Verzehrs	Aufteilung des Produktionsprozesses in Elementarkombinationen ökonomische Verbrauchsfunktionen technologisch umfassend fundiert Erfassung des direkt und indirekt outputabhängigen Verzehrs

Abb. 3.16: Vergleich der Produktionsfunktionen vom Typ B und Typ C hinsichtlich der wesentlichen Charakteristika

3.1.2   Kostentheoretische Grundlagen

Die Aussagen der Kostentheorie basieren zwar grundsätzlich auf den Ergebnissen produktionstheoretischer Überlegungen, jedoch beschränkt sich die Kostentheorie nicht allein auf die (einfache) Darstellung der Transformation einer bestimmten Produktionsfunktion durch Multiplikation der Faktorverbrauchsmengen mit den entsprechenden Kostenwerten in eine Kostenfunktion. Die betriebswirtschaftliche Kostentheorie ist breiter angelegt: Neben der Entwicklung eines geeigneten analytischen Instrumentariums umfasst das Gebiet der Kostentheorie die Feststellung der Kostendeterminanten (Kosteneinflussgrößen) und insbesondere die Ermittlung der sachlich zutreffenden (zielorientierten) Kostenwerte. Im Folgenden sind daher die Aufgaben der Kostentheorie, die Instrumente der Modellanalyse, die Kosteneinflussgrößen und die Kostenverläufe auf der Basis verschiedener Produktionsfunktionen zu erörtern.

3.1.2.1   Aufgaben der Kostentheorie

Bei entscheidungsorientierter Betrachtungsweise im Rahmen angewandter (praxisbezogener) Betriebswirtschaftslehre hat die betriebswirtschaftliche Kostentheorie sowohl eine Erklärungs- als auch eine Gestaltungsaufgabe zu erfüllen (siehe dazu *Heinen* 1978, 120 ff.).

Die **Erklärungsaufgabe** der Kostentheorie besteht zunächst darin, die Art der auf die Höhe der Kosten einer Betriebswirtschaft einwirkenden Größen festzustellen (**Kosteneinflussgrößen** bzw. **Kostenbestimmungsfaktoren** bzw. **Kostendeterminanten**), die das **Kostenverhalten** bei Variation des Beschäftigungsgrades bestimmen. In Verfolgung dieser Aufgabe ist es notwendig, die möglicherweise relevanten Kosteneinflussgrößen systematisch zu erfassen, sie voneinander abzugrenzen und nach zweckdienlichen Gesichtspunkten zu ordnen. Von besonderer Bedeutung sind dabei jene Größen, die durch Entscheidungen des dispositiven Faktors variiert werden können, da sie betriebswirtschaftliche Entscheidungtatbestände darstellen und damit in die Alternativen betriebswirtschaftlicher Entscheidungsprobleme eingehen. In einem zweiten Schritt sind im Rahmen der Erklärungsaufgabe Aussagen darüber zu gewinnen, wie sich einzelne oder Gruppen bzw. die Gesamtheit der Kosteneinflussgrößen als unabhängige Variable auf die Kostenhöhe als abhängige Variable auswirken. Betrachtet man die Kosteneinflussgrößen als Tatbestände, die der Entscheidung unterliegen, so sind im Rahmen der Erklärungsaufgabe der Kostentheorie die kostenmäßigen Konsequenzen alternativ möglicher Entscheidungen über die Festlegung der Kosteneinflussgrößen zu bestimmen. Die kostentheoretischen Überlegungen im Rahmen der Erklärungsaufgabe münden schließlich in die Formulierung von spezifischen **Kostenfunktionen**, die Beziehungen und kostenmäßige Konsequenzen von Variationen der verschiedenen Kosteneinflussgrößen abbilden. In allgemeiner Schreibweise hat eine derartige Kostenfunktion, bei der die gesamten Kosten (K) von verschiedenen Kosteneinflussgrößen (*a, b, c, ... , x*) bestimmt werden, folgende Form:

$$K = f\left(a, b, c, d, ..., \pi, x\right)$$

wobei: *a*: Beschäftigungsgrad

         b: Faktorqualität

         c: Betriebsgröße

         d: Intensitätsgrad

π: Faktorpreis

x: Erzeugungsmenge

Im Rahmen ihrer **Gestaltungsaufgabe** hat die Kostentheorie grundsätzlich die optimalen Bedingungen der Kostensituation eines Betriebes im Hinblick auf bestimmte, vorgegebene Zielsetzungen aufzuzeigen. Es ist darzulegen, wie die der Entscheidung unterliegenden Kosteneinflussgrößen optimal festzulegen sind. Die betriebswirtschaftliche Kostentheorie wird damit zu einer Theorie optimaler Entscheidungen über Kosteneinflussgrößen. Die Gestaltungsaufgabe der Kostentheorie bietet in diesem Sinne ein anschauliches Beispiel für die **Beziehungen zwischen Kostentheorie und Kostenrechnung**. Während die Kostentheorie in generell-bestimmender Weise aufzeigt, unter welchen Bedingungen optimale Entscheidungen getroffen werden, führt sie gleichzeitig zu Schlussfolgerungen darüber, welche Kosteninformationen ein Entscheidungsträger in der Praxis benötigt, um das Optimum im konkreten Fall auch tatsächlich erreichen zu können. Damit lässt die Kostentheorie Rückschlüsse darüber zu, welche Kosteninformationen durch die Kostenrechnung in konkret-rechnerischer Weise zu ermitteln sind, und stellt die notwendige Verbindung mit der Kostenrechnung her.

3.1.2.2   Instrumente der kostentheoretischen Modellanalyse

An methodischen Instrumenten der Modellanalyse stehen grundsätzlich zur Verfügung:

*   **Gesamtkostenbetrachtung** (Abb. und Analyse der Gesamtkosten bei unterschiedlichen zu Grunde liegenden Produktionsfunktionen und Kosteneinflussgrößen unter Berücksichtigung fixer und variabler Kosten);
*   **Durchschnittskostenbetrachtung** (Ermittlung der durchschnittlichen Kosten pro Stück der Ausbringungsmenge auf der Grundlage der Gesamtkosten, variablen und/oder fixen Kosten);
*   **Marginalbetrachtung** (Ermittlung der **Grenzkosten**, d. h. der zusätzlichen Kosten bei Variation der Ausbringungsmenge um eine Einheit).

Der **Gesamtkostenverlauf** kann linear oder geschwungen sein. Bei linearem Verlauf gilt für die Gesamtkosten $\left(K_g\right)$ die Gleichung:

$$K_g = A_0 + A_1 \cdot x$$

wobei: $A_0 = K_f$ (beschäftigungsunabhängige bzw. fixe Kosten)

$A_1 \cdot x = K_v$ (beschäftigungsabhängige bzw. variable Kosten)

x = Kosteneinflussgrößen (Ausbringung)

A_0, A_1 = Koeffizienten der Erklärungsgleichung

Bei **geschwungenem** Verlauf verändert sich die Gleichung wie folgt (**Substitutionalität** der Produktfaktoren):

$$K_g = A_0 + A_1 \cdot x + A_2 \cdot x^2 + A_3 \cdot x^3$$

Bezüglich der **variablen** Kosten ist darüber hinaus – wie unter 3.3.3.2. (und 3.4) zu zeigen sein wird – die Unterscheidung zwischen **aggregatbezogenen** (Maschinen-)Kosten und **humanbezogenen** (Arbeitskraft-)Kosten sowie deren Verhältnis zueinander von wesentlicher Bedeutung.

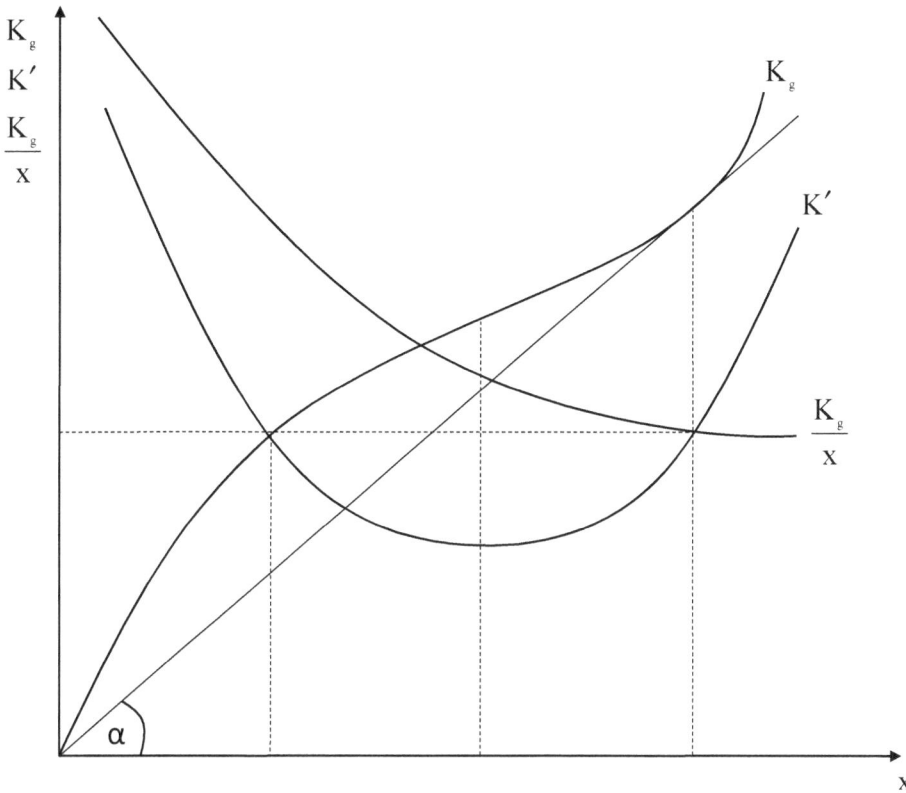

Abb. 3.17:   Gesamt-, Durchschnitts- und Grenzkostenkurve bei geschwungenem Verlauf von k_g (ohne fixe Kosten)

Die Gesamtkostenkurve(-funktion) bietet die Grundlage für die Ableitung der entsprechenden Durchschnittskosten- und Grenzkostenkurven(-funktionen). Zur Ableitung der **Durchschnittskostenkurve** wird der Ordinatenabschnitt jedes Punktes der Gesamtkostenkurve durch den entsprechenden Abszissenabschnitt dividiert. Als Ergebnis erhält man bei geschwungenem Verlauf der Gesamtkostenkurve folgende Gleichung für die (Gesamt-) Durchschnittskostenfunktion k_g:

$$k_g = \frac{K_g}{x} = \frac{A_0}{x} + A_1 + A_2 \cdot x + A_3 \cdot x^2$$

Die **Grenzkostenkurve** (K') entsteht schließlich durch Differenzierung der Gleichung der Gesamtkostenkurve bei geschwungenem Verlauf:

$$K' = A_1 + 2 \cdot A_2 \cdot x + 3 \cdot A_3 \cdot x^2$$

Graphisch lassen sich die Zusammenhänge zwischen Gesamt-, Durchschnitts- und Grenzkosten bei geschwungenem Verlauf von K_g wie in Abb. 3.17 dargestellt veranschaulichen.

Wird dagegen **Limitationalität** der Produktionsfaktoren unterstellt, sind lineare Gesamtkosten (lineare variable und fixe Kosten) sowie geschwungene Kurvenverläufe für die gesamten

Durchschnittskosten k_g und die durchschnittlichen fixen Kosten k_f („Fixkostendegression") zu unterscheiden. Grenzkosten und durchschnittliche variable Kosten k_v sind identisch und weisen aus folgendem Grund ebenfalls einen linearen Verlauf (parallel zur Abszisse) auf (Abb. 3.18):

$$k_g = \frac{K_g}{x} = \frac{K_v + K_f}{x} = k_v + k_f$$

$$K' = \frac{dK_g}{dx} = A_1; \quad k_g = \frac{A_1 \cdot x}{x} = A_1$$

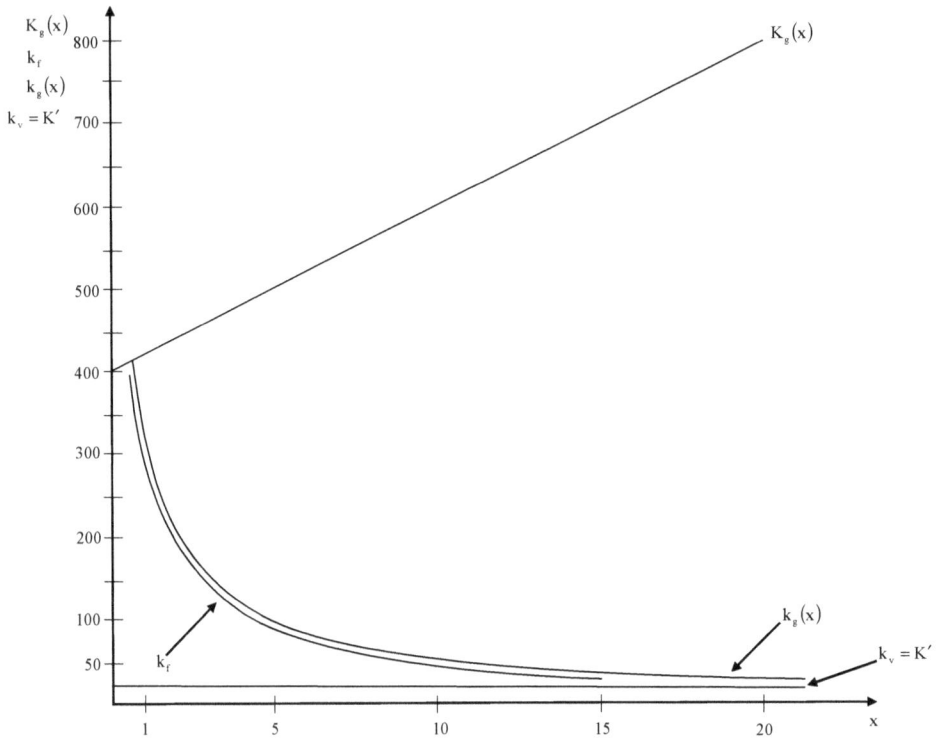

Abb. 3.18:   Gesamt-, Durchschnitts- und Grenzkostenverläufe bei linearem Verlauf von k_g

Beispiel 2:

$$K_f = 400 \ ; \ K_v = 20 \cdot x$$

$$K_g = 400 + 20 \cdot x$$

$$K' = 20; \ k_f = \frac{400}{x}; \ k_v = 20$$

$$k_g = \frac{400}{x} + 20$$

x	0	1	5	10	15	20
K_g	400	420	500	600	700	800
k_g	--	420	100	60	46,7	40
k_f	--	400	80	40	26,7	20

Bei Übertragung dieser Werte in ein Koordinatensystem ergeben sich die in Abb. 3.18 dargestellten Kurvenverläufe.

3.1.2.3 Kosteneinflussgrößen

Im System der Kosteneinflussgrößen nach Gutenberg kommt dem **Beschäftigungsgrad** dominierende Bedeutung zu. Unter Beschäftigungsgrad ist dabei das Verhältnis zwischen Beschäftigung und Kapazität zu verstehen, der das Verhältnis zwischen der tatsächlichen Auslastung und der möglichen Erzeugung in Prozent ausdrückt, also:

$$\frac{Beschäftigung}{Kapazität} \times 100$$

Dazu kommen weitere Kosteneinflussgrößen in Form der Betriebsgröße, der Faktorqualität, des Fertigungsprogramms und der Faktorpreise.

Das Kosteneinflussgrößensystem von *Heinen* (1978) dagegen besteht aus den Größen

- Kostenwert
- Fertigungsprogramm
- produktionswirtschaftliches Instrumentarium hinsichtlich
- Ausstattung (artmäßige Zusammensetzung; mengenmäßige Zusammensetzung; räumliche Verteilung) und
- Prozess (Verteilungsparameter; Auflagengröße; Outputniveau; Intensitäten; Leistungsbereitschaft).

Im Folgenden wird im Rahmen der Ableitung von Kostenverläufen auf der Basis bestimmter Produktionsfunktionen vom Beschäftigungsgrad als dominanter Einflussgröße auf die kostentheoretische Modellbildung ausgegangen.

3.1.2.4 Kostenfunktionen auf der Basis der Produktionsfunktion vom Typ A

Zur Ableitung der Kostenfunktion ist die Umkehrfunktion aus der „monetären" Produktionsfunktion, die durch Multiplikation der „physischen" Produktionsfunktion mit den jeweiligen Kostenwerten ($\sum r_{vj} \cdot \pi_j$) und unter Berücksichtigung der fixen Gesamtkosten ($\sum r_{cj} \cdot \pi_j$) ermittelt wird, zu bilden. Für die graphische Darstellung (= Spiegelung der Ertragskurve an der Winkelhalbierenden im ersten Quadranten) sind darüber hinaus die Koordinaten zu vertauschen (wegen Einzelheiten siehe *Gutenberg*, 226 ff.; *Heinen* 1978, 400 ff.). Das so gewonnene Spiegelbild zeigt die Abhängigkeit der Kosten vom Beschäftigungsgrad (Abb. 3.19).

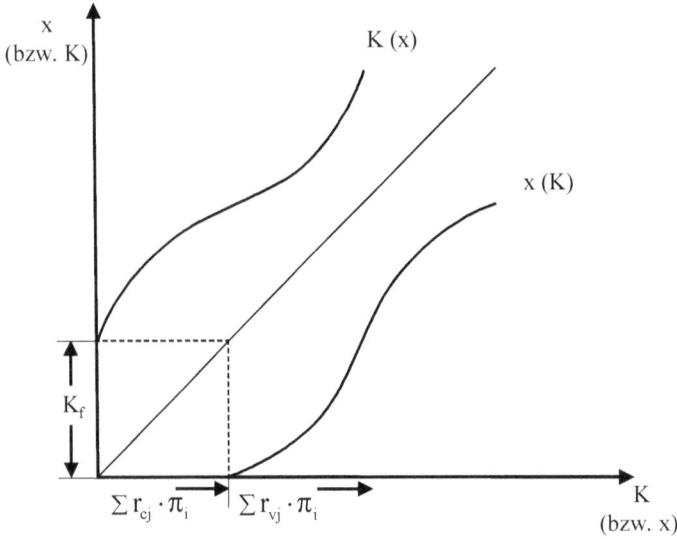

Abb. 3.19:   Ableitung der Kostenkurve K(x) aus der (monetären) Produktionsfunktion x(K)

3.1.2.5   Kostenfunktionen auf der Basis der Produktionsfunktion vom Typ B

Die Schreibweise $r_{ij} = f_{ij}(d_j) \cdot b_j$ der Produktionsfunktion vom Typ B (siehe 3.1.1.2) eröffnet grundsätzlich Änderungen des Beschäftigungsgrades durch Variation der Intensität (d) und durch Variation der Zahl der Arbeitseinheiten (b), die bei gegebener Intensität (d) realisiert werden, da die Produktionsfunktion vom Typ B stets für bestimmte Potentialfaktoreinsatzbedingungen definiert ist.

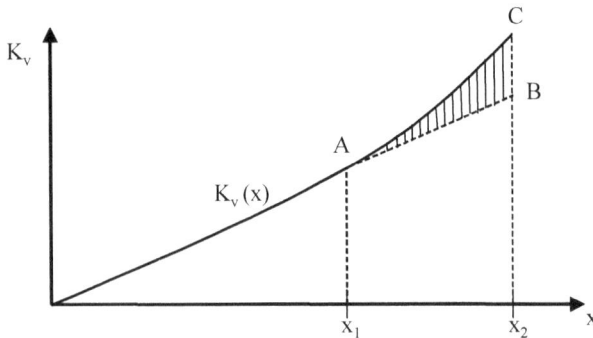

Abb. 3.20:   Kostenverlauf bei intensitätsmäßiger Anpassung

Somit ergeben sich drei Typen der **Beschäftigungsgradänderung (Anpassungsformen)**; (vgl. *Gutenberg*, 243 ff.; *Heinen*, 1978, 404 ff.):

- **Intensitätsmäßige Anpassung** (bei gegebenem Bestand an Potentialfaktoren und konstanter Betriebszeit wird die **Intensität** der maschinellen Anlagen und/oder der arbeitenden Menschen variiert);
- **Zeitliche Anpassung** (bei konstanten Potentialfaktoren und konstanter Intensität der Nutzung wird die **Nutzungszeit** der einzelnen technischen Teileinheiten **variiert**);
- **Quantitative Anpassung** (bei Konstanz der Betriebszeit und der Intensität der
- Potentialfaktornutzung wird die **Zahl der Potentialfaktoren** variiert).

Wird der Beschäftigungsgrad durch die Wahl der Anpassungsformen geändert, können sich in den ersten beiden Fällen kostenmäßige Wirkungen nur im Bereich der variablen Kosten ergeben. Erfolgt dagegen quantitative Anpassung, erhöhen sich entsprechend des Einsatzes zusätzlicher Potentialfaktoren auch die fixen Kosten (**sprungfixe Kosten**; siehe auch 3.4.1.4). Bei graphischer Darstellung zeigen die verschiedenen Anpassungsmaßnahmen die in den Abb. 3.20 bis 3.22 wiedergegebenen Kostenverläufe.

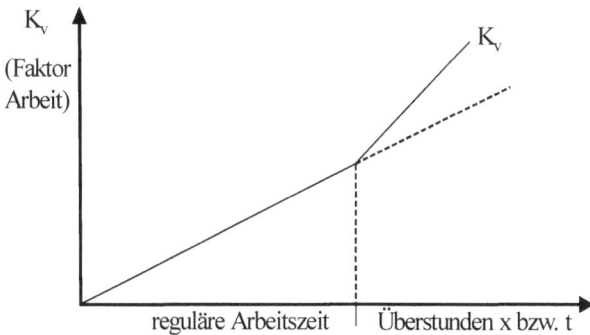

Abb. 3.21: Kostenverlauf bei zeitlicher Anpassung

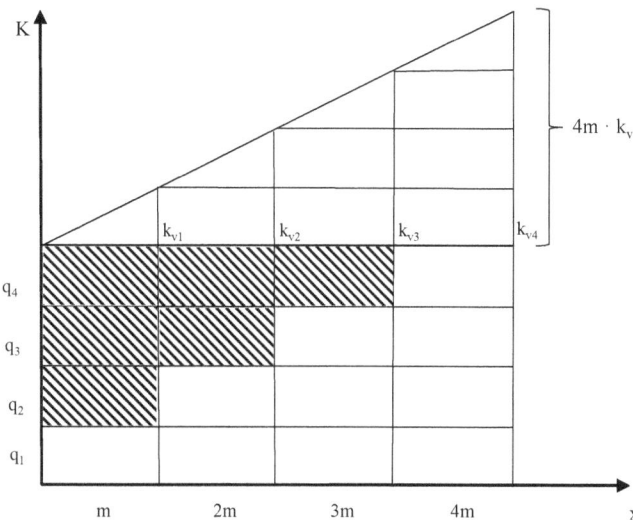

Abb. 3.22: Kostenverlauf bei quantitativer Anpassung (m = Maschine; q_i = fixe Kosten pro Maschine)

3.1.2.6 Kostenfunktionen auf der Basis der Produktionsfunktion vom Typ C

Die Gesamtkosten ergeben sich definitionsgemäß aus der Multiplikation der Summe der (physischen) Verbrauchsmengen der Produktionsfaktoren r_i (i = 1, ... , n) mit den ihnen zugehörigen und als gegeben vorausgesetzten **Kostenwerten** (**Faktorpreisen**; π_i).

Auszugehen ist daher von der (Gesamt-)Kostenfunktion in der allgemeinen Schreibweise (siehe dazu *Heinen* 1980, 188 ff.; *Heinen* 1978, 469 ff.)

$$K_g = \sum_{i=1}^{n} r_i \cdot \pi_i$$

Unter Berücksichtigung der Produktionsfunktion vom Typ C, die durch das Gleichungssystem

$$r_i = \sum_{j=1}^{m} r_{ij} \cdot w_j$$

in ihrer Grundstruktur bestimmt ist (siehe 3.1.1.3), ergibt sich die spezifische **Kostenfunktion** auf der Basis der Produktionsfunktion vom Typ C in Form des Gleichungssystems

$$K_g = \sum_{i=1}^{n} \sum_{j=1}^{m} r_{ij} \cdot w_j \cdot \pi_i$$

- Hinsichtlich der verschiedenen Anpassungsformen an veränderte Beschäftigungsgrade (siehe dazu 3.1.2.5) sind unterschiedliche Konsequenzen zu unterscheiden:
- Bei rein **zeitlicher Anpassung** bleiben sowohl der Faktorverbrauch pro einmaligem Vollzug der Elementarkombination als auch der Kostenwert konstant. Kostenänderungen können somit nur von Änderungen der Wiederholungszahlen (w_i) ausgehen. Daher sind die Bestimmungsgründe, welche die Wiederholungszahlen der einzelnen E-Kombinationen bei unterschiedlichen Mengen an Fertigerzeugnissen beeinflussen, Gegenstand des Interesses und der Kostenanalysen. Im Regelfall kommt es zu linearen Kostenverläufen.
- Bei **intensitätsmäßiger Anpassung** werden zusätzliche Fertigproduktmengen bei gleichbleibender Arbeitszeit erstellt; zusätzlich zur Zahl der Wiederholungen werden auch die Elementarkombinationszeiten verändert, so dass infolge erhöhter Belastung der Potentialfaktoren ein erhöhter Verbrauch (r_{ij}) pro einmaligem Vollzug der einzelnen E-Kombinationen entsteht. Der Gesamtverbrauch und die variablen Kosten verändern sich dabei nicht proportional zur Fertigungsmenge. Die Folge sind **nichtlineare unstetige Kurvenverläufe**.
- Bei **quantitativer Anpassung** werden definitionsgemäß zusätzliche Fertigungsmengen durch Einsatz zusätzlicher (bisher stillgelegter) Potentialfaktoren bei Konstanz der Arbeitszeit und der Intensität hergestellt. Die daraus resultierenden **Kurvenverläufe** sind ebenfalls **unstetig**, wobei im Regelfall eine proportionale (lineare) Entwicklung der variablen Kosten eintreten wird, allerdings mit verändertem Steigungswinkel bei Einsatz eines zusätzlichen Aggregats (**geknickt-lineare Kostenfunktion**; Abb. 3.23). Andererseits ist auch der Fall denkbar, dass es zu einem **überproportionalen** (geschwungenen) Verlauf der variablen Kosten ab der Fertigungsmenge kommt, von der an das zuletzt

eingesetzte Betriebsmittel eine geringere Kapazität und ungünstigere Verbrauchsfunktionen aufweist.

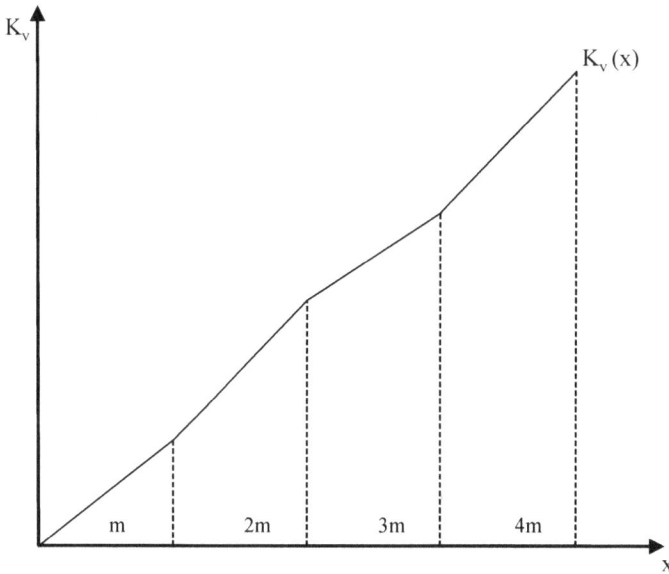

Abb. 3.23:   Geknickt-lineare Kostenfunktion bei quantitativer Anpassung (m = Aggregat)

3.1.3   Absatz- und preistheoretische Grundlagen

Die betriebswirtschaftliche Absatz- und Preistheorie befasst sich mit dem Prozess der Leistungsverwertung auf den Absatzmärkten. Zu diesem Zweck sind in einem ersten Schritt analog zur produktions-und kostentheoretischen Vorgehensweise die Beziehungen zwischen Absatzmenge (x) und Absatzpreis des Produkts (p) zu analysieren. Die daraus resultierende **Preis-Absatz-Funktion**), die mengenmäßige Konsequenzen alternativer Preise beschreibt und somit auch als unternehmungsindividuelle **Nachfragefunktion**) bezeichnet werden kann, bildet die Grundlage zur Ableitung der **Umsatzfunktion (Erlösfunktion)** der Unternehmung. Dabei ergibt sich der **Umsatz** aus der Multiplikation der Absatzmenge (**Mengenkomponente** der Leistungsverwertung) mit dem jeweils entsprechenden, am Absatzmarkt erzielbaren Absatzpreis (**Wertkomponente**). Von Interesse ist in diesem Zusammenhang ferner der **Grenzumsatz** als derjenige zusätzliche Umsatz eines Produkts, der durch den Absatz jeweils einer zusätzlichen (= jeweils letzten) Mengeneinheit verursacht wird und insofern Analogien zu den Grenzkosten aufweist (siehe 3.1.2.2). Diese Zusammenhänge lassen erkennen, dass die **Leistungsverwertung** und deren Erfolg insbesondere von der Form der unternehmensindividuellen Preis-Absatz-Funktion einerseits und von den Beziehungen zwischen Umsatz bzw. Grenzumsatz in Relation zur Absatzmenge andererseits abhängen.

Hinsichtlich der **Preis-Absatz-Funktion** kann grundsätzlich zwischen den beiden Extremfällen der Verhältnisse bei vollständiger Konkurrenz und der Verhältnisse des Angebotsmonopols unterschieden werden. Alle in der Realität anzutreffenden Formen bewegen sich innerhalb dieses Rahmens (siehe dazu *Böventer*; *Woll*). Je nachdem, welche Größe die Unternehmung als Aktionsparameter betrachtet, erhält die Preis-Absatz-Funktion die Form

$$x = f(p) \qquad \text{oder} \qquad p = f(x)$$

Im ersten Falle betrachtet die Unternehmung den Preis, im zweiten Fall die Menge als Aktionsparameter, von der dann die jeweils andere Größe abhängt. Formal ergibt sich der **Umsatz** (U) als

$$U = p \cdot x$$

und die **Umsatzfunktion** durch Einsetzen von p

$$U = f(x) \cdot x$$

Der **Grenzumsatz** (U')) wird mathematisch durch Differenzierung der Umsatzfunktion (1. Ableitung) ermittelt:

$$U' = \frac{dU}{dx}$$ Bei **vollkommener Konkurrenz** zeigt die **Preis-Absatz-Funktion** einen zur Abszisse parallelen Verlauf, da in diesem Fall der **Preis** ein **Datum** darstellt und aktive Preispolitik somit nicht möglich ist. Die **Anbieter** können sich allenfalls als **Mengenanpasser** verhalten; Preis und Grenzumsatz fallen zusammen (Abb. 3.24). Dagegen nimmt die Umsatzfunktion einen linear-steigenden Verlauf.

Beispiel 3:

Der Preis für ein Produkt betrage 10 Geldeinheiten (GE), die maximal absetzbaren Mengen 100 Einheiten. Für den Umsatz ergeben sich daher alternativ folgende Werte in Abhängigkeit von x:

x	0	1	10	20	50	100
U	0	10	100	200	500	1000

Die **Preis-Absatz-Funktion** im Falle des (Angebots-)Monopols als komplementärem Extremfall zeigt den in Abb. 3.25 dargestellten charakteristischen, d. h. von links oben nach rechts unten fallenden Verlauf. Das **Maximum der Umsatzkurve** wird durch den Schnittpunkt des Grenzumsatzes mit der Abszisse (U' = 0) bestimmt.

Beispiel 4:

p = 100 – 10 · x (Preis-Absatz-Funktion)

U = 100x – 10 · x²

U' = 100 – 20 · x

Sättigungsmenge(p = 0): x = 10

Maximalpreis (x=0): p = 100

x	0	1	2	3	4	5	8	10
U	0	90	160	210	240	250	160	0
U'	100	80	60	40	20	0	-60	-100

$U' = 10$ GE

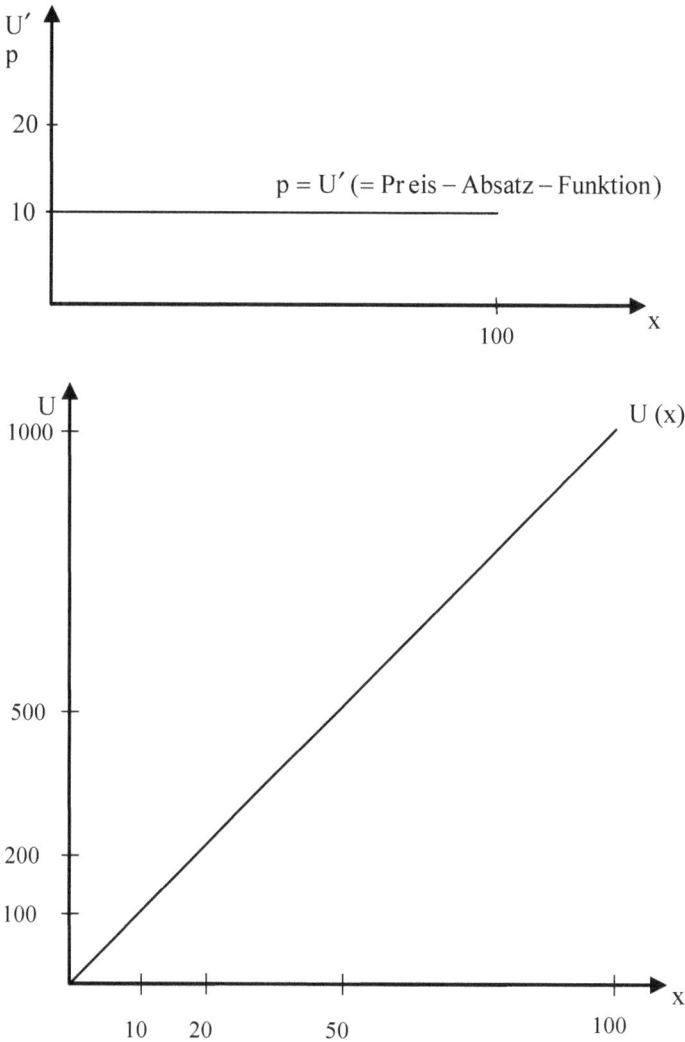

Abb. 3.24: Preis-Absatz-Funktion und Umsatzfunktion bei vollkommener Konkurrenz

Für die Unternehmung von entscheidender Bedeutung ist die **Elastizität**) der (individuellen) Preis-Absatz-Funktion insofern, als diese die Reaktion der Nachfrager auf Preisänderungen ausdrückt. Die **direkte Preiselastizität** (η) drückt das Verhältnis der Änderung der relativen Nachfrage nach einem Produkt (dx_i/x_j) zu der sie verursachenden relativen Änderung des Produktpreises (dp_i/p_i) aus, also:

$$\eta = \frac{\dfrac{dx_i}{x_i}}{\dfrac{dp_i}{p_i}} = \frac{dx_i}{dp_i} \cdot \frac{p_i}{x_i}$$

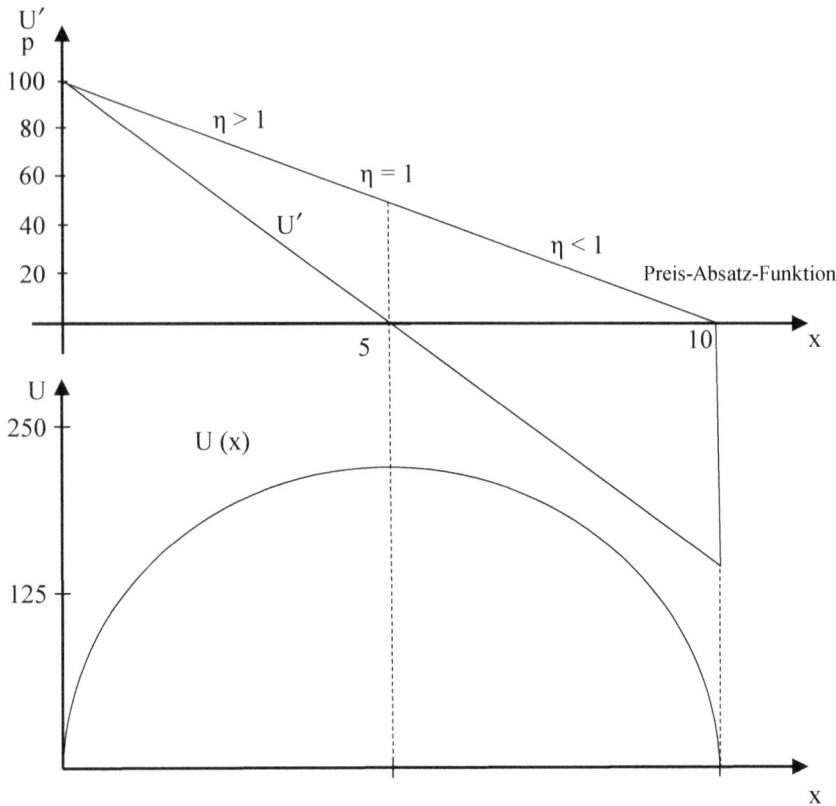

Abb. 3.25:   Preis-Absatz-Funktion und Umsatzfunktion im Falle des (Angebots-)Monopols

Bei Werten von $\eta > 1$ liegt **elastische Nachfrage**) vor, d. h. bei Preisvariationen lassen sich Umsatzsteigerungen erreichen, während im Falle $\eta = 1$ keine Re-aktionen auf den Umsatz ausgehen und bei Werten von $\eta < 1$ **unelastische Nachfrage**) gegeben ist, bei der relative Umsatzrückgänge (fallende Grenzumsätze) zu erwarten sind. **Vollkommen elastische Nachfrage** ($\eta = \infty$) besteht bei vollkommener Konkurrenz (Abb. 3.25 oben); dagegen kennzeichnet die Konstellation $\eta = 0$ die Verhältnisse bei **vollkommen unelastischer Nachfrage**, bei der die absetzbare Menge bei jedem Preis die gleiche ist.

3.1.4   Erfolgstheoretische Grundlagen

Die betriebsbezogenen produktions- und kostentheoretischen Überlegungen einerseits sowie die marktbezogenen absatz- und preistheoretischen Überlegungen andererseits münden schließlich in erfolgstheoretische Überlegungen in der Weise, dass unternehmungsindividuelle Umsatz und Kostenfunktionen die spezifische **Gewinnfunktion** (G) in Abhängigkeit von x bestimmen, also:

$$G(x) = U(x) - K(x)$$

Der **Erfolg (G)** soll bei Verfolgung primär einkommensorientierter Zielsetzungen von Unternehmungen möglichst groß sein, weshalb das Maximum der Gewinnfunktion in der Weise zu ermitteln ist, dass die 1. Ableitung der Gewinnfunktion durch Differentiation gebildet und dieser Wert dann gleich Null gesetzt wird:

$$G' = dG/dx - dK/dx = 0$$

Daraus folgt:

$$U' = K'$$

Das **Gewinnmaximum** einer Unternehmung ist somit bei jener Konstellation realisiert, bei der sich Grenzumsatz (U') und Grenzkosten (K') entsprechen. Hinsichtlich der Ermittlung des Gewinnmaximums kann neben der vorgenommenen **mathematisch-analytischen** Lösungsmöglichkeit auch die **graphische** Methode Anwendung finden, die entweder im Wege der **Gesamtbetrachtung** (Vergleich der Gesamtertrags- mit der Gesamtkostenkurve) oder durch Vergleich der Grenzerlös-mit der Grenzkostenkurve (**Marginalanalyse**) das jeweilige Gewinnmaximum feststellt.

Die folgenden Ausführungen beschränken sich auf eine **Gesamtbetrachtung** der Verhältnisse bei vollkommener Konkurrenz (mit ertragsgesetzlichem und linearem Kostenverlauf) und der monopolistischen Situation (siehe *Ott*, 136 ff.).

Abb. 3.26a zeigt eine Integration von Erlös- und (ertragsgesetzlicher) Kostenfunktion bei **vollkommener Konkurrenz**: Nach Überwindung einer Verlustzone, die von 0 bis x_2 reicht, wird in P_2 ein **Kostendeckungspunkt** (**Break-Even-Point**) erreicht. Von x_2 bis x_4 reicht die Gewinnzone mit P_3 als **gewinnmaximalem** Punkt, der sich ab P_4 wiederum einer Verlustzone anschließt; P_1 stellt die **verlustmaximale** Situation dar.

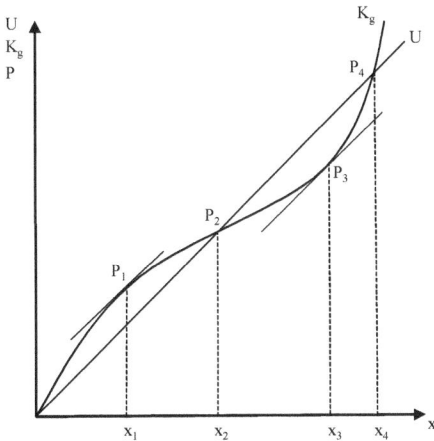

Abb. 3.26a

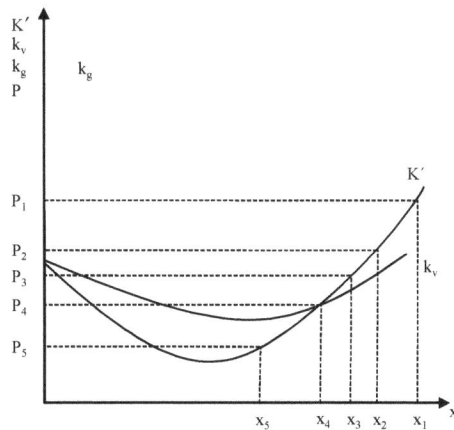

Abb. 3.26b

Abb. 3.26: Erfolgstheoretische Analyse 1 (ertragsgesetzlicher Kostenverlauf; vollkommene Konkurrenz)

Abb. 3.26b gibt verschiedene Kostenverläufe bei **alternativen Preishöhen** wieder. Demnach lassen sich fünf typische **Erfolgssituationen** unterscheiden:

- Der Preis ist höher als die durchschnittlichen Gesamtkosten in ihrem Minimum (P$_1$); die Unternehmung erzielt einen **Gewinn**.

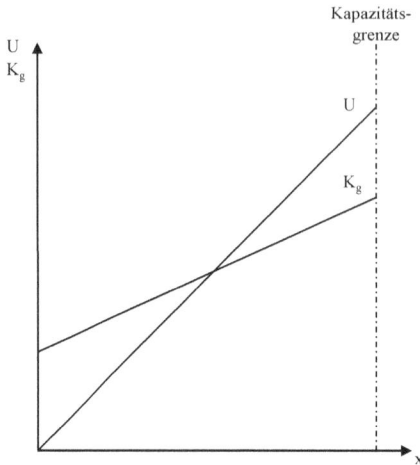 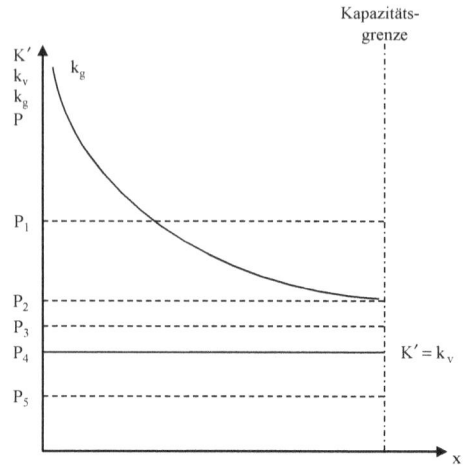

Abb. 3.27a   Abb. 3.27b

Abb. 3.27:   Erfolgstheoretische Analyse 2 (linearer Kostenverlauf; vollkommene Konkurrenz)

- Der Preis entspricht den durchschnittlichen Gesamtkosten (P$_2$); die Unternehmung erzielt **weder Gewinn noch Verlust**.
- Der Preis liegt zwischen den Minima der durchschnittlichen Gesamtkosten und der durchschnittlichen variablen Kosten (P$_3$): Die Unternehmung erleidet einen **Verlust**, der **geringer** ist als die **fixen Kosten**.
- Der Preis entspricht dem Minimum der durchschnittlichen variablen Kosten (P$_4$); die Unternehmung erleidet einen Verlust in Höhe der fixen Kosten.
- Der Preis liegt unter dem Minimum der durchschnittlichen Kosten (P$_5$). Der **Verlust** ist damit **höher als die fixen Kosten**, bei dieser Konstellation unterbleibt ein Angebot, die Unternehmung scheidet aus dem Markt.

Demnach bedeutet die Menge x$_4$ das individuelle **Betriebsminimum** und daher die Produktionsschwelle, während die Menge x$_2$ das **Betriebsoptimum** in gesamtwirtschaftlicher Sicht bzw. die **Gewinnschwelle** unter betriebswirtschaftlichen Aspekten repräsentiert.

Da sich bei **linearem** Verlauf der Kostenfunktion die in Abb. 3.27a dargestellte scherenförmig auseinanderlaufende Konstellation von U und Kg ergibt, ist bei vollständiger Konkurrenz die Angebotssituation an der **Kapazitätsgrenze** der Unternehmung **gewinnmaximal**. Abb. 3.27b zeigt eine Situation, in der die Unternehmung lediglich bei Preis P$_1$ mit Gewinn arbeitet und an der Kapazitätsgrenze produziert. Hinsichtlich der Interpretation der Situationen P$_2$ bis P$_5$ ergeben sich dieselben Erkenntnisse, wie sie für den ertragsgesetzlichen Verlauf erläutert worden sind.

Über die Erfolgssituation im Falle des (Angebots-)**Monopols** gibt Abb. 3.28 Auskunft, die durch die glockenförmige Umsatzkurve und eine ertragsgesetzliche Kostenfunktion gekennzeichnet ist. Das **Gewinnmaximum** ist bei Menge x$_3$ realisiert, bei der Umsatz und Kostenfunktion dieselbe Steigung aufweisen, d. h. die Tangenten an die jeweiligen Kurven parallel zueinander verlaufen (U' = K'); das Verlustmaximum dagegen ist bei x_1 gegeben. Die **Gewinnzone** reicht somit von x_2 bis x_4, von dort an beginnt bei zunehmenden Mengen eine weitere **Verlustzone** (K' > U').

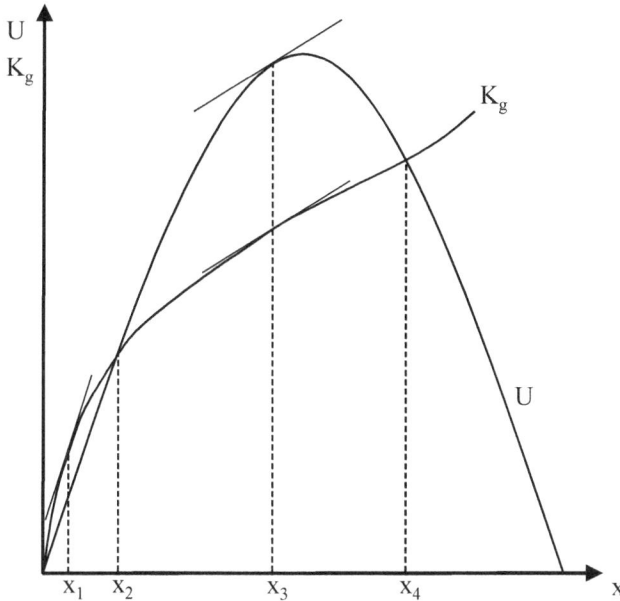

Abb. 3.28:   Erfolgstheoretische Analyse 3 (ertragsgesetzlicher Kostenverlauf)

3.1.5   Verrechnungstechnische Grundlagen: Der Zusammenhang zwischen Finanzbuchhaltung und Betriebsbuchhaltung

Das Verhältnis der Finanzbuchhaltung zur Betriebsbuchhaltung kann entsprechend der betrieblichen Bedürfnisse und Notwendigkeiten grundsätzlich durch monistische Systeme (Einsysteme) und dualistische Systeme (Zweisysteme) gekennzeichnet sein (siehe dazu *Schweitzer/Hettich/Küpper*, 94 ff.):

Einsysteme integrieren die Betriebsbuchhaltung in die umfassendere Finanzbuchhaltung, so dass beide Buchhaltungsbereiche ein **einheitliches Kontensystem** aufweisen. Dabei vollzieht sich die Abrechnung von Kontenklasse zu Kontenklasse in einem jeweils abgeschlossenen Abrechnungskreis.

- Im **reinen Einsystem** ist die Betriebsbuchhaltung kontenmäßig vollständig in die Finanzbuchhaltung eingeordnet, wobei hinsichtlich der Abrechnung sowohl das Gesamtkostenverfahren als auch das Umsatzkostenverfahren angewandt werden kann. Die Feststellung des Gesamterfolges in der GuV-Rechnung lässt sich bei derartigen Systemen allerdings erst nach Ermittlung des **Betriebsergebnisses (kalkulatorischer Periodenerfolg**; siehe 3.8) in der Betriebsbuchhaltung durch die anschließende Zusammenführung mit dem **neutralen Ergebnis (neutraler Periodenerfolg)** in das **Unternehmensergebnis** (= GuV-Rechnung) vornehmen.

- Zur Erhöhung der Flexibilität und Anpassungsfähigkeit reiner Einsysteme erfolgt eine gewisse Ausgliederung der Betriebsbuchhaltung aus der Finanzbuchhaltung in der Weise, dass erstere in Form einer **Nebenrechnung** an die Finanzbuchhaltung „angehängt" wird und diese ergänzt (z. B. Grenzkostenrechnung). In diesem Falle handelt es sich um ein **ergänztes Einsystem** bzw. eine **angehängte Betriebsbuchhaltung** (**Nebenbuchhaltung**). Grundsätzlich stellen die Konten der Finanzbuchhaltung als Hauptbuchhaltung Sammelkonten dar, von denen aus die innerbetriebliche Abrechnung vorgenommen wird. Rechnungsdifferenzen zwischen Finanz- und Betriebsbuchhaltung, die aus der Berücksichtigung kalkulatorischer Kosten resultieren, werden über ein Abgrenzungskonto erfasst.

Zweisysteme sind dagegen durch eine Trennung der beiden Buchhaltungskreise gekennzeichnet, wobei sowohl die Finanzbuchhaltung als auch die Betriebsbuchhaltung grundsätzlich geschlossene Abrechnungskreise darstellen, so dass erstere den **pagatorischen Erfolg** als Differenz von Erträgen und Aufwendungen ermittelt (= GuV-Rechnung), während die Betriebsbuchhaltung sich ausschließlich auf die Feststellung der Differenz zwischen Erlösen (= Leistung) und Kosten (Betriebsergebnis) beschränkt. Im Einzelnen sind sowohl Ausgestaltungen in Form von sog. **Übergangssystemen**, die den Zusammenhang mit der Finanzbuchhaltung durch Übergangskonten wahren, als auch völlig **getrennte Systeme**, die eine isolierte Betriebsbuchhaltung bedeuten, in Form des sog. **Spiegelbildsystems** möglich.

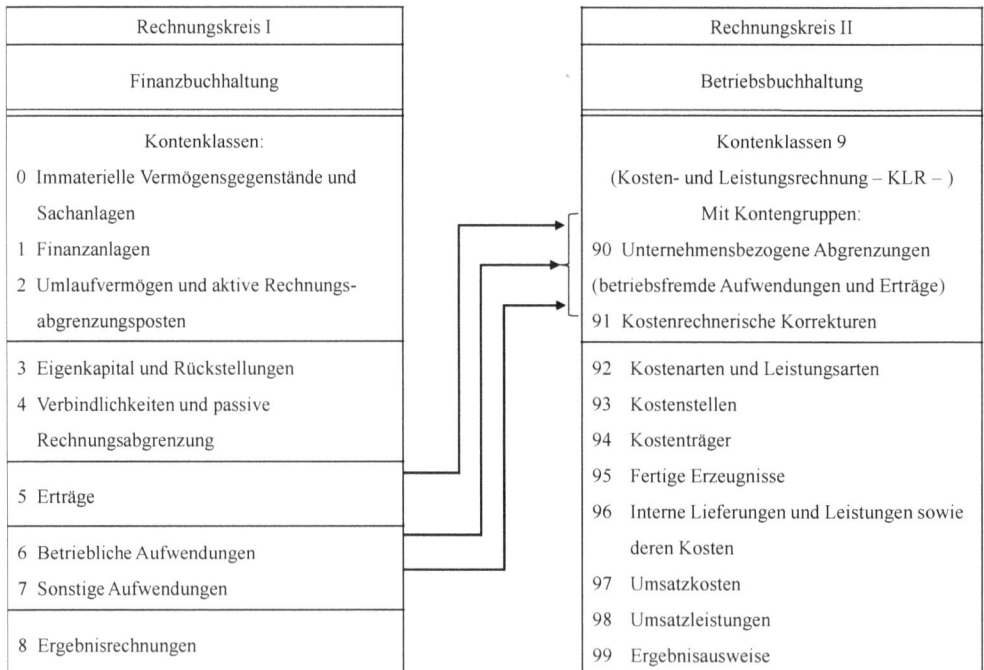

Rechnungskreis I	Rechnungskreis II
Finanzbuchhaltung	Betriebsbuchhaltung
Kontenklassen:	Kontenklassen 9
0 Immaterielle Vermögensgegenstände und Sachanlagen	(Kosten- und Leistungsrechnung – KLR –)
1 Finanzanlagen	Mit Kontengruppen:
2 Umlaufvermögen und aktive Rechnungsabgrenzungsposten	90 Unternehmensbezogene Abgrenzungen (betriebsfremde Aufwendungen und Erträge)
	91 Kostenrechnerische Korrekturen
3 Eigenkapital und Rückstellungen	92 Kostenarten und Leistungsarten
4 Verbindlichkeiten und passive Rechnungsabgrenzung	93 Kostenstellen
	94 Kostenträger
5 Erträge	95 Fertige Erzeugnisse
	96 Interne Lieferungen und Leistungen sowie deren Kosten
6 Betriebliche Aufwendungen	
7 Sonstige Aufwendungen	97 Umsatzkosten
	98 Umsatzleistungen
8 Ergebnisrechnungen	99 Ergebnisausweise

Abb. 3.29:   Verbindung der Rechnungskreise I und II nach IKR durch Abgrenzungskonten im Rahmen eines Spiegelbildsystems (Vollkostenrechnung)

Das **Spiegelbildsystem** übernimmt auf der Grundlage des Industrie-Kontenrahmens (siehe 1.4.1.3), der dem Zweikreissystem in besonderer Weise entspricht, die Grundkostenwerte der Kontenklassen 6 und 7 (die kalkulatorischen Zusatzkosten sind in Klasse 9 gesondert zu ermitteln und zu berücksichtigen) sowie die Erlöse der Kontenklasse 5 und berücksichtigt die Bestandsänderungen aus Kontenklasse 2 (Halb- und Fertigerzeugnisse). Den Kontenklassen 5, 6 und 7 des Rechnungskreises I stehen als **Abgrenzungskonten** die Kontengruppen 90 und 91 der Kontenklasse 9, die den Rechnungskreis II repräsentiert, gegenüber (**Vollkostenrechnung**; siehe Abb. 3.29). Anschließend werden die Gemeinkosten über den **Betriebsabrechnungsbogen (BAB)** auf die Kostenstellen verteilt und schließlich zusammen mit den Einzelkosten den Verkaufserlösen gegenübergestellt. Das **Betriebsergebnis-Konto**, das auf der Sollseite die Verkaufserlöse der Periode und die Endbestände an Halb- und Fertigerzeugnissen, auf der Habenseite die Gesamtkosten der Periode und die Anfangsbestände an Halb- und Fertigerzeugnissen aufnimmt, weist dann den **kalkulatorischen Erfolg** in Form entweder eines **Betriebsgewinns** (oder eines Betriebsverlusts) als **Betriebsergebnis** aus.

Übergangssysteme bedeuten ebenfalls eine Trennung von Finanz- und Betriebsbuchhaltung, und zwar in der Weise, dass sowohl Finanzbuchhaltung als auch Betriebsbuchhaltung jeweils für sich kontenmäßig selbständige und abschlussfähige Abrechnungskreise darstellen, wobei der Übergang bzw. die Verbindung zwischen den beiden Buchhaltungskreisen durch **Übergangskonten** hergestellt wird. Die Mindestzahl an Übergangskonten besteht in je einem Konto „Betriebsbuchhaltung" in der Finanzbuchhaltung und einem Konto „Finanzbuchhaltung" in der Betriebsbuchhaltung. Darüber hinaus können entsprechend der betrieblichen Gegebenheiten und Notwendigkeiten zusätzliche Übergangskonten geschaffen werden, z. B. für Aufwendungen (Kosten) und Erträge (Leistungen), so dass die Betriebsbuchhaltung die kurzfristige Erfolgsrechnung übernimmt oder die Finanzbuchhaltung auch die kalkulatorische Erfolgsermittlung miteinschließt

In der Praxis werden KLR meist tabellarisch durchgeführt. Die **Abgrenzungskonten** 90 und 91 der KLR **im Spiegelbildsystem** nehmen verrechnete Erträge und verrechnete Aufwendungen auf. Die Funktion der **Kontengruppe 90** besteht darin, die **nicht betriebsbezogenen** (betriebsfremden, periodenfremden und außerordentlichen) Erträge und Aufwendungen von den **betriebsbezogenen** Erträgen und Aufwendungen abzufiltern und aufzunehmen, während **Wertkorrekturen** bezüglich der betrieblichen Aufwendungen (z. B. Verrechnung von kalkulatorischen Kostenarten, Materialverrechnungen zu Verrechnungspreisen) und ggf. der betrieblichen Erträge in **Kontengruppe 91** erfolgen. Die **Kontengruppe 92** (verrechnete Leistungen und Kosten) übernimmt schließlich alle nicht zu korrigierenden Erträge und Aufwendungen **direkt** sowie die über Kontenklasse 91 abgegrenzten Erträge und Aufwendungen **indirekt** (wegen Einzelheiten siehe *BDI* 1980, 25 ff.; *Angermann*, 645 ff.).

Im Rahmen von **Teilkostenrechnungen** (siehe 3.4) ist eine Abwandlung der KLR nach IKR insofern erforderlich, als ein Teil der Kosten **direkt** auf die Kostenträger zugerechnet (**Direktkosten**) und alle übrigen Kosten als **Blockkosten** (Fixkostenblock) zusammengefasst werden, die durch Beiträge der Kostenträger zu decken sind (**Deckungsbeiträge**). Dementsprechend ergibt sich im Falle der **einfachen Direktkostenrechnung** folgende Gliederung der Konten, wobei wie in der KLR zu Vollkosten (Abb. 3.29) die Kontengruppen 90 und 91 sowie 92 die **Abgrenzung** übernehmen und sich insoweit keine Änderungen ergeben (siehe *BDI* 1980, 89 ff.; *Angermann*, 656 f.):

Kostenklasse 9 mit Kontengruppen:
90 Unternehmensbezogene Abgrenzungen 91 Kostenrechnerische Korrekturen
92 Verrechnete Leistungen und Kosten 93 Kostenstellen (verrechnete Blockkosten) 94 Kostenträger (verrechnete Direktkosten) 95 Fertigerzeugnisse 96 Interne Leistungen (aktivierte Eigenleistungen) 97 Umsatzkosten (Deckungsbeitragsrechnung/Erzeugnisse) 98 Umsatzleistungen (Deckungsbeitragsrechnung/Stellen) 99 Ergebnisausweise

Kontengruppe 92 erfasst die primären (direkten) Kostenarten, Kontengruppe 93 die Block-kosten. Die Kontengruppe 94 ist für die Verrechnung der Direktkosten der Periode vorgese-hen, während Kontengruppe 95 der Erfassung der auf die Fertigerzeugnisse entfallenden Direktkosten dient. Zu Direktkosten kalkulierte Eigenleistungen (Regieleistungen) nimmt Kontengruppe 96 auf. Dem Ausweis von Deckungsbeiträgen, die den Erzeugnissen zure-chenbar sind, und von Deckungsbeiträgen nach Stellen sowie Ergebnisausweise erfolgen in den Kontengruppen 97, 98 und 99. Die **Kostenstellenrechnung**, in der eine Spaltung nach fixen und proportionalen Kosten erfolgt, weist zweckmäßigerweise die in Abb. 3.30 darge-stellte Grundstruktur auf.

Kostenstellen Kostenarten	Gesamtkosten	Allgemeiner Bereich			Fertigung			Vertrieb/ Forschung/ Verwaltung		
		prop.	ges.	fix	prop.	ges.	fix	prop.	ges.	fix
primäre Kostenarten (lt. Kontengruppe 92)										

Abb. 3.30:   Grundstruktur der Kostenstellenrechnung im System der Direktkostenrechnung (Quelle: *BDI* 1980, 92)

3.2   Die Kostenrechnung

3.2.1   Funktion und Methodik der Kostenrechnung

Die Kostenrechnung liefert der Unternehmensführung im Rahmen der zielgerichteten Steuerung und Regelung der Betriebsprozesse die jeweils benötigten **Führungs-Informationen** über den betrieblichen Bereich der Leistungserstellung. Entsprechend der verschiedenen Führungstätigkeiten und Phasen des (Führungs-)Entscheidungsprozesses (siehe 1.1) lassen sich somit im wesentlichen drei **Funktionen** der Kostenrechnung mit jeweils besonderen Rechnungskategorien unterscheiden (Abb. 3.31), die den Charakter der Kostenrechnung als eines betrieblichen Führungsinstrumentes prägen:

Im Rahmen der **Ermittlungsfunktion** erfolgt ausschließlich die zahlenmäßige Erfassung, Speicherung, Verarbeitung und Darstellung tatsächlicher, bereits in der Vergangenheit kostenwirksam gewordener betrieblicher Entscheidungen in Form einer Ist-Rechnung bzw. Nachrechnung, die daher auch als **Erfassungsrechnung** oder **Darstellungsrechnung** bezeichnet werden kann. Die Wahrnehmung der **Kontrollfunktionen** impliziert jedoch weitergehende Rechenzwecke, die sich nicht nur auf die Kontrolle des Geplanten (Soll-Werte) beschränken, sondern zusätzlich auf eine Analyse der Abweichungen zwischen Soll- und Ist-Werten gerichtet sind (**Wirtschaftlichkeitsrechnung** oder **Analyserechnung**).

Funktionen	Rechnungszwecke	Rechnungstypen
Ermittlungsfunktion	Ermittlung von Ist-Werten	Erfassungsrechnung
Planungsfunktion	Ermittlung von Soll-Werten für Prognosen	Prognoserechnung
	Ermittlung von verbindlich vorzugebenden Soll-Werten	Planungsrechnung
Kontrollfunktion	Abweichungsanalysen (Feststellung und Analyse von Soll-Ist-Abweichungen)	Wirtschaftlichkeitsrechnung

Abb. 3.31:   Funktionen, Rechnungszwecke und Rechnungstypen der Kostenrechnung

Dies erfordert andererseits eine Rechnung zur Erfüllung der **Planungsfunktion**, die für die Zukunft angestrebte, mögliche Zustände ermitteln und den entsprechenden Entscheidungsträgern Informationen in Form von Soll-Werten zugänglich machen soll; derartige Rechnungen können sowohl in Form von unverbindlichen **Prognosen** (Prognose- bzw. **Vorschaurechnungen**) als auch in Form von verbindlichen **Vorgabe-** bzw. **Planwerten** (**Planungsrechnungen**) mit oder ohne Sanktionsandrohung bei Verfehlen der Vorgabewerte gestaltet sein.

In Verfolgung ihrer Aufgaben (siehe auch 1.1) und Funktionen geht die Kostenrechnung so vor, dass in einem **ersten Schritt** aus den verfügbaren Informationen, die sowohl aus der Finanzbuchhaltung als auch aus Nebenrechnungen (Lager-, Material-, Lohnbuchhaltung

u. ä.) stammen können, die Kosteninformationen erfasst und nach bestimmten **Kostenarten** systematisiert werden (**Kostenartenrechnung**).

In einem **zweiten Schritt** sind die erfassten Kosten nach dem Prinzip der Kostenverursachung entweder den **Kostenträgern** (Produkten, Produktgruppen) **direkt** oder sofern eine direkte Verursachung nicht feststellbar ist **indirekt** über diejenigen Betriebsbereiche (Kostenstellen) zuzurechnen, die sie im Rahmen der typischen betrieblichen Leistungserstellung und -verwertung zu verantworten haben (**Kostenstellenrechnung**) . Dabei ergeben sich in der Regel Probleme hinsichtlich der Feststellung, welche Kostenstelle tatsächlich für den Güterverzehr verantwortlich ist, und wo die Kosten angefallen sind.

Ist die Zurechnung zu Kostenstellen (einigermaßen zutreffend) gelöst, kann in einem **dritten Schritt** die Ermittlung der Stückkosten für alle produzierten Güter, die als **Kostenträger** anzusehen sind, erfolgen (**Kostenträgerstückrechnung**) . Diese Rechnungsstufe ist ebenfalls durch das Prinzip der Kostenverursachung geprägt, ergänzt durch die Prinzipien der **Kostentragfähigkeit** und der **Durchschnittsbildung**, die Regeln zur Verrechnung insbesondere der fixen Kosten darstellen. Ist eine verursachungsgerechte Kostenzurechnung derartiger Kosten nicht möglich, werden sie im ersten Fall proportional zu den Absatzpreisen oder anderen Bezugsgrößen (z. B. den Deckungsbeiträgen; siehe dazu 3.4) den Kostenträgern zugeordnet, im zweiten Fall im Wege der Durchschnittsbildung auf die produzierten Leistungen verteilt. Insgesamt befasst sich die Kostenträgerrechnung mit der Klärung der Frage, für welchen Zweck welche Kosten in welcher Höhe pro Stück entstanden sind. Die Kostenträgerstückrechnung wird in Anbetracht der Kennzeichnung ihrer Aufgabenstellung auch als **Selbstkostenrechnung**, als **Stückkostenrechnung** oder als **Kalkulation** bezeichnet.

Werden die Kosten nicht stückbezogen und nicht pro Produkteinheiten (= Stück) zugerechnet, sondern den in einer Periode erstellten Leistungen (Produkten oder Produktgruppen), liegt eine **Kostenträgerzeitrechnung** vor.

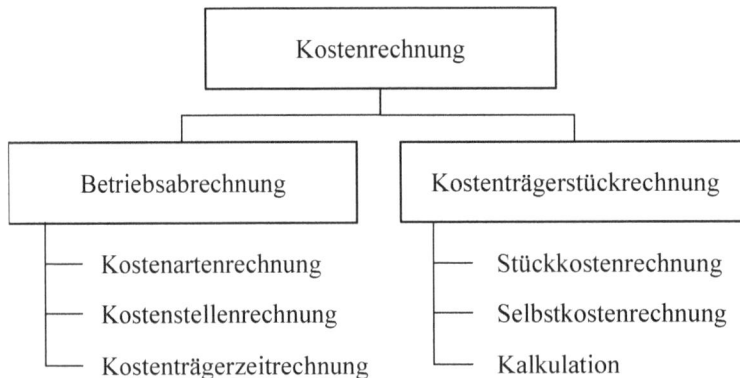

Abb. 3.32:   Teilgebiete der Kostenrechnung

Auf Grund der getroffenen Unterscheidungen ergeben sich die in Abb. 3.32 dargestellten Zusammenhänge bzw. Teilbereiche der Kostenrechnung; dabei können die **Kostenarten**, die **Kostenstellen**-und die **Kostenträgerzeitrechnung** unter dem Oberbegriff der **Betriebsabrechnung** zusammengefasst werden. Insgesamt bestehen die Ergebnisse der verschiedenen Stufen der Kostenermittlung und Kostenverteilung ihrerseits wiederum in Informationen, die für Zwecke der Unternehmensführung im Allgemeinen, ggf. auch für die Finanzbuchhaltung und den Jahresabschluss, für die Erfolgsrechnung, für Planungsrechnungen und für die Betriebsstatistik benötigt werden.

3.2.2   Systeme der Kostenrechnung

Das Grundanliegen jeglicher Kostenrechnung besteht darin, die entstandenen Kosten der Fertigung, des Vertriebes und der Verwaltung über die einzelnen Kostenstellen den jeweiligen Kostenträgern (und Leistungsträgern) verursachungsgerecht zuzurechnen. Während die Zuordnung der **Einzelkosten**, die den überwiegenden Teil der variablen Kosten umfassen, auf die Kostenträger ohne größere Schwierigkeiten möglich ist, bereitet die Zurechnung der **Gemeinkosten**, die im Wesentlichen aus den gesamten fixen Kosten und zu einem geringeren Teil auch aus nicht direkt zurechenbaren variablen Kosten bestehen (siehe 3.3.1), erhebliche Probleme; dies umso mehr, je stärker die Leistungserstellung und -verwertung durch die Entstehung fixer Kosten (insbesondere im Personalbereich) geprägt ist (z. B. bei Bank betrieben; siehe *Eilenberger* 2012, 577 ff.). Ein hoher Fixkostenblock erfordert daher ein adäquates Kostenrechnungsverfahren. Dieser Sachverhalt führte im Zusammenwirken mit den unterschiedlichen Aufgaben der Kostenrechnung, denen ein einzelnes Verfahren allein im Regelfall nicht gerecht werden kann, zur Entwicklung einer Reihe von Kostenrechnungsverfahren, die sich nach unterschiedlichen Kriterien systematisieren lassen.

Unter dem **Kriterium der Vollständigkeit** der Kostenzurechnung kann zwischen Systemen der **Vollkostenrechnung**, die sämtliche Kosten also auch die fixen Kosten mit Hilfe bestimmter Schlüsselungsmethoden den Kostenträgern zuordnen, und den Systemen der **Teilkostenrechnung**, die entweder nur die variablen Kosten (Einzelkosten und variable Gemeinkosten) den Kostenstellen und Kostenträgern zurechnen (**Direct Costing** bzw. **Direktkostenrechnung**), oder die eine Rechnung mit **relativen Einzelkosten** bezwecken (Deckungsbeitragsrechnung), unterschieden werden. Dabei erfährt der Fixkostenblock eine unterschiedliche Behandlung insofern, als die Rechnungen versuchen, die auf die Leistung verrechneten fixen Kosten durch stufenweises Vorgehen vom Fixkostenblock abzuschmelzen (**stufenweise Fixkostenabdeckung**). Die einfache Direktkostenrechnung wählt eine undifferenziertere Betrachtungsweise (**summarische Fixkostenabdeckung**; siehe 3.4.1.1). Zu den Systemen der Teilkostenrechnung zählt als Sonderfall der Direktkostenrechnung die **Grenzkostenrechnung** (3.4.1.4), die ausschließlich die variablen Kostenteile auf die Leistungen verrechnet und die gesamten fixen Kosten in die Erfolgsrechnung übernimmt. Wenn auf Grund dieser Charakterisierung die Bezeichnung „variable Kostenrechnung" den Sachverhalt prima facie besser zu treffen scheint, so ist gleichwohl die Bezeichnung als Grenzkostenrechnung im Falle der industriellen Produktion mit überwiegend limitationalen Produktionsprozessen gerechtfertigt, zumal dabei Grenzkosten und variable Stückkosten identisch sind. Die **Plankostenrechnungen auf Teilkostenbasis** sind dadurch gekennzeichnet, dass für die Kostenplanung ebenso wie für die Verrechnung der tatsächlich entstandenen Ist-Kosten eine Trennung der Kosten in variable (beschäftigungsabhängige) und fixe (beschäftigungsunabhängige) Kosten in allen Bereichen der Kostenrechnung erfolgt (siehe 3.6.2). Abb. 3.33 gibt einen Überblick über die Kostenrechnungssysteme unter Berücksichtigung der herrschenden Klassifizierung nach Kostenrechnungssystemen auf Vollkosten- und Teilkostenbasis.

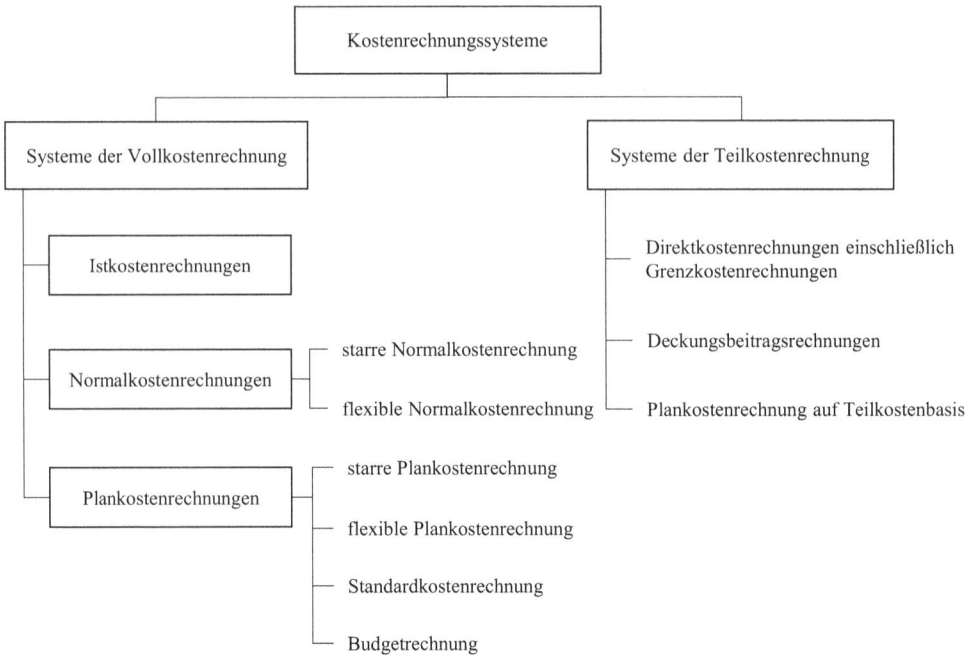

Abb. 3.33:   Kostenrechnungssysteme im Überblick

Unter dem **Kriterium der Zeitbezogenheit** lässt sich grundsätzlich zwischen vergangen-heitsorientierten und zukunftsorientierten Kostenrechnungssystemen unterscheiden. Als **vergangenheitsorientierte Systeme** sind die **Ist-Kostenrechnungen** und die einfachen Formen der **Normalkostenrechnung** zu klassifizieren. Dagegen besteht das gemeinsame Kennzeichen der **zukunftsorientierten Systeme** darin, dass in ihnen unabhängig von den (vergangenheitsbezogenen) Ist-Kosten für eine (oder mehrere) Planungsperiode(n) **Planda-ten** als **Sollgrößen** festgelegt werden (**Plankostenrechnung**) , wobei hinsichtlich der Art der Vorgabe von Sollgrößen die einzelnen Verfahren in Form der Standardkostenrechnung, Vor-gabekostenrechnung, Budgetkostenrechnung und Plankostenrechnung auf Teilkostenbasis in Erscheinung treten können.

Die Vorteile zukunftsorientierter Kostenrechnungssysteme – zweckmäßigerweise in Verbin-dung mit vergangenheitsorientierten Systemen – bestehen insbesondere darin, dass sie der Lenkungs- und Kontrollfunktion der Kostenrechnung gerecht werden. Derartige Rechnungen liefern und verarbeiten daher Kosteninformationen im Rahmen der Erfolgsplanung und der Programmplanung, geben Hilfestellung bei Entscheidungen zu produktionswirtschaftlichen Anpassungsformen, zur Wahl zwischen Eigenfertigung und Fremdbezug, zur Verfahrens-auswahl und zu vertriebspolitischen Maßnahmen in Form der Preisuntergrenzenermittlung für den Absatz von Gütern, der Preisobergrenzenermittlung für den Einkauf und die Bestim-mung der tatsächlichen Verkaufspreise.

Darüber hinaus lässt sich nach dem **Kriterium des Bezugsobjekts** der Zurechnung zwischen **produktorientierten**, **deckungsbeitragsorientierten** und **ergebnisorientierten** Kosten-rechnungssystemen unterscheiden (vgl. *Scherrer*, 43 ff.), wobei die einzelnen Systeme Kate-gorien der oben angeführten Art enthalten können. Als Besonderheit erscheinen in diesem

Zusammenhang die ergebnisorientierten Kostenrechnungssysteme, die eine periodenbezoge-ne Simultanrechnung darstellen und die isolierten Einzelrechnungen für das Produkt in Form von Stückkosten- und Stückerfolgsrechnung vermeiden. Damit erfassen sie für einen oder mehrere Unternehmensteile bzw. für die gesamte Unternehmung alle relevanten Daten von den Beschaffungsmärkten bis zu den Absatzmärkten. Demgegenüber beschränken sich pro-duktorientierte Kostenrechnungssysteme auf die Zuordnung jeweils nur eines Kostenbetrags pro bestimmter Produkteinheit.

3.3   Vollkostenrechnung (Ist-Rechnung)

Ist-Kostenrechnungen erfassen primär die in einer Periode tatsächlich verbrauchten Mengen und bewerten diese mit den jeweiligen Faktoreinsatzpreisen. Die Verteilung der Ist-Kosten erfolgt auf die in derselben Periode erstellten Leistungsmengen und weist damit eine verein-fachte Abrechnungstechnik auf. Dem steht allerdings das **Problem** gegenüber, dass Preisän-derungen und Mengenschwankungen jeweils voll auf die Ermittlung der Selbstkosten durch-schlagen und damit für dieselben Produkte in unterschiedlichen Perioden auch unterschiedli-che Selbstkosten entstehen.

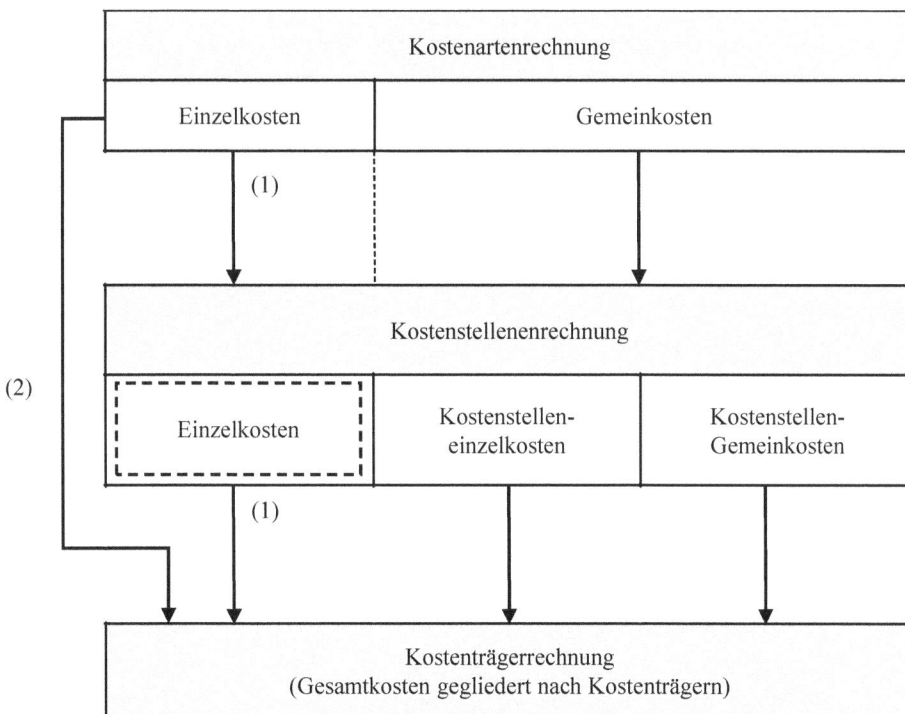

Abb. 3.34:   Grundstruktur des Kostenflusses im Rahmen von Ist-Vollkostenrechnungen

Da die Ist-Kostenrechnung ausschließlich **effektive**, d. h. tatsächlich in der Rechnungsperio-de angefallene Kosten verrechnet, bleibt ihr praktischer Wert für Zwecke der Unternehmens-führung im Sinne einer Steuerung der Unternehmung eingeschränkt. Dagegen eignen sie sich grundsätzlich als Instrumente zur Überwachung bzw. zur Erzielung von **Wirtschaftlichkeit**. Vollkostenrechnungen auf Ist-Basis erlauben **Nachkalkulationen**, nicht jedoch Vorkalkulationen (dazu sind entsprechende Plankostenrechnungen – siehe 3.6.1 – anzustellen).

Bezüglich der angewandten **Methode** ergibt sich der in Abb. 3.34 dargestellte **Kostenfluss** unter Anwendung der Instrumente Kostenrechnung, Kostenstellenrechnung und Kostenträgerrechnung, wobei die **Einzelkosten** direkt auf die **Kostenträger** (Produkte, Produktgruppen) zugerechnet werden, während bezüglich der **Gemeinkosten** die Einschaltung einer Kostenstellenrechnung zur adäquaten, indirekten Verteilung auf die Kostenträger notwendig ist. Bezüglich der Verrechnungstechnik über den Betriebsabrechnungsbogen ist neben der direkten Abrechnung auf die Kostenträger (2) auch die indirekte Abrechnung (2) über die Kostenstellenrechnung anzutreffen, damit die Wirtschaftlichkeit der jeweiligen Kostenstelle unmittelbar beurteilt werden kann.

3.3.1 Kostenartenrechnung

Die **Aufgabe** der Kostenartenrechnung besteht darin (siehe Abb. 3.35),

- sämtliche Kosten, die im Rahmen der Beschaffung, der Lagerung, der Produktion und der anschließenden Leistungsverwertung (Absatz) während einer Abrechnungsperiode einer Unternehmung entstanden sind, zu erfassen und ggf. zu bewerten, und
- eine Aufteilung der Gesamtkosten in einzelne Kostenarten sowie eine verursachungsgerechte Zurechnung auf die einzelnen Kostenstellen und Kostenträger vorzubereiten.

Dabei werden die Gesamtkosten nach der Art ihrer Zurechenbarkeit (Einzelkosten direkt, Gemeinkosten indirekt) unterschieden.

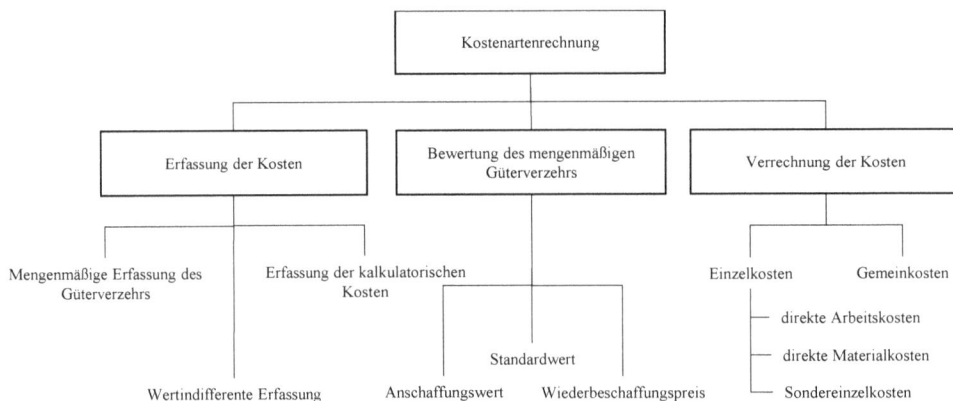

Abb. 3.35: Aufgaben der Kostenartenrechnung

3.3.1.1 Erfassung der Kosten und Bewertung

Grundvoraussetzung der Kostenartenrechnung ist die lückenlose Erfassung der Kosten, wobei eine getrennte Ermittlung der Verbrauchsgütermengen und der Faktorpreise angestrebt wird. Zunächst werden die verbrauchten **Mengen** erfasst und diese in einem zweiten Schritt bewertet, wobei der Anschaffungswert, der Wiederbeschaffungspreis oder Standardwerte Anwendung finden können (siehe Abb. 3.35).

Die Bewertung zu **Anschaffungspreisen** erfolgt nach den in Abschnitt 2.3.1.1 dargelegten Grundsätzen, so dass die auf diese Weise ermittelten Kostenwerte den pagatorischen Kosten entsprechen und unmittelbar aus dem Rechnungskreis I (Finanzbuchhaltung) entnommen werden können. Die Zielsetzung der Bewertung zu Anschaffungspreisen besteht in der Dokumentation und in der Wirtschaftlichkeitskontrolle in dem Sinne, dass in der Vergangenheit beobachtete Kostenentwicklungen miteinander verglichen werden können. Primär der Substanzerhaltung und der Kalkulation von Preisen dient dagegen die Bewertung zu **Wiederbeschaffungspreisen**, die sich an den (geschätzten) zukünftigen Preisen des betreffenden Kostengutes zum Zeitpunkt seiner Wiederbeschaffung orientiert. Mit der Bewertung zu Standardwerten (siehe auch 3.6.1), die den in Zukunft erwarteten durchschnittlichen Marktpreisen und damit festen Verrechnungspreisen (Festpreisen) für mehr als eine Rechnungsperiode entsprechen, wird eine Standardisierung der Kosten als Grundlage für Plankostenrechnungen erreicht. Die bei Multiplikation einer Normmenge mit dem Festpreis entstehenden **Standardkosten** (Soll-Kosten) stellen den Wirtschaftlichkeitsmaßstab dar, an dem die angefallenen Ist-Kosten gemessen bzw. mit dem diese verglichen werden. Insofern erweist sich die Bewertung zu Standardwerten als Ausdruck des Strebens nach Kostenwirtschaftlichkeit Darüber hinaus wird Planung, Steuerung und Kostenkontrolle über die Erfassung der Preisdifferenzen in der Finanzbuchhaltung und den dadurch ermöglichten getrennten Ausweis von Preisabweichungen und Mengenverbrauchsabweichungen erleichtert.

Die Systematisierung in Kostenarten könnte grundsätzlich nach der Art des Werteverzehrs, nach betrieblichen Funktionen (Kosten der Produktion, der Beschaffung, des Vertriebs, der Verwaltung), nach der Verrechnungsart (Einzel-/Gemeinkosten) und/oder nach dem Verhalten der Kosten bei Variationen des Beschäftigungsgrades (fixe/variable Kosten) erfolgen. Im Folgenden wird die üblicherweise angewandte und mit der Finanzbuchführung weitgehend kompatible Systematik nach dem Werteverzehr als Kriterium zu Grunde gelegt. Dabei erweist es sich als zweckmäßig (siehe *BDI* 1980, 32 ff.), die **Kostenarten** zu **Kostenartengruppen** und **Kostenartenhauptgruppen** zu aggregieren (Abb. 3.36).

Ist ein derartiges Vorgehen nicht möglich (z. B. im Falle von nicht-projektbezogenen Zinskosten, Ertragsteuern, Abschreibungen, Versicherungsbeiträgen), tritt an die Stelle der getrennten Erfassung eine **undifferenzierte Werterfassung**, die eine Ermittlung lediglich des gesamten Kostenbetrages bedeutet.

Eine Besonderheit gegenüber der handelsrechtliehen bzw. steuerrechtliehen Kostenermittlung stellt schließlich der Ansatz und die Berücksichtigung der **kalkulatorischen Kosten** im Rahmen der Kostenartenrechnung dar. Dabei handelt es sich um **Zusatzkosten**, also Werteverzehre, die nicht oder nicht in gleicher Höhe Zweckaufwendungen sind und insofern über die pagatorischen Kosten hinausgehen:

- Der **kalkulatorische Unternehmerlohn** ist das in der Kostenrechnung anzusetzende Entgelt für die Tätigkeit des die Unternehmung selbst leitenden Eigentümers und der Eigentümer von Personengesellschaften.
- **Kalkulatorische Zinsen** werden verrechnet, um folgenden Sachverhalten Rechnung zu tragen: Erstens werden Zinsen nur für einen Teil des in der Unternehmung investierten Kapitals für das zu verzinsende Fremdkapital **effektiv bezahlt**; diese Zinsaufwendungen erfasst die Finanzbuchhaltung. Im Leistungsprozess wird aber auch Kapital eingesetzt, das – wie Eigenkapital oder zinslos zur Verfügung stehendes Fremdkapital – nicht mit Zinsaufwendungen belastet ist. Die Genauigkeit der Kostenrechnung erfordert es, auch für zinsloses Kapital kostenrechnerisch Zinsen anzusetzen. Zweitens ist nicht ständig das

gesamte Kapital im Leistungsprozess gebunden, sondern ein Teil davon wird oft anderweitig verwendet (z. B. für einen spekulativen Wertpapier- oder Grundstückskauf). Auch in diesen Fällen erfordert die Genauigkeit der Kostenrechnung, dass nur die Kosten des im Leistungsprozess eingesetzten Kapitals verrechnet werden.

Die kalkulatorischen Zinsen beziehen sich daher auf das **betriebsnotwendige Kapital** bzw. betriebsnotwendige Vermögen, das auf folgende Weise ermittelt wird:

> *Gesamtvermögen (Bilanzvermögen)*
>
> + *stille Reserven*
>
> − *betriebsfremdes Vermögen*
> _____
>
> = *betriebsnotwendiges Vermögen*
>
> − *Abzugskapital*
> _____
>
> = ***betriebsnotwendiges Kapital***

Das **betriebsfremde Vermögen** bilden alle Vermögensteile, die nicht dem Leistungsprozess dienen, wie z. B. der spekulative Grundstücks- oder Wertpapierbesitz eines Industrieunternehmens. Das **Abzugskapital** ist das der Unternehmung zinslos zur Verfügung stehende Kapital, z. B. Kundenanzahlungen. Die kalkulatorischen Zinsen ergeben sich, indem man auf das betriebsnotwendige Kapital einen Zinssatz anwendet, der sich am Marktzinssatz für langfristige Kredite orientiert.

Kostenarten-hauptgruppen	Kostenartengruppen	Kostenarten	Her-kunft
Personalkosten	Löhne	Fertigungslöhne, Gemeinkostenlöhne, Prämien für Verbesserungen und Erfindungen, sonstige tarifliche und freiwillige Vergütungen	Finanzbuchhaltung (GuV-Rechnung)
	Gehälter	Fertigungsgehälter, Gemeinkostengehälter, Ausbildungsbeihilfen, Prämien und sonstige Vergütungen w. o.	
	Sozialkosten	Arbeitgeberanteile zur Sozialversicherung, Beiträge zur Berufsgenossenschaft, freiwillige Altersversorgung und sonstige Sozialkosten	
Materialkosten	Rohstoffe/ Fertigungsmaterial	mit Detaillierung nach Stoff- und Materialarten	
	Fremdbauteile und fremdbezogene Vorprodukte	mit Detaillierung nach Verwendungs- oder Bearbeitungsstufen	
	Fremdleistungen für eigene Erzeugnisse	mit Detaillierung nach Arten	
	Hilfsstoffe	mit Detaillierung nach Verbrauchsmaterial, Zusatzstoffen, Kleinteilen	

	Betriebsstoffe	mit Detailierung nach Schmiermittel, Putz- und Reinigungsmaterial u.a.	
	Energiekosten	mit Detailierung nach Strom, Gas, Wasser, Öl usw.	
	Handelswaren	mit Detailierung in einzelne Kostenarten	
Kosten für Dienstleistungen und fremde Rechte	Nutzungen	Mieten, Pachten, Leasing, Lizenzen	
	Fremdreparaturen	mit Detailierung nach Reparaturmaterial, Fremdinstandhaltung und Fremdreparaturen	
	Sonstige Fremdleistungen	mit Detailierung nach Kostenarten	
	Frachten	mit Detailierung nach Eingangs-, Zwischen-, Ausgangsfrachten	
	Sonstige Dienstleistungs- kosten	Provisionen, Beratung, Prüfung	
Kostensteuern und ähnliche Abgaben	Gewerbesteuern	Ertragssteuer	
	Verkehrsteuern	Umsatz-, Kfz-, Wechselsteuer	
	Besitzsteuern	Vermögen-, Grundsteuer	
	Verbrauchsteuer	mit Detailierung nach Anlass	
Sonstige Kosten	Büromaterial	Büromaterial i.e.S., Zeitungen, Zeitschriften usw.	Finanzbuchhaltung
	Postkosten	Brief-, Telefon-, Fernschreibkosten u.ä.	
	Reise- und Werbekosten	mit Detaillierung nach Anlass	
	Kosten des Zahlungsverkehrs	Inland, Ausland	
	Versicherungen	Personen-, Vermögen-, objektbezogene Versicherungen	
	Sonstige	Gebühren, Beiträge, Spenden	
Kalkulatorische Kosten	Abschreibungen	Gebäude, Maschinen, Betriebs- und Ge- schäftsausstattung, immaterielle Vermögens- gegenstände	Kostenrechnerische Korrekturen
	Zinsen	auf Anlagevermögen/Umlaufvermögen	
	Unternehmerlohn	Bei mehreren Gesellschaften Detailierung	
	Wagnisse	Anlagen-, Bestände-, Forderungs-, Gewähr- leistungswagnis	

Abb. 3.36:   Zuordnung von Kostenarten nach den Kriterien des Werteverzehrs

- **Kalkulatorische Abschreibungen** sind Abschreibungen, die Kostencharakter haben und daher in die Kostenrechnung eingehen im Gegensatz zu den bilanziellen Abschrei- bungen, die Aufwand sind und daher in der GuV-Rechnung (bei indirekter Abschrei- bung auch als Wertberichtigungen in der Bilanz) erscheinen. Für Zwecke der Kostenrechnung sind die bilanziellen Abschreibungen nicht verwendbar, weil sie den Werteverbrauch im Allgemeinen nicht exakt wiedergeben. So muss bei den bilanziellen Abschreibungen vom Anschaffungswert ausgegangen werden, während es im Interesse der kostenrechnerischen Genauigkeit zweckmäßiger ist, den meist höheren Wiederbeschaffungswert zugrunde zu legen. Auch ist es nicht zulässig, bilanzielle Abschreibungen auf Anlagen vorzunehmen, die bereits voll abgeschrieben sind, aber noch genutzt werden. Kalkulatorisch werden dagegen auch solche Anlagen weiter abgeschrieben.

Die **Buchung** von kalkulatorischen Abschreibungen, die von den bilanziellen Abschreibungen differieren, kann wie folgt vorgenommen werden:

Annahmen:

Anschaffungswert (AW) einer Maschine (M)	1.000 EUR
Bilanzielle Abschreibung (BA)	100 EUR
Kalkulatorische Abschreibung (KA)	90 EUR

Maschine (M)				Bilanzielle AS (BA)			
AW	1000	BA	100	M	100	NE	100
		SB	900				

Kalkulatorische AS (AK)				Verrechnete kalk. AS (VKA)			
VKA	90	BE	90			KE	90

Betriebsergebnis (BE)				Neutrales Ergebnis (NE)			
KA	90	GuV	90	BA	100	VKA	90
						GuV	10
					100		100

Unternehmensergebnis (GuV)			
BE	90	Schlussbilanz	100
NE	10		
	100		100

- Mit den **kalkulatorischen Wagnissen** werden bestimmte Risiken kalkulatorisch erfasst. So lässt sich das Risiko des Ausfalls von Kundenforderungen (**Delkredere-Risiken**) quantifizieren, indem ein aus Erfahrungswerten der Vergangenheit gewonnener Prozentsatz des durchschnittlichen Forderungsgesamtbetrages als kalkulatorisches Wagnis angesetzt wird. Die möglicherweise eintretenden, aber im Einzelnen nicht im Voraus erkennbaren Förderungsausfälle werden damit in der Kostenrechnung berücksichtigt. In gleicher Weise lassen sich andere Wagnisse behandeln, so z. B. das **Beständewagnis** (das Risiko von Verlusten von Material, Halb- und Fertigerzeugnissen infolge Schwund, Verderb oder Diebstahl) und das **Ausschusswagnis** (das Risiko der Fertigung von mangelhaften und daher nicht absatzfähigen Erzeugnissen).

3.3.1.2 Verrechnung der Kosten

Die Zurechnung der Kosten wird davon bestimmt, ob es sich um Einzelkosten oder Gemeinkosten handelt. Deshalb sind die Gesamtkosten entsprechend aufzubereiten und in Einzel- sowie Gemeinkosten zu trennen.

Einzelkosten lassen sich den Kostenstellen und Kostenträgern (Produkte oder Produktgruppen) direkt zurechnen (**direkte Kosten**) und bestehen vor allem in folgenden **Kostenarten**:

- Fertigungsmaterialkosten oder Einzelmaterialkosten,
- Fertigungslöhne oder Einzellöhne
- Sondereinzelkosten (alle sonstigen Einzelkosten, wie z. B. Lizenzkosten, Frachten, Vertreterprovisionen, Kosten für Fertigungszeichnungen usw.).

Gemeinkosten dagegen stellen diejenigen Kosten dar, bei denen eine Zurechnung auf Kostenträger nur **mittelbar** und mit Hilfe bestimmter Methoden möglich ist (**indirekte Kosten**). Diese können im Einzelnen bestehen in:

- Fertigungsmaterialgemeinkosten (Betriebsstoffkosten und Hilfsstoffosten),
- Gemeinkostenlöhne (Hilfslöhne), z. B. für Lagerarbeiter, Reinigungspersonal, innerbetrieblichen Transport usw.;
- Kapitalkosten (für die Nutzung von Nominalgütern) in Form von
  - Zinsen und
  - Wagnissen,
  wobei sowohl bilanzielle als auch kalkulatorische Kosten (siehe 3.3.1.1) zu berücksichtigen sind;
- Abschreibungen bilanzieller (siehe 2.4.1.2) bzw. kalkulatorischer Art (siehe 3.3.1.1);
- Steuern (Grundsteuer, Gewerbekapitalsteuer, Vermögensteuer);
- Sonstige Gemeinkosten (Versicherungen, Beiträge zu Berufsverbänden, zu Industrie und Handwerkskammern, Beseitigung von sog. Sondermüll, Werbung, Reise und Repräsentationsspesen, Fuhrpark usw.).

3.3.2 Kostenstellenrechnung

Die Kostenstellenrechnung als Bindeglied zwischen Kostenartenrechnung und Kostenträgerrechnung verfolgt verschiedene Zielsetzungen, die in Wirtschaftlichkeitskontrolle, Steuerung und Kostenplanung ebenso bestehen wie in der Verteilung der Gemeinkosten auf die Kostenträger.

Zur Erreichung dieser Ziele wird die gesamte Unternehmung in **Kostenstellen** differenziert, die Abrechnungsbereiche (Sparten, Abteilungen, Stellen) bzw. Abrechnungsbezirke darstellen und auf diese Weise diejenigen Orte oder Leistungsbereiche kennzeichnen, an bzw. in denen Kosten entstehen. Die Kenntnis der Zusammenhänge und Lokalisierung der Kostenentstehung ermöglicht die angestrebte **Steuerung** (einschließlich Kostenplanung) der Unternehmung nach **Kostenverantwortung** der jeweiligen Kostenstellenleiter und eine Wirtschaftlichkeitskontrolle in den Fällen, in denen Planwerte vorgegeben worden sind. Darüber hinaus und insbesondere dient die Kostenstellenrechnung als **Instrument der Verteilung** der Gemeinkosten auf die Kostenträger, indem die Gemeinkosten bereichsweise erfasst und entsprechend der Intensität der erbrachten Leistungen mit Hilfe von Verteilungsschlüsseln auf die Kostenträger verteilt werden. Dazu kommt die Notwendigkeit, innerbetriebliche Leistungen, die an andere Kostenstellen abgegeben bzw. von anderen Kostenstellen erbracht worden sind, zu berücksichtigen (**innerbetriebliche Leistungsverrechnung**). Die Zurechnung der Kostenarten erfolgt generell nach dem Verursachungsprinzip. Neben den angeführten Zwecken ermöglicht die Kostenstellenrechnung den nach § 255 Abs. 2 HGB geforderten Ansatz von Gemeinkosten und nach § 275 Abs. 3 HGB die Anwendung des Umsatzkostenverfahrens.

Schließlich kann über die Kostenstellenrechnung versucht werden, eine Schlüsselung der Gemeinkosten auf das unabdingbar notwendige Maß zu reduzieren. Dies ist dann möglich, wenn im Rahmen der Kostenstellenrechnung sog. **Kostenstellen-Einzelkosten** (siehe 3.3.2.2) identifiziert werden können, die am Ort ihrer Entstehung aus Vereinfachungsgründen nicht gesondert erfasst worden sind oder die in „relative" Einzelkosten siehe 3.4.2 unter Verwendung einer Hierarchie von Bezugsgrößen auflösbar sind.

3.3.2.1 Bildung von Kostenstellen

Bei der Bildung von Kostenstellen kann von verschiedenen Kriterien ausgegangen werden. Liegt die **Unternehmensstruktur** als Kriterium zu Grunde (z. B. bei Gliederung der Unternehmung in Betriebe bzw. Werke und Teilbetriebe), dienen **organisatorische Einheiten** als Kostenstellen; in diesem Falle werden die jeweils nachgeordneten organisatorischen Teileinheiten zu Kostenstellen mit **Kostenverantwortung** der Kostenstellenleiter, die sich mit den Zuständigkeitsbereichen der jeweiligen Entscheidungsträger decken (Betrieb, Teilbetrieb, Abteilung bzw. Kostenbereich, Kostenstelle). Abb. 3.37 zeigt die mögliche Kostenstellenorganisation bei divisionalen Unternehmensstrukturen. Mit organisatorischen Gesichtspunkten eng verbunden sind **räumliche Kriterien**, die innerhalb eines Werkes (z. B. Gebäude oder Gebäudegruppen als Kostenstellen) oder innerhalb der oben angeführten Strukturierung und räumlichen Trennung in Werke, Betriebe usw. zur entsprechenden Bildung von Kostenstellen führen können.

Unter **funktionellen Aspekten** erfolgt die Bildung von Kostenstellen unter Berücksichtigung der Funktionen bzw. Verrichtungen im Rahmen der Leistungserstellungs- und Leistungsverwertungsprozesse in der Weise, dass bestimmte Funktionen oder Verrichtungen jeweils zu Kostenstellen zusammengefasst werden (z. B. Kostenstellen für das Materialwesen, für die Fertigung, für den Vertrieb und für die Verwaltung mit jeweils nachgeordneten Kostenstellen). Im Zusammenhang mit funktionalen Aspekten ist ebenso eine Bildung von Kostenstellen unter fertigungstechnischen Aspekten denkbar, wobei die kleinste Kostenstelle die Arbeitsplätze (**Kostenplätze**) darstellen würden (Abb. 3.38).

In Anbetracht der Notwendigkeit der Weiterverrechnung von Kosten kann darüber hinaus zwischen **Vorkostenstellen** (**Nebenkostenstellen**), die als „Zwischenstationen" Kosten einerseits aufnehmen und dann nach weiterer Aufbereitung an andere Kostenstellen abgeben, und **Endkostenstellen** unterschieden werden, welche die Kostenverteilung abschließen. Dagegen knüpft die gebräuchliche Bildung von Haupt-, Neben- und Hilfskostenstellen an fertigungstechnischen Sachverhalten an.

VORSTAND
Kostenbereich 1 mit Kostenstellen 11, 12, ... 1n

Zentralbereiche								
PS	FR	BE	WN	RS	ZF	ZA	PL	...
21	22	23	24	25	26	27	28	...
Kostenbereich 2 mit Kostenstellen								

AC	OC	KA	PH	FB	
Kosten-bereich 3	Kosten-bereich 4	Kosten-bereich 5	Kosten-bereich 6	Kosten-bereich 7	usw.

P	V	F + E	T

KSt 6111	KSt 6112	KSt 6113	KSt 6211	KSt 6212	KSt 6311	KSt 6312	KSt 6411	KSt 6412	KSt 6413

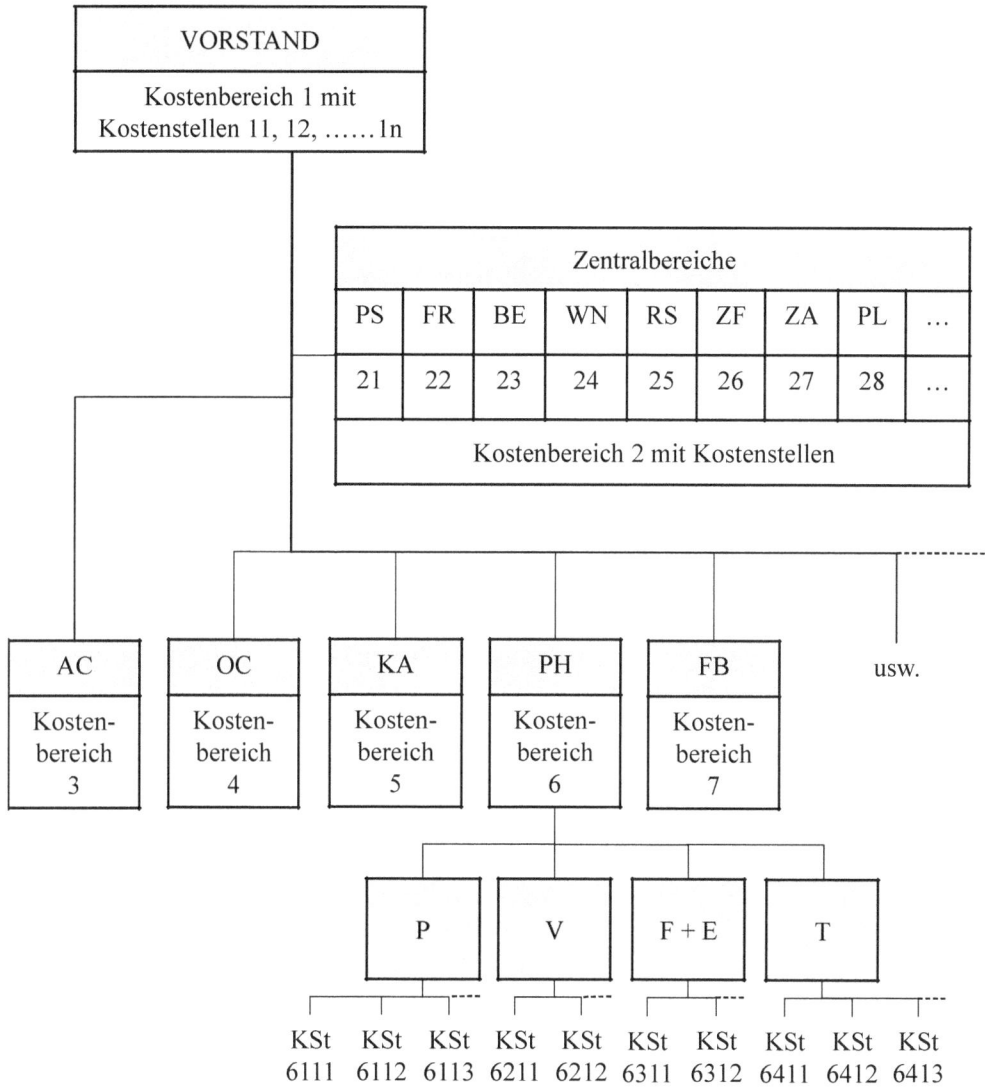

AC	....	Anorganische Chemie	PS	....	Personalwesen
OC	....	Organische Chemie	FR	....	Finanz- und Rechnungswesen
KA	....	Kautschuk	BE	....	Beschaffung
PH	....	Pharma	WM	....	Werbung und Marktforschung
FB	....	Farben	RS	....	Rechts- und Steuerwesen
P	....	Produktion	ZF	....	Zentrale Forschung
V	....	Vertrieb	ZA	....	Zentrale Anwendungstechnik
F + E	....	Forschung und Entwicklung	PL	....	Patente, Lizenzen
T	....	Technik	KSt	....	Kostenstelle

Abb. 3.37:   Kostenstellengliederung bei divisionaler Aufbauorganisation

Funktionen	Kostenstellen				
Beschaffung (Materialbereich)	Einkauf	Lagerung	Materialverwaltung		
Produktion (Fertigungsbereich)	I. Fertigungshauptstellen				
	Vorfertigung	Hauptfertigung	Montage		
	II. Fertigungshilfsstellen				
	Fertigungsplanung und Fertigungs-steuerung	Betriebsmittel-fertigung	Qualitätssicherung	Betriebsbüro	Zwischenlager
Absatz (Vertriebsbereich)	Verkaufsplanung	Verkauf	Lager für Fertigprodukte	Versand	Kundendienst
Allgemeine Verwaltung (Verwaltungsbereich)	Geschäftsführung	Personal/Sozial-einrichtungen	Finanzen/Steuern/ Rechnungswesen	Energie/Transport/ Reparaturen	sonstige Hilfsdienste
Forschung und Entwicklung (Entwicklungsbereich)	Forschung/ Konstruktion	Versuche/Erprobung	Musterentwicklung/ Mustererprobung		

Abb. 3.38:   Bildung von Kostenstellen nach funktionalen Gesichtspunkten

Während **Hauptkostenstellen** die Fertigungskosten der Haupterzeugnisse (= Produkte) aufnehmen, sammeln die **Nebenkostenstellen** die Fertigungskosten von Nebenprodukten (einschließlich Abfallprodukten) und die **Hilfskostenstellen** die Kosten innerbetrieblicher Leistungen (z. B. eigenerstellte Reparaturen, Verwaltungskosten, sonstige innerbetriebliche Lieferungen und Leistungen).

In diesem Zusammenhang erfolgt häufig eine Bildung von Kostenstellen, die sich an einem Kalkulationsschema – wie z. B. demjenigen der Zuschlagskalkulation – orientiert, wobei mit Ausnahme der Fertigungshauptstellen (Vorfertigung, Hauptfertigung, Montage, Sonderfertigung) alle anderen Gruppen Hilfskostenstellen sind (Abb. 3.39):

- **Allgemeine Kostenstellen** (Energieversorgung u. ä.) dienen dem Gesamt-betrieb und werden von allen anderen Kostenstellen in Anspruch genommen; ihre Kosten sind daher entsprechend auf die nachgelagerten Kostenstellen zu verteilen.
- **Fertigungshauptkostenstellen** besorgen die eigentliche Produktion und bewirken die Herstellung des Kostenträgers unmittelbar.
- **Fertigungshilfskostenstellen** unterstützen mit Hilfsleistungen (wie der Fertigungsvorbereitung und -Steuerung, der Betriebsmittelfertigung, der Qualitätssicherung, dem Betriebsbüro, Zwischenlager u. ä.) die Fertigungshauptkostenstellen.
- **Materialkostenstellen** umfassen die Kosten der Beschaffung und der Lagerung.
- **Verwaltungskostenstellen** nehmen die Kosten der allgemeinen Verwaltung der Unternehmung einschließlich der Kosten der Geschäftsführung und des betrieblichen Rechnungswesens auf.
- **Vertriebskostenstellen** erfassen die mit der Leistungsverwertung der Kostenträger zusammenhängenden Kosten (Werbung, Verkauf u. ä.).
- **Forschungs- und Entwicklungskostenstellen** (Entwicklung) umfassen die Kosten der Konstruktion, der Forschung, von Verfahrensentwicklungen und Versuchen, von Erprobungen sowie des Musterbaus und der Mustererprobung.

Fertigungs-hauptstellen mit			Hilfskostenstellen					
Vorfertigung	Hauptfertigung	Montage	Materialkostenstellen	Fertigungshilfskostenstellen	Vertriebskostenstellen	Verwaltungskostenstellen	Allgemeine Kostenstellen	F + E Kostenstellen

Abb. 3.39: Kostenstellenorganisation unter dem Aspekt der Anwendung bestimmter Kalkulationsverfahren (hier: Zuschlagskalkulation)

3.3.2.2 Verteilung der Kosten

Die in jeder Periode entstehenden Kosten sind für jede Kostenstelle zu bestimmen. Zwar bedürfen in der Kostenstellenrechnung die Kostenstellen-Einzelkosten, die direkt zurechenbar sind, keiner gesonderten Behandlung mehr, dafür ergeben sich Probleme hinsichtlich der sachgerechten (= verursachungsgerechten) Zurechnung der Kostenstellen-Gemeinkosten auf Kostenstellen. Der Sachverhalt kompliziert sich darüber hinaus insofern, als innerhalb der **Gemeinkosten** zwei unterschiedliche Arten festzustellen sind: Eine Gruppe von Gemeinkosten lässt sich den **Kostenstellen unmittelbar**, nicht aber den Kostenträgern direkt zuordnen; es handelt sich dabei um **Kostenstellen-Einzelkosten (direkte Stellenkosten; Stelleneinzelkosten)**. Die restlichen Gemeinkosten können dagegen weder einer Kostenstelle, noch einem Kostenträger direkt zugerechnet werden, sondern sind mit Hilfe bestimmter **Schlüsselgrößen** auf diese zu verteilen; es handelt sich dabei um **Kostenstellen-Gemeinkosten (indirekte Stellenkosten; Stellengemeinkosten)**.

Da bei den **Kostenstellen-Einzelkosten** zumindest die verursachende Kosten-stelle bekannt ist, können diese Kosten **direkt** den betreffenden Kostenstellen zugerechnet werden. Für die **indirekte** Verteilung der **Kostenstellen-Gemeinkosten** kommen sowohl **Mengenschlüssel** (Zählgrößen, Zeitgrößen, Raumgrößen, Gewichtsgrößen, technische Maßgrößen) als auch **Wertschlüssel** (Kostengrößen, Einstandsgrößen, Absatzgrößen, Bestandsgrößen, Verrechnungsgrößen) in Betracht (vgl. *Schweitzer/Hettich/Küpper*, 162 ff.; *Kosiol* 1979, 214 ff.). Hinsichtlich der Formen der Verteilung der Kosten mittels **proportionaler Schlüssel**, die im allgemeinen Anwendung finden, lassen sich folgende **Typen** unterscheiden:

$$Kostenanteil = Schlüsselzahl \cdot Schlüsseleinheitskosten$$

$$Kostenanteil = \frac{Schlüsselzahl \cdot Zuschlagsprozentsatz}{100}$$

$$Kostenanteil = \frac{Kostensumme \cdot Anteilsprozentsatz}{100}$$

Die **Schlüsselzahl** ist gleich der in einer Kostenstelle verbrauchten Menge, z. B. an Energie. Dabei bildet die Gesamtverbrauchsmenge der Unternehmung der betreffenden Energieart die Summe der Schlüsselzahlen. Die **Schlüsseleinheitskosten** erhält man durch Division der Gesamtverbrauchsmenge durch die Summe der Schlüsselzahlen. Daher eignet sich die **erste Form** der Berechnung des Kostenanteils v. a. als **Mengenschlüssel**.

Beispiel 5:

Energiekosten der Kostenstellen		
durch Gasverbrauch:	500.000 EUR	
Gesamtverbrauch der Kostenstellen:	715.000 cbm	

$$Schlüsselkosten \quad = \frac{500.000}{715.000} = \quad 0{,}699 \text{ EUR /cbm}$$

Schlüsselzahl (= Verbrauchsmenge)

der Kostenstelle K_1:   100.000 cbm

Kostenanteil der Kostenstelle K_1 daher: **69.900 EUR**   (= 100.000 · 0,699)

Dagegen handelt es sich bei der **zweiten Form** der Schlüsselung um einen **Wertschlüssel**: Möchte die Unternehmung feststellen, wie sie die Aufwendungen für Altersversorgung auf die einzelnen Kostenträger verteilen soll, so ist die Schlüsselzahl auf der Basis der Wertsumme (= gesamte Gehaltssumme der Unternehmung in der betreffenden Periode) zu ermitteln. Aus dem Verhältnis der Summe der Aufwendungen für Altersversorgung zur gesamten Gehaltssumme ergibt sich der **Zuschlagsprozentsatz**.

Beispiel 6:

Aufwendungen für Altersversorgung: 500.000 EUR

Gesamte Gehaltssumme der Periode: 5.000.000 EUR

$$Zuschlagsprozentsatz \quad = \frac{500.000}{5 \text{ Mio.}} \cdot 100 = \quad 10 \text{ \%}$$

Schlüsselzahl (= Gehaltssumme)

der Kostenstelle K_1:   1.000.000 EUR

Kostenanteil der Kostenstelle K_1 daher: **100.000 EUR**   (= 100.000 · 0,1)

Die **dritte Form** der Schlüsselung kann in denjenigen Fällen Anwendung finden, in denen eine Umlage nach feststehenden Größen (z. B. Raummaße, Anzahl der Verbrauchsstellen, installierte Stromleistung in kW usw.) möglich ist.

Beispiel 7:

Energiekosten der Kostenstellen

durch Heizölverbrauch: 1.000.000 EUR

Gesamtfläche der Kostenstellen: 250.000 qm

Raumfläche von Kostenstelle K_1 10.000 qm

$$Anteilsprozentsatz \; K_1 \quad = \frac{10.000}{250.000} = \quad 4 \text{ \%}$$

Kostenanteil der Kostenstelle K_1 daher: **400.000 EUR**   (= 1 Mio. · 0,04)

3.3.2.3   Durchführung der Kostenstellenrechnung

Die abrechnungstechnische Durchführung der Kostenstellenrechnung kann sowohl über kontenmäßige Verbuchung (kontenmäßige **Kostenstellenrechnung**), die im Rahmen zunehmenden EDV-Einsatzes an Bedeutung gewinnt , und in statistisch-tabellarischer Form mit Hilfe des **Kostenstellenbogens** bzw. **Betriebsabrechnungsbogens (BAB)** erfolgen , der ebenfalls EDV-Anwendungen offensteht (**tabellarische Kostenstellenrechnung**).

Mit dem BAB als **Instrument** der Kostenstellenrechnung werden die Kostenarten der Unternehmung erfasst und auf die Kostenstellen verteilt (**Kostenarten-Kostenstellen-Rechnung**); sofern im BAB auch die Kostenträgerrechnung und die Erfolgsrechnung (siehe 3.8) Berücksichtigung finden, vereinigt der BAB alle Bereiche der Kostenrechnung mit der Erfolgsrechnung.

In einem **ersten Schritt** werden die **primären Gemeinkosten (Primärkosten)**, die keine innerbetrieblichen Leistungen darstellen, mit Hilfe von **Belegen** in Form von Entnahmescheinen (z. B. für Hilfs- und Betriebsstoffe, Verpackungsmaterial, Werkzeuge), Lohnbelegen, Gehaltslisten, Anlagekarteien, Rechnungen (z. B. für Versicherungen), sonstigen Belegen und Verbrauchsmessungen (über Zähleinrichtungen) der jeweiligen Kostenstelle aus der Kostenartenrechnung **direkt** zugerechnet oder über **Schlüssel** (z. B. für Sozialkosten als Prozentsatz auf der Basis aller Lohn- und Gehaltszahlungen) **indirekt** angelastet (**Primärkostenverrechnung**).

Im darauffolgenden **zweiten Schritt** sind **innerbetriebliche Leistungsverrechnungen** bezüglich der **sekundären Gemeinkosten (Sekundärkosten)** vorzunehmen. Diese resultieren aus dem Sachverhalt, dass die Unternehmung und die Kostenstellen nicht nur selbständig absatzfähige Leistungen produzieren, sondern auch Leistungen für eigene Zwecke erstellen (**innerbetriebliche Leistungen** in Form der Herstellung von Maschinen, Werkzeugen, Vorrichtungen, Eigenreparaturen sowie in Form von innerbetrieblichen Transportleistungen, Verwaltungsleistungen, Energietransfer, Entwicklungs- und Forschungsarbeiten usw.). Diese sind unter dem Gesichtspunkt der Lokalisierung der Kostenentstehung den jeweiligen Haupt- bzw. Endkostenstellen verursachungsgerecht zuzurechnen (**Sekundärkostenverrechnung**).

Im Gegensatz zu den Primärkosten stellen die Sekundärkosten keine zusätzlichen Kostenarten dar, so dass die Verrechnung auf die Hauptkostenstellen insgesamt keinen höheren Betrag ergeben kann als die Summe der Primärkosten ausmacht. Die **Durchführung** einer **direkten Sekundärkostenverrechnung** setzt die Analyse des innerbetrieblichen Kostenflusses und der dabei auftretenden quantitativen Austauschverhältnisse zwischen den Kostenstellen voraus. Dabei können einfache **einseitige (unilaterale)** Leistungsbeziehungen nach Art der in Abb. 3.40 gezeigten Struktur und komplizierte **gegenseitige (multilaterale)** Leistungszusammenhänge mit wechselseitigen Inanspruchnahmen der Kostenstellen auftreten (Abb. 3.41, 3.42 und 3.43). Sofern direkte Verrechnungen auf Grund von Messergebnissen nicht möglich sind, erfolgt eine **Umschlüsselung** der Kostenbeträge mittels der in 3.3.2.2 dargelegten Wert- oder Mengenschlüssel (**Umlageverfahren**).

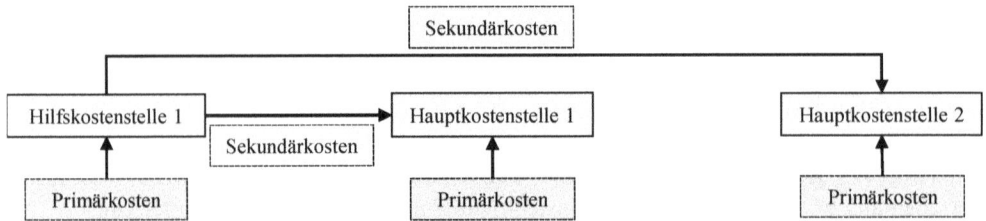

Abb. 3.40:   Grundstruktur einseitiger Leistungszusammenhänge zwischen Kostenstellen

Auf Grund der notwendigen Verrechnungsschritte bezüglich Primär- und Sekundärkosten zeigt der BAB den in Tab. 3.1 wiedergegebenen grundsätzlichen Aufbau, wobei in diesem Fall nach Vor- und Endkostenstellen getrennt wird. In dieser Form dient der BAB nicht nur der Verrechnung der Kostenstellenkosten auf die Kostenträger, sondern auch der Kontrolle der Kostenstellenkosten und erlaubt damit Wirtschaftlichkeitskontrollen.

Allerdings ist hinsichtlich dieser Kontrollen zu beachten, dass nicht alle Kosten durch den verantwortlichen Leiter der Kostenstelle beeinflussbar sind (weil z. B. Umlagen von der Geschäftsführung angeordnet werden) und damit diesem nur solche Entwicklungen angelastet werden können, die den Einwirkungsmöglichkeiten des Verantwortlichen entsprechen.

Der BAB erlaubt darüber hinaus die Ermittlung von **Kalkulationssätzen** für alle diejenigen Kostenstellen, für die Bezugsgrößen vorhanden sind und damit keine Hilfskostenstellen im Sinne von Umlagestellen darstellen. Die Kalkulationssätze ergeben sich aus der Division der gesamten Gemeinkosten (Primär- und Sekundärkosten) einer Kostenstelle durch die jeweilige Bezugsgröße und anschließender Bildung der Kalkulationssätze. Um die Nachteile der Ermittlung auf Ist-Kostenbasis, die erst nach Abschluss aller innerbetrieblichen Leistungsverrechnungen möglich und daher schwerfällig ist und meist eine direkte Maßgröße fehlt, zu vermeiden, wird häufig mit einer **normalisierten Ist-Kostenrechnung** und entsprechenden **normalisierten Kalkulationssätzen** gearbeitet, die auf Durchschnittswerten basieren und aktuelle Preiserwartungen auf der Beschaffungsseite berücksichtigen können (siehe auch 3.5).

Der Vorteil besteht in der Entlastung der leistenden Kostenstelle, ohne dass ihre Belastung durch empfangene Leistungen abgewartet werden muss. Insofern ergibt sich eine erhebliche Beschleunigung der Kostenstellenrechnung. Da **normalisierte Kosten** zu Grunde liegen, sind jedoch Abweichungsanalysen notwendig, um Über- oder Unterdeckungen gegenüber den Ist-Kosten festzustellen und Anpassungen der Kalkulationssätze vorzunehmen (Zeilen 20 bis 23 in Tab. 3.1).

Als **Verfahren** der internen Leistungsverrechnung (Sekundärkostenverrechnung) kommen in Abhängigkeit von der Struktur der Leistungsbeziehungen und des angestrebten Genauigkeitsgrades insbesondere das

*   Kostenstellenumlageverfahren (bei einseitigen Leistungsbeziehungen), oder das
*   Kostenstellenausgleichsverfahren (bei gegenseitigem Leistungsaustausch) in Betracht.

Tab. 3.1: Grundstruktur eines Betriebsabrechnungsbogens

Kostenarten \ Kostenstellen	Gesamtbetrag	Vorkostenstellen			Endkostenstellen		
		Hilfskostenstellen		Materialstellen	Hauptkostenstellen	Hilfskostenstellen	
		Allgemeine Kostenstellen	Fertigungs-hilfsstellen		Fertigungs-hauptstellen	Verwaltungs-stellen	Vertriebsstellen
Einzelkosten:							
1. Einzellöhne							
2. Einzelmaterial							
3. Sondereinzelkosten							
Gemeinkosten:							
4. Hilfslöhne							
5. Überstunden-Zuschläge							
6. Gehälter							
7. Sozialkosten							
8. Reparaturen							
9. Betriebsstoffe							
10. kalk. Abschreibungen							
11. kalk. Zinsen							
12. Summe der **primären** Kostenstellenkosten:							
13. Umlage Betriebsleitung							
14. Umlage Eigenreparaturen							
15. Umlage Lagerverwaltung							
16. Summe der **sekundären** Kostenstellenkosten							
17. **Gesamtkosten** der Hauptkostenstellen							
18. Zuschlagbasis (jeweils Einzelkosten)							
19. Ist-Zuschlag (%)							
20. Normal-Zuschlag (%)							
21. Verrechnete Gemeinkosten							
22. Über- oder Unterdeckung (absolut)							
23. Über- /Unterdeckung in % von 21.							
24. beschäftigte Personen							

a) Kostenstellenumlageverfahren

Auf der Basis der primären Gemeinkostenverrechnung (**Primärkostenverrechnung**) mit Hilfe des jeweiligen adäquaten Schlüssels (Mengen-, Wertschlüssel; siehe 3.3.2.2), die eine Verteilung der Gemeinkosten aus der Kostenartenrechnung auf die Kostenstellenrechnung zum Ergebnis hat, erfolgt im zweiten Schritt die **interne Leistungsverrechnung** der zwischen den jeweiligen Kostenstellen erbrachten, nicht selbständig absatzfähigen Leistungen (Sekundärkostenverrechnung). Dabei werden die **einseitigen** Leistungen der Hilfskostenstellen (siehe Tab 3.40) auf die Hauptkostenstellen **umgelegt**, wobei die Grundlage direkte Messungen der Leistungsabgaben oder Schlüsselungen als Maßgrößen bilden können.

Die anschließende Addition der Kostenbelastungen der verbleibenden Hauptkostenstellen ergibt gesondert die Summe der Fertigungsgemeinkosten (FGK), der Materialgemeinkosten (MGK), der Vertriebsgemeinkosten (VtGK) und der Verwaltungsgemeinkosten (VwGK), die ihrerseits die Grundlage für die **Zuschlagskalkulation** (3.3.3.2.2) abgeben. Im einzelnen zeigt Tab. 3.2 die Struktur des Kostenstellenumlageverfahrens anhand eines einfachen Beispiels, in dem die Fertigungshauptkostenstellen (FtK), die Materialkostenstellen (MtK), die Vertriebskostenstellen (VtK) und die Verwaltungskostenstellen (VwK) **Haupt**kostenstellen, die Allgemeinen Hilfskostenstellen (AHK) und die Fertigungshilfskostenstellen (FHK) **Hilfs**kostenstellen repräsentieren.

Da das Kostenstellenumlageverfahren auf Grund der einseitigen (unilateralen) Leistungsbeziehungen stufen- bzw. treppenweise vorgeht, sind auch die Bezeichnungen **Stufenleiterverfahren** oder **Treppenverfahren** gebräuchlich.

Tab. 3.2:   Grundstruktur des Kostenstellenumlageverfahrens

Kostenarten (primäre Gemeinkosten)	TEUR	Kostenstellen (TEUR)					
		AHK	FHK	FtK	MtK	VtK	VwK
Personalgemeinkosten (Hilfslöhne)	100	10	10	80	---	---	---
Energie	2.500	300	700	1.100	200	100	100
Steuern	2.000	100	500	1.000	200	100	100
Abschreibungen	5.000	300	1.000	3.000	500	50	150
Hilfsstoffe	500	100	200	200	---	---	---
= Summe primäre Gemeinkosten	10.100	810	2.410	5.380	900	250	350
Umlage AHK		↳	110	400	50	150	100
			2.520	5.780	950	400	450
Umlage FHK			↳	2.520			
∑ Ist-Gemeinkosten	10.100			8.300	950	400	450
				∑ FGK	∑ MGK	∑ VtGK	∑ VwGK

b) Kostenstellenausgleichsverfahren (Analytisches Verfahren, Anbauverfahren)

Im Regelfall werden die relativ einfachen Verhältnisse der **Sekundärkostenverrechnung**, die a) zu Grunde liegen, nicht anzutreffen sein, sondern gegenseitige ggf. mit einseitigen Leistungsbeziehungen zwischen den Kostenstellen kombinierte Verhältnisse: Bei **direktem**

gegenseitigen (**bilateralen**) Leistungsaustausch zwischen zwei Kostenstellen, z. B. der Hilfskostenstelle 1 (HKSt 1) und der Hilfskostenstelle 2 (HKSt 2), kann sich eine wie in Abb. 3.41 wiedergegebene Grundstruktur ergeben.

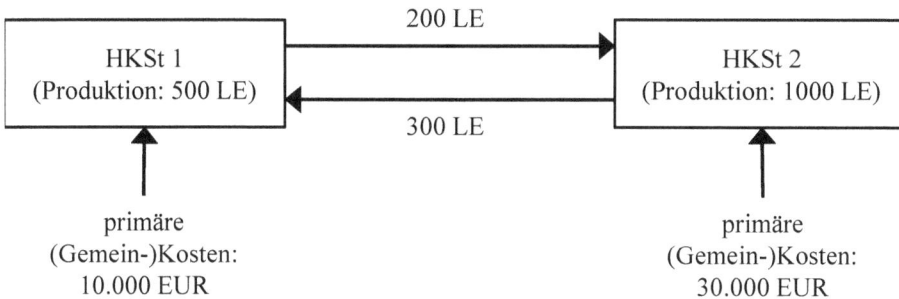

Abb. 3.41   Direkter bilateraler Leistungsaustausch

Diese Struktur lässt sich in einer **Matrix** formalisieren:

	HKSt 1	HKSt 2
Primärkosten (EUR)	10.000	30.000
Produktion in Leistungseinheiten (LE)	500 LE_1	1.000 LE_2
von HKSt 1 an HKSt 2 abgegebene LE	200 LE_1	--
von HKSt 2 an HKSt 1 abgegebene LE	--	300 LE_1

Der Anteil der an HKSt 2 von HKSt 1 abgegebenen 200 LE an den insgesamt von HKSt 1 produzierten 500 LE beträgt 0,4, derjenige von HKSt 2 an HKSt 1 abgegebene Anteil 0,3. Somit betragen die **gesamten Kosten** (**K**) nach Durchführung der gegenseitigen Verrechnung (wobei **PK** = **Primärkosten**) für die jeweilige Kostenstelle:

$$K_1 = PK_1 + 0,3 \cdot K_2$$

$$K_2 = PK_2 + 0,4 \cdot K_1$$

$$\overline{K_1 = 10.000 \ EUR + 0,3 \cdot K_2}$$

$$K_2 = 30.000 \ EUR + 0,4 \cdot K_1$$

Durch Einsetzen von K_1 in K_2 ergibt sich eine Summe der Kostenbelastung von K_2 = 38.636,36 EUR und daher von K_1 = 21.590,91 EUR.

Bezogen auf die **Leistungseinheit** betragen die Kosten k_1 = 43,90 EUR/LE und k_2 = 38,64 EUR/LE.

Bei Erweiterung des Beispiels in Abb. 3.41 in der Weise, dass nunmehr zusätzlich **Haupt-kostenstellen (HK)** einbezogen werden, entsteht eine Struktur sowohl mit **direkten bilate-ralen** als auch mit **multilateralen** (gegenseitigen) Leistungsaustauschbeziehungen nach den in Abb. 3.42 angenommenen Austauschrelationen (wobei PK_3 = 50.000 EUR und PK_4 = 100.000 EUR). Zusätzlich zu den Gleichungen für K_1 und K_2 sind Kostengleichungen für K_3 und K_4 notwendig:

$$K_3 = PK_3 + 0{,}4 \cdot K_1 + 0{,}1 \cdot K_2$$

$$K_4 = PK_4 + 0{,}2 \cdot K_1 + 0{,}6 \cdot K_2$$

Nach Einsetzen von K_1 und K_2 in K_3 und K_4 sind folgende Gleichungen zu lösen:

$$K_3 = 50.000 \ EUR + 0{,}4 \cdot 21.590{,}91 \ EUR + 0{,}1 \cdot 38.636{,}36 \ EUR$$

$$K_4 = 100.000 \ EUR + 0{,}2 \cdot 21.590{,}91 \ EUR + 0{,}6 \cdot 38.636{,}36 \ EUR$$

Daher beträgt die **Kostenbelastung** für:

$$K3 = \quad 62.500 \ EUR$$

$$K4 = 127.500 \ EUR.$$

Den Hauptkostenstellen (HK 3 und HK 4) sind somit die gesamten Primärkosten (190.000 EUR) zugerechnet.

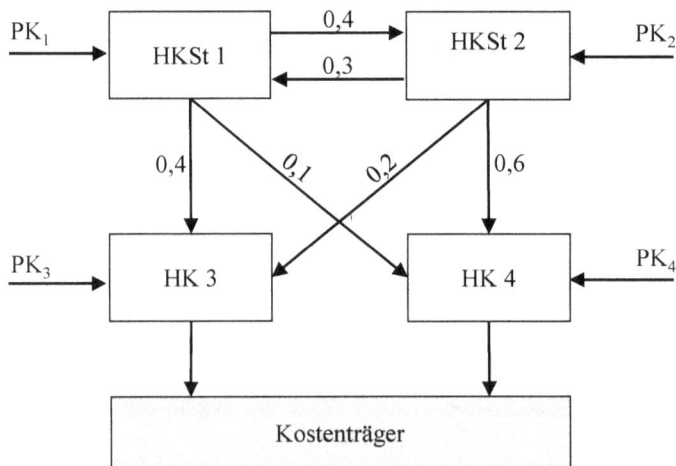

Abb. 3.42:   Bilaterale und multilaterale Leistungsbeziehungen zwischen Hilfs-und Hauptkostenstellen

Ergänzend zu den Beispielen in den Abb. 3.41 und 3.42 zeigt Abb. 3.43 eine Struktur **indi-rekten multilateralen** (gegenseitigen) Leistungsaustausches zwischen den Hilfskostenstel-len HKSt 1, HKSt 2 und HKSt 3.

Unter der Voraussetzung, dass die Werte von PK_1 und PK_2 unverändert seien und PK_3 für HKSt 3 20.000 EUR betrage, sind folgende Kostengleichungen erforderlich, um die gesam-ten Kosten der jeweiligen Hilfskostenstellen zu ermitteln:

$$K_1 = 10.000 \ EUR + 0{,}3 \cdot K_2$$

$$K_2 = 30.000 \ EUR + 0,5 \cdot K_3$$

$$K_3 = 20.000 \ EUR + 0,4 \cdot K_1$$

Nach Einsetzen von K_3 in K_2 und von K_2 in K_1 zeigen sich folgende **Kostenbelastungen**:

$$K_1 = 10.000 \ EUR + 0,3 \cdot \left(30.000 \ EUR + 0,5 \cdot K_3\right)$$

$$K_1 = 10.000 \ EUR + 0,3 \cdot \left[30.000 \ EUR + 0,5 \cdot \left(20.000 \ EUR + 0,4 \cdot K_1\right)\right]$$

$$K_1 = 23.404,25 \ EUR$$

$$K_2 = 30.000 \ EUR + 0,5 \cdot \left(20.000 \ EUR + 0,4 \cdot K_1\right)$$

$$K_2 = 30.000 \ EUR + 0,5 \cdot \left(20.000 \ EUR + 0,4 \cdot 23.404,25 \ EUR\right)$$

$$K_2 = 44.680,85 \ EUR$$

$$K_3 = 20.000 \ EUR + 0,4 \cdot 23.404,25 \ EUR$$

$$K_3 = 29.361,70 \ EUR$$

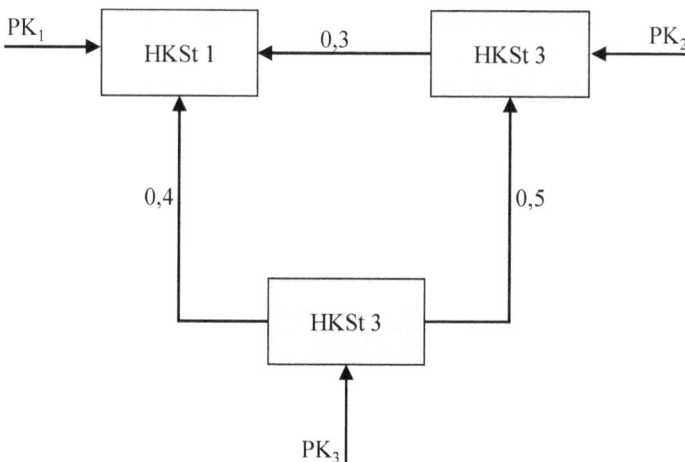

Abb. 3.43:   Struktur indirekt multilateralen Leistungsaustausches zwischen Hilfskostenstellen

Eine exakte Kostenverrechnung ist durch die unter **a)** vorgenommene **sukzessive Umlage der Kosten** (z. B. **Stufenleiterverfahren** oder **Anbauverfahren**) nicht möglich, sondern nur mit Hilfe eines **simultanen Gleichungssystems (Simultanverfahren)** auf analytischer Basis. Derartige Systeme weisen darüber hinaus den Vorteil auf, alle internen Leistungsbeziehungen erfassen zu können; ihr Anwendungsbereich geht damit über denjenigen des Stufenverfahrens hinaus, andererseits verursachen sie erheblichen Rechenaufwand. Unter der Annahme, dass jede Hilfskostenstelle an jede andere Hilfskostenstelle und an die Hauptkostenstellen Leistungen abgibt und jede Hilfskostenstelle im Rahmen der Leistungsprozesse einen Teil der Leistungen wieder verbraucht, lassen sich diese Zusammenhänge durch folgendes Gleichungssystem abbilden (*Wöhe* 1981, 1110):

$$PK_1 + a_{11} \cdot k_1 + a_{21} \cdot k_2 + a_{31} \cdot k_3 + \dots + a_{n1} \cdot k_n = a_1 \cdot k_1$$

$$PK_2 + a_{12} \cdot k_1 + a_{22} \cdot k_2 + a_{32} \cdot k_3 + \dots + a_{n2} \cdot k_n = a_2 \cdot k_2$$

$$\downarrow$$

$$PK_n + a_{1n} \cdot k_1 + a_{2n} \cdot k_2 + a_{3n} \cdot k_3 + \dots + a_{nn} \cdot k_n = a_n \cdot k_n$$

wobei: $PK_1, PK_2, \dots, PK_n$ = primäre Gemeinkosten (Primärkosten) der Stellen 1 bis n

a = abgegebene Mengen (der erste Index kennzeichnet die abgebende, der zweite Index die empfangende Stelle)

$k_1 > k_2, \dots, k_n$ = Kosten pro Leistungseinheit der Stellen 1 bis n

3.3.3   Kostenträgerrechnung

Nachdem alle Kosten auf die Kostenstellen verteilt sind, müssen im Rahmen der **Kostenträgerrechnung** diese in einer Periode entstandenen Kosten denjenigen betrieblichen Leistungen zugerechnet werden, die sie tragen (**Kostenträger**). Somit sind alle Kosten festzustellen, die von den in dieser Periode hergestellten Kostenträgern verursacht werden.

Hinsichtlich der **Klassifizierung der Kostenträger** kann entsprechend der Trennung der betrieblichen Leistungen in selbständig absatzfähige Leistungen (**Absatzleistungen**) und **innerbetriebliche Leistungen** zwischen **absatzorientierten Gütern** und **innerbetrieblichen** Wiedereinsatzgütern als Kostenträgern unterschieden werden, wobei jeweils zwischen Einzelprodukten und Produktgruppen zu trennen wäre (Kriterium der **technischen Verbundenheit** von Leistungen bzw. Produkten). Legt man der Klassifizierung die **Produktionsstufe** als Kriterium zu Grunde, dann lässt sich zwischen **Endprodukten** und **Zwischenprodukten** als Kostenträger differenzieren. Darüber hinaus wäre eine Unterscheidung in **materielle** und **immaterielle** Güter als Kostenträger (nach der Art der Güter; siehe 1.1) oder nach den **betrieblichen Funktionsbereichen** (Beschaffungs-, Fertigungs-, Absatz-, Verwaltungsgüter) denkbar. Wesentliches Kennzeichen der Klassifizierung ist somit, dass unter **Kostenträgern** nur Produkte bzw. Güter oder Gruppen von Produkten bzw. Gütern zu verstehen sind.

Hinsichtlich der **Art der Kostenträgerrechnung** ist allerdings zu unterscheiden zwischen

- der **periodenbezogenen** Rechnung, welche die **Kosten pro Kostenträger** innerhalb einer Periode ermittelt (**Kostenträgerzeitrechnung**; 3.3.3.1) und
- der **stückbezogenen** Rechnung, welche die **Kosten pro Produkteinheit** zurechnet (Kostenträgerstückrechnung oder Kalkulation; 3.3.3.2).

Beide Arten von Kostenträgerrechnungen sind sowohl in Vollkostenrechnungssystemen als auch in Teilkostenrechnungssystemen anwendbar.

Die **Aufgaben** der Kostenträgerrechnung bestehen vor allem darin, die Herstellkosten, die Herstellungskosten und die Selbstkosten der Kostenträger zu ermitteln. Die Feststellung der Herstellungskosten dient insbesondere Zwecken der bilanziellen Bewertung (siehe 2.3.1.2), während die Kenntnis der Selbstkosten einerseits eine allgemeine Kostenkontrolle der Unternehmung bezweckt, andererseits durch die Kostenträgerstückrechnung die Grundlage für preispolitische Entscheidungen (**Feststellung der Preisuntergrenze**) liefert sowie zur Ermittlung von sog. „Kostenpreisen" im Rahmen der Durchführung öffentlicher Aufträge (siehe z. B. „Leitsätze für die Preisermittlung aufgrund von Selbstkosten" – LSP – vom 21.11.1953, BAnz. Nr. 244) notwendig ist.

3.3.3.1 Kostenträgerzeitrechnung

Zur **Ermittlung** der **Kosten pro Kostenträger** (einer Periode) kann bei Anwendung des Gesamtkostenverfahrens (siehe 3.8.1) nach folgendem Schema vorgegangen werden (siehe dazu auch die handelsrechtliche und steuerrechtliche Ermittlung der Herstellungskosten unter 2.3.1.2):

> *Materialkosten (= Fertigungsmaterial + Hilfsmaterial)*
>
> + *Fertigungskosten (= Fertigungslöhne + Fertigungsgemeinkosten)*
> ———————————————————————————
> = *Herstellkosten*
>
> ± *Bestandsänderung der Halbfabrikate*
>
> + *Verwaltungs- und Vertriebsgemeinkosten*
> ———————————————————————————
> = **Selbstkosten der umgesetzten Erzeugnisse (der Periode)**

Beim **Umsatzkostenverfahren** entspricht die **Summe oder Selbstkosten der abgesetzten Produkte pro Periode** dem Ergebnis oder Kostenträgerzeitrechnung (zur Struktur siehe 3.8.1).

Die Übersicht in Abb. 3.44 zeigt die **abrechnungstechnischen Verbindungen** zwischen **Kostenstellen-** und **Kostenträgerrechnung**, die im Rahmen der Vollkostenrechnung in Abhängigkeit von der jeweiligen Gestaltung der Kostenstellenrechnung grundsätzlich gegeben sind, wobei in dem gewählten Beispiel das Kostenstellenumlageverfahren Anwendung findet und die Kostenverrechnung mit der Zielsetzung einer Zuschlagskalkulation erfolgt (Annahme: vier Kostenträger).

Die Gemeinkosten (im Beispiel FGK, MGK, VtGK und VwGK) können den Kostenträgern nicht direkt zugerechnet werden. Dazu sind entweder **Zuschlagssätze** (Prozentsätze, die aus der Relation der jeweiligen Gemeinkostenart zur korrespondierenden Einzelkostenart resultieren, z. B. Materialgemeinkosten zu Materialeinzelkosten) oder **Verrechnungssätze** (die auf Verbrauchsmengen oder auf Leistungsmengen beruhen, z. B. Kosten je Einheit als Ergebnis der Division von Periodenkosten durch die Zahl der im betreffenden Zeitraum produzierten Leistungseinheiten) notwendig.

Die **Kosten je Herstellungsart** können jeweils für die gesamten Absatzleistungen oder für einzelne Produkte als Kostenträger festgestellt werden. Damit lässt sich für die Unternehmensführung eine fortlaufende **Kostenkontrolle** realisieren, die Kosteninformationen zu notwendigen bzw. möglichen Maßnahmen der Kostensenkung liefern.

Die Kostenträgerzeitrechnung schafft die Basis für die Ermittlung des **Betriebsergebnisses**, wenn den Perioden-Kosten die Perioden-Leistungen gegenübergestellt werden (siehe dazu 3.8).

3.3.3.2 Kostenträgerstückrechnung (Kalkulation)

Mit Hilfe der Kostenträgerstückrechnung (**Kalkulation, Selbstkostenrechnung**) werden die **(Selbst-)Kosten pro Produkteinheit** (z. B. pro Stück der Ausbringungsmenge) ermittelt. Die Kostenträgerrechnung zeigt eine Ambivalenz insofern, als sie einerseits zu **Kontroll-**

zwecken vergangenheitsorientierte Informationen über tatsächlich realisierte Stückkosten (Selbstkosten) liefert, andererseits aber gleichermaßen zu **Planungszwecken** eingesetzt werden kann und in diesem Zusammenhang die zukunftsorientierte Grundlage für die Preisermittlung (**Feststellung der Preisuntergrenze**) sowie für die allgemeine Kostenplanung darstellt.

Hinsichtlich des Zeitpunktes der Vornahme der Kalkulation wird daher auch zwischen der vergangenheitsbezogenen **Nachkalkulation**, der eher gegenwartsbezogenen Zwischenkalkulation, die eine Kontrollmaßnahme bei Abwicklung langfristiger Produktionsprozesse darstellt, und der zukunftsbezogenen **Vorkalkulation** und **Plankalkulation** unterschieden. In die Vor- und Plankalkulation gehen zwar jeweils Plankosten ein, jedoch ist die Vorkalkulation jeweils auf einen speziellen Einzelauftrag bezogen, während der Plankalkulation ein allgemein gültiger Anspruch für die Stückkostenplanung einer Periode zukommt und somit alle Aufträge bzw. alle Prozesse der Leistungserstellung und Leistungsverwertung der Unternehmung umfasst.

Die **Ermittlung der Stückkosten** kann im Wesentlichen mit Hilfe folgender **Kalkulationsverfahren** durchgeführt werden, wobei jeweils verschiedene Varianten zu unterscheiden sind:

1. Im Rahmen der Divisionskalkulation werden die in einer Periode entstandenen Gesamtkosten durch die in dieser Periode erstellte Leistungsmenge dividiert. Zwar wäre zur Durchführung der Divisionskalkulation eine Kostenstellenrechnung (BAB) nicht erforderlich, jedoch kann aus Gründen der Kostenkontrolle nicht auf diese verzichtet werden. Entsprechend der Vorgehensweise ergeben sich folgende Varianten der Divisionskalkulation:
   - einstufige (summarische) Divisionskalkulation,
   - mehrstufige (differenzierte) Divisionskalkulation,
   - Divisionskalkulation mit Äquivalenzziffern.

2. Die Zuschlagskalkulation trennt die Gesamtkosten in Einzel- und Gemeinkosten, weshalb die Durchführung einer Kostenstellenrechnung unumgänglich ist. Als Varianten stehen zur Wahl:
   - das kumulative (oder summarische) Verfahren,
   - das elektive (oder differenzierte) Verfahren und
   - die Verrechnungssatz-Kalkulation (Maschinenstundensatz-Kalkulation).

3. Die Kuppelkalkulation stellt im Gegensatz zur Divisions- und zur Zuschlagskalkulation, die eine Kostenverrechnung auf einzelne Produkte (Kostenträger) zum Gegenstand haben, ein Verfahren zur Kostenverrechnung auf Produktgruppen dar. Zwar spielen diese Verfahren in Anbetracht des eingeschränkten Anwendungsbereiches auf die Besonderheiten der Kuppelproduktion eine geringere Rolle, gleichwohl sind sie für die Praxis in den Fällen der prozessbedingten gleichzeitigen Fertigung von Kuppelprodukten die einzige Möglichkeit der Kostenverrechnung; derartige Fertigungsbedingungen, bei denen zwangsläufig bei Fertigung eines Produktes ein zweites Produkt anfällt (oder weitere Produkte anfallen), z. B. in Raffinerien, bei der Stahlproduktion u. ä.

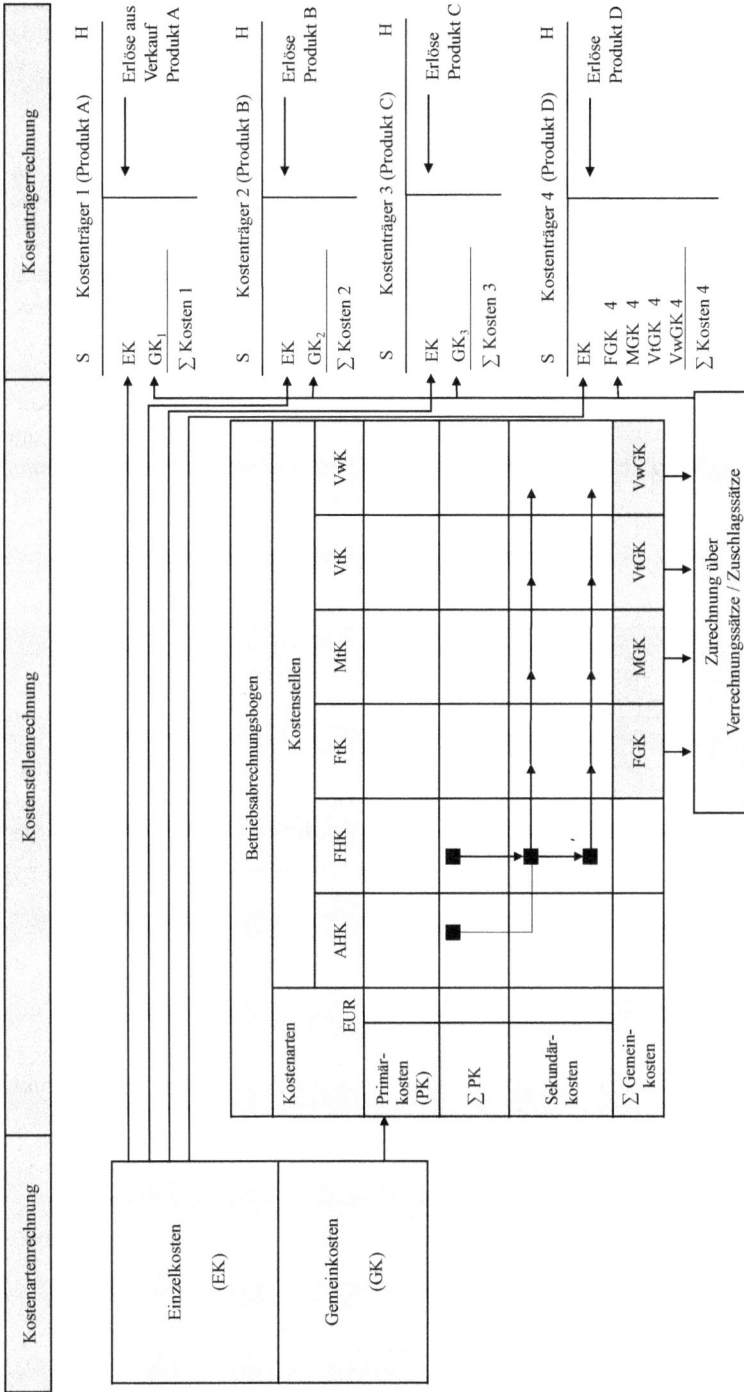

Abb. 3.44:   Struktur der abrechnungstechnischen Verbindungen zwischen Kostenarten-, Kostenstellen- und Kostenträgerrechnung

Diese Produktionsbedingungen erlauben nämlich nicht die Verrechnung auf einzelne Produkte, sondern nur auf die entsprechende Produktgruppe. Als Varianten kommen dabei in Betracht:

- Restwertkalkulation(-methode)
- Verteilungskalkulation(-methode).

Die **Entscheidung**, welches der Verfahren (einzeln oder in Kombination miteinander) Anwendung finden soll, hängt einerseits vom Produktionsverfahren und Produktionsprogramm, andererseits von der Art der Kostenerfassung und Kostenverrechnung ab.

So eignen sich für die **Massenfertigung** (mit einem einheitlichen Produkt) ein- und mehrstufige Divisionskalkulationsverfahren, während die **Sortenfertigung** (mit mehreren artähnlichen Produkten) Divisionskalkulationen mit Äquivalenzziffern erfordert. Dagegen kann die Zuschlagskalkulation bei **Sortenfertigung** ebenso eingesetzt werden wie bei **Einzel- und Serienfertigung** (= mehrere verschiedenartige Produkte). Der Anwendungsbereich der Kuppelkalkulation schließlich beschränkt sich definitionsgemäß auf mehrere gleichzeitig und zwangsläufig anfallende Produkte (**Kuppelproduktion**). Abb. 3.45 zeigt die Kalkulationsverfahren im Überblick.

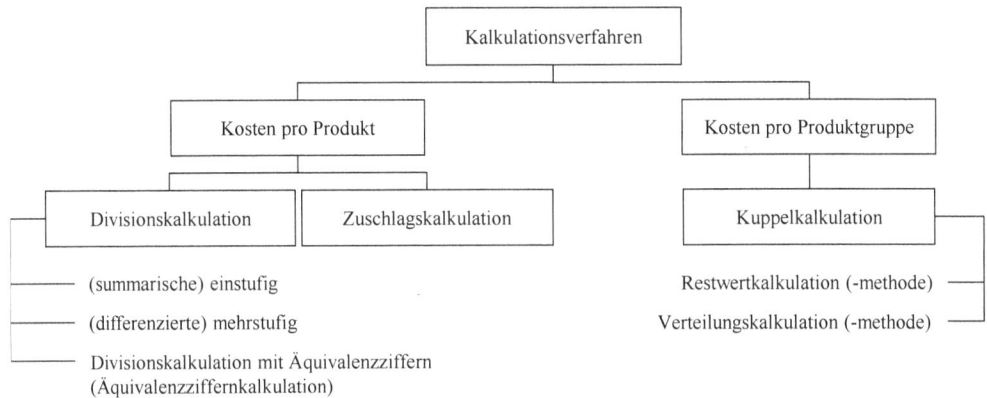

Abb. 3.45:   Kalkulationsverfahren

a) Divisionskalkulation

Die Verfahren der Divisionskalkulationen kommen nur dann in Betracht, wenn die Produkte weitestgehend **einheitlich** sind und **Massenfertigung** gegeben ist.

aa) Einstufige (summarische) Divisionskalkulation

Diese Art der Kalkulation beschränkt sich auf den Einprodukt-Betrieb bzw. Einprodukt-Betriebsbereich mit **einer** Fertigungsstufe:

$$\textit{Kosten je Einheit (Stückkosten)} = \frac{\textit{Gesamtkosten der Periode}}{\textit{produzierte Menge (abgesetzt Menge)}}$$

Beispiel 8: (siehe dazu auch die Beispielrechnung in Tabelle 3.2):

Die produzierte Menge der Rechnungsperiode beträgt 10.000 Stück. Die für die Produktion entstandenen Kosten setzen sich wie folgt zusammen:

Kostenarten		EUR
Materialeinzelkosten	(MEK)	50.000
Lohneinzelkosten	(LEK)	10.000
Materialgemeinkosten	(MGK)	950
Fertigungsgemeinkosten	(FGK)	8.300
Verwaltungsgemeinkosten	(VwGK)	450
Vertriebsgemeinkosten	(VtGK)	400
Gesamtkosten (Selbstkosten)		70.100

$$\textit{Kosten je Einheit (Stückkosten)} = \frac{70.100 \ EUR}{10.000 \ Stück} = 7,01 EUR/Stück$$

Bei entsprechender Zusammenfassung jeweils der Einzelkosten und der Gemeinkosten und in Bezug auf die produzierte Menge können sowohl die interessierenden Einzelkosten als auch die Gemeinkosten je Stück gezeigt werden, wodurch sich die Aussagekraft der Rechnung erhöht:

Kostenarten	EUR	Stück	EUR/Stück
Materialeinzelkosten	50.000	10.000	5,00
Lohneinzelkosten	10.000	10.000	1,00
Summe der Einzelkosten	60.000	10.000	6,00
Materialgemeinkosten	950	10.000	0,095
Fertigungsgemeinkosten	8.300	10.000	0,830
Verwaltungsgemeinkosten	450	10.000	0,045
Vertriebsgemeinkosten	400	10.000	0,040
Summe der Gemeinkosten	10.100	10.000	1,01
Gesamtkosten (Selbstkosten)			7,01

Die Kalkulation des Angebotspreises auf der Grundlage der einstufigen Divisionsrechnung erfolgt in der Weise, dass auf die Selbstkosten/Stück ein Gewinnzuschlag (z. B. 20 %) vorgenommen wird; bei Verwendung obiger Zahlen also:

	Selbstkosten:	*7,01 EUR/Stück*
+	*Gewinnzuschlag (20%):*	*1,40 EUR/Stück*
=	*Angebotspreis/Stück:*	*8,41 EUR/Stück*

Da in der oben angestellten Selbstkostenermittlung (zum Schema siehe 3.3.3.2 bb) die Vertriebsgemeinkosten auf die Gesamtzahl der produzierten Stücke (10.000) bezogen worden sind, können bei nicht vollständigem Absatz (z. B. nur 7.000 Stück; siehe vorstehende Daten) und dementsprechenden Lagerbestand, der noch keine Vertriebskosten verursacht hat und ggf. üblicherweise in dieser Höhe bestehen bleibt, zu niedrige Angebotspreise entstehen.

Kostenarten	EUR	Stück	EUR/Stück
Materialeinzelkosten	50.000	10.000	5,00
Lohneinzelkosten	10.000	10.000	1,00
Summe der Einzelkosten	60.000	10.000	6,00
Materialgemeinkosten	950	10.000	0,095
Fertigungsgemeinkosten	8.300	10.000	0,830
Verwaltungsgemeinkosten	450	10.000	0,045
Vertriebsgemeinkosten	400	7.000	0,057
Summe der Gemeinkosten	10.100		1,027
Gesamtkosten (Selbstkosten)			7,027

Daher erscheint folgende alternative Kalkulation zweckmäßig:

Selbstkosten: *7,027 EUR/Stück*

\+   *Gewinnzuschlag (20%):*   *1,405 EUR/Stück*

=   *Angebotspreis/Stück:*   *8,43 EUR/Stück*

Sollen nur die Herstellkosten ermittelt werden, bleiben die VwGK und VtGK außer Ansatz:

Kostenarten	EUR	Stück	EUR/Stück
Materialeinzelkosten	50.000	10.000	5,00
Lohneinzelkosten	10.000	10.000	1,00
Summe der Einzelkosten	60.000	10.000	6,00
Materialgemeinkosten	950	10.000	0,095
Fertigungsgemeinkosten	8.300	10.000	0,830
Summe der Gemeinkosten	9.250	10.000	0,925
Herstellkosten			6,925

Die einstufige Divisionskalkulation kann darüber hinaus auch **Lagerbestandsveränderungen** berücksichtigen; in diesem Fall sind die Gesamtkosten um Lagerbestandszunahmen (+) oder um Lagerbestandsabnahmen (-) zu korrigieren:

$$Kosten\ je\ Einheit = \frac{Gesamtkosten \pm Herstellkosten\ der\ Lagerbestandsveränderung}{produzierte\ Menge\ der\ Periode}$$

ab) Mehrstufige (differenzierte) Divisionskalkulation (Stufenkalkulation)

Gegenüber der einstufigen Kalkulation ergibt sich eine Erweiterung insofern, als es sich um eine Unternehmung mit mehreren Fertigungsstufen handelt. Dabei ist es unvermeidlich, **Zwischenlager** einzurichten, die jeweils die auf der betreffenden Fertigungsstufe bearbeiteten Halbfabrikate bis zur Weiterverarbeitung bzw. Endverarbeitung auf der nächsten Fertigungsstufe aufnehmen. Dementsprechend wird auf jeder Fertigungsstufe eine Kostenstelle gebildet, in der die Gesamtkosten jeder Stufe gesammelt werden. Im nächsten Schritt erfolgt dann eine Division der Gesamtkosten jeder Stufe durch die in derselben Stufe erzeugte Stückzahl (**Stückkosten pro Fertigungsstufe**). Die Addition der Stückkosten der einzelnen Fertigungsstufen ergibt schließlich die **Selbstkosten** pro Leistungseinheit des Produkts:

$$Stufe \ \ 1: \ \ k_1 = \frac{K_1}{M_1}$$

$$Stufe \ \ 2: \ \ k_2 = \frac{k_1 \cdot x_1 + k_2}{M_2}$$

$$Stufe \ \ n: \ \ k_n = \frac{k_{n-1} \cdot x_{n-1} + k_n}{M_n}$$

$$Selbstkosten \ je \ Stück = \sum_{i=1}^{n} k_i$$

wobei: K_i = Gesamtkosten je Stufe bzw. Kostenstelle/Periode ohne Kosten der Vorstufe (i = 1, ... , n)

x_i = produzierte Mengen der jeweiligen Stufen bzw. Kostenstellen (i = 1, ... , n) Periode

k_i = Stückkosten je Einheit je Stufe bzw. Kostenstelle (i = 1, ... , n)/Periode (Stückkosten je Fertigungsstufe)

Eine Komplikation erfährt die mehrstufige Divisionskalkulation in denjenigen Fällen, in denen nicht die gesamte Produktion der Vorstufe an die nächste Stufe (zur Weiterverarbeitung oder Veredelung) abgegeben, sondern **ein Teil der Produktion** als Halbfabrikat an andere Unternehmungen **verkauft** wird. Diesen Sachverhalt und die entsprechenden konkreten Rechenvorgänge zeigt ein **Anwendungsbeispiel** für einen **zweistufigen Produktionsprozess** in Tab. 3.3.

In der ersten Produktionsstufe werden Chemiefasern hergestellt und in der zweiten Produktionsstufe zu Geweben verarbeitet; ein Teil der Faserproduktion wird am Markt direkt abgesetzt (40 Tonnen). Für die Beurteilung des Erfolges je Produktionsstufe ist die Ermittlung der Herstellungskosten und der Selbstkosten gleichermaßen von Bedeutung.

Tab. 3.3: Struktur einer zweistufigen Divisionskalkulation (Mengendifferenzen auf Grund der Produktionsvorgänge)

Kostenarten pro Periode / Kostenstelle/ Fertigungsstufe	Faserproduktion (Stufe 1)	Gewebeproduktion (Stufe 2)
1. Materialeinsatz (Tonnen)	100	40
2. Materialpreis (EUR/t)	10.000	20.000
3. Materialkosten (EUR)	1.000.000	800.000
4. Fertigungskosten (EUR)	600.000	400.000
5. Herstellkosten (EUR)	1.600.000	1.200.000
6. Produzierte Menge (Tonnen)	80	40
7. Herstellkosten (EUR/t)	20.000	30.000
8. Abgesetzte Menge (Tonnen)	40	40
9. Herstellkosten der verkauften Menge (EUR)	800.000	1.200.000
10. Verwaltungsgemeinkosten (EUR)	100.000	150.000
11. Vertriebsgemeinkosten (EUR)	200.000	300.000
12. Selbstkosten (EUR)	1.100.000	1.650.000
13. Selbstkosten pro abgesetzte Mengeneinheit (EUR/t)	27.500	41.250

ac) Divisionskalkulation mit Äquivalenzziffern (Äquivalenzziffernkalkulation)

Diese Variante der Divisionskalkulation ist anwendbar, wenn nebeneinander eine begrenzte Zahl verschiedener, aber miteinander kostenmäßig verwandter Produkte hergestellt wird, die zueinander in einem festen Verhältnis stehen und sich daher ein festes Kostenverhältnis ergibt. Eine derartige kostenmäßige Verwandtschaft und Beziehung besteht zwischen den Produkten, wenn sie entweder

* aus dem gleichen Rohstoff bestehen, der unterschiedlich verarbeitet wird, so dass verschiedene Produkte entstehen, oder
* wenn mehrere Rohstoffe im gleichen Fertigungsprozess zu verschiedenen Produkten v erarbeitet werden.

Beispiele für den ersten Fall sind Brauereien mit mehreren Biersorten oder Blechwalzwerke, die Bleche verschiedener Stärke fertigen. Der zweite Fall trifft v. a. auf Spinnereien und Webereien zu.

In diesen Fällen ist so vorzugehen, dass die **Äquivalenzziffer** jedes Produkts zu ermitteln ist, d. h. die Gewichtungsziffer (**Umrechnungsfaktor**), die angibt, in welchem Verhältnis die Kosten desjeweiligen (Einzel-)Produkts zu den Kosten des Einheitsprodukts mit der Äquivalenzziffer 1 (**Richtsorte**) stehen.

Wird z. B. festgestellt, dass von drei Produkten (A, B, C), die eine Unternehmung mit Gesamtkosten von 2.520.000 EUR/Periode fertigt, auf Grund von Materialkostenunterschieden und der unterschiedlichen Fertigungszeiten das Produkt B das Dreifache und Produkt C das Vierfache der Kosten von A (= Richtsorte) verursacht, so ergibt sich ein Kostenverhältnis zwischen A, B und C von 1 : 3 : 4 (**Äquivalenzziffern**).

Zur **Ermittlung der Stückkosten** ist die Äquivalenzziffer jedes Produkts mit dessen hergestellter Menge zu multiplizieren; das Ergebnis wird als **Schlüsselzahl (oder Verrechnungs-**

einheit) bezeichnet. Werden beispielsweise von Produkt A 100.000 Stück, Produkt B 70.000 Stück und Produkt C 80.000 Stück hergestellt, dann beträgt die Schlüsselzahl (oder Verrechnungseinheit) für

$$Produkt\ A: \quad 1 \cdot 100.000 = 100.000\ VE,$$
$$Produkt\ B \quad 3 \cdot 70.000 = 210.000, VE,$$
$$Produkt\ C \quad 4 \cdot 80.000 = 320.000\ VE.$$

Die **Summe** beläuft sich auf 630.000 **Verrechnungseinheiten** (VE).

Dividiert man in einem nächsten Schritt die Gesamtkosten aller Produkte (A, B, C) durch die Summe der Verrechnungseinheiten, resultieren daraus die **Stückkosten** (**Selbstkosten/Stück**) **der Richtsorte (A)**:

$$Kosten\ Richtsorte\ (A) = \frac{Gesamtkosten\ der\ Periode}{Verrechnungseinheiten\ (VE)}$$

$$= \frac{2.520.000\ EUR}{630.000\ VE} = 4\ EUR\ pro\ VE$$

Die Stückkosten der Richtsorte (A) betragen somit 4 EUR; nach Multiplikation mit den Äquivalenzziffern der Produkte A, B und C ergeben sich die **Selbstkosten/Stück** der Produkte:

Produkte	Produzierte Mengen (Stück)	Äquivalenz- ziffern	VE	Selbstkosten pro Verrechnungseinheit (VE) (in EUR)	Selbstkosten (EUR) der Produkte/Stück (Spalte 3 x Spalte 5)
(1)	(2)	(3)	(4)	(5)	(6)
A	100.000	1	100.000	4	4
B	70.000	3	210.000	4	12
C	80.000	4	320.000	4	16
			630.000		

Unter der Annahme, dass die Produkte auf Grund der Absatzcharakteristika eine unterschiedliche Belastung aufweisen und die Struktur der Selbstkosten von 2.520.000 EUR so beschaffen wäre, dass die Herstellkosten 2 Mio. EUR und die VwGK + VtGK 520.000 EUR betragen, sind zusätzlich Äquivalenzziffern für die VwGK + VtGK festzulegen und auf dieser Basis die **Selbstkosten in EUR/Stück** zu ermitteln. Die Schlüsselzahlen bzw. Verrechnungseinheiten für die Produkte ergeben sich auf Grund der tatsächlichen Feststellungen der Äquivalenzziffern zwischen A, B und C von 3 : 1 : 2 für

$$Produkt\ A: \quad 300.000\ VE$$
$$Produkt\ B: \quad 70.000\ VE$$
$$Produkt\ C: \quad 160.000\ VE$$
$$Summe: \quad \underline{530.000\ VE}$$

Es ergeben sich folgende Werte:

$$Herstellkosten\ Richtsorte\ (A) = \frac{2.000.000\ EUR}{630.000\ VE} = 3,17\ EUR\ pro\ VE$$

$$Verwaltungs\text{-}/Vertriebskosten\ Richtsorte\ (B) = \frac{250.000\ EUR}{530.000\ VE} = 0,98\ EUR\ pro\ VE$$

Somit ergeben sich Selbstkosten für Produkt A von 6,11 EUR/Stück, für Produkt B von 10,49 EUR/Stück und für Produkt C von 14,64 EUR/Stück:

Produkt	Äquivalenzziffern für		Schlüsselzahlen für		Herstell-kosten der Richtsorte A (EUR)	VwGK und VtGK der Richtsorte B (EUR)	Herstell-kosten je Stück (EUR)	VwGK und VtGK je Stück (EUR)	Selbstkosten/ Stück (EUR)
	HK	VwGK und VtGK	HK	VwGK und VtGK					
A	1	3	100 000	300 000	3,17	0,98	3,17	2,94	6,11
B	3	1	210 000	70 000	3,17	0,98	9,51	0,98	10,49
C	4	2	320 000	160 000	3,17	0,98	12,68	1,96	14,64
			630 000	530 000					

Die zu **Kontrollzwecken** durchgeführten Multiplikationen der Herstellkosten je Stück, der Verwaltungs- und Gemeinkosten je Stück und der Selbstkosten je Stück zeigen geringfügige Abweichungen auf Grund der Abrundungen der Herstellkosten (0,0046) und der Verwaltungs- und Vertriebskosten (-0,0011):

Produkt	Produzierte Menge	Herstellkosten je Stück (EUR)	VwGK und VtGK je Stück (EUR)	Selbstkosten/ Stück (EUR)	Herstellkosten (EUR)	VwGK und VtGK (EUR)	Selbstkosten (EUR)
A	100.000	3,17	2,94	6,11	317.000	294.000	611.000
B	70.000	9,51	0,98	10,49	665.700	68.600	734.300
C	80.000	12,68	1,96	14,64	1.014.400	156.800	1.171.200
					1.997.100	519.400	2.516.500

b) Zuschlagskalkulation

Da in der Praxis relativ selten eine Einheitlichkeit der Produkte der Art anzutreffen ist, wie sie die Divisionskalkulation voraussetzt, muss bei Vorliegen mehrerer Produkte mit unterschiedlichen Fertigungsverfahren die Zuschlagskalkulation Anwendung finden.

Dabei werden grundsätzlich die Gesamtkosten in Einzelkosten und Gemeinkosten (unter Verwendung des BAB) gespalten, wobei die Zurechnung der Gemeinkosten unter Verwendung von Schlüsselgrößen erfolgt, die in diesem Zusammenhang als Zuschlagsbasis bezeichnet werden.

Die **Zuschlagsbasis** bilden die **Einzelkosten**, und zwar entweder

- die gesamten Einzelkosten einschließlich Sondereinzelkosten der Fertigung (**Einzelkostenzuschlag**), oder
- die Materialeinzelkosten (**Materialzuschlag**), oder
- die Lohneinzelkosten (**Lohnzuschlag**), oder in Kombination
- die Summe aus Material- und Lohneinzelkosten (**Material- und Lohnzuschlag**).

Die auf dieser Grundlage ermittelten **Gemeinkostenzuschläge** sind entsprechend der Natur der verwendeten Schlüsselgrößen durchwegs **Wertzuschläge**. Alternativ könnten **Mengenzuschläge** in Betracht gezogen werden; Zuschlagsbasis sind dann die verbrauchten Fertigungsmaterialmengen ausgedrückt in Maßeinheiten oder die Fertigungslohnstunden (Maschinenstunden; siehe 3.3.3.2 bc).

ba) Summarische (kumulative) Zuschlagskalkulation

Diese Verfahren verteilen den Gemeinkostenbetrag ausschließlich unter Verwendung nur **einer Zuschlagsbasis** auf die Kostenträger. Es handelt sich somit um eine grobe (**summarische**) Verteilung nach folgendem Schema:

$$
\begin{array}{rl}
& \textit{Materialeinzelkosten (MEK)} \\
+ & \underline{\textit{Lohneinzelkosten (LEK)}} \\
= & \textit{Summe der Einzelkosten} \\
+ & \underline{\textit{Summe der Gemeinkosten (GK)}} \\
= & \underline{\underline{\textbf{\textit{Selbstkosten}} \textit{ (SK = MEK + LEK + GK)}}}
\end{array}
$$

Für die Ermittlung des **Gemeinkostenzuschlages (GKZ)** stellen die Einzelkosten die Basis dar, also:

$$
GKZ\ (\%) = \frac{GK}{EK} \cdot 100
$$

Bei der **Zurechnung auf die Kostenträger** unterstellt das kumulative Verfahren Proportionalität zwischen Kostenträgereinzelkosten und Kostenträgergemeinkosten der einbezogenen Kostenträger.

Beispielsweise stellt eine Unternehmung drei Produkte A, B und C her. Folgende Einzelkosten fielen in der Rechnungsperiode an:

Produkt A:	*10.000 EUR*
Produkt B:	*20.000 EUR*
Produkt C:	*15.000 EUR*
Summe:	*45.000 EUR.*

Darüber hinaus verursacht die Herstellung dieser Produkte **Gemeinkosten** in Höhe von insgesamt 10.000 EUR. Zur Ermittlung der **Selbstkosten je Produkt** ist die Feststellung des **GKZ** erforderlich, der in diesem Beispiel 22,22% beträgt:

$$
GKZ = \frac{10.000\ \ EUR\ (GK)}{45.000\ \ EUR\ (EK)} \cdot 100 = 22{,}22\%.
$$

Damit ergibt sich folgende Kostenzurechnung im Rahmen der Kostenträgerstückrechnung:

Kostenarten	Summe (EUR)	GKZ (%)	Produkte		
			A	B	C
			EUR	EUR	EUR
Einzelkosten (EK)	45.000	--	10.000	20.000	15.000
Gemeinkosten (GK)	10.000	22,22	2.222	4.444	3.334
Selbstkosten	55.000	--	12.222	24.444	18.334

Bei einer Produktion von 1.000 Stück des Produkts A, 3.000 Stück des Produkts B und 5.000 Stück des Produkts C ergeben sich **Selbstkosten/Stück** für A von 12,22 EUR, für B von 8,15 EUR und für C von 3,67 EUR.

bb) Elektive (differenzierte) Zuschlagskalkulation

Elektive Verfahren der Zuschlagskalkulation bedeuten eine Verfeinerung der Kalkulation durch Aufteilung der Summe der Gemeinkosten in **Gemeinkostenarten** (Material-, Fertigungs-, Verwaltungs-, Vertriebsgemeinkosten). Korrespondierend dazu bilden die Einzelkosten für das Fertigungsmaterial, die Fertigungslöhne und die Herstellkosten die **Zuschlagsbasis** für die Weiterverrechnung auf die Kostenträger.

Entsprechend der verwendeten **Zuschlagsbasis** können sich folgende **Typen** von **Gemeinkostenzuschlägen (GKZ)** ergeben:

$$MGKZ\ (\%) = \frac{MGK}{MEK}$$

$$LGKZ\ (\%) = \frac{LGK}{LEK}$$

$$GKZ\ (\%) = \frac{GK}{MEK + LEK}$$

$$GKZ\ (\%) = \frac{VwGK}{HK}$$

$$GKZ\ (\%) = \frac{VtGK}{HK}$$

Je nach gewähltem Gemeinkostenzuschlag entstehen bei der Kalkulation der Selbstkosten (SK) unterschiedliche Werte (bzw. Mengen bei Verwendung von Mengenzuschlägen).

Die **Ermittlung der Selbstkosten** erfolgt bei der elektiven Zuschlagskalkulation nach folgendem **Grundschema**:

Pos.		Kostenarten	
1.		Materialeinzelkosten (MEK)	
2.	+	Materialgemeinkosten (MGK)	
3.	=	Materialkosten (MK)	(1. + 2.)
4.	+	Lohneinzelkosten (LEK)	
5.	+	Fertigungsgemeinkosten (FGK)	
6.	=	Fertigungskosten	(4. + 5.)
7.	+	Sondereinzelkosten der Fertigung (SEK)	
8.	=	**Herstellkosten** (HK)	(3. + 6. + 7.)
9.	+	Verwaltungsgemeinkosten (VwGK)	
10.	+	Vertriebsgemeinkosten (VtGK)	
11.	=	**Selbstkosten** (SK)	(8. + 9. + 10.)

Dementsprechend umfassen die

- Materialkosten (MK)= MEK + MGK
- Fertigungskosten (FK) = LEK + FGK
- Herstellkosten (HK) = MK + FK + SEK
- Selbstkosten (SK) = HK + VwGK + VtGK.

Auf dieser Grundlage kann der **Wertzuschlag** (in %) für die jeweilige(n) Kostenart(en) nach der allgemeinen Formel

$$Wertzuschlag = \frac{Gemeinkosten}{Kostenbetrag\ der\ Zuschlagsbasis} \cdot 100$$

berechnet werden (z. B. Fertigungszuschläge für die Fertigungshauptkostenstellen, Materialzuschläge, Verwaltungszuschläge, Vertriebszuschläge).

In Fortführung des Beispiels unter 3.3.3.2 ba) werden folgende **Modifikationen** vorgenommen:

Kostenarten	Produkte			
	A	B	C	Summe
	EUR	EUR	EUR	EUR
Fertigungsmaterial	6.500	10.000	12.000	28.500
Fertigungslöhne	3.500	10.000	3.000	1.500
Materialgemeinkosten	--	--	--	7.000
Fertigungsgemeinkosten	--	--	--	3.000
Herstellkosten	--	--	--	55.000
Verwaltungsgemeinkosten	--	--	--	4.000
Vertriebsgemeinkosten	--	--	--	3.000
Selbstkosten (Gesamtkosten)	--	--	--	62.000
Produkte (Stück)	1.000	3.000	5.000	--

Nunmehr können **Gemeinkostenzuschlagssätze** gebildet werden für:

$$Materialgemeinkosten = \frac{7.000 \ EUR}{28.500 \ EUR} \cdot 100 = 24,56 \ \% \ \ auf \ MEK$$

$$Fertigungsgemeinkosten = \frac{3.000 \ EUR}{16.500 \ EUR} \cdot 100 = 18,18 \ \% \ \ auf \ LEK$$

$$Verwaltungsgemeinkosten = \frac{4.000 \ EUR}{55.000 \ EUR} \cdot 100 = 7,27 \ \% \ \ auf \ HK$$

$$Vertriebsgemeinkosten = \frac{3.000 \ EUR}{55.000 \ EUR} \cdot 100 = 5,45 \ \% \ \ auf \ HK$$

Auf dieser Grundlage erfolgt nunmehr die Zurechnung auf die Kostenträger (Tab. 3.4).

Bei differenzierter Gemeinkostenverteilung ergeben sich somit gegenüber der summarischen Zuschlagskalkulation die in Tab. 3.5 dargestellten Abweichungen der Selbstkosten/Stück.

Tab. 3.4:   Zurechnung auf Kostenträger mit Hilfe differenzierter Gemeinkostenzuschläge (elektive Zuschlagskalkulation)

Kostenarten	Summe (EUR)	Zuschlag (%)	Produkte A EUR	B EUR	C EUR
MEK	28.500	24,56	6.500	10.000	12.000
+ MGK	7.000		1.597	2.456	2.947
= MK	35.500	--	8.097	12.456	14.947
+ LEK	16.500	18,18	3.500	10.000	3.000
+ FGK	3.000		636	1.818	546
= FK	19.500	--	4.136	11.818	3.546
= HK (MK + FK)	55.000	--	12.233	24.274	18.493
+ VwGK	4.000	7,27	889	1.765	1.344
+ VtGK	3.000	5,45	668	1.325	1.009
= SK	62.000	--	13.790	27.364	20.846
Produkte (Stück)	--	--	1.000	3.000	5.000
SK/Stück	--	--	13,79	9,12	4,17

Tab. 3.5:   Ergebnisvergleich

Verfahren der Zuschlagskalkulation	Selbstkosten je Stück (in EUR) Produkt A	Produkt B	Produkt C
summarische	12,22	8,15	3,67
elektive	13,79	9,12	4,17

bc) Verrechnungssatz-Kalkulation (Maschinenstundensatz-Kalkulation)

Eine besondere Form der Zuschlagskalkulation stellt die Verrechnungssatz-Kalkulation dar, die sich von den unter 3.3.3.2 aa) und ab) genannten Methoden dadurch unterscheidet, dass sie an Stelle der Wertschlüssel einen **Mengenschlüssel** (Menge als Bezugsgrundlage) verwendet. Dabei werden zwar auch die Einzelkosten den Kostenträgern direkt, jedoch die **Gemeinkosten** mit Hilfe **mengenbasierter Verrechnungssätze** (Verbrauchsmengen oder Zeitmengen in Form von Arbeits- und Maschinenstunden) zugerechnet. Auf Grund der zunehmenden **Rationalisierung** aller Produktionsprozesse und des dadurch not-wendigen, verstärkten Einsatzes von Maschinen aller Art erscheint insbesondere die Verrechnungssatz-Kalkulation in der Variante als **Maschinenstundensatz-Kalkulation** von wesentlichem Interesse zu sein, zumal sie dem höheren Gewicht der maschinenabhängigen Gemeinkosten gegenüber den arbeits(zeit)abhängigen Gemeinkosten (FGK) Rechnung trägt und Nachteile vermeidet, die mit Kalkulationsmethoden auf Lohnbasis verbunden sein können.

Notwendig ist in diesem Zusammenhang eine Unterscheidung und Untergliederung der Fertigungsgemeinkosten in **maschinenstundenabhängige** und in **arbeitsstundenabhängige** Kosten (siehe *BDI* 1980, 68 ff.), weshalb Maschinenstunden-Verrechnungssätze und Arbeitsstunden-Verrechnungssätze gebildet werden können (Abb. 3.46).

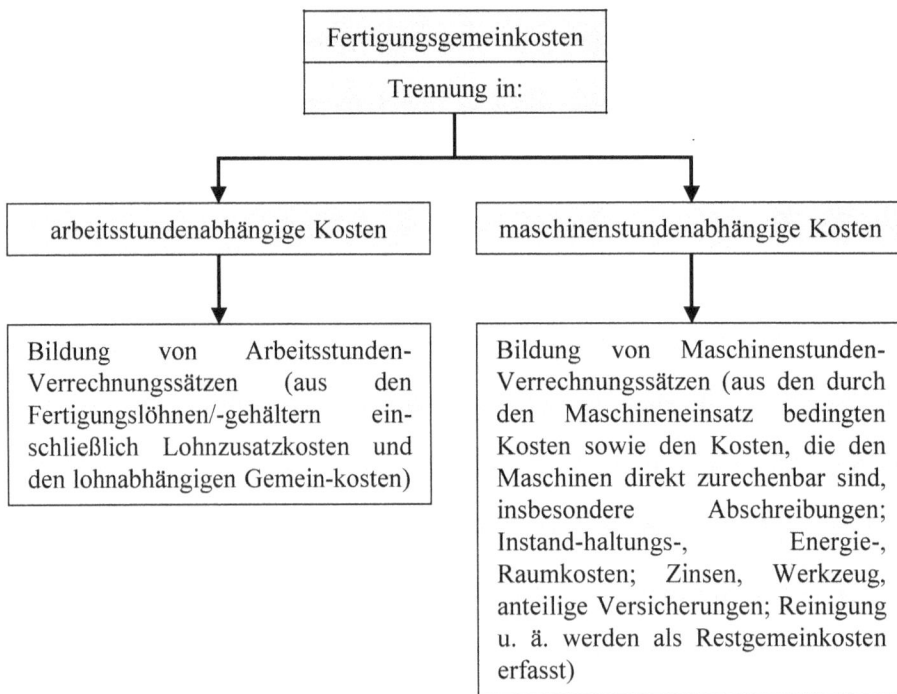

Abb. 3.46:   Bildung von Verrechnungssätzen auf der Basis arbeits- und maschinenstunden abhängiger Kosten

Das konkrete Verfahren der Verrechnungssatzkalkulation zeigt Tab. 3.6, in der sowohl Verrechnungssätze für Maschinenkosten und arbeitsstundenabhängige Kosten als auch Zuschlagssätze für MGK, VwGK und VtGK gebildet werden, wobei folgende Annahmen zu Grunde liegen (Produkte A, B, C):

Mengen	Produkte			Summe
	A	B	C	
Produktion/Stück	1.000	3.000	5.000	9.000
Maschinenstunden	300	1.000	2.500	3.800
Arbeitsstunden	50	200	1.000	1.250

Für die Produktion der Produkte A, B und C seien folgende Kosten in der Rechnungsperiode entstanden:

Kostenkategorien	Produkte			Summe
	A EUR	B EUR	C EUR	EUR
Fertigungsmaterial	6.500	10.000	12.000	28.500
Materialgemeinkosten				7.000
Fertigungslöhne				16.500
Lohnabhängige Gemeinkosten + Lohnzusatzkosten				11.550
Summe lohnabhängige Kosten				28.050
maschinenabhängige Kosten				50.000
Restgemeinkosten				1.000
Summe Maschinenkosten				51.000
Herstellkosten				114.550
VwGK				4.000
VtGK				3.000
Selbstkosten				121.500

Zu bilden sind entsprechende **Verrechnungssätze**, um die lohnabhängigen Kosten und die maschinenabhängigen Kosten auf die Produkte zurechnen zu können:

$$Lohnabhängige\ Kosten\ je\ Produkt = \frac{\sum lohnabhängige\ Kosten\ (EUR)}{\sum Arbeitsstunden\ (h)} \cdot Produktarbeitsstunden\ (h)$$

Für:

$$Produkt\ A = \frac{16.500\ EUR\ +\ 11.550\ EUR}{1.250\ h} \cdot 50\ h = 1.122\ EUR$$

$$Produkt\ B = \frac{28.050\ EUR}{1.250\ h} \cdot 200\ h = 4.488\ EUR$$

$$Produkt\ C = \frac{28.050\ EUR}{1.250\ h} \cdot 1.000\ h = 22.440\ EUR$$

$$Maschinenabhängige\ Kosten\ je\ Produkt = \frac{\sum Maschinenkosten\ (EUR)}{\sum Maschinenstunden\ (h)} \cdot Bearbeitungsstunden\ (h)$$

Für:

$$Produkt\ A = \frac{50.000\ EUR\ +\ 1.000\ EUR}{3.800\ h} \cdot 300\ h = 4.026,32\ EUR$$

$$Produkt\ B = \frac{51.000\ EUR}{3.800\ h} \cdot 1.000\ h = 13.421,05\ EUR$$

$$Produkt\ C = \frac{51.000\ EUR}{3.800\ h} \cdot 2.500\ h = 33.552,63\ EUR$$

Daher folgende **Zurechnung** auf die **Produkte**:

Kosten	Produkte			Summe
	A	B	C	
	EUR	EUR	EUR	EUR
Lohnabhängige Kosten	1.122,00	4.488,00	22.440,00	28.050,00
Maschinenkosten	4.026,32	13.421,05	33.552,63	51.000,00

Die **Zuschlagssätze** und **Verrechnungssätze** lauten somit:

$$MGK \qquad = \frac{7.000\ EUR}{28.500\ EUR} \cdot 100 = 24,56\ \% \quad auf\ Fertigungsmaterial$$

$$Maschinenstundensatz = \frac{51.000\ EUR}{3.800\ h} = 13,42\ EUR/h$$

$$Arbeitsstundensatz \quad = \frac{28.050\ EUR}{1.250\ h} = 22,44\ EUR/h$$

$$VwGK \qquad = \frac{4.000\ EUR}{114.550\ EUR} = 13,49\ \% \qquad auf\ Herstellkosten$$

$$VtGK \qquad = \frac{3.000\ EUR}{114.550\ EUR} = 2,62\ \% \qquad auf\ Herstellkosten$$

Dementsprechend kann nun die **Kalkulation der Produkte A, B, C** erfolgen (Tabelle 3.6):

Tab. 3.6: Grundstruktur der Verrechnungssatz-Kalkulation (Maschinenstundensatz-Kalkulation)

	Kostenarten	Summe	Zuschlags-/ Verrechnungs- satz	Produkte		
				A EUR	B EUR	C EUR
	MEK	28.500	24,56 %	6.500,00	10.000,00	12.000,00
+	MGK	7.000		1.597,00	2.456,00	2.947,00
=	MK	35.500		8.097,00	12.456,00	14.947,00
+	Maschinenkosten	51.000	13,42 EUR	4.026,32	13.421,05	33.552,63
+	lohnabhängige Kosten	28.050	22,44 EUR	1.122,00	4.488,00	22.440,00
=	FK	79.050		5.148,32	17.909,05	55.992,63
	HK (MK + FK)	114.550		13.245,32	30.365,05	70.939,63
+	VwGK	4.000	3,49 %	463,00	1.060,00	2.477,00
+	VtGK	3.000	2,62 %	346,00	796,00	1.858,00
	Selbstkosten	121.550		14.045,32	32.221,05	75.274,63
	Selbstkosten/Stück			14,05	10,74	15,05

c) Kuppelkalkulation

In Anbetracht der geringen praktischen Bedeutung werden die Verfahren der Kuppelproduktion nur kurz erörtert.

ca) Restwertkalkulation

Diese Methode findet dann Anwendung, wenn sich die verschiedenen Kuppelprodukte in ein **Hauptprodukt** und mehrere **Nebenprodukte** unterscheiden lassen. Die Erlöse der Nebenprodukte werden unter Berücksichtigung der für ihre Endverarbeitung u. U. noch anfallenden Kosten von den Gesamtkosten für das Hauptprodukt subtrahiert, so dass die **Restkosten** nach folgendem Schema zu ermitteln sind:

> *Kosten der Kuppelproduktion*
>
> – *Verkaufswert der Nebenprodukte*
>
> + *ggf. entstehende besondere Weiterverarbeitungskosten sowie Vertriebskosten*
>
> = *Restkosten des Hauptprodukts*

Die Restkosten des Hauptprodukts sind sodann zu der gesamten produzierten Menge des Hauptprodukts in Beziehung zu setzen, woraus die **Herstellkosten je Mengeneinheit** resultieren:

$$Herstellkosten\ des\ Hauptprodukts\ je\ Einheit = \frac{Restkosten\ des\ Hauptprodukts\ (EUR)}{produzierte\ Menge\ der\ Periode}$$

Die **Selbstkosten des Hauptprodukts** ergeben sich schließlich durch Berücksichtigung anteiliger Verwaltungs- und Vertriebsgemeinkosten sowie ggf. anfallender Weiterverarbeitungskosten.

Die **Selbstkosten der Nebenprodukte** sind mit deren Marktpreisen identisch; subtrahiert man von den Marktpreisen die anteiligen Vertriebs- und Verwaltungsgemeinkosten, einschließlich ggf. entstehender Weiterverarbeitungskosten, so erhält man die Herstellkosten der Nebenprodukte.

cb) Verteilungskalkulation (Kostenverteilungsmethode)

Die Verteilungskalkulation weist zwar gewisse Ähnlichkeiten mit der Äquivalenzziffernkalkulation (3.3.3.2 ac) auf und erlaubt die Anwendung desselben Rechenverfahrens, jedoch besteht der Unterschied darin, dass zur Bildung der Äquivalenzziffern zusätzlich zu den bei der Restwertkalkulation benötigten Verkaufserlösen noch **technische Merkmale**, welche die Kuppelproduktion charakterisieren, benötigt werden (beim Äquivalenzziffernverfahren der Divisionskalkulation bilden die Kostenverhältnisse allein die Grundlage der Rechnung): Auf eine Gesamterzeugungsmenge (= 100 %), ausgedrückt in technischen Maßeinheiten (z. B. Kilo-Joule; cbm), werden die jeweiligen Kuppelprodukt-Anteile bezogen und die sich so ergebenden Verhältniszahlen (in% der Gesamterzeugungsmenge) in Beziehung zur Gesamtkostensumme gesetzt. Damit erhält man die Kosten pro (technischer) Einheit des jeweiligen Kuppelprodukts.

Beispiel 9:

Im Rahmen einer Kuppelproduktion zur Gewinnung von Energie fallen die Produkte A, B und C an, wobei A das Hauptprodukt, B und C die Nebenprodukte darstellen. Die Gesamtkosten der Kuppelproduktion betragen 5.000.000 EUR, der Verkauf von C bringt 300.000 EUR an Erlösen (Restkosten für A und B 4.500.000 EUR). Die Zahl der insgesamt erzeugten Menge beträgt für

Produkt A: $800 \cdot 10^9$ kJ (Kilo-Joule)

Produkt B: $1.200 \cdot 10^9$ kJ

Produkt A und B: $2.000 \cdot 10^9$ kJ (Gesamterzeugungsmenge = 100 %)

Daher entfällt auf

Produkt A: $\dfrac{800 \cdot 10^9 \text{kJ}}{2.000 \cdot 10^9 \text{kJ}} = 40\ \%$

Produkt B: $\dfrac{1.200 \cdot 10^9 \text{kJ}}{2.000 \cdot 10^9 \text{kJ}} = 60\ \%$

Somit betragen die Gesamtkosten für

Produkt A: 4.500.000 EUR · 0,4 = 1.800.000 EUR

Produkt B: 4.500.000 EUR · 0,6 = 2.700.000 EUR

Beträgt die produzierte Menge von A 100.000 t (Tonnen) und die von B 300.000 cbm, so ergeben sich Kosten für Produkt A in Höhe von 18.000 EUR/t und für B von 9.000 EUR/cbm.

3.4 Teilkostenrechnung (Ist-Basis)

In Anbetracht der grundsätzlichen Probleme, die Vollkostenrechnungen auf Grund der „geschlüsselten" und daher nicht willkürfrei bzw. nicht verursachungsadäquat zugerechneten Gemeinkosten (**Fixkostenblock**) auf die Kostenträger in sich bergen, wird im Rahmen der Verfahren der Teilkostenrechnung versucht, nur die variablen Kosten auf die Kostenträger zu verteilen und die gesamten fixen Kosten von der Verteilung auszuschließen, um damit die Probleme der Kostenschlüsselung der fixen Kosten und ggf. Fehlentscheidungen zu vermeiden. Zu derartigen Fehlentscheidungen könnte es nämlich dann kommen, wenn die Unzulänglichkeiten der kostenrechnerischen Instrumente bzw. der Kostenschlüsselung zu objektiv falschen Informationen führt, welche die Grundlage für Entscheidungen der Unternehmungsführung im Rahmen der Preiskalkulation darstellen würden.

Da eine Unternehmung langfristig gesehen nur dann (gerade noch) existieren kann, wenn zumindest eine volle Deckung der Gesamtkosten durch eine entsprechende Gestaltung der Absatzpreise erzielbar ist, muss eine Auflösung der Gesamtkosten in variable (beschäftigungsabhängige) Kosten erfolgen. Auf dieser Grundlage kann das Management feststellen, welchen Beitrag eine bestimmte Leistung (Produkt) bzw. ein Bündel von Leistungen (Produktgruppe) zur Deckung der fixen Kosten erbringt. Liegt nämlich der erzielbare Preis für die betreffende Leistung über den variablen Kosten, so trägt sie mit diesem Überschuss zur Deckung der fixen Kosten (zumindest zu einem Teil) bei, die nicht nur durch die Produktion der übrigen Leistungen verursacht werden.

Selbst die Verlustproduktion einer einzelnen Leistungsart würde einen Beitrag zur Deckung der fixen Kosten leisten, die selbst durch Einstellung der betreffenden (Teil-)Produktion nicht vermindert werden könnte, sofern nicht die gesamte Produktion der Unternehmung stillgelegt würde.

Unter diesen Gesichtspunkten ist daher jenes spezifische Mindestabsatzvolumen an Leistungen aller Art zu ermitteln, bei dem die Summe aller Deckungsbeiträge dem Fixkostenblock entspricht (**Kostendeckungspunkt**) und somit die **Gewinnschwelle** (**Break-Even-Point**) angibt:

$$x_D \cdot (p - k_v) = k_f$$

$$x_D = \frac{k_f}{(p - k_v)}$$

wobei: x_D: zur Kostendeckung notwendige Absatzmenge

p: Preis

k_v: variable Kosten je Leistungseinheit

k_f: fixe Kosten

$(p - k_v)$: Deckungsbeitrag je Leistungseinheit

Innerhalb der Teilkostenrechnungssysteme kann grundsätzlich zwischen den Verfahren der Direktkostenrechnung, die auf der Spaltung in fixe und variable Kosten basieren, und der Deckungsbeitragsrechnung, die mit relativen Einzelkosten arbeitet, unterschieden werden (Abb. 3.47).

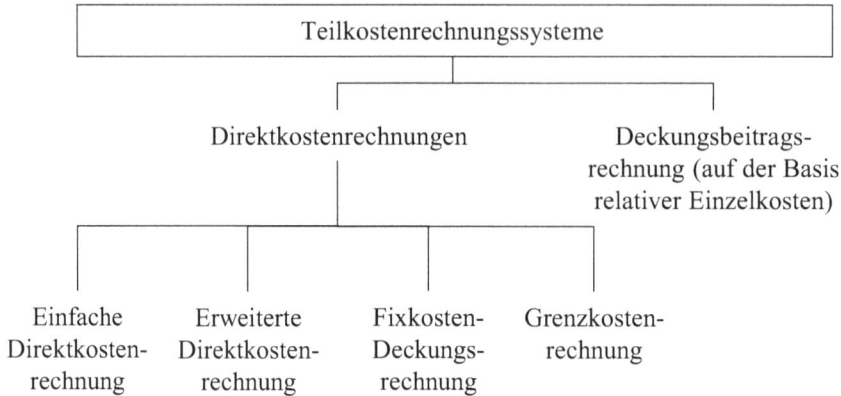

Abb. 3.47:   Systematik der Verfahren der Teilkostenrechnung

3.4.1   Direktkostenrechnung (Direct Costing)

Die Direktkostenrechnung, die in der **Kostenartenrechnung** eine Trennung der Kosten in variable mengenabhängige Kosten (**direct costs**) und fixe zeitabhängige Kosten (**period costs**) vornimmt, unterstellt **Proportionalität** der Veränderung der variablen Kosten zum Beschäftigungsgrad. Dabei bezieht sich die Bezeichnung **direkt** nicht auf die Relation zwischen Kosten- und Beschäftigungsänderung, d. h. direkte Kosten werden nicht unmittelbar als Einzelkosten verrechnet, weshalb in diesem Fall auch bestimmte Gemeinkosten direkte Kosten sein können, sofern sie sich proportional zum Beschäftigungsgrad ändern. In der **Kostenstellenrechnung** ergibt sich die Notwendigkeit, die Kostenstellen so abzugrenzen, dass sie möglichst nur ein Produkt bzw. eine Produktgruppe aufnehmen.

Darüber hinaus besteht die **Aufgabe** der **Kostenstellenrechnung**, die auch bei Teilkostenrechnungssystemen unverzichtbar ist, in der notwendigen **Kostenspaltung** in **beschäftigungsfixe** (fixe) und **beschäftigungsproportionale** (variable bzw. proportionale) Kosten, zumal nur die jeweilige Kostenstelle über die Zuordnung oder Proportionalisierung der Kosten entscheiden kann. Somit ergibt sich grundsätzlich der in Abb. 3.48 dargestellte **Kostendurchlauf** in **Direktkostenrechnungssystemen**. Die Aufspaltung der Kosten erfolgt auf der Basis ihrer **Abhängigkeit** vom **Beschäftigungsgrad**: Es ist zu untersuchen, ob und wie sich Kostenarten bei Variationen der erbrachten Leistungen (Zunahme oder Abnahme des Beschäftigungsgrades) verändern. Dasselbe gilt für die interne Leistungsverrechnung, da auch die sekundären Kosten fixe und proportionale Kostenbestandteile enthalten. Allerdings wird in der Praxis aus Vereinfachungsgründen häufig auf eine derartige Kostenspaltung im Sekundärkostenbereich verzichtet und zu Vollkosten gerechnet. Der Preis für die Vereinfachung besteht jedoch v.a. darin, dass die fixen Kosten der Hilfskostenstellen in der Folge zwangsläufig als proportionale (variable) Kosten weiterverrechnet werden.

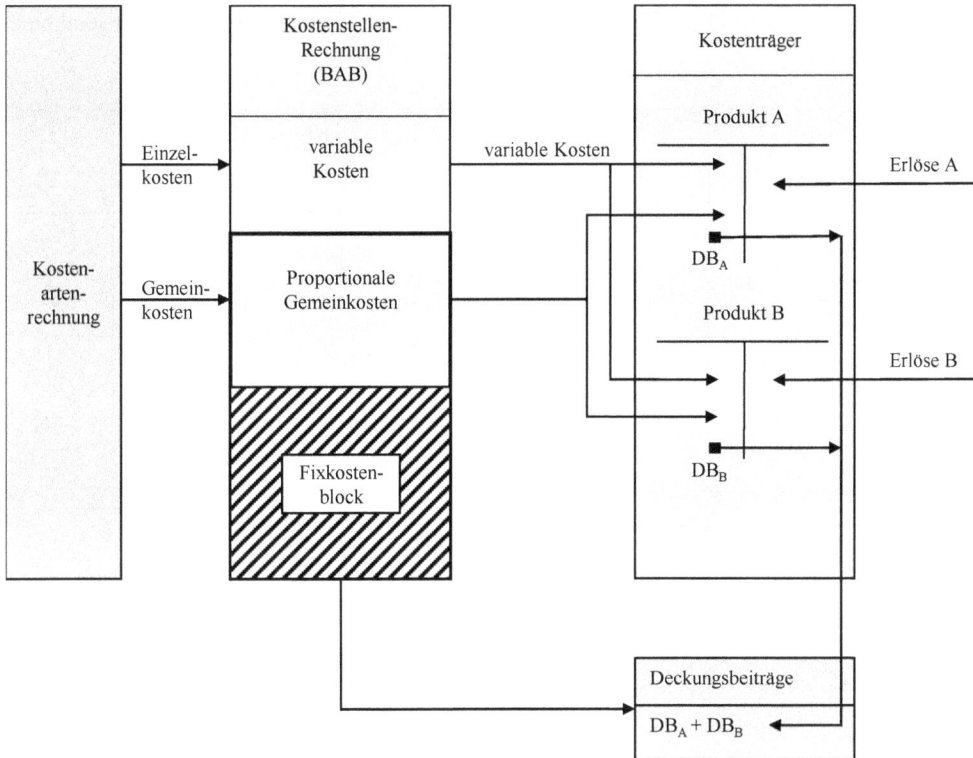

Abb. 3.48: Grundstruktur des Kostendurchlaufes in Systemen der Direktkostenrechnung (DB$_{A, B}$ als Saldo von Erlösen und variablen Kosten der Produkte A und B)

Daher kann ein derartiges Vorgehen nur für den Fall eines geringen Umfanges der internen Austauschbeziehungen zwischen den Kostenstellen ohne größere Folgen für die Genauigkeit der Rechnung Anwendung finden.

3.4.1.1   Einfache Direktkostenrechnung

Nach Erfassung der Kostenarten in der Kostenartenrechnung erfolgt die **Kostenspaltung** im Rahmen der Kostenstellenrechnung mit Hilfe des **BAB** in variable und fixe Kosten für jede Kostenstelle. Probleme können in diesem Zusammenhang **gemischte** Kostenarten bereiten, die sowohl fixe als auch variable Kostenelemente enthalten (z. B. Energiekosten, Reparatur-kosten, Hilfslöhne). Zu untersuchen sind darüber hinaus die Gemeinkosten auf Proportionali-tätsbeziehungen zum Beschäftigungsgrad (**proportionale Gemeinkosten**). Die innerbetrieb-liche Leistungsverrechnung erfolgt nach denselben Grundsätzen wie sie für die Vollkostenrechnung dargestellt worden sind (siehe 3.3.2). Bei einfacher Direktkostenrech-nung erfolgt lediglich eine Umlage der proportionalen Kosten der Hilfskostenstellen auf die Hauptkostenstellen, während die fixen Kosten auf den Kostenstellen verbleiben und ab-schließend dem Fixkostenblock (**Blockkosten**) zugerechnet werden (Abb. 3.49).

Die abschließende Zurechnung der **proportionalen Kosten** der Hauptkosten-stellen auf die **Kostenträger** erfolgt in Analogie zur Vollkostenrechnung mit Hilfe geeigneter Verrechnungssätze (siehe 3.3.3.2), wobei die proportionalen Kosten meist auf Verbrauchseinheiten bezogen werden.

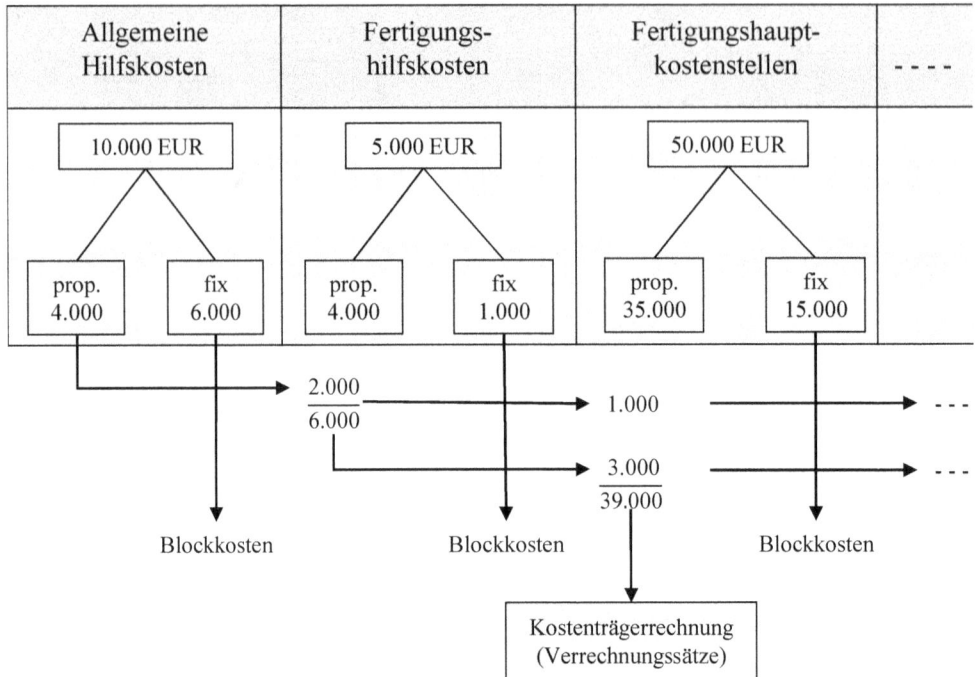

Allgemeine Hilfskosten	Fertigungs-hilfskosten	Fertigungshaupt-kostenstellen	- - - -
10.000 EUR	5.000 EUR	50.000 EUR	
prop. 4.000 fix 6.000	prop. 4.000 fix 1.000	prop. 35.000 fix 15.000	

$$\frac{2.000}{6.000} \longrightarrow 1.000 \longrightarrow \; - - -$$

$$\frac{3.000}{39.000} \longrightarrow \; - - -$$

Blockkosten   Blockkosten   Blockkosten

Kostenträgerrechnung
(Verrechnungssätze)

Abb. 3.49:   Innerbetriebliche Leistungsverrechnung bei einfacher Direktkostenrechnung

Dementsprechend enthalten die **Kostenträger** ausschließlich **proportionale Herstellkosten** und **proportionale Erzeugniskosten**, die wie folgt kalkuliert werden (*BDI* 1980, 95):

>   *Fertigungsmaterial*
>
> +   *proportionale Materialgemeinkosten*
>
> +   *Fertigungslöhne*
>
> +   *proportionale Fertigungsgemeinkosten*
>
> +   *Sonderkosten der Fertigung*
>
> =   *proportionale Herstellkosten*
>
> +   *proportionale Vertriebskosten*
>
> +   *proportionale Forschungs- und Entwicklungskosten*
>
> =   *proportionale Erzeugniskosten*

Zur Beantwortung der Frage, in welchem Umfang der einzelne Kostenträger zur Deckung der Fixkosten beiträgt bzw. beigetragen hat, ist eine **Deckungsbeitragsrechnung** nach dem Grundschema in Tabelle 3.7 (für die Produkte A, B, C) erforderlich.

Eine getrennte Zurechnung der fixen Erzeugniskosten auf die Kostenträger unterbleibt, da diese im stückbezogenen Deckungsbeitrag enthalten sind. Grundsätzlich hängt der auf die variablen (proportionalen) Kosten zu beziehende Deckungsbeitrag vom bisherigen DB des betrachteten Erzeugnisses ab. Der jeweilige **DB** dient als **Beurteilungskriterium** bei Sortiment- und Leistungsprogrammentscheidungen (Produkte mit höherem DB verbleiben im Programm).

Dem **Nachteil** der Direktkostenrechnung, dass bei unzureichender Information der betroffenen Unternehmensbereiche über die Handhabung der Teilkostenrechnung dem Fixkostenblock zu geringe und den **Erzeugnisdeckungsbeiträgen** (bezüglich der Umsätze bei den Verkaufsüberlegungen) zu große Bedeutung beigemessen wird, kann mit der **Vorgabe** von **Soll-Deckungsbeiträgen** als Orientierungsgrößen für die Verkaufsabteilungen entgegengewirkt werden.

Tab. 3.7:   Schema der Deckungsbeitragsrechnung

		Kostenträger.(Produkte)			Summe
		A	B	C	
		EUR	EUR	EUR	EUR
./.	Nettoerlöse proportionale (direkte).Einzelkosten	100.000 70.000	150.000 75.000	125.000 100.000	375.000 245.000
=	Deckungsbeitrag (in % des Nettoerlöses)	30.000 (30 %)	75.000 (50 %)	25.000 (20 %)	130.000 (35 %)
./.	Erzeugnisfixkosten (Blockkosten)				100.000
=	Betriebsergebnis (Nettogesamtbetrag)				30.000

Sofern keine Plan-Deckungsbeiträge im Rahmen der Planerfolgsrechnung (siehe 3.8.3) entwickelt worden sind, kann der Soll-Deckungsbeitrag der Unternehmung aus dem Soll-Betriebsergebnis unter Hinzufügung der Summe der Fixkosten ermittelt werden:

> *Soll-Betriebsergebnis*
>
> + *Summe der Fixkosten*
> _____
>
> = *Soll-Deckungsbeitrag der Gesamtunternehmung*

Das **Soll-Betriebsergebnis** orientiert sich einerseits an den **Marktgegebenheiten**, andererseits an der **Betriebskapazität** Die Fixkosten ergeben sich auf Grund der Vergangenheitswerte unter Berücksichtigung der geplanten Ausweitung der Unternehmungtätigkeit Da bei der einfachen Direktkostenrechnung eine Aufspaltung der Blockkosten nicht möglich ist, muss von den Erzeugnisdeckungsbeiträgen ausgegangen werden, die in das Verhältnis zu den erwarteten Mehrbelastungen an Fixkosten zu setzen sind. Insgesamt ist ein **angemessenes Betriebsergebnis** als **Zielsetzung** bei dem vorzunehmenden Vergleich zu unterstellen.

3.4.1.2   Erweiterte Direktkostenrechnung

Bei Unternehmungen mit **hohem Fixkostenblock** und **differenzierter Produkt bzw. Produktgruppenstruktur** reicht die einfache Direktkostenrechnung in der Regel nicht aus. In diesem Falle besteht das Erfordernis, den Fixkostenblock durch weitere Aufspaltungen transparenter zu gestalten. Dieses Ziel kann durch zweckmäßige **Kostenstellengliederung** in dem Sinne erreicht werden, dass die Kostenstellen bestimmten Erzeugnisgruppierungen zurechenbar sind und stufenweise **Fixkostenspaltungen** solange erfolgen, bis als nicht mehr weiter differenzierbare Fixkosten die **allgemeinen Unternehmensfixkosten** verbleiben. Die Vorgehensweise zeigt schematisch Abb. 3.50.

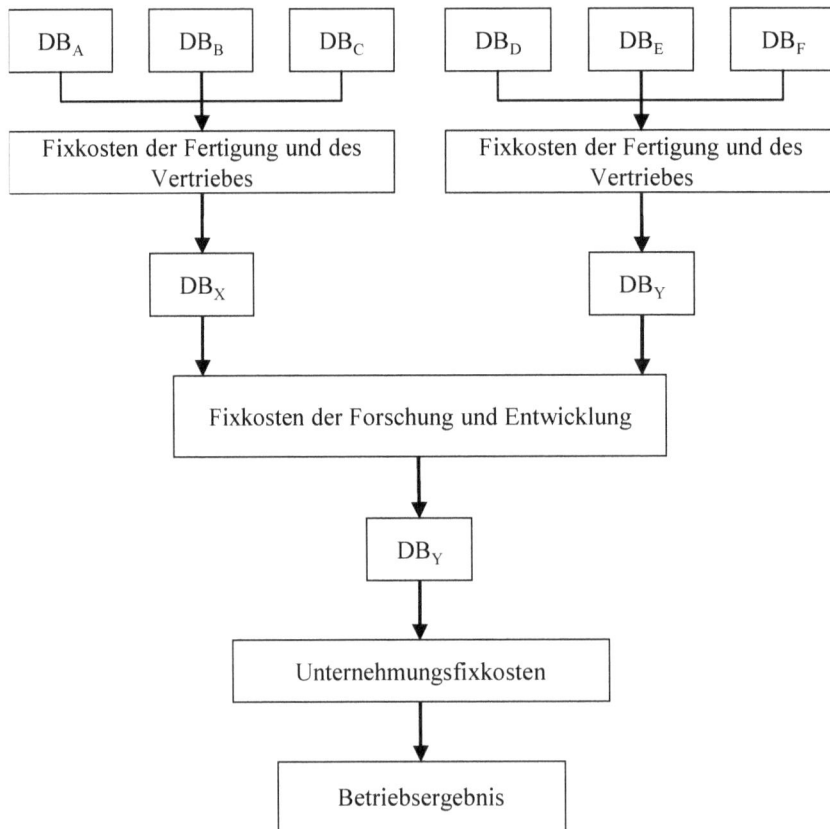

wobei: $DB_{A, B, ..., N}$ Deckungsbeitrag I der Produkte A, B, ..., N

$DB_{X, Y, ...}$ Deckungsbeitrag II der Produkte X, Y ...

DB_S Deckungsbeitrag III Sparte(n)

Abb. 3.50:   Methodik der erweiterten Direktkostenrechnung (*BDI* 1980, 97)

3.4.1.3   Fixkostendeckungsrechnung

Eine Weiterentwicklung der Direktkostenrechnung in Richtung auf eine zusätzliche Spaltung der Fixkosten der Kostenstellen nach Erzeugnissen und Erzeugnisgruppen bedeutet die Fixkostendeckungsrechnung.

Als **Ergebnis** verbleiben die den Erzeugnissen oder Erzeugnisgruppen nicht zurechenbaren Fixkosten in Form von **Kostenstellenfixkosten**. Aus diesem Grund erfolgt in der **Kostenstellenrechnung** mit Hilfe spezieller **Kostenstellenbögen** eine Zuordnung der Kostenstellenkosten nach folgendem Schema:

Kostenarten	Summe der Kostenstellenkosten			Kosten der Produkte				Kosten der Erzeugnisgruppen 1…n	Restliche Kostenstellenkosten
				A		B			
	prop.	fix	Summe	prop.	fix	prop.	fix	fix	fix

Dementsprechend können die Fixkosten nach dem Schema in Tab. 3.8 gegliedert und schrittweise von den jeweiligen Erzeugnisbeiträgen abgesetzt werden.

Die zur Orientierung der für die Preisbildung verantwortlichen Vertriebsabteilungen vorzugebenden **Soll-Deckungsbeiträge** (siehe 3.4.1.1) müssen bei den Erzeugnisgruppen und Sparten in einer Weise gebildet werden, dass die **Verantwortlichkeiten** eindeutig bestimmt sind, wobei die Verantwortlichen bezüglich Verkaufspreis, Absatzmengen und Konditionen unabhängig entscheiden können, solange sie sich innerhalb der Soll-Deckungsbeträge der jeweiligen Stufe bewegen. Die Ermittlung der Soll-Deckungsbeiträge erfolgt schrittweise, vom Soll-Betriebsergebnis der Gesamtunternehmung ausgehend, und zwar für die **Sparten**:

> *Soll-Betriebsergebnis der Gesamtunternehmung*
>
> + *Unternehmungsfixkosten*
> ---
> = *Summe der Soll-Deckungsbeiträge der Sparten*

Nach Verteilung auf die einzelnen Sparten, für welche die Soll-Deckungsbeiträge Zielgrößen darstellen, erfolgt im nächsten Schritt die Ermittlung der Soll-Deckungsbeiträge für die **Erzeugnisgruppen**:

> *Soll-Deckungsbeiträge der Sparten*
>
> + *Spartenfixkosten (Bereichsfixkosten)*
> ---
> = *Summe der Soll-Deckungsbeiträge der Erzeugnisgruppen*

Tab. 3.8: Schema der Fixkostendeckungsrechnung

Bereich		I			II	
Kostenträgergruppe bzw. Kostenstelle		1		2	3 - 6	Gesamt
Kostenträger	A	B	C	D	E - K	
	EUR	EUR	EUR	EUR	EUR	EUR
Bruttoerlös	100	200	150	300	1.000	1.750
./. Vertriebseinzelkosten	5	10	7	20	100	142
Nettoerlös	95	190	143	280	900	1.608
./. Direkte Erzeugniskosten	40	50	63	100	300	553
Deckungsbeitrag I	55	140	80	180	600	1.055
./. Erzeugnisfixkosten	5			80	100	185
Deckungsbeitrag II	50	140	80	100	500	870
./. Erzeugnisgruppenfixkosten	190 / 30		180 / 40		200	270
Deckungsbeitrag III	160		140		300	600
./. Kostenstellenfixkosten	8		20		40	68
Deckungsbeitrag IV	152		120		260	532
./. Bereichsfixkosten (Spartenfixkosten)	272 / 60				70	130
Deckungsbeitrag V	212				190	402
./. Unternehmungsfixkosten						102
Betriebsergebnis						300

3.4.1.4   Grenzkostenrechnung

Die Direktkostenrechnung wird unter Annahme eines **linearen** Gesamtkostenverlaufes ihrem Wesen nach eine **Grenzkostenrechnung**, da in diesem Fall die variablen Kosten pro Leistungseinheit konstant sind und somit die durchschnittlichen variablen Kosten gleich den Grenzkosten sein müssen. Bezieht man im Rahmen einer kurzfristigen Erfolgsrechnung in diese Grenzkostenrechnung auch die Erlöse ein, handelt es sich um eine Form der **Deckungsbeitragsrechnung**, die eine Analyse des Erfolges der Unternehmung ermöglicht.

Bezüglich der fixen Kosten ergibt sich bei linearem Gesamtkostenverlauf (siehe 3.1.2.5 und 3.1.4) die Besonderheit, dass **Kapazitätsänderungen** ein sprunghaftes Ansteigen der Fixkosten verursachen (**sprungfixe Kosten**). Daher ist in diesem Zusammenhang eine zusätzliche Analyse der fixen Kosten dahingehend erforderlich, wie sie sich bei Kapazitätsänderungen verhalten werden, zumal die sprungfixen ebenso wie die variablen Kosten zu den Grenzkosten gehören. Den Besonderheiten des Kostenverhaltens entsprechend setzt die **Ermittlung der Grenzkosten** ein abgewandeltes **Grundschema der Kalkulation** voraus, das jeweils zusätzliche Angaben zum Charakter der jeweiligen Kostenkategorie (variabel, sprungfix oder fix) enthalten sollte:

	Pos.	Kostenkategorie	Kostenverhalten
	1	MEK	variabel (proportional)
	2	MGK	variabel/fix/sprungfix
(1 + 2) =	3	MK	
	4	LEK	variabel
	5	FGK	variabel/fix/sprungfix
(4 + 5) =	6	FK	
(3 + 6) =	7	HK	
	8	VwGK	fix
	9	VtGK	fix
(7 + 8 + 9) =	11	SK	

3.4.2 Deckungsbeitragsrechnung mit relativen Einzelkosten

Das von Riebel entwickelte Rechnen mit **relativen Einzelkosten** und **Deckungsbeiträgen** ist grundsätzlich auf eine Vermeidung jeglicher Schlüsselung von Kosten angelegt, zumal einerseits die Trennung in Einzel- und Gemeinkosten relativ, andererseits im Hinblick auf irgendeine Bezugsgröße alle Kosten Einzelkosten seien. Dies deshalb, weillangfristig alle Kosten auf einzelne Entscheidungen zurückzuführen sind und es deshalb praktisch mit Ausnahme von Periodengemeinkostenkeine Gemeinkosten gibt. Derartige **Periodengemeinkosten** sind daher gesondert auszuweisen, da sie einer bestimmten Rechnungsperiode nicht eindeutig zugerechnet werden können. Dem liegt der Gedanke zu Grunde, dass sich alle Kosten einer Unternehmung direkt erfassen und zurechnen lassen, wenn nur die richtige Bezugsgröße dafür gewählt wird.

Da es eine einzige Bezugsgröße dafür nicht gibt, entsteht eine **Hierarchie von Bezugsgrößen**, bei der jede Kostenart an irgendeiner Stelle als Einzelkosten erfassbar ist, wobei die an der jeweiligen Stelle in der Bezugsgrößen-Hierarchie festgestellten Kosten dann für die untergeordneten Bezugsgrößen Gemeinkosten darstellen. Somit können auch die fixen Kosten in hohem Maße relative Einzel- und Gemeinkosten sein.

Auf dieser Grundlage lässt sich die **Grundkonzeption** der Erfassung und Sammlung von Kosten wie folgt zusammenfassen (*Riebel*, 39):

1. Alle Kosten werden als Einzelkosten erfasst und ausgewiesen, und zwar so, dass sie in der Hierarchie betrieblicher Bezugsgrößen an der untersten Stelle ausgewiesen werden, an der man sie gerade noch als Einzelkosten erfassen kann.
2. Es wird völlig darauf verzichtet, Gemeinkosten aufzuschlüsseln und sie nach den
3. Prinzipien der traditionellen Kostenrechnung auf die Endkostenstellen und die
4. Kostenträger zu überwälzen.
5. Alle Kosten die einer Periode nicht eindeutig zurechenbar sind, werden gesondert als **Soll-Deckungsbeiträge** oder **Deckungsraten** (Amortisations- und Rückstellungsraten) ausgewiesen.

6. Wünschenswert, aber nicht unabdingbar ist die Berücksichtigung der wichtigsten Kostenabhängigkeiten bei den einzelnen Kostenstellen und Kostenträgern. Dabei ist insbesondere der Ausgabencharakter der Kosten zu beachten.

Kostenstellen und Kostenträger / Kostenkategorien (und -arten)	Gesamtsumme	Kostenstellen								Kostenträger				
		Unternehmensleitung	Fertigungsstellen			Mat.-stelle	Verw.-stelle	Vertr.-stelle	Produkte				Kostenträgersumme
			F₁	F₂	F₃				A	B	C	D	

Perioden-Einzelkosten:

1. Umsatzabhängige Kosten
   a) wertabhängige Kosten (z. B. Verkaufsprovision, Zölle)
   b) mengenabhängige Kosten (z. B. Fracht, Verpackungsmaterial)
2. Erzeugungsabhängige Kosten
   a) losgrößenunabhängige Kosten (z. B. Materialverluste)
   b) erzeugungsmengenabhängige Kosten (Roh-, Hilfstoffe, Energie)
   Σ Leistungskosten
3. Monatseinzelkosten (Fertigungslöhne, Betriebsstoffe, Fremddienste)
4. Quartalseinzelkosten (z. B. Gehälter)
5. Jahreseinzelkosten (Substanzsteuern, Pacht, Lizenzen, Versicherungen)
   Σ Bereitschaftskosten geschlossener Perioden*)
   Σ Perioden-Einzelkosten
6. Eigene Reparaturen
7. Werbeausgaben
8. Großreparaturen
9. Anschaffung von Anlagegütern
   Σ Bereitschaftskosten offener Perioden**)
10. Gesamtkosten von innerbetrieblicher Leistungsverrechnung
11. Umlage der Einzelkosten eigener Reparaturen
    Σ Gesamtkosten

Abb. 3.51:   Kostensammelbogen zur Durchführung der „Grundrechnung" (vgl. *Riebel*, 42 f.; *Schweitzer*, 697 f.)
*) Kosten sind bestimmten Perioden eindeutig zurechenbar
**) Dauer des zu Grunde liegenden Güterverbrauchs/Dauer der Ausgabenbindung ungewiss

Zu diesem Zweck werden in einem ersten Schritt mit Hilfe einer **Grundrechnung** die Kosten nach den verschiedenen Bezugsgrößen als **Einzelkosten** erfasst, wobei die natürlichen Zuordnungsbereiche oder Bezugsgrößen erhalten bleiben sollen (Abb. 3.51). Gesondert auszuweisen sind nach Möglichkeit in der Grundrechnung die der Rechnungsperiode nicht unmittelbar zuzurechnenden Kosten (wie beispielsweise Abschreibungen und Rückstellungen).

Die Grundrechnung, die auch als Instrument der Wirtschaftlichkeitskontrolle dienen kann und einfache Soll-Ist-Vergleiche zulässt, stellt die Vorstufe für die eigentliche **Deckungsbeitragsrechnung** als **zweiten Schritt** dar, in der **retrograd**, ausgehend von den Bruttoerlösen und stufenweise entsprechend der jeweiligen Bezugsgröße bestimmte Teilkostenbeträge abgesetzt werden, so dass sich die verbleibenden **Deckungsbeiträge** (= Differenzen zwischen dem Erlös und bestimmten Teilkosten) schließlich von Stufe zu Stufe zum **Periodenergebnis** vor Berücksichtigung der nicht unmittelbar zurechenbaren Gemeinkosten vom Periodenergebnis und zum **Betriebsergebnis** (Nettoerfolg) der Unternehmung verdichten (Abb. 3.52).

	Umsatzerlös einer Erzeugnisart
−	Erzeugnis-Einzelkosten des Vertriebs
=	reduzierter Nettoerlös
−	Erzeugnis-Einzelkosten der Herstellung
=	Artikelbeitrag (Deckungsbeitrag über die direkten Kosten der Erzeugnisart)

Abb. 3.52: Schema der Deckungsbeitragsrechnung mit relativen Einzelkosten (Artikel-Deckungsbeitrag)

Die Gestaltung der Deckungsbeitragsrechnung kann flexibel gehandhabt und beispielsweise speziell auf Leistungseinheiten, Kostenstellen oder Marktsegmente ausgerichtet werden (siehe Schema unter 3.8.2).

3.5   Normalkostenrechnungen

Die **Normalkostenrechnung** vermeidet die bei Ist-Kostenrechnung auf Grund der dort angewandten Methode der Bildung von Kostenwerten auftretenden (zufallsbedingten) Schwankungen der Güterpreise und des Güterverbrauchs. Normalkosten sind **Durchschnittskosten** (**Normalisierung der Kosten**) auf der Basis von Mittelwerten, die sowohl statischer als auch aktualisierter Art sein können, d. h. künftige Kostenerhöhungen bereits einschließen können. Dementsprechend ergeben sich zwei Formen der Normalkostenrechnung:

- Die **starre** Normalkostenrechnung verwendet für die Verrechnung der Gemeinkosten Durchschnittssätze, die über längere Zeit hinweg unverändert bleiben.
- Die **flexible** Normalkostenrechnung dagegen berücksichtigt den Einfluss, der von Änderungen des Beschäftigungsgrades auf die Kostenhöhe ausgeht, in der Weise, dass für unterschiedliche Beschäftigungsgrade unterschiedliche (aktualisierte) Durchschnittssätze zur Anwendung kommen.

Die Analysen von Differenzen zwischen Normalkosten und Ist-Kosten, d. h. von Über- oder Unterdeckungen, stellen erste Schritte zu einer Kostenkontrolle dar.

Die Praxis beschränkt sich meist auf die Ermittlung derjenigen Normalkosten, die wesentlichen Einfluss auf die Selbstkosten ausüben können. Dabei werden einerseits **interne Verrechnungspreise** (für Material, Lohnarbeiten u. ä.) zur Abgeltung interner Leistungsbeziehungen ebenso gebildet, wie feste **Gemeinkostenzuschläge** zur Berücksichtigung der Gemeinkosten (**Normalzuschläge**). Im Rahmen der Kostenverrechnung ergeben sich aus der Natur der Normal-kostenrechnung als einer auf Durchschnittswerten basierenden Rechnung Abweichungen von den Ist-Kosten (**Überdeckung**, wenn Ist-Gemeinkosten (Normalgemeinkosten; **Unterdeckung** wenn Ist-Gemeinkosten) Normalgemeinkosten), die direkt in das Betriebsergebnis eingehen und nicht Kostenträgern belastet werden. Bei Normalkostenrechnungen sind somit jeweils Abweichungsanalysen anzustellen, in denen die **Ist-Kosten** (Ist-Menge x Ist-Preis), die verrechneten Kosten (Ist-Menge × Verrechnungspreis) und die **Normalkosten** (Normalmenge × Verrechnungspreis) unter Berücksichtigung des Beschäftigungsgrades miteinander zu vergleichen sind (zur Aufspaltung von Kostenabweichungen und Methoden der Verrechnung höherer Kostenabweichungen siehe *Scherrer*, 217 ff.).

Die Durchführung der **Abweichungsanalysen** bei **starrer Normalkostenrechnung** erfordert unter Berücksichtigung des Sachverhalts, dass diese Variante nicht zwischen fixen und variablen Kostenelementen trennt und mit einem durchschnittlichen Beschäftigungsgrad arbeitet, die Feststellung der **Preisabweichung** und der **Mengenabweichung** (Abb. 3.53).

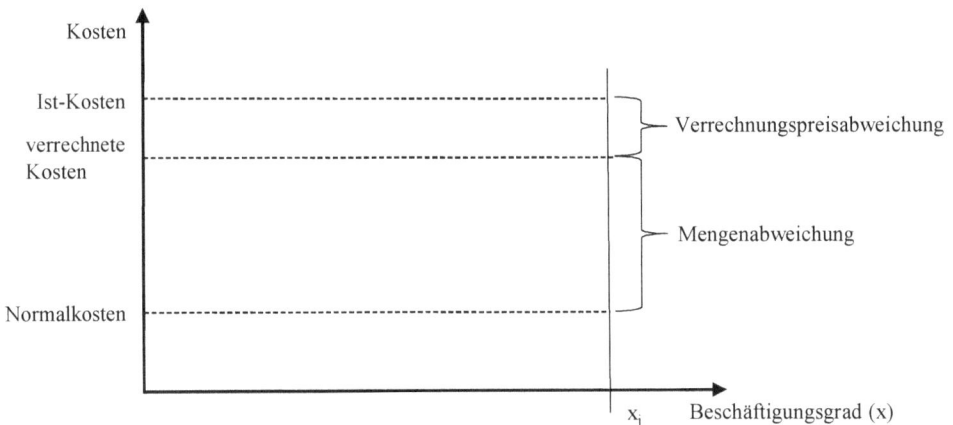

Abb. 3.53:   Abweichungsanalyse im Rahmen der Normalkostenrechnung

- Verrechnungspreisabweichung = Ist-Menge · (Verrechnungspreis – Ist-Preis)
- Mengenabweichung = Verrechnungspreis · (Normalmenge – Ist-Menge)

Eine derartige Abweichung tritt bei höherem/niedrigerem Verbrauch der Kostenstelle (gegenüber dem Normverbrauch als Durchschnittsgröße) auf.

Die starre Normalkostenrechnung erlaubt nicht die Feststellungen von Differenzen, die auf Grund von Änderungen des Beschäftigungsgrades auftreten, so dass diese Differenzen in den Mengenabweichungen enthalten sind. Damit verliert die Analyse der Mengenabweichung für Zwecke der Betriebskontrolle an Wert. Eine Verbesserung bedeutet die **flexible Normalkos-**

tenrechnung, die auf Grund der Trennung in fixe und variable Kosten auch eine Trennung der Mengenabweichung in eine

- Verbrauchsabweichung und in eine
- Beschäftigungsabweichung

ermöglicht (zur Vorgehensweise siehe 3.6.1).

3.6   Plankostenrechnungen

Die **Plankostenrechnungen** entstanden aus dem Mangel an wirksamer Kostenkontrolle, der die Verfahren der Ist- und Normalkostenrechnungen kennzeichnet. Zu ermitteln sind daher **Plankosten** auf der Basis von **Planmengen**, die mit Hilfe eingehender Analysen der betrieblichen Leistungserstellungsprozesse berechnet werden. Die Plankosten sind schließlich den tatsächlich entstandenen Ist-Kosten gegenüberzustellen, was einerseits Rückschlüsse auf die Qualität der Produktions- und Kostenentscheidungen zulässt (sofern keine negativen oder positiven Abweichungen zwischen Plan- und Ist-Kosten bestehen), andererseits ebenso Rückschlüsse auf die Qualität der Plankostenrechnung erlaubt, zumal Abweichungen zwischen Plan- und Ist-Kosten auch aus mangelhaften bzw. unrichtigen Plankostenvorgaben resultieren können. Bestehen Differenzen zwischen Plan- und Ist-Kosten, so sind in jedem Falle geeignete Maßnahmen zu treffen, die auf eine Verringerung dieser Differenzen bzw. deren völliges Verschwinden hinwirken. Damit besteht kein Gegensatz zwischen Ist- und Plankostenrechnungssystemen, sondern eine Interdependenz. Erst der Soll-/Ist-Vergleich erlaubt wirksame Kostenkontrollen und damit den Einsatz von Plankostenrechnungssystemen als Instrumente der Unternehmensführung zur Steuerung der Betriebsprozesse und deren ständiger Rationalisierung.

3.6.1   Plankostenrechnungen auf Vollkostenbasis

Analog zu den Grundsätzen der Ist-Kostenrechnungen auf Voll- und Teilkostenbasis bestehen auch bezüglich der Plankostenrechnungen die Möglichkeiten, diese auf Plan-Voll- oder Plan-Teilkosten durchzuführen. Bezüglich der Plankostenrechnung auf Vollkostenbasis stehen im einzelnen folgende Verfahren zur Wahl (siehe oben Abb. 3.33):

- Die **starre Plankostenrechnung** legt die erwarteten optimalen Kosten für bestimmte Beschäftigungsgrade fest und erlaubt keine Anpassungen an Änderungen der Beschäftigungssituation der Unternehmung. In Anbetracht ihrer fehlenden Flexibilität sind derartige Systeme in der Praxis von geringer Bedeutung.
- Die **flexible Plankostenrechnung** berücksichtigt im Gegensatz zur starren Variante auftretende Änderung des Beschäftigungsgrades, was allerdings einen höheren Planungsaufwand durch Trennung in fixe und variable Kostenbestandteile voraussetzt. Die auf Ist-Beschäftigung umgerechneten Plankosten werden als Sollkosten bezeichnet und tragen Vorgabecharakter (zum Wesen von Vorgaberechnungen siehe 1.1); sie erlauben daher wirksame Soll-Ist-Vergleiche in der Praxis.
- Die **Standardkostenrechnung** ist primär auf die Steuerung der mengenmäßigen Ergiebigkeit der Leistungsprozesse im Sinne der Realisierung technischer Effizienz gerichtet. Als mengenbezogene Rechnung versucht sie, den Einfluss der Preise auf die Kosten(werte) auszuschalten.

- Die **Budgetrechnung** berücksichtigt als primär preisbezogene Rechnung die wertmäßige Ergiebigkeit der Leistungsprozesse.

Eine Interdependenz zwischen den einzelnen Verfahren der Planungsrechnung auf Vollkostenbasis ist insofern gegeben, als sowohl die Standardkostenrechnung als auch die Budgetrechnung auf der Basis von festen oder flexiblen **Planmengen** bzw. von festen oder flexiblen **Planpreisen** erfolgen können (**starre** oder **flexible** Plankostenrechnungen).

Plankosten sind die für eine **Kostenstelle** unter Annahme eines bestimmten Beschäftigungsgrades vorgegebenen Kosten. Die Grundlage zur Ermittlung der Plankosten bildet daher ein (angenommener) bestimmter **Planbeschäftigungsgrad**, der sich einerseits auf durchschnittliche Beschäftigungsgrade der Vergangenheit beziehen, andererseits aber auch entsprechend der Zielsetzungen der Unternehmung in bestimmtem erwarteten Ausmaß unabhängig von bisher realisierten Beschäftigungsgraden festgelegt werden kann. Entsprechend der Definition des wertmäßigen Kostenbegriffs sind darüber hinaus die **Planmengen** (in Abhängigkeit vom Planbeschäftigungsgrad) und die **Planpreise** zu bestimmen.

Die **Planung der Einzelkosten** erfolgt auf der Basis von Analysen des mengenmäßigen Verbrauchs im Falle der **Materialeinzelkosten** (**Mengenstandards** oder **Verbrauchsstandards**, die in **Stücklisten** oder **Rezepturen** ihren Niederschlag finden) und des Zeitverbrauchs bezüglich der **Lohneinzelkosten** (**Zeitverbrauchsstandards** oder **Leistungsstandards** auf der Grundlage von Zeitaufnahmen, wobei unterschiedliche Verfahren Anwendung finden können, z. B. *REFA*, Multimomentverfahren).

Ein besonderes Problem bedeutet die **Planung der Gemeinkosten**. Je nachdem, ob die Gemeinkostenplanung ohne oder mit Berücksichtigung des Verhaltens der Kosten bei Beschäftigungsgradänderungen erfolgt, liegt **starre Gemeinkostenplanung** (ohne Aufspaltung in variable und fixe Kosten) oder **flexible Gemeinkostenplanung** vor, die eine Trennung in Planung der **Bereitschaftskosten** (fixe Kosten), Planung der **variablen** Kosten und Planung **gemischter** Kostenarten (die sowohl fixe als auch variable Bestandteile enthalten) vornimmt. Die Planung der Gemeinkosten einer Kostenstelle in Abhängigkeit vom unterstellten Beschäftigungsgrad wird als **flexible Kostenplanung** bezeichnet (wegen Einzelheiten siehe *BDI* 1983, 33 ff.). Die Struktur der Kostenstellen-Kostenplanung zeigt schematisch Abb. 3.54 (*BDI* 1983).

Die **Verrechnung** der geplanten Kosten (Soll-Kosten) erfolgt grundsätzlich in derselben Weise wie im Falle der Ist-Rechnung (siehe 3.3.2.3) von den Kostenstellen auf die Kostenträger. Ein **Unterschied** besteht allerdings bezüglich der Bemessung der Verrechnungssätze für die innerbetriebliche Leistungsverrechnung und der Kalkulationssätze für die Kostenträger insofern, als die Planrechnung von Sätzen ausgeht, die in Verfolgung der Zielsetzungen der Unternehmung zur Steuerung der Betriebsprozesse unter Berücksichtigung der technischen und qualitativen Voraussetzungen vorgegeben werden, während die Ist-Rechnung (zufällig) entstandene Vergangenheitswerte dokumentiert.

Allerdings bilden die Vergangenheitswerte in der Regel eine realistische Basis für die Plan-Kosten-Ermittlung (oder für die „Normalisierung" der Kosten; siehe 3.5).

Die **starre Plankostenrechnung** ermittelt für jede Kostenstelle die Plankosten bei einem bestimmten Planbeschäftigungsgrad (unter der Annahme eines linearen Verlaufs der Gesamtkostenfunktion). Da in der starren Plankosten-rechnung eine Aufteilung der Plankosten in fixe und variable Plankostenbestandteile nicht erfolgt, wird für Zwecke der Kalkulation der **Plankalkulationssatz je Kostenstelle** durch Division der Plankosten durch die Planbeschäftigung berechnet:

$$\textit{Plankalkulationssatz für Kostenstelle A} = \frac{\textit{Plankosten der Kostenstelle A (EUR)}}{\textit{Planbeschäftigungsgrad KSt A (in Stück)}}$$

Die **verrechneten Plankosten** ergeben sich durch Multiplikation des jeweiligen Ist-Beschäftigungsgrades (Ist-BG) mit dem Kalkulationssatz:

$$\textit{Verrechnete Plankosten beim Ist-BG} = \frac{\textit{Istbeschäftigungsgrad} \cdot \textit{Plankosten}}{\textit{Planbeschäftigungsgrad}}$$

Kostenstelle Nr.	Mengenplanung				Wertplanung					
Kostenarten					Plankosten					
	Maß-einheit	Menge fix	Menge variabel	Plan-preis	bei Standard-Beschäftigung			bei Plan-Beschäftigung		
					fix	var.	Summe	var.	Summe	
Stromkosten										
Lohnkosten										
kalkulierte Abschreibungen										
...										
...										
Summe Primärkosten (1)										
Umlage Raumkosten										
Umlage Organisationskosten										
Summe Sekundärkosten (2)										
Summe Plankosten (1 + 2)										

		Verrechnungssätze			
	EUR/ fix je BE*	EUR/ var. je BE	EUR/ ges. je BE	EUR/ var. je BE	GE/ ges. je BE

* BE = Bezugsgrößeneinheit

Abb. 3.54:   Struktur eines Kostenstellen-Kostenplans bei flexibler Planung

Auf Grund dieser Zusammenhänge ergibt sich der in Abb. 3.56 wiedergegebene Verlauf der „verrechneten" Plankostenfunktion $(\text{PK}_{\text{verr}})$ Die bei einem bestimmten Ist-Beschäftigungsgrad (Ist-BG) festgestellten Ist-Kosten (IK) weichen von PK_{v} ab; eine Analyse der Abweichung zwischen IK und PK_{v} ist nicht möglich, da eine Umrechnung der Plankosten auf die jeweilige Ist-Beschäftigung und die damit verbundene Ermittlung der entsprechenden Soll-kosten von der starren Plankostenrechnung nicht geleistet wird .

Die **flexiblen Plankostenrechnungen** dagegen passen die Plankosten auch während der Abrechnungsperiode an den jeweiligen Ist-Beschäftigungsgrad an; zu diesem Zweck trennt die **Kostenstellenrechnung** die Plankosten (PK) in fixe (PK_{f}) und variable (PK_{v}) Bestandteile, woraus sich schließlich der Verlauf der **Sollkosten** (SoK) ableiten lässt. Die Sollkosten einer Kostenstelle sind die vorgabefähigen Plankosten bei bestimmten Ist-Beschäftigungsgraden (Planmenge × Planpreis bei bestimmter Ist-Beschäftigung) und setzen sich zusammen aus:

$$Soll\text{-}Kosten = PK_f + PK_v$$

wobei: $PK_v = \dfrac{\text{Istbeschäftigungsgrad} \cdot \text{proportionale Plankosten}}{\text{Planbeschäftigungsgrad}}$

Aus Gründen der praktischen Handhabung hinsichtlich der Aufteilung der fixen und variablen Plankosten erfolgt die Kostenauflösung mit Hilfe eines **Variators** (siehe dazu *Warnecke/ Bullinger/Hichert*, 120 f.), als einer Kennziffer, der Werte zwischen 0 % (alle Plankosten sind fix) und 100 % (alle Plankosten sind variabel) annehmen kann (V = 70 % bedeutet 70 % variable Plankosten). Die **Kostenträgerrechnung** verwendet allerdings weiterhin die verrechneten Plankosten. Unter diesen Voraussetzungen lässt sich nunmehr eine aussagefähige **Abweichungsanalyse** hinsichtlich der in Abb. 3.55 angenommenen Ist-Kostensituation bei dem angenommenen Ist-Beschäftigungsgrad vornehmen (Abb. 3.56):

In Höhe der Differenz zwischen SK und IK bei gegebener IB besteht eine **Verbrauchsabweichung** (VA) als Mehrkosten, während die Differenz zwischen SoK und PK_{verr} im Punkt IB eine **Beschäftigungsabweichung (BA)** darstellt, die ihren Grund in der Verteilung der fixen Kosten auf die Kostenträger hat.

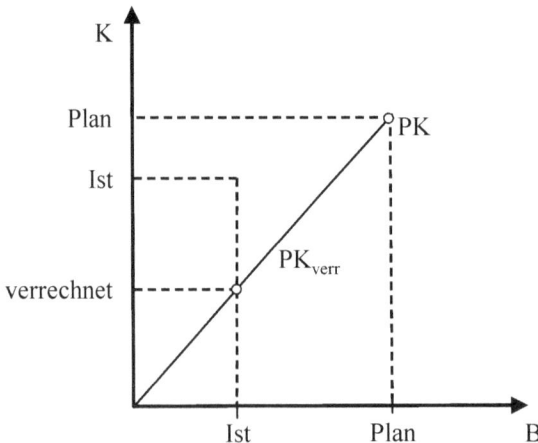

Abb. 3.55:   Starre Plankostenrechnung (B = Beschäftigungsgrad; K = Kosten)

Die flexible Plankostenrechnung zeigt somit einerseits an, dass die **IK** bei angenommenen IB außerhalb der Toleranzgrenze in Höhe der Verbrauchsabweichung liegt, andererseits wird aber auch deutlich, dass die flexible Plankostenrechnung die Zurechnung der Fixkosten in der Kostenträgerrechnung in Höhe der entstehenden Verbrauchsabweichung nicht richtig löst. Diesem Nachteil steht jedoch der **Vorteil** gegenüber, dass die flexible Plankostenrechnung eine im Wesentlichen leistungsfähige Kostenkontrolle auf Vollkostenbasis ermöglicht, die für eine Vielzahl praktischer Fälle ausreichend ist.

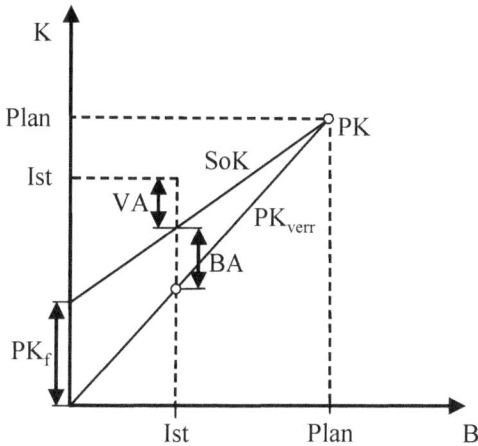

Abb. 3.56:   Abweichungsanalyse bei flexibler Plankostenrechnung

3.6.2   Plankostenrechnungen auf Teilkostenbasis

Grundlage der Planung auf Teilkostenbasis ist die Trennung in fixe und variable Kosten, wobei zweckmäßigerweise in Anbetracht des abweichenden Kostenverhaltens bezüglich der variablen Kosten eine weitere Unterscheidung in arbeitsabhängige und maschinenabhängige (variable) Kosten erfolgen sollte. In Abhängigkeit von dem jeweils unterstellten bzw. geplanten Beschäftigungsgrad können auf dieser Grundlage ggf. unter Zuhilfenahme statistischer Verfahren (z. B. der Regressionsanalyse; siehe *Horngren/Foster*, 765 ff.) Szenarien für die geplante Kostenentwicklung erstellt werden.

Bezüglich der **Verrechnung** der geplanten Kosten gelten dieselben Grundsätze wie sie für die Ist-Kostenrechnung in den Anwendungsformen der „einfachen" und „erweiterten" Direktkostenrechnung und die Fixkostendeckungsrechnung in Abschnitt 3.4 dargestellt worden sind: Die **variablen Plankosten** werden über die Kostenstellenrechnung ebenso direkt zugerechnet wie die **proportionalen Plan-Gemeinkosten**, während die **fixen Plankosten** der Kostenstellen im **Fixkostenblock** gesammelt und den **Soll-Deckungsbeiträgen** gegenübergestellt werden. Somit ergibt sich die Ermittlung des **Plankostenverrechnungssatzes** durch die Gegenüberstellung von gesamten variablen Plankosten einer Kostenstelle zum gewählten Planbeschäftigungsgrad:

$$Plankostenverrechnungssatz = \frac{Gesamte\ variable\ Plankosten\ der\ Kostenstelle\ (EUR)}{Planbeschäftigungsgrad\ der\ KSt\ (in\ Stück)}$$

Daher besteht Übereinstimmung der verrechneten (kalkulierten) Plankosten (PK_{verr}) mit den proportionalen Sollkosten (SoK), weil Beschäftigungsabweichungen (die bei flexibler Plankostenrechnung auf die fixen Plankosten zurückzuführen sind) entfallen und nur noch Verbrauchsabweichungen (VA) auftreten können (Abb. 3.57). Der Fixkostenblock ist in Höhe von PK_f als Konstante berücksichtigt, die keinen Einfluss auf den Verlauf der proportionalen Plankosten und der Sollkosten ausübt.

In der **Direkt-Plankostenrechnung** erfolgen **Soll-Ist-Vergleiche** meist in der Weise, dass die geplanten fixen Kosten von den Ist-Kosten subtrahiert und die daraus resultierenden **proportionalen Ist-Kosten** mit den **proportionalen Sollkosten** verglichen werden.

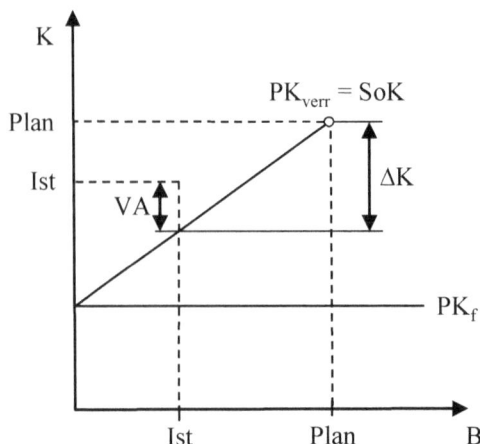

Abb. 3.57:   Sollkostenverlauf bei Grenzplankostenrechnung

Die **Deckungsbeiträge** (Bruttogewinne, Grenzkostenergebnisse) bestehen in der Differenz zwischen den Planproduktpreisen (P_i) und den proportionalen Selbstkosten (SK) pro Stück:

$$D = P_i - \frac{SK}{x_i} = P_i - k_i$$

In Höhe der jeweiligen Überschüsse leistet die Gesamtheit der Produkte einen entsprechenden Beitrag zur Deckung der gesamten fixen Kosten und trägt damit zur Erzielung eines Gesamtgewinns (G) bei:

$$G = \sum_{i=1}^{n} x_i (P_i - k_i) - \sum_{j=1}^{m} PK_{fj}$$

wobei: i: Erzeugnisart

j: Kostenstellennummer

x_i: Absatzmenge der Erzeugnisart i

n: Artikelnummer

m: Anzahl der Kostenstellen

Eine weitere Möglichkeit der Plankostenrechnung auf Teilkostenbasis stellt die differenzierte Ermittlung des **Deckungsbedarfs der Planungsperiode** auf der Grundlage der **Einzelkosten- und Deckungsbeitragsrechnung** dar (siehe dazu *Riebel*, 240 ff.): Der **Deckungsbedarf** umfasst die den Leistungen nicht zugerechneten Perioden-Einzelkosten und Deckungsarten für anteilige Perioden-Gemeinkosten; ergänzend dazu lässt sich noch der geplante Perioden-Gewinn einbeziehen. Darüber hinaus kann es für bestimmte unternehmenspolitische Entscheidungen zweckmäßig sein, einzelnen Teilbereichen (Abteilungen, Leistungsgruppen) neben dem jeweiligen direkten Deckungsbedarf pro Periode auch eine **Deckungslast** für die den korrespondierenden Teilbereichen gemeinsamen Kosten sowie den **Soll-Gewinn** vorzugeben.

3.7 Leistungsrechnung

Ein Teil der Leistungen, die Einsatzleistungen darstellen, sind bereits im Rahmen der Kostenrechnung als innerbetriebliche Leistungen erfasst worden. Somit verbleiben noch die **Absatzleistungen** (**Marktleistungen**), die ebenfalls Kostenträger und Leistungsträger zugleich sind (vgl. *Kosiol* 1979, 321 f.).

Absatzleistungen als **Leistungsträger** treten mit entsprechenden (kompensierenden bzw. überkompensierenden) Kostengegenwerten auf den entsprechenden Erlös- und Leistungskonten in Erscheinung. Dabei können die Absatzleistungen und Absatzgüter in Analogie zu den Einsatzleistungen und Einsatzgütern ebenso in **Leistungsarten** gegliedert werden (Produkte, Produktgruppen. Zwischen-, Neben- und Enderzeugnisse, Abfalle, Sorten, Handelswaren, Dienstleistungen usw.). Daneben ist eine Zusammenfassung von Leistungsarten hinsichtlich bestimmter Abnehmerkreise (Kundensegmente), bestimmter räumlicher Marktausschnitte bzw. Teilmärkte (Marktsegmente) oder bestimmte Absatzwege möglich.

Die **Bewertung** der Leistungsmengen erfolgt mit den erzielten **Absatzpreisen** (Verkaufspreisen) oder bei Tauschgeschäften bzw. unentgeltlichen Abgaben (z. B. Entnahme von Absatzgütern zum Eigenverbrauch) mit **internen Verrechnungspreisen** (zum Ansatz und zur Problematik derartiger Transferpreise siehe *Eilenberger* 1987, 165 ff.)

In die **Leistungsrechnung** gehen die auf Grund von **Absatzpreisen** bewerteten Leistungen in Höhe der erzielten **Erlöse** bzw. **Erträge** auf der Basis der Zahlen der Finanzbuchhaltung (siehe 3.1.5) ein, während bei Wahl eines **anderen Preisansatzes** die gegenüber der Finanzbuchhaltung auftretenden **Bewertungsdifferenzen** auf kalkulatorischem Wege (**Leistungskonto**) auszugleichen sind.

Wenn auch die Leistungsrechnung in Theorie und Praxis im Vergleich mit der Kostenrechnung wenig differenziert und ausgebaut ist. so liegt dies an der geringeren Kompliziertheit der Sachzusammenhänge und Verteilungsprobleme (*Kosiol* 1979, 324). Gleichwohl lassen sich bei der Leistungsrechnung ebenso wie bei der Kostenrechnung grundsätzlich entsprechende (analoge) **Leistungskategorien** unterscheiden (siehe auch *Chmielewicz*, 173 ff.), nämlich

- Einzel- und Gemeinleistungen,
- fixe und variable Leistungen,
- Grenz- und Residualleistungen sowie
- Voll- und Teilleistungsrechnungen.

Erlösschmälerungen in Form von Rabatten und Nachlässen aller Art (einschließlich Skonti) werden auf besonderen Konten erfasst, da sie unmittelbare Abzüge von den Rechnungsbeträgen darstellen. Im Gegensatz zu diesen Rechnungsabzügen gehen die ebenfalls die Absatzsphäre betreffenden und erlösschmälernd wirkenden Vertriebskosten (Sondereinzelkosten des Vertriebs und Vertriebsgemeinkosten) über die Kostenrechnung in das Leistungskonto ein.

3.8   Kalkulatorische Erfolgsrechnung (Ergebnisrechnung)

Die kalkulatorische Erfolgsrechnung ermittelt den **Betriebserfolg** in Form des **Betriebsergebnisses** für sämtliche **Kostenträger**. Demgegenüber stellen die Erfolgsermittlungen für einzelne Produkte oder einzelne Produktgruppen im Rahmen von Teilkostenrechnungssystemen (3.4) und allgemein im Zusammenhang mit Kostenträgerzeitrechnungen (3.3.3.1), sofern entsprechende korrespondierende Leistungsäquivalente einbezogen werden, **partielle** Erfolgsbeiträge fest, die ihrerseits die **Voraussetzungen** für die Ermittlung des Betriebsergebnisses einer Periode insgesamt schaffen.

lfd. Nr.	Ergebnis-Inhalt	IKR Konten-Gruppen
1	Umsatzleistungen der Kostenträger	98
2	Umsatzkosten der Kostenträger	97
3 (1 - 2)	Betriebsergebnis (Kosten zu Verrechnungswerten für Material und Gemeinkosten)	
4	- Kosten-Unterdeckungen (gegenüber verrechneten Kostenkosten) + Kosten-Überdeckungen(gegenüber verrechneten Kostenkosten)	93
5	Ergebnis aus Kostenstellen-Verrechnung (Saldo aus 4)	
6 (3 ± 5)	Betriebsergebnis II (Materialkosten zu Verrechnungswerten)	
7	± Sachliche und zeitliche Abgrenzungen zwischen Kosten und Aufwendungen • außerordentliche betriebsbezogene Aufwendungen und Erträge • Unterschiede zwischen entstandenen und verrechneten Kosten z. B. für Material, Abschreibungen, Zinsen (Verrechnungskorrekturen) • z. B. Aufwandsausgleich, soweit nicht in der Geschäftsbuchhaltung abgegrenzt	91
8	Ergebnis aus kostenrechnerischen Korrekturen (Saldo aus 7)	
9 (6 ± 8)	Betriebsergebnis III (zu Effektivwerten)	
10	+ Betriebsfremde Erträge - Betriebsfremde Auswendungen	90
11	Ergebnis aus unternehmensbezogenen Abgrenzungen (Saldo aus 10)	
12 (9 ± 11)	Gesamtergebnis (Gesamterfolg) • Überschuss bzw. Fehlbetrag lt. Gewinn- und Verlustrechnung	99

Abb. 3.58:   Ergebnisrechnung mit Darstellung der Teilergebnisse und des Gesamtergebnisses im Rahmen der Kosten- und Leistungsrechnung (Quelle: *BDI* 1980, 82)

Das **Betriebsergebnis** zeigt dementsprechend den (**Betriebs-**)**Erfolg** an, der durch die Herstellung und den Absatz aller Produkte einer Unternehmung (= Gesamtheit der betrieblichen Leistungen) erwirtschaftet wurde.

Als „**kalkulatorisch**" wird diese Art der Erfolgsrechnung deshalb bezeichnet, weil sie auf den Zahlen der Leistungs- und Kostenrechnung aufbaut. Während die GuV-Rechnung den

Erfolg als Differenz von Erträgen und Aufwendungen ermittelt, stellt die kalkulatorische Erfolgsrechnung die betrieblichen Leistungen den betrieblichen Kosten gegenüber und lässt somit neutrale Erträge und Aufwendungen außer Betracht. Damit wird nicht das Gesamtergebnis, sondern lediglich das Betriebsergebnis (der Betriebserfolg) ermittelt, weshalb die kalkulatorische Erfolgsrechnung auch als **Betriebsergebnisrechnung** bezeichnet wird. Andererseits zeigt sich der Zusammenhang zwischen kalkulatorischer Erfolgsrechnung und GuV-Rechnung insofern, als das Betriebsergebnis und der neutrale Erfolg zusammen das **Unternehmensergebnis (Gesamtergebnis)** repräsentieren.

Im Gegensatz zur Ermittlung des Gesamtergebnisses im Rahmen des Jahresabschlusses, die primär den finanzwirtschaftlichen Aspekt berücksichtigt, soll die Ergebnisrechnung in ihrer **Funktion** als Abschluss der Kosten- und Leistungsrechnung für die Unternehmensführung Informationen der Art liefern, wie die einzelnen **Leistungen** und **Leistungsgruppen** und die korrespondierenden **Kosten** das **Betriebsergebnis beeinflusst** haben. Dementsprechend besteht die **Aufgabe** der Erfolgs- bzw. Ergebnisrechnung darin, das Betriebsergebnis nach Kosten- und Leistungsträgern zu detaillieren und dadurch Informationen zu schaffen, die für die Steuerung der Unternehmung von wesentlicher Bedeutung sein können (z. B. Einfluss von Änderungen der Absatzpreise, der Beschaffungspreise, der Personalkosten und der Finanzierungskosten auf das Unternehmensergebnis im allgemeinen und auf die Kostenträger im speziellen, wobei Aufgliederungen nach regionalen Absatzmärkten, Branchen, Betriebsstellen und nach Kundengruppen möglich sind). Bezüglich der grundsätzlichen **Gliederung** schlägt der *BDI* die in Abb. 3.58 dargestellte Grundform in Anlehnung an die innerhalb der Kontenklasse 9 benutzten Kontengruppen 90 bis 99 vor, die entsprechend der Anwendung des Gesamtkostenverfahrens oder des Umsatzkostenverfahrens weiter den spezifischen Gegebenheiten ebenso angepasst werden kann wie den Besonderheiten der Voll- und Teilkostenrechnung (Abb. 3.59 und 3.60, *BDI* 1980).

In die Ergebnisrechnung **integriert** ist die **Kostenträgerzeitrechnung**, die als **Periodenrechnung** die Kosten des Abrechnungszeitraumes erfasst (**tabellarische** Form der Kostenträgerzeitrechnung). Während im Rahmen des **Gesamtkostenverfahrens** die Bestandsveränderungen an fertigen und unfertigen Erzeugnissen zu berücksichtigen sind, entsprechen beim **Umsatzkostenverfahren** die Positionen 4 bis 13 in Abb. 3.60 der Kostenträgerzeitrechnung.

Erfolgt die Ermittlung des Betriebsergebnisses in kurzen Zeitabständen (z. B. monatlich, vierteljährlich), wird sie als **kurzfristige Erfolgsrechnung** bezeichnet. Zwar ließe sich eine kurzfristige Erfolgsrechnung auch auf der Grundlage der GuV-Rechnung durchführen, jedoch wäre eine derartige Rechnung unter dem Aspekt einer aktuellen Wirtschaftlichkeitskontrolle der Leistungsprozesse der kalkulatorischen Erfolgsrechnung unterlegen.

Infolge der Möglichkeit zur Ermittlung des Betriebsergebnisses in kurzen Intervallen auf der Basis von betrieblichen Leistungen und Kosten erweist sich die kalkulatorische Erfolgsrechnung als ein bedeutsames Instrument der Unternehmensführung: Sie signalisiert sich anbahnende Fehlentwicklungen und erlaubt das Ergreifen rascher Gegenmaßnahmen. In diesem Zusammenhang ist auf den ablauforganisatorischen Aspekt der Kalkulation hinzuweisen: Die Soll-Werte der **Vorkalkulation** als Ergebnis der Kostenplanung erfahren Nachprüfungen an Hand der Ist-Werte entweder durch generelle periodische Nachkalkulation oder durch **einzelfallbezogene** (projektbezogene) **mitlaufende Kalkulation**, die insbesondere für die Abwicklung von Großprojekten oder für längerfristige Einzelfertigung im Großanlagenbau ihr Anwendungsgebiet hat.

Hinsichtlich der Durchführung der kalkulatorischen (kurzfristigen) Erfolgsrechnung lassen sich entsprechend der Systeme der Kostenrechnung (und des jeweils von einer Unternehmung angewandten Verfahrens) **zwei Grundtypen** unterscheiden, und zwar kalkulatorische Erfolgsrechnung

- auf Vollkostenbasis und/oder
- als Teilkosten-Erfolgsrechnung (einschließlich Grenzkostenrechnung).

3.8.1   Erfolgsrechnung auf Vollkostenbasis

Die kurzfristige Erfolgsrechnung kann in diesem Zusammenhang sowohl mit Hilfe des Gesamtkostenverfahrens als auch des Umsatzkostenverfahrens durchgeführt werden.

Das **Gesamtkostenverfahren** stellt dem Betriebsertrag die Gesamtkosten gegenüber, so dass sich das Betriebsergebnis in Höhe der Differenz ergibt:

Betriebsergebnis = Betriebsertrag – Gesamtkosten

Dabei umfasst der **Betriebsertrag** die Nettoumsatzerlöse und die zu Herstell-kosten bewerteten, nicht abgesetzten Leistungen, die den Halb- und /oder Fertigwarenlagern zugeführt worden sind. Daher sind Veränderungen der Lagerbestände als Korrekturfaktoren für die Umsatzerlöse zu berücksichtigen:

$$
\begin{array}{cl}
 & \textit{Umsatzerlöse} \\[4pt]
\pm & \textit{Bestandsveränderungen (bewertet mit Herstellkosten)} \\[4pt]
- & \textit{Gesamtkosten} \\
\hline
= & \textit{Betriebsergebnis} \\
\end{array}
$$

Das Schema des Ergebnisermittlungsbogens zeigt Abb. 3.59.

Das **Umsatzkostenverfahren** geht zwar ebenso wie das Gesamtkostenverfahren von den Umsatzerlösen aus, jedoch werden diesen die **Kosten der umgesetzten Produkte** gegenübergestellt, und zwar bewertet mit den auf Vollkostenbasis ermittelten Selbstkosten der verkauften Produkte:

$$
\begin{array}{cl}
 & \textit{Umsatzerlöse} \\[4pt]
- & \textit{Selbstkosten der in der Periode abgesetzten Produkte} \\
\hline
= & \textit{Betriebsergebnis} \\
\end{array}
$$

Das Schema eines Ermittlungsbogens für das Ergebnis nach dem **Umsatzkostenverfahren** gibt Abb. 3.60 wieder.

Beide Verfahren führen zum **selben Ergebnis**, wenn die Bestandsveränderungen erfolgsneutral zu Herstellkosten bewertet werden, die den Selbstkosten der in einer Periode umgesetzten Erzeugnisse und den Lagerbestandsveränderungen, bewertet zu Herstellkosten, entsprechen. Das Umsatzkostenverfahren hat den Vorteil, ohne die beim Gesamtkostenverfahrens notwendige Inventur am Ende einer Rechnungsperiode auszukommen; erfordert aber eine Betriebsabrechnung. **Abweichungen** zwischen beiden Verfahren können im Falle stark schwankender Produktions- und Absatzmengen entstehen (siehe dazu *Haberstock*, 145 f.).

Position		Berichtsperiode ...			Plan	
		TEUR	% von Pos. 16	% von Pos. 6	TEUR	%
1.	Nettoumsatz aus gewöhnlicher Geschäftstätigkeit					
2.	Erlösschmälerungen					
3.	Netto-Umsatzerlöse (1. ./. 2.) **Davon**: A. Inland: A.1 Markt 1 A.2 Markt 2 . . . B. Ausland: B. 1 Region/Land 1 B. 2 Region/Land 2 . .					
4.	Bestandsveränderungen (±)					
5.	Andere aktivierte Eigenleistungen					
6.	Gesamtleistung (3. + 4. + 5.)			100		100
7.	Materialeinzelkosten					
8.	Materialgemeinkosten					
9.	Materialkosten (MK: 7. + 8.)					
10.	Fertigungseinzelkosten					
11.	Fertigungsgemeinkosten					
12.	Fertigungskosten (FK: 10. + 11.)					
13.	Sonstige Kosten (mit Detaillierung) . .					
14.	Kalkulatorische Kosten (mit Detaillierung)					
15.	Summe sonstige Gemeinkosten (13. + 14.)					
16.	Gesamtkosten (9. + 12. + 15.)		100			100
17.	Betriebsergebnis II (6. ./. 16.)					
18.	Ergebnis aus kostenrechnerischen Korrekturen					
19.	Betriebsergebnis III (17. ± 18.)					
20.	Ergebnis aus unternehmens- bezogenen Abgrenzungen					
21.	Gesamtergebnis (Gesamterfolg: 19. + 20.)					

Abb. 3.59: Ergebnisermittlungsbogen bei Anwendung des Gesamtkostenverfahrens

Position	Ergebnis der Gesamt-unternehmung	A — Abrechnungszeitraum TEUR	A — % v. Pos. 3.	A — % v. Pos. 13.	B — PG gesamt TEUR	B — PG gesamt %	B — PG 1 TEUR	B — PG 1 %	B — PG 2 TEUR	B — PG 2 %	B — ... TEUR	B — ... %	C — Produkte gesamt TEUR	C — Produkte gesamt %	C — Produkt A TEUR	C — Produkt A %	C — Produkt B TEUR	C — Produkt B %	C — ...	Weitere Produktgruppen
1. / 2.	Netto-Umsatz / Erlösschmälerungen																			
3.	Netto-Erlös (1. ./. 2.)		100																	
4. / 5.	Fertigungsmaterial / Materialgemeinkosten																			
6.	Materialkosten (4. + 5.)																			
7. / 8.	Fertigungslöhne / Fertigungsgemeinkosten																			
9.	Fertigungskosten (7. + 8.)																			
10.	Herstellkosten (6. + 9.)																			
11. / 12.	Verwaltungsgemeinkosten / Vertriebsgemeinkosten																			
13.	Selbstkosten (10. + 11. + 12.)			100		100		100		100		100		100		100		100		
14.	Betriebsergebnis I																			
15.	Ergebnis aus der Kosten-stellenverrechnung																			
16.	Betriebsergebnis II (14. ± 15.)																			
17.	Ergebnis der kostenrechnerischen Korrekturen																			
18.	Betriebsergebnis III (16. + 17.)																			

Abb. 3.60: Ergebnisermittlungsbogen bei Anwendung des Umsatzkostenverfahrens (mit Untergliederungen nach Produktgruppen und Produkten) Erfolgsrechnung auf Vollkostenbasis

3.8.2 Teilkosten-Erfolgsrechnung

Teilkosten-Erfolgsrechnungen werden im Regelfall nach dem Umsatzkostenverfahren durchgeführt, obwohl grundsätzlich auch das Gesamtkostenverfahren Anwendung finden könnte. Im Folgenden wird daher ausschließlich auf das Umsatzkostenverfahren abgestellt.

Die Erfolgsrechnung auf der Basis der **Direktkostenrechnung** geht nach dem in Abschnitt 3.4.1 dargestellten Schema vor: Von der Summe der Produkterlöse aller Produkte werden die gesamten variablen Kosten der umgesetzten Produkte abgezogen, woraus der **Bruttoerfolg** (= Summe der Deckungsbeiträge aller Produkte) resultiert. Vermindert man diesen Bruttoerfolg um die Summe der fixen Kosten (Fixkostenblock), ergibt sich der **Nettoerfolg** als das Betriebsergebnis der Unternehmung. Unter Annahme proportional-linearer Gesamtkostenfunktionen handelt es sich um eine Erfolgsrechnung auf **Grenzkostenbasis** (siehe 3.4.1.4). In Anbetracht des einstufigen Vorgehens kann diese Rechnung auch als **summarische Erfolgsrechnung** bezeichnet werden.

Zur **differenzierten Erfolgsrechnung** wird die oben dargestellte Methode, wenn der Fixkostenblock Unterscheidungen hinsichtlich der Kostenverursachung erfährt. So sind beispielsweise Differenzierungen in Erzeugnis-, Erzeugnisgruppen-, Bereichs- und Unternehmensfixkosten möglich (siehe *Haberstock*, 160 ff.). In diesem Fall ermittelt die Erfolgsrechnung als **mehrstufiges Verfahren** das **Betriebsergebnis** (als Nettoerfolg) auf folgende Weise:

	Umsatzerlös einer Erzeugnisart
./.	Variable Selbstkosten der umgesetzten Einheiten dieser Erzeugnisart

=	Deckungsbeitrag einer Erzeugnisart
./.	Erzeugnis-Fixkosten

=	Erzeugnisart-Deckungsbeitrag
	Summe der Erzeugnisart-Deckungsbeiträge einer Erzeugnisgruppe
./.	Erzeugnisgruppen-Fixkosten

=	Erzeugnisgruppen-Deckungsbeitrag
	Summe der Erzeugnisgruppen-Deckungsbeiträge eines Bereiches
./.	Bereichs-Fixkosten

=	Bereichs-Deckungsbeitrag
	Summe aller Bereichs-Deckungsbeiträge
./.	Unternehmungs-Fixkosten

=	Betriebsergebnis (Nettoerfolg)

Die Erfolgsrechnung auf der Basis der **Deckungsbeitragsrechnung mit relativen Einzelkosten** schließlich geht in ähnlicher Weise von den einzelnen (Artikel-) Deckungsbeiträgen aus (Abb. 3.52; 3.4.2), bildet die Summe der (individuellen) Artikelbeiträge zu einem Erzeugnisgruppen-Deckungsbeitrag, bezieht schließlich die Bereichs-Deckungsbeiträge ein und stellt der Summe der Bereichs-Deckungsbeiträge die Bereitschaftskosten der Unternehmung gegenüber, woraus dann der Betriebserfolg resultiert:

	Summe der Artikelbeiträge einer Erzeugnisgruppe
./.	Erzeugnisgruppen-Einzelkosten

	Erzeugnisgruppen-Deckungsbeitrag
	Summe der Erzeugnisgruppen-Deckungsbeiträge eines Bereiches
./.	Bereichs-Fixkosten

	Bereichs-Deckungsbeitrag
	Summe aller Bereichs-Deckungsbeiträge
./.	Bereitschaftskosten

	Betriebsergebnis (Nettoerfolg)

Insgesamt liegen die Vorzüge der Erfolgsermittlung auf Teilkostenbasis auf dem Gebiet **kurzfristiger** Entscheidungsunterstützung der Unternehmensführung (z. B. bei Ermittlung von Preisgrenzen; Beurteilung von Aufträgen, von Produkten, von Abnehmern und von Absatzgebieten; siehe *Kosiol* 1979, 342 ff.). Dagegen sind für **langfristige** Entscheidungen hinsichtlich der Preispolitik, Kapazitätsbemessungen entweder zusätzliche (Sonder-) Rechnungen heranzuziehen und /oder Vollkostenrechnungen notwendig. Insofern zeigt sich auch die Interdependenz der Erfolgsrechnungsmethoden, deren Wert für die Unternehmensführung jeweils ausschließlich vom Entscheidungszweck und dem zu Grunde liegenden Sachverhalt abhängt, nicht aber vom Kriterium der „Modernität" eines Rechnungsverfahrens.

3.8.3   Plan-Erfolgsrechnungen

Die Verbindung von **Plan-Kostenrechnung** (z. B. Standardkostenrechnung) und **Plan-Leistungsrechnung** (in welche die geplanten Umsätze auf der Basis des geplanten Absatzvolumens, bereinigt um die geplanten Erlösschmälerungen eingehen), ermöglicht die Durchführung von **Plan-Erfolgsrechnungen**. Diese enthalten die **geplanten Gewinne** in Abhängigkeit von der Absatzmenge der Unternehmung, wobei die Form des Ausweises der Soll-Gewinne mit der gewählten Plankostenrechnung korrespondiert (z. B. flexibel bzw. variabel) budgetierte Gewinne bei flexibler Plankostenrechnung; siehe *Horngren/Foster*, 179 ff.). Von wesentlichem Interesse sind in diesem Zusammenhang Analysen der Erfolgsabweichungen in dem Sinne, dass die erzielten **effektiven** Gewinne bzw. Erfolge (Ist-Gewinne) den geplanten Gewinnen (Soll-Gewinne) gegenübergestellt und die Ursachen der Abweichungen ermittelt werden. Dabei erscheint es unabdingbar, die auftretenden Abweichungen nicht nur **einstufig** nach Absatzmengen-Abweichungen und Preis-/Kosten-Abweichungen, sondern **mehrstufig** unter Berücksichtigung der weiteren Ursachen detaillierter zu analysieren, wie dies im Rahmen des **Managerial Accounting** (siehe dazu v. a. *Horngren/Foster*; *Moscove/ Crownings Hield/Gorman*) erfolgt. Den Grundgedanken der **Analyse von Erfolgsabweichungen** zeigt Abb. 3.61 bei differierendem (nicht-plangemäßem) Absatzvolumen LE_{Ist} (Ist-Leistungseinheiten) ($LE_{Soll} > LE_{Ist}$) und abweichendem effektivem Gewinn ($G_{Ist} < G_{Soll}$).

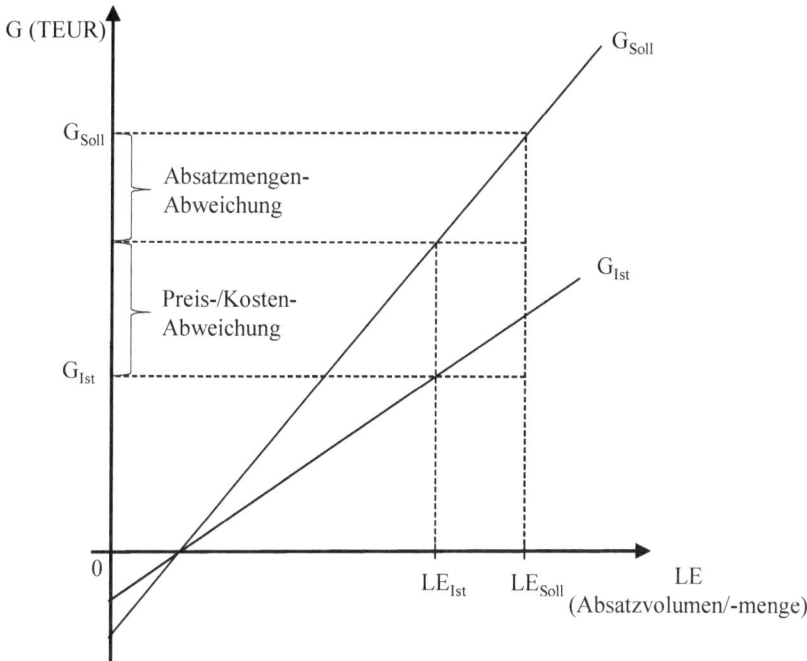

Abb. 3.61:   Einstufige Analyse von Erfolgsabweichungen (bei linearem Kostenverlauf)

Während die Absatzmengenabweichungen die Differenzen zwischen geplantem und tatsächlichen Absatzvolumen (und den zu Grunde liegenden Detailplanungen der Umsätze, variablen Kosten und Deckungsbeiträgen) repräsentieren, also den **Planungsbereich** i. e. S. und die Qualität der Planung betreffen, weist die Preis-/ Kosten-Abweichung auf Differenzen zwischen dem (flexiblen) Budget und dem Ist-Gewinn, verursacht durch (abweichende) Umsätze und Kosten, hin. Diese Abweichungen liegen im Verantwortungsbereich des **Planvollzugs** durch die zuständigen Entscheidungsträger (siehe *Kloock/Bommes*, 227). Stimmen G_{Soll} und G_{Ist}, bei LE_{Ist} überein, entstehen lediglich absatzmengenbedingte Abweichungen auf Grund unzureichender Planannahmen. Die Struktur einer auf diesen Hauptvariablen aufbauenden mehrstufigen Erfolgsanalyse gibt Abb. 3.62 wieder (wegen Einzelheiten dazu siehe *Horngren/Foster*, 50 ff. und 218 ff.; *Fickert*, 43 ff.).

Voraussetzung für die Kalkulation des geplanten Absatzpreises (p_{Soll}) ist eine Schätzung des erwarteten Stückerlöses auf Grund der betrieblichen Situation (über die tatsächlich realisierbare Höhe des Absatzpreises entscheidet allerdings der Markt). Im Rahmen von **Direktkostenrechnungssystemen** ergibt sich die Notwendigkeit, **Soll-Deckungsbeiträge** (in EUR oder in %) festzulegen, die zusammen mit den erwarteten variablen Kosten (K_v) pro Leistungseinheit (LE) den geplanten Absatzpreis ergeben. Dabei enthält der Soll-Deckungsbeitrag (DB_{Soll}) die zu deckenden fixen Kosten (K_f) pro LE und den erwarteten Gewinn (G_{Soll}) pro LE sowie ggf. erwartete Risikokosten (R):

$$\frac{DB_{Soll}\ (\%)}{LE_{Soll}} = \frac{K_f + G_{Soll} + R}{LE_{Soll}}$$

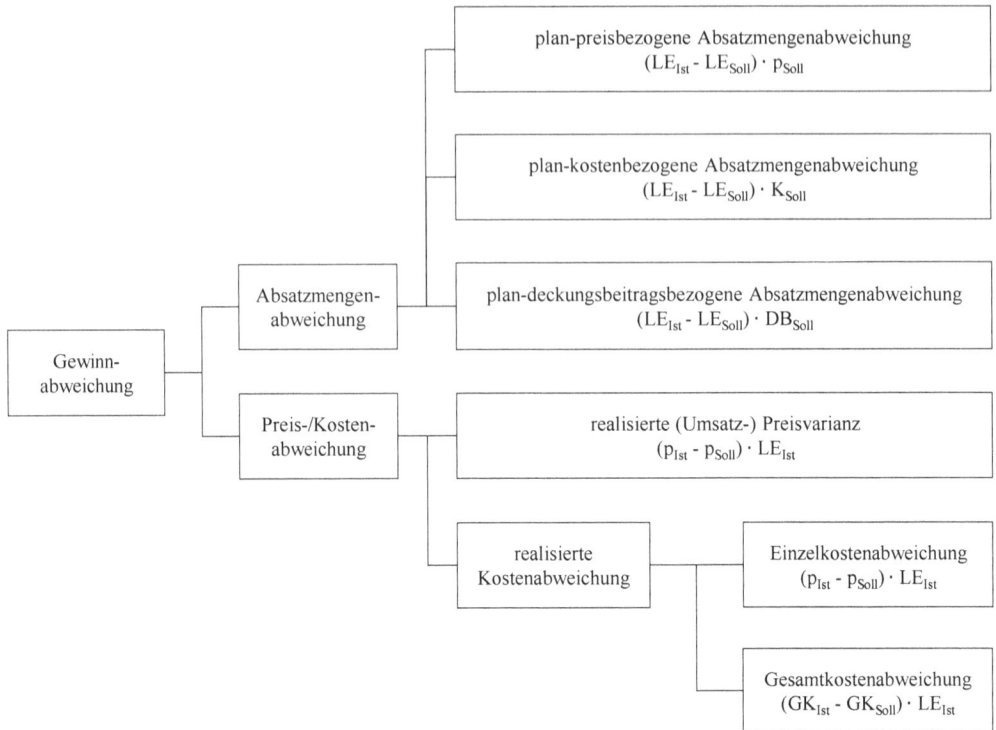

| plan-preisbezogene Absatzmengenabweichung $(LE_{Ist} - LE_{Soll}) \cdot p_{Soll}$ |

Abb. 3.62:   Grundstruktur einer mehrstufigen Analyse von Erfolgsabweichungen (K =variable Kosten; GK = Gesamtkosten; p = Absatzpreis; DB = Deckungsbeitrag; LE = Leistungseinheit)

Beispiel 10:

Bei erwarteten Werten von K_f = 200 TEUR, G_{Soll} = 50 TEUR, R = 10 TEUR und LE_{Soll} = 1.300 beträgt der **absolute** DB_{Soll} pro LE= 200 TEUR. Wird für die variablen Stückkosten (k_v) ein Wert von 300 EUR erwartet, dann ergibt sich ein p_{Soll} von 500 EUR. Alternativ lässt sich die Kalkulation mit dem **relativen** DB_{Soll} (in %) wie folgt vornehmen:

$$DB_{Soll}\ (\%) = \frac{DB_{Soll}/LE \cdot 100}{k_v} = \frac{200 \cdot 100}{300} = 66{,}67\ \%$$

Somit kann die **Preiskalkulation** nach dem Schema erfolgen:

$$
\begin{array}{lll}
 & k_v & 300\ TEUR \\
+ & DB_{Soll}\ (\%)\ \left(=\ 300\ EUR \cdot 66{,}67\ \%\right) & 200\ TEUR \\
\hline
= & p_{Soll} & 500\ TEUR
\end{array}
$$

Die Problematik der Ermittlung von Soll-Deckungsbeiträgen besteht im Falle der Mehrproduktfertigung v. a. darin, unter Verstoß gegen die „Philosophie" der Direktkostenrechnung die Fixkosten verursachungsgerecht den einzelnen Produktarten zurechnen zu müssen. Dasselbe gilt für die Spaltung der erwarteten Gewinne.

3.9 Zielkostenmanagement (Target Costing)

Der Grundgedanke der Zielkostenrechnung als ein Kostenmanagementkonzept basiert auf der marktorientierten Festlegung eines **am Markt erzielbaren Preises** für ein Produkt. Target Costing ist darauf ausgerichtet, strategische Entscheidungshilfen für Unternehmungen zu liefern, die auf wettbewerbsintensiven Märkten auftreten. **Zielkosten** bilden den Kostenrahmen für ein Produkt, der bereits in der Entwicklungsphase eingehalten werden muss. Zudem bietet die **Vorgabe** von Zielkosten die Möglichkeit, bei existierenden Produkten Kostensenkungspotentiale aufzuzeigen, Produktionsprozesse wirtschaftlicher zu planen und durchzuführen sowie in indirekten Bereichen die Effizienz zu steigern. Target Costing beschränkt sich aber nicht nur auf die isolierte Bestimmung von Kostenzielen, sondern umfasst einen weitreichenden **Kostenplanungs-, Kostensteuerungs-** und **Kostenkontrollprozess** und ist in den Gesamtprozess der Produktentstehung eingebettet. Somit unterstützt das Target Costing die strategische Entscheidung, die sich in erster Linie am Leistungsfaktor Kosten orientiert. Insofern handelt es sich um ein Kostenmanagementkonzept zur Umsetzung der unternehmungsstrategischen Ziele.

3.9.1 Marktorientierte Zielkostenfindung

Anwendung findet die Zielkostenrechnung überwiegend bei Unternehmungen, die einem intensiven Wettbewerb ausgesetzt sind. Hoher Innovationsdruck, starker Preisdruck und verteilte Märkte des Umsatzwachstums führen vielfach zur Installation des Kostenmanagements. Die Innovatoren stammen alle-samt aus **High-Tech-Branchen**, neben der Computerindustrie insbesondere die Automobilindustrie, die in Großserienfertigung eine breite Variantenvielfalt anbieten müssen. Dementsprechend gehören Nissan, Sony, NEC und Toyota zu den Unternehmungen, die in den ersten Fachberichten beispielhaft angeführt werden (vgl. *Cooper, R.* 1988 und 1989, *Horvath, P./Mayer, R.* 1989). Target Costing lässt sich durch **sechs Hauptfunktionen** kennzeichnen: Ausrichtung am Markt, Unterstützung der Unternehmungsstrategie und des Managements in frühen Phasen, Dynamisierung der Produktentstehung und des Produktionsprozesses, Motivation aller Beteiligten sowie Straffung von Innovationsaktivitäten. Als wesentlich erweist sich, dass das Kostenmanagement von der Produktentwicklung an dynamisiert wird. Das vom Markt definierte Leistungsprofil muss analysiert und den bekannten subjektiven Produktmerkmalen und Produkteigenschaften, die Kunden dem Produkt zuordnen, gegenübergestellt werden. Der gesamte Lebenszyklus eines Produktes richtet sich an den daraus abgeleiteten Produktwertrelationen aus.

Die Zielkostenrechnung greift insbesondere, falls die traditionellen Strategieformen nach *Porter* keine ausreichenden Antworten mehr auf die Marktanforderungen liefern. Den Unternehmungen in den betreffenden Branchen ist es nicht mehr möglich, Wettbewerbsvorteile alleine durch Kostenführerschaft oder durch Differenzierung zu erreichen. Der Markt erfordert ein hohes Maß an Qualität zu einem angemessenen Preis in relativ kurzer Zeit. Abb. 3.63 zeigt den Prozess der Zielkostenfindung als eine Erweiterung der Wertkette von *Porter*. Die Unternehmung leitet dabei ihre Kostenplanung aus dem Markt ab und setzt mit dem Target Costing eine Art Klammer um die Unternehmung. Alle Wertschöpfungsaktivitäten werden somit auf die Marktanforderungen hin ausgerichtet. Die Aufgaben des Kostenmanagements liegen in einer schnellen, innovativen, strategieabhängigen und einfachen

Erfassung sämtlicher komplexer Zusammenhänge zwischen Unternehmungen und Markt sowie innerhalb der Unternehmung.

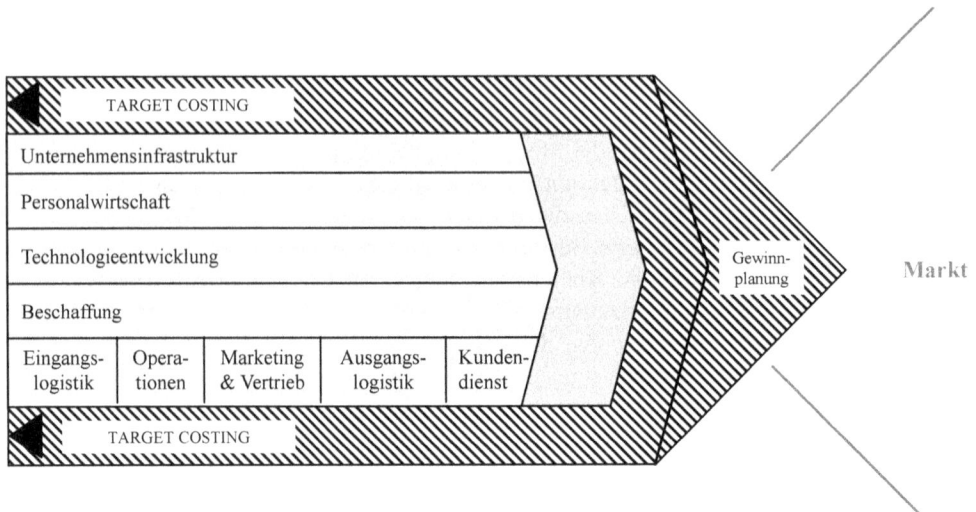

Abb. 3.63:   Wertkette und Target Costing. Quelle: *Seidenschwarz* (1991), 60.

Die Zielkostenerreichung erfordert eine Umsetzung des durch die Zielkosten vorgegebenen Kostenrahmens bereits **in den frühen Phasen**. Zielkostenmanagement beginnt bereits in der frühestmöglichen Produktphase. Im Rahmen des **Simultaneous Engineering** sollten Entwicklungs- und Fertigungsvorbereitungsaktivitäten möglichst parallel ablaufen. Alle später an der Realisierung Beteiligten sollten bereits frühzeitig in einen Kostenreduktionsprozess eingebunden werden. Unternehmungsplanung und marktorientierte Produktplanung unterliegen somit übergreifenden, parallelen Abstimmungsprozessen. Um eine durchgängige, strenge und möglichst direkte Marktorientierung im Rahmen der Zielkostenrechnung zu gewährleisten, muss das Kostenmanagement folgenden Anforderungen gerecht werden: Das Produktdesign entspricht den Anforderungen in angemessenem Maß. Der von der Marktforschung ermittelte Umsatz ermöglicht eine frühzeitige Festlegung der Zielkosten. Die Produktkostenplanung beginnt bereits in der Entwicklungsphase und fördert unternehmungsweit das Kostenbewusstsein. Entwicklungs-, Konstruktions- und Arbeitsvorbereitungsabteilung arbeiten zusammen. Alle Wertschöpfungsbereiche werden fundiert mit Informationen versorgt. Zudem besteht die Möglichkeit, bei einer langfristigen Lieferbeziehung das Spezialwissen von Zulieferern zu nutzen. Für Standardmodule können somit Zielkosten weitergegeben werden.

3.9.2   Ermittlung der Zielkosten

Der Ablauf des Target Costing lässt sich in zwei Phasen differenzieren: **Zielkostenermittlungsphase** und **Zielkostenerreichungsphase**. Die Ermittlung der Zielkosten läuft i. a. in vier Schritten ab. Zuerst muss eine gründliche Analyse der Markt- und Wettbewerbsbedingungen und möglicher künftiger Entwicklungen erfolgen. Diese Ergebnisse werden daraufhin mit der Unternehmungsstrategie in Einklang gebracht. Die Produktidee ergibt sich aus der Synthese von Markt- und Wettbewerbsbedingungen und langfristigen Unternehmungs-zielen. Ausgehend vom künftigen Produkt kann ein quantitatives Marktmodell aufgestellt werden. Daraus lässt sich ein **realisierbarer Marktpreis** ermitteln. Bezieht man in die Kal-kulation die **Zielrendite der Unternehmung** mit ein, kommt man schließlich auf die **Ziel-kosten**. Um eine Umsetzung der ermittelten Zielkosten in der Unternehmung bereits ab der frühen Phase zu gewährleisten, müssen die daraus abgeleiteten Standardkosten an die ent-sprechenden Funktionsbereiche in der Unternehmung weitergegeben und dort eingehalten werden.

Für die Bestimmung von Zielkosten stehen **fünf Verfahren** zur Verfügung. Die wichtigsten Vorgehensweisen stellen dabei das Market-into-Company und Out-of-Competitor dar.

- **Market-into-Company:**
  Die Ermittlung der Zielkosten nach der Methode des Market-into-Company kann als **Reinform** des Target Costing verstanden werden. Sie charakterisiert den ursprünglichen Ansatz dieser Kostenmanagementmethode. Die Zielkosten werden **direkt** aus den am Markt erzielbaren Verkaufspreisen und den erwarteten Absatzvolumen abgeleitet. Dazu ist die Gewinnplanung miteinzubeziehen. Nach der **Subtraktionsmethode** wird vom erwarteten Umsatz die geplante Bruttogewinnspanne abgezogen, um die nach Markt-sicht zulässigen Kosten zu bestimmen (**top-down-Vorgehen**). Die Zielkosten sind den ohne Innovation anfallenden Standardkosten gegenüberzustellen. Das Kostenziel, der zulässige Kostenrahmen, umfasst die Spanne von den bisherigen Standardkosten bis maximal Zielkostenhöhe.

- **Out-of-Competitor:**
  Bei dieser Vorgehensweise werden die Zielkosten näherungsweise **aus den Kosten der Wettbewerber** abgeleitet und den bisherigen Standardkosten, die vor der Innovation an-fallen, gegenübergestellt. Die Kosten der Konkurrenzprodukte bilden die Kostenober-grenze für die Produktion. Als nicht unerheblich erweisen sich Probleme sowohl bei der Auswahl der Konkurrenten als auch der Grad der Nachvollziehbarkeit der Kostenstruk-turen der Konkurrenzprodukte. Diese Methode wird vorzugsweise im Rahmen des Re-verse Engineering angewendet, insbesondere bei der Produktion von Marktstandard-komponenten oder -teilen.

- **Out-of-Company:**
  Ausschlaggebend für die Zielkostenfindung nach der Additionsmethode sind konstrukti-ons- und fertigungstechnische Faktoren. Aus vorhandenen Betriebsmitteln und techno-logischen Wissens- und Erfahrungsschätzen werden unter Berücksichtigung unterneh-mungsinterner Erfolgsziele die Zielkosten hergeleitet (**bottom-up-Vorgehen**). Technologische Innovationen sind demzufolge preis- und kostenseitig auf den Markt hin auszurichten.

- **Into-and-out-of-Company:**
  Dieses **Markt-Unternehmung-Gegenstromverfahren** hat überwiegend in Europa Ein-zug gehalten. In einer Art Zielfindungsdiskussion werden die Zielanforderungen des Marktes den Möglichkeiten in der Unternehmung gegenübergestellt. Die Unterneh-mungsleitung übernimmt im Rahmen der strategischen Planung die Gewinnplanung, während die beteiligten unteren Hierarchieebenen die Standardkosten ermitteln (**top-down-bottom-up-Verfahren**). Daraus werden gemeinsam die Kostenziele abgeleitet.

- **Out-of-Standard-Costs:**
  Hierbei handelt es sich um eine Spezialform für unterstützende Bereiche. Die Zielkosten werden aufgrund vorhandener Produktionsmöglichkeiten, Ressourcen, Wissens- und Erfahrungsschatz aus den eigenen Standardkosten durch Senkungsabschläge abgeleitet.

3.9.3   Realisierung der Zielkosten

Auf die Phase der Zielkostenermittlung folgt die Phase der **Zielkostenrealisierung**. Die Entwicklungsabteilung führt zunächst eine Wertanalyse durch und konzipiert ein Produktionskonzept, das die Einhaltung der Zielkosten gewährleistet und alle Kundenanforderungen befriedigt. Um die **kritischen Kostenfaktoren** zu ermitteln, werden in der Produktionsplanungsphase die Zielkosten nach Kostenarten (vgl. 3.3.1) aufgespalten. Forschungs- und Entwicklungskosten, Material-, Fertigungs- und Gemeinkosten sowie Abschreibungen werden auf Rationalisierungspotentiale hin untersucht. Größter Handlungsbedarf besteht bei Komponenten mit hohem Kostenanteil aber nur geringen Kundennutzenbeitrag. Mögliche Maßnahmen zur Kostenreduktion sind beispielsweise die Umgestaltung und Neuorganisation von Fertigungsabläufen, Verminderung von Fremdbezugskoste durch die Weiterreichung von Zielkosten an Lieferanten, die Reduzierung von Materialkosten durch wirtschaftlicheren Einsatz sowie die Eliminierung von aufwendigen, vom Kunden nicht honorierten Produktfunktionen. Mit der **Aufdeckung von Kostensenkungspotentialen** müssen auch Wege zur Umsetzung in **Konstruktionsalternativen** aufgezeigt werden, wobei ein frühzeitiges Abschätzen der **Kostenwirkungen** auf die Gesamtkostensituation unerlässlich ist. In der Produktionsphase müssen letztlich die Zielkosten für jede Komponente durchgesetzt und eingehalten werden.

3.9.4   Beispiel zur Berechnung von Zielkosten

Im Folgenden soll anhand eines Beispiels die Ermittlung der Zielkosten bzw. des Zielkostenrahmens erläutert werden. Den Ausgangspunkt stellt die Marktforschung dar. Unter Beachtung der Marktanforderungen, Kundenwünsche und Konkurrenzprodukte werden der Preis und die dazugehörende Absatzmenge ermittelt, zu dem ein Produkt mit gegebenen Qualitätsmerkmalen maximal angeboten werden darf. Im folgenden *Beispiel* wird ein maximaler Verkaufspreis für ein innovatives Produkt von 1.200 EUR ermittelt. Die Bruttogewinnspanne betrage 200 EUR. Die vom Markt erlaubten Kosten dürfen somit 1.000 EUR je Produkteinheit nicht übersteigen. Die Marktanalyse liefert zudem Informationen über gewünschte Produkteigenschaften und Produktfunktionen. In Abb. 3.64 wurden fünf Produktfunktionen ermittelt.

In der Regel kommt den verschiedenen Funktionen unterschiedliche Bedeutung zu. Je nach Beitrag zum Kundennutzen werden die jeweiligen Funktionen gewichtet. Darauffolgend muss ermittelt werden, welche Produktkomponente zur Realisierung der jeweiligen Produkteigenschaft bzw. Produktfunktion welchen Beitrag leistet. In Abb. 3.64 werden fünf Produktkomponenten unterschieden.

Um die Bedeutung der einzelnen Produktkomponenten zu quantifizieren, wird die marktseitig ermittelte Gewichtung der verschiedenen Produktfunktionen mit dem jeweiligen Beitrag der einzelnen Komponenten zu deren Erfüllung multipliziert. Danach wird jeweils für eine Komponente die Summe gebildet (vgl. Abb. 3.65).

Funktionen	F1	F2	F3	F4	F5	Summe
Komponenten	0,16	0,12	0,38	0,25	0,09	1
K1	15,2	28,5	23,4	33,5	13,8	
K2	11,8		7,2		7,4	
K3	27,5	12,8	21,6		16,3	
K4	8,3	41,3	5,8	12,5	31,5	
K5	37,2	17,4	42	54	31	
Summe	100	100	100	100	100	

Abb. 3.64: Bedeutung der Produkteigenschaft bzw. Produktfunktion und jeweiliger Beitrag der Produktkomponenten zu deren Realisierung

Funktionen	F1	F2	F3	F4	F5	Summe
Komponenten	0,16	0,12	0,38	0,25	0,09	1
K1/B1	2,432	3,42	8,892	8,375	1,242	24,361
K2/B2	1,888		2,736		0,666	5,29
K3/B3	4,4	1,536	8,208		1,467	15,611
K4/B4	1,328	4,956	2,204	3,125	2,835	14,448
K5/B5	5,952	2,088	15,96	13,5	2,79	40,29
Summe Kn/Bn						100,00

Abb. 3.65: Bedeutung der Produkteigenschafts- bzw. Produktfunktionskomponente

Im nächsten Schritt werden die errechneten Bedeutungswerte der Komponenten den nach den Standardkosten tatsächlich ermittelten Kostenanteilen (**Drifting Costs**) gegenübergestellt. Das Kostenmanagement wird versuchen, diese beiden Werte weitestgehend einander anzunähern. Zudem kann ein Zielkostenindex errechnet werden. Er ist ein Maß für die Abweichung zwischen Marktbedeutung und Kostenverursachung einer Produkteigenschaft bzw. Produktfunktion. In Abb. 3.66 kann der Komponente K3 beispielsweise ein Zielkostenindex von 0,52 zugeordnet werden. Bezüglich der ermittelten, vom Markt zulässigen Kosten von 1.000 EUR für das Produkt darf die Komponente K3 nur 156 EUR pro Einheit verursachen. Unter Beibehaltung der existierenden Technologien und Prozesse würde K3 jedoch Kosten in Höhe von 298 EUR verursachen. D. h. die Kosten für die Produktion dieser Komponente müssen um etwa die Hälfte reduziert werden. Der Anteil an den Standardkosten für die Erfüllung der Produkt-funktionen wird nur zur Hälfte vom Markt honoriert. Komponente K5 hingegen trägt einen erheblich geringeren Anteil an den Standardkosten, als ihr von der Marktbedeutung her zustehen würde.

Komponenten	Bedeutung der Komponente (in %)	Kostenanteil (ermittelte Standard- kosten) (in %)	Zielkostenindex
K1	24,4	22,3	1,09
K2	5,3	6,5	0,82
K3	15,6	29,8	0,52
K4	14,4	12,2	1,18
K5	40,3	29,2	1,38

Abb. 3.66: Gegenüberstellung der Bedeutung von Produktkomponenten und deren jeweiliger Kostenanteil sowie Ermittlung des Zielkostenindex

Die ermittelten Zielkosten werden **optimal** erreicht, wenn der Beitrag der Komponente zur Produktionsfunktion dem Kostenanteil entspricht. Grafisch lässt sich das in einem Bedeutungs-Kosten-Diagramm durch eine Spiegelgerade (Ursprungsgerade mit 45°-Winkel) darstellen. Für die Umsetzung der Zielkosten wird zudem ein Toleranzbereich eingeräumt, der im unteren Bereich Abweichungen bis 10 % gestattet, im Bereich höherer Produktfunktionsbeiträge die verursachten Kosten jedoch enger korreliert (vgl. Abb. 3.67: asymptotische Annäherung der Zielkostenzone an die Spiegelgerade). Alle außerhalb der Toleranzzone liegenden Komponenten müssen massive Eingriffe in ihr Kostenmanagement durchführen.

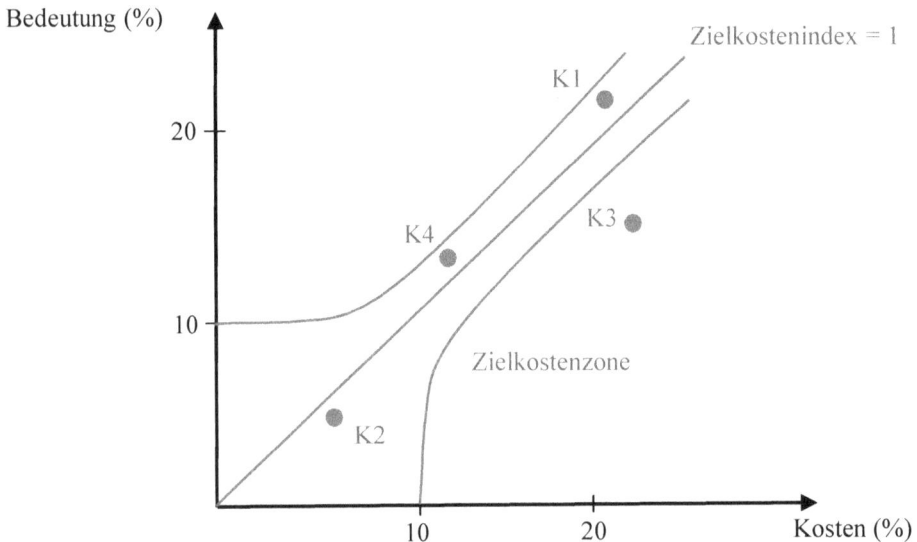

Abb. 3.67: Zielkostendiagramm mit zulässigem Abweichungsbereich von den Zielkosten; Komponente K5 liegt außerhalb des angezeigten Bereichs

3.9.5 Unterstützung des Target Costing durch Prozesskostenrechnung

Unter **Prozesskostenrechnung** ist ein Kostenrechnungsverfahren für die Ermittlung integrierter Gemeinkosten zu verstehen. Die Strukturierung des gesamten Gemeinkostenvolumens erfolgt nach kostenübergreifenden Prozessen und deren Bestimmungsfaktoren (**Kostentreiber**). Das Ziel der Prozesskostenrechnung besteht darin, die Kostentransparenz in den indirekten Leistungsbereichen zu erhöhen. Dadurch kann auch eine bessere Kapazitätsauslastung aufgezeigt und ein effizienterer Ressourcenverbrauch sichergestellt werden. Die Produktkalkulation verbessert sich und strategische Fehlentscheidungen können leichter antizipiert werden. Die Anwendung der Prozesskostenrechnung, vorzugsweise für die Ermittlung von Produktstandardkosten, bei Grundsatzentscheidungen in frühen Phasen sowie im Kostenreduktionsprozess, bietet dem Target Costing Unterstützungsmöglichkeiten. Target Costing wird in Branchen eingesetzt, in denen hohe Produktvorlaufkosten für die Forschung und Entwicklung bestehen, moderne Produktionstechnologien Anwendung finden und logistische Aktivitäten sowie sämtliche Informationsvorgänge computergestützt ablaufen, die Unternehmungen insgesamt mit einem hohen Gemeinkostenanteil rechnen müssen. In diesem Zusammenhang erzielt die Prozesskostenrechnung ihre größten Effekte. Die beiden Kostenmanagementmethoden ergänzen sich bei der gemeinkostenoptimalen Gestaltung von Neuprodukten. Die mit Hilfe der Prozesskosten ermittelten Gemeinkosten können direkt für die Verrechnung im Rahmen des Target Costing verwendet werden (Einzelheiten zur Prozesskostenrechnung vgl. *Horvath* 1994).

Die **prozessorientierte Kalkulation** (**Prozesskostenrechnung**)setzt an veränderten Kostenstrukturen in der betrieblichen Wertschöpfung an, die durch einen überproportionalen Anstieg der Gemeinkosten und einer stärkeren anteiligen Reduzierung der Lohneinzelkosten charakterisiert ist (siehe dazu *Coenenberg/Fischer*, 22 ff.; *Miller/Vollmann*). Diese Entwicklung, die nicht zuletzt aus der fortschreitenden Computerisierung, Automatisierung und Kapitalisierung aller Produktionssysteme resultiert, hat zur Konsequenz, dass in Unternehmungen teilweise Zuschlagssätze von mehreren hundert Prozent auf die Lohneinzelkosten erforderlich sind, die weit über den früher üblichen Zuschlägen von rund 50 % liegen (siehe *Kaplan*, 11). Die Probleme der verursachungsgerechten Zurechnung von Gemeinkosten auf einzelne Produkte verstärken sich darüber hinaus in den Fällen, wo Produkte eine größere Zahl von Fertigungsstellen durchlaufen und einen hohen Materialkostenanteil aufweisen. Es erfolgt eine Belastung mit Gemeinkosten, die unabhängig von der tatsächlich in Anspruch genommenen Leistung sind. Die Konsequenzen für die Kalkulation bestehen darin, dass **Volumenprodukte** zu hoch und **Einzel-** bzw. **Sonderprodukte** zu niedrig kalkuliert werden und auf diese Weise erhebliche Verzerrungen der Nachfrage entstehen, die sich auf günstig kalkulierte Sonderprodukte spezialisiert. Dadurch erhöht sich aber auch die Produkt- bzw. Variantenvielfalt, die ihrerseits wiederum weitere Gemeinkostensteigerungen auslöst. Abhilfe gegenüber ungerechtfertigten Verwerfungen dieser Art kann die Prozesskostenrechnung leisten, die unter Beachtung der gesamten betrieblichen Abfolgen, die den betrieblichen Prozess prägen, an jenen Bezugsgrößen und Aktivitäten anknüpft, welche die Gemeinkosten **tatsächlich** beeinflussen, also:

- Anzahl der Bestellungen im Einkauf,
- Anzahl der Dispositionsvorgänge,
- Anzahl der Transportvorgänge,
- Anzahl der Wareneingänge und Prüfungsvorgänge,

- Anzahl der Buchungs-, Zahlungs- und Prüfungsvorgänge im Rechnungswesen,
- Anzahl der Lagervorgänge.

Angenommen, die Kosten für die Abwicklung einer Bestellung betragen 150 EUR, so fallen diese unabhängig von der Zahl der Bestellungen jeweils in konstanter Höhe an, gleichgültig ob eine, fünfzig, hundert oder mehr Bestellungen erfolgen (siehe dazu Schulte). Bei traditioneller Zuschlagskalkulation jedoch erfolgt die Anwendung eines konstanten pauschalen Zuschlagssatzes auf jede Bestellung von beispielsweise 25 % des Bestellwertes, so dass bei einer geringen Bestellmenge relativ geringe Materialgemeinkosten je Stück, bei hohen Bestellmengen jedoch überproportionale Materialkosten pro Stück entstehen. Wie Abb. 3.68 zeigt, verhalten sich die Materialkosten pro Stück verursachungsgerechter: Niedrige Bestellmengen verursachen höhere Materialkosten pro Stück und hohe Bestellmengen erheblich niedrigere Materialkosten pro Stück. Lediglich bei einer Bestellmenge von 150 Stück entsprechen sich unter den getroffenen Annahmen die Ergebnisse der traditionellen Zuschlagskalkulation und der prozessorientierten Kalkulation.

Die Ermittlung der **kritischen Menge** des Bestellvolumens führt dazu, dass Bestellungen erst ab einer **Mindest-Auftragsgröße** erfolgen, deren Bestellvolumen höher oder zumindest gleich der Mindest-Auftragsgröße ist. Die für den Bestellbereich angestellte Rechnung lässt sich analog für die prozessorientierte Verrechnung der **Vertriebsgemeinkosten** (siehe dazu *Coenenberg/Fischer*, 33 ff.) ebenso anwenden wie auf die Zurechnung der **Fertigungsgemeinkosten**: In diesem Fall sind zu analysieren:

- Anzahl der zu bearbeitenden Fertigungsvorgänge,
- Anzahl der Arbeitsgänge im Fertigungsprozess,
- Anzahl der Kontrollvorgänge zur Qualitätssicherung,
- Anzahl der Transportvorgänge im Fertigungsprozess,
- Anzahl der Lagervorgänge.

Die Kostenrechnungsmethode des Target Costing findet allmählich Anwendung in europäischen Unternehmungen. Für die Implementierung können verschiedene Rahmenbedingungen angegeben werden, welche die Umsetzung erleichtern.

Beabsichtigt eine Unternehmung, Produktinnovationen mit Hilfe der Zielkostenrechnung umzusetzen, müssen alle Funktionsbereiche **am Markt ausgerichtet** werden. Marktforschung nimmt dabei eine zentrale Position ein. Die **Kostenkultur** sollte ausgeprägt sein und der Produktmanager über weitreichenden Einfluss verfügen. Auf dem Markt herrscht hoher Wettbewerbsdruck, die Produkte sind sehr komplex und weisen überwiegend kurze Produktlebenszyklen auf. Für den unternehmerischen Erfolg müssen daher verstärkt strategische und operative Maßnahmen miteinander kombiniert werden. Target Costing reiht sich in die Kette weiterer Managementansätze, wie Lean Management, Re-Engineering, Qualitätsmanagement und Kaizen (kontinuierlicher Verbesserungsprozess), ein. Unternehmungen müssen verstärkt ihre Kernkompetenzen fokussieren. Das drückt sich in der Auswahl neuer Technologien, der Reduktion der Teilevielfalt, der Optimierung von Fertigungsverfahren und Abläufen sowie einer zielkostengetriebenen Produktentwicklung und zum Teil auch mit gezieltem Outsourcing aus. Als Beispiel sei hier stellvertretend die Firma NEC genannt. Sie hat mit Hilfe des Target Costing ihre Fähigkeiten zur Systemintegration ausgebaut. Halbleiter sind ihre Kernprodukte, die für die Fertigung von Computern, Telekommunikationstechnik und Unterhaltungselektronik als Endprodukte verwendet werden.

Materialkosten (EUR/Stück)

20 · 10 · 5

Prozessorientierte Kalkulation

Traditionelle Zuschlagskalkulation

Bestellvolumen in TStück: 0 · 0,1 · 0,2 · 0,3 · 0,4 · 0,5 · 0,6 · 0,7 · 0,8 · 0,9 · 1,0

Materialkosten werden zu hoch bewertet

Materialkosten werden zu niedrig bewertet

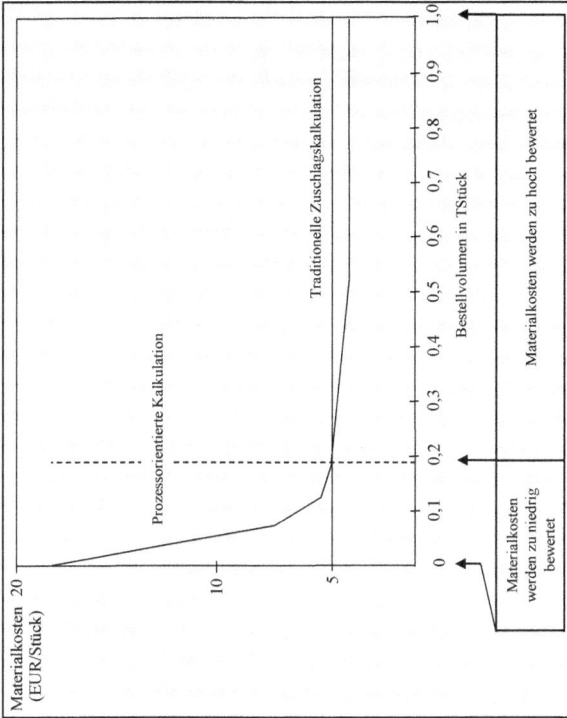

Kostenrechnungssystem	Traditionelle Zuschlagskalkulation (Zuschlagssatz = 25 %) Materialeinzelkosten in EUR			Prozessorientierte Kalkulation (Konstante Abwicklungskosten je Bestellung = EUR 150) Materialeinzelkosten in EUR		
Stückzahl	Einzelkosten	Gemeinkosten	Summe	Einzelkosten	Gemeinkosten	Summe
1	4	1	5	4	150	154
10	40	10	5	40	150	19
50	200	50	5	200	150	7
100	400	100	5	400	150	5,50
150	600	150	5	600	150	5
500	2000	500	5	2000	150	4,30
1000	4000	1000	5	4000	150	4,15

Abb. 3.68:Ergebnisse traditioneller Zuschlagskalkulation und prozessorientierter Kalkulation (Quelle: *Schulte*, 20).

Literatur zu Kapitel 3

Angermann, A., Industrie-Kontenrahmen (IKR). Management-Enzyklopädie, 4. Band, Landsberg am Lech 1983, S. 633 -659.

BDI- Bundesverband der Deutschen Industrie (Hrsg.), Empfehlungen zur Kosten- und Leistungsrechnung. Band 2: Kosten- und Leistungsrechnung als Planungsrechnung. Köln/Bergisch-Gladbach 1983.

BDI – Bundesverband der Deutschen Industrie (Hrsg.), Empfehlungen zur Kosten- und Leistungsrechnung. Band 1: Kosten- und Leistungsrechnung als Ist-Rechnung, Köln/ Bergisch-Gladbach 1980.

Böventer, E. v., Einführung in die Mikroökonomie, 2. Auf., München 1982 (6. Aufl. 1989).

Chmielewicz, K., Betriebliches Rechnungswesen (2. Bde.), Reinbek bei Hamburg 1973.

Coenenberg, A. G., Fischer, T. M., Prozellkostenrechnung – strategische Neuorientierung in der Kostenrechnung, in: Die Betriebswirtschaft 1991, S. 21–38.

Cooper, R., The Rise of Activity-Based Costing – Part One: What is an Activity-Based Cost System?, in: Journal of Cost Management for the Manufacturing Industry, 1988, Heft 3, S. 45–54.

Cooper, R., The Rise of Activity-Based Costing – Part Two: When Do I Need an Activity-Based Cost System?, in: Journal of Cost Management for the Manufacturing Industry, 1988, Heft 4, S. 41–48.

Cooper, R., The Rise of Activity-Based Costing – Part Three: How Many Cost Drivers Do You Need and How Do You Select Them?, in: Journal of Cost Management for the Manufacturing Industry, 1989, Heft 1, S. 34–46.

Cooper, R., The Rise of Activity-Based Costing – Part Four: What Do Activity-Based Cost Systems Look Like?, in: Journal of Cost Management for the Manufacturing Industry, 1989, Heft 2, S. 38–49.

Eilenberger, G. (1987), Finanzierungsentscheidungen multinationaler Unternehmungen, 2. Aufl., Heidelberg 1987.

Eilenberger, G. (2004), Internationalisierung der Bank-Rechnungslegung: Mehr Transparenz für die Bankbilanz? In: Unternehmensrechnung. Konzeption und praktische Umsetzung. Festschrift zum 68. Geburtstag von Gerhard Scherrer, hrsg. von St. Göbel und B. Heni, München 2004, 65–85

Eilenberger, G. (2012), Bankbetriebswirtschaftslehre. Grundlagen – Internationale Bankleistungen – Bank-Management, 8. Aufl., München/Wien 2012.

Fickert, R., Analyse von Erfolgsabweichungen. Die Unternehmung 1988, S. 41–62.

Haberstock, L., Grundzüge der Kosten- und Erfolgsrechnung, 3. Aufl., München 1982.

Horngren, Ch. T., Foster, G., Cost Accounting. A Managerial Emphasis, 6th Ed., Englewood/Cliffs, New Jersey 1987.

Horvath, P., Controlling, 5. Aufl., München 1994.

Horvath, P., Mayer, R., Prozeßkostenrechnung – Der neue Weg zu mehr Kostentransparenz und wirkungsvolleren Unternehmensstrategien, in: Controlling, Heft 4, Juli 1989.

Kosiol, E., Kosten- und Leistungsrechnung. Grundlagen, Verfahren, Anwendungen. Berlin 1979.

Gutenberg, E., Grundlagen der Betriebswirtschaftslehre. I. Band: Die Produktion, 23. Aufl., Berlin 1979.

Heinen, E., Betriebswirtschaftliche Kostenlehre. Kostentheorie und Kostenentscheidungen, 5. Aufl., Wiesbaden 1978 (6. Aufl. 1985).

Heinen, E., Einführung in die Betriebswirtschaftslehre, 7. Aufl., Wiesbaden 1980 (9. Aufl. 1985).

Kaplan, R. S., Cost Accounting – A Revolution in the Making. Corporate Accounting, Spring 1985, S. 10–16.

Kloock, J., Bommes, W., Methoden der Kostenabweichungsanalyse. Kosten-Rechnungspraxis 1982, S. 225–237.

Miller, J. G., Vollmann, Th. E., The Hidden Factory, in: Harvard Business Review, Vol. 55, Heft 5 1985, S. 142–150.

Moscove, St. A., Crownings Hield, G. R., Gorman, K. A., Cost Accounting- with managerial applications. 5th Ed. Boston usw. 1985

Ott, A. E., Preistheorie. Kompendium der Volkswirtschaftslehre, hrsg. von W. Ehrlicher u. a., 4.Aufl., Göttingen 1973, S. 107–175 (5. Aufl. 1980).

Riebel, P., Einzelkosten- und Deckungsbeitragsrechnung. Grundfragen einer markt-und entscheidungsorientierten Unternehmensrechnung, 4. Aufl., Wiesbaden 1982 (6. Aufl. 1990).

Scherrer, G., Kostenrechnung, Stuttgart 1983.

Schulte, Ch., Die Kostenplanung beginnt bereits in der Entwicklungsphase eines Produkts, in: Handelsblatt vom 05.04.1993, Nr. 66, 20.

Schweitzer, M., Kostenrechnung. Management-Enzyklopädie, 5. Band, 2. Aufl., Landsberg am Lech 1983, S. 682–699.

Schweitzer, M./Hettich, G. O./Küpper, H.-U., Systeme der Kostenrechnung, 2. Aufl., München 1979 (4. Aufl. 1985).

Seidenschwarz, W., Target Costing und Prozeßkostenrechnung, in: IFUA Horvath & Partner: Prozeßkostenmanagement, München 1991, S. 47–70.

Warnecke, H. J., Bullinger H.-J./Hichert, R., Kostenrechnung für Ingenieure, München 1978 (3. Aufl., 1990).

Wöhe, G., Einführung in die Allgemeine Betriebswirtschaftslehre, 14. Aufl., München 1981 (17. Aufl. 1990).

Woll, A., Allgemeine Volkswirtschaftslehre, 7. Aufl., München 1981 (10. Aufl. 1990).

4   Konzernrechnungslegung

Das deutsche Aktiengesetz (AktG) unterscheidet zwischen **Unterordnungs- und Gleichordnungskonzernen** (siehe Abb. 4.1, S. 294).

Ein **Unterordnungskonzern** liegt vor, wenn mindestens zwei rechtlich selbstständige Unternehmen unter die Leitung eines beherrschenden Unternehmens zusammengefasst sind (§ 18 Abs. 1 AktG). Zwischen den Unternehmen besteht also ein Abhängigkeitsverhältnis. Die einzelnen Unternehmen sind Konzernunternehmen.

Unterschiedliche Beherrschungsformen führen zu unterschiedlichen Integrationsgraden:

Ein **faktischer Konzern** entsteht dadurch, dass ein Unternehmen (Mutterunternehmen) auf ein anderes Unternehmen (Tochterunternehmen) unmittelbar oder mittelbar einen beherrschenden Einfluss ausüben kann. Nach § 290 Abs. 2 HGB besteht ein beherrschender Einfluss eines Mutterunternehmens z. B. stets dann, wenn ihm bei einem anderen Unternehmen die Mehrheit der Stimmrechte der Gesellschafter zusteht.

Im faktischen Konzern darf ein herrschendes Unternehmen seinen Einfluss nicht dazu benutzen, eine abhängige Aktiengesellschaft oder Kommanditgesellschaft auf Aktien zu veranlassen, ein für sie nachteiliges Rechtsgeschäft vorzunehmen oder Maßnahmen zu ihrem Nachteil zu treffen oder zu unterlassen, es sei denn, dass die Nachteile ausgeglichen werden (§ 311 Abs. 1 AktG). Der Vorstand einer solchen abhängigen Gesellschaft hat die Verpflichtung, in den ersten drei Monaten des Geschäftsjahrs einen Bericht über die Beziehungen der Gesellschaft zu verbundenen Unternehmen aufzustellen (Abhängigkeitsbericht).

Anders als ein faktischer Konzern ist ein **Vertragskonzern** dadurch gekennzeichnet, dass sich das abhängige Unternehmen durch den Abschluss eines Beherrschungsvertrags dem Weisungsrecht des beherrschenden Unternehmens unterwirft. Das Weisungsrecht ist umfassend und kann auch zum Nachteil der Gesellschaft ausgeübt werden (§§ 308 ff. AktG).

Die dritte Möglichkeit, die **Eingliederung**, ist die intensivste Form der Beherrschung und setzt einen Mehrheitsbesitz von 95 % der Stimmrechte voraus. Mit der Eintragung der Eingliederung in das Handelsregister gehen alle Aktien, die sich nicht in der Hand der Hauptgesellschaft befinden, auf diese über (§ 320a AktG). Das rechtlich selbstständige Unternehmen wird durch die Eingliederung vom herrschenden Unternehmen faktisch „absorbiert" (die Wirkung ist vergleichbar wie bei einer Verschmelzung).

Im Unterschied zum Unterordnungskonzern entsteht ein **Gleichordnungskonzern** durch vertragliche Bindung. Hier werden mindestens zwei rechtlich selbstständige Unternehmen unter die einheitliche Leitung eines Leitungsorgans zusammengefasst, ohne dass das eine von dem anderen Unternehmen abhängig wird (§ 18 Abs. 2 AktG).

Nur für Unterordnungskonzerne ist ggf. ein **Konzernabschluss** aufzustellen (§§ 290 Abs. 5, 293 HGB zur größenabhängigen Befreiung; vgl. § 291 HGB zur befreienden Wirkung von EU/EWR-Konzernabschlüssen).

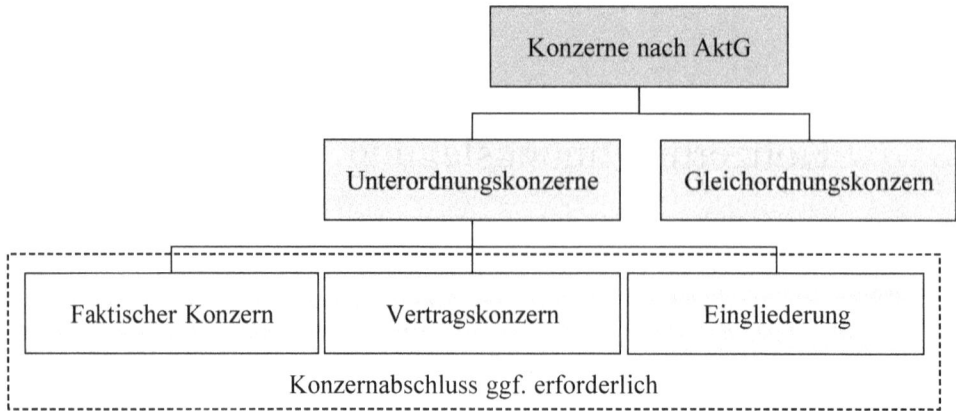

Abb. 4.1:   Konzerne nach deutschem Aktiengesetz

4.1   Konsolidierungstechnik

4.1.1   Ziel des Konzernabschlusses

Der „**Konzern**" als eine eigenständige Rechtsform existiert nicht. Ein Konzern ist lediglich ein **gesetzlich definiertes (fiktives) Konstrukt**, das zwei oder mehr **rechtlich selbständige Unternehmen** umfasst.

Da nicht der „Konzern", sondern nur die einzelnen Konzernunternehmen im Geschäftsverkehr rechtlich berechtigt und verpflichtet werden können, unterliegen alle etwaigen Transaktionen zwischen den Konzernunternehmen den geltenden Rechtsvorschriften und werden in der Finanzbuchhaltung des einzelnen Konzernunternehmens stets wie Transaktionen zwischen fremde Dritte erfasst und im Jahresabschluss des Konzernunternehmens ausgewiesen (siehe Abb. 4.2, S. 296).

Beispiel 1 (Wertangaben in TEUR; ohne Berücksichtigung von Umsatzsteuer und latenten Steuern)

Das nicht zum Konzernverbund gehörende Unternehmen D (siehe Abb. 2, S. 296) veräußert an Unternehmen A fertige Erzeugnisse auf Ziel für 1.000. Unternehmen D berücksichtigt in der Finanzbuchhaltung folgende Buchung:

Forderung aus Lieferung und Leistung	1.000 an Umsatzerlöse	1.000

Unternehmen A berücksichtigt in der Finanzbuchhaltung folgende Anschaffungskosten (§ 255 Abs. 1 HGB):

Rohstoffe	1.000 an Verbindlichkeiten aus Lieferung und Leistung	1.000

Unternehmen A veräußert die Rohstoffe nun an Unternehmen C (sofortige Banküberweisung) für 900. Unternehmen A berücksichtigt in der Finanzbuchhaltung folgende Buchung:

Bank	900	an	Umsatzerlöse	900

Unternehmen C berücksichtigt in der Finanzbuchhaltung folgende Anschaffungskosten:

Rohstoffe	900	an	Bank	900

Unternehmen C veräußert die Rohstoffe nun an Unternehmen B (sofortige Banküberweisung) für 1.200. Unternehmen C berücksichtigt in der Finanzbuchhaltung folgende Buchung:

Bank	1.200	an	Umsatzerlöse	1.200

Unternehmen B berücksichtigt in der Finanzbuchhaltung folgende Anschaffungskosten:

Rohstoffe	1.200	an	Bank	1.200

Die Transaktionen A → C → B bewirken eine Gewinnverschiebung hin zu Unternehmen C, die aus Sicht dieser Einzelunternehmen (= rechtliche Sicht) nicht zu beanstanden ist. Aus Sicht des Konzernverbunds allerdings erfolgte lediglich eine Verlagerung der Rohstoffe von Unternehmen A über Unternehmen C nach Unternehmen B. Die Anschaffungskosten des Konzernverbunds betragen 1.000 und resultieren aus der Transaktion mit dem nicht zum Konzernverbund gehörende Unternehmen D.

Die rechtliche Selbständigkeit der Konzernunternehmen ermöglicht Reinvermögensverschiebungen innerhalb des Konzernverbunds. Ein Konzernmutterunternehmen, z. B. in der Rechtsform einer Aktiengesellschaft (AG), könnte ihr operatives Geschäft ganz oder teilweise auf ein oder mehrere GmbH-Tochterunternehmen auslagern. Die Aktionäre der AG würden künftig tendenziell über verminderte Bilanzgewinne entscheiden, während der Vorstand der AG über die Verwendung der (verlagerten) Jahresüberschüsse des/der Tochterunternehmen selbst bestimmen, diese, statt sie an die AG auszuschütten, in die Gewinnrücklage einstellen kann (die Gewinne thesauriert).

Die wirtschaftliche Lage des Konzernverbunds ist nur schwer einschätzbar, wenn lediglich die Einzelabschlüsse der Konzernunternehmen vorliegen. Erforderlich ist eine Rechnungslegung für den Konzernverbund insgesamt, der stichtagsbezogen zusammengefasste (konsolidierte) Informationen bereit stellt (Konzernabschluss).

Ein **Konzernabschluss** hat das Ziel, alle Konzernunternehmen in einem Abschluss zusammenzufassen (§ 294 Abs. 1 HGB; zum Verzicht auf die Einbeziehung eines Konzerntochterunternehmens vgl. § 296 HGB). Dazu muss der „Konzern" als **ein Unternehmen** betrachtet werden.

Die Fiktion der rechtlichen und wirtschaftlichen Einheit des Konzernverbunds ergibt sich im deutschen Handelsrecht aus § 297 Abs. 3 Satz 1 HGB, wonach die Vermögens-, Finanz- und Ertragslage der einbezogenen Unternehmen so darzustellen ist, als ob diese Unternehmen insgesamt ein einziges Unternehmen wären (Prinzip der Vollkonsolidierung). Im Rahmen der Aufstellung eines Konzernabschlusses ist daher vom rechtlichen Mantel der Konzerntochterunternehmen zu abstrahieren; alle vom Konzernmutterunternehmen beherrschten Konzerntochterunternehmen gelten bei dieser Fiktion als rechtlich **unselbständige Betriebsstätten** des Konzernmutterunternehmens.

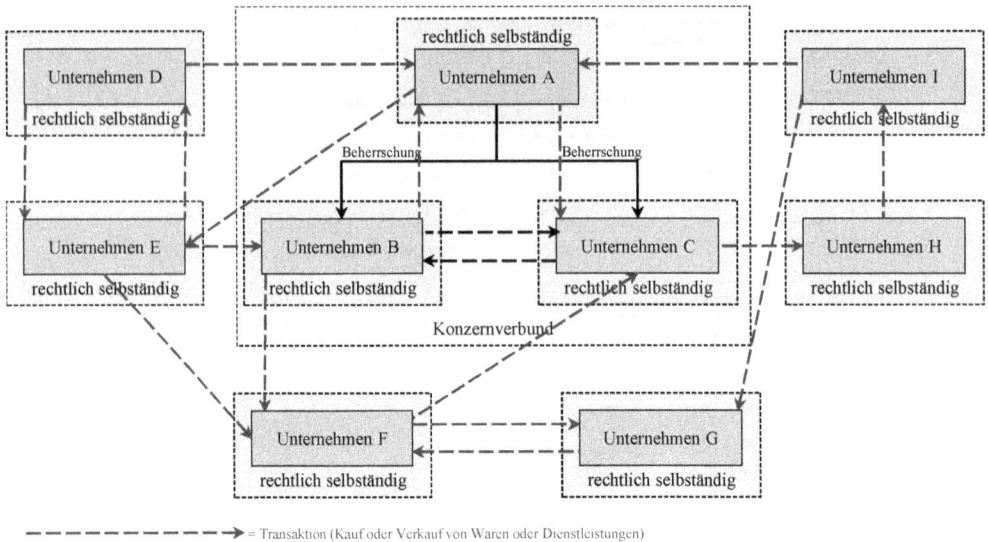

= Transaktion (Kauf oder Verkauf von Waren oder Dienstleistungen)

Abb. 4.2:   Transaktionen rechtlich selbständiger Unternehmen innerhalb und außerhalb eines Konzernverbunds

4.1.2   Konsolidierungsbegriffe und Grundlagen
der Konsolidierungstechnik

Die Aufstellung eines „Jahresabschlusses" für einen Konzernverbund (Konzernabschluss) ist unproblematisch, wenn parallel zur Finanzbuchhaltung der einzelnen Konzernunternehmen eine **Konzernfinanzbuchhaltung** existiert.

Eine Konzernfinanzbuchhaltung hat u. a. den Vorteil, dass die Werte der Konzernbilanz eines Geschäftsjahres im Folgejahr leicht fortentwickelt werden können und dass die Konzerntochterunternehmen wie Betriebsstätten des Konzernmutterunternehmens behandelt werden.

Bezogen auf Beispiel 1 (siehe S. 294) wird in einer Konzernfinanzbuchhaltung die Lieferung A → C → B nur als Transport zwischen den als rechtlich unselbständig betrachteten Betriebsstätten erfasst. Die Anschaffungskosten der Rohstoffe bleiben 1.000 TEUR und erhöhen sich ggf. nur um etwaige Transportkosten, soweit diese Anschaffungs- oder Herstellungskosten des Konzerns darstellen. Der Vorgang insgesamt führt solange nicht zu einer Gewinn-/Verlustrealisierung, bis die (verarbeiteten) Rohstoffe den Konzernverbund verlassen haben.

Besteht keine Konzernfinanzbuchhaltung, muss zu jedem Konzernbilanzstichtag (= Bilanzstichtag des Mutterunternehmens; vgl. § 299 Abs. 1 HGB) der Konzernabschluss aus den Einzelabschlüssen aller Konzernunternehmen entwickelt werden. Die auszuweisenden Werte müssen dabei denen entsprechen, die sich auf der Grundlage einer Konzernfinanzbuchhaltung ergeben würden („**Referenzabschluss**").

Im Wesentlichen sind folgende Aufstellungsschritte erforderlich:

1. **Anpassung der Wertansätze** der Tochterunternehmen an die vom Mutterunternehmen gewählten Ansatz- und Bewertungsmethoden.

Das bedeutet, dass die Wertansätze des Einzelabschlusses (= „**Handelsbilanz I**" bzw. **HB I**) eines Tochterunternehmens für Konzernzwecke zur sogenannten „**Handelsbilanz II**" bzw. **HB II** fortentwickelt werden (vgl. § 300 Abs. 2 HGB).

2. Ggf. **Währungsumrechnung** ausländischer Tochterunternehmen, soweit diese nicht auf EUR-Basis bilanzieren (Überleitung der HB II zur **HB III**) (§ 298 Abs. 1 i. V. m. §§ 244, 256a HGB, § 308a HGB).

3. Zusammenfassung aller Abschlüsse des Konzernverbunds zum **Summenabschluss** (§ 300 Abs. 1 Satz 1 HGB) (siehe Abb. 4.3).

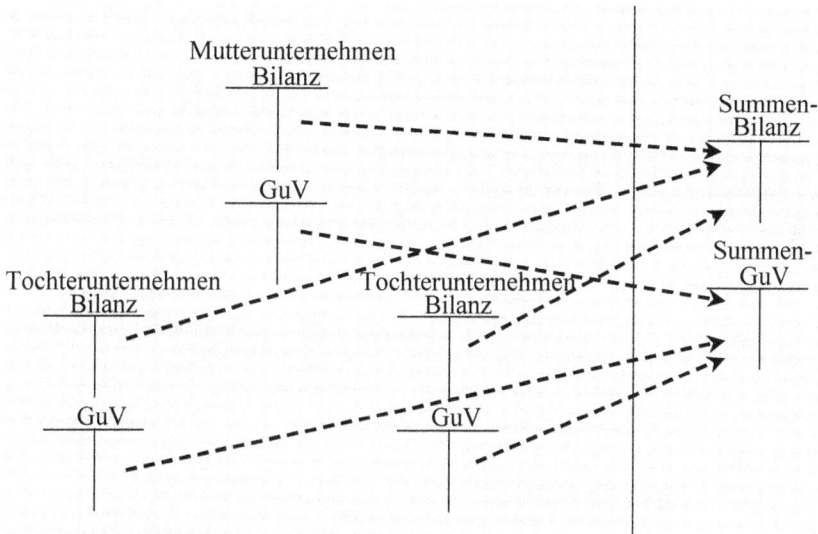

Abb. 4.3: Bildung des Summenabschlusses

4. **Kapitalkonsolidierung** (weiterführend siehe S. 360 ff.).

Kapitalkonsolidierung bedeutet, dass der Wertansatz der dem Mutterunternehmen gehörenden Anteile an einem in den Konzernabschluss einbezogenen Tochterunternehmen mit dem auf diese Anteile entfallenden Betrag des Eigenkapitals des Tochterunternehmens (z. B. 70 %, 80 % oder 100 %) zu verrechnen ist (§ 300 Abs. 1 Satz 2 HGB).

Die Kapitalkonsolidierung ist erforderlich, weil nach der Fiktion der rechtlichen und wirtschaftlichen Einheit des Konzerns alle Konzerntochterunternehmen wie **Betriebstätten** des Mutterunternehmens zu behandeln sind, die, wie echte Betriebstätte aufgrund fehlender rechtlicher Eigenständigkeit auch, kein (echtes) Eigenkapital besitzen. Daher existiert aus Konzernsicht der im Einzelabschluss abgebildete **Share Deal** (Beteiligungserwerb) nicht. Dieser ist in einen **Asset Deal** (Erwerb einer Sachgesamtheit) zu überführen. Dabei wird der Kaufpreis für den Erwerb der Anteile am Tochterunternehmen wie bei einem „Paket"-Erwerbsvorgang auf die erworbenen Vermögensgegenstände und Schulden aufgeteilt (**Kaufpreisallokation**). Damit wird erreicht, dass an die Stelle der dem Mutterunternehmen gehörenden Anteile an den einbezogenen Tochterunternehmen die zu Zeitwerten angesetzten Vermögensgegenstände, Schulden, Rechnungsabgrenzungsposten und Sonderposten der Tochterunternehmen treten, soweit sie nach dem

Recht des Mutterunternehmens bilanzierungsfähig sind und die Eigenart des Konzernabschlusses keine Abweichungen bedingt oder nichts anderes bestimmt ist. Abweichend zur Zeitwertbewertung allerdings sind Rückstellungen gemäß § 253 Abs. 1 Satz 2 und 3, Abs. 2 HGB sowie latente Steuern gemäß § 274 Abs. 2 HGB zu berücksichtigen (§ 301 Abs. 1, 2 HGB).

Der Wertansatz der Beteiligung (der Kaufpreis für das Tochterunternehmen) stimmt nur selten mit dem zum **Zeitwert** bewerteten Reinvermögen (neubewertetes buchtechnisches Eigenkapital) des Tochterunternehmens (TU) im Erwerbszeitpunkt überein. Übersteigt der Kaufpreis den Zeitwert der erworbenen Sachgesamtheit, so entsteht im Rahmen der Kapitalkonsolidierungsbuchung (auf Basis des Summenabschlusses) ein **positiver Unterschiedsbetrag**:

Unterschiedsbetrag   an   Beteiligung an TU

Eigenkapital TU

Dieser Unterschiedsbetrag ist in der Konzernbilanz als **Geschäfts- oder Firmenwert** auszuweisen und **planmäßig abzuschreiben**. Die Gründe, welche die Annahme einer betrieblichen Nutzungsdauer von **mehr als fünf Jahren** rechtfertigen, sind im Anhang anzugeben (§§ 301 Abs. 3, 301 Abs. 1, 246 Abs. 1 Satz 3, 314 Abs. 1 Nr. 20 HGB).

Aus ökonomischer Sicht handelt es sich um einen **Goodwill**, d. h. der Barwert der künftigen Ausschüttungen des Tochterunternehmens an das Mutterunternehmen bzw. der **Unternehmenswert** (siehe dazu *Eilenberger/Ernst/Toebe*, S. 210 ff. und zum Einfluss steuerlicher Verlustvorträge *Scherer*) übersteigt im Erwerbszeitpunkt das **bilanzierbare Reinvermögen** des Tochterunternehmens. Im umgekehrten Fall entsteht ein **negativer Unterschiedsbetrag**:

Eigenkapital TU   an   Beteiligung an TU

Unterschiedsbetrag

Dieser Unterschiedsbetrag ist unter dem Posten „Unterschiedsbetrag aus der Kapitalkonsolidierung" nach dem Eigenkapital auszuweisen (§ 301 Abs. 3 HGB). Er lässt sich ökonomisch je nach Sachlage unterschiedlich interpretieren:

1. Es handelt sich um einen Kaufpreisabschlag aufgrund erwarteter ungünstiger Entwicklung der künftigen Ertragslage des Unternehmens oder zu diesem Zeitpunkt erwartete Aufwendungen (**Badwill**).
2. Der Kaufpreis für das Tochterunternehmen wurde gut verhandelt (**Lucky Buy**).

Ein Badwill ist nur dann als Ertrag zu erfassen, wenn die erwartete ungünstige Entwicklung eintritt oder die Aufwendungen anfallen, ein Lucky Buy hingegen, wenn am Abschlussstichtag feststeht, dass er einem realisierten Gewinn entspricht (§ 309 Abs. 2 HGB).

Im Falle einer fehlenden Konzernbuchführung sind die Konzernbilanzwerte zu jedem Konzernbilanzstichtag stets neu zu „rekonstruieren". Dabei sind die Einzelabschlussdaten eines Tochterunternehmens zum jeweiligen Konzernbilanzstichtag um die im Erwerbszeitpunkt erworbenen, aber nicht im Einzelabschluss des Tochterunternehmens erfassten Vermögensgegenstände und Schulden sowie die stillen Reserven der im Einzelabschluss (ursprünglich) erfassten Vermögensgegenstände und entsprechend das Eigenkapital in Form einer Neubewertungsrücklage anzupassen. Das neu bewertete Eigenkapital des

Tochterunternehmens ist gegen den (ursprünglichen) Wertansatz der Beteiligung des Mutterunternehmens aufzurechnen.

Wie im Rahmen einer eigenständigen Konzernbuchführung auch, sind anschließend die Konzernanschaffungskosten der Vermögensgegenstände, Schulden, Rechnungsabgrenzungsposten und Sonderposten des Tochterunternehmens im Rahmen der Folgebewertung fortzuentwickeln (z. B. durch Abschreibung). Allerdings betrifft das nur solche Wertansätze, die nicht bereits im Einzelabschluss des Tochterunternehmens fortgeschrieben werden (also die aufgedeckten stillen Reserven und Lasten). Dabei sind alle Wertfortschreibungsbeträge, die Vorjahre betreffen, **erfolgsneutral** (gegen Konzerngewinnrücklagen) und solche, die das Geschäftsjahr betreffen, **erfolgswirksam** (über die Konzern-Gewinn- und Verlustrechnung) zu erfassen.

Da im Rahmen der **Vollkonsolidierung** das gesamte Eigenkapital eines Tochterunternehmens im Konzernabschluss untergeht, ist für den nicht auf das Mutterunternehmen entfallenden Anteil am Eigenkapital eines Tochterunternehmens ein Ausgleichsposten für Anteile anderer Gesellschafter unter entsprechender Bezeichnung innerhalb des Eigenkapitals des Konzerns gesondert auszuweisen (§ 307 Abs. 1 HGB).

Beispiel 2 (Wertangaben in TEUR; ohne Berücksichtigung von Umsatzsteuer und latenten Steuern)

Unternehmen A erwirbt B am 01.01.t_2 für 9.000 zu 100 %.

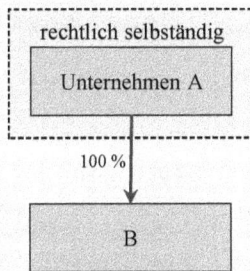

B stellt zum 31.12.t_1 (= 01.01.t_2) folgende Bilanz auf:

Bilanz B zum 31.12.t_1

Grund/Boden	2.000	Kapital	3.400
Gebäude	1.300		
Bank	100		
Summe	3.400	Summe	3.400

Zum 01.01.t_2 werden folgende Zeitwerte der vorhandenen Vermögensgegenständen und Schulden ermittelt:

	Zeitwerte
Grund/Boden	2.200
Gebäude (Restnutzungsdauer 20 Jahre)	1.500
Bank	100
bisher nicht berücksichtigte Aufwendungen zur Beseitigung einer Umweltlast	500

Aus der Differenz zwischen Zeit- und Buchwerten ergeben sich folgende stille Reserven und Lasten:

	Zeitwerte	Buchwerte	stille Reserven	stille Lasten
Grund/Boden	2.200	2.000	200	--
Gebäude	1.500	1.300	200	--
Bank	100	100	0	--
Rückstellungen	200	--	--	200
Summe			400	200

Unternehmen A stellt zum 31.12.t_1 folgende Bilanz auf:

Bilanz A zum 31.12.t_1

Bank	9.000	Kapital	9.000
Summe	9.000	Summe	9.000

Fall 1: B ist eine **unselbständige Betriebsstätte** (Unternehmen A erwirbt die unselbständige Betriebsstätte B von einem anderen rechtlich selbständigen Unternehmen)

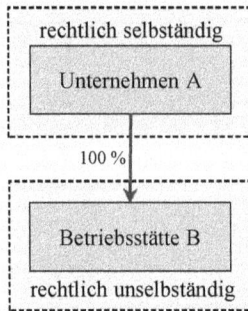

A erwirbt eine **Sachgesamtheit** (Asset Deal). Der Kaufpreis von 9.000 ist auf die erworbenen Vermögensgegenstände und Schulden aufzuteilen. Dabei bilden die Zeitwerte die Anschaffungskosten der Vermögensgegenstände und Schulden (§ 255 Abs. 1 HGB), soweit sie durch den Kaufpreis gedeckt sind.

Da A ein neu bewertetes Reinvermögen von 3.400 + 400 − 200 = 3.600 erwirbt, verbleibt ein positiver Unterschiedsbetrag (Geschäfts- oder Firmenwert/Goodwill) in Höhe von 5.400 (9.000 − 3.600 = 5.400), der planmäßig über fünf Jahre abgeschrieben werden soll.

A bucht den Vorgang wie folgt:

Geschäfts- oder Firmenwert (GoF)	5.400	an	Bank		9.000
Grund und Boden	2.200		Rückstellung		200
Gebäude	1.500				
Bank	100				

Nach Berücksichtigung des Erwerbs ergibt sich für A folgende Bilanz:

Bilanz A zum 01.01.t_2

GoF	5.400	Kapital	9.000
Grund/Boden	2.200		
Gebäude	1.500	Rückstellung	200
Bank	100		
Summe	9.200	Summe	9.200

Unter Vernachlässigung von Transaktionen im Geschäftsjahr t_2 ergibt sich nach der Abschreibung bzw. **Folgebewertung** des Gebäudes (1.500/20 Jahre = 75 pro Jahr) und des Geschäfts- oder Firmenwerts (5.400/5 Jahre = 1.080) folgende Bilanz zum 31.12.t_2:

Bilanz A zum 31.12.t_2

GoF	4.320	Kapital	9.000
Grund/Boden	2.200	Jahresfehlbetrag	−1.155
Gebäude	1.425	Rückstellung	200
Bank	100		
Summe	8.045	Summe	8.045

Fall 2: B ist ein **selbständiges Unternehmen** (Unternehmen A erwirbt von einem anderen rechtlich selbständigen Unternehmen und/oder Privatperson(en) 100 % der Beteiligung/der Gesellschaftsrechte (= 100 % der Stimmrechte) an B)

A erwirbt die **Beteiligung** am rechtlich selbständigen Unternehmen B (Share Deal). Die Beteiligung ist aus Sicht des Einzelunternehmens A ein **Vermögensgegenstand**, der zu Anschaffungskosten (9.000) anzusetzen ist (§ 255 Abs. 1 HGB).

A bucht den Vorgang wie folgt:

Beteiligung 9.000 an Bank 9.000

Nach Berücksichtigung des Erwerbs ergibt sich für A folgende Bilanz:

Bilanz A zum 01.01.t_2

Beteiligung	9.000	Kapital	9.000
Summe	9.000	Summe	9.000

Bilden A und B einen Konzernverbund, für den ein Konzernabschluss aufzustellen ist, dann müssen beide Unternehmen konsolidiert werden. Dabei gilt die Fiktion der wirtschaftlichen und rechtlichen Einheit. B ist als Betriebsstätte von A zu behandeln. Ein möglicher Weg besteht darin, die stillen Reserven und Lasten auf der Grundlage der Summenbilanz zu berücksichtigen. Dabei ergeben sich folgende Buchungsschritte:

Schritt 1: Aufdeckung der stillen Reserven und Lasten (ebenfalls in allen Folgejahren)

Buchung:

Grund und Boden	200	an	Kapital (Neubewertungsrücklage)	200
Gebäude	200		Rückstellung	200

Schritt 2: Ausbuchung des Eigenkapitals B und der Beteiligung an B (Kapitalkonsolidierung) unter Aufdeckung des Geschäfts- oder Firmenwerts (ebenfalls in allen Folgejahren)

Buchung:

Geschäfts- oder Firmenwert (GoF)	5.400	an	Beteiligung an B	9.000
Eigenkapital B	3.600*			

* 3.400 (Buchwert Eigenkapital) + 200 (Neubewertungsrücklage) = 3.600

Unter Vernachlässigung von Transaktionen im Geschäftsjahr t_2 sind im Rahmen der **Folgebewertung** noch Abschreibungen bezüglich des Gebäudes und des Geschäfts- oder Firmenwerts vorzunehmen.

Da das Gebäude im Einzelabschluss von B bereits teilweise abgeschrieben wurde (1.300/20 Jahre = 65 pro Jahr), sind nur noch die aufgedeckten stillen Reserven des Gebäudes zu berücksichtigen (200/20 Jahre = 10). Der Geschäfts- oder Firmenwert wird planmäßig über fünf Jahre abgeschrieben (5.400/5 Jahre = 1.080).

Buchung Schritt 3:

Abschreibungen (Jahresergebnis)	1.090	an	Gebäude	10
			Geschäfts- oder Firmenwert	1.080

Zusammenfassender Überblick:

	31.12.t_2 A	B	Summen-Bilanz	Schritt 1	Schritt 2	Schritt 3	Summe Konzern
GoF	--		--		5.400	−1.080	**4.320**
Beteiligung	9.000		**9.000**		−9.000		--
Grund/Boden	--	2.000	**2.000**	200			**2.200**
Gebäude	--	1.235	**1.235**	200		−10	**1.425**
Bank	--	100	**100**				**100**
Summe	9.000	3.335	**12.335**	400	−3.600	−1.090	**8.045**

Kapital	9.000	3.400	**12.400**	200	–3.600		**9.000**
Jahresergebnis	--	–65	**–65**			–1.090	**–1.155**
Rückstellung	--	--	--	200			**200**
Summe	9.000	3.335	**12.335**	400	–3.600	–1.090	**8.045**

Es ergeben sich die gleichen Bilanzwerte wie im Fall 1 (siehe S. 300 f).

Beispiel 3

Fortführung Fall 2 (siehe S. 301) aus Beispiel 2 (siehe S. 299) für das Geschäftsjahr t_3:

Auch in t_3 bilden A und B einen Konzernverbund, für den ein Konzernabschluss aufzustellen ist. Die stillen Reserven und Lasten sollen auch hier auf der Grundlage der Summenbilanz berücksichtigt werden. Dabei ergeben sich folgende Buchungsschritte:

Buchung:

Schritt 1: Aufdeckung der stillen Reserven und Lasten

Grund und Boden	200	an	Kapital (Neubewertungsrücklage)	200
Gebäude	200		Rückstellung	200

Buchung:

Schritt 2: Ausbuchung des Eigenkapitals B und der Beteiligung an B (Kapitalkonsolidierung) unter Aufdeckung des Geschäfts- oder Firmenwerts

Geschäfts- oder Firmenwert (GoF)	5.400	an	Beteiligung an B	9.000
Eigenkapital B	3.600			

Unter Vernachlässigung von Transaktionen im Geschäftsjahr t_3 sind im Rahmen der **Folgebewertung** noch Abschreibungen bezüglich des Gebäudes und des Geschäfts- oder Firmenwerts vorzunehmen. Da der Konzernabschluss jedes Geschäftsjahr neu entwickelt werden muss und daher keine „Konzernvortragswerte" existieren, sind auch die Abschreibungen für Vorjahre (hier nur t_2) stets **erfolgsneutral** zu berücksichtigen. Die Abschreibungen des Geschäftsjahres werden **erfolgswirksam** gebucht.

Buchung Schritt 3:

a) erfolgsneutrale Nachholung der Abschreibungen für t_2

Gewinnrücklagen (Kapital)	1.090	an	Gebäude	10
			Geschäfts- oder Firmenwert	1.080

b) (erfolgswirksame) Abschreibung für t_3

Abschreibungen (Jahresergebnis)	1.090	an	Gebäude	10
			Geschäfts- oder Firmenwert	1.080

Zusammenfassender Überblick:

	31.12.t$_3$		Summen-Bilanz	Konsolidierung zum 31.12.t$_3$			Summe Konzern
	A	B		Schritt 1	Schritt 2	Schritt 3	
GoF	--		--		5.400	–2.160	**3.240**
Beteiligung	9.000		**9.000**	–9.000			--
Grund/Boden	--	2.000	**2.000**	200			**2.200**
Gebäude	--	1.170	**1.170**	200		–20	**1.350**
Bank	--	100	**100**				**100**
Summe	9.000	3.270	**12.270**	400	–3.600	–2.180	**6.890**
Kapital	9.000	3.335	**12.335**	200	–3.600	–1.090	**7.845**
Jahresergebnis	--	–65	**–65**			–1.090	**–1.155**
Rückstellung	--	--	--	200			**200**
Summe	9.000	3.270	**12.270**	400	–3.600	-2.180	**6.890**

5. Schuldenkonsolidierung.

Nach § 303 HGB sind Ausleihungen und andere Forderungen, Rückstellungen und Verbindlichkeiten zwischen den in den Konzernabschluss einbezogenen Unternehmen sowie Rechnungsabgrenzungsposten wegzulassen, es sei denn, die wegzulassenden Beträge sind für die Vermittlung eines den tatsächlichen Verhältnissen entsprechenden Bildes der Vermögens-, Finanz- und Ertragslage des Konzerns nur von untergeordneter Bedeutung.

Beispiel 4 (Wertangaben in TEUR; ohne Berücksichtigung von Umsatzsteuer)

Konzernunternehmen A liefert in t$_2$ an das Konzernunternehmen B Rohstoffe auf Ziel für 800. B begleicht die Forderung von A erst in t$_3$.

A hatte die Rohstoffe vom konzernfremden Unternehmen D (siehe auch Abb. 4.2, S. 296) für 500 erworben.

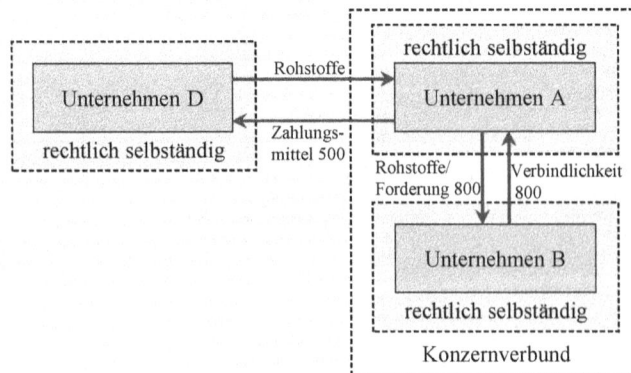

Es liegen vereinfacht folgender Einzelabschluss von A und die Bilanz von B zum 31.12.t_2 vor:

Bilanz A zum 31.12.t_2

Beteiligung B	...	Kapital	...
Forderung gegen B	800		
Summe	...	Summe	...

Gewinn- und Verlustrechnung A
01.01.-31.12.t_2

Umsatzerlöse	800
Materialaufwand	500
...	...
Jahresüberschuss	...

Bilanz B zum 31.12.t_2

...	...	Kapital	...
Rohstoffe	800	Verbindlichkeit gegenüber A	800
Summe	...	Summe	...

Auf der Grundlage der Summenbilanz sind im Rahmen der Schuldenkonsolidierung die Forderung gegen B und die Verbindlichkeit gegenüber A aufzurechnen:

Buchung:

Verbindlichkeit gegenüber A   800   an   Forderung gegen B   800

Zusammenfassender Überblick:

	31.12.t_2		Summen-	Schulden-	Summe
	A	B	Bilanz	konsol.	Konzern
...	...	...	...		...
Forderung B	800	--	800	−800	0
Summe	...	...	...	−800	...
Eigenkapital	...	...	...		...
Verbindlichkeit A	--	800	800	−800	0
Summe	...	...	...	−800	...

6. Zwischenergebniseliminierung.

Die in den Konzernabschluss zu übernehmenden Vermögensgegenstände, die ganz oder teilweise auf Lieferungen oder Leistungen zwischen in den Konzernabschluss einbezogenen Unternehmen beruhen, sind in der Konzernbilanz mit einem Betrag anzusetzen, der sich nach der „Betriebsstättenfiktion" ergibt. Unwesentliche Beträge brauchen nicht korrigiert werden (§ 304 HGB).

Beispiel 5 (Wertangaben in TEUR; ohne Berücksichtigung von Umsatzsteuer und latenten Steuern)

Fortführung von Beispiel 4 (siehe S. 304)

Auf der Grundlage des Summenabschlusses ist im Rahmen der Zwischenergebniseliminierung der im Einzelabschluss von A erfasste Zwischenerfolg aus der Rohstofflieferung A → B zu korrigieren.

Der Zwischenerfolg ergibt sich aus der Differenz zwischen dem Konzernlieferpreis (800) und den Konzernanschaffungskosten (500). Dieser beträgt 300 (= Zwischengewinn) und verbirgt sich in den Umsatzerlösen von A.

Da die Rohstoffe noch nicht verarbeitet wurden, sind gleichzeitig deren Anschaffungskosten (800) auf das Niveau der Konzernanschaffungskosten (500) zu bringen.

Buchung:

Umsatzerlöse	300	an	Rohstoffe	300

Zusammenfassender Überblick:

	31.12.t_2 A	31.12.t_2 B	Summen-Bilanz	Zwischen-erfolgselim.	Summe Konzern
...	...	...	...		...
Rohstoffe	...	800	...	−300	500
Summe	...	...	...	−300	...
Kapital	...	...	...		...
Jahresüberschuss	...	...	...	−300	...
...	...	...	...		...
Summe	...	...	...	−300	...
Umsatzerlöse	800	...	...	−300	...
Materialaufwand	500	...	...		...
...	...	...	...		...
Jahresüberschuss	...	...	...	−300	...

Zwischenergebnisse (Zwischengewinne oder Zwischenverluste) müssen für Konzernabschlusszwecke dokumentiert werden. Die Zwischenergebnisse sind in Folgejahren (einschließlich des Abgangsjahres) bei der Aufstellung des Konzernabschlusses so lange (erneut) zu korrigieren, bis die konzerninterne Lieferung den Konzernkreis an konzernfremde Dritte verlässt.

Beispiel 6 (Wertangaben in TEUR; ohne Berücksichtigung von Umsatzsteuer und latenten Steuern)

Erweiterung von Beispiel 5 (siehe S. 306)

Konzernunternehmen B veräußert in t_4 die von A in t_2 gelieferten Rohstoffe an das konzernfremde Unternehmen F (siehe Abb. 4.2, S. 296) für 700.

Es liegen folgende reduzierte Daten für A und B zum 31.12.t$_3$ vor:

Bilanz A zum 31.12.t$_3$

Beteiligung B	...	Kapital*	...
...	...	...	...
Summe	...	Summe	...

* Das Kapital enthält in den Gewinnrücklagen **den Zwischengewinn von 300**, den A in t$_2$ aus der Lieferung der Rohstoffe an B erzielt hatte und der im Konzernabschluss zum 31.12.t$_2$ eliminiert wurden.

Bilanz B zum 31.12.t$_3$

...	...	Kapital	...
Rohstoffe	800	Verbindlichkeiten	...
Summe	...	Summe	...

Die Rohstofflieferung A → B aus t$_2$ befindet sich zum Bilanzstichtag 31.12.t$_3$ noch bei B. Daher ist auf der Grundlage der Summenbilanz im Rahmen der Zwischenergebniseliminierung der im Einzelabschluss von A in t$_2$ erfasste Zwischenerfolg aus dieser Rohstofflieferung (erneut) zu korrigieren. Der in t$_2$ verursachte Zwischenerfolg von 300 hatte in t$_3$ im Rahmen der Gewinnverwendung die Gewinnrücklagen von A entsprechend erhöht.

Buchung:

Gewinnrücklagen   300   an   Rohstoffe   300

Zusammenfassender Überblick:

	31.12.t$_3$		Summen-	Zwischen-	Summe
	A	B	Bilanz	erfolgselim.	Konzern
...	...	...	...		...
Rohstoffe	...	800	...	−300	500
Summe	...		...	−300	...
Kapital	...	...	...		...
Gewinnrücklagen	...	...	...	−300	...
...	...	...	...		...
Summe	...	...	...	−300	...

Es liegen folgende reduzierte Date für A und B zum 31.12.t$_4$ vor:

Bilanz A zum 31.12.t$_4$

Beteiligung B	...	Kapital*	...
...	...	...	...
Summe	...	Summe	...

* enthält den **Zwischengewinn** von 300

Bilanz B zum 31.12.t$_4$

		Kapital	...
Rohstoffe	0	Verbindlichkeiten	...
Summe	...	Summe	...

Gewinn- und Verlustrechnung B
01.01.-31.12.t$_4$

Umsatzerlöse	700
Materialaufwand	800
...	...
Jahresüberschuss	...

Die Rohstofflieferung A → B aus t$_2$ wurde in t$_4$ an F veräußert und verlässt damit den Konzern-kreis. Daher ist auf der Grundlage des Summenabschlusses im Rahmen der Zwischenergeb-niseliminierung der im Einzelabschluss von A in t$_2$ erfasste Zwischenerfolg aus dieser Rohstoff-lieferung letztmalig zu korrigieren. Der in t$_2$ verursachte Zwischenerfolg von 300 hatte bereits in t$_3$ im Rahmen der Gewinnverwendung die Gewinnrücklagen von A entsprechend erhöht.

Buchung:

Gewinnrücklagen   300 an Materialaufwand   300

Zusammenfassender Überblick:

| | 31.12.t$_3$ | | Summen- | Zwischen- | Summe |
	A	B	Bilanz	erfolgselim.	Konzern
...	...	...	...		...
Rohstoffe	...	0	...	0	0
Summe	...		...	0	...
Kapital	...	...	...		...
Gewinnrücklagen	...	...	...	−300	...
Jahresüberschuss	...	...	...	300	...
...	...	...	...		...
Summe	...	...	...	0	...
Umsatzerlöse	...	700	...		inkl. 700
Materialaufwand	...	800	...	−300	inkl. 500
...	...	...	...		...
Jahresüberschuss	...	...	...	300	...

7. **Aufwands- und Ertragskonsolidierung.**

In der Konzern-Gewinn- und Verlustrechnung sind

1. bei den Umsatzerlösen die Erlöse aus Lieferungen und Leistungen zwischen den Konzernunternehmen mit den auf sie entfallenden Aufwendungen zu verrechnen, soweit sie nicht als Erhöhung des Bestands an fertigen und unfertigen Erzeugnissen oder als andere aktivierte Eigenleistungen auszuweisen sind,

2. andere Erträge aus Lieferungen und Leistungen zwischen den Konzernunternehmen mit den auf sie entfallenden Aufwendungen zu verrechnen, soweit sie nicht als andere aktivierte Eigenleistungen auszuweisen sind.

Solche Aufwendungen und Erträge brauchen nicht weggelassen zu werden, wenn die wegzulassenden Beträge von untergeordneter Bedeutung sind (§ 305 HGB).

Beispiel 7 (Wertangaben in TEUR; ohne Berücksichtigung von Umsatzsteuer)

Fortführung von Beispiel 4 (siehe S. 304)

Auf der Grundlage der Summen-Gewinn- und Verlustrechnung ist im Rahmen der Aufwands- und Ertragskonsolidierung der im Einzelabschluss von A erfasste Umsatz aus der Rohstofflieferung A → B sowie der aufgrund der Inventur ermittelte Materialaufwand bei A zu korrigieren.

Buchung:

Umsatzerlöse 500 an Materialaufwand 500

Zusammenfassender Überblick:

| | 31.12.t_2 | | Summen- | Zwischen- | Summe |
	A	B	Bilanz	erfolgselim.	Konzern
Umsatzerlöse	800	...	...	−500	inkl. 300*
Materialaufwand	500	...	...	−500	...
...	...	...	...		...
Jahresüberschuss	...	...	...	0	...

* Die verbliebenen 300 betreffen den Zwischenerfolg, der im Rahmen der Zwischenerfolgseliminierung zu korrigieren ist (siehe S. 306).

Aufgrund der engen Verbindung der einzelnen Konsolidierungsschritte ist eine diesbezügliche strikte Trennung kaum möglich und auch nicht sinnvoll. Daher decken einzelne Konsolidierungsbuchungen oft mehr als einen Konsolidierungsschritt gleichzeitig ab. So wird z. B. die Aufwands- und Ertragskonsolidierung oft mit der Zwischenerfolgseliminierung verbunden sein.

4.1.3 Festigungsbeispiel und Begriffserweiterungen

Im Folgenden werden identische Sachverhalte unter abweichender Ausgangskonstellation betrachtet. Zunächst wird der Erwerb eines „Tochterunternehmens" als Asset Deal (siehe dazu auch S. 297 ff.) dargestellt und im Einzelabschluss des Mutterunternehmens abgebildet.

Anschließend wird der Erwerb des Tochterunternehmens als Share Deal (siehe dazu auch S. 297 ff.) im Einzelabschluss des Mutterunternehmens erfasst. Mutter- und Tochterunternehmen sind dann in einem Konzernabschluss zusammenzufassen.

Die Darstellung dient der Festigung der Konsolidierungstechnik und der Einführung weiterer Begriffe des Konzernrechnungswesens. Zudem soll gezeigt werden, dass die zusammenge-fassten Abschlüsse beider Konstellationen übereinstimmen müssen.

Das vergleichende Beispiel vernachlässigt Umsatzsteuer und den Ansatz latenter Steuern. Die Wertangaben erfolgen, soweit nicht anders vermerkt, in TEUR.

4.1.3.1   Erwerb eines „Tochterunternehmens" als Sachgesamtheit (Asset Deal)

Die A-AG (rechtlicher Mantel der Betriebsstätte A) erwirbt mit Wirkung zum $31.12.t_0$ die Betriebsstätte B, die bisher der B-GmbH zugeordnet war. B fertigt Gussteile. Die Gussteile von B werden bei der A-AG zu Gussgehäusen zusammengesetzt.

Die B-GmbH hat für Ihre Betriebsstätte folgenden „Abschluss" erstellt:

Bilanz Betriebsstätte B zum $31.12.t_0$

Grund/Boden	5.000	„Kapital"	200
Gebäude	1.500	Jahresüberschuss	298
Maschine	500	Eigenkapital	498
Vorräte (1 FE* = 1 GT**)	150	Rückstellungen	2.500
Bank	10	Verbindlichkeiten	4.162
Summe	7.160	Summe	7.160

* Fertigerzeugnis

** Gussteil

Gewinn- und Verlustrechnung (GuV) für t_0

Umsatzerlöse	9.500
Erhöhung des Bestands an fertigen und unfertigen Erzeug-nissen	20
sonstige betriebliche Erträge	550
Materialaufwand	6.000
Personalaufwand	2.500
Abschreibungen	100
sonstige betriebliche Aufwendungen	890
Zinsen und ähnliche Aufwendungen	160
Steuern vom Einkommen und vom Ertrag	122
Jahresüberschuss	298

Erläuterung:

Der Erwerb der Betriebsstätte ist ein **Asset Deal**, d. h. die A-AG erwirbt die Vermögensge-genstände und Schulden von der B-GmbH im Wege der **Einzelrechtsnachfolge**. Jeder Ver-mögensgegenstand und jede Schuld wird einzeln erworben, allerdings zu einem Paketpreis.

Wegen der Einzelerwerbsfiktion sind jedem Vermögensgegenstand und jeder Schuld Anschaffungskosten (§ 255 Abs. 1 HGB) zuzuordnen. Zu diesem Zweck wird **zum Erwerbszeitpunkt** der **Zeitwert** jedes Vermögensgegenstands und jeder Schuld bestimmt. Dabei sind auch solche Vermögensgegenstände und Schulden anzusetzen, die bisher nicht bilanziert wurden. Dazu zählen z. B. selbsterstellte immaterielle Vermögensgegenstände, die nunmehr entgeltlich erworben werden, sowie Pensionsrückstellungen, die bisher nicht angesetzt wurden (Artikel 28 EGHGB).

Zum Erwerbszeitpunkt wurden folgende Zeitwerte ermittelt:

	Zeitwerte	Buchwerte	stille Reserven	stille Lasten
Grund/Boden	5.500	5.000	500	
Gebäude	1.800	1.500	300	
Maschine	550	500	50	
Vorräte	160	150	10	
Bank	10	10		
Rückstellungen	2.600	2.500		100
Verbindlichkeiten	4.162	4.162		
Summe			860	100

Die A-AG hat die Sachgesamtheit B für 1.500 erworben. Das neubewertete Eigenkapital der Betriebstätte B (= Reinvermögen) beträgt 1.258 (498 + 860 – 100). Der Kaufpreis übersteigt das bilanzierbare Reinvermögen um 242 (1.500 – 1.258). Es handelt sich um einen Geschäfts- oder Firmenwert (bzw. Goodwill).

Der Kaufpreis vergütet (i. d. R.) die erwarteten künftigen ausschüttbaren Cashflow aus der Betriebsstätte (Kaufpreis = Summe der Barwerte der Cashflow). Zur Kaufpreisfindung wird daher eine Unternehmensbewertung erforderlich. Dabei spielen die Buchwerte der Rechnungslegung nur insoweit eine Rolle, als sich daraus steuerliche Effekte ergeben (siehe Hinweis S. 298).

Nach erfolgter Kaufpreisaufteilung ergibt sich für die Betriebsstätte folgende „Bilanz":

„Neubewertungsbilanz" Betriebsstätte B

Grund/Boden	5.500	Buchwert EK	498
Gebäude	1.800	Neubewertungsbetrag	760
Maschine	550	neubewertetes EK	1.258
Vorräte	160	Rückstellungen	2.600
Bank	10	Verbindlichkeiten	4.162
Summe	8.020	Summe	8.020

Die Bilanz der A-AG weist kurz vor Erwerb der Betriebsstätte B folgende Wertansätze aus:

Bilanz A-AG vor Aufnahme von B

Grund/Boden	8.000	Eigenkapital	1.500
Gebäude	5.000		
Maschinen	1.000	Rückstellungen	7.200
Vorräte (1 FE = 1 GG*)	250		
Bank	3.000	Verbindlichkeiten	8.550
Summe	17.250	Summe	17.250

* Gussgehäuse

Buchung des Erwerbs der Betriebsstätte B (Aufnahme der Vermögensgegenstände und Schulden in die Bilanz der A-AG) zum $31.12.t_0$:

Buchungssatz:

Geschäfts- oder Firmenwert (GoF)	242	an	Bank	1.500
Grund/Boden	5.500		Rückstellungen	2.600
Gebäude	1.800		Verbindlichkeiten	4.162
Maschine	550			
Vorräte	160			
Bank	10			

Die Bilanz der A-AG weist nach Erfassung des Erwerbs der Betriebsstätte folgende Werte aus:

Bilanz A-AG zum $31.12.t_0$ nach Aufnahme von B

GoF	242	Eigenkapital	1.500
Grund/Boden	13.500		
Gebäude	6.800	Rückstellungen	9.800
Maschinen	1.550		
Vorräte (1 UFE und 1 FE)*	410	Verbindlichkeiten	12.712
Bank	1.510		
Summe	24.012	Summe	24.012

* UFE = 1 Gussteil; FE = 1 Gussgehäuse

Im Folgenden werden für die Geschäftsjahre t_1 und t_2 Geschäftsvorfälle beschrieben, die im Rechnungswesen der A-AG zu berücksichtigen sind. Sowohl die Betriebstätte der A-AG (Betriebstätte A) als auch die Betriebstätte B werden intern annahmegemäß als eigenständige Profitcenter geführt, für die ein abgegrenzter Buchungskreis eingerichtet wurde. Bei Betriebsstätte B wird nach dem „**Push Down Accounting**" verfahren, d. h., dass die Erwerbskosten von A für B im „pro forma Abschluss" von B gezeigt werden.

Sachverhalte des Geschäftsjahres t_1

Verkäufe der A-AG an fremde Dritte:

- Gussgehäuse
  - 26 Stück, davon 1 Stück aus dem Vorjahresbestand
  - Preis je Stück: 400
- Gussteile
  - 4 Stück, davon ein Stück aus dem Vorjahresbestand
  - Preis je Stück: 170

Interne Umsätze (Lieferung von Gussteilen von der Betriebsstätte B zur Betriebstätte A)

- 56 Stück aus der Jahresproduktion
- Preis je Stück: 160
- die Hälfte der Umsätze ist zum 31.12.t_1 noch nicht beglichen und wird intern als „Forderungen aus Lieferungen gegen A" gebucht

Jahresproduktion:

- A: Gussgehäuse
  - Anzahl: 27 Stück
  - zur Produktion eines Gussgehäuses sind zwei Gussteile der Betriebstätte B erforderlich
  - Herstellungskosten: 251 je Stück
- B: Gussteile
  - Anzahl: 60 Stück
  - Herstellungskosten: 150 je Stück ohne Transportkosten zur Betriebstätte A
  - der Transport zur Betriebstätte A verursacht 1 pro Stück

Abschreibungen:

- Geschäfts- oder Firmenwert (GoF): linear über 5 Jahre
- Gebäude: linear über die Restlaufzeit von 20 Jahren
- Maschinen: linear über die Restlaufzeit von 10 Jahren

Für die Betriebstätten A und B wurden die in Tab. 4.1 (S. 314) sowie Tab. 4.2 (S. 314) dargestellten Abschlusswerte abgeleitet.

Die dort ausgewiesenen Werte ergeben sich wie folgt:

Umsatzerlöse

Umsatzerlöse mit fremden Dritten:

- A: 26 Stück Gussgehäuse · 400 pro Stück = 10.400
- B: 4 Stück Gussteile · 170 pro Stück = 680

Umsatzerlöse B mit A:

- 56 Stück Gussteile · 160 pro Stück = 8.960

Tab. 4.1:   Bilanzwerte der Betriebstätten A und B zum 31.12.t₁

$$\text{Bilanzen zum } 31.12.t_1$$

	A	B		A	B
Geschäfts- oder Firmenwert	0,0	193,6	Kapital	1.500,0	498,0
Beteiligung	1.500,0	0,0	Neubewertungsrücklage		760,0
Grund/Boden	8.000,0	5.500,0	Aufdeckung GoF	0,0	242,0
Gebäude	4.750,0	1.710,0	Jahresergebnis	-460,7	746,6
Maschinen	900,0	495,0	Eigenkapital	1.039,3	2.246,6
Rohstoffe	320,0	0,0	Rückstellungen	7.200,0	2.600,0
Fertige Erzeugnisse	502,0	150,0	Verbindlichkeiten	8.550,0	4.162,0
Ford. aus LuL gegen A	0,0	4.480,0	Verbl. aus LuL gegenüber B	4.480,0	0,0
Bank	5.297,3	-3.520,0			
	21.269,3	9.008,6		21.269,3	9.008,6

Tab. 4.2:   Werte der Gewinn- und Verlustrechnung der Betriebstätten A und B zum 31.12.t₁

$$\text{Gewinn- und Verlustrechnungen für } t_1$$

	A	B
Umsatzerlöse	10.400,0	680,0
Umsätze mit A	0,0	8.960,0
Erhöhung/Minderung des Bestands an fertigen und unfertigen Erzeugnissen	252,0	-10,0
sonstige betriebliche Erträge	677,0	450,0
Materialaufwand	8.640,0	6.000,0
Personalaufwand	1.600,0	2.200,0
Abschreibungen		
Geschäfts- oder Firmenwert	0,0	48,4
Gebäude	250,0	90,0
Maschinen	100,0	55,0
sonstige betriebliche Aufwendungen	865,0	780,0
Zinsen und ähnliche Aufwendungen	240,0	160,0
Steuern vom Einkommen und vom Ertrag	94,7	
Jahresergebnis	-460,7	746,6

Materialaufwand

– A: 2 · 27 Stück Gussteile zu 160 je Stück = 8.640
– B: aus der Jahresproduktion (6.000)

Vorräte

– Gussgehäuse der A-AG:

Lagerbestand 01.01.t_1 1 Stück

Lagerabgang   – 1 Stück

Lagerzugang   + 2 Stück   27 Stück aus der Produktion – 25 Stück Verkauf

Lagerbestand 31.12.t_1 = 2 Stück

Wertansatz: 2 Stück zu 251 je Stück = 502

– Gussteile der Betriebsstätte B, die an A geliefert wurden und dort lagern:

Lagerbestand 01.01.t_1 0 Stück

Lagerabgang   – 0 Stück

Lagerzugang   + 2 Stück   56 Stück – 27 Stück · 2 für die Produktion

Lagerbestand 31.12.t_1 = 2 Stück

Wertansatz: 2 Stück zu 160 je Stück = 320

– Gussteile, die bei Betriebsstätte B lagern:

Lagerbestand 01.01.t_1 1 Stück

Lagerabgang   – 1 Stück

Lagerzugang   + 1 Stück   60 Stück (Produktion) – 59 Stück (Lieferungen)

Lagerbestand 31.12.t_1 = 1 Stück

Wertansatz: 1 Stück zu 150 = 150

– Wertansätze A:

    – Fertige Erzeugnisse: 502

    – Unfertige Erzeugnisse: 320

– Wertansätze B:

    – Fertige Erzeugnisse: 150

Bestandsänderungen

– A: 502 + 320 – 250 = 572

– B: 150 – 160 = –10

Interne Forderungen/Verbindlichkeiten

Interne Forderungen B gegen A = interne Verbindlichkeiten A gegenüber B:

0,5 · (56 Stück zu 160) = 4.480

Bankbestand

– A: 1.500 + 10.400 (Außenumsätze) + 677 (sonstiger betrieblicher Ertrag) – 1.600 (Personalaufwand) – 865 (sonstiger betrieblicher Aufwand) – 240 (Zinsen) – 94,7 (Steuern) – 4.480 (Hälfte der internen Verkäufe) = 5.297,3

– B: 10 + 680 (Außenumsätze) + 4.480 (Hälfte der internen Verkäufe) + 450 (sonstiger betrieblicher Ertrag) – 6.000 (Material) – 2.200 (Personalaufwand) – 780 (sonstiger betrieblicher Aufwand) – 160 (Zinsen) = –3.520

Abschreibungen

- A: Gebäude: 5.000 : 20 Jahre = 250 (Buchwert: 5.000 – 250= 4.750)

  Maschinen: 1.000 : 10 Jahre = 100 (Buchwert: 1.000 – 100 = 900)

- B: Geschäfts- oder Firmenwert: 242 : 5 Jahre = 48,4 (Buchwert: 242 – 48,4 = 193,6)

  Gebäude: 1.800 : 20 Jahre = 90 (Buchwert: 1.800 – 90 = 1.710)

  Maschinen: 550 : 10 Jahre = 55 (Buchwert: 550 – 55 = 495)

Konsolidierungen für t_1

Die „pro forma Abschlüsse" der Betriebstätten A und B sind zu **konsolidieren**, da nur die A-AG rechtlich besteht.

a) Kapitalkonsolidierung für t_1 (siehe dazu auch S. 297 ff.)

Buchungssatz:

Aufdeckung GoF	242	an	Beteiligung	1.500
Neubewertungsrücklage	760			
Kapital	498			

Die bilanzielle Darstellung der Konsolidierungsbuchung ist in Tab. 4.3 (S. 317) abgebildet.

Da im Rahmen des „Push Down Accounting" der Erwerbspreis der A-AG für B bereits im „pro forma Abschluss" von B auf die stillen Reserven und Lasten sowie einen Geschäfts- oder Firmenwert aufgeteilt wurde, ist die Kapitalkonsolidierung bereits abgeschlossen.

b) Schuldenkonsolidierung für t_1 (siehe dazu auch S. 304 ff.)

Buchungssatz:

Verbindlichkeiten aus Lieferungen		an	Forderungen aus Lieferungen
und Leistungen gegenüber B	4.480		und Leistungen gegen A	4.480

Die bilanzielle Abbildung der Konsolidierungsbuchung ist in Tab. 4.4 (S. 317) dargestellt.

c) Zwischenerfolgseliminierung für t_1 (siehe dazu auch S. 305 ff.)

Zwischenerfolge (Zwischengewinne oder Zwischenverluste) sind nur zu eliminieren, wenn betriebsstätteninterne Lieferungen den Kreis der Betriebsstätten noch nicht verlassen haben, also noch nicht an fremde Dritte veräußert wurden.

Betriebstätte B lieferte an Betriebstätte A 56 Stück Gussteile, von denen sich am Bilanzstichtag noch zwei unverarbeitet und vier verarbeitet (zwei Gussgehäuse bestehend aus zwei Gussteilen) auf Lager befinden.

Zwischenerfolg bezüglich der FE bei A (Gussgehäuse): 4 · (160 – (150 + 1*) = 36

Zwischenerfolg bezüglich der Rohstoffe bei A (Gussteile): 2 · (160 – (150 + 1) = 18

(* Die Transportkosten sind aufgrund der erforderlichen Verbringung der Teile von B zu A Herstellungskostenbestandteil gemäß § 255 Abs. 2 HGB).

Alle Gussteile stellen aus Sicht der A-AG weder Rohstoffe noch fertige Erzeugnisse, sondern **unfertige Erzeugnisse** dar.

Tab. 4.3: Kapitalkonsolidierung für t₁

Konsolidierungsbilanz zum 31.12.t₁

Aktiva:

	A	B	Summe	Konsolidierung	Summe
Geschäfts- oder Firmenwert	0,0	193,6	193,6		193,6
Beteiligung	1.500,0	0,0	1.500,0	-1.500,0	0,0
Grund/Boden	8.000,0	5.500,0	13.500,0		13.500,0
Gebäude	4.750,0	1.710,0	6.460,0		6.460,0
Maschinen	900,0	495,0	1.395,0		1.395,0
Rohstoffe	320,0	0,0	320,0		320,0
Fertige Erzeugnisse	502,0	150,0	652,0		652,0
Ford. aus LuL gegen A	0,0	4.480,0	4.480,0		4.480,0
Bank	5.297,3	-3.520,0	1.777,3		1.777,3
	21.269,3	9.008,6	30.277,9	-1.500,0	28.777,9

Passiva:

	A	B	Summe	Konsolidierung	Summe
Kapital	1.500,0	498,0	1.998,0	-498,0	1.500,0
Neubewertungsrücklage		760,0	760,0	-760,0	0,0
Aufdeckung GoF	0,0	242,0	242,0	-242,0	0,0
Jahresergebnis	-460,7	746,6	285,9		285,9
Eigenkapital	1.039,3	2.246,6	3.285,9	-1.500,0	1.785,9
Rückstellungen	7.200,0	2.600,0	9.800,0		9.800,0
Verbindlichkeiten	8.550,0	4.162,0	12.712,0		12.712,0
Verbl. aus LuL gegenüber B	4.480,0	0,0	4.480,0		4.480,0
	21.269,3	9.008,6	30.277,9	-1.500,0	28.777,9

Tab. 4.4: Schuldenkonsolidierung für t₁

Konsolidierungsbilanz zum 31.12.t₁

Aktiva:

	Summe	Konsolidierung	Summe
Geschäfts- oder Firmenwert	193,6		193,6
Beteiligung	0,0		0,0
Grund/Boden	13.500,0		13.500,0
Gebäude	6.460,0		6.460,0
Maschinen	1.395,0		1.395,0
Rohstoffe	320,0		320,0
Fertige Erzeugnisse	652,0		652,0
Ford. aus LuL gegen A	4.480,0	-4.480,0	0,0
Bank	1.777,3		1.777,3
	28.777,9	-4.480,0	24.297,9

Passiva:

	Summe	Konsolidierung	Summe
Kapital	1.500,0		1.500,0
Neubewertungsrücklage	0,0		0,0
Aufdeckung GoF	0,0		0,0
Jahresüberschuss	285,9		285,9
Eigenkapital	1.785,9		1.785,9
Rückstellungen	9.800,0		9.800,0
Verbindlichkeiten	12.712,0		12.712,0
Verbl. aus LuL gegenüber B	4.480,0	-4.480,0	0,0
	28.777,9	-4.480,0	24.297,9

Eine (hier gewählte) Möglichkeit besteht darin, zunächst den Materialaufwand zu erhöhen (320) und die Rohstoffe zu mindern (320). Damit stimmt der Materialaufwand von A mit den internen Umsatzerlösen von B überein, die so im Rahmen der Aufwands- und Ertragskonsolidierung eliminierbar werden. Zudem wird der Ansatz der Rohstoffe korrigiert.

Anschließend können die korrekt bewerteten Gussteile (unfertige Erzeugnisse) gegen Bestandsveränderungen eingebucht werden (ohne Zwischengewinn in Höhe von 302 (320 – 18).

Buchungssätze:

| Materialaufwand | 320 | an Rohstoffe | 320 |
| unfertige Erzeugnisse | 302 | an Bestandsänderungen | 302 |

Bei den Beständen an fertigen Erzeugnissen sind noch die Zwischengewinne zu eliminieren.

Buchungssatz:

| Bestandsänderungen | 36 | an fertige Erzeugnisse | 36 |

Die Zwischenerfolgseliminierung ist in Tab. 4.5 (S. 319) dargestellt.

d) Aufwands- und Ertragskonsolidierung für t_1 (siehe dazu auch S. 309 f.)

Buchungssatz:

| Umsatzerlöse | 8.960 | an Materialaufwand | 8.960 |

Konsolidierungs-Gewinn- und Verlustrechnung für t_1

	Summe	Konsolidierung	Summe
Umsatzerlöse	11.080,0		11.080,0
Umsätze mit A	8.960,0	-8.960,0	0,0
Erhöhung des Bestands an fertigen und unfertigen Erzeugnissen	508,0		508,0
sonstige betriebliche Erträge	1.127,0		1.127,0
Materialaufwand	14.960,0	-8.960,0	6.000,0
Personalaufwand	3.800,0		3.800,0
Abschreibungen			
Geschäfts- oder Firmenwert	48,4		48,4
Gebäude	340,0		340,0
Maschinen	155,0		155,0
sonstige betriebliche Aufwendungen	1.645,0		1.645,0
Zinsen und ähnliche Aufwendungen	400,0		400,0
Steuern vom Einkommen und vom Ertrag	94,7		94,7
Jahresüberschuss	231,9	0,0	231,9

Tab. 4.5:　　Zwischenerfolgseliminierung für t_1

Konsolidierungsbilanz zum 31.12.t_1

	Summe	Konsoli-dierung	Summe		Summe	Konsoli-dierung	Summe
Geschäfts- oder Firmenwert	193,6		193,6	Kapital	1.500,0		1.500,0
Beteiligung	0,0		0,0	Neubewertungsrücklage	0,0		0,0
Grund/Boden	13.500,0		13.500,0	Aufdeckung GoF	0,0		0,0
Gebäude	6.460,0		6.460,0	Jahresüberschuss	285,9	-54,0	231,9
Maschinen	1.395,0		1.395,0	Eigenkapital	1.785,9	-54,0	1.731,9
Rohstoffe	320,0	-320,0	0,0	Rückstellungen	9.800,0		9.800,0
Unfertige Erzeugnisse	0,0	302,0	302,0	Verbindlichkeiten	12.712,0		12.712,0
Fertige Erzeugnisse	652,0	-36,0	616,0	Verbl. aus LuL gegenüber B	0,0		0,0
Ford. aus LuL gegen A	0,0		0,0				
Bank	1.777,3		1.777,3				
	24.297,9	-54,0	24.243,9		24.297,9	-54,0	24.243,9

Konsolidierungs-Gewinn- und Verlustrechnung für t_1

	A	B	Summe	Konsoli-dierung	Summe
Umsatzerlöse	10.400,0	680,0	11.080,0		11.080,0
Umsätze mit A	0,0	8.960,0	8.960,0		8.960,0
Erhöhung des Bestands an fertigen und unfertigen Erzeugnissen	252,0	-10,0	242,0	266,0	508,0
sonstige betriebliche Erträge	677,0	450,0	1.127,0		1.127,0
Materialaufwand	8.640,0	6.000,0	14.640,0	320,0	14.960,0
Personalaufwand	1.600,0	2.200,0	3.800,0		3.800,0
Abschreibungen					
Geschäfts- oder Firmenwert	0,0	48,4	48,4		48,4
Gebäude	250,0	90,0	340,0		340,0
Maschinen	100,0	55,0	155,0		155,0
sonstige betriebliche Aufwendungen	865,0	780,0	1.645,0		1.645,0
Zinsen und ähnliche Aufwendungen	240,0	160,0	400,0		400,0
Steuern vom Einkommen und vom Ertrag	94,7		94,7		94,7
Jahresergebnis	-460,7	746,6	285,9	-54,0	231,9

Damit ergibt sich für die A-AG folgender **Jahresabschluss für t_1**:

Bilanz A-AG zum 31.12.t_1

Geschäfts- oder Firmenwert	193,6	Kapital	1.500,0
Grund/Boden	13.500,0	Jahresüberschuss	231,9
Gebäude	6.460,0	Eigenkapital	1.731,9
Maschinen	1.395,0	Rückstellungen	9.800,0
Unfertige Erzeugnisse	302,0	Verbindlichkeiten	12.712,0
Fertige Erzeugnisse	616,0		
Bank	1.777,3		
	24.243,9		24.243,9

Gewinn- und Verlustrechnung A-AG für t_1

Umsatzerlöse	11.080,0
Erhöhung des Bestands an fertigen und unfertigen Erzeugnissen	508,0
sonstige betriebliche Erträge	1.127,0
Materialaufwand	6.000,0
Personalaufwand	3.800,0
Abschreibungen	
Geschäfts- oder Firmenwert	48,4
Gebäude	340,0
Maschinen	155,0
sonstige betriebliche Aufwendungen	1.645,0
Zinsen und ähnliche Aufwendungen	400,0
Steuern vom Einkommen und vom Ertrag	94,7
Jahresüberschuss	231,9

Sachverhalte des Geschäftsjahres t_2

Aus Vereinfachungsgründen wurden nur die Lagerbestände an fremde Dritte veräußert und Abschreibungen vorgenommen.

Für die Betriebstätten A und B ergeben sich folgende Abschlüsse:

Bilanzen zum 31.12.t_2

	A	B		A	B
Geschäfts- oder Firmenwert	0,0	145,2	Kapital	1.500,0	498,0
Beteiligung	1.500,0	0,0	Verlustvortrag/Gewinnrücklagen	-460,7	746,6
Grund/Boden	8.000,0	5.500,0	Neubewertungsrücklage		760,0
Gebäude	4.500,0	1.620,0	Aufdeckung GoF		242,0
Maschinen	800,0	440,0	Jahresfehlbetrag	-32,0	-173,4
Rohstoffe	0,0	0,0	Eigenkapital	1.007,3	2.073,2
Fertige Erzeugnisse	0,0	0,0	Rückstellungen	7.200,0	2.600,0
Ford. aus LuL gegen A	0,0	4.480,0	Verbindlichkeiten	8.550,0	4.162,0
Bank	6.437,3	-3.350,0	Verbl. aus LuL gegenüber B	4.480,0	0,0
	21.237,3	8.835,2		21.237,3	8.835,2

Gewinn- und Verlustrechnungen für t_2		
	A	B
Umsatzerlöse	1.140,0	170,0
Umsätze mit A	0,0	0,0
Minderung des Bestands an fertigen und		
unfertigen Erzeugnissen	-502,0	-150,0
sonstige betriebliche Erträge	0,0	0,0
Materialaufwand	320,0	0,0
Personalaufwand	0,0	0,0
Abschreibungen		
Geschäfts- oder Firmenwert	0,0	48,4
Gebäude	250,0	90,0
Maschinen	100,0	55,0
sonstige betriebliche Aufwendungen	0,0	0,0
Zinsen und ähnliche Aufwendungen	0,0	0,0
Steuern vom Einkommen und vom Ertrag	0,0	
Jahresfehlbetrag	-32,0	-173,4

Die ausgewiesenen Werte berechnen sich wie folgt:

Umsatzerlöse

Umsatzerlöse mit fremden Dritten:

- A: 2 Stück Gussgehäuse · 400 pro Stück = 800
- A: 2 Stück Gussteile · 170 pro Stück = 340
- B: 1 Stück Gussteile · 170 pro Stück = 170

Bankbestand

- A: 5.297,3 + 1.140 = 6.437,3
- B: −3.520 + 170 = −3.350

Abschreibungen

- A: Gebäude: 5.000 : 20 Jahre = 250 (Buchwert: 4.750 − 250= 4.500)
  Maschinen: 1.000 : 10 Jahre = 100 (Buchwert: 900 − 100 = 800)
- B: Geschäfts- oder Firmenwert: 242 : 5 = 48,4 (Buchwert: 193,6 − 48,4 = 145,2)
  Gebäude: 1.800 : 20 Jahre = 90 (Buchwert: 1.710 − 90 = 1.620)
  Maschinen: 550 : 10 Jahre = 55 (Buchwert: 495 − 55 = 440)

Konsolidierungen für t_2

Die „pro forma Abschlüsse" der Betriebstätten A und B sind zu **konsolidieren**, da nur die A-AG rechtlich besteht.

a) Kapitalkonsolidierung für t$_2$ (siehe dazu auch S. 297 ff.)

Buchungssatz:

Aufdeckung GoF	242	an	Beteiligung	1.500
Neubewertungsrücklage	760			
Kapital	498			

b) Schuldenkonsolidierung für t$_2$ (siehe dazu auch S. 304 ff.)

Buchungssatz:

Verbindlichkeiten aus Lieferungen		an	Forderungen aus Lieferungen	
und Leistungen gegenüber B	4.480		und Leistungen gegen A	4.480

c) Zwischenerfolgseliminierung für t$_2$ (siehe dazu auch S. 305 ff.)

Ein aufgrund einer betriebsstätteninternen Lieferung in einer Vorperiode eliminierter Zwischenerfolg wird in der Folgeperiode letztmalig berücksichtigt, in der die betriebsstätteninterne Lieferung den Kreis der Betriebsstätten durch Veräußerung an einen fremden Dritte verlassen hat.

Der in einer Vorperiode eliminierte Zwischenerfolg hat sich nur auf das Periodenergebnis des Eliminierungsjahres im konsolidierten Abschluss ausgewirkt, im betreffenden „Einzelabschluss" hingegen nicht. In den Folgeperioden wird der Zwischenerfolg daher in den Gewinnrücklagen dieses „Einzelabschlusses" „gespeichert".

Da die Gegenstände der betriebsstätteninternen Lieferung im Jahr der Veräußerung nicht mehr bilanziell erfasst werden, muss die Berücksichtigung vormals eliminierter Zwischenergebnisse über Gewinnrücklagen und Bestandsänderungen (bei unfertigen und fertigen Erzeugnissen) bzw. Materialaufwand (bei Rohstoffen) erfolgen.

Da aus Sicht der A-AG in t$_1$ nur unfertige Erzeugnisse vorlagen, ist der Abgang der beiden Gussteile bei A nicht als Materialaufwand, sondern über Bestandsänderungen zu erfassen.

Aus Sicht der A-AG wurden in t$_2$ die in t$_1$ zwischen den Betriebsstätten geschaffenen Zwischengewinne durch Veräußerung der Gussteile bzw. Gussgehäuse an fremde Dritte realisiert $(6 \cdot (160 - 151) = 54)$.

Buchungssätze:

Bestandsänderungen	320	an	Materialaufwand	320
Gewinnrücklagen	54	an	Bestandsänderungen	54

d) Aufwands- und Ertragskonsolidierung für t$_2$

Da in t$_2$ keine betriebstätteninternen Transaktionen erfolgten, **entfällt** die Aufwands- und Ertragskonsolidierung.

Eine zusammengefasste Konsolidierungsbilanz sowie Gewinn- und Verlustrechnung für t$_2$ ist in Tab. 4.6 (S. 323) abgebildet.

Tab. 4.6: Konsolidierungsbilanz und Gewinn- und Verlustrechnung für t_2

Konsolidierungsbilanz zum 31.12.t_2

	Summe	Konsolidierung	Summe		Summe	Konsolidierung	Summe
Geschäfts- oder Firmenwert	145,2		145,2	Kapital	1.998,0	-498,0	1.500,0
Beteiligung	1.500,0	-1.500,0	0,0	Gewinnrücklagen	285,9	-54,0	231,9
Grund/Boden	13.500,0		13.500,0	Neubewertungsrücklage	760,0	-760,0	0,0
Gebäude	6.120,0		6.120,0	Aufdeckung GoF	242,0	-242,0	0,0
Maschinen	1.240,0		1.240,0	Jahresfehlbetrag	-205,4	54,0	-151,4
Rohstoffe	0,0		0,0	Eigenkapital	3.080,5	-1.500,0	1.580,5
Fertige Erzeugnisse	0,0		0,0	Rückstellungen	9.800,0		9.800,0
Ford. aus LuL gegen A	4.480,0	-4.480,0	0,0	Verbindlichkeiten	12.712,0		12.712,0
Bank	3.087,3		3.087,3	Verbl. aus LuL gegenüber B	4.480,0	-4.480,0	0,0
	30.072,5	-5.980,0	24.092,5		30.072,5	-5.980,0	24.092,5

Konsolidierungs-Gewinn- und Verlustrechnung für t_2

	Summe	Konsolidierung	Summe
Umsatzerlöse	1.310,0		1.310,0
Umsätze mit A	0,0		0,0
Minderung des Bestands an fertigen und unfertigen Erzeugnissen	-652,0	-266,0	-918,0
sonstige betriebliche Erträge	0,0		0,0
Materialaufwand	320,0	-320,0	0,0
Personalaufwand	0,0		0,0
Abschreibungen	0,0		0,0
Geschäfts- oder Firmenwert	48,4		48,4
Gebäude	340,0		340,0
Maschinen	155,0		155,0
sonstige betriebliche Aufwendungen	0,0		0,0
Zinsen und ähnliche Aufwendungen	0,0		0,0
Steuern vom Einkommen und vom Ertrag	0,0		0,0
Jahresfehlbetrag	-205,4	54,0	-151,4

Die sich ergebende Gewinnrücklage von 231,9 (–460,7 + 746,6 – 54 = 285,9 – 54 = 231,9) entspricht dem Jahresüberschuss der A-AG zum **31.12.t_1** (siehe S. 320) und ist daher aus Sicht der A-AG korrekt.

Damit ergibt sich für die A-AG folgender **Jahresabschluss für t_2**:

Bilanz A-AG zum 31.12.t_2

Geschäfts- oder Firmenwert	145,2	Kapital	1.500,0
Grund/Boden	13.500,0	Gewinnrücklagen	231,9
Gebäude	6.120,0	Jahresfehlbetrag	-151,4
Maschinen	1.240,0	Eigenkapital	1.580,5
Bank	3.087,3	Rückstellungen	9.800,0
		Verbindlichkeiten	12.712,0
	24.092,5		24.092,5

Gewinn- und Verlustrechnung A-AG für t_2

Umsatzerlöse	1.310,0
Minderung des Bestands an fertigen und unfertigen Erzeugnissen	-918,0
Abschreibungen	
Geschäfts- oder Firmenwert	48,4
Gebäude	340,0
Maschinen	155,0
Jahresfehlbetrag	-151,4

4.1.3.2 Erwerb (Share Deal) und Konsolidierung eines Tochterunternehmens

Abweichend zum unter 4.1.3.1 (S. 310 ff.) behandelten Asset Deal erwirbt die A-AG 100 % der Anteile (= 100 % der Stimmrechte) an der B-GmbH (den rechtlichen Mantel der Betriebstätte B). Die A-AG muss zusätzlich zum Jahresabschluss einen konsolidierten Abschluss (Konzernabschluss) erstellen, der nur die A-AG und die B-GmbH einbezieht.

Alle unter 4.1.3.1 beschriebenen Sachverhalte und Angaben bleiben unverändert. Nur bei den Bankbeständen, dem Eigenkapital und den Verbindlichkeiten ergeben sich u. a. aufgrund der Steuerberechnung Abweichungen.

Konzerngeschäftsjahr t_1

a) Kapitalkonsolidierung für t_1 (siehe dazu auch S. 297 ff.)

Im Rahmen der Aufstellung des Konzernabschlusses ist vom rechtlichen Mantel der B-GmbH zu abstrahieren. Der Share Deal im Einzelanschluss von A ist aus Konzernsicht ein Asset Deal.

Zur Abbildung des Asset Deals sind die stillen Reserven und Lasten des bilanzierbaren Vermögens von B aufzudecken. Da die Jahresabschlüsse (Einzelabschlüsse) von A und B davon stets unberührt bleiben, ist eine konzernzweckadäquate Vorgehensweise erforderlich. Möglich ist die Schaffung einer neuen, um die stillen Reserven, Lasten und dem Unterschiedsbetrag aus der Kaufpreisaufrechnung angepassten Bilanz (HB II) oder eine Anpassung der Buchwerte von B auf der Basis der Summenbilanz.

Für die B-GmbH wurde folgender Jahresabschluss aufgestellt:

Bilanz B-GmbH zum 31.12.t₁			
Grund/Boden	5.000,0	Kapital	498,0
Gebäude	1.425,0	Jahresüberschuss	825,0
Maschinen	450,0	Eigenkapital	1.323,0
Fertige Erzeugnisse	150,0	Rückstellungen	2.500,0
Ford. aus LuL gegen A	4.480,0	Verbindlichkeiten	7.682,0
Bank	0,0		
	11.505,0		11.505,0

Gewinn- und Verlustrechnungen B-GmbH für t₁	
Umsatzerlöse	9.640,0
sonstige betriebliche Erträge	450,0
Materialaufwand	6.000,0
Personalaufwand	2.200,0
Abschreibungen	
Gebäude	75,0
Maschinen	50,0
sonstige betriebliche Aufwendungen	780,0
Zinsen und ähnliche Aufwendungen	160,0
Steuern vom Einkommen und vom Ertrag	0,0
Jahresüberschuss	825,0

1 Überleitung der HB I zur HB II

Zu den aktuellen Wertansätzen der Einzelbilanz der B-GmbH werden stets die stillen Reserven und Lasten des Erwerbszeitpunkts sowie der ursprüngliche Geschäfts- oder Firmenwert ergänzt. Folgende Buchungssätze sind in jedem Jahr stets unverändert:

Grund/Boden	500	an	Neubewertungsrücklage	760
Gebäude	300		Rückstellungen	100
Maschine	50			
Fertige Erzeugnisse	10			
Geschäfts- oder Firmenwert (GoF)	242	an	Aufdeckung GoF	242

Die Buchung ist bilanziell in Tab. 4.7 (S. 327) dargestellt. Auf der Grundlage der HB II ist der Summenabschluss bestehend aus der Summenbilanz (Tab 4.8, S. 327) sowie Summen-Gewinn- und Verlustrechnung (Tab. 4.9, S. 328) zu bilden. Der in jedem Jahr ebenfalls stets gleiche **(Kapitalkonsolidierungs-)Buchungssatz** lautet nun (siehe Tab. 4.10, S. 329):

Kapital	498	Beteiligung	1.500
Neubewertungsrücklage	760		
Aufdeckung GoF	242		

2 Keine Überleitung der HB I zur HB II

Wird auf den Zwischenschritt einer HB II verzichtet, dann müssen die zum Erwerbszeitpunkt vorhandenen stillen Reserven und Lasten direkt im Rahmen der Kapitalkonsolidierung auf Basis der Summenbilanz (siehe Tab. 4.11, S. 329) berücksichtigt werden.

(Kapitalkonsolidierungs-)Buchungssatz (in jedem Jahr stets unverändert) (siehe Tab. 4.12, S. 330):

Geschäfts- oder Firmenwert (GoF)	242	an	Beteiligung	1.500
Grund/Boden	500		Rückstellungen	100
Gebäude	300			
Maschine	50			
Fertige Erzeugnisse	10			
Kapital	498			

Für die A-AG ergibt sich folgender Einzelabschluss (Jahresabschluss):

Bilanz A-AG zum 31.12.t_1

Beteiligung	1.500,0	Kapital	1.500,0
Grund/Boden	8.000,0	Jahresfehlbetrag	-499,1
Gebäude	4.750,0	Eigenkapital	1.000,9
Maschinen	900,0	Rückstellungen	7.200,0
Rohstoffe	320,0	Verbindlichkeiten	8.789,2
Fertige Erzeugnisse	502,0	Verbl. aus LuL gegenüber B	4.480,0
Bank	5.498,1		
	21.470,1		21.470,1

Gewinn- und Verlustrechnungen A-AG für t_1

Umsatzerlöse	10.400,0
Erhöhung des Bestands an fertigen und unfertigen Erzeugnissen	252,0
sonstige betriebliche Erträge	677,0
Materialaufwand	8.640,0
Personalaufwand	1.600,0
Abschreibungen	
Gebäude	250,0
Maschinen	100,0
sonstige betriebliche Aufwendungen	865,0
Zinsen und ähnliche Aufwendungen	240,0
Steuern vom Einkommen und vom Ertrag	133,1
Jahresfehlbetrag	-499,1

Tab. 4.7: Überleitung der HB I zur HB II von B für t_1

Tab. 4.8: Summenbilanz bei Überleitung der HB I zur HB II von B für t_1

Überleitung HB I zur HB II der B-GmbH zum 31.12.t_1

	HB I	Überleitung	HB II
Geschäfts- oder Firmenwert		242,0	242,0
Grund/Boden	5.000,0	500,0	5.500,0
Gebäude	1.425,0	300,0	1.725,0
Maschinen	450,0	50,0	500,0
Fertige Erzeugnisse	150,0	10,0	160,0
Ford. aus LuL gegen A	4.480,0		4.480,0
Bank	0,0		0,0
	11.505,0	1.102,0	12.607,0

	HB I	Überleitung	HB II
Kapital	498,0		498,0
Neubewertungsrücklage		760,0	760,0
Aufdeckung GoF		242,0	242,0
Jahresüberschuss	825,0		825,0
Eigenkapital	1.323,0	1.002,0	2.325,0
Rückstellungen	2.500,0	100,0	2.600,0
Verbindlichkeiten	7.682,0		7.682,0
	11.505,0	1.102,0	12.607,0

Summenabschluss zum 31.12.t_1

	HB I A	HB II B	Summe
Geschäfts- oder Firmenwert		242,0	242,0
Beteiligung	1.500,0	0,0	1.500,0
Grund/Boden	8.000,0	5.500,0	13.500,0
Gebäude	4.750,0	1.725,0	6.475,0
Maschinen	900,0	500,0	1.400,0
Rohstoffe	320,0		320,0
Fertige Erzeugnisse	502,0	160,0	662,0
Ford. aus LuL gegen A	0,0	4.480,0	4.480,0
Bank	5.498,1	0,0	5.498,1
	21.470,1	12.607,0	34.077,1

	HB I A	HB II B	Summe
Kapital	1.500,0	498,0	1.998,0
Neubewertungsrücklage		760,0	760,0
Aufdeckung GoF		242,0	242,0
Jahresergebnis	-499,1	825,0	325,9
Eigenkapital	1.000,9	2.325,0	3.325,9
Rückstellungen	7.200,0	2.600,0	9.800,0
Verbindlichkeiten	8.789,2	7.682,0	16.471,2
Verbl. aus LuL gegenüber B	4.480,0	0,0	4.480,0
	21.470,1	12.607,0	34.077,1

Folgekonsolidierungen zum 31.12.t_1

a) Fortschreibung der stillen Reserven/Lasten sowie des Geschäfts- oder Firmenwerts

Im Rahmen der Folgekonsolidierung sind die im Einzelabschluss der B-GmbH **nicht erfassten Wertebestandteile**, also die stillen Reserven und Lasten sowie der Geschäfts- oder Firmenwert, fortzuschreiben:

Tab. 4.9:   Summen-Gewinn-und Verlustrechnung mit Überleitung für t₁

Summen-Gewinn- und Verlustrechnung für t_1			
	A-AG	B-GmbH	Summe
Umsatzerlöse	10.400,0	9.640,0	20.040,0
Minderung des Bestands an fertigen und unfertigen Erzeugnissen	252,0		252,0
sonstige betriebliche Erträge	677,0	450,0	1.127,0
Materialaufwand	8.640,0	6.000,0	14.640,0
Personalaufwand	1.600,0	2.200,0	3.800,0
Abschreibungen			
Gebäude	250,0	75,0	325,0
Maschinen	100,0	50,0	150,0
sonstige betriebliche Aufwendungen	865,0	780,0	1.645,0
Zinsen und ähnliche Aufwendungen	240,0	160,0	400,0
Steuern vom Einkommen und vom Ertrag	133,1	0,0	133,1
Jahresergebnis	-499,1	825,0	325,9

Abschreibungen

 Gebäude: 300 : 20 = 15

 Maschinen: 50 : 10 = 5

 Geschäfts- oder Firmenwert: 242 : 5 = 48,4 (Buchwert: 242 – 48,4 = 193,6)

Vorräte

 Verkauf des mit einer stillen Reserve behafteten Fertigzeugnisses (Abgang der stillen Reserven von 10)

Rückstellung

 unverändert

Buchungssätze (siehe Tab. 4.13, S. 330 und Tab. 4.14, S. 331)

Abschreibung GoF	48,4	an	Geschäfts- oder Firmenwert	48,4
Abschreibung Gebäude	15		Gebäude	15
Abschreibung Maschine	5		Maschine	5
Bestandsänderung fertige/unfertigen Erzeugnisse	10	an	Fertige Erzeugnisse	10

b) Schuldenkonsolidierung für t₁ (siehe dazu S. 316 und auch S. 305 ff.)

Buchungssatz (siehe Tab. 4.15, S. 332):

Verbindlichkeiten aus Lieferungen und Leistungen gegenüber B	4.480	an	Forderungen aus Lieferungen und Leistungen gegen A	4.480

Tab. 4.10: Kapitalkonsolidierung bei Vorliegen einer HB II von B für t₁

Konsolidierungsbilanz zum 31.12.t₁

	Summe	Konsolidierung	Summe		Summe	Konsolidierung	Summe
Geschäfts- oder Firmenwert	242,0		242,0	Kapital	1.998,0	-498,0	1.500,0
Beteiligung	1.500,0	-1.500,0	0,0	Neubewertungsrücklage	760,0	-760,0	0,0
Grund/Boden	13.500,0		13.500,0	Aufdeckung GoF	242,0	-242,0	0,0
Gebäude	6.475,0		6.475,0	Jahresergebnis	325,9		325,9
Maschinen	1.400,0		1.400,0	Eigenkapital	3.325,9	-1.500,0	1.825,9
Rohstoffe	320,0		320,0	Rückstellungen	9.800,0		9.800,0
Fertige Erzeugnisse	662,0		662,0	Verbindlichkeiten	16.471,2		16.471,2
Ford. aus LuL. gegen A	4.480,0		4.480,0	Verbl. aus LuL. gegenüber B	4.480,0		4.480,0
Bank	5.498,1		5.498,1				
	34.077,1	-1.500,0	32.577,1		34.077,1	-1.500,0	32.577,1

Tab. 4.11: Summenbilanz ohne Überleitung der HB I zur HB II von B für t₁

Summenabschluss zum 31.12.t₁

	HB I A	HB I B	Summe		HB I A	HB I B	Summe
Beteiligung	1.500,0	0,0	1.500,0	Kapital	1.500,0	498,0	1.998,0
Grund/Boden	8.000,0	5.000,0	13.000,0	Jahresergebnis	-499,1	825,9	325,9
Gebäude	4.750,0	1.425,0	6.175,0	Eigenkapital	1.000,9	1.323,0	2.323,9
Maschinen	900,0	450,0	1.350,0	Rückstellungen	7.200,0	2.500,0	9.700,0
Rohstoffe	320,0	0,0	320,0	Verbindlichkeiten	8.789,2	7.682,0	16.471,2
Fertige Erzeugnisse	502,0	150,0	652,0	Verbl. aus LuL. gegenüber B	4.480,0	0,0	4.480,0
Ford. aus LuL. gegen A	0,0	4.480,0	4.480,0				
Bank	5.498,1	0,0	5.498,1				
	21.470,1	11.505,0	32.975,1		21.470,1	11.505,0	32.975,1

c) Zwischenerfolgseliminierung für t₁ (siehe dazu S. 316 und auch 305 ff.)

Buchungssätze (siehe Tab. 4.16, S. 332 und Tab. 4.17, S. 333):

Materialaufwand	320	an	Rohstoffe	320
unfertige Erzeugnisse	302	an	Bestandsänderungen	302
Bestandsänderungen	36	an	fertige Erzeugnisse	36

Tab. 4.12:   Kapitalkonsolidierung ohne Vorliegen einer HB II von B für t_1

Tab. 4.13:   Bilanz-Fortschreibung der stillen Reserven und Lasten sowie des GoF für t_1

Konsolidierungsbilanz zum 31.12.t_1 (Tab. 4.12)

	Summe	Konsolidierung	Summe		Summe	Konsolidierung	Summe
Geschäfts- oder Firmenwert		242,0	242,0	Kapital	1.998,0	-498,0	1.500,0
Beteiligung	1.500,0	-1.500,0	0,0	Jahresergebnis	325,9		325,9
Grund/Boden	13.000,0	500,0	13.500,0	Eigenkapital	2.323,9	-498,0	1.825,9
Gebäude	6.175,0	300,0	6.475,0	Rückstellungen	9.700,0	100,0	9.800,0
Maschinen	1.350,0	50,0	1.400,0	Verbindlichkeiten	16.471,2		16.471,2
Rohstoffe	320,0		320,0	Verbl. aus LuL gegenüber B	4.480,0		4.480,0
Fertige Erzeugnisse	652,0	10,0	662,0				
Ford. aus LuL gegen A	4.480,0		4.480,0				
Bank	5.498,1		5.498,1				
	32.975,1	-398,0	32.577,1		32.975,1	-398,0	32.577,1

Konsolidierungsbilanz zum 31.12.t_1 (Tab. 4.13)

	Summe	Konsolidierung	Summe		Summe	Konsolidierung	Summe
Geschäfts- oder Firmenwert	242,0	-48,4	193,6	Kapital	1.500,0		1.500,0
Grund/Boden	13.500,0		13.500,0	Jahresergebnis	325,9	-78,4	247,5
Gebäude	6.475,0	-15,0	6.460,0	Eigenkapital	1.825,9	-78,4	1.747,5
Maschinen	1.400,0	-5,0	1.395,0	Rückstellungen	9.800,0		9.800,0
Rohstoffe	320,0		320,0	Verbindlichkeiten	16.471,2		16.471,2
Fertige Erzeugnisse	662,0	-10,0	652,0	Verbl. aus LuL gegenüber B	4.480,0		4.480,0
Ford. aus LuL gegen A	4.480,0		4.480,0				
Bank	5.498,1		5.498,1				
	32.577,1	-78,4	32.498,7		32.577,1	-78,4	32.498,7

Tab. 4.14:   Fortschreibung der stillen Reserven und Lasten sowie des GoF für t_1 in der Gewinn- und Verlustrechnung

Konsolidierungs-Gewinn- und Verlustrechnung für t_1			
	Summe	Konsolidierung	Summe
Umsatzerlöse	20.040,0		20.040,0
Minderung des Bestands an fertigen und unfertigen Erzeugnissen	252,0	-10,0	242,0
sonstige betriebliche Erträge	1.127,0		1.127,0
Materialaufwand	14.640,0		14.640,0
Personalaufwand	3.800,0		3.800,0
Abschreibungen			
Geschäfts- oder Firmenwert	0,0	48,4	48,4
Gebäude	325,0	15,0	340,0
Maschinen	150,0	5,0	155,0
sonstige betriebliche Aufwendungen	1.645,0		1.645,0
Zinsen und ähnliche Aufwendungen	400,0		400,0
Steuern vom Einkommen und vom Ertrag	133,1		133,1
Jahresergebnis	325,9	-78,4	247,5

d) Aufwands- und Ertragskonsolidierung für t_1 (siehe dazu S. 318 und auch S. 305 ff.)

Buchungssatz:

Umsatzerlöse	8.960	an	Materialaufwand	8.960

Konsolidierungs-Gewinn- und Verlustrechnung für t_1			
	Summe	Konsolidierung	Summe
Umsatzerlöse	20.040,0	-8.960,0	11.080,0
Minderung des Bestands an fertigen und unfertigen Erzeugnissen	508,0		508,0
sonstige betriebliche Erträge	1.127,0		1.127,0
Materialaufwand	14.960,0	-8.960,0	6.000,0
Personalaufwand	3.800,0		3.800,0
Abschreibungen	0,0		
GoF	48,4		48,4
Gebäude	340,0		340,0
Maschinen	155,0		155,0
sonstige betriebliche Aufwendungen	1.645,0		1.645,0
Zinsen und ähnliche Aufwendungen	400,0		400,0
Steuern vom Einkommen und vom Ertrag	133,1		133,1
Jahresergebnis	193,5		193,5

Tab. 4.15: Schuldenkonsolidierung für t_1

Konsolidierungsbilanz zum 31.12.t_1

	Summe	Konsolidierung	Summe		Summe	Konsolidierung	Summe
Geschäfts- oder Firmenwert	193,6		193,6	Kapital	1.500,0		1.500,0
Grund/Boden	13.500,0		13.500,0	Jahresergebnis	247,5		247,5
Gebäude	6.460,0		6.460,0	Eigenkapital	1.747,5		1.747,5
Maschinen	1.395,0		1.395,0	Rückstellungen	9.800,0		9.800,0
Rohstoffe	320,0		320,0	Verbindlichkeiten	16.471,2		16.471,2
Fertige Erzeugnisse	652,0		652,0	Verbl. aus LuL. gegenüber B	4.480,0	-4.480,0	0,0
Ford. aus LuL. gegen A	4.480,0	-4.480,0	0,0				
Bank	5.498,1		5.498,1				
	32.498,7	-4.480,0	28.018,7		32.498,7	-4.480,0	28.018,7

Tab. 4.16: Zwischenerfolgseliminierung in der Bilanz für t_1

Konsolidierungsbilanz zum 31.12.t_1

	Summe	Konsolidierung	Summe		Summe	Konsolidierung	Summe
Geschäfts- oder Firmenwert	193,6		193,6	Kapital	1.500,0		1.500,0
Grund/Boden	13.500,0		13.500,0	Jahresergebnis	247,5	-54,0	193,5
Gebäude	6.460,0		6.460,0	Eigenkapital	1.747,5	-54,0	1.693,5
Maschinen	1.395,0		1.395,0	Rückstellungen	9.800,0		9.800,0
Rohstoffe	320,0	-320	0,0	Verbindlichkeiten	16.471,2		16.471,2
Unfertige Erzeugnisse		302	302,0	Verbl. aus LuL. gegenüber B	0,0		0,0
Fertige Erzeugnisse	652,0	-36,0	616,0				
Ford. aus LuL. gegen A	0,0		0,0				
Bank	5.498,1		5.498,1				
	28.018,7	-54,0	27.964,7		28.018,7	-54,0	27.964,7

Tab. 4.17:   Zwischenerfolgseliminierung in der Gewinn- und Verlustrechnung für t_1

Konsolidierungs-Gewinn- und Verlustrechnung für t_1			
	Summe	Konsolidierung	Summe
Umsatzerlöse	20.040,0		20.040,0
Minderung des Bestands an fertigen und			
unfertigen Erzeugnissen	242,0	266,0	508,0
sonstige betriebliche Erträge	1.127,0		1.127,0
Materialaufwand	14.640,0	320,0	14.960,0
Personalaufwand	3.800,0		3.800,0
Abschreibungen			
GoF	48,4		48,4
Gebäude	340,0		340,0
Maschinen	155,0		155,0
sonstige betriebliche Aufwendungen	1.645,0		1.645,0
Zinsen und ähnliche Aufwendungen	400,0		400,0
Steuern vom Einkommen und vom Ertrag	133,1		133,1
Jahresergebnis	247,5	-54,0	193,5

Damit ergibt sich folgender **Konzernabschluss für t_1**:

Konzernbilanz zum 31.12.t_1			
Geschäfts- oder Firmenwert	193,6	Kapital	1.500,0
Grund/Boden	13.500,0	Jahresergebnis	193,5
Gebäude	6.460,0	Eigenkapital	1.693,5
Maschinen	1.395,0	Rückstellungen	9.800,0
Unfertige Erzeugnisse	302,0	Verbindlichkeiten	16.471,2
Fertige Erzeugnisse	616,0		
Bank	5.498,1		
	27.964,7		27.964,7

Konzern-Gewinn- und Verlustrechnung für t_1	
Umsatzerlöse	11.080,0
Minderung des Bestands an fertigen und unfertigen	
Erzeugnissen	508,0
sonstige betriebliche Erträge	1.127,0
Materialaufwand	6.000,0
Personalaufwand	3.800,0
Abschreibungen	
Geschäfts- oder Firmenwert	48,4
Gebäude	340,0
Maschinen	155,0
sonstige betriebliche Aufwendungen	1.645,0
Zinsen und ähnliche Aufwendungen	400,0
Steuern vom Einkommen und vom Ertrag	133,1
Jahresergebnis	193,5

Konzerngeschäftsjahr t$_2$

Für die B-GmbH wurde folgender Jahresabschluss aufgestellt:

Bilanz B-GmbH zum 31.12.t$_2$

Grund/Boden	5.000,0	Kapital	498,0
Gebäude	1.350,0	Gewinnrücklagen	825,0
Maschinen	400,0	Jahresfehlbetrag	-105,0
Fertige Erzeugnisse	0,0	Eigenkapital	1.218,0
Ford. aus LuL gegen A	4.480,0	Rückstellungen	2.500,0
Bank	0,0	Verbindlichkeiten	7.512,0
	11.230,0		11.230,0

Gewinn- und Verlustrechnungen B-GmbH für t$_2$

Umsatzerlöse	170,0
Minderung des Bestands an fertigen und unfertigen Erzeugnissen	-150,0
sonstige betriebliche Erträge	0,0
Materialaufwand	0,0
Personalaufwand	0,0
Abschreibungen	
Gebäude	75,0
Maschinen	50,0
sonstige betriebliche Aufwendungen	0,0
Zinsen und ähnliche Aufwendungen	0,0
Steuern vom Einkommen und vom Ertrag	0,0
Jahresfehlbetrag	-105,0

a) Kapitalkonsolidierung für t$_2$ (siehe dazu auch S. 324)

1 Überleitung der HB I zur HB II

Buchungssätze:

Grund/Boden	500	an	Neubewertungsrücklage	760
Gebäude	300		Rückstellungen	100
Maschine	50			
Fertige Erzeugnisse	10			
Geschäfts- oder Firmenwert (GoF)	242	an	Aufdeckung GoF	242

Die bilanzielle Abbildung der Buchung ist in Tab. 4.18 (S. 337) dargestellt. Die Bildung des Summenabschlusses wird in den Tab. 4.19–4.20 (S. 337, S. 338) veranschaulicht.

(Kapitalkonsolidierungs-)Buchungssatz (siehe Tab. 4.21, S. 339):

Kapital	498	an	Beteiligung	1.500
Neubewertungsrücklage	760			
Aufdeckung GoF	242			

2 Keine Überleitung der HB I zur HB II

Die Bildung der Summenbilanz findet sich in den Tab. 4.22 (S. 339).

(Kapitalkonsolidierungs-)Buchungssatz (in jedem Jahr stets unverändert) (siehe Tab. 4.23, S. 340):

Geschäfts- oder Firmenwert (GoF)	242	an	Beteiligung	1.500
Grund/Boden	500		Rückstellungen	100
Gebäude	300			
Maschine	50			
Fertige Erzeugnisse	10			
Kapital	498			

Folgekonsolidierungen zum 31.12.t_2 (siehe dazu auch S. 327)

a) Fortschreibung der stillen Reserven/Lasten sowie des Geschäfts- oder Firmenwerts

Im Rahmen der Folgekonsolidierung sind die im Einzelabschluss der B-GmbH nicht erfassten stillen Reserven und Lasten wiederum fortzuschreiben.

Die Wertfortschreibung für das Vorjahr (t_1) muss erfolgsneutral, für das aktuelle Konzerngeschäftsjahr (t_2) erfolgswirksam vorgenommen werden.

 i) **Erfolgsneutrale** Folgekonsolidierung für das Vorjahr (t_1) (enthalten in Tab. 4.24, S. 340)

Abschreibungen

Gebäude: 300 : 20 = 15

Maschinen: 50 : 10 = 5

Geschäfts- oder Firmenwert: 242 : 5 = 48,4 (Buchwert: 242 – 48,4 = 193,6)

Vorräte

Verkauf des mit einer stillen Reserve behafteten Fertigzeugnisses (Abgang der stillen Reserven von 10)

Rückstellung

unverändert

Buchungssatz:

Gewinnrücklagen	78,4	an	Geschäfts- oder Firmenwert	48,4
			Gebäude	15
			Maschine	5
			Fertige Erzeugnisse	10

ii) **Erfolgswirksame** Folgekonsolidierung für t_2 (enthalten in Tab. 4.24–4.25, S. 340, S. 341)

Abschreibungen

  Gebäude: 300 : 20 = 15

  Maschinen: 50 : 10 = 5

  Geschäfts- oder Firmenwert: 242 : 5 = 48,4 (Buchwert: 193,6 – 48,4 = 145,2)

Rückstellung

  unverändert

Buchungssätze:

Abschreibung GoF	48,4	an	Geschäfts- oder Firmenwert	48,4
Abschreibung Gebäude	15		Gebäude	15
Abschreibung Maschine	5		Maschine	5

Für die A-AG ergaben sich für t_2 folgende Jahresabschlusswerte:

Bilanz A-AG zum 31.12.t_2

Beteiligung	1.500,0	Kapital	1.500,0
Grund/Boden	8.000,0	Verlustvortrag	-499,1
Gebäude	4.500,0	Jahresfehlbetrag	7,7
Maschinen	800,0	Eigenkapital	1.008,6
Rohstoffe	0,0	Rückstellungen	7.200,0
Fertige Erzeugnisse	0,0	Verbindlichkeiten	8.749,5
Bank	6.638,1	Verbl. aus LuL gegenüber B	4.480,0
	21.438,1		21.438,1

Gewinn- und Verlustrechnungen A-AG für t_2

Umsatzerlöse	1.140,0
Minderung des Bestands an fertigen und unfertigen Erzeugnissen	-502,0
sonstige betriebliche Erträge	0,0
Materialaufwand	320,0
Personalaufwand	0,0
Abschreibungen	
Gebäude	250,0
Maschinen	100,0
sonstige betriebliche Aufwendungen	0,0
Zinsen und ähnliche Aufwendungen	0,0
Ertragsteuererstattung	39,7
Jahresfehlbetrag	7,7

Tab. 4.18: Überleitung der HB I zur HB II von B für t_2

Überleitung HB I zur HB II der B-GmbH zum 31.12.t_2

	HB I	Überleitung	HB II		HB I	Überleitung	HB II
Geschäfts- oder Firmenwert		242,0	242,0	Kapital	498,0		498,0
Grund/Boden	5.000,0	500,0	5.500,0	Gewinnrücklagen	825,0		825,0
Gebäude	1.350,0	300,0	1.650,0	Neubewertungsrücklage		760,0	760,0
Maschinen	400,0	50,0	450,0	Aufdeckung GoF		242,0	242,0
Fertige Erzeugnisse	0,0	10,0	10,0	Jahresfehlbetrag	-105,0		-105,0
Ford. aus LuL. gegen A	4.480,0		4.480,0	Eigenkapital	1.218,0	1.002,0	2.220,0
Bank	0,0		0,0	Rückstellungen	2.500,0	100,0	2.600,0
				Verbindlichkeiten	7.512,0		7.512,0
	11.230,0	1.102,0	12.332,0		11.230,0	1.102,0	12.332,0

Tab. 4.19: Summenbilanz bei Überleitung der HB I zur HB II von B für t_2

Summenabschluss zum 31.12.t_2

	HB I A	HB II B	Summe		HB I A	HB II B	Summe
Geschäfts- oder Firmenwert		242,0	242,0	Kapital	1.500,0	498,0	1.998,0
Beteiligung	1.500,0	0,0	1.500,0	Verlustvortrag/Gewinnrücklagen	-499,1	825,0	325,9
Grund/Boden	8.000,0	5.500,0	13.500,0	Neubewertungsrücklage		760,0	760,0
Gebäude	4.500,0	1.650,0	6.150,0	Aufdeckung GoF		242,0	242,0
Maschinen	800,0	450,0	1.250,0	Jahresergebnis	7,7	-105,0	-97,3
Rohstoffe	0,0	0,0	0,0	Eigenkapital	1.008,6	2.220,0	3.228,6
Fertige Erzeugnisse	0,0	10,0	10,0	Rückstellungen	7.200,0	2.600,0	9.800,0
Ford. aus LuL. gegen A	0,0	4.480,0	4.480,0	Verbindlichkeiten	8.749,5	7.512,0	16.261,5
Bank	6.638,1	0,0	6.638,1	Verbl. aus LuL. gegenüber B	4.480,0	0,0	4.480,0
	21.438,1	12.332,0	33.770,1		21.438,1	12.332,0	33.770,1

Tab. 4.20:   Summen-Gewinn-und Verlustrechnung bei Überleitung für t_2

Summen-Gewinn- und Verlustrechnung für t_2			
	A-AG	B-GmbH	Summe
Umsatzerlöse	1.140,0	170,0	1.310,0
Minderung des Bestands an fertigen und unfertigen Erzeugnissen	-502,0	-150,0	-652,0
sonstige betriebliche Erträge	0,0	0,0	0,0
Materialaufwand	320,0	0,0	320,0
Personalaufwand	0,0	0,0	0,0
Abschreibungen			
Gebäude	250,0	75,0	325,0
Maschinen	100,0	50,0	150,0
sonstige betriebliche Aufwendungen	0,0	0,0	0,0
Zinsen und ähnliche Aufwendungen	0,0	0,0	0,0
Ertragsteuererstattung	39,7	0,0	39,7
Jahresergebnis	7,7	-105,0	-97,3

b) Schuldenkonsolidierung für t_2

Buchungssatz (siehe Tab. 4.26, S. 342):

Verbindlichkeiten aus Lieferungen   4.480   an   Forderungen aus Lieferungen   4.480
und Leistungen gegenüber B   und Leistungen gegen A

c) Zwischenerfolgseliminierung für t_2

Ein aufgrund einer konzerninternen Lieferung in einer Vorperiode eliminierter Zwischenerfolg wird in der Folgeperiode letztmalig berücksichtigt, in der die konzerninterne Lieferung den Konzernkreis durch Veräußerung an einen konzernfremden Dritte verlassen hat.

Der in einer Vorperiode eliminierte Zwischenerfolg hat sich nur auf das Periodenergebnis des Eliminierungsjahres im konsolidierten Abschluss ausgewirkt, im betreffenden Jahresabschluss hingegen nicht. In den Folgeperioden wird der Zwischenerfolg daher in den Gewinnrücklagen dieses Jahresabschlusses „gespeichert".

Da die Gegenstände der konzerninternen Lieferung im Jahr der Veräußerung nicht mehr bilanziell erfasst werden, muss die Berücksichtigung vormals eliminierter Zwischenergebnisse über Gewinnrücklagen und Bestandsänderungen (bei unfertigen und fertigen Erzeugnissen) bzw. Materialaufwand (bei Rohstoffe) erfolgen.

Alle Gussteile stellen aus Sicht der A-AG weder Rohstoffe noch fertige Erzeugnisse, sondern unfertige Erzeugnisse dar.

Tab. 4.21: Kapitalkonsolidierung bei Vorliegen einer HB II von B für t_2

Tab. 4.22: Summenbilanz ohne Überleitung der HB I zur HB II von B für t_2

Konsolidierungsbilanz zum 31.12.t_2

	Summe	Konsolidierung	Summe		Summe	Konsolidierung	Summe
Geschäfts- oder Firmenwert	242,0		242,0	Kapital	1.998,0	-498,0	1.500,0
Beteiligung	1.500,0	-1.500,0	0,0	Gewinnrücklagen	325,9		325,9
Grund/Boden	13.500,0		13.500,0	Neubewertungsrücklage	760,0	-760,0	0,0
Gebäude	6.150,0		6.150,0	Aufdeckung GoF	242,0	-242,0	0,0
Maschinen	1.250,0		1.250,0	Jahresergebnis	-97,3		-97,3
Rohstoffe	0,0		0,0	Eigenkapital	3.228,6	-1.500,0	1.728,6
Fertige Erzeugnisse	10,0		10,0	Rückstellungen	9.800,0		9.800,0
Ford. aus LuL gegen A	4.480,0		4.480,0	Verbindlichkeiten	16.261,5		16.261,5
Bank	6.638,1		6.638,1	Verbl. aus LuL gegenüber B	4.480,0		4.480,0
	33.770,1	-1.500,0	32.270,1		33.770,1	-1.500,0	32.270,1

Summenabschluss zum 31.12.t_2

	HB I A	HB I B	Summe		HB I A	HB I B	Summe
Beteiligung	1.500,0	0,0	1.500,0	Kapital	1.500,0	498,0	1.998,0
Grund/Boden	8.000,0	5.000,0	13.000,0	Verlustvortrag/Gewinnrücklagen	-499,1	825,0	325,9
Gebäude	4.500,0	1.350,0	5.850,0	Jahresergebnis	7,7	-105,0	-97,3
Maschinen	800,0	400,0	1.200,0	Eigenkapital	1.008,6	1.218,0	2.226,6
Rohstoffe	0,0	0,0	0,0	Rückstellungen	7.200,0	2.500,0	9.700,0
Fertige Erzeugnisse	0,0	0,0	0,0	Verbindlichkeiten	8.749,5	7.512,0	16.261,5
Ford. aus LuL gegen A	0,0	4.480,0	4.480,0	Verbl. aus LuL gegenüber B	4.480,0	0,0	4.480,0
Bank	6.638,1	0,0	6.638,1				
	21.438,1	11.230,0	32.668,1		21.438,1	11.230,0	32.668,1

Tab. 4.23: Kapitalkonsolidierung ohne Vorliegen einer HB II von B für t_2

Tab. 4.24: Bilanz-Fortschreibung der stillen Reserven und Lasten sowie des GoF für t_2

Tab. 4.23 — Konsolidierungsbilanz zum 31.12.t_2

	Summe	Konsolidierung	Summe		Summe	Konsolidierung	Summe
Geschäfts- oder Firmenwert	0,0	242,0	242,0	Kapital	1.998,0	-498,0	1.500,0
Beteiligung	1.500,0	-1.500,0	0,0	Gewinnrücklagen	325,9		325,9
Grund/Boden	13.000,0	500,0	13.500,0	Jahresergebnis	-97,3		-97,3
Gebäude	5.850,0	300,0	6.150,0	Eigenkapital	2.226,6	-498,0	1.728,6
Maschinen	1.200,0	50,0	1.250,0	Rückstellungen	9.700,0	100,0	9.800,0
Rohstoffe	0,0		0,0	Verbindlichkeiten	16.261,5		16.261,5
Fertige Erzeugnisse	0,0	10,0	10,0	Verbl. aus LuL. gegenüber B	4.480,0		4.480,0
Ford. aus LuL. gegen A	4.480,0		4.480,0				
Bank	6.638,1		6.638,1				
	32.668,1	-398,0	32.270,1		32.668,1	-398,0	32.270,1

Tab. 4.24 — Konsolidierungsbilanz zum 31.12.t_2

	Summe	Konsolidierung	Summe		Summe	Konsolidierung	Summe
Geschäfts- oder Firmenwert	242,0	-96,8	145,2	Kapital	1.500,0		1.500,0
Beteiligung	0,0		0,0	Gewinnrücklagen	325,9	-78,4	247,5
Grund/Boden	13.500,0		13.500,0	Jahresergebnis	-97,3	-68,4	-165,7
Gebäude	6.150,0	-30,0	6.120,0	Eigenkapital	1.728,6	-146,8	1.581,8
Maschinen	1.250,0	-10,0	1.240,0	Rückstellungen	9.800,0		9.800,0
Rohstoffe	0,0		0,0	Verbindlichkeiten	16.261,5		16.261,5
Fertige Erzeugnisse	10,0	-10,0	0,0	Verbl. aus LuL. gegenüber B	4.480,0		4.480,0
Ford. aus LuL. gegen A	4.480,0		4.480,0				
Bank	6.638,1		6.638,1				
	32.270,1	-146,8	32.123,3		32.270,1	-146,8	32.123,3

Tab. 4.25: Fortschreibung der stillen Reserven und Lasten sowie des GoF für t_2 in der Gewinn- und Verlustrechnung

Konsolidierungs-Gewinn- und Verlustrechnung für t_2			
	Summe	Konsoli-dierung	Summe
Umsatzerlöse	1.310,0		1.310,0
Minderung des Bestands an fertigen und unfertigen Erzeugnissen	-652,0		-652,0
sonstige betriebliche Erträge	0,0		0,0
Materialaufwand	320,0		320,0
Personalaufwand	0,0		0,0
Abschreibungen			
Geschäfts- oder Firmenwert		48,4	48,4
Gebäude	325,0	15,0	340,0
Maschinen	150,0	5,0	155,0
sonstige betriebliche Aufwendungen	0,0		0,0
Zinsen und ähnliche Aufwendungen	0,0		0,0
Ertragsteuererstattung	39,7		39,7
Jahresergebnis	-97,3	-68,4	-165,7

Da aus Sicht der A-AG in t_1 nur unfertige Erzeugnisse vorlagen, ist der Abgang der beiden Gussteile bei A nicht als Materialaufwand, sondern über Bestandsänderungen zu erfassen.

Aus Sicht der A-AG wurden in t_2 die in t_1 zwischen den Konzernunternehmen geschaffenen Zwischengewinne durch Veräußerung der Gussteile bzw. Gussgehäuse an fremde Dritte realisiert $(6 \cdot (160 - 151) = 54)$.

Buchungssätze (siehe Tab. 4.27–4.28, S. 342, S. 343):

Bestandsänderungen	320	an	Materialaufwand	320
Gewinnrücklagen	54	an	Bestandsänderungen	54

d) Aufwands- und Ertragskonsolidierung für t_2

Da in t_2 keine konzerninternen Transaktionen vorlagen, **entfällt** die Aufwands- und Ertragskonsolidierung.

Tab. 4.26:   Schuldenkonsolidierung für t_2

Konsolidierungsbilanz zum 31.12.t_2

	Summe	Konsolidierung	Summe		Summe	Konsolidierung	Summe
Geschäfts- oder Firmenwert	145,2		145,2	Kapital	1.500,0		1.500,0
Beteiligung	0,0		0,0	Gewinnrücklagen	247,5		247,5
Grund/Boden	13.500,0		13.500,0	Jahresergebnis	-165,7		-165,7
Gebäude	6.120,0		6.120,0	Eigenkapital	1.581,8		1.581,8
Maschinen	1.240,0		1.240,0	Rückstellungen	9.800,0		9.800,0
Rohstoffe	0,0		0,0	Verbindlichkeiten	16.261,5		16.261,5
Fertige Erzeugnisse	0,0		0,0	Verbl. aus LuL. gegenüber B	4.480,0	-4.480,0	0,0
Ford. aus LuL gegen A	4.480,0	-4.480,0	0,0				
Bank	6.638,1		6.638,1				
	6.638,1						
	32.123,3	-4.480,0	27.643,3		32.123,3	-4.480,0	27.643,3

Tab. 4.27:   Zwischenerfolgseliminierung in der Bilanz für t_2

Konsolidierungsbilanz zum 31.12.t_2

	Summe	Konsolidierung	Summe		Summe	Konsolidierung	Summe
Geschäfts- oder Firmenwert	145,2		145,2	Kapital	1.500,0		1.500,0
Beteiligung	0,0		0,0	Gewinnrücklagen	247,5	-54,0	193,5
Grund/Boden	13.500,0		13.500,0	Jahresergebnis	-165,7	54,0	-111,7
Gebäude	6.120,0		6.120,0	Eigenkapital	1.581,8	0,0	1.581,8
Maschinen	1.240,0		1.240,0	Rückstellungen	9.800,0		9.800,0
Rohstoffe	0,0		0,0	Verbindlichkeiten	16.261,5		16.261,5
Fertige Erzeugnisse	0,0		0,0	Verbl. aus LuL. gegenüber B	0,0		0,0
Ford. aus LuL gegen A	0,0		0,0				
Bank	6.638,1		6.638,1				
	6.638,1						
	27.643,3	0,0	27.643,3		27.643,3	0,0	27.643,3

Tab. 4.28: Zwischenerfolgseliminierung in der Gewinn- und Verlustrechnung für t_2

Konsolidierungs-Gewinn- und Verlustrechnung für t_2			
	Summe	Konsoli-dierung	Summe
Umsatzerlöse	1.310,0		1.310,0
Minderung des Bestands an fertigen und unfertigen Erzeugnissen	-652,0	-266,0	-918,0
sonstige betriebliche Erträge	0,0		0,0
Materialaufwand	320,0	-320,0	0,0
Personalaufwand	0,0		0,0
Abschreibungen			
Geschäfts- oder Firmenwert	48,4		48,4
Gebäude	340,0		340,0
Maschinen	155,0		155,0
sonstige betriebliche Aufwendungen	0,0		0,0
Zinsen und ähnliche Aufwendungen	0,0		0,0
Ertragsteuererstattung	39,7		39,7
Jahresergebnis	-165,7	54,0	-111,7

Damit ergibt sich folgender **Konzernabschluss für t_2**:

Konzernbilanz zum 31.12.t_2			
Geschäfts- oder Firmenwert	145,2	Kapital	1.500,0
Grund/Boden	13.500,0	Gewinnrücklagen	193,49
Gebäude	6.120,0	Jahresergebnis	-111,7
Maschinen	1.240,0	Eigenkapital	1.581,8
Bank	6.638,1	Rückstellungen	9.800,0
		Verbindlichkeiten	16.261,5
	27.643,3		27.643,3

Konzern-Gewinn- und Verlustrechnung für t_2	
Umsatzerlöse	1.310,0
Minderung des Bestands an fertigen und unfertigen Erzeugnissen	-918,0
Abschreibungen	
Geschäfts- oder Firmenwert	48,4
Gebäude	340,0
Maschinen	155,0
Ertragsteuererstattung	39,7
Jahresergebnis	-111,7

4.2   Rechtliche Grundlagen des Konzernabschlusses

Eine Pflicht zur Aufstellung eines Konzernabschlusses kann sich aus den Vorschriften des HGB oder des Publizitätsgesetzes (PublG) ergeben. Während das HGB nur die Aufstellungspflicht von Kapitalgesellschaften regelt, sind die Vorschriften des PublG für Nicht-Kapitalgesellschaften bestimmt. §§ 11 ff. PublG verweisen nach der Definition von Größenmerkmalen im Wesentlichen auf das HGB, so dass im Folgenden nur auf HGB-Regelungen eingegangen wird.

Die gesetzlichen Vertreter einer Kapitalgesellschaft (Mutterunternehmen) mit Sitz im Inland haben gemäß § 290 Abs. 1 HGB für das vergangene Konzerngeschäftsjahr einen Konzernabschluss und einen Konzernlagebericht aufzustellen, wenn das Mutterunternehmen die Möglichkeit hat, auf ein anderes Unternehmen (Tochterunternehmen) unmittelbar oder mittelbar einen **beherrschenden Einfluss** auszuüben. Befreiungstatbestände ergeben sich aus § 290 Abs. 5 HGB, §§ 291–293 HGB.

§ 290 Abs. 2 HGB definiert, wann ein beherrschender Einfluss vorliegt. Beherrschender Einfluss eines Mutterunternehmens besteht danach stets, wenn

1. ihm bei dem anderen Unternehmen die Mehrheit der Stimmrechte der Gesellschafter zusteht;
2. ihm bei einem anderen Unternehmen das Recht zusteht, die Mehrheit der Mitglieder des die Finanz- und Geschäftspolitik bestimmenden Verwaltungs-, Leitungs- oder Aufsichtsorgans zu bestellen oder abzuberufen, und es gleichzeitig Gesellschafter ist;
3. ihm das Recht zusteht, die Finanz- und Geschäftspolitik auf Grund eines mit einem anderen Unternehmen geschlossenen Beherrschungsvertrages oder auf Grund einer Bestimmung in der Satzung des anderen Unternehmens zu bestimmen, oder
4. es bei wirtschaftlicher Betrachtung die Mehrheit der Risiken und Chancen eines Unternehmens trägt, das zur Erreichung eines eng begrenzten und genau definierten Ziels des Mutterunternehmens dient (Zweckgesellschaft). Neben Unternehmen können Zweckgesellschaften auch sonstige juristische Personen des Privatrechts oder unselbständige Sondervermögen des Privatrechts, ausgenommen Spezial-Sondervermögen im Sinne des § 2 Abs. 3 des Investmentgesetzes, sein.

Ein beherrschender Einfluss besteht bereits im Falle der Verwirklichung mindestens eines der genannten gleichrangigen Tatbestände.

Dem HGB liegt ein „Control-Konzept" zugrunde, das im Gegensatz zu IAS 27.13 ff. (rev. 2008) nur auf die bloße Möglichkeit der Beherrschung abzielt, ohne dass sie tatsächlich ausgeübt werden muss (**unwiderlegbare Vermutung**). Auch eine „Entherrschung" durch Stimmrechtsbindungsverträge kann daran nach h. M. nichts ändern (siehe z. B. *ADS*, § 290, Anm. 39). Sollten die oben aufgeführten unwiderlegbaren Beherrschungsvermutungen aber tatsächlich keine Möglichkeit zur Ausübung eines beherrschenden Einflusses begründen, so kann das **Einbeziehungswahlrecht** aufgrund der Beschränkung der Rechte des Mutterunternehmens in Anspruch genommen werden. Dinglich wirkende Ausübungsbeschränkungen, die auf Gesetz, Satzung oder Ähnlichem beruhen, sind hingegen stets zu berücksichtigen (siehe *DRS* 19, Tz. 17, 24).

Die obig genannten Tatbestände 1. bis 4. sind für das Bestehen eines beherrschenden Einflusses nicht abschließend. Ein darüber hinausgehendes Mutter-Tochter-Verhältnis kann sich auch aus der alleinigen Anwendung von § 290 Abs. 1 Satz 1 HGB ergeben. Das ist bspw. der

Fall bei nicht nur zufällig bestehenden Hauptversammlungspräsenzmehrheiten oder potentiellen Stimmrechten (siehe *DRS* 19, Tz. 16, 70). Da ein beherrschender Einfluss allgemein die Fähigkeit voraussetzt, direkt und/oder indirekt die Interessen des Mutterunternehmens bei allen wesentlichen finanz- und geschäftspolitischen **Entscheidungen auf Ebene** des Tochterunternehmens durchsetzen zu können, darf die Möglichkeit zur Ausübung eines beherrschenden Einflusses nicht so kurzfristig sein, dass eine Bestimmung der ökonomischen Aktivitäten nicht möglich ist. Zufällige Einflussmöglichkeiten erfüllen diese Voraussetzung nicht, so dass in jedem Einzelfall entsprechend der Aktivitäten des jeweiligen Unternehmens zukunftsgerichtet entschieden werden muss, ob der beherrschende Einfluss tatsächlich ausgeübt werden kann (siehe *DRS* 19, Tz. 11, 12).

Der **obige Tatbestand Nr. 1** stellt ausschließlich auf die **Stimmrechte** ab. Eine davon eventuell abweichende Kapitalbeteiligung ist hingegen irrelevant. Die Mehrheit der Stimmrechte liegt vor, wenn einem Unternehmen die absolute Mehrheit der Stimmrechte formal direkt oder indirekt zusteht.

Der Anteil der Stimmrechte bestimmt sich nach dem Verhältnis der Zahl der Stimmrechte, die einem Unternehmen direkt oder indirekt gehören, zur Gesamtzahl aller Stimmrechte. Von der Gesamtzahl aller Stimmrechte abzuziehen sind die Stimmrechte aus eigenen Anteilen, die dem Tochterunternehmen selbst, einem seiner Tochterunternehmen oder einer anderen Person für Rechnung dieser Unternehmen zustehen (§ 290 Abs. 4 HGB). Die Stimmrechtsmehrheit muss zudem rechtlich abgesichert sein. Bloße Präsenzmehrheiten auf der Hauptversammlung sowie potentielle Stimmrechte oder Ähnliches erfüllen diese Voraussetzung grundsätzlich nicht, es sei denn, es handelt sich, wie oben erwähnt, nicht nur um zufällig bestehende Hauptversammlungspräsenzmehrheiten (siehe *DRS* 19, Tz. 21, 22).

Der **Tatbestand Nr. 2** erfordert, dass das **Organ** die Möglichkeit hat, für die Finanz- und Geschäftspolitik des Unternehmens verantwortlich zu sein. Daher sind Besetzungsrechte für Organe, die keinen wesentlichen Einfluss auf die Finanz- und Geschäftspolitik besitzen, nicht relevant (z. B. fakultative Beiräte mit ausschließlicher Beratungsfunktion). Im deutschen dualistischen System der Unternehmensführung ist es grundsätzlich ausreichend, wenn die mehrheitlichen Bestellungs- und Abberufungsrechte entweder nur hinsichtlich des Geschäftsführungs- oder des Aufsichtsorgans bestehen.

Im Einzelfall kann es erforderlich sein zu prüfen, ob die Befugnisse eines Organs so stark eingeschränkt sind, dass von einer Bestimmung der Geschäfts- oder Finanzpolitik durch dieses Organ nicht ausgegangen werden kann (z. B. bei wesentlichen Beschränkungen der Geschäftsführungsbefugnisse des Leitungsorgans durch Genehmigungsvorbehalte des Aufsichtsorgans).

Die Bestellungs- oder Abberufungsrechte müssen für die absolute Mehrheit der Mitglieder des relevanten Organs bestehen, eingeschlossen solche Organe, die (paritätisch) durch die Entsendung von Arbeitnehmervertretern besetzt werden. Dabei sind spezifische Regelungen (z. B. Stichentscheid des Vorsitzenden) zu berücksichtigen. Es reicht auch aus, wenn nur ein mehrheitliches Bestellungsrecht oder nur ein mehrheitliches Abberufungsrecht besteht, was jedoch rechtlich gesichert sein muss. Faktische Möglichkeiten, wie bspw. aufgrund einer Präsenzmehrheit auf der Hauptversammlung, erfüllen diesen Tatbestand nicht. (siehe *DRS* 19, Tz. 27–29)

Die im **Tatbestand Nr. 4** beschriebenen „**Zweckgesellschaften**" zeichnen sich i. d. R. dadurch aus, dass Zielsetzung und Tätigkeitsbereich im Unterschied zu anderen Unternehmen so stark eingeschränkt sind, dass es im Zeitablauf keiner (wesentlichen) Anpassungen an geänderte äußere Umstände bedarf, daher kein aktives und laufendes Management erforderlich ist („Autopilot"). Dem steht nicht entgegen, dass trotz eng definierter Zwecksetzung ein entsprechender Entscheidungs- und Handlungsspielraum verbleibt. Eine Zweckgesellschaft muss auch nicht unbedingt genau ein Ziel oder ausschließlich Ziele des Mutterunternehmens bzw. des Konzerns verfolgen.

Unternehmen mit eng begrenzten und genau definierten Zielsetzungen können bspw. Leasingobjektgesellschaften, Forschungs- und Entwicklungsgesellschaften, Projektabwicklungsgesellschaften oder Verbriefungsvehikel sein. Die Zielsetzung der Zweckgesellschaft bildet den Ausgangspunkt für die Beurteilung der mit der Zweckgesellschaft verbundenen Risiken und Chancen (siehe *DRS* 19, Tz. 39, 41).

Risiken sind nach Auffassung des DRSC dem Grunde oder der Höhe nach unsichere negative finanzielle Auswirkungen auf die Vermögens-, Finanz- und Ertragslage des Konzerns, die sich aus der Geschäftstätigkeit der Zweckgesellschaft oder aus Beziehungen des Mutterunternehmens zur Zweckgesellschaft ergeben. Dazu gehören Verlustübernahmen, (Kapital-) Einlagen- oder Darlehensverluste, die Inanspruchnahme aus Bürgschaften, Patronatserklärungen oder sonstigen Bonitäts- oder Ertragsgarantien, Stillhalterverpflichtungen sowie nicht marktübliche (ungünstige) Konditionen hinsichtlich Lieferungen und sonstiger Leistungen. **Chancen** hingegen sind dem Grunde oder der Höhe nach unsichere positive finanzielle Auswirkungen, wie z. B. Gewinnbeteiligungen, Teilhabe an Wertsteigerungen und Liquidationserlösen, Kosteneinsparung/-reduktion sowie nicht marktübliche (günstige) Konditionen bezüglich Lieferungen und sonstiger Leistungen. (siehe *DRS* 19, Tz. 51, 52)

Mehrheit an Risiken und Chancen bedeutet die absolute Mehrheit. Hat ein Beteiligter an einer Zweckgesellschaft lediglich die relative Mehrheit der Risiken und Chancen, erfüllt dieser Sachverhalt nicht die Voraussetzung § 290 Abs. 2 Nr. 4 HGB.

Basis für die Ermittlung der Mehrheit der Risiken und Chancen ist die **Gesamtheit** künftiger zweckgesellschaftsbezogenen Risiken und Chancen, d. h. bereits realisierte werden nicht betrachtet. Darunter fallen bspw. Risiken in Form von Kaufpreisabschlägen beim Ankauf von Forderungen im Zusammenhang mit einer ABS-Transaktion oder Gewinne aus einer sale-and-lease-back-Transaktion, die dem Verkäufer unentziehbar zugeflossen sind. Gleiches gilt für überwälzte Risiken (z. B. auf Rückversicherungsunternehmen). (siehe *DRS* 19, Tz. 54, 55)

Eine **Zweckgesellschaft** kann nach den Kriterien § 290 Abs. 2 HGB Tochtergesellschaft von mehr als einem Mutterunternehmen sein (**Mehrfach-Mutter-Tochter-Verhältnis**), da z. B. eine Mutterunternehmen die Mehrheit der Stimmrechte besitzt, ein anderes aber bei wirtschaftlicher Betrachtung die Mehrheit der Risiken und Chancen dieses Unternehmens trägt.

Im Schrifttum wird die Ansicht vertreten, dass bei mehrfacher Erfüllung der unwiderlegbaren Beherrschungsvermutungen des § 290 Abs. 2 HGB durch mehrere Mutterunternehmen durch teleologische Reduktion des § 290 Abs. 2 HGB derjenige Tatbestand zur Anwendung kommen solle, der dem Konzept des beherrschenden Einflusses entspricht (so auch IAS 27.13 (rev. 2008)). Das IDW vertritt die Auffassung, dass § 290 Abs. 2 Nr. 1 HGB eine unwiderlegbare Vermutung darstellt und deshalb einer teleologischen Reduktion nicht zugänglich ist, da die Mitgliedsstaaten durch Art. 1 Abs. 1 lit. a der 7. EG-RL verpflichtet sind, im Falle einer Stimmrechtsmehrheit eine Konsolidierungspflicht zu kodifizieren. Ein Ausweg ist hier die oben angesprochene Möglichkeit, eine Konsolidierung durch Ausübung des

Einbeziehungswahlrechts § 296 Abs. 1 Nr. 1 HGB wegen erheblicher und dauernder Beschränkung der Ausübung der Rechte des MU zu vermeiden (siehe WP-Handbuch 2012, Band 1, Abschnitt M, Rz. 67).

Unabhängig davon sind die Vermögensgegenstände und Schulden auch im Konzernabschluss in der Bilanz desjenigen auszuweisen, dem sie wirtschaftlich zuzurechnen sind. Da Zweckgesellschaften gerade der **wirtschaftlichen Betrachtungsweise** unterliegen, kann zwar ein Mehrfach-Mutter-Tochter-Verhältnis bestehen, auf der Ebene der Konsolidierung ist aber im Fall des Verzichts auf Ausübung des Einbeziehungswahlrechts nach § 296 Abs. 1 Nr.1 HGB zu prüfen, wem „beim Auflösen des rechtlichen Mantels", d. h. beim Übergang zur reinen Sachgesamtheit, die Vermögensgegenstände und Schulden zuzurechnen sind. Eine Zurechnung der Vermögensgegenstände und Schulden erfolgt bei dem Mutterunternehmen, dem die Mehrheit der Risiken und Chancen des beherrschten Unternehmens zugerechnet werden (§ 246 Abs. 1 HGB i. V. m. § 298 Abs. 1 HGB). Dem anderen formal-rechtlichen Mutterunternehmen bleibt hingegen nichts, was zu konsolidieren wäre; die Beteiligung ist zu übernehmen oder nach der Equity-Methode zu bewerten.

In den Konzernabschluss sind gemäß § 294 Abs. 1 HGB das Mutterunternehmen sowie alle unmittelbaren und mittelbaren **Tochterunternehmen** unabhängig von ihrem Sitz mittels Vollkonsolidierung **einzubeziehen**, soweit die Einbeziehung eines oder mehrerer Tochterunternehmen nicht unterbleibt.

Ausnahmen von der Einbeziehung erfordern die Erfüllung der Voraussetzungen für die Inanspruchnahme eines oder mehrerer der Einbeziehungswahlrechte nach § 296 HGB. Gemäß § 296 HGB braucht ein Tochterunternehmen nicht in den Konzernabschluss einbezogen zu werden, wenn

1. erhebliche und andauernde Beschränkungen die Ausübung der Rechte des Mutterunternehmens in Bezug auf das Vermögen oder die Geschäftsführung dieses Unternehmens nachhaltig beeinträchtigen,
2. die für die Aufstellung des Konzernabschlusses erforderlichen Angaben nicht ohne unverhältnismäßig hohe Kosten oder Verzögerungen zu erhalten sind,
3. die Anteile des Tochterunternehmens ausschließlich zum Zwecke ihrer Weiterveräußerung gehalten werden oder
4. es für die Verpflichtung, ein den tatsächlichen Verhältnissen entsprechendes Bild der Vermögens-, Finanz- und Ertragslage des Konzerns zu vermitteln, von untergeordneter Bedeutung ist; soweit mehrere Tochterunternehmen diese Voraussetzung erfüllen, sind diese Unternehmen in den Konzernabschluss einzubeziehen, wenn sie zusammen nicht von untergeordneter Bedeutung sind.

Bezüglich der Konkretisierung dieser Voraussetzungen wird auf *DRS* 19, Tz. 81–106 verwiesen.

Wird auf die Einbeziehung verzichtet, dann sind die Voraussetzungen für die Inanspruchnahme des Wahlrechtes laufend zu prüfen. Liegen die Voraussetzungen nicht mehr vor, ist die Einbeziehung spätestens zu dem Zeitpunkt erforderlich, ab dem die Voraussetzungen nicht mehr bestehen.

Die Ausübung der Einbeziehungswahlrechte unterliegt dem **Stetigkeitsgebot**. Ausnahmen vom Stetigkeitsgebot bestehen in den Fällen, in denen die Voraussetzungen für die Inanspruchnahme entfallen sind, eine geänderte Ausübung die Aussagekraft des Konzernabschlusses verbessert oder die Auswirkungen unwesentlich sind (siehe *DRS* 19, Tz. 79, 80).

Ein Konzernabschluss besteht aus der Konzernbilanz, der Konzern-Gewinn- und Verlustrechnung, dem Konzernanhang sowie, abweichend zum Einzelabschluss nicht kapitalmarktorientierten Kapitalgesellschaft, aus einer Kapitalflussrechnung und einem Eigenkapitalspiegel. Eine Segmentberichterstattung ist Wahlrechtsbestandteil (§ 297 Abs. 1 HGB). Der Konzernabschluss ist um eine Lagebericht zu ergänzen (§ 315 HGB).

Unternehmen, die nach §§ 290 – 293 HGB **als Mutterunternehmen identifiziert** wurden, müssen oder dürfen statt eines HGB-Konzernabschlusses eine um HGB-Regelungen erweiterten **IFRS-Abschluss** aufstellen. Die IFRS-Regelungen gelten für die Abgrenzung des Konsolidierungskreises und für die materielle Ausgestaltung des Konzernabschlusses. Der IFRS-Konzernabschluss besteht aus der Konzernbilanz, der Konzern-Gewinn- und Verlustrechnung, dem Konzernanhang, einer Kapitalflussrechnung, einem Eigenkapitalspiegel und einer Segmentberichterstattung. Dieser ist um einen HGB-Lagebericht zu ergänzen (§ 315a HGB).

Die Pflicht zur Anwendung der IFRS betrifft Unternehmen, die unter Artikel 4 der Verordnung (EG) Nr. 1606/2002 des Europäischen Parlaments und des Rates vom 19. Juli 2002 in der jeweils geltenden Fassung fallen, sowie Unternehmen, die bis zum jeweiligen Bilanzstichtag die Zulassung eines Wertpapiers im Sinne des § 2 Abs. 1 Satz 1 des Wertpapierhandelsgesetzes zum Handel an einem organisierten Markt im Sinne des § 2 Abs. 5 des Wertpapierhandelsgesetzes im Inland beantragt haben. Für nicht darunter fallende Mutterunternehmen besteht hingegen das Anwendungswahlrecht.

4.3 Latente Steuern im Konzernabschluss

Die **Abgrenzung latenter Steuern** ist in den §§ 274, 306 HGB geregelt. Die erforderlichen Anhangangaben finden sich in §§ 285 Nr. 29 und 314 Abs. 1 Nr. 21 HGB. *DRS* 18 konkretisiert diese HGB-Vorschriften und ist im Rahmen der Vollkonsolidierung (§§ 290 ff. HGB), Quotenkonsolidierung (§ 310 HGB) und der Konsolidierung assoziierter Unternehmen (§ 312 HGB) anzuwenden.

Nach § 306 HGB sind für eine sich insgesamt ergebende Steuerbelastung **passive latente Steuern** und für eine sich insgesamt ergebende Steuerentlastung **aktive latente Steuern** in der Konzernbilanz anzusetzen, wenn

1. diese auf **Differenzen** zwischen den handelsrechtlichen Wertansätzen der Vermögensgegenstände, Schulden oder Rechnungsabgrenzungsposten und deren steuerlichen Wertansätzen beruhen,
2. durch **Konsolidierungsmaßnahmen** ausgelöst worden sind und
3. sich diese Differenzen in späteren Geschäftsjahren voraussichtlich wieder **abbauen**.

Von der latenten Steuerabgrenzung **ausgenommen** sind:

1. Differenzen zwischen dem steuerlichen Wertansatz einer **Beteiligung** an einem Tochterunternehmen, assoziierten Unternehmen oder einem Gemeinschaftsunternehmen und dem handelsrechtlichen Wertansatz des im Konzernabschluss angesetzten Nettovermögens, sowie

2. die Differenz aus dem Ansatz eines **Geschäfts- und Firmenwertes** bzw. eines nach dem Eigenkapital auszuweisenden „**Unterschiedsbetrags aus der Kapitalkonsolidierung**".

Bis zur Bilanzrechtsmodernisierung 2009 basierte der Ansatz latenter Steuern im deutschen Handelsrecht auf APB Opinion No. 11 a. F. (*Timing*-Konzept). Charakteristisch für das *Timing*-Konzept ist, dass nur Unterschiede zwischen dem handels- und dem steuerlichen Ergebnis aufgrund abweichender Ansatz- und Bewertungsmaßnahmen betrachtete werden, wobei die Entstehung als auch die Umkehrung erfolgswirksam sein, sich also über die Gewinn- und Verlustrechnung vollziehen muss. Da im Zeitpunkt der Erstkonsolidierung keine Differenz zwischen der Summe der Einzelergebnisse der in den Konzernabschluss einbezogenen Unternehmen und dem im Konzernabschluss ausgewiesenen Jahresergebnis aufgrund erfolgsneutral aufzudeckender stiller Reserven und Lasten entsteht, liegen nach dem *Timing*-Konzept bei Kapital-Erstkonsolidierung nur unbeachtliche zeitlich-permanente Differenzen vor. Steuerlatenzen konnten daher nach § 306 HGB a. F. (bis BilMoG) nicht entstehen. Das DRSC forderte aber bereits schon zu dieser Zeit abweichend zur gesetzlichen Vorgabe und zumindest im Rahmen der Kapitalkonsolidierung eine international übliche Steuerabgrenzung (*DRS* 10 a. F., Tz. 16).

Mit der Bilanzrechtsmodernisierung 2009 ist die latente Steuerabgrenzung des HGB an die Ausgestaltung in den IFRS/US-GAAP angelehnt worden. Der Abgrenzung liegt konzeptionell das *Temporary*-Konzept zugrunde. Die Bilanzierung basiert allerdings auch weiterhin auf der *Liability*-Methode, ergänzt um eigene Ausweisposten (§ 266 Abs. 2 D. und Abs. 3 E. HGB).

Charakteristisch für das *Temporary*-Konzept ist dessen **Bilanzorientierung**. Danach sind, ausgenommen der beiden auf S. 348 genannten Tatbestände, alle sich im Zeitablauf ausgleichenden **(temporären) Differenzen** zwischen den handelsrechtlichen und steuerlichen Wertansätzen zu berücksichtigen, unabhängig von ihrer Entstehung. Dazu zählen auch quasi zeitlich unbegrenzte Differenzen, die sich möglicherweise erst im Liquidationszeitpunkt ausgleichen werden (z. B. aufgedeckte stille Reserven bei Grund und Boden). Das *Temporary*-Konzept ist damit umfassender als das *Timing*-Konzept.

Systematisch ausgeschlossen sind (wie bisher) permanente Differenzen, die z. B. aus steuerlich nicht abzugsfähigen Betriebsausgaben sowie nicht steuerbaren oder steuerfreien Erträgen resultieren.

In Anlehnung an die IFRS ist unter **steuerlichem Wert eines Vermögensgegenstands** der Betrag zu verstehen, der für steuerliche Zwecke von allen zu versteuernden wirtschaftlichen Vorteilen abgezogen werden kann, die einem Unternehmen bei Realisierung des Buchwertes des Vermögensgegenstands zufließen werden (siehe *DRS* 18, Tz. 8).

Der **Steuerwert einer Schuld** hingegen ist deren Buchwert abzüglich aller Beträge, die für steuerliche Zwecke hinsichtlich dieser Schuld in zukünftigen Perioden abzugsfähig sind. Im Falle von im Voraus gezahlten Erlösen ist der Steuerwert der sich ergebenden Schuld ihr Buchwert abzüglich aller Beträge aus diesen Erlösen, die in Folgeperioden nicht besteuert werden (IAS 12.8 (rev. 2011) mit Beispielen).

Aus Gründen der Systematisierung wird im Schrifttum bezüglich des *Temporary*-Konzepts zwischen „Inside-based Differences" und „Outside-based Differences" unterschieden.

„**Inside-based Differences**" betreffen immer solche Differenzen, die zwischen den handelsrechtlichen Wertansätzen der Vermögensgegenstände, Schulden oder Rechnungsabgrenzungsposten und deren steuerlichen Wertansätzen bestehen. Diese lassen sich in „Inside-based Differences" I und II unterscheiden.

„Inside-based Differences" I resultieren zum einen aus abzugsfähigen temporären Differenzen auf Ebene des Einzelabschlusses (HB I) eines Tochterunternehmens (Buchwert der Handelsbilanz I vs. Buchwert in der Steuerbilanz). Zum anderen entstehen sie aus der Anpassung des Abschlusses des Tochterunternehmens an die konzerneinheitlichen Ansatz- und Bewertungsgrundsätze sowie die Währungsumrechnung (Buchwert der Handelsbilanz II/III vs. Buchwert in der Steuerbilanz). Die gesetzliche Grundlage für diese „Inside-based Differences" findet sich in § 274, § 298 Abs. 1 HGB.

„Inside-based Differences" II betreffen die nach § 306 HGB zu berücksichtigenden Differenzen aufgrund der Maßnahmen i. S. v. § 300–§ 307 HGB. Neben den Konsolidierungsmaßnahmen gehört auch die vollständige Übernahme von nach HGB ansatzpflichtigen Vermögensgegenständen, Schulden und Rechnungsabgrenzungsposten einbezogener Unternehmen in den Konzernabschluss, unabhängig von ihrer Berücksichtigung in den Jahresabschlüssen dieser Unternehmen, sowie die Ausübung der nach dem Recht des Mutterunternehmens zulässigen Bilanzierungswahlrechte dazu (§ 300 Abs. 2 HGB).

„Outside-based Differences" sind Differenzen zwischen dem steuerlichen Wertansatz einer Beteiligung an einem Tochterunternehmen, assoziierten Unternehmen oder einem Gemeinschaftsunternehmen und dem handelsrechtlichen Wertansatz des im Konzernabschluss angesetzten Nettovermögens. Im Zeitpunkt der Erstkonsolidierung entstehen solche Differenzen i. d. R. nicht, da der Kaufpreis (= Buchwert) der Beteiligung auf die erworbene Sachgesamtheit aufgeteilt wird. In Folgeperioden kann aber durch das in den Konzernabschluss übernommene Ergebnis konsolidierter Unternehmen oder die Abschreibung eines etwaigen Geschäfts- oder Firmenwerts eine Differenz zum steuerlichen Beteiligungsbuchwert entstehen. Bezüglich der zu übernehmenden Ergebnisse liegen, soweit Kapitalgesellschaften ihren Sitz in Deutschland haben und die von ihr gehaltenen Beteiligungen zu Beginn des Kalenderjahres unmittelbar mindestens 10 Prozent des Grund- oder Stammkapitals der Beteiligungsunternehmen beträgt, aufgrund der Steuerfreistellung von Beteiligungserträgen nach § 8b Abs. 1 KStG (von § 8b Abs. 5 KStG sei abgesehen) permanente Differenzen vor, so dass daraus insoweit systematisch keine Steuerlatenzen resultieren. Unabhängig davon sind „Outside-based Differences" im HGB-Abschluss bei der Steuerabgrenzung generell unbeachtlich (siehe obige Ausnahmen).

Die im Konzernabschluss zu berücksichtigenden temporären Unterschiede sind durch einen **Vergleich** der Konzernabschlussbuchwerte mit den Buchwerten der Steuerbilanzen zu ermittelt. Die Steuerwerte für den Konzernkreis sind den jeweiligen Steuererklärungen für den ertragsteuerlichen Organträger (siehe *DRS* 18, Tz. 32) oder für die Einzelunternehmen des jeweiligen Steuerrechtskreises zu entnehmen (siehe IAS 12.11 (rev. 2011); siehe *DRS* 18, Tz. 36).

Im Falle einer **ertragsteuerlichen Organschaft** ergeben sich die temporären Differenzen aus dem Vergleich der handelsrechtlichen Buchwerten von Vermögensgegenständen, Schulden oder Rechnungsabgrenzungsposten der Organgesellschaft und den korrespondierenden steuerlichen Wertansätzen im Abschluss des Organträgers als Steuersubjekt. Der Ansatz latenter Steuern beim Organträger für temporäre Differenzen bei Organgesellschaften darf nur für die erwartete Laufzeit der Organschaft erfolgen. Latente Steuern für künftige Steuerbe- oder -entlastungen in Perioden nach Beendigung der Organschaft sind bei den Organge-sellschaften anzusetzen (siehe *DRS* 18, Tz. 32).

Bei Personengesellschaften sind neben der Gesamthandsbilanz auch die **steuerlichen Er-gänzungsbilanzen** einzubeziehen. Steuerliche **Sonderbilanzen** einzelner Gesellschafter gehören nicht zu den handelsrechtlich relevanten Vermögensgegenständen und Schulden der Personengesellschaft. Ausnahmsweise sind Sonderbilanzen nur dann zu berücksichtigen, wenn sowohl die Personengesellschaft als auch die Gesellschafter Teil des Konsolidierungs-kreises sind (siehe *DRS* 18, Tz. 39).

Zusätzlich zu temporären Differenzen zwischen handels- und steuerlichen Wertansätzen sind auch **steuerliche Verlustvorträge** bei der Berechnung aktiver latenter Steuern zu berück-sichtigen, soweit die Realisierung der Steuerentlastung aus dem Verlustvortrag innerhalb der nächsten fünf Jahre erwartet werden kann (§ 274 Abs. 1 Satz 3 HGB, *DRS* 18, Tz. 18). Dafür erforderlich ist eine Unternehmensplanung mit einer darauf aufbauenden Steuerplanungs-rechnung.

Die **Beurteilung der Realisierung** temporärer Differenzen hat objektiv, auf der Grundlage der am Bilanzstichtag vorliegenden und spätestens bei Aufstellung der Bilanz zu treffenden Einschätzungen unter Berücksichtigung des Vorsichtsprinzips zu erfolgen (siehe *DRS* 18, Tz. 24).

Für die **Berechnung** einer latenten Steuer (Wert der latenten Steuer = temporäre Differenz · Steuersatz) ist der zum Zeitpunkt des Abbaus der Differenz voraussichtlich geltende indivi-duelle Steuersatz des Konzernunternehmens zugrunde zu legen, bei dem sich die Differenz voraussichtlich abbaut (prospektive Betrachtung). Dabei sind z. B. Gesetzesänderungen bei Bundessteuern zu berücksichtigen, sobald der Bundesrat der Gesetzesänderung vor oder am Bilanzstichtag zugestimmt hat. In vorherigen Geschäftsjahren gebildete latente Steuern sind dann entsprechend **erfolgswirksam** anzupassen.

Die Bewertung mit einem vereinheitlichten Steuersatz wird als **unzulässig** angesehen und allenfalls nur dann für möglich gehalten, wenn die daraus resultierende Abweichung im Vergleich zur korrekten Vorgehensweise unwesentlich ist. Im Rahmen der Aufstellung eines Zwischenberichts ist der Ermittlung des anzuwendenden Steuersatzes die beste Schätzung des gewichteten durchschnittlichen jährlichen Ertragsteuersatzes zugrunde zu legen. Sind unterschiedliche Steuersätze auf unterschiedliche Höhen der zu versteuernden Einkommen anzuwenden, sind latente Steueransprüche und latente Steuerschulden mit den Durch-schnittssätzen zu bewerten, deren Anwendung in den Perioden erwartet wird, in denen sich die temporären Unterschiede voraussichtlich abbauen (siehe *DRS* 18, Tz. 41–44). Eine **Dis-kontierung** der Beträge darf nicht erfolgen.

Da latente Steuern „Schatteneffekte" sind, die aus Ansatz- und Bewertungsunterschieden zwischen handels- und steuerlichen Wertansätzen resultieren, folgt deren **Bildung** der Art der **Entstehung** der Differenz. Entstehen sie z. B. erfolgsneutral im Rahmen der Kapitalerst-konsolidierung von Tochterunternehmen, dann erfolgt auch deren Bildung erfolgsneutral. Die **Auflösung** hingegen ist stets **erfolgswirksam** vorzunehmen und erfolgt immer dann, wenn sich die mit der latenten Steuer verbundene **Differenz abbaut**.

Ein Ausnahme besteht in den Fällen, in denen bei einem Unternehmenserwerb zum Erwerbs-zeitpunkt keine latente Steuern in der Konzernbilanz anzusetzen waren, aber aufgrund geän-derter Erwartungen innerhalb der darauf folgenden zwölf Monate anzusetzen sind (§ 301 Abs. 2 Satz 2 HGB). Diese sollen in Anlehnung an die IFRS erfolgsneutral gegen den Geschäfts- oder Firmenwert erfasst werden. Analog gilt dies für den umgekehrten Fall. Bei späteren Anpassungen greift wieder der Regelfall der erfolgswirksamen Korrektur (siehe *DRS* 18, Tz. 55).

Im Folgenden werden Bildung und Auflösung ausgewählter latenter Steuern im Konzernabschluss kurz beispielhaft dargestellt. Ausgangspunkt ist die **Kapitalkonsolidierung**.

Im Rahmen der Kapitalerstkonsolidierung sind alle bisher nicht erfassten Vermögensgegenstände und Schulden sowie sämtliche stillen Reserven und Lasten des zu konsolidierenden Unternehmens aufzudecken. Der Ansatz bisher nicht erfasster Vermögensgegenstände sowie die Aufdeckung stiller Reserven führen zu passiven Steuerlatenzen. Aktive Steuerlatenzen entstehen hingegen durch den Ansatz bisher nicht erfasster Schulden und stiller Lasten. Dies erklärt sich wie folgt (Wertangaben in TEUR):

Erwirbt ein Konzernunternehmen ein anderes im Konzernabschluss als Sachgesamtheit zu behandelndes Unternehmen, das z. B. eine Maschine besitzt (Buchwert = Steuerwert StW 100; Zeitwert 120), dann entsteht durch die Aufdeckung der stillen Reserve eine temporäre Differenz von 20 zwischen Zeitwert (ZW) (= Konzernanschaffungskosten KAK) und Steuerwert (20 = 120 – 100).

Unter der Fiktion einer sofortigen Weiterveräußerung der Maschine zum Zeitwert ist der Konzernerfolg 0 (ZW 120 – AKA 120 = 0). Steuerlich allerdings beträgt der Gewinn 20 (ZW 120 – StW 100 = 20). Bei einem Steuersatz von 30 % ergibt sich ein tatsächlicher Steueraufwand   von 6 (20 · 0,3 = 6). Aus Konzernsicht ergibt sich folgendes Bild:

Erlös		120
Buchwertabgang Maschine	–	120
Steueraufwand	–	6
Konzernerfolg	=	–6

Dieses Ergebnis bildet nicht den tatsächlichen Konzernerfolg ab. Um die richtige Abbildung zu erreichen, ist eine buchungstechnische Korrektur erforderlich. Dazu wäre ein passivischer Bilanzposten („Passive latente Steuern") gegen den Steueraufwand aufzulösen. Wäre dieser vorhanden, dann lautet die Buchung:

Passive latente Steuern   6   an   Steueraufwand   6

Aus Konzernsicht ergibt sich dann folgendes zutreffendes Bild:

Erlös		120
Buchwertabgang Maschine	–	120
Steueraufwand	–	6
Latente Steuer	+	6
Konzernerfolg	=	0

Ist neben der stillen Reserve auch eine stille Last in Form einer Rückstellung (100) aufzudecken, dann entsteht eine temporäre Differenz von –100 zwischen Zeitwert und Steuerwert (–100 = –100 – 0).

Unter der Fiktion einer sofortigen Realisierung der Schuld ist der Konzernerfolg 0, da die Schuld erfolgsneutral gegen Bank ausgebucht wird:

Rückstellung	100	an	Bank	100

Steuerlich allerdings liegt ein Verlust von 100 vor, da erst jetzt die Betriebsausgaben entstehen. Bei einem Steuersatz von 30 % ergibt sich ein tatsächlicher Steueraufwand von –30 (–100 · 0,3 = –30) bzw. ein Steuerertrag von 30. Aus Konzernsicht ergibt sich folgendes Bild:

Erlös		0
Aufwand	–	0
Steuerertrag	+	30
Konzernerfolg	=	30

Auch dieses Ergebnis bildet nicht den tatsächlichen Konzernerfolg ab. Um auch hier die richtige Abbildung zu erreichen, ist wiederum eine buchungstechnische Korrektur erforderlich. Dazu wäre ein aktivischer Bilanzposten („Aktive latente Steuern") gegen den Steueraufwand aufzulösen. Wäre dieser vorhanden, dann lautet die Buchung:

Steueraufwand	30	an	Aktive latente Steuern	30

Aus Konzernsicht ergibt sich dann folgendes zutreffendes Bild:

Erlös		0
Aufwand	–	0
Steueraufwand	+	30
Latente Steuer	–	30
Konzernerfolg	=	0

Modifikation von Beispiel 2 Fall 2 (S. 301)

B ist eine Kapitalgesellschaft mit Sitz in Deutschland. Der relevante Hebesatz der Gemeinde beträgt 390 %.

Es ergibt sich folgender Gesamtsteuersatz:

Körperschaftsteuersatz (§ 23 Abs. 1 KStG):	0,15 (15 %)
Gewerbesteuer (§ 16 GewStG)	+ 0,1365 (13,65 %) (= 0,035 · 3,9)
Messzahl (§ 11 Abs. 2 GewStG): 0,035 (3,5 %)	
Hebesatz: 3,9 (390 %)	
Gesamtsteuersatz	= 0,2865 (28,65 %)

Schritt 1: Aufdeckung der stillen Reserven und Lasten (ebenfalls in allen Folgejahren)

Buchung:

Grund und Boden	200	an	Kapital (Neubewertungsrücklage)	142,7
Gebäude	200		Rückstellung	200
Aktive latente Steuern	57,3*		Passive latente Steuern	114,6 **

* 0,2865 · 200 (Rückstellung) = 57,3

** 0,2865 · 400 (Grund und Boden sowie Gebäude) = 114,6

Schritt 2: Ausbuchung des Eigenkapitals B und der Beteiligung an B (Kapitalkonsolidierung) unter Aufdeckung des Geschäfts- oder Firmenwerts (ebenfalls in allen Folgejahren)

Buchung:

Geschäfts- oder Firmenwert (GoF)	5.457,3	an Beteiligung an B	9.000
Eigenkapital B	3.542,7		

* 3.400 (Buchwert Eigenkapital) + 142,7 (Neubewertungsrücklage) = 3.542,7

Unter Vernachlässigung von Transaktionen im Geschäftsjahr t_2 sind im Rahmen der **Folgebewertung** noch Abschreibungen bezüglich des Gebäudes und des Geschäfts- oder Firmenwerts vorzunehmen.

Da das Gebäude im Einzelabschluss von B bereits teilweise abgeschrieben wurde (1.300/20 Jahre = 65 pro Jahr), sind nur noch die aufgedeckten stillen Reserven des Gebäudes (200/20 Jahre = 10) sowie der Schatteneffekt auf die Minderung der stillen Reserve (Passive latente Steuern) (0,2865 · 10 = 2,865) zu berücksichtigen. Der Geschäfts- oder Firmenwert wird planmäßig über fünf Jahre abgeschrieben (5.457,3/5 Jahre = 1.091,5).

Buchung Schritt 3:

Abschreibungen (Jahresergebnis)	1.101,5	an Gebäude	10
Passive latente Steuern	2,865	Geschäfts- oder Firmenwert	1.091,5
		Steueraufwand (Jahresergebnis)	2,865

Zusammenfassender Überblick:

	31.12.t_2		Summen-Bilanz	Konsolidierung zum 31.12.t_2			Summe Konzern
	A	B		Schritt 1	Schritt 2	Schritt 3	
GoF	--		--		5.457,3	−1.091,5	**4.365,8**
Beteiligung	9.000		**9.000**		−9.000		--
Grund/Boden	--	2.000	**2.000**	200			**2.200**
Gebäude	--	1.235	**1.235**	200		−10	**1.425**
Bank	--	100	**100**				**100**
Aktive lat. St.	--	--	--	57,3			**57,3**
Summe	9.000	3.335	**12.335**	457,3	−3.542,7	−1.101,5	**8.148,1**
Kapital	9.000	3.400	**12.400**	142,7	−3.542,7		**9.000**
Jahresergebnis	--	−65	**−65**			−1.098,6	**−1.163,6**
Rückstellung	--	--	--	200			**200**
Passive lat. St.	--	--	--	114,6		−2,9	**111,7**
Summe	9.000	3.335	**12.335**	457,3	−3.542,7	−1.101,5	**8.148,1**

Fortführung modifizierter Fall 2 (siehe S. 301) für das Geschäftsjahr t_3:

Auch in t_3 bilden A und B einen Konzernverbund, der einen Konzernabschluss aufstellen muss. Die stillen Reserven und Lasten sollen auch hier auf der Grundlage der Summenbilanz berücksichtigt werden. Dabei ergeben sich folgende Buchungsschritte:

Schritt 1: Aufdeckung der stillen Reserven und Lasten

Buchung:

Grund und Boden	200	an	Kapital (Neubewertungsrücklage)	142,7
Gebäude	200		Rückstellung	200
Aktive latente Steuern	57,3		Passive latente Steuern	114,6

Schritt 2: Ausbuchung des Eigenkapitals B und der Beteiligung an B (Kapitalkonsolidierung) unter Aufdeckung des Geschäfts- oder Firmenwerts

Buchung:

| Geschäfts- oder Firmenwert (GoF) | 5.457,3 | an | Beteiligung an B | 9.000 |
| Eigenkapital B | 3.542,7 | | | |

Unter Vernachlässigung von Transaktionen im Geschäftsjahr t_3 sind im Rahmen der **Folgebewertung** noch Abschreibungen bezüglich des Gebäudes und des Geschäfts- oder Firmenwerts vorzunehmen. Da der Konzernabschluss jedes Geschäftsjahr neu entwickelt werden muss und keine „Konzernvortragswerte" existieren, sind auch die Abschreibungen für die Vorjahre (hier nur t_2) stets **erfolgsneutral** zu berücksichtigen. Die Abschreibungen des Geschäftsjahres werden **erfolgswirksam** gebucht.

Buchung Schritt 3:

a) erfolgsneutrale Nachholung der Abschreibungen für t_2

| Gewinnrücklagen (Kapital) | 1.098,635 | an | Gebäude | 10 |
| Passive latente Steuern | 2,865 | | Geschäfts- oder Firmenwert | 1.091,5 |

b) (erfolgswirksame) Abschreibung für t_3

Abschreibungen (Jahresergebnis)	1.101,5	an	Gebäude	10
Passive latente Steuern	2,865		Geschäfts- oder Firmenwert	1.091,5
			Steueraufwand (Jahresergebnis)	2,865

Zusammenfassender Überblick:

	31.12.t_3 A	B	Summen-Bilanz	Konsolidierung zum 31.12.t_3 Schritt 1	Schritt 2	Schritt 3	Summe Konzern
GoF	--		--	5.457,3	-2.183		**3.274,3**
Beteiligung	9.000		**9.000**		-9.000		--
Grund/Boden	--	2.000	**2.000**	200			**2.200**
Gebäude	--	1.235	**1.235**	200		-20	**1.415**
Bank	--	100	**100**				**100**
Aktive lat. St.	--	--	--	57,3			**57,3**
Summe	9.000	3.335	**12.335**	457,3	-3.542,7	-2.203	**7.046,6**
Kapital	9.000	3.400	**12.400**	142,7	-3.542,7	-1.098,6	**7.901,4**
Jahresergebnis	--	-65	**-65**			-1.098,6	**-1.163,6**
Rückstellung	--	--	--	200			**200**
Passive lat. St.	--	--	--	114,6		-5,8	**108,8**
Summe	9.000	3.335	**12.335**	457,3	-3.542,7	-2.203	**7.046,6**

Im Rahmen der **Aufwands- und Ertragskonsolidierung** fallen keine, im Rahmen der **Schuldenkonsolidierung** nur selten latente Steuern an. Die Differenzen aus der Schuldenkonsolidierung müssen sich künftig voraussichtlich abbauen und zu einer Steuerbe- oder -entlastung führen.

Wird beispielsweise eine „konzerninterne" Forderung (von z. B. 100 TEUR) im Jahresabschuss (und in der Steuerbilanz) des leistenden Unternehmens wertberichtigt (z. B. um 20 TEUR), dann ist der Steuerbilanzwert 80 TEUR. Der Steuerbilanzwert der Verbindlichkeit beim empfangenen Unternehmen beträgt 100 TEUR. Im Rahmen der Konsolidierung werden die Forderung (80 TEUR) und der Aufwand aus der Abschreibung (20 TEUR), bzw. später Gewinnrücklagen, gegen die Verbindlichkeit des Empfängerunternehmens (100 TEUR) verrechnet. Es verbleibt eine Differenz von 20 TEUR zwischen Konzernwert (0 TEUR) und den saldierten Steuerbilanzwerten (80 TEUR Forderung – 100 TEUR Verbindlichkeiten). Diese „Bilanz-Differenz" gleicht sich künftig entweder beim Leistungsempfänger oder beim Leistungserbringer durch eine Betriebseinnahme, also steuerwirksam, aus. Insoweit ist eine passive latente Steuer anzusetzen.

Im Fall einer „konzerninternen" steuerlich anerkannten Risikorückstellung (z. B. 50 TEUR) wird im Rahmen der Konsolidierung der Rückstellungsbetrag mit dem Aufwand aus der Zuführung zur Rückstellung, später mit den Gewinnrücklagen, verrechnet. Führen künftige Leistungen des Verpflichteten zu Aufwendungen aus Konzernsicht (z. B. bei Nachbesserungen von Lieferungen), dann gleicht sich die Differenz zwischen Konzernwert (0 TEUR) und Steuerbilanzwert (50 TEUR) aus. Eine passive latente Steuer ist zu bilden. Wird hingegen Schadenersatz geleistet, der beim Empfänger keine Betriebseinnahme darstellt, dann werden aus Konzernsicht lediglich Finanzmittel transferiert. Eine Steuerabgrenzung kommt m. E. nicht in Frage. Handelt es sich hingegen um eine „konzerninterne" steuerlich nicht anerkannte Risikorückstellung, dann entfällt die bisherige „Inside-based Difference" I durch die Konsolidierung und die aktive latente Steuer aus der HB I ist im Konzern aufzulösen.

Die sich im Zuge der **Zwischenerfolgseliminierung** ergebenen temporären Differenzen zwischen den Konzern- und Steuerwerten führen i. d. R. zu latenten Steuern. Abweichend von den Diskussionen im Schrifttum ist nach *DRS* 18, Tz. 45 der Steuersatz desjenigen Unternehmens maßgeblich, das die Lieferung oder Leistung **empfangen** hat.

Modifikation von Beispiel 5 (S. 306)

Auf der Grundlage des Summenabschlusses ist im Rahmen der Zwischenergebniseliminierung der im Einzelabschluss von A erfasste Zwischenerfolg aus der Rohstofflieferung A → B zu korrigieren. Der Ertragsteuersatz von B beträgt 28,65 %.

Der Zwischenerfolg ergibt sich aus der Differenz zwischen dem Konzernlieferpreis (800) und den Konzernanschaffungskosten (500). Dieser beträgt 300 (= Zwischengewinn) und verbirgt sich in den Umsatzerlösen von A.

Da die Rohstoffe noch nicht verarbeitet wurden, sind gleichzeitig deren Anschaffungskosten (800) auf das Niveau der Konzernanschaffungskosten (500) zu bringen. Es ergibt sich eine temporäre Differenz zum Steuerbilanzwert von 300, aus der eine aktive latente Steuer von 85,95 (= $0,2865 \cdot 300$) resultiert.

Buchung:

Umsatzerlöse	300	an	Rohstoffe	300
Aktive latente Steuer	85,95		Steueraufwand	85,95

Zusammenfassender Überblick:

	31.12.t_2		Summen-	Zwischen-	Summe
	A	B	Bilanz	erfolgselim.	Konzern
...	...	...	...		...
Rohstoffe	...	800	...	−300	500
Aktive lat. St.	...	...	...	85,65	85,65
Summe	...	...	...	−214,35	...
Kapital	...	...	...		...
Jahresüberschuss	...	...	...	−214,35	...
...	...	...	...		...
Summe	...	...	...	−214,35	...
Umsatzerlöse	800	...	...	−300	...
Materialaufwand	500	...	...		...
...	...	...	...		...
Steueraufwand	...	...	...	−85,65	...
Jahresüberschuss	...	...	...	−214,35	...

Konzernunternehmen B veräußert in t_4 die von A in t_2 gelieferten Rohstoffe an das konzernfremde Unternehmen F (siehe Abb. 4.2, S. 296) für 700.

Es liegen folgende reduzierte Daten für A und B zum 31.12.t_3 vor:

Bilanz A zum 31.12.t_3

Beteiligung B	...	Kapital*	...
...	...	...	...
Summe	...	Summe	...

* Das Kapital enthält im Rahmen der Gewinnrücklagen **den Zwischengewinn von 300**, den A in t_2 aus der Lieferung der Rohstoffe an B erzielte und die im Konzernabschluss zum 31.12.t_2 eliminiert wurden.

Bilanz B zum 31.12.t_3

...	...	Kapital	...
Rohstoffe	800	Verbindlichkeiten	...
Summe	...	Summe	...

Die Rohstofflieferung A → B aus t_2 befindet sich zum Bilanzstichtag 31.12.t_3 noch bei B. Daher ist auf der Grundlage der Summenbilanz im Rahmen der Zwischenergebniseliminierung der im Einzelabschluss von A in t_2 erfasste Zwischenerfolg aus dieser Rohstofflieferung (erneut) zu korrigieren. Der in t_2 verursachte Zwischenerfolg von 300 hatte in t_3 im Rahmen der Gewinnverwendung die Gewinnrücklagen von A entsprechend erhöht.

Die aktiven latenten Steuern sind ebenfalls erfolgsneutral nachzubilden.

Buchung:

| Gewinnrücklagen | 214,35 | an Rohstoffe | 300 |
| Aktive latente Steuern | 85,65 | | |

Zusammenfassender Überblick:

	31.12.t_3		Summen-Bilanz	Zwischen-erfolgselim.	Summe Konzern
	A	B			
...		...	...	...	...
Rohstoffe	...	800	...	−300	500
Aktive lat. St.	...	...	...	85,65	85,65
Summe	...	...	...	−214,35	...
Kapital	...	...	...		...
Gewinnrücklagen	...	...	...	−214,35	...
...		...	...		...
Summe	...	...	...	−214,35	...

Es liegen folgende reduzierte Date für A und B zum 31.12.t_4 vor:

Bilanz A zum 31.12.t_4

Beteiligung B	...	Kapital*	...
...	...	...	...
Summe	...	Summe	...

* enthält den **Zwischengewinn** von 300

Bilanz B zum 31.12.t_4

...	...	Kapital	...
Rohstoffe	0	Verbindlichkeiten	...
Summe	...	Summe	...

Gewinn- und Verlustrechnung B
01.01.-31.12.t_4

Umsatzerlöse	700
Materialaufwand	800
...	...
Jahresüberschuss	...

Die Rohstofflieferung A → B aus t_2 wurde in t_4 an F veräußert und verlässt damit den Konzernkreis. Daher ist auf der Grundlage des Summenabschlusses im Rahmen der Zwischenergebniseliminierung der im Einzelabschluss von A in t_2 erfasste Zwischenerfolg aus dieser Rohstofflieferung letztmalig zu korrigieren. Der in t_2 verursachte Zwischenerfolg von 300 hatte bereits in t_3 im Rahmen der Gewinnverwendung die Gewinnrücklagen von A entsprechend erhöht.

Ergänzend sind zunächst wiederum die aktiven latenten Steuern nachzubilden und dann erfolgswirksam aufzulösen.

Buchungen:

Gewinnrücklagen	214,35	an	Materialaufwand	300
Aktive latente Steuern	85,65			
Steueraufwand	85,65	an	Aktive latente Steuern	85,65

Zusammenfassender Überblick:

31.12.t₃		Summen-Bilanz	Zwischen-erfolgselim.	Summe Konzern
	A	B			
...	...	...	...		...
Rohstoffe	...	0	...	0	0
Summe	...		...	0	...
Kapital	...	...	...		...
Gewinnrücklagen	...	...	...	–214,35	...
Jahresüberschuss	...	...	...	214,35	...
...	...	...	...		...
Summe	...	...	...	0	...
Umsatzerlöse	...	700	...		inkl. 700
Materialaufwand	...	800	...	–300	inkl. 500
...	...	...	...		...
Steueraufwand	...	...	...	85,65	...
Jahresüberschuss	...	...	...	214,35	...

Ausweis und **Aufrechnung** latenter Steuern:

Latente Steuern können in der Bilanz verrechnet oder unverrechnet ausgewiesen werden; der Ausweis unterliegt dem Gebot der Stetigkeit. Eine **Verrechnung** kann für latente Steuern aus Konsolidierungsmaßnahmen sowie für solche aus der Vereinheitlichung der Bilanzierungs- und Bewertungsmethoden der in den Konzernabschluss einzubeziehenden Jahresabschlüsse erfolgen. Darüber hinaus können sie mit dem Posten gemäß § 274 HGB zusammengefasst werden (siehe *DRS* 18, Tz. 56, 62).

Der Aufwand oder Ertrag aus der Bilanzierung latenter Steuern ist in der Konzern-Gewinn- und Verlustrechnung **gesondert** unter den „Steuern vom Einkommen und Ertrag" auszuweisen.

Letztlich kann ein Unternehmen aktive und passive latente Steuern auch unter folgenden Bedingungen **aufrechnen**: (siehe *DRS* 18, Tz. 40)

1. das Unternehmen hat ein einklagbares Recht zur Aufrechnung tatsächlicher Steuererstattungsansprüche gegen tatsächliche Steuerschulden und
2. latente Steueransprüche und latente Steuerschulden beziehen sich auf Ertragsteuern, die gegenüber demselben Steuerschuldner/-gläubiger erhoben werden für

- dasselbe Steuersubjekt oder
- unterschiedliche Steuersubjekte, wenn in jeder künftigen Periode, in der die Ablösung oder Realisierung erheblicher Beträge an latenten Steuerschulden bzw. Steueransprüchen zu erwarten ist, beabsichtigt wird, tatsächliche Steuerschulden und Erstattungsansprüche auszugleichen oder Verpflichtungen abzulösen.

4.4   Vollkonsolidierung von Tochterunternehmen

4.4.1   Wiederholung und Vertiefung

Vollkonsolidierung bedeutet, dass **alle** Vermögensgegenstände, Schulden, Rechnungsabgrenzungsposten und Sonderposten eines **Tochterunternehmens** in die Konzernbilanz aufzunehmen sind.

Erstkonsolidierung ist die erstmalige **Aufrechnung der Anteile** an einem Tochterunternehmen mit dessen anteiligen, **zum Erwerbszeitpunkt neubewerteten** Eigenkapital. Voraussetzung ist, dass der Tatbestand für das Vorliegen eines Tochterunternehmens erstmalig erfüllt ist. Die Erstkonsolidierung ist im Regelfall erfolgsneutral, die Folgekonsolidierungen hingegen erfolgswirksam.

Kapitalkonsolidierung bezeichnet den buchtechnischen Vorgang der kapitalbezogenen Konsolidierungsbuchungen.

Kann das Mutterunternehmen weniger als 100 % (aber mehr als 50 %) der Stimmrechte am Tochterunternehmen ausüben, ist für den nicht dem Mutterunternehmen gehörenden Reinvermögensanteil am Tochterunternehmen, der sich nach der **Beteiligungsquote** (siehe S. 365) bestimmt, in der Konzernbilanz ein **Ausgleichsposten** für „Anteile anderer Gesellschafter" auszuweisen (§ 307 HGB; siehe dazu auch S. 297).

Beispiel 8 (Wertangaben in TEUR; ohne Berücksichtigung latenter Steuern)

Die A-AG erwirbt zum 31.12.t_1 80 % der Anteile (= 80 % der Stimmrechte) an der C-GmbH für 5.000.

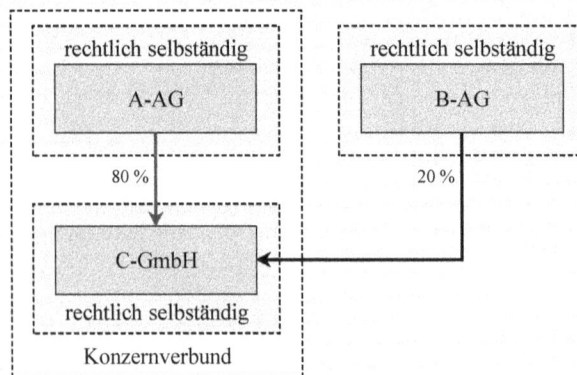

Die C-GmbH stellt zum 31.12.t_1 eine für Konsolidierungszwecke **neu bewertete** Bilanz auf (dazu z. B. Beispiel 2 S. 299):

Bilanz C-GmbH zum 31.12.t$_1$

Grund/Boden	2.500	Kapital	3.400
Gebäude	1.600	Neubewertungsrücklage	800
Bank	100		
Summe	4.200	Summe	4.200

A stellt zum 31.12.t$_1$ folgende Bilanz auf:

Bilanz A-AG zum 31.12.t$_1$

Beteiligung an C-GmbH	5.000	Kapital	5.000
Summe	5.000	Summe	5.000

Auf die A-AG entfällt ein anteiliges neubewertetes Eigenkapital in Höhe von 3.360 (0,8 · 4.200). Damit ergibt sich ein Geschäfts- oder Firmenwert von 1.640 (5.000 − 3.360).

Auf die B-AG entfällt ein anteiliges neubewertetes Eigenkapital von 840 (0,2 · 4.200).

Konsolidierungsbuchung im Rahmen der Aufstellung des Konzernabschlusses:

Geschäfts- oder Firmenwert (GoF)	1.640	an	Beteiligung an C-GmbH	5.000
Eigenkapital C-GmbH	4.200		Anteile anderer Gesellschafter (Anteile a. G.)	840

	31.12.t$_1$ A	C	Summen-Bilanz	Konsoli-dierung	Summe Konzern
GoF	--	--		1.640	**1.640**
Beteiligung	5.000		**5.000**	−5.000	--
Grund/Boden	--	2.500	**2.500**		**2.500**
Gebäude	--	1.600	**1.600**		**1.600**
Bank	--	100	**100**		**100**
Summe	5.000	4.200	**9.200**	−3.360	**5.840**
Kapital	5.000	4.200	**9.200**	−4.200	**5.000**
Anteile a. G.	--	--	--	840	**840**
Summe	5.000	4.200	**9.200**	−3.360	**5.840**

4.4.1.1 Anteile des Konzernmutterunternehmens

Mit dem anteiligen Eigenkapital aufzurechnen sind alle **dem Mutterunternehmen zuzurechnenden Anteile**. Neben den im Jahresabschluss des Mutterunternehmens auszuweisenden Anteilen betrifft das auch die Anteile, die in den Jahresabschlüssen der **mittels Vollkonsolidierung** einbezogenen Tochterunternehmen ausgewiesen werden.

Da die Zuordnung der in § 290 Abs. 3 HGB bezeichneten Rechte (mittelbare Beherrschungsmöglichkeiten von Tochterunternehmen) ungeregelt ist, gelten die allgemeinen Grundsätze. Danach sind dem Mutterunternehmen auch die Anteile zuzurechnen, die einem abhängigen Unternehmen gehören (§ 16 Abs. 4 AktG) und generell alle Anteile, an denen **wirtschaftliches Eigentum** besteht (§ 246 Abs. 1 i. V. m. § 298 Abs. 1 HGB). Dazu gehören dann auch die Anteile, die auf **Zweckgesellschaften** i. S. § 290 Abs. 2 Nr. 4 HGB entfallen.

Streitig ist, ob bei der Kapitalkonsolidierung von einbezogenen Tochterunternehmen auch Anteile aufzurechnen sind, die von Gemeinschaftsunternehmen oder at equity bilanzierten (assoziierten) Unternehmen gehalten werden. Eine h. M. bejaht eine Verrechnung nur bezüglich quotal konsolidierter Gemeinschaftsunternehmen (siehe *Förschle/Deubert*, § 301 HGB, Rz. 12). *Busse von Colbe/Ordelheide/Gebhardt/Pellens* erachten aber auch die anteilsmäßige Verrechnung bezüglich assoziierter Unternehmen für vertretbar (siehe *Busse von Colbe/Ordelheide/Gebhardt/Pellens*, S. 321–322).

Aufrechenbar sind nur **kapitalmäßige Beteiligungen**. Sie müssen ursprünglich auf Einlagen in das Eigenkapital des Beteiligungsunternehmens beruhen, mit Mitgliedschaftsrechten verbunden sein und als Gesellschaftsanteile gelten. Dabei ist wie folgt zu differenzieren (siehe *Toebe (2013a)*, S. 615):

1. Kapitalmäßige Beteiligungen an **Aktiengesellschaften** sind nur **Aktien** im Sinne § 1 Abs. 2 AktG, gleichgültig wie diese ausgestaltet sind, sowie **Zwischenscheine** (§ 10 Abs. 3 AktG, § 11 AktG, § 12 AktG).
2. Bei Gesellschaften mit beschränkter Haftung ist wegen fehlender Verbriefung auf die gesellschaftsvertraglichen Geschäftsanteile abzustellen (§ 14 GmbHG).
3. Bei Personenhandelsgesellschaften (§§ 105, 161 HGB) und Kommanditgesellschaften auf Aktien (§ 278 AktG) sind solche Aktivposten der Bilanz als zu konsolidierende Anteile heranzuziehen, die als Anschaffungskosten für den Erwerb der mitgliedschaftlichen Stellung als persönlich oder beschränkt haftender Gesellschafter und der Beteiligung am Eigenkapital der Gesellschaft gelten.

Macht ein Mutterunternehmen vom **Einbeziehungswahlrecht** gemäß § 296 HGB Gebrauch, kann es vorkommen, dass Anteile, die dem Mutterunternehmen zugerechnet werden, nicht im Summenabschluss enthalten sind. Das auf das Mutterunternehmen entfallende Eigenkapital des nicht einbezogenen Tochterunternehmens muss trotzdem vollständig erfasst werden. Es bestehen folgende Möglichkeiten:

a) Sprungkonsolidierung (mittelbare Konsolidierung)

Die Beteiligung des Mutterunternehmens am nicht einbezogenen Tochterunternehmen wird mit dem zu konsolidierenden anteiligen Eigenkapital verrechnet, das auf dieses Tochterunternehmen entfällt. Ein nach der Verrechnung verbleibender Unterschiedsbetrag ist als Geschäfts- oder Firmenwert oder, falls passivisch, als Unterschiedsbetrag aus der Kapitalkonsolidierung auszuweisen.

b) Bildung eines passivischen Ausgleichspostens

Das nicht auf das Mutterunternehmen entfallende Eigenkapital wird in einen passivischen Ausgleichsposten erfasst.

Der Ausgleichsposten kann entweder mit dem Ausgleichsposten für Anteile anderer Gesellschafter zusammengefasst („Ausgleichsposten für Anteile anderer Gesellschafter und für nicht konsolidierte Tochterunternehmen") und im Anhang erläutert oder aber gesondert gezeigt werden („Ausgleichsposten für nicht konsolidierte Tochterunternehmen") (siehe *ADS*, § 301 HGB, Anm. 240).

Beispiel 9 (Wertangaben in TEUR):

Die A-AG erwirbt zum 31.12.t₁ 80 % und ihr Tochterunternehmen (B-AG) 20 % der Anteile an der C-GmbH. Die B-GmbH wird aus zulässigen Gründen nicht in den Konzernabschluss einbezogen.

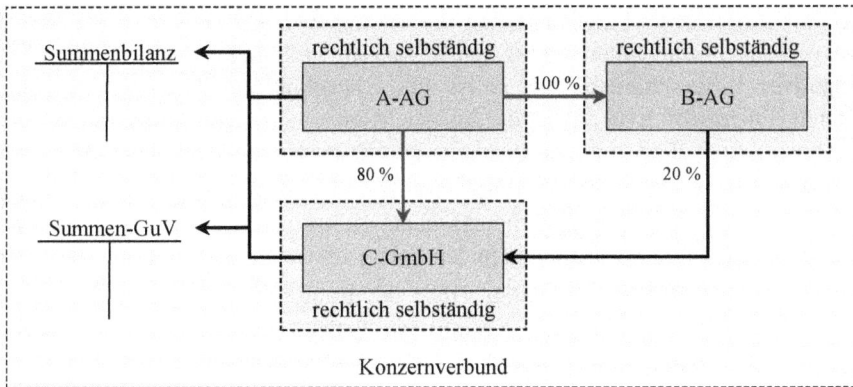

Folgendes ist bekannt:

Anschaffungskosten = Buchwert der Beteiligungen

A-AG an B-AG	425	
A-AG an C-GmbH	500	
B-AG an C-GmbH	125	

Die C-GmbH weist zum $31.12.t_1$ ein neu bewertetes Eigenkapital von 550 auf.

a) Sprungskonsolidierung auf der Grundlage der Summenbilanz:

Geschäfts- oder Firmenwert (GoF)	75*	an Beteiligung an C-GmbH	500
Eigenkapital C-GmbH	550	Beteiligung an B-AG**	125

* $(500 + 125) - 550 = 75$

** Der Beteiligungsbuchwert an der B-AG beträgt im Konzernabschluss nur noch 300 (425 – 125).

b) Bildung eines passivischen Ausgleichspostens:

Geschäfts- oder Firmenwert (GoF)	75	an Beteiligung an C-GmbH	500
Eigenkapital C-GmbH	550	passivischer Ausgleichs-posten (ist zu bezeichnen)	125

Die im Rahmen des Konzernabschlusses aufzurechnenden Anteile sind zu **Konzernanschaffungskosten** anzusetzen.

Die durch Veräußerungen von konsolidierungspflichtigen Beteiligungen innerhalb des Konzernkreises entstehenden **Zwischenergebnisse** gehören nicht zu den Konzernanschaffungskosten und sind bereits vor Kapitalkonsolidierung zu eliminieren (siehe dazu auch S. 305).

Zusätzliche Konzernanschaffungskosten von Beteiligungen an Enkelunternehmen liegen vor, wenn diesen (bisher nicht konsolidierten) Beteiligungen **stille Reserven** zugeordnet werden, die aus der Kaufpreisaufteilung für das Tochterunternehmen entstammen.

Ein im Einzelabschluss eines Konzernunternehmens wegen dauerhafter Wertminderung **abgeschriebener Beteiligungsansatz** darf im Erstkonsolidierungszeitpunkt nicht korrigiert werden (Zuschreibungsverbot) (siehe *ADS*, § 301 HGB, Anm. 35). Ein sich daraus möglicherweise ergebender Geschäfts- oder Firmenwert wäre nicht werthaltig und müsste außerplanmäßig abgeschrieben werden.

Entsteht aufgrund der im Einzelabschluss vorgenommenen außerplanmäßigen Abschreibung und dem daraus resultierenden niedrigeren Wertansatz im Rahmen der Kapitalkonsolidierung ein **negativer Unterschiedsbetrag**, so ist dies systemkonform. Hierdurch werden künftig eintretende finanzielle Risiken bereits bilanziell antizipiert. Die Auflösung des negativen Unterschiedsbetrags führt zum Ausgleich der ursprünglich vorgenommenen Abschreibung.

Eine **spätere Zuschreibung** (Wertaufholung) der konsolidierungspflichtigen Beteiligung im Einzelabschluss des Konzernunternehmens ist aus Konzernsicht unzulässig und muss im Jahr der Zuschreibung erfolgswirksam und in den Folgejahren erfolgsneutral korrigiert werden.

In den Fällen, in denen die endgültige Höhe des Kaufpreises einer Beteiligung an einem Tochterunternehmen von **künftigen Ereignissen** abhängig gemacht wird (die Anschaffungskosten also noch nicht sicher feststehen), hat die Anpassung der Anschaffungskosten der Beteiligung dann zu erfolgen, wenn der Eintritt der Bedingungen wahrscheinlich ist und der Anpassungsbetrag verlässlich geschätzt werden kann. Soweit die Kaufpreisanpassung nicht auf Wertänderungen der erworbenen Vermögensgegenstände und/oder Schulden beruht, ist nur der Unterschiedsbetrag aus der Kapitalkonsolidierung nachträglich entsprechend auf- oder abzustocken (siehe *DRS* Nr. 4, Rz. 15.).

4.4.1.2   Eigenkapital des Tochterunternehmens

Das **Eigenkapital**, das im Rahmen der Kapitalkonsolidierung mit dem Beteiligungsansatz am Tochterunternehmen zu verrechnen ist, betrifft die Eigenkapitalposten gemäß § 266 Abs. 3 A. I.–V. HGB (Bilanzgliederungsschema für große Kapitalgesellschaften).

Ausstehende Einlagen auf das gezeichnete Kapital einbezogener Tochter-**Kapitalgesellschaften** sind wie folgt zu behandeln (siehe *Toebe (2013a)*, S. 619):

1. Nicht eingeforderte Einlagen

   Entfallen diese auf konzernfremde Dritte, so sind sie in die Konzernbilanz unter genauer Bezeichnung zu übernehmen. Entfallen sie hingegen auf einbezogene Unternehmen, besteht Eliminierungspflicht.

2. Eingeforderte Einlagen

   Eingeforderte Einlagen sind zu übernehmen. Bestehen diesbezüglich Forderungen und Verbindlichkeiten zwischen einbezogenen Unternehmen, so sind sie im Rahmen der Schuldenkonsolidierung aufzurechnen (siehe dazu auch S. 304).

Für **Personengesellschaften** gilt nichts anderes. Allerdings besteht das aufzurechnende Eigenkapital bei diesen i. d. R. aus Pflichteinlagen, Rücklagen und Jahresergebnis, dessen Verteilung durch Gesellschafterbeschluss erfolgt. Abzugrenzen sind hier Privatkonten der Gesellschafter und Gesellschafterdarlehen mit Fremdkapitalcharakter.

Das aufrechnungspflichtige Reinvermögen (Eigenkapital) ist auf der Grundlage der **Wertverhältnisse** zum Erwerbszeitpunkt oder zum Zeitpunks der erstmaligen Einbeziehung (z. B. bei erstmaligen Verzicht auf ein Einbeziehungswahlrecht) neu zu bewerten (§ 301 Abs. 2 HGB). Die Neubewertung erstreckt sich auf sämtliche Vermögensgegenstände, Schulden, Rechnungsabgrenzungsposten und latente Steuern (unter Berücksichtigung des Steuersatzes des Tochterunternehmens). Die Neubewertung beruht auf der Einzelerwerbsfiktion, wonach die Anschaffungskosten der Beteiligung auf die aus Konzernsicht einzeln erworbenen Vermögensgegenstände, Schulden und Rechnungsabgrenzungsposten aufzuteilen sind (**Kaufpreisaufteilung** oder **Kaufpreisallokation**, siehe auch S. 297). Immaterielle Vermögensgegenstände oder Pensionsrückstellungen, die in den Einzelabschlüssen von Tochterunternehmen gemäß Ansatzwahlrecht nach § 248 Abs. 2 HGB oder Art. 28 EGHGB nicht angesetzt wurden, sind im Konzern zu erfassen, da sie als entgeltlich erworben gelten. Eventualverbindlichkeiten bleiben, im Gegensatz zu den IFRS, im HGB-Konzernabschluss außer Betrachtung.

Die Neubewertung des Eigenkapitals auf der Grundlage von **Marktpreisen** hat aus konzeptioneller Sicht den Vorteil, dass die Wertfindung unbeeinflusst von subjektiven Sichtweisen des erwerbenden Unternehmens erfolgt. Allerdings liegen oft keine Marktpreise vor.

Bei fehlenden Marktpreisen ist der Zeitwert mittels alternativer Verfahren zu bestimmen. Dabei ist zunächst auf Marktpreise von **Vergleichsobjekten** zurückzugreifen. Scheitert dieser Wertfindungsversuch, sind **kapitalwertorientierte Verfahren** und letztlich **kostenorientierte Verfahren** heranzuziehen.

Rückstellungen mit einer Laufzeit von mehr als einem Jahr sowie wertpapiergebundene **Altersvorsorgeverpflichtungen** und **latente Steuern** sind abweichend vom Grundsatz der Zeitbewertung nach den Maßstäben § 253 Abs. 1 Satz 2 und 3 (beizulegender Zeitwert), Abs. 2 HGB (Barwert) bzw. § 274 Abs. 2 HGB (nicht abgezinster Wert der erwarteten Steuerbelastung) zu bewerten.

Da die Wertansätze zum Erwerbszeitpunkt oft nicht endgültig ermittelt werden können, besteht ein **Korrekturzeitraum** von zwölf Monaten (§ 301 Abs. 2 HGB). Die nachträgliche Anpassung der Posten erfolgt so, als ob die richtigen Werte bereits zum Erwerbszeitpunkt vorgelegen hätten (retrospektiv, erfolgsneutral). Nach Ablauf dieser Frist dürfen die ursprünglichen Wertansätze nicht mehr rückwirkend oder in laufender Rechnung angepasst werden. Solche Anpassungen sind nur erforderlich, wenn die Wertansätze fehlerhaft sind (ausgenommen Bagatellfehler) (siehe dazu *IDW RS HFA 6*, Tz. 41).

Die Aufstellung eines **Zwischenabschlusses** ist für eine korrekte Wertermittlung zwar grundsätzlich erforderlich, aber nicht verpflichtend (siehe *DRS* Nr. 4, Rz. 11, a. A. siehe *IDW RS HFA 44*, Tz. 23). Daher können die geschäftsjahresanteiligen Aufwendungen und Erträge ausgehend vom letzten Jahresabschluss des Tochterunternehmens mittels Schätzung (statistischer Hochrechnung) bestimmt werden, wenn entstehende Ungenauigkeiten von untergeordneter Bedeutung sind (so auch *IDW RS HFA 44*, Tz. 24, allerdings für den Fall unterjähriger Entkonsolidierung).

Das auf den Konzern entfallende (anteilige) Eigenkapital bestimmt sich nach der anteilsmäßigen **Beteiligungsquote** am einzubeziehenden Tochterunternehmen. Dabei ist es unerheblich, ob die Anteile am Tochterunternehmen Stimmrechte gewähren oder nicht.

Die Beteiligungsquote basiert auf den ursprünglich in das Eigenkapital des Tochterunternehmens geleisteten Beträgen ohne Zuzahlungen (Agio-Beträge), unabhängig davon, welche Rechte damit verbundenen sind (siehe *Toebe (2013a)*, S. 621). Daraus folgt für:

1. Kapitalgesellschaften

    Die anteilsmäßige Quote ergibt sich aus dem Verhältnis des dem Mutterunternehmen zuzurechnenden Nennwerts gemäß Anteilsbesitz zum Nennwert aller ausgegebenen Anteile.

2. Personengesellschaften

Für die anteilsmäßige Quote sind die gesellschaftsvertraglichen Regelungen maßgebend. Die Beteiligungsquote ergibt sich i. d. R. aus dem Verhältnis der Einlagenverpflichtung zu den gesamten Einlagenverpflichtungen oder des Betrags des festen Kapitalkontos zur Summe der Werte aller festen Kapitalkonten.

Konsolidierungstechnische Schwierigkeiten können sich ergeben, wenn ursprünglich erworbenes Eigenkapital eines Tochterunternehmens, d. h. vor Konzernzugehörigkeit erwirtschaftetes ausschüttbares Eigenkapital (Gewinnvorträge und Gewinnrücklagen), **nachträglich an das Mutterunternehmen ausgeschüttet wird**, ohne dass im Einzelabschluss des Mutterunternehmens die Anschaffungskosten der Beteiligung am Tochterunternehmen abgestockt werden, obwohl eine Kaufpreisrückzahlung vorliegt.

Eine vollständige Aufrechnung der Beteiligung erfordert in diesen Fällen im Jahr der Ausschüttung eine Verrechnung der Erträge aus Beteiligungen mit dem Beteiligungsbuchwert. In Folgejahren kann der Beteiligungsansatz zunächst gegen die Gewinnrücklagen der Summenbilanz abgestockt oder der verbleibende Teilbetrag der Beteiligung direkt mit den Konzerngewinnrücklagen verrechnet werden.

Beispiel 10 (Wertangaben in TEUR):

Die A-AG erwirbt zum 01.01.t_1 100 % der Anteile (= 100 % der Stimmrechte) an der B-AG für 1.000.

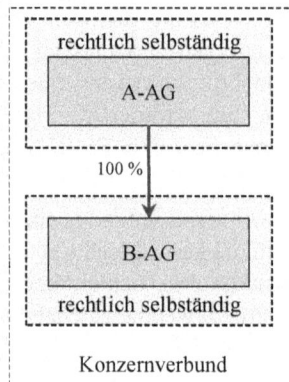

Die B-AG weist zum Erwerbszeitpunkt ein **neu bewertetes Eigenkapital** von 600 auf. Dieses setzt sich wie folgt zusammen:

Gez. Kapital	100
Kapitalrücklagen	20
Gewinnrücklagen	300
Neubewertungsrücklage	180

Fall a) Es erfolgt keine Ausschüttung von erworbenem Eigenkapital

Konsolidierungsbuchung im Rahmen der Aufstellung des Konzernabschlusses **in t_1**:

Geschäfts- oder Firmenwert (GoF)	400	an	Beteiligung an B-AG	1.000
Eigenkapital B-AG	600			

	31.12.t$_1$		Summen-	Konsoli-	Summe
	A	B	Bilanz	dierung	Konzern
GoF	...	...	...	400	400
Beteiligung	1.000	--	1.000	–1.000	0
Grund/Boden/Gebäude	...	...	...		...
Bank	...	...	...		...
Summe	...	600	...	–600	...
Gez. Kapital	...	100	...	–100	...
Kapitalrücklage	...	20	...	–20	...
Gewinnrücklage	...	300	...	–300	...
Jahresergebnis	...	...	...		...
Neubewertungsrücklage	--	180	180	–180	0
Summe	...	600	...	–600	...

Fall b) Die B-AG schüttet in t$_1$ teilweise das von A erworbene Eigenkapital (Gewinnrücklagen von 150) an die A-AG aus, die einen entsprechenden Beteiligungsertrag zeigt

Konsolidierungsbuchungen im Rahmen der Aufstellung des Konzernabschlusses **in t$_1$**:

Erträge aus Beteiligungen	150	an	Beteiligung an B-AG	150
Geschäfts- oder Firmenwert (GoF)	400	an	Beteiligung an B-AG	850
Eigenkapital B-AG	450			

	31.12.t$_1$		Summen-	Konsoli-	Summe
	A	B	Bilanz	dierung	Konzern
GoF	...	...	...	400	400
Beteiligung	1.000	--	1.000	–1.000	0
Grund/Boden/Gebäude	...	...	...		...
Bank	...	...	...		...
Summe	...	600	...	–600	...
Gez. Kapital	...	100	...	–100	...
Kapitalrücklage	...	20	...	–20	...
Gewinnrücklage	...	150	...	–150	...
Jahresergebnis	...	...	...		...
Neubewertungsrücklage	--	180	180	–180	0
Summe	...	450	...	–450	...
Umsatzerlöse	...	...	...		...
Aufwendungen	...	...	...		...
Erträge aus Beteiligung	150	--	150	–150	0
Jahresergebnis	...	...	...	–150	...

Konsolidierungsbuchungen im Rahmen der Aufstellung des Konzernabschlusses **in t$_2$**:

Gewinnrücklagen	150	an	Beteiligung an B-AG	150
Geschäfts- oder Firmenwert (GoF)	400	an	Beteiligung an B-AG	850
Eigenkapital B-AG	450			

Alternativbuchung:

Geschäfts- oder Firmenwert (GoF)	400	an	Beteiligung an B-AG	1.000
Eigenkapital B-AG	450			
Gewinnrücklagen	150			

	31.12.t₁ A	31.12.t₁ B	Summen-Bilanz	Konsoli-dierung	Summe Konzern
GoF	...	...	...	400	400
Beteiligung	1.000	--	1.000	−1.000	0
Grund/Boden/Gebäude	...	...	...		...
Bank	...	...	...		...
Summe	...	600	...	−600	...
Gez. Kapital	...	100	...	−100	...
Kapitalrücklage	...	20	...	−20	...
Gewinnrücklage	...	150	...	−300	...
Jahresergebnis	...	...	...		...
Neubewertungsrücklage	--	180	180	−180	0
Summe	...	450	...	−600	...

4.4.2   Ausländische Tochterunternehmen

Im Gegensatz zum Konzept der **funktionalen Währung** (siehe IAS 21 (rev. 2009) Paragraph 8, *DRS* 14 bis 31.12.2009) und dem im Schrifttum diskutierten Zeitbezugs- und Stichtagskursmethoden regelt das HGB seit BilMoG die **Währungsumrechnung** vereinfachend in § 256a und § 308a HGB. Auf fremde Währungen lautende Abschlüsse sind ausschließlich nach der **modifizierten Stichtagskursmethode** umzurechnen.

Die modifizierte Stichtagskursmethode sieht vor, dass die Aktiv- und Passivposten einer auf fremde Währung lautenden Bilanz zum **Devisenkassamittelkurs** am Abschlussstichtag in EUR umzurechnen sind. Eine Ausnahme (Modifikation) bildet das Eigenkapitals, für das der **historische Kurs** in EUR maßgeblich bleibt. Auf die Posten der Gewinn- und Verlustrechnung hingegen ist der **Durchschnittskurs** anzuwenden.

Durch die Zugrundelegung unterschiedlicher Umrechnungskurse ergeben sich unweigerlich **Umrechnungsdifferenzen**. Diese sind innerhalb des Konzerneigenkapitals nach den Rücklagen unter dem Posten „Eigenkapitaldifferenz aus Währungsumrechnung" auszuweisen. Scheidet ein Tochterunternehmen teilweise oder vollständig aus dem Konzernverbund aus, ist der Posten in entsprechender Höhe erfolgswirksam aufzulösen.

Beispiel 11:

Die A-AG erwirbt zum 01.01.t₁ 100 % der Anteile (= 100 % der Stimmrechte) an der B-Corporation, USA, für 1.000 TEUR.

B weist zum Erwerbszeitpunkt 01.01.t₁ ein Eigenkapital von 600 TUSD auf. Dieses setzt sich wie folgt zusammen:

Gez. Kapital	100
Rücklagen	500

Stichtagskurs (Mengennotierung*) am 01.01.t_1: 1,42.

* Die Mengennotierung gibt an, welche Menge an ausländischen Währungseinheiten erforderlich ist, um eine Einheit inländischer Währung zu erwerben.

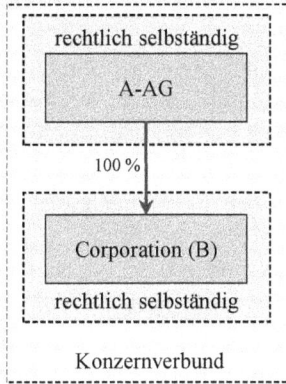

Zum 31.12.t_1 sind folgende Kurse bekannt:

Devisenkassamittelkurs: 1,38

Durchschnittskurs: 1,45

Der von B zum 31.12.t_1 aufgestellte Jahresabschluss ist wie folgt umzurechnen:

	Bilanz	Kurs	Bilanz
	TUSD		TEUR
Grund/Boden	200	1,38	144,93
Gebäude	413	1,38	299,27
Bank	47	1,38	34,06
Summe	660		478,26
Gez. Kapital	100	1,42	70,42
Rücklagen	500	1,42	352,11
Eigenkapitaldifferenz aus			
Währungsumrechnung	--		13,65
Jahresergebnis	12		8,28
Eigenkapital	612		444,46
Verbindlichkeiten	48	1,38	33,80
Summe	660		478,26

	GuV	Kurs	GuV
	TUSD		TEUR
Umsatzerlöse	1.560	1,45	1.075,86
Materialaufwand	1.124	1,45	775,17
Personalaufwand	407	1,45 .	280,69
Abschreibungen	17	1,45	11,72
Jahresergebnis	12		8,28

Bei der Kapitalkonsolidierung von ausländischen Tochterunternehmen nach Erstkonsolidierung kann hinsichtlich der Behandlung der bei der Erstkonsolidierung **in Fremdwährung aufgedeckten** stillen Reserven und Lasten sowie eines etwaigen Geschäfts- oder Firmenwerts unterschiedlich vorgegangen werden (dazu siehe im Folgenden *Toebe (2013a)*, S. 622 ff.). Eine Möglichkeit besteht darin, an künftigen Konzernbilanzstichtagen nur die aufgedeckten stillen Reserven und Lasten sowie den Geschäfts- oder Firmenwert **zum historischen Umrechnungskurs** fortzuführen, so dass Wechselkursschwankungen keinen Einfluss auf die Fortschreibung der stillen Reserven und Lasten sowie den Geschäfts- oder Firmenwerts haben.

Wechselkursbedingte Schwankungen treten bei dieser Vorgehensweise nur bei der Umrechnung der Buchwerte der erworbenen Vermögensgegenstände, Schulden und, soweit vorhanden, Rechnungsabgrenzungsposten auf. Bezogen auf die einzelnen Bilanzposten entsteht allerdings eine **Spaltung der Wertansätze** bestehend aus dem originären Buchwert und den aufdeckten stillen Reserven oder Lasten, die **ungleich** behandelt werden.

Eine zweite Möglichkeit besteht darin, die stillen Reserven und Lasten sowie den Geschäfts- oder Firmenwert im Rahmen einer **erweiterten Handelsbilanz in Fremdwährung** zu berücksichtigen und fortzuschreiben.

Sowohl die Buchwerte der erworbenen Vermögensgegenstände, Schulden und, soweit vorhanden, Rechnungsabgrenzungsposten, als auch die stillen Reserven und Lasten sowie der Geschäfts- oder Firmenwert sind dann gleichermaßen wechselkursbedingten Einflüssen unterworfen. Eine Ungleichbehandlung der einzelnen Wertkomponenten erfolgt nicht.

Im Gegensatz zur ersten Möglichkeit schwanken dann auch die Abschreibungsbeträge bzw. die Auflösungsbeträge der stillen Reserven und Lasten und des Geschäfts- oder Firmenwerts **wechselkursbedingt**. Als Folge können sich **höhere oder niedrigere kumulierte Abschreibungs-/Auflösungsbeträge** ergeben, als ursprünglich zum Erwerbszeitpunkt ermittelt wurden. Da die Fremdwährungsumrechnung nach der modifizierten Stichtagskursmethode aber als **reines Transformationsverfahren** anzusehen ist, kann diese mögliche Folge als systemimmanent beurteilt werden, die mit § 308a HGB in Einklang steht (ebenso *ADS*, § 301 HGB, Anm. 298; *Oser/Mojadadr/Wirth*, S. 453).

Insgesamt ergeben sich bei dieser Vorgehensweise keine unzulässigen Auswirkungen auf das konsolidierungspflichtige Eigenkapital, da die Neubewertungsrücklage in Fremdwährung (insgesamt) zum historischen Kurs umgerechnet wird.

Wird diese zweite Möglichkeit gewählt, muss der zunächst auf EUR-Basis ermittelte Geschäfts- oder Firmenwerts in Fremdwährung umgerechnet werden.

Außerdem sind die Abschreibungsanteile des Geschäfts- oder Firmenwerts, die auf Wechselkursschwankungen beruhen, anzugeben. Alle diesbezüglichen Abschreibungsbeträge und Umrechnungsdifferenzen entfallen zudem nur auf den Konzern und nicht auf etwaige Minderheiten.

Fortführung von Beispiel 11:

Zum Erwerbszeitpunkt werden folgende stille Reserven ermittelt:

	TUSD
Grund und Boden	50
Gebäude	200

Bilanz B zum $31.12.t_0 = 01.01.t_1$ (in TUSD)

Grund/Boden	200	Gez. Kapital	100
Gebäude	430	Rücklagen	500
Bank	70	Eigenkapital	600
		Verbindlichkeiten	100
Summe	700	Summe	700

Es gelten folgende Mengennotierungen:

	Devisenkassa-durchschnittskurs (Bilanzstichtag)	Durchschnitts-kurs
$31.12.t_1$	1,38	1,45
$31.12.t_2$	1,42	1,44
$31.12.t_3$	1,47	1,49
$31.12.t_4$	1,49	1,46
$31.12.t_5$	1,48	1,47

Der Geschäfts- oder Firmenwert (GoF) beträgt zum Erwerbszeitpunkt 401,42 TEUR (1.000 TEUR − {600 TUSD + 250 TUSD} : 1,42). Bei einer planmäßigen Nutzungsdauer von fünf Jahren ergibt sich ein jährlicher EUR-Abschreibungsbetrag von 80,28 TEUR (401,42 TEUR : 5 Jahre).

Die erworbenen Gebäude erzeugen auf Basis der historischen EUR-Anschaffungskosten und einer planmäßigen Restnutzungsdauer von 25 Jahren einen jährlichen EUR-Abschreibungsbetrag von 17,75 TEUR ([{430 USD + 200 USD} : 1,42] : 25 Jahre).

Im Rahmen einer erweiterten Handelsbilanz in Fremdwährung ergeben sich für t_1 bis t_5 folgende TUSD-Werte:

	Buchwert Gebäude	Abschreibung Gebäude	Buchwert GoF	Abschreibung GoF
$31.12.t_1$	604,80*	25,20	456,00**	114,00
$31.12.t_2$	579,60	25,20	342,00	114,00
$31.12.t_3$	554,40	25,20	228,00	114,00
$31.12.t_4$	529,20	25,20	114,00	114,00
$31.12.t_5$	504,00	25,20	0	114,00

* 630 TUSD − 630 TUSD : 25 Jahre = 630 TUSD − 25,20 TUSD = 604,80 TUSD

** 401,42 TEUR · 1,42 − (401,42 TEUR · 1,42) : 5 Jahre = 570,00 TUSD − 114,00 TUSD = 456,00 TUSD

Die Transformation in EUR ergibt für t_1 bis t_5 folgende TEUR-Werte:

	Buchwert Gebäude	Abschreibung Gebäude	Buchwert GoF	Abschreibung GoF
$31.12.t_1$	438,26*	17,38**	330,43	78,62
$31.12.t_2$	408,17	17,50	240,85	79,17
$31.12.t_3$	377,14	16,91	155,10	76,51
$31.12.t_4$	355,17	17,26	76,51	78,08
$31.12.t_5$	340,54	17,14	0	77,55
				389,93

* 604,80 TUSD : 1,38 = 438,26 TEUR

** 25,20 TUSD : 1,45 = 17,38 TEUR

Beim Geschäfts- oder Firmenwert ergeben sich niedrigere kumulierte Abschreibungsbeträge (389,93 TEUR), als ursprünglich zum Erwerbszeitpunkt ermittelt wurden (401,42 TEUR).

Folgende Abschreibungsanteile des Geschäfts- oder Firmenwerts, die auf Wechselkursschwankungen beruhen, sind jährlich anzugeben:

	TEUR
31.12.t_1	−1,66*
31.12.t_2	−1,11
31.12.t_3	−3,77
31.12.t_4	−2,20
31.12.t_5	−2,73

* 78,62 TEUR − 80,28 TEUR = −1,66 TEUR

4.4.3   Konsolidierung im mehrstufigen Konzern

Ein **mehrstufiger Konzern** entsteht, wenn der Konzernkreis durch mindestens ein Enkelunternehmen erweitert wird (siehe Abb. 4.4).

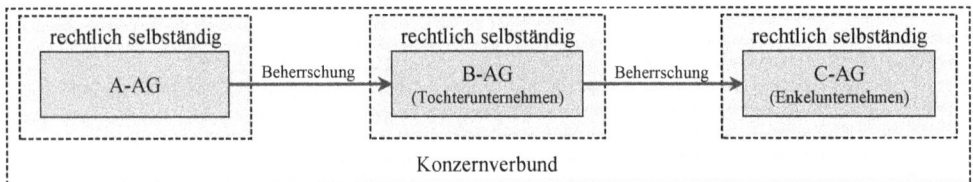

Abb. 4.4:   Beispiel für einen mehrstufigen Konzern

Im mehrstufigen Konzern erfolgt die Konsolidierung grundsätzlich nach dem **Tannenbaumprinzip (Kettenkonsolidierung)**. Danach muss das erste Mutterunternehmen der untersten Stufe mit der Konsolidierung seiner Tochterunternehmen beginnen. In Abb. 4.5 konsolidiert daher zunächst Enkelunternehmen G-GmbH die H-AG und die I-GmbH. Der Konzernzwischenabschluss (Teilkonzernabschluss) der G-GmbH ist dann Basis für den Konzernzwischenabschluss der C-GmbH. Die Konzernzwischenabschlüsse von B-AG und C-GmbH bilden die Grundlage für die Konsolidierung der A-AG.

Liegen wechselseitige Beteiligungen zwischen den Konzernunternehmen vor, dann sind die Unterschiedsbeträge aus der Kapitalkonsolidierung nicht unabhängig voneinander bestimmbar, sondern simultan zu ermitteln. Eine konsolidierungstechnische Möglichkeit ist zwar die **Simultankonsolidierung des Gesamtkonzerns** in einem einzigen Schritt. Diese Vorgehensweise ist aber **unzulässig**, da die Unterschiedsbeträge aus den Kapitalkonsolidierungen miteinander saldiert werden (§ 246 Abs. 1 i V. m. § 298 Abs. 1 HGB).

Bilanzieren Tochter- oder Enkelunternehmen **Anteile an Mutterunternehmen**, die in Teilkonzernabschlüsse eingehen, dann sind diese wie eigene Anteile des Teilkonzernmutterunternehmens zu behandeln.

Sind Minderheiten an Tochter- und Enkelunternehmen beteiligt, dann liegt ein **mehrstufiger Konzernen mit Minderheitenbeteiligung** vor (siehe Abb. 4.6, siehe S. 374). In solchen Fällen gibt es zwei Möglichkeiten, wie das Eigenkapital des Enkelunternehmens zwischen dem Konzernmutterunternehmen und den Minderheiten aufgeteilt werden kann (dazu siehe im Folgenden *Toebe (2013a)*, S. 633 ff.).

Die erste Möglichkeit besteht darin, die mittelbare Beteiligung des Mutterunternehmens am Enkelunternehmen über das Tochterunternehmen (bezüglich Abb. 4.6: A-AG über die B-AG an der C-AG) wie eine unmittelbare Beteiligung zu behandeln, d. h. dem Mutterunternehmen die Beteiligungsquote des Tochter- am Enkelunternehmen direkt zuzuweisen ("**additive Methode**") (siehe Abb. 4.6: Der A-AG wird die Beteiligungsquote der B-AG an der C-AG (= 70 %) unmittelbar zugewiesen). Der Unterschiedsbetrag aus der Kapitalkonsolidierung wird dann auf der Basis der vollen Anschaffungskosten der Beteiligung des Tochter- am Enkelunternehmen berechnet.

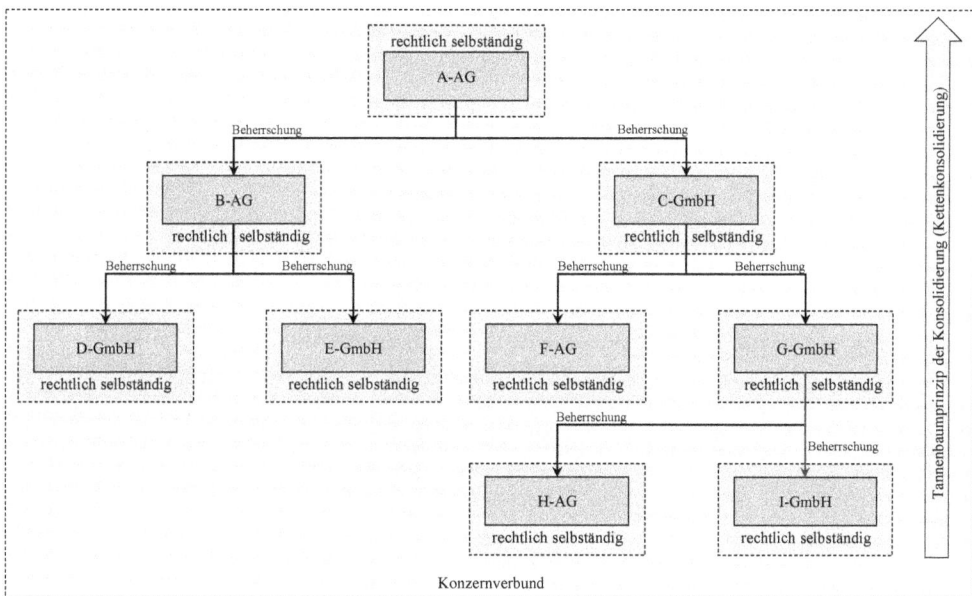

Abb. 4.5:   Tannenbaumprinzip der Konsolidierung (Kettenkonsolidierung)

Die zweite Möglichkeit stellt auf die mittelbare Beteiligung des Mutter- am Enkelunternehmen ab. Diese ergibt sich durch Multiplikation der nominellen Beteiligungsquoten Mutter-/Tochter- und Tochter-/Enkelunternehmen ("**multiplikative Methode**") (bezüglich Abb. 4.6: Der A-AG wird eine Beteiligungsquote an der C-AG von $0,8 \cdot 0,7 = 0,56$ bzw. 56 % zugewiesen). Der Unterschiedsbetrag aus der Kapitalkonsolidierung wird in diesem Fall auf der Basis der anteiligen Anschaffungskosten der Beteiligung des Tochter- am Enkelunternehmen berechnet (bezüglich Abb. 4.6: Anteilige Anschaffungskosten der Beteiligung B-AG an C-AG aus Sicht der A-AG = $0,8 \cdot$ Anschaffungskosten).

Beispiel 12 (Wertangaben in TEUR):

Die A-AG aus Abb. 4.6 (siehe S. 374) erwirbt zum 01.01.t_1 80 % der Anteile (= 80 % der Stimmrechte) an der B-AG für 1.000. Die B-AG erwirbt ebenfalls zum 01.01.t_1 70 % der Anteile (= 70 % der Stimmrechte) an der C-AG für 800.

Die C-AG weist zum Erwerbszeitpunkt ein **neu bewertetes Eigenkapital** von 560 auf.

Im Rahmen der Erstkapitalkonsolidierung ergeben sich bezüglich des Enkelunternehmens C-AG folgende Wert für den Geschäfts- oder Firmenwert sowie den Minerheitenanteil:

a) Kapitalkonsolidierung nach der additiven Methode:

Geschäfts- oder Firmenwert: $800 - (560 \cdot 0{,}7) = 408$

Minderheitenanteil: $560 \cdot 0{,}3 = 168$

b) Kapitalkonsolidierung nach der multiplikativen Methode:

Geschäfts- oder Firmenwert: $0{,}8 \cdot 800 - (560 \cdot 0{,}8 \cdot 0{,}7) = 326{,}40$

Minderheitenanteil: $560 \cdot (0{,}2 \cdot 0{,}7 + 0{,}3) = 246{,}40$

Ein nach der multiplikativen Methode ermittelter Teilkonzernabschluss (Kettenzwischenabschluss) entspricht hinsichtlich des Minderheitenausweises nicht § 307 HGB und ist **rechtlich problematisch** (siehe auch *Baegte/Kirsch/Thiele*, S. 373 m. w. N.).

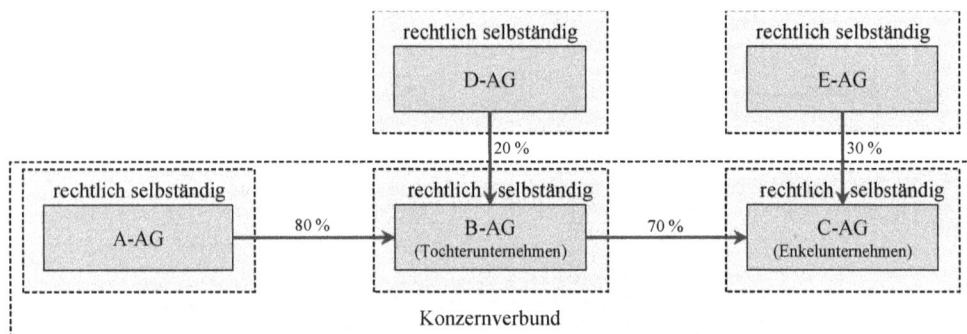

Abb. 4.6: Beispiel für einen mehrstufigen Konzern mit Minderheitenbeteiligung

Da weder HGB noch IFRS regeln, welche der beiden Methoden wann anwendbar ist, sollte hilfsweise darauf abgestellt werden, ob **historisch** gesehen das Konzernmutter- oder aber das Konzerntochterunternehmen wirtschaftlich als „Mutter" des Enkelunternehmens anzusehen ist.

Bilden Mutter- und Tochterunternehmen zunächst einen einstufigen Konzern, der durch den Erwerb einer Beteiligung des Tochter- am Enkelunternehmen „**nach unten**" erweitert wird, gilt das Konzernmutterunternehmen als Erwerber des Enkelunternehmens. Anzuwenden ist daher die additive Methode.

Bilden Tochter- und Enkelunternehmen aber bereits einen einstufigen Konzern, der durch den Erwerb der Beteiligung am Tochterunternehmen in einen mehrstufigen Konzern durch Erweiterung „**nach oben**" aufgeht, erwirbt das Konzernmutterunternehmen einen Teilkonzern. Anzuwenden ist deshalb die multiplikative Methode.

Liegt hingegen der **Grenzfall** vor, dass der mehrstufige Konzern simultan durch den Beteiligungserwerb des Mutter- am Tochter- und des Tochter- am Enkelunternehmen entsteht, ist die eindeutige Wahl einer der Methode nicht möglich. Es ist dann nach den Gegebenheiten des Einzelfalls zu entscheiden.

4.5 Quotenkonsolidierung von Gemeinschaftsunternehmen

Nach HGB dürfen **Gemeinschaftsunternehmen** in einen Konzernabschluss **quotal** entsprechend der Beteiligungsquote einbezogen werden (Quotenkonsolidierung) (§ 310 HGB). Eine Quotenkonsolidierung ist also **unzulässig**, wenn kein zu konsolidierendes Tochterunternehmen, sondern ausschließlich Gesellschafter- und Gemeinschaftsunternehmen vorliegen, da dann kein Konzern i. S. d. HGB besteht.

Im Unterschied dazu unterscheidet IFRS 11 (rev. 2011) bei gemeinschaftlich geführten Unternehmen zwischen Joint Operations und Joint Ventures. Während für **Joint Operations** die Quotenbilanzierung erforderlich wird, müssen **Joint Ventures** nach der Equity-Methode berücksichtigt werden.

Gemeinschaftsunternehmen i. S. des HGB können zwar in **beliebiger Rechtsform** auftreten, sie müssen aber **Unternehmenseigenschaft** aufweisen.

Ein „Gemeinschaftsunternehmen" muss aus Sicht eines Konzerns zudem **dauerhaft gemeinsam** von den Gesellschafterunternehmen **geführt** werden. Beispielsweise ist die Dauerhaftigkeit der gemeinsamen Führung einer bloßen Arbeitsgemeinschaft (ARGE) streitig und wird nur vereinzelt für den Fall bejaht, dass das Vermögen ganz oder teilweise gesamthänderisch gebunden ist, erwerbswirtschaftliche Interessen verfolgt werden, das Gemeinschaftsunternehmen nach außen in Erscheinung tritt und Rechtsbeziehungen unterhält (siehe z. B. *IDW HFA 1/1993*, S. 44 ff.).

Es sind **mindestens zwei Gesellschafterunternehmen** erforderlich, die die Anteile am Gemeinschaftsunternehmen halten. Die Gesellschafterunternehmen müssen zwar ebenfalls Unternehmenseigenschaft aufweisen, eine wie beim Gemeinschaftsunternehmen enge Auslegung wird aber abgelehnt. So können z. B. auch natürliche Personen, eine GbR oder staatliche Stellen das Kriterien erfüllen (siehe *ADS*, § 310 HGB, Anm. 14).

Voraussetzung für die Eigenschaft „Gemeinschaftsunternehmen" ist weiterhin, dass mindestens eines der Gesellschafterunternehmen in den Konzernabschluss im Wege der **Vollkonsolidierung** eingeht. Eines der anderen Gesellschafterunternehmen darf **kein** in den Konzernabschluss einbezogenes Unternehmen sein (siehe dazu und im Folgenden *Toebe (2013b)*, S. 655 ff.).

Zu den nach § 310 Abs. 1 HGB „nicht in den Konzernabschluß einbezogenen Unternehmen" gehören neben konzernfremden Unternehmen auch die assoziierten Unternehmen des Konzernverbundes, Gemeinschaftsunternehmen und nicht konsolidierte Tochterunternehmen (z. B. aufgrund des Einbeziehungswahlrechts nach § 296 HGB), da sie nicht im Wege der Vollkonsolidierung in den Konzernabschluss eingehen.

Gemeinsame Führung bedeutet in diesem Zusammenhang, dass sich die Partner bei unterschiedlichen Auffassungen auch gegenseitig blockieren können. Die gemeinsame Führung muss zudem tatsächlich ausgeübt werden, denn die bloße Möglichkeit zur Ausübung oder ein zufällig übereinstimmendes Führungsverhalten reichen nicht aus.

Von einer gemeinsamen Führung ist auszugehen, wenn die Gesellschafterunternehmen **stra-tegische Geschäftsentscheidungen** sowie **Entscheidungen über Investitions- und Finan-zierungstätigkeiten** einstimmig treffen (siehe *DRS* Nr. 9, Rz. 3).

Bei Vorliegen mehrerer Gesellschafterunternehmen muss die gemeinsame Führung nicht durch alle Gesellschafter des Gemeinschaftsunternehmens erfolgen. Aus Konzernsicht je-doch ist es erforderlich, dass **mindestens ein Konzernunternehmen** zusammen mit einem oder mehreren nicht in den Konzernabschluss einbezogenen Unternehmen an der gemeinsa-men Führung beteiligt ist.

Da die Anzahl der Partnerunternehmen unbegrenzt ist, wird, je mehr Gesellschafterunter-nehmen vorhanden sind, eine gemeinsame Führung und damit das Wahlrecht zur Quoten-konsolidierung eines Gemeinschaftsunternehmens immer schwerer nachzuweisen sein.

Der **Nachweis** des Vorliegens einer gemeinsamen Führung basiert zunächst auf der Höhe der Stimmrechte. Um eine gemeinsame Führung glaubhaft darstellen zu können, muss der Stimmrechtsanteil eines Partnerunternehmens am Gemeinschaftsunternehmen zwischen 20 % und 50 % liegen.

Die **Quotenkonsolidierung** basiert auf den Grundsätzen der Vollkonsolidierung (siehe S. 360 ff.), bezieht sich aber nur auf die anteilsmäßige Übernahme der Vermögensgegen-stände, Schulden, Rechnungsabgrenzungsposten, Sonderposten sowie Aufwendungen und Erträgen des Gemeinschaftsunternehmens in den Konzernabschluss (§ 310 Abs. 2 HGB). Sie sollte aus Praktikabilitätsgründen bereits auf Basis der anteilig in den Konzernsummenab-schluss übernommenen Bilanz- sowie Gewinn- und Verlustrechnungs-Posten erfolgen.

Die anteilsmäßige Erfassung richtet sich, ebenso wie bei der Kapitalkonsolidierung im Rah-men der Vollkonsolidierung, nach dem **Anteil am Kapital** des Gemeinschaftsunternehmens und **nicht** nach den Stimmrechtsanteilen, die für die rechtliche Einordnung eines Unterneh-mens als Gemeinschaftsunternehmen maßgebend sind. Bei Nichtkapitalgesellschaften ist der Anteil am Eigenkapital relevant, nach dem sich die Gewinn- und Verlustbeteiligung richtet.

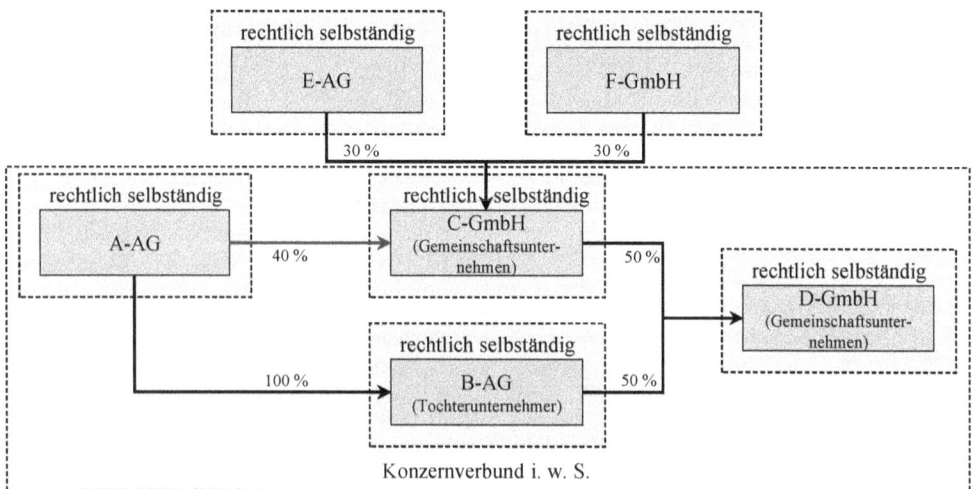

Abb. 4.7:   Beispiel für einen Konzern mit Gemeinschaftsunternehmen (%-Angabe entspricht Beteiligungsquote)

Bei der Bestimmung der **Beteiligungsquote** (= **Einbeziehungsquote**) sind jene Anteile am Gemeinschaftsunternehmen zu berücksichtigen, die von den in den Konzernabschluss einbezogenen Tochterunternehmen gehalten werden. Hinzu kommen die Anteile, die andere Gemeinschaftsunternehmen des Konzerns besitzen. Die von assoziierten Unternehmen gehaltenen Anteile werden hingegen nicht berücksichtigt.

Aus den Angaben in Abb. 4.7 (S. 376) ergibt sich für die D-GmbH eine Einbeziehungsquote von 70 % (0,5 + 0,5 · 0,4). Hier zeigt sich der **Unterschied** zwischen Stimmrechten und Kapitalanteilen. Obwohl die Beteiligungs- bzw. Einbeziehungsquote 70 % beträgt, darf, da die Einbeziehungsquote **nicht** der rechtlichen Beurteilung des Charakters der D-GmbH dient, **nicht gefolgert werden**, diese wäre ein Tochterunternehmen der A-AG (siehe *ADS*, § 310 HGB, Anm. 30).

Beispiel 13 (Wertangaben in TEUR; ohne Berücksichtigung latenter Steuern)

Das Konzernmutterunternehmen A-AG erwirbt zum 31.12.t_1 40 % der Anteile (= 40 % der Stimmrechte) an der C-GmbH für 2.000.

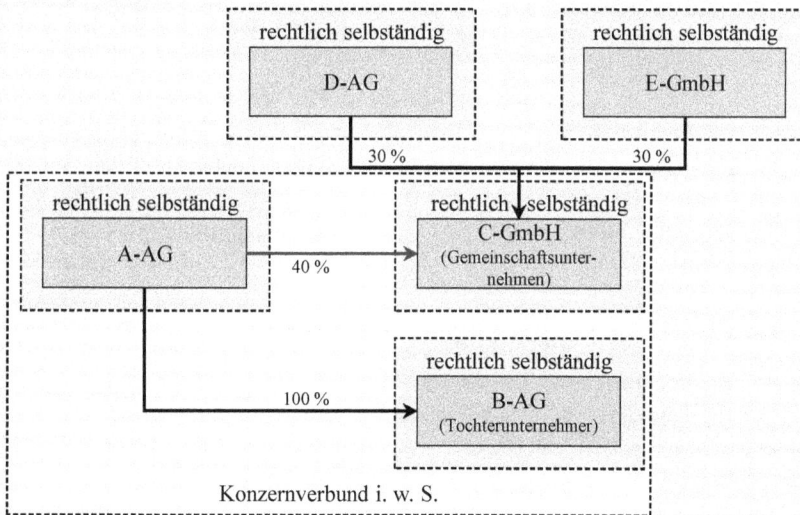

| rechtlich selbständig |
| D-AG |

| rechtlich selbständig |
| E-GmbH |

30 %   30 %

| rechtlich selbständig |
| A-AG |

40 %

| rechtlich selbständig |
| C-GmbH |
| (Gemeinschaftsunternehmen) |

100 %

| rechtlich selbständig |
| B-AG |
| (Tochterunternehmer) |

Konzernverbund i. w. S.

Die C-GmbH stellt zum 31.12.t_1 eine für Konsolidierungszwecke **neu bewertete** Bilanz auf:

Bilanz C-GmbH zum 31.12.t_1

Grund/Boden	2.500	Gez. Kapital/Rücklagen	3.400
Gebäude	1.600	Neubewertungsrücklage	800
Bank	600	Eigenkapital	4.200
		Verbindlichkeiten	500
Summe	4.700	Summe	4.700

Auf die A-AG entfällt ein anteiliges neubewertetes Eigenkapital in Höhe von 1.680 (0,4 · 4.200). Damit ergibt sich ein Geschäfts- oder Firmenwert von 320 (2.000 – 1.680).

Konsolidierungsbuchung im Rahmen der Aufstellung des Konzernabschlusses:

Geschäfts- oder Firmenwert (GoF)   320   an   Beteiligung an C-GmbH   2.000

anteiliges Eigenkapital C-GmbH   1.680

Im Folgenden gehen nur die **anteiligen** Vermögensgegenstände und Schulden (40 %-Quote) der C-GmbH in den Summenabschluss ein und es wird nur die Konsolidierung von C durch Klammersetzung hervorgehoben:

	31.12.t$_1$ A	B	C	Summen-Bilanz	Konsoli-dierung	Summe Konzern
GoF	--	--	--	--	320	(320)
Beteiligung B	...	...	--	...	...	...
Beteiligung C	2.000	...	--	**2.000**	–2.000	0
Grund/Boden	--	...	1.000	**(1.000)**		**(1.000)**
Gebäude	--	...	640	**(640)**		**(640)**
Bank	--	...	240	**(240)**		**(240)**
Summe	...	...	1.880	...	–1.680	...
Gez. Kapital/Rücklagen	6.000	...	1.360	**(1.360)**	–1.360	**6.000**
Neubewertungsrücklage	...	...	320	**(320)**	-320	0
Verbindlichkeiten	...	...	200	**(200)**		**(200)**
Summe	...	...	1.880	...	–1.680	...

Werden für die Ermittlung der Beteiligungsquote des Mutterunternehmens am Gemeinschaftsunternehmen auch die Anteile nichtkonsolidierter Tochterunternehmen mit einbezogen, bedarf es insoweit der Bilanzierung eines besonderen Postens im Eigenkapital (z. B. „Ausgleichsposten für Anteile nicht konsolidierter Tochterunternehmen an Gemeinschaftsunternehmen") (siehe *ADS*, § 310 HGB, Anm. 30; dazu kritisch *Winkeljohann/Böcker*, § 310 HGB, Rz. 55).

Anteilig eliminierungspflichtige **Zwischenerfolge** können aus Lieferungen vom Gesellschafter- oder einem Konzern- an das Gemeinschaftsunternehmen (**Down-stream-Lieferung**) oder umgekehrt vom Gemeinschaftsunternehmen an das Gesellschafter- oder ein Konzernunternehmen entstehen (**Up-stream-Lieferungen**). Aber auch aus **Cross-stream-Lieferungen** (Lieferungen zwischen Gemeinschaftsunternehmen) können eliminierungspflichtige Zwischenerfolge resultieren (siehe *DRS Nr. 9*, Rz. 11).

Beispiel 14 (bezogen auf Beispiel 13)

Das Konzernmutterunternehmen A-AG liefert in t$_2$ an die C-GmbH Rohstoffe für 200 (Konzernanschaffungskosten 150) (Down-stream-Lieferung). C liefert an A in t$_2$ fertige Erzeugnisse für 380 (Herstellungskosten = Konzernherstellungskosten 370) (Up-stream-Lieferung). Die Lieferungen befinden sich zum Konzernbilanzstichtag 31.12.t$_2$ sowohl beim Gesellschafter- als auch beim Gemeinschaftsunternehmen noch auf Lager.

Folgende Zwischenerfolge sowie Aufwendungen und Erträge sind zu eliminieren:

Die **Down-stream-Lieferung** stellt sich aus Konzernsicht vereinfacht wie folgt dar:

```
┌─ rechtlich selbständig ─┐  ┌──── rechtlich selbständig ────┐         ┌─ rechtlich selbständig ─┐
│                         │  │          C-GmbH               │  30 %   │          D-AG           │
│         A-AG            │  │    (Gemeinschaftsunter-nehmen)│ ──────► │                         │
│                         │  ├───────────────┬───────────────┤         └─────────────────────────┘
│         GuV             │  │ Rohstoff (40 %)│ Rohstoff (60 %)│        ┌─ rechtlich selbständig ─┐
│            Umsatz 200   │  │    = 80        │    = 120      │         │          E-GmbH         │
│ Mat. 150                │  └───────────────┴───────────────┘  30 %   │                         │
│ Erg.  50                │                                    ──────► └─────────────────────────┘
│      Konzernverbund i. w. S.                                │
└─────────────────────────────────────────────────────────────┘
```

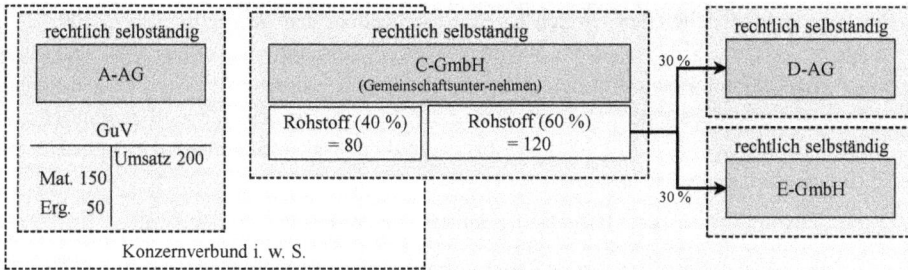

Die Rohstoffe entfallen zu 40 % (80) auf den Konzernverbund. 60 % der Rohstoffe (120) hingegen entfallen auf konzernfremde Dritte, so dass etwaige „darin steckende" Veräußerungserfolge aus Konzernsicht als realisiert gelten und nicht zu eliminieren sind.

Aus Konzernsicht ergibt sich ein Zwischengewinn von 20 ($\{200 - 150\} \cdot 0,4 = 50 \cdot 0,4$). Der Wertansatz der auf den Konzern entfallenden Rohstoffe (80) ist also um 20 zu kürzen. Das entspricht den anteiligen Konzernanschaffungskosten von 60 ($150 \cdot 0,4$).

Konsolidierungsbuchung im Rahmen der Aufstellung des Konzernabschlusses:

| Umsatzerlöse | 20 | an | Rohstoffe | 20 |

Damit ergeben sich zunächst Umsatzerlöse in Höhe von 180 ($200 - 20$).

Da nun aber Rohstoffe in Höhe von 60 aus Konzernsicht nicht veräußert wurden, konnten in dieser Höhe auch keine Umsatzerlöse und Materialaufwand entstehen. Eine entsprechende Aufwands- und Ertragskonsolidierung ist erforderlich:

| Umsatzerlöse | 60 | an | Materialaufwand | 60 |

Damit spiegeln die Umsatzerlöse und der Materialaufwand die anteilige Lieferung an D und E korrekt wider:

Umsatzerlöse: $200 - 20 - 60 = 120$ (entspricht $200 \cdot 0,6$)

Materialaufwand: $150 - 60 = 90$ (entspricht $150 \cdot 0,6$)

Die **Up-stream-Lieferung** stellt sich aus Konzernsicht zunächst vereinfacht wie folgt dar:

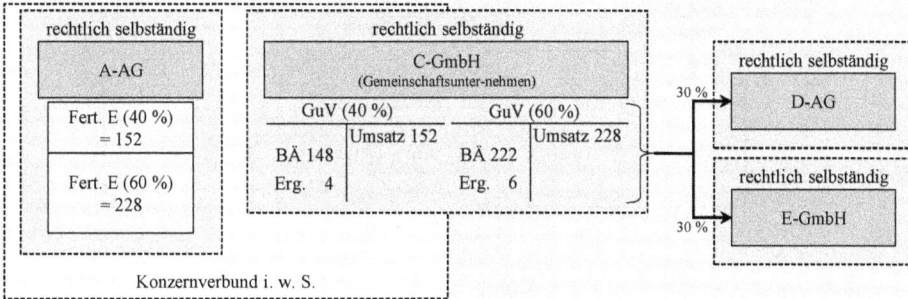

```
┌─ rechtlich selbständig ─┐  ┌──── rechtlich selbständig ────┐         ┌─ rechtlich selbständig ─┐
│         A-AG            │  │          C-GmbH               │  30 %   │          D-AG           │
│                         │  │   (Gemeinschaftsunter-nehmen) │ ──────► │                         │
├─────────────────────────┤  ├───────────────┬───────────────┤         └─────────────────────────┘
│ Fert. E (40 %)          │  │  GuV (40 %)    │  GuV (60 %)   │         ┌─ rechtlich selbständig ─┐
│    = 152                │  │        Umsatz 152│       Umsatz 228│      │          E-GmbH         │
├─────────────────────────┤  │ BÄ 148         │ BÄ 222        │  30 %   │                         │
│ Fert. E (60 %)          │  │ Erg.  4        │ Erg.  6       │ ──────► └─────────────────────────┘
│    = 228                │  └───────────────┴───────────────┘
│      Konzernverbund i. w. S.                                │
└─────────────────────────────────────────────────────────────┘
```

Die bei C erzielten Umsatzerlöse (380) und Bestandsänderungen (= Bestandsminderungen) (370) entfallen zu 60 % (Umsatzerlöse 228, Bestandsminderung 222) auf die konzernfremden Dritten D und E und gehen nicht in den Konzernabschluss ein.

Die in den Konzernabschluss zu übernehmenden Umsatzerlöse ($152 = 380 \cdot 0,4$) und Bestandsminderungen ($148 = 370 \cdot 0,4$) sind zu eliminieren. Sie erzeugen einen Zwischengewinn von 4 ($\{152 - 148\} = 4$).

Die von C an A gelieferten fertigen Erzeugnisse gehören dem Konzern zwar zu 100 %. Allerdings ist der Wertansatz zu spalten. Während 60 % der Anschaffungskosten (216 = 380 · 0,6) aus einer Transaktion mit konzernfremden Dritten resultieren, wurden „40 % der fertigen Erzeugnisse" nur von „Betriebsstätte C" zur „Betriebsstätte A" verlagert und sind zu Konzernherstellungskosten anzusetzen (148 = 370 · 0,4). Der bisherige Wertansatz (152 = 380 · 0,4) ist genau um den Zwischengewinn von 4 abzustocken.

Konsolidierungsbuchung im Rahmen der Aufstellung des Konzernabschlusses:

| Umsatzerlöse | 152 | an | Bestandsänderung | 148 |
| | | | fertige Erzeugnisse | 4 |

Damit ergibt sich ein Wertansatz für die fertigen Erzeugnisse von 376 (228 + 148).

Zwischenergebnisse aus Cross-stream-Geschäften sind entsprechend dem **Produkt der Beteiligungsquoten** zu eliminieren. Das zu eliminierende Ergebnis ist der mit dem Produkt der Beteiligungsquoten multiplizierte Gewinn oder Verlust des liefernden Gemeinschaftsunternehmens (siehe *DRS Nr. 9*, Rz. 12). Bei unterschiedlich hohen Beteiligungsquoten der am Leistungsaustausch beteiligten Gemeinschaftsunternehmen können die Zwischenerfolge daher nur entsprechend der niedrigeren Beteiligungsquote eliminiert werden (siehe *Winkeljohann/Böcker*, § 310 HGB, Rz. 66; *ADS*, § 310 HGB, Anm. 43, siehe dazu auch *Zündorf*, S. 2132 f.).

Beispiel 15 (Wertangaben in TEUR; ohne Berücksichtigung latenter Steuern)

Betrachtet wird folgende Konzernstruktur:

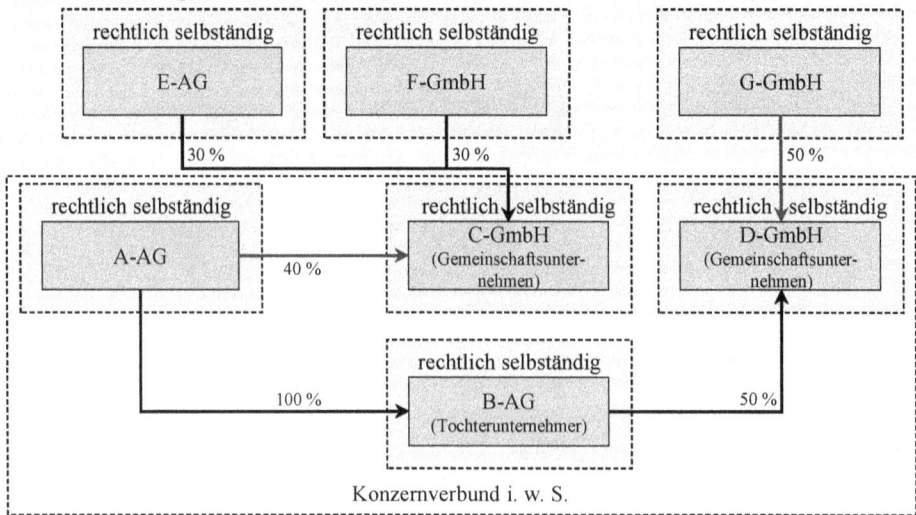

Im betrachteten Konzerngeschäftsjahr vollzogen sich folgende **Cross-stream-Geschäfte**:

Gemeinschaftsunternehmen C liefert im betrachteten Konzerngeschäftsjahr an Gemeinschaftsunternehmen D Rohstoffe für 200 (Anschaffungskosten = Konzernanschaffungskosten 150).

D liefert an C fertige Erzeugnisse für 380 (Herstellungskosten = Konzernherstellungskosten 370), die für C Rohstoffe darstellen, im Folgenden aber vereinfacht weiterhin als fertige Erzeugnisse bezeichnet werden.

Die Lieferungen befinden sich zum Konzernbilanzstichtag sowohl bei C auch bei D noch auf Lager. Die Lieferungen stellen sich aus Konzernsicht zunächst vereinfacht wie folgt dar:

Lieferung C an D:

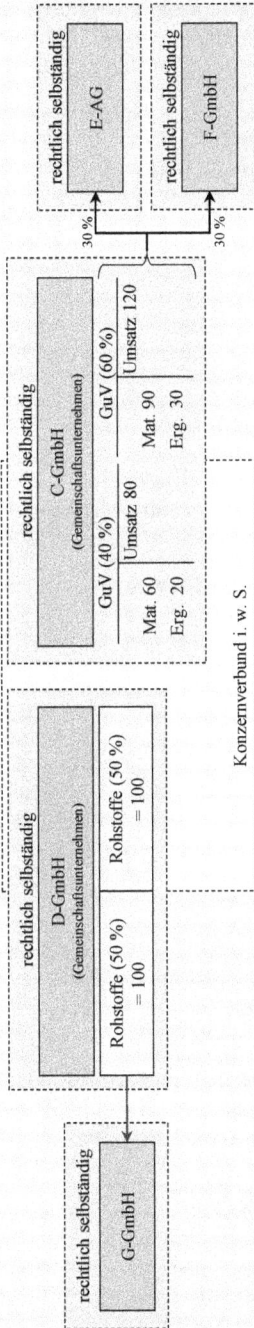

Lieferung D an C:

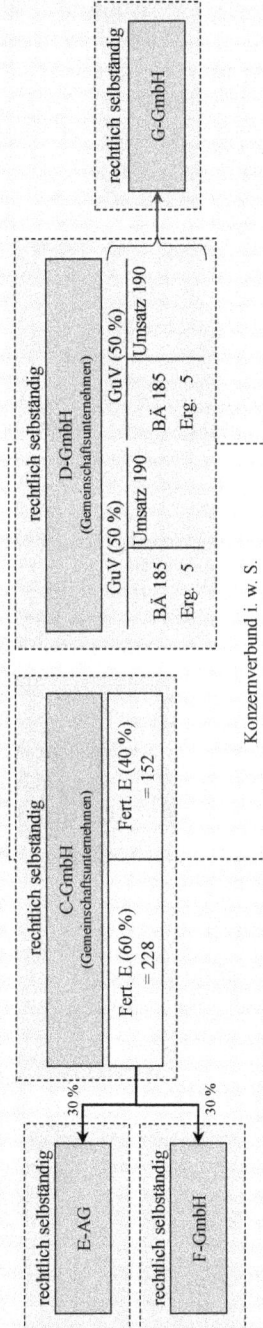

Lieferung C an D:

rechtlich selbständig — E-AG

rechtlich selbständig — F-GmbH

30 %   30 %

rechtlich selbständig — C-GmbH (Gemeinschaftsunternehmen)

GuV (60 %)   Umsatz 120   Mat. 90   Erg. 30

GuV (40 %)   Umsatz 80   Mat. 60   Erg. 20

rechtlich selbständig — D-GmbH (Gemeinschaftsunternehmen)

Rohstoffe (50 %) = 100   Rohstoffe (50 %) = 100

rechtlich selbständig — G-GmbH

Konzernverbund i. w. S.

Lieferung D an C:

rechtlich selbständig — G-GmbH

Umsatz 190

rechtlich selbständig — D-GmbH (Gemeinschaftsunternehmen)

GuV (50 %)   BÄ 185   Erg. 5

GuV (50 %)   Umsatz 190   BÄ 185   Erg. 5

rechtlich selbständig — C-GmbH (Gemeinschaftsunternehmen)

Fert. E (40 %) = 152

Fert. E (60 %) = 228

30 %   30 %

rechtlich selbständig — E-AG

rechtlich selbständig — F-GmbH

Konzernverbund i. w. S.

Die im Konzern verbleibenden Rohstoffe von 100 (= 200 · 0,5) stammen zu 40 % (40 = 100 · 0,4) aus der konzerninternen Lieferung von C und zu 60 % (60 = 100 · 0,6) aus der Lieferung konzernfremder Dritter („E und F").

Das bei C erwirtschaftete und auf den Konzern entfallende Ergebnis von 20 steckt in den bei D auf Lager befindlichen Rohstoffen und entfällt je zur Hälfte auf den Konzern und G. Daher ist auch nur ein Zwischengewinn von 10 (20 · 0,5) im Konzernabschluss zu eliminieren. Das entspricht dem Produkt der Beteiligungsquoten des Konzerns an C und D multipliziert mit dem Gewinn des liefernden Gemeinschaftsunternehmens C (10 = 50 · 0,4 · 0,5).

Da 50 % der Rohstoffe bei D als an konzernfremde Dritte veräußert gelten, sind auch nur 50 % der auf den Konzern entfallenden Umsatzerlöse und Materialaufwendungen im Rahmen der Aufwands- und Ertragseliminierung zu korrigieren.

Konsolidierungsbuchung im Rahmen der Aufstellung des Konzernabschlusses:

Umsatzerlöse	40	an	Materialaufwand	30
			Rohstoffe	10

Die auf den Konzern entfallenden Rohstoffe sind nun mit 90 bewertet. Dieser Wert ergibt sich auch wie folgt: 90 = 0,5 · (200 · 0,6 + 150 · 0,4)

Die im Konzern verbleibenden fertigen Erzeugnisse von 152 (= 380 · 0,4) stammen zu 50 % aus der konzerninternen Lieferung von D und zu 50 % aus der Lieferung konzernfremder Dritter.

Das bei D erwirtschaftete und auf den Konzern entfallende Ergebnis von 5 steckt in den bei C auf Lager befindlichen fertigen Erzeugnissen und entfällt zu 40 % auf den Konzern und zu 60 % auf E und F. Daher ist auch nur ein Zwischengewinn von 2 (= 5 · 0,4) im Konzernabschluss zu eliminieren. Das entspricht dem Produkt der Beteiligungsquoten des Konzerns an C und D multipliziert mit dem Gewinn des liefernden Gemeinschaftsunternehmens D (2 = 10 · 0,4 · 0,5).

Da 60 % der fertigen Erzeugnisse bei C als an konzernfremde Dritte veräußert gelten, sind auch nur 40 % der auf den Konzern entfallenden Umsatzerlöse (190 · 0,4 = 76 bzw. 380 · 0,5 · 0,4 = 76) und Bestandsminderungen (185 · 0,4 = 74 bzw. 370 · 0,5 · 0,4 = 74) zu korrigieren.

Konsolidierungsbuchung im Rahmen der Aufstellung des Konzernabschlusses:

Umsatzerlöse	76	an	Bestandsänderung	74
			fertige Erzeugnisse	2

Die auf den Konzern entfallenden fertigen Erzeugnisse sind jetzt mit 150 bewertet. Dieser Wert ergibt sich auch wie folgt: 150 = 0,4 · (380 · 0,5 + 370 · 0,5)

Weicht der **Abschlussstichtag** eines Gemeinschaftsunternehmens vom Konzernbilanzstichtag ab, so ist ein Zwischenabschluss auf den Stichtag und für den Zeitraum des Konzernabschlusses aufzustellen (nach *DRS Nr. 9*, Rz. 9 ohne Ausnahme). Der Aufstellung bedarf es gemäß HGB nicht, wenn das Geschäftsjahr höchstens drei Monate vor dem Stichtag des Konzernabschlusses endet. Vorgänge von besonderer Bedeutung für den Konzern zwischen dem Abschlussstichtag des Unternehmens und dem Konzernabschlussstichtag sind zu berücksichtigen (§ 299 Abs. 2, 3 i. V. m. 310 Abs. 2 HGB).

4.6 Beteiligungsbilanzierung nach der Equity-Methode

Die **Equity-Methode** ist in der handelsrechtlichen Rechnungslegung nur im Rahmen der Aufstellung eines Konzernabschlusses anzuwenden. Nach IFRS hingegen ist die Equity-Methode integraler Bestandteil der Rechnungslegung und unabhängig vom Vorliegen eines Konzerns zu beachten.

Im HGB-Konzernabschluss ist die Methode auf assoziierte Unternehmen, nicht quotal konsolidierte Gemeinschafts- sowie nicht vollkonsolidierte Tochterunternehmen anzuwenden.

Ein **assoziiertes Unternehmen** ist ein nicht in den Konzernabschluss einbezogenes Unternehmen (daher kein Tochter- oder Gemeinschaftsunternehmen), an dem ein in den Konzernabschluss einbezogenes Unternehmen eine Beteiligung (§ 271 Abs. 1 HGB) hält. Außerdem muss das beteiligte Unternehmen die Geschäfts- und Finanzpolitik des assoziierten Unternehmens **maßgeblich beeinflussen** (siehe dazu und im Folgenden *Toebe (2013c)*, S. 664 ff.).

Eine gesetzliche Definition, wonach feststellbar wäre, unter welchen Umständen „maßgeblicher Einfluss" besteht, liegt nicht vor.

„Maßgeblicher Einfluss" kann nur umschrieben werden. Systematisch handelt es sich um eine **schwächere Form der Einflussnahme** im Vergleich zum beherrschenden Einfluss. Nach h. M. im Schrifttum erfordert „maßgeblicher Einfluss" nicht, auf konkrete einzelne unternehmenspolitische Entscheidungen tatsächlich einzuwirken. Vielmehr ist die Mitwirkung an **Grundsatzfragen** der Geschäfts- und Finanzpolitik des assoziierten Unternehmens notwendig, aber gleichzeitig auch ausreichend (siehe *Küting/Köthner/Zündorf*, § 311 HGB, Anm. 25; *Winkeljohann/Böcker*, § 311 HGB, Rz. 15). Damit ist die Ausübung eines maßgeblichen Einflusses mehr als die Wahrnehmung der üblichen Beteiligungsrechte (siehe *Kirsch*, S. 26), aber so beschränkt, dass Entscheidungen über wesentliche und bedeutende Fragen der Finanz- und Geschäftspolitik nicht unbedingt dem Interesse des beteiligten Unternehmens entsprechen müssen. Insoweit ist eine weitere notwendige Voraussetzung für das Vorliegen eines maßgeblichen Einflusses, dass er **tatsächlich ausgeübt** wird.

Weitere **Indizien** für einen maßgeblichen Einfluss beschreibt *DRS 8*, Tz. 3:

- Zugehörigkeit eines Vertreters des beteiligten Unternehmens zum Leitungsgremium (Geschäftsführung, Vorstand) oder Verwaltungsorgan (z. B. Aufsichtsrat),
- Austausch von Führungspersonal zwischen dem beteiligten Unternehmen und dem Beteiligungsunternehmen,
- Vorliegen wesentlicher Geschäftsbeziehungen zwischen dem beteiligten Unternehmen und dem Beteiligungsunternehmen (Liefer- und Leistungsverflechtung),
- Bereitstellung von wesentlichem technischem Know-how durch das beteiligte Unternehmen (Konstruktionen, Lizenzen).

Hilfsweise wird ein maßgeblicher Einfluss dann **vermutet**, wenn ein Unternehmen bei einem anderen Unternehmen mindestens den fünften Teil der Stimmrechte der Gesellschafter innehat (§ 311 Abs. 1 Satz 2 HGB). Der **Anschein der Ausübung** eines maßgeblichen Einflusses ist jedoch **widerlegbar**; die Beweislast trägt das beteiligte Unternehmen. Ein maßgeblicher Einfluss kann z. B. dann widerlegt werden, wenn das beteiligte Unternehmen nicht die für die Equity-Bilanzierung erforderlichen Informationen erhalten kann.

Ist eine Beteiligung an einem assoziierten Unternehmen für die Vermögens-, Finanz- und Ertragslage des Konzerns von **untergeordneter Bedeutung**, kann auf die Anwendung der Equity-Methode verzichtet werden (§ 311 Abs. 2 HGB). Das Kriterium der untergeordneten Bedeutung ist sowohl für jedes einzelne als unwesentlich erachtete Unternehmen gesondert, als auch in einer Gesamtschau aller als unwesentlich eingestuften Unternehmen zu prüfen.

Die Equity-Methode ist auf assoziierte Unternehmen **nicht anzuwenden**, wenn der maßgebliche Einfluss nur vorübergehend besteht, z. B. weil die Anteile zur Weiterveräußerung in naher Zukunft erworben wurden (siehe *DRS 8*, Tz. 7).

Anders als bei der Quoten- oder Vollkonsolidierung beruht die Equity-Methode **konzeptionell** nicht auf der Erfassung der vorhandenen (anteiligen) Vermögensgegenstände, Schulden, Rechnungsabgrenzungsposten und Sonderposten eines Beteiligungsunternehmens, sondern des sich daraus ergebenen Reinvermögens, das als Aktivposten „Beteiligung" auszuweisen ist (siehe Abb. 4.8). Die „Beteiligung" spiegelt das **anteilige Eigenkapital** am Beteiligungsunternehmen (so wie das eines quotal erfassten Unternehmens) dann exakt wider, wenn im Rahmen einer HB II sowohl die Konzernbewertungsgrundsätze beachtet als auch alle Konsolidierungsmaßnahmen durchgeführt werden (gesetzlich nicht geforderter „Idealfall").

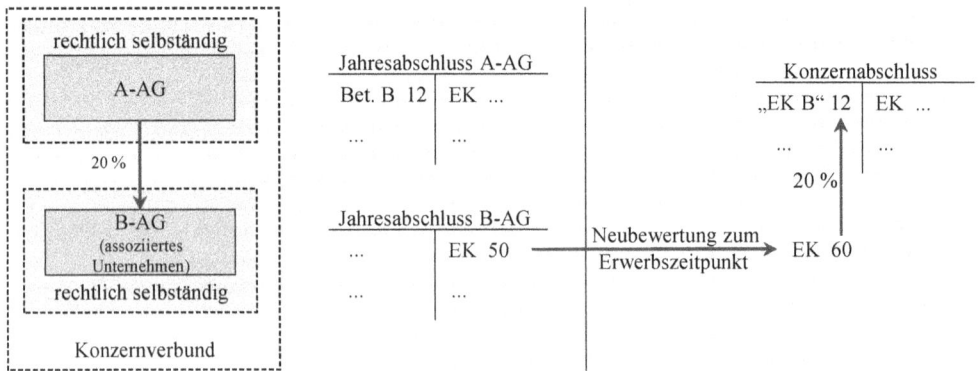

Abb. 4.8:   Vereinfachte Darstellung der Konzeption der Equity-Methode

Der Buchwert der Beteiligung stellt aus Konzernsicht die Anschaffungskosten des anteiligen Eigenkapitals des at equity zu erfassenden Beteiligungsunternehmens zu dem Zeitpunkt dar, zu dem das Unternehmen assoziiertes Unternehmen geworden ist.

Das Gesetz verlangt zunächst die Ermittlung des **Unterschiedsbetrags** zwischen dem Buchwert der Beteiligung und dem Buchwert des anteiligen Eigenkapitals des assoziierten Unternehmens auf der Grundlage der Wertansätze zu diesem **Zeitpunkt** (§ 312 Abs. 1, 2 HGB).

Zur richtigen Bestimmung des Buchwerts des Eigenkapitals ist die Aufstellung eines **Zwischenabschlusses** erforderlich, und, sofern das assoziierte Unternehmen selbst Mutterunternehmen ist, die Aufstellung eines **Konzernzwischenabschlusses** (gilt auch für die **spätere Fortschreibung**) (§ 312 Abs. 6 HGB). Wendet das assoziierte Unternehmen in seinen Abschlüssen vom Konzernabschluss abweichende Bewertungsmethoden an, so besteht das Wahlrecht, die anders bewerteten Vermögensgegenstände und/oder Schulden an die Konzerngrundsätze anzupassen. Wird die Bewertung nicht angepasst, so ist dies im Konzernanhang anzugeben (§ 312 Abs. 5 HGB). Stehen die abweichenden Bewertungsmethoden aber nicht in Einklang mit den Grundsätzen ordnungsmäßiger Buchführung (z. B. bei ausländischen Gesellschaften), dann besteht Anpassungspflicht.

Da die Möglichkeit zur Erwirkung eines Zwischenabschlusses beim assoziierten Unternehmen regelmäßig beschränkt sein wird, muss der letzte zeitlich nahe Jahres- oder Quartalsabschluss zugrunde gelegt und durch entsprechende (statistische) Korrekturen angepasst werden.

Können die Wertansätze zum maßgeblichen Zeitpunkt nicht endgültig ermittelt werden, dann sind sie innerhalb der darauf folgenden zwölf Monate zu korrigieren.

Ergibt sich aus der **Differenz** zwischen dem Buchwert der Beteiligung und dem Buchwert des anteiligen Eigenkapitals des assoziierten Unternehmens ein **positiver Unterschiedsbetrag**, dann ist dieser den Wertansätzen der Vermögensgegenstände, Schulden, Rechnungsabgrenzungsposten und Sonderposten des assoziierten Unternehmens insoweit zuzuordnen, als deren **beizulegender Zeitwert** höher oder niedriger ist als ihr Buchwert (Aufdeckung der stillen Reserven und Lasten).

Im Unterschied zu den IFRS sowie zur Quoten- und Vollkonsolidierung greift hier das **Anschaffungskostenprinzip**. Das zeigt sich daran, dass stille Reserven nur insoweit aufgedeckt werden können, als Unterschiedsbetrag und stille Lasten vorhanden sind. Übersteigen die beizulegenden Zeitwerte der Vermögensgegenstände diesen Betrag, dann sind sie nicht berücksichtigungsfähig. In einem solchen Fall besteht aber eine **Wahlfreiheit** der Zuordnung des Unterschiedsbetrags auf die Vermögensgegenstände, Schulden, Rechnungsabgrenzungsposten und Sonderposten (beispielsweise proportional). Die Wertaufteilung bzw. Zuordnung des Unterschiedsbetrags ist zu dokumentieren.

Übersteigt der Unterschiedsbetrag die aufgedeckten stillen Reserven und Lasten, verbleibt ein **Geschäfts- oder Firmenwert**.

Ist der Buchwert der Beteiligung kleiner als der anteilige Buchwert des Eigenkapitals des assoziierten Unternehmens, entsteht ein **negativer Unterschiedsbetrag**.

Können die für die Aufteilung des Unterschiedsbetrags erforderlichen **Informationen** nicht beschafft werden, sollte der gesamte Unterschiedsbetrag als Geschäfts- oder Firmenwert bzw. als negativer Unterschiedsbetrag behandelt werden.

Es gibt zwei mögliche Ausweisarten der at equity zu bewertenden Beteiligung. Während die **Buchwertmethode** (oder auch „Ein-Zeilen-Konsolidierung" („one-line-consolidation")) keine ausweistechnische Spaltung des Beteiligungsbuchwerts vorsieht, wird bei der **Kapitalanteilsmethode** (oder auch „Zwei-Zeilen-Konsolidierung" („two-line-consolidation")) der im Unterschiedsbetrag enthaltene Geschäfts- oder Firmenwert vom Beteiligungsbuchwert abgespalten, gesondert ausgewiesen und fortgeschrieben.

Das HGB folgt seit dem BilMoG der Buchwertmethode („Ein-Zeilen-Konsolidierung"); die die Kapitalanteilsmethode gilt nur noch für Altfälle.

Bei der Buchwertmethode entspricht in dem Zeitpunkt, zu dem das Unternehmen assoziiertes Unternehmen geworden ist, der Buchwert der Beteiligung dem Equity-Wert. Im **Konzernanhang** anzugeben ist der Unterschiedsbetrag zwischen dem Buchwert der Beteiligung und dem Buchwert des anteiligen Eigenkapitals des assoziierten Unternehmens nebst eines darin enthaltenen Geschäfts- oder Firmenwerts bzw. passivischen Unterschiedsbetrags (§ 312 Abs. 1 Satz 2 HGB).

Latente Steuern aufgrund originärer „**Inside Based Differences**" können im Rahmen der Equity-Bilanzierung nicht entstehen, da die Konzernbilanz nur die Beteiligung, nicht jedoch einzelne Vermögensgegenstände, Schulden, Rechnungsabgrenzungsposten und Sonderposten ausweist. Allerdings sind für die bei der Zuordnung des Unterschiedsbetrags entstehenden abzugsfähigen temporären Differenzen latente Steuern zu berücksichtigen. Sie sind Bestandteil des At equity-Ansatzes. Die aufgrund der Equity-Fortschreibung entstehenden „**Outside Based Differences**" sind hingegen unbeachtlich (§ 306 Satz 4 HGB).

In den **Folgejahren** stellt die Equity-Methode eine **modifizierte Zeitwertbewertung** insoweit dar, als sich die Fortschreibung des Beteiligungsbuchwerts am Bilanzkurs orientiert. Der Wertansatz der Beteiligung ist entsprechend der dem Mutterunternehmen anteilig zuzuordnenden **Eigenkapitalveränderungen** beim assoziierten Unternehmen zu erhöhen oder zu vermindern.

Erfolgswirksam abzusetzen sind z. B. die auf die Beteiligung entfallenden Gewinnausschüttungen; der Ausweis erfolgt in der Konzern-Gewinn- und Verlustrechnung unter einem gesonderten Posten (§ 312 Abs. 4 HGB).

Hingegen sind **erfolgsneutrale Eigenkapitalveränderungen**, soweit sie auf handelsrechtlichen Rechnungslegungsgrundsätzen (einschließlich DRS-Regelungen) und nicht auf Transaktionen mit Anteilseignern beruhen, entsprechend der Beteiligungsquote erfolgsneutral in den Konzernabschluss zu übernehmen (siehe *DRS 8*, Tz. 25).

Nach *DRS 8*, Tz. 12, 13 ist das Eigenkapital des assoziierten Unternehmens aus dem jeweils letzten Jahres- bzw. Konzernabschluss abzuleiten. Weichen der Abschlussstichtag des assoziierten Unternehmens und der Konzernabschlussstichtag voneinander ab, so ist ein Zwischenabschluss auf den Stichtag des Konzernabschlusses aufzustellen. Die Aufstellung eines Zwischenabschlusses ist nicht erforderlich, wenn das Geschäftsjahr des assoziierten Unternehmens höchstens drei Monate vor dem Stichtag des Konzernabschlusses endet. Vorgänge von besonderer Bedeutung für die wirtschaftliche Lage des Konzerns, die zwischen dem Abschlussstichtag des assoziierten Unternehmens und dem Konzernabschlussstichtag eintreten, sind im Konzernabschluss entsprechend zu berücksichtigen. Dabei ist der Grundsatz der Stetigkeit auch hinsichtlich der Länge der jeweiligen Berichtsperioden zu beachten.

Ergänzend zur Berücksichtigung der Eigenkapitalveränderung beim assoziierten Unternehmen sind in den Folgejahren auch die **aufgedeckten stillen Reserven und Lasten** im Konzernabschluss entsprechend der Behandlung der Wertansätze dieser Vermögensgegenstände, Schulden, Rechnungsabgrenzungsposten und Sonderposten im Jahresabschluss des assoziierten Unternehmens **fortzuführen** (beizubehalten) oder **abzuschreiben/aufzulösen** (fortzuschreiben). Bei einem unterjährigen Erwerb ist daher bereits eine zeitanteilige Fortschreibung insoweit erforderlich, als die betroffenen Wertansätze beim assoziierten Unternehmen abgeschrieben oder aufgelöst wurden.

Der **Geschäfts- oder Firmenwert** gilt als zeitlich begrenzt nutzbarer Vermögensgegenstand und ist planmäßig, und soweit erforderlich, außerplanmäßig abzuschreiben. Beträgt die planmäßige Nutzungsdauer mehr als fünf Jahre, sind die Gründe für die längere Nutzungsdauer im Anhang zu erläutern. Die anzugebenden Kriterien müssen nachvollziehbar sein. Eine andere als die lineare Abschreibungsmethode ist nur zulässig, wenn diese Methode den Abnutzungsverlauf nachweislich zutreffender widerspiegelt. Änderungen des Abschreibungsplans sind zu begründen.

Ein **negativer** (passiver) **Unterschiedsbetrag** ist in dem Ausmaß, in dem er auf erwartete künftige Aufwendungen oder Verluste im Zusammenhang mit dem erworbenen Unternehmen beruht, bei Anfall dieser Aufwendungen oder Verluste ergebniswirksam aufzulösen (§ 309 Abs. 2 Nr. 1 i V m. § 312 Abs. 2 Satz 3 HGB). Abweichend zu § 309 Abs. 2 Nr. 2 HGB soll ein negativer Unterschiedsbetrag, der nicht durch erwartete künftige Aufwendungen oder Verluste begründet ist, ergebniswirksame wie folgt ausgelöst werden (siehe *DRS 8*, Tz. 24):

- Der Anteil, der die beizulegenden Zeitwerte der erworbenen nicht-monetären Vermögensgegenstände nicht übersteigt, ist planmäßig über die gewichtete durchschnittliche Restnutzungsdauer der erworbenen abnutzbaren Vermögensgegenstände zu vereinnahmen.
- Der Anteil, der die beizulegenden Zeitwerte der erworbenen nicht-monetären Vermögensgegenstände übersteigt, ist hingegen bereits zum Zeitpunkt der erstmaligen Anwendung der Equity- Methode als Ertrag zu vereinnahmen.

Auch in den Folgejahren sind der Unterschiedsbetrag zwischen dem Buchwert und dem anteiligen Eigenkapital des assoziierten Unternehmens sowie der darin enthaltene Geschäfts- oder Firmenwert bzw. passive Unterschiedsbetrag im Konzernanhang anzugeben. Bei mehreren Beteiligungen reicht eine Zusammenfassung der Beträge aus (siehe *Winkeljohann/Böcker*, § 311 HGB, Rz. 32). Zu weitergehenden Angabepflichten wird auf *DRS 8*, Tz. 47, 48 verwiesen.

Eine im Jahresabschluss vorgenommene **außerplanmäßige Abschreibung** einer Beteiligung an einem assoziierten Unternehmen kann in den Konzernabschluss übernommen werden. In den Folgejahren tatsächlich eintretende Fehlbeträge sind zur Vermeidung einer Aufwandsdoppelerfassung dann jedoch nur insoweit bei der periodischen Fortführung des Equity-Wertes zu berücksichtigen, als sie die übernommenen außerplanmäßigen Abschreibungen übersteigen.

Der Equity-Wertansatz ist zu jedem Konzernabschlussstichtag auf seine **Werthaltigkeit** zu überprüfen. Übersteigt der Equity-Wert den beizulegenden Zeitwert, so ist eine außerplanmäßige Abschreibung erforderlich.

Eine außerplanmäßige Abschreibung mindert zunächst den Geschäfts- oder Firmenwert. Erst nach dessen vollständiger Abschreibung wird der verbleibende Equity-Wert verringert.

Nach *DRS 8* sind entgegen § 253 Abs. 5 Satz 2 HGB i. V. m. § 312 Abs. 2 Satz 3 HGB außerplanmäßige Abschreibungen des Geschäfts- oder Firmenwerts in künftigen Perioden rückgängig zu machen, wenn der Grund für die vorherige außerplanmäßige Abschreibung nicht mehr besteht. Der nicht auf dem Geschäfts- oder Firmenwert basierende Equity-Wert ist höchstens bis zum anteiligen bilanziellen Eigenkapital im Bewertungszeitpunkt abzüglich der fortgeführten stillen Reserven bzw. zuzüglich der fortgeführten stillen Lasten zuzuschreiben (siehe dazu *DRS 8*, Tz. 28, 29).

Im Rahmen der Equity-Bilanzierung ist nur die **Zwischenergebniseliminierung** vorgeschrieben. Weitere Konsolidierungsmaßnahmen sind gleichwohl zulässig.

Zwischenergebnisse sind (vollständig) zu eliminieren, soweit die für die Beurteilung maßgeblichen Sachverhalte bekannt oder zugänglich sind (§ 312 Abs. 5 Satz 2 HGB). Die Zwischenergebnisse dürfen auch anteilig entsprechend den dem Mutterunternehmen gehörenden

Anteilen am Kapital des assoziierten Unternehmens weggelassen werden (§ 312 Abs. 5 Satz 3 HGB).

Unerheblich ist, ob die Zwischenergebnisse aus **Up-stream-Transaktionen** oder **Down-stream-Transaktionen** stammen. Die Zwischenergebnisse sind nach *DRS 8*, Tz. 32 mit dem Equity-Wert und nicht mit Bilanzposten, die Lieferungen und Leistungen von assoziierten Unternehmen enthalten, zu verrechnen.

Eliminierte Zwischengewinne und -verluste sind zu dokumentieren. Zwischenergebnisse sind in den Folgejahren zu berücksichtigen, wenn sie aus Konzernsicht realisiert werden. Soweit Schwierigkeiten hinsichtlich der Zugänglichkeit zu entsprechenden Informationen bestehen, ist eine Pauschalierung zulässig.

Durch die periodische Fortschreibung der Beteiligung kann bei dauerhaft eintretenden Verlusten beim assoziierten Unternehmen ein **negativer** Equity-Wert entstehen. Ein negativer Equity-Wert darf in der Konzernbilanz nicht angesetzt, sondern muss außerhalb der Bilanz in einer Nebenrechnung fortgeführt werden. Nachdem die kumulierten negativen Beträge durch Gewinne und/oder Leistungen der Gesellschafter ausgeglichen worden sind, lebt die Aktivierungspflicht wieder auf ("U-Boot-Theorie").

Für die Fortschreibung des Equity-Wertansatzes (unter Vernachlässigung latenter Steuern) kann folgendes Schema zugrunde gelegt werden (siehe *Toebe (2013c)*, S. 671):

	Buchwert der Beteiligung zu Beginn der Berichtsperiode
±	Anpassungseffekte aus einheitlicher Bewertung (§ 312 Abs. 5 HGB)
±	anteiliger Jahresüberschuss/Jahresfehlbetrag der Berichtsperiode des Beteiligungsunternehmens
−	ausgeschüttete Dividende, soweit sie auf Jahresergebnisse nach Erwerb der Beteiligung entfallen
−	Abschreibungen/Abgänge aufgedeckter stiller Reserven
+	Auflösungsbeträge aufgedeckter stiller Lasten
±	entstandene Zwischenerfolge des Berichtszeitraums
±	realisierte Zwischenerfolge, die in Vorperioden eliminiert wurden
−	außerplanmäßige Abschreibungen
+	Zuschreibungen
±	Kapitaleinzahlungen/Kapitalrückzahlungen
=	Buchwert der Beteiligung am Ende der Berichtsperiode

Beispiel 16 (siehe *Toebe (2013c)*, S. 671 ff.) (Wertangaben in Mio. EUR)

Die A-AG (Konzernunternehmen) (Ertragsteuersatz 20 %) erwirbt zum 01.07.t_1 einen 30 %-Beteiligungsanteil (= 30 % der Stimmrechte) an der B-AG (Ertragsteuersatz 25 %), für 20, der mittels Equity-Methode bilanziert wird.

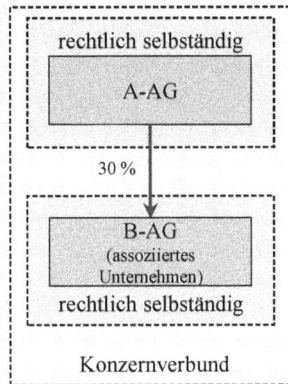

Folgendes ist über die B-AG bekannt:

a) Zum 01.07.t_1:

Buchwert Eigenkapital	60

anteilige stille Reserven:

- Gebäude	3 (Restnutzungsdauer 25 Jahre)
- Maschine	2 (Restnutzungsdauer 10 Jahre)

Nutzungsdauer für einen Geschäfts- oder Firmenwert	5 Jahre

b) Für den Zeitraum 01.07.t_1 – 31.12.t_1:

Die A-AG liefert Rohstoffe für 6 (Konzernanschaffungskosten 5) an B-AG, die unfertige Erzeugnisse für 20 (Konzernherstellungskosten 18) an A liefert.

Alle Vermögensgegenstände befinden sich am 31.12.t_1 noch im Konzernverbund.

Der auf die A-AG anteilig entfallende Jahresüberschuss von B beträgt 0,5 (= 30 % des zeitanteiligen Jahresüberschusses der B-AG).

c) Für den Zeitraum 01.01.t_2 – 31.12.t_2:

Die in der Vorperiode gelieferten Vermögensgegenstände wurden jeweils vollständig an konzernfremde Dritte veräußert. Der Jahresüberschuss der B-AG beträgt zum 31.12.t_2 1,2; der Vorjahresüberschuss wurde vollständig ausgeschüttet.

Ermittlung des Equity-Wertansatzes:

1. Zum 01.07.t_1:

Wertansatz:	20
enthaltener Unterschiedsbetrag:	$20 - 0,3 \cdot 60 = 2$

Aufteilung des Unterschiedsbetrags:

Gebäude	$0,3 \cdot 3 = 0,9$
Maschine	$0,3 \cdot 2 = 0,6$
passiver latenter Steueranteil	$0,25 \cdot (0,9 + 0,6) = 0,375$
Geschäft- oder Firmenwert	$2 - 0,9 - 0,6 + 0,375 = 0,875$

2. Zum $31.12.t_1$:

Wertansatz der Beteiligung $01.07.t_1$		20
Abschreibung Gebäude	–	0,018 (= ½ · 0,9 : 25 Jahre)
Abschreibung Maschine	–	0,03 (= ½ · 0,6 : 10 Jahre)
latenter Steueranteil	+	0,012 (= 0,25 · {0,018 + 0,03})
Abschreibung GoF	–	0,0875 (= ½ · 0,875 : 5 Jahre)
anteiliger Jahresüberschuss	+	0,5
Zwischengewinn (Lieferung A)	–	0,3 (= 0,3 · {6 – 5})
Zwischengewinn (Lieferung B)	–	0,6 (= 0,3 · {20 – 18})
latenter Steueranteil	+	0,195 (= 0,25 · 0,3 + 0,2 · 0,6)
Equity-Wertansatz $31.12.t_1$		19,671

3. Zum $31.12.t_2$:

Wertansatz der Beteiligung $31.12.t_1$		19,671
Abschreibung Gebäude	–	0,036 (= 0,9 : 25 Jahre)
Abschreibung Maschine	–	0,06 (= 0,6 : 10 Jahre)
latenter Steueranteil	+	0,024 (= 0,25 · {0,036 + 0,06})
Abschreibung GoF	–	0,175 (= 0,875 : 5 Jahre)
Ausschüttung für t_1	–	0,5
anteiliger Jahresüberschuss	+	0,36 (= 0,3 · 1,2)
Zwischengewinn (Lieferung A)	+	0,3 (= 0,3 · {6 – 5})
Zwischengewinn (Lieferung B)	+	0,6 (= 0,3 · {20 – 18})
latenter Steueranteil	+	0,195 (= 0,25 · 0,3 + 0,2 · 0,6)
Equity-Wertansatz $31.12.t_2$		19,989

Die Differenz zwischen den Buchwerten am $31.12.t_1$ von –0,329 (= 19,671 – 20) und am $31.12.t_2$ von 0,318 (= 19,989 – 19,671) ist jeweils unter dem „Ergebnis aus Beteiligungen an assoziierten Unternehmen" zu zeigen.

4.7 Entkonsolidierung

Entkonsolidierung bezeichnet den entgegengesetzten Fall zur Erstkonsolidierung, verbunden mit erfolgswirksamen Effekten (siehe dazu im Folgenden *Toebe (2013d)*, S. 675 ff).

Der teilweise oder vollständige Verlust des beherrschenden oder maßgeblichen Einflusses auf ein Unternehmen bzw. der Wegfall der gemeinsamen Führung erfordert für die entsprechenden, bisher im Konzernabschluss berücksichtigten Vermögensgegenstände, Schulden, Rechnungsabgrenzungs- und Sonderposten Abgangs- bzw. Anpassungsbuchungen.

4.7.1 Entkonsolidierung von Tochterunternehmen und quotal konsolidierter Gemeinschaftsunternehmen

Veräußert ein Konzernunternehmen alle Anteile an einem **Tochterunternehmen**, so müssen alle bisher im Konzernabschluss erfassten Bilanzposten mit Wertstellung zum Zeitpunkt der **Beendigung der Beherrschung** die Konzernsphäre verlassen.

Ein sich ergebender Unterschiedsbetrag zwischen dem Veräußerungspreis und den im Konzernabschluss bis zum Veräußerungszeitpunkt fortgeschriebenen Vermögensgegenständen, Schulden, Rechnungsabgrenzungs- und Sonderposten des Tochterunternehmens, einschließlich eines Geschäfts- oder Firmenwerts ist als Veräußerungsgewinn/-verlust zu erfassen. Abgänge von Vermögensgegenständen des Anlagevermögens sind im Anlagengitter zu zeigen, wobei der Ausweis postenbezogen erfolgen sollte. Etwaige aus Währungsumrechnungen entstandene und innerhalb des Konzerneigenkapitals erfasste Umrechnungsdifferenzen sind erfolgswirksam aufzulösen, ein möglicherweise noch nicht aufgelöster passivischer Unterschiedsbetrag aus der Kapitalkonsolidierung ist erfolgswirksam zu vereinnahmen (siehe *DRS 4*, Tz. 45).

Sind Minderheiten am Tochterunternehmen beteiligt, so sind die Vermögensgegenstände, Schulden und Rechnungsabgrenzungsposten bei der Ermittlung des Veräußerungsergebnisses nur anteilig zu berücksichtigen. Der auf konzernfremde Gesellschafter entfallende Anteil ist erfolgsneutral mit dem fortgeschriebenen Ausgleichsposten für Anteile der anderen Gesellschafter zu verrechnen (siehe *DRS 4*, Tz. 46).

Beispiel 17 (siehe *Toebe (2013d)*, S. 677 ff.) (Wertangaben in TEUR)

Die A-AG (Konzernbilanzstichtag 31.12.) erwarb zum 01.01.t_1 einen 80 %-Beteiligungsanteil (= 80 % der Stimmrechte) an der B-AG (Ertragsteuersatz 30 %) für 500. Mit Wirkung zum 01.07.t_3 veräußert A alle Anteile an B für 600.

Folgendes ist über die B-AG bekannt:

Buchwert Eigenkapital (HB I)	01.01.t_1	01.07.t_3
gez. Kapital	50	50
Kapitalrücklagen	50	50
Gewinnrücklagen	7	15
Jahresüberschuss	--	2
	107	117

stille Reserven:	
Grund und Boden	100
Maschinen (Restnutzungsdauer sechs Jahre)	10
Vorräte (Roh-, Hilfs-, Betriebsstoffe (Veräußerung in t_2)	30
stille Last (Pensionszusagen)	15

Ermittlung des Entkonsolidierungserfolgs:

Ermittlung des Buchwerts des veräußerten Reinvermögens zum 01.07.t_3:

Buchwert Eigenkapital (HB I)		117
Grund und Boden		100
Maschinen	$10 \cdot (1 - 2,5 \text{ Jahre} : 6 \text{ Jahre}) =$	5,83
Pensionszusagen		−15
aktive latente Steuern	$0,30 \cdot 15 =$	4,5
passive latente Steuern	$0,30 \cdot (100 + 5,83) =$	−31,75
veräußertes Reinvermögen ohne Geschäfts- oder Firmenwert		180,58
davon Konzern		144,46
davon Minderheitenanteil		36,12

Ermittlung des Veräußerungserfolgs aus Konzernsicht:

veräußertes Reinvermögen ohne Geschäfts- oder Firmenwert		144,46
Geschäfts- oder Firmenwert	$344,4* \cdot (1 - 2,5 \text{ Jahre} : 5 \text{ Jahre}) =$	172,20
Abgangswert aus Konzernsicht		316,66

* $500 - 0,8 \cdot (107 + 100 + 10 + 30 - 15 + 4,5 - 42) = 500 - 155,6 = 344,4$

Entkonsolidierungserfolg	$600 - 316,66 =$	283,34

Entkonsolidierungsbuchung:

Passiva ...		... an	Aktiva ...	...
Anteile anderer Gesellschafter	36,12		GoF	172,20
Ertrags aus Beteiligungsabgang	100		Ertrag aus Veräußerung	283,34

Innerhalb der Gewinn- und Verlustrechnung ist der Ausweis der Entkonsolidierung saldiert in einem Posten vorzunehmen (siehe *DRS 4*, Tz. 45).

Im einschlägigen Schrifttum wird auch ein auf mehrere Posten verteilter Ausweis für zulässig erachtet, wobei dann z. B. veräußerte Vorräte innerhalb der Umsatzerlöse mit fiktiven, aus dem Gesamtveräußerungspreis abgespaltenen, Werten zu bemessen wären. Ein unsaldierter Ausweis des Entkonsolidierungserfolgs als sonstiger betrieblicher Ertrag und sonstiger betrieblicher Aufwand soll ebenfalls möglich sein.

Sind wesentliche latente Steuerbeträge aufzulösen, sollte der Ausweis, da es sich systematisch um steuerliche „Schatteneffekte" handelt, im Steueraufwand erfolgen.

Erfolgt die Veräußerung innerhalb des Konzerngeschäftsjahres, ist die Aufstellung eines Zwischenabschlusses zwar gesetzlich nicht geboten, aus Gründen der Ermittlung eines zutreffenden Entkonsolidierungserfolgs aber erforderlich. Da das Mutterunternehmen i. d. R. keine Einflussmöglichkeiten mehr besitzt und daher zutreffende Wertangaben fehlen, wird es für zulässig erachtet, die Entkonsolidierung auch auf der Grundlage des letzten Jahresabschlusses vor Ausscheiden vorzunehmen (siehe *Förschle/Deubert*, § 301 HGB, Rz. 327).

Veräußert ein Konzernunternehmen alle Anteile an einem **Gemeinschaftsunternehmen**, müssen die bisher im Konzernabschluss erfassten anteiligen Bilanzposten mit Wertstellung zum Zeitpunkt der Beendigung der gemeinsamen Führung ausgebucht werden. Da die Entkonsolidierungstechnik im Kern identisch ist mit der von Tochterunternehmen, wird auf die obigen Ausführungen verwiesen.

4.7.2 Entkonsolidierung assoziierter Unternehmen

Werden die Anteile an einem assoziierten Unternehmen veräußert, so sind im Konzernabschluss des Abgangsjahres der Veräußerungserfolg sowie der Abgang der at equity bewerteten Beteiligung zu berücksichtigen. Der Veräußerungserfolg ergibt sich aus der Differenz zwischen Veräußerungserlös und fortgeschriebenem Equity-Wert zum Veräußerungszeitpunkt (siehe *DRS* 8, Rz. 36).

Fortführung Beispiel 16 von S. 388 (siehe auch *Toebe (2013d)*, S. 680)

Die A-AG veräußert ihren 30 %-Beteiligungsanteil der B-AG mit Wirkung zum 01.07.t_3 für 30. Der auf die A-AG entfallende zeitanteilige Jahresüberschuss für t_3 beträgt 0,6; der Vorjahresüberschuss wurde vollständig ausgeschüttet.

Ermittlung des Equity-Wertansatzes zum 01.07.t_3:

Wertansatz der Beteiligung 31.12.t_2	19,989	
Abschreibung Gebäude	– 0,018	(= ½ · 0,9 : 25 Jahre)
Abschreibung Maschine	– 0,03	(= ½ · 0,6 : 10 Jahre)
latenter Steueranteil	+ 0,012	(= 0,25 · {0,018 + 0,03})
Abschreibung GoF	– 0,0875	(= ½ · 0,875 : 5 Jahre)
Ausschüttung für t_1	– 0,36	
anteiliger Jahresüberschuss	+ 0,6	
Equity-Wertansatz 01.07.t_3	20,11	

Die Veräußerung der Anteile ergibt aus Konzernsicht einen Veräußerungserfolg von 9,89 (30 – 20,11). Der Veräußerungsgewinn aus dem Einzelabschluss (10 = 30 – 20) ist zu korrigieren.

In der Konzern-Gewinn- und Verlustrechnung ist der Veräußerungserfolg gesondert, und, soweit außerordentlich, mit einem davon-Vermerk zu versehen.

Da die Aufstellung eines Zwischenabschlusses beim ehemals assoziierten Unternehmen i. d. R. nicht erwirkt werden kann, ist ein zeitlich naher Jahres- oder Quartalsabschluss zugrunde zu legen, der durch entsprechende (statistische) Korrekturen anzupassen ist.

4.8 Konsolidierung bei geänderten Beteiligungsquoten

Beteiligungen an Unternehmen können durch **Hinzuerwerbe** von Anteilen (sukzessive Beteiligungserwerbe), **Veräußerung** von Anteilen oder **Kapitalmaßnahmen** (Kapitalerhöhungen, Kapitalherabsetzungen) erhöht oder verringert werden.

Erhöht sich die Beteiligungsquote, ist zu unterscheiden (siehe dazu und im Folgenden *Toebe (2013e)*, S. 682 ff.):

1. Die Anteile wurden **bisher als Beteiligung behandelt**; nunmehr liegt

    1. weiterhin ein Beteiligungsunternehmen (kein Statuswechsel),

    2. ein assoziiertes Unternehmen,

    3. ein Gemeinschaftsunternehmen,

    4. ein Tochterunternehmen vor.

Es ergeben sich folgende Auswirkungen:

1.1 keine.

1.2 Die Beteiligung ist erstmalig mittels Equity-Methode zu bewerten.

1.3 Die Beteiligung ist erstmalig nach der Equity-Methode zu bewerten oder aber erstmalig quotal zu konsolidieren.

1.4 Erstkonsolidierung als Tochterunternehmen.

2. Die Anteile wurden **bisher at equity bewertet**; nunmehr liegt

1. ein assoziiertes Unternehmen (kein Statuswechsel),

2. ein Gemeinschaftsunternehmen,

3. ein Tochterunternehmen vor.

Es ergeben sich folgende Auswirkungen:

2.1 Die **neuen hinzugetretenen Anteile** sind erstmalig at equity zu bewerten.

2.2 Wie 2.1. Zulässig ist auch die erstmalige quotale Konsolidierung.

2.3 Erstkonsolidierung als Tochterunternehmen.

3. Die Anteile wurden **bisher quotal konsolidiert**; nunmehr liegt

1. ein Gemeinschaftsunternehmen (kein Statuswechsel),

2. ein Tochterunternehmen vor.

Es ergeben sich folgende Auswirkungen:

3.1 Die **neuen hinzugetretenen Anteile** sind erstmalig in die quotale Konsolidierung einzubeziehen (kein Statuswechsel).

3.2 Erstkonsolidierung als Tochterunternehmen.

4. Die Anteile wurden **bisher vollkonsolidiert.**

Es ergeben sich folgende Auswirkungen:

Die **neuen hinzugetretenen Anteile** sind erstmalig in die Vollkonsolidierung einzubeziehen.

Verringert sich die Beteiligungsquote, ist entsprechend umgekehrt, ausgehend vom Tochterunternehmen, Gemeinschaftsunternehmen, assoziierten bzw. Beteiligungsunternehmen, zu unterscheiden.

Folgende Fälle werden kurz diskutiert:

	Änderung der Beteiligungsquote – **kein Statuswechsel**			
	Erhöhung der Beteiligungsquote durch		Verringerung der Beteiligungsquote durch	
Status des Unternehmens	Erwerb	Kapitalmaßnahme	Veräußerung	Kapitalmaßnahme
Assoziiertes Unternehmen	Fall I (S. 395)	Fall II (S. 395)	Fall V (S. 399)	Fall VI (S. 400)
Gemeinschaftsunternehmen	Fall III (S. 396)	Fall IV (S. 398)	Fall VII (S. 401)	Fall VIII (S. 404)
Tochterunternehmen				

Ergänzt um:

	Änderung der Beteiligungsquote – **mit Statuswechsel (Teil I)**
	Durch Erwerbe wird
ein assoziiertes Unternehmen zu einem Gemeinschafts- oder Tochterunternehmen,	Fall IX (S. 405)
ein Gemeinschaftsunternehmen zu einem Tochterunternehmen.	Fall X (S. 406)

sowie

	Änderung der Beteiligungsquote – **mit Statuswechsel (Teil II)**
	Durch Veräußerung wird
ein assoziiertes Unternehmen zu einem Beteiligungsunternehmen,	Fall XI (S. 407)
ein Gemeinschafts-/Tochterunternehmen zu einem assoziiertes Unternehmen oder zu einem Beteiligungsunternehmen,	Fall XII (S. 407)
ein Tochterunternehmen zu einem Gemeinschaftsunternehmen.	Fall XIII (S. 407)

Fall I

Neu **hinzuerworbene Anteile** an **assoziierten Unternehmen** sind erstmalig am Konzernbilanzstichtag des Geschäftsjahres zu erfassen, in dem der Erwerb erfolgte. **Einzelne Tranchen** sind getrennt und völlig unabhängig von den Altanteilen zu behandeln. Das jeweilige auf die neuen Anteile entfallende Eigenkapital am assoziierten Unternehmen ist erwerbszeitpunktbezogen zu ermitteln, wobei auch die bis dahin beim assoziierten Unternehmen thesaurierten und im Konzernabschluss erfassten Gewinne als erworbenes Eigenkapital gelten, soweit sie auf die neuen Anteile entfallen.

Die Fortschreibung der Beteiligung hat in den Folgeperioden tranchenabhängig zu erfolgen, d. h. die einzelnen Tranchen werden wie eigenständige Beteiligungen behandelt. Die jeweils auf einzelnen Tranchen entfallenden stillen Reserven und Lasten sowie ein etwaiger Geschäfts- oder Firmenwert sind getrennt fortzuentwickeln.

Fall II

Erfolgt die **Kapitalerhöhung aus Gesellschaftsmitteln**, ändert sich das anteilige Eigenkapital am assoziierten Unternehmen nicht; es ergeben sich keine Änderungen.

Werden für eine Kapitalerhöhung **neue Anteile gegen Einlage** ausgegeben, ist zu unterscheiden:

a) Die Wahrnehmung des Bezugsrechts gewährleistet die Erhaltung der Beteiligungsquote. Die Erhöhung des anteiligen Eigenkapitals entspricht der Erhöhung der Anschaffungskosten der Beteiligung, unabhängig davon, ob die Anteile zu pari oder über pari ausgegeben werden. Ansonsten ergeben sich keine Änderungen.

b) Die Kapitalerhöhung ist mit einer Steigerung der Beteiligungsquote verbunden. In diesem Fall gilt für die zur Erhaltung der ursprünglichen Quote erforderlichen Anteile das unter a) Ausgeführte. Die nicht zur Erhaltung der ursprünglichen Quote erforderlichen Anteile sind hingegen wie im Dritterwerbsfall zu behandeln.

Alle nicht auf Einlagen des beteiligten Unternehmens beruhenden Kapitalmaßnahmen sind erfolgswirksam im Equity-Wert zu berücksichtigen (siehe *DRS 8*, Rz. 42).

Fall III

Hinzuerworbene Anteile an **quotal konsolidierten Gemeinschafts-** oder an **Tochterunternehmen** sind zum Konzernbilanzstichtag ausgehend von den Wertverhältnissen zum Zeitpunkt der Anschaffung erstmalig zu konsolidieren. Zu diesem Zweck sind die Vermögensgegenstände und Schulden anteilig, in Höhe des Zuerwerbs, neu zu bewerten (siehe *DRS 4*, Rz. 26).

Im Gegensatz zu Gemeinschaftsunternehmen stellt der Erwerb von Anteilen an einem Tochterunternehmen die Veräußerung **von bisher bereits im Konzernabschluss erfassten Reinvermögen dar**, d. h. aus Konzernsicht verringert sich der Minderheitenanteil. Daher sind bei der Erstkonsolidierung dieser Anteile nur die durch den Konzern anteilig hinzuerworbenen **stillen Reserven und Lasten** zu berücksichtigen. Die Höhe der stillen Reserven ist ausgehend von den Wertansätzen der fortgeführten Neubewertungsbilanz zum Erstkonsolidierungszeitpunkt (fortgeführte HB II) zu ermitteln.

Beispiel 18 (siehe *Toebe (2013e)*, S. 686 f.) (Wertangaben in Mio. EUR; ohne Berücksichtigung latenter Steuern)

Die A-AG (Konzernunternehmen) erwirbt zum 31.12.t_1 einen 60 %-Beteiligungsanteil (= 60 % der Stimmrechte) an der B-AG für 18,6 und zum 01.01.t_5 zusätzlich 20 % für 9.

Folgendes ist über die B-AG bekannt:

	31.12.t_1		01.01.t_5		
	Buchwert (HB I)	Zeitwert (HB II)	Buchwert (HB I)	Zeitwert (HB II)	f. HB II – Wert*
Gebäude	15	25	8	20	14
Maschinen	25	30	15	19	17
Vorräte	6	6	25	25	25
Summe	46	61	48	64	56
Kapital	16	31	28	44	36
Verbindlichkeiten	30	30	20	20	20
Summe	46	61	48	64	56

*fortgeführter HB II-Wert

1. Möglichkeit der Ermittlung der Konzernwerte:

	Zeitwert	f. HB II – Wert*	stille Reserve	20 %- Anteil	Konzern- wert
Gebäude	20	14	6	1,2	15,2
Maschinen	19	17	2	0,4	17,4
Vorräte	25	25			25
Verbindlichkeiten	20	20			20

2. Möglichkeit der Ermittlung der Konzernwerte:

	f. HB II – Wert*	80 %- Anteil	Zeitwert	20 %- Anteil	Konzern- wert
Gebäude	14	11,2	20	4	15,2
Maschinen	17	13,6	19	3,8	17,4
Vorräte	25	20	25	5	25
Verbindlichkeiten	20	16	20	4	20

Geschäfts- oder Firmenwert der 20 %-Tranche: $9 - 0{,}2 \cdot 44* = 0{,}2$

*Eigenkapital zu Zeitwerten am 01.01.t_5: $44 = 20 + 19 + 25 - 20$

Neuer Anteil der Minderheiten: $36 - 0{,}2 \cdot 36 = 36 - 7{,}2 = 28{,}8$

Konsolidierungsbuchung:

Geschäfts- oder Firmenwert	0,2	an	Beteiligung	9
Gebäude	1,2			
Maschinen	0,4			
Anteile anderer Gesellschafter	7,2			

Erfolgen **mehrere Erwerbsschritte** innerhalb **eines Konzerngeschäftsjahres**, dann können als Bewertungszeitpunkte von unwesentlichen Erwerben die von wesentlichen Teilerwerbsschritten gewählt werden. Da bei unterjährigen Transaktionen die Aufstellung von Zwischenabschlüssen aus Kostengründen oft unverhältnismäßig sein wird, sind (statistisch) angepasste zeitlich nahe Jahres- oder Quartalsabschlüsse zugrunde zu legen. Die zwölfmonatige Korrekturfrist für Wertansätze, die zu diesem Zeitpunkt nicht endgültig ermittelt werden können, besteht auch hier.

Jegliche wesentliche Änderung des Geschäfts- oder Firmenwert sowie des Unterschiedsbetrag aus der Kapitalkonsolidierung sind im Anhang zu erläutern.

Alternativ zur Aufdeckung der hinzuerworbenen stillen Reserven bei einem **Tochterunternehmen** wird es im Schrifttum auch für zulässig erachtet,

1. die Differenz zwischen dem Kaufpreis der neuen Anteile und dem Buchwert des hinzuerworbenen Eigenkapitals als Kapitalrückzahlung (Minderung der Konzernkapitalrücklagen, wenn Kaufpreis > erworbenes Eigenkapital) bzw. als Kapitaleinzahlung (Erhöhung der Konzernkapitalrücklagen, wenn Kaufpreis < erworbenes Eigenkapital) zu behandeln, was der IFRS-Vorgehensweise entspricht (siehe *Dusemond/Weber/Zündorf*, § 301 Rz. 196).

2. den Erwerb neuer Anteile als nachträgliche Anschaffungskosten der Vermögensgegenstände, Schulden und Rechnungsabgrenzungsposten bezogen auf den Erstkonsolidierungszeitpunkt zu behandeln. Insoweit ist eine Anpassung des verbliebenen Unter-

schiedsbetrags und, soweit notwendig, eine erfolgsneutrale Abschreibung für bereits zu-rückliegende Konzerngeschäftsjahre erforderlich (siehe *Busse von Colbe/Ordelheide/ Gebhardt/Pellens*, S. 326).

Fall IV

Bei **Kapitalerhöhungen gegen Einlage** ohne Veränderung der Beteiligungsquote ergeben sich keine Änderungen. Werden **Sacheinlagen** aus dem Konzernkreis getätigt, sind aufge-deckte stille Reserven bereits vor Kapitalkonsolidierung zu eliminieren, d. h. der Sachverhalt ist so zu stellen, als sei die Einlage zu fortgeführten Konzernanschaffungs- oder Herstel-lungskosten erfolgt (siehe *ADS*, § 301, Anm. 185). Fallen im Rahmen der Kapitalerhöhung **Anschaffungsnebenkosten** an, die zu einem Unterschiedsbetrag führen würden, können sie aus Wesentlichkeitsgründen vernachlässigt und als Aufwand des Geldverkehrs behandelt werden.

Erhöht sich hingegen die Beteiligungsquote, sind die Anschaffungskosten der zur Erhal-tung der Quote erforderlichen Anteile mit dem bis zu diesem Zeitpunkt fortgeführten Eigen-kapital der Neubewertungsbilanz des Erstkonsolidierungszeitpunkts zu verrechnen. Eine Differenz kann nicht entstehen, da sich das Eigenkapital durch den Zufluss der Einlagenbe-träge entsprechend erhöht. Die Anteile, die zu einer Erhöhung der Beteiligungsquote führen, sind wie im Dritterwerbsfall zu behandeln.

Beispiel 19 (siehe *Toebe (2013e)*, S. 689 f.) (Wertangaben in Mio. EUR; ohne Berücksichtigung latenter Steuern)

Die A-AG (Konzernunternehmen) erwirbt zum 31.12.t_1 einen 60 %-Beteiligungsanteil (= 60 % der Stimmrechte) an der B-AG. Zum 01.01.t_5 erfolgt eine Kapitalerhöhung gegen Einlage, bei der das Grundkapital von B um 10 auf 40 aufgestockt wird. A übernimmt 100 % der Einlage. Der Ausgabekurs beträgt 180 %.

Folgendes ist über die B-AG bekannt:

	01.01.t_5		
	Buchwert (HB I)	Zeitwert (HB II)	f. HB II – Wert*
Gebäude	8	20	14
Maschinen	15	19	17
Vorräte	35	35	35
Summe	58	74	66
Kapital	38	54	46
Verbindlichkeiten	20	20	20
Summe	58	74	66

*fortgeführter HB II-Wert

Nach der Kapitalerhöhung ergibt sich folgendes:

Eigenkapital der B-AG (fortgeführte HB II):	$46 + 1{,}8 \cdot 10 = 64$
Beteiligungsquote der A-AG nach Kapitalerhöhung:	$(0{,}6 \cdot 30 + 10) : (30 + 10) = 0{,}7$
Anschaffungskosten der sechs Anteile, die zum Erhalt der Beteiligungsquote erforderlich gewesen wären:	$6 \text{ Anteile á } 1{,}8 = 10{,}8$

Anschaffungskosten der vier Anteile, die eine Erhöhung der Beteiligungsquote bewirken: 4 Anteile á 1,8 = 7,2

Erstkonsolidierung der vier Anteile, die zur Erhöhung der Beteiligungsquote führten:

Unterschiedsbetrag: $7,2 - (0,7 - 0,6) \cdot 64 = 0,8$

Aufteilung des Unterschiedsbetrags:

	Zeitwert	f. HB II – Wert*	stille Reserve	10 %- Anteil	Konzern- wert
Gebäude	20	14	6	0,6	14,6
Maschinen	19	17	2	0,2	17,2
Vorräte	25	25			25
Verbindlichkeiten	20	20			20

Geschäfts- oder Firmenwert: $0,8 - 0,6 - 0,2 = 0$

Konsolidierungsbuchung:

Geschäfts- oder Firmenwert	0	an	Beteiligung	18
Gebäude	0,6			
Maschinen	0,2			
Kapitalrücklage (Agio)	10,8			
Minderheitenanteil	6,4*			

*$(0,4 - 0,3) \cdot 64 = 6,4$

Fall V

Besteht nach der **Veräußerung** von Anteilen an **assoziierten Unternehmen** der maßgebliche Einfluss am Beteiligungsunternehmen fort, ist der Equity-Wertansatz zum Zeitpunkt der Veräußerung entsprechend zu mindern und ein Veräußerungserfolg zu erfassen (siehe *DRS 8*, Rz. 39).

Der **ursprüngliche Unterschiedsbetrag** gemäß § 312 Abs. 1 Satz 2 HGB ist, da durch die Veräußerung der Anteile die Beteiligungsquote sinkt und daher das anteilige Eigenkapital abnimmt, wie folgt zu behandeln: (siehe *Toebe (2013e)*, S. 692):

1. Die stillen Reserven und Lasten sowie ein etwaiger Geschäfts- oder Firmenwert sind proportional zu verringern; dementsprechend mindern sich künftig die damit im Zusammenhang stehenden Abschreibungen.

2. Ein passivischer Unterschiedsbetrag ist ebenfalls proportional abzustocken, soweit er den nicht-monetären Vermögenswerten in einer Nebenrechnung zugeordnet wurde; entsprechend mindern sich künftig die damit im Zusammenhang stehenden Auflösungsbeträge.

Beispiel 20 (siehe *Toebe (2013e)*, S. 692) (Wertangaben in Mio. EUR; ohne Berücksichtigung latenter Steuern)

Die A-AG (Konzernunternehmen) besitzt seit 01.01.t_1 einen 30 %-Beteiligungsanteil (= 30 % der Stimmrechte) an der B-AG (Anschaffungskosten 4). A veräußert zum 31.12.t_3 5 % der Anteile für 0,5.

Zum 01.01.t_1 ist folgendes über die B-AG bekannt:

neubewertetes Eigenkapital	6

davon anteilige stille Reserven:

Gebäude	0,3 (Restnutzungsdauer 25 Jahre)
Maschinen	0,2 (Restnutzungsdauer 10 Jahre)
Geschäfts- oder Firmenwert	1,7 (Restnutzungsdauer 5 Jahre)

Zum 31.12.t_3 beträgt der fortgeführte Equity-Wertansatz 6.

Der Buchgewinn aus Beteiligungsabgang aus dem Jahresabschluss der A-AG in Höhe von 0,3
($= 0,5 - 0,05 \cdot 4$) ist zu korrigieren, da der Veräußerungserfolg aus Konzernsicht 0,2 beträgt
($= 0,5 - 0,05 \cdot 6$).

Die stillen Reserven und der Geschäfts- oder Firmenwert sind wie folgt zu behandeln:

	01.01.t_1	Abstockung −5%	nach Abstockung	Abschr. t_1–t_3	neue Basis
Gebäude	0,3	−0,015	0,285	−0,036	0,249
Maschinen	0,2	−0,01	0,19	−0,06	0,13
GoF	1,7	−0,085	1,615	−1,02	0,595

Fall VI

Verringert sich die Beteiligungsquote, weil das beteiligte Unternehmen **nicht an einer Kapitalerhöhung teilnimmt**, so ist der Wertansatz der Beteiligung um den Betrag der Eigenkapitalveränderung anzupassen, der auf den verbleibenden Anteil am Kapital des **assoziierten Unternehmens** entfällt (§ 314 Abs. 4 HGB).

Übersteigt der Ausgabekurs der jungen Aktien den Bilanzkurs (Eigenkapital ÷ Anzahl der Aktien vor Kapitalerhöhung), erhöht sich der Betrag der Beteiligung in Höhe des auf die Altanteile anteilig entfallenden Ausgabe-Agios. Unterschreitet der Ausgabekurs den Bilanzkurs, ist der Beteiligungswert erfolgswirksam zu kürzen.

Der ursprüngliche Unterschiedsbetrag gemäß § 312 Abs. 1 Satz 2 HGB ist entsprechend der geänderten Beteiligungsquote für die Wertfortschreibung anzupassen. Eine im Beteiligungsbuchwert enthaltene ursprünglich positive Aufrechnungsdifferenz muss abgestockt bzw. eine ursprünglich negative Aufrechnungsdifferenz aufgestockt werden.

Ein Abstockungsbetrag ist ausgehend vom ursprünglichen Unterschiedsbetrag zu bestimmen und entsprechend der gesunkenen Beteiligungsquote zu kürzen. Dieser ist dann proportional auf die ursprünglichen stillen Reserven und Lasten sowie einen etwaigen Geschäfts- oder Firmenwert zu verteilten. Sind die Ab- bzw. Aufstockungsbeträge unwesentlich, kann auf die Anpassung verzichtet werden.

Beispiel 21 (siehe *Toebe (2013e)*, S. 697 f.) (Wertangaben in Mio. EUR; ohne Berücksichtigung latenter Steuern)

Die B-AG führt zum 31.12.t_3 eine Kapitalerhöhung gegen Einlagen durch. Die A-AG (Konzernunternehmen, besitzt seit 01.01.t_1 25 % der Anteile) hat kein Bezugsrecht und nimmt an der Kapitalerhöhung nicht teil.

Zum 01.01.t_1 ist folgendes über die B-AG bekannt:

Anzahl Gesellschaftsanteile:	2.000 Stück
Grundkapital:	2
Kaufpreis für die Anteile:	2
Buchwert des Eigenkapitals:	4
Unterschiedsbetrag:	1
davon anteilige stille Reserven:	0,5
davon Geschäfts- oder Firmenwert:	0,5

Zum 31.12.t_3 ist folgendes über die B-AG bekannt:

Buchwert des Eigenkapitals vor Kapitalerhöhung:	6
Anzahl neu ausgegebener Geschäftsanteile:	500 Stück
Ausgabebetrag je neu ausgegebenem Geschäftsanteil:	0,0035
Bilanzkurs je neu ausgegebenem Geschäftsanteil:	0,003
Beteiligungsquote nach Kapitalerhöhung:	20 %

Buchwert des Eigenkapitals nach Kapitalerhöhung: 6 + 0,0035 · 500 Stück = 7,75

Anstieg des anteiligen Eigenkapitals: 0,2 · 7,75 – 0,25 · 6 = 0,05*

* Der Wertansatz der Beteiligung ist um 0,05 zu erhöhen.

Abstockungshöhe des ursprünglichen Unterschiedsbetrags: (1 – 0,20 : 0,25) · 1 = 0,2

Nach (proportionaler) Abstockung folgt:

Unterschiedsbetrag:	0,8
davon anteilige stille Reserven:	0,4
davon Geschäfts- oder Firmenwert:	0,4

Von diesen abgestockten Werten sind die bisherigen kumulierten Abschreibungen abzusetzen, um die neue Wertbasis zum 01.01.t_4 zu ermitteln (die Abschreibungspläne sind anzupassen).

Hat ein Konzernunternehmen sein Bezugsrecht veräußert, so ist ebenfalls der Wertansatz der Beteiligung um den Betrag der Eigenkapitalveränderung des assoziierten Unternehmens anzupassen. Die Veräußerung des Bezugsrechts hat im Konzernabschluss keinen Einfluss auf die Equity-Bewertung.

Die Bestimmung des Buchwerts von Bezugsrechten ist im Rahmen des Jahresabschlusses nach der **Gesamtwertmethode** vorzunehmen (siehe *BFH-Urt.* v. 06.12.1968, BStBl. II 1969, S. 105) und führt bei Veräußerung des Bezugsrechts zu einer Minderung des Beteiligungsansatzes, der auf Konzernebene zu korrigieren ist. Die Minderung nach der Gesamtwertmethode wird wie folgt ermittelt (siehe *WP-Handbuch 2012*, Band 1, Abschnitt E, Rz. 543):

Wertminderung = (Kurswert Bezugsrecht ÷ Kurswert Altaktien) · Buchwert der Altaktien.

Fall VII

Trennt sich ein Konzernkreis durch **Veräußerung** teilweise von Anteilen an einem **Tochterunternehmen** oder an einem **quotal konsolidierten Gemeinschaftsunternehmen**, so sind die entsprechenden Anteile im Konzernabschluss zu entkonsolidieren.

Im Falle eines Tochterunternehmens entfällt das anteilig veräußerte Eigenkapital zum Veräußerungszeitpunkt auf die **Minderheitsgesellschafter**. Ein Geschäfts- oder Firmenwert ist entsprechend der Veräußerungsquote aufzulösen (siehe *DRS 4*, Tz. 48). Ein bisher noch nicht aufgelöster passivischer Unterschiedsbetrag aus der Kapitalkonsolidierung ist anteilig zu vereinnahmen (siehe *DRS 4*, Rz. 47).

Bei einem Gemeinschaftsunternehmen hingegen sind die bisher anteilig erfassten Vermögenswerte und Schulden gemäß der Quotenänderung zu verringern, ein etwaiger Geschäftsoder Firmenwert ist abzustocken.

Ein sich ergebendes Veräußerungsergebnis ist erfolgswirksam zu erfassen.

Beispiel 22 (siehe *Toebe (2013e)*, S. 693 ff.) (Wertangaben in TEUR; ohne Berücksichtigung latenter Steuern)

Die A-AG (Konzernmutter) veräußert zum 31.12.t_2 von ihrem 80 %-Beteiligungsanteil (= 80 % der Stimmrechte; Anschaffungskosten 400) an der B-AG 25 % für 140.

Summenabschluss A-AG und B-AG zum 31.12.t_2:

Beteiligung	300
übriges Anlagevermögen	1.510
Umlaufvermögen	860
Summe	2.670

Gez. Kapital	75	
Kapitalrücklage	209	(= 19 + 190)
Gewinnrücklage	210	
Jahresergebnis	18	
Schulden	2.158	
Summe	2.670	

Umsatzerlöse	860
Bestandsminderung UF/FE	140
Ertrag aus Beteiligungsabgang	40*
Aufwendungen	734,3
Steuern vom Ertrag	7,7
Jahresergebnis	18

* $140 - 0,25 \cdot 400 = 40$

Die fortgeführten Werte der Neubewertungsbilanz der B-AG zum 31.12.t_2 stimmen aus Vereinfachungsgründen mit den Werten zum Erstkonsolidierungszeitpunkt überein. Folgende Beträge wurden ermittelt:

Gez. Kapital	50
Kapitalrücklage	190
Gewinnrücklage	7
fortgeführtes neubewertetes Eigenkapital	247
Geschäfts- oder Firmenwert	202,4

Nach Veräußerung:

veräußerter Beteiligungsanteil:	$0,25 \cdot 0,8 = 0,2$
Eigenkapital-Konzernanteil:	$(0,8 - 0,2) \cdot 247 = 148,2$
Eigenkapital-Minderheitenanteil:	$(0,2 + 0,2) \cdot 247 = 98,8$
Abstockung Geschäfts- oder Firmenwert:	$0,2 \cdot 202,4 = 40,48$ (nach Abstockung 161,92)

Veräußerungsergebnis aus Konzernsicht: $140 - 0,2 \cdot (247 + 202,4) = 50,12$

Konsolidierungsbuchung:

Geschäfts- oder Firmenwert	161,92	an	Beteiligung	300
Eigenkapital	247		Minderheitenanteil	98,8
Ertrag aus Beteiligungsabgang	40		Ertrag aus Veräußerung	50,12

Entwicklung der Konzernwerte zum $31.12.t_2$:

	Summe	Konsol.	Konzern
Geschäfts- oder Firmenwert		161,92	161,92
Beteiligung	300	–300	0
übriges Anlagevermögen	1.510		1.510
Umlaufvermögen	860		860
Summe	2.670	–138,08	2.531,92
Gez. Kapital	75	–50	25
Kapitalrücklage	209	–190	19
Gewinnrücklage	210	–7	203
Jahresergebnis	18	10,12	28,12
Minderheitenanteil		98,8	98,8
Schulden	2.158		2.158
Summe	2.670	–148,20	2.531,92
Umsatzerlöse	860		860
Bestandsminderung UF/FE	140		140
Ertrag aus Beteiligungsabgang	40	10,12	50,12
Aufwendungen	734,3		734,3
Steuern vom Ertrag	7,7		7,7
Jahresergebnis	18	10,12	28,12

Einen Anteilsverkauf an einem Tochterunternehmen als Veräußerung von Reinvermögen zu behandeln, folgt der **interessentheoretischen Sichtweise** des Konzerns. Dies widerspricht jedoch der Tatsache, dass die Konzernleitung auch weiterhin über die Ressourcen des Tochterunternehmens verfügt (siehe *Busse von Colbe/Ordelheide/Gebhardt/Pellens*, S. 336). Der Ausweis als Transaktion mit Eigentümern ist konsequenter, wenn auch mit *DRS 4*, Tz. 47, 48 unvereinbar. In diesem Fall ist ein von den anderen Gesellschaftern gezahltes **Agio** für den Zuerwerb von anteiligem Eigenkapital in die Konzernkapitalrücklage einzustellen (siehe *Dusemond/Weber/Zündorf*, § 301, Rz. 192).

Fortführung des Beispiels 22 (siehe *Toebe (2013e)*, S. 696)

Für den Erwerb von 20 % mehr Eigenkapital von 49,4 (= 0,2 · 247) wenden die anderen Gesellschafter 140 auf, was einem Agio von 90,6 (= 140 – 49,4) entspricht.

Konsolidierungsbuchung:

Geschäfts- oder Firmenwert	202,4	an	Beteiligung	300
Eigenkapital	247		Minderheitenanteil	98,8
Ertrag aus Beteiligungsabgang	40		Kapitalrücklage	90,6

Auch in diesem Fall ist es erforderlich, den Geschäfts- oder Firmenwert entsprechend der Veräußerungsquote gemäß *DRS 4*, Tz. 48 aufzulösen, da der Goodwill nur auf den Konzern und nicht auf die Minderheiten entfällt, wie es bei Anwendung der Full-Goodwill-Methode nach IFRS der Fall wäre.

Abschreibung GoF	40,48	an	Geschäfts- oder Firmenwert	40,48

Fall VIII

Verringert sich die Beteiligungsquote des beteiligten Unternehmens aufgrund einer **Kapitalerhöhung gegen Einlage**, weil es daran nicht oder nur unterproportional teilnimmt, ergibt sich bei einem **Tochter- oder quotal konsolidierten Gemeinschaftsunternehmen** ein Anpassungsbedarf des Eigenkapitals auf Basis der fortgeführten Werte der Neubewertungsbilanz zum Erstkonsolidierungszeitpunkt, wenn der Ausgabebetrag der neuen Anteile nicht zum Bilanzkurs (Eigenkapital ÷ Anzahl der Anteile vor Kapitalerhöhung), sondern diesbezüglich über oder unter pari festgelegt wird.

Beispiel 23 (siehe *Toebe (2013e)*, S. 699) (Wertangaben in TEUR; ohne Berücksichtigung latenter Steuern)

Die A-AG (Konzernmutternunternehmen) erwirbt zum $31.12.t_1$ einen 80 %-Beteiligungsanteil (= 80 % der Stimmrechte) an der B-AG (Grundkapital 30).

Zum $01.01.t_5$ erfolgt eine Kapitalerhöhung gegen Einlage (Nominalkapitalerhöhung um 10; Ausgabekurs 180 %), an die A-AG nicht teilnimmt.

Folgendes ist über die B-AG zum $01.01.t_5$ bekannt:

	$01.01.t_5$		
	Buchwert (HB I)	Zeitwert (HB II)	f. HB II – Wert*
Gebäude	8	20	14
Maschinen	15	19	17
Vorräte	35	35	35
Summe	58	74	66
Kapital	38	54	46
Verbindlichkeiten	20	20	20
Summe	58	74	66

*fortgeführter HB II-Wert

Nach der Kapitalerhöhung ergibt sich folgendes:

Eigenkapital der B-AG (fortgeführte HB II):	$46 + 1{,}8 \cdot 10 = 64$
Beteiligungsquote der A-AG nach Kapitalerhöhung:	$(0{,}8 \cdot 30) : (30 + 10) = 0{,}6$
Konzern-Eigenkapitalanteil:	$0{,}6 \cdot 64 = 38{,}4$
Anteil Minderheiten:	$0{,}4 \cdot 64 = 25{,}6$

Die Vorgehensweise verstößt nicht gegen den Grundsatz, dass Kapitalmaßnahmen erfolgsneutral abzubilden sind, denn der erforderlichen Konsolidierung des Eigenkapitals (nach Kapitalerhöhung auf Basis der fortgeführten Werte der Neubewertungsbilanz zum Erstkonsolidierungszeitpunkt) sind die geänderten Anteilsquoten zugrunde zu legen.

Fall IX

Bewirkt der **Zuerwerb neuer Anteile** an einem **assoziierten Unternehmen** einen Statuswechsel hin zu einem quotal konsolidierten Gemeinschaftsunternehmen oder Tochterunternehmen, dann stellt der Equity-Wert im Zeitpunkt des Übergangs auf die Quoten- bzw. Vollkonsolidierung die anteiligen Anschaffungskosten der Beteiligung dar.

Beispiel 24 (siehe *Toebe (2013e)*, S. 700) (Wertangaben in Mio. EUR; ohne Berücksichtigung latenter Steuern)

Die A-AG (Konzernunternehmen) erwirbt zum $31.21.t_2$ einen 50 %-Beteiligungsanteil (= 50 % der Stimmrechte) an der B-AG, an der sie bereits seit $31.12.t_1$ zu 25 % beteiligt ist.

Folgendes über die B-AG bekannt:

Zum $31.12.t_1$:

Kaufpreis der Anteile	2
neubewertetes Eigenkapital	6
davon anteilige stille Reserven:	
Gebäude	0,3 (Restnutzungsdauer 25 Jahre)
Maschinen	0,2 (Restnutzungsdauer 10 Jahre)
Geschäfts- oder Firmenwert	0,5 (Restnutzungsdauer 5 Jahre)

Zum $31.12.t_2$:

Kaufpreis der Anteile	10
Jahresüberschuss	2,4

Fortgeführter Equity-Wertansatz zum $31.12.t_2$:

Wertansatz der Beteiligung $31.12.t_1$	2	(= Anschaffungskosten der Beteiligung)
Abschreibung Gebäude	− 0,012	(= 0,3 : 25 Jahre)
Abschreibung Maschine	− 0,02	(= 0,2 : 10 Jahre)
Abschreibung GoF	− 0,1	(= 0,5 : 5 Jahre)
anteiliger Jahresüberschuss	+ 0,6	(= 0,25 · 2,4)
Equity-Wertansatz $31.12.t_2$	2,468	
Anschaffungskosten der 75 %-Beteiligung:	2,468 + 10 = 12,468	

Fall X

Wird ein quotal konsolidiertes Gemeinschaftsunternehmen durch den **Zuerwerb von neuen Anteilen** zu einem Tochterunternehmen, dann stellen die im Konzernabschluss bisher quotal konsolidierten Vermögenswerte und Schulden im Zeitpunkt des Übergangs auf die Vollkonsolidierung anteilige Anschaffungskosten dar. Der bisher nicht quotal erfasste Teil der Vermögenswerte und Schulden ist mit dem beizulegenden Zeitwert anzusetzen (siehe *DRS 9*, Rz. 15).

Beispiel 25 (siehe *Toebe (2013e)*, S. 701 f.) (Wertangaben in Mio. EUR; ohne Berücksichtigung latenter Steuern)

Die A-AG (Konzernunternehmen) erwirbt zum 30.09.t_2 einen 20 %-Beteiligungsanteil (= 20 % der Stimmrechte) an der B-AG, an der sie bereits seit 31.12.t_1 zu 50 % beteiligt ist.

Folgendes ist über die B-AG bekannt:

Zum 31.12.t_1:

Kaufpreis der Anteile	3,5		
Buchwert des Eigenkapitals	4		

	Buchwert (HB I)	Zeitwert	
Gebäude	1	1,8	(Restnutzungsdauer 30 Jahre)
Maschinen	0,5	0,7	(Restnutzungsdauer 6 Jahre)

Zum 30.09.t_2:

Kaufpreis der Anteile	4	
Buchwert des Eigenkapitals	5	

	Buchwert (HB I)	Zeitwert
Gebäude	0,975	1,9
Maschinen	0,427	0,65

neubewertetes Eigenkapital zum 31.12.t_1:

anteiliger Buchwert des Eigenkapitals	$0,5 \cdot 4 = 2$
anteiliger stille Reserven:	
Gebäude	$0,5 \cdot (1,8 - 1) = 0,4$
Maschinen	$0,5 \cdot (0,7 - 0,5) = 0,1$
Summe:	<u>2,5</u>
Geschäfts- oder Firmenwert:	$3,5 - 2,5 = 1$

fortgeführtes Eigenkapital zum 30.09.t_2:

anteiliger Buchwert des Eigenkapitals	$0,5 \cdot 5 = 2,5$
anteiliger stille Reserven:	
Gebäude	$0,4 - 0,4 : 25 \cdot 9/12 \text{ Jahre} = 0,388$
Maschinen	$0,1 - 0,1 : 6 \cdot 9/12 \text{ Jahre} = 0,0875$
Summe:	<u>2,9755</u>
fortgeführter Geschäfts- oder Firmenwert:	$1 - 1 : 5 \cdot 9/12 \text{ Jahre} = 0,85$
neubewertetes Eigenkapital zum 30.09.t_2:	
Buchwert des Eigenkapitals	5
stille Reserven:	

Gebäude	1,9 − 0,975 = 0,925	
Maschinen	0,65 − 0,427 = 0,223	
Summe:	6,148	
Geschäfts- oder Firmenwert:	4 − 0,2 · 6,148 = 2,7704	
Summe der Anschaffungskosten:	4 + 2,9755 + 0,85 = 7,8255	
Summe Geschäfts- oder Firmenwert:	0,85 + 2,7704 = 3,6204	
Konzerneigenkapitalanteil:	2,9755 + 0,2 · 6,148 = 4,2051	
Minderheitenanteil:	0,3 · 6,148 = 1,8444	
auszubuchendes Eigenkapital:	4,2051 + 1,8444 = 6,0495	

Konsolidierungsbuchung:

Geschäfts- oder Firmenwert	3,6204	an	Beteiligung	7,8255
Eigenkapital	6,0495		Minderheitenanteil	1,8444

Fall XI

Entfällt nach einer teilweisen **Anteilsveräußerung** der maßgebliche Einfluss auf ein anderes Unternehmen, so ist die Beteiligung ab diesem Zeitpunkt nach der **Anschaffungskostenmethode** zu bilanzieren. Die Anschaffungskosten der Beteiligung bildet der Equity-Wert im Veräußerungszeitpunkt nach Entkonsolidierung. Ein Veräußerungserfolg der abgehenden Anteile ergibt sich aus der Differenz des Veräußerungserlöses und dem Equity-Wert, der auf den abgehenden Anteil entfällt (siehe *DRS 8*, Rz. 37).

Fall XII

Wird durch **Anteilsveräußerung** ein Tochterunternehmen oder ein quotal konsolidiertes Gemeinschaftsunternehmen zu einem assoziierten Unternehmen oder einem Beteiligungsunternehmen, so bildet das noch bestehende anteilige Reinvermögen (nach teilweiser Entkonsolidierung) die Anschaffungskosten der Beteiligung, bezogen auf den Veräußerungszeitpunkt (siehe *DRS 4*, Rz. 49; *DRS 9*, Rz. 16, 17).

Fall XIII

Wird ein Tochterunternehmen durch **Verlust der Beherrschung** zu einem quotal konsolidierten Gemeinschaftsunternehmen, so sind die Vermögenswerte und Schulden nur anteilig, entsprechend dem verbliebenen Konzernanteil, in den Konzernabschluss einzubeziehen und fortzuführen.

Da keine **Minderheitsgesellschafter** mehr auszuweisen sind, wird deren Anteil an den Vermögenswerten und Schulden mit dem auf sie entfallenden Eigenkapital verrechnet. Der veräußerte Beteiligungsanteil ist zu entkonsolidieren.

Literatur zu Kapitel 4

ADS (Adler, Hans, Düring, Walther und Schmaltz, Kurt), Rechnungslegung und Prüfung der Unternehmen, 6. Aufl. und Ergänzungsband, Stuttgart 2001.

Baetge, Jörg, Kirsch, Hans-Jürgen und Thiele, Stefan, Konzernbilanzen, 9. Aufl., Düsseldorf 2011.

Busse von Colbe, Walther, Ordelheide, Dieter, Gebhardt, Günther und Pellens, Bernhard, Konzernabschlüsse, 9. Aufl., Wiesbaden 2009.

Dusemond, Michael, Weber, Claus-Peter und Zündorf, Horst, Kapitalkonsolidierung, Kommentierung des § 301 HGB, in: Küting, Karlheinz/Weber, Claus-Peter (Hrsg.): Handbuch der Konzern-Rechnungslegung, 2. Aufl., Stuttgart 1998, S. 1153–1454.

DRS Nr. 4 (Deutscher Rechnungslegungs Standard Nr. 4), Unternehmenserwerbe im Konzernabschluss, Stuttgart, Februar 2013.

DRS Nr. 8 (Deutscher Rechnungslegungs Standard Nr. 8), Bilanzierung von Anteilen an assoziierten Unternehmen im Konzernabschluss, Stuttgart, Februar 2013.

DRS Nr. 9 (Deutscher Rechnungslegungs Standard Nr. 9), Bilanzierung von Anteilen an Gemeinschaftsunternehmen im Konzernabschluss, Stuttgart, Februar 2013.

DRS Nr. 10 (Deutscher Rechnungslegungs Standard Nr. 10), Latente Steuern im Konzernabschluss, Stuttgart, 2011 (Letztmalig anzuwenden auf das Geschäftsjahr, das vor dem oder am 31. Dezember 2009 begonnen hatte).

DRS Nr. 18 (Deutscher Rechnungslegungs Standard Nr. 18), Latente Steuern, Stuttgart, Februar 2013.

DRS Nr. 19 (Deutscher Rechnungslegungs Standard Nr. 19), Pflicht zur Konzernrechnungslegung und Abgrenzung des Konsolidierungskreises, Stuttgart, Februar 2013.

Eilenberger, Guido, Ernst, Dietmar und Toebe, Marc, Betriebliche Finanzwirtschaft, 8. Aufl., München 2013.

Förschle, Gerhart, Deubert, Michael, in: Beck'scher Bilanz-Kommentar. Handels- und Steuerbilanz, 8. Aufl., München 2012.

IDW RS HFA 6, IDW Stellungnahme zur Rechnungslegung: Änderung von Jahres- und Konzernabschlüssen, in: Die Wirtschaftsprüfung 19 (2001), S. 1084 ff.

IDW RS HFA 44, IDW Stellungnahme zur Rechnungslegung: Vorjahreszahlen im handelsrechtlichen Konzernabschluss und Konzernrechnungslegung bei Änderungen des Konsolidierungskreises, in: Die Wirtschaftsprüfung 3 (2011), S. 98 ff.

IDW HFA 1/1993, Zur Bilanzierung von Joint Ventures, in: Die Wirtschaftsprüfung 14 (1993), S. 441 ff.

Kirsch, Hans-Jürgen, Die Equity-Methode im Konzernabschluß – Der Charakter der deutschen Regelungen vor dem Hintergrund der internationalen Entwicklung (Diss.), Düsseldorf 1990.

Küting, Karlheinz, Köthner, Robert und Zündorf, Horst, Assoziierte Unternehmen, Kommentierung des § 311 HGB, in: Küting, Karlheinz/Weber, Claus-Peter (Hrsg.): Handbuch der Konzern-Rechnungslegung, 2. Aufl., Stuttgart 1998, S. 1711–1749.

Oser, Peter, Mojadadr, Mana und Wirth, Johannes, Fallstudie zur Kapitalkonsolidierung von Fremdwährungsabschlüssen, in: Küting, Karlheinz, Pfitzer, Norbert und Weber, Claus-Peter, Das neue deutsche Bilanzrecht – Handbuch zur Anwendung des Bilanzrechtsmodernisierungsgesetzes (BilMoG), 2. Aufl., Stuttgart 2009, S. 449–462.

Scherer, Frank, Kapitalmarkorientierte Bewertung ertragsteuerlicher Verlustvorträge, Frankfurt a. M. 2003.

Toebe, Marc (2013a), Kapitalkonsolidierung, in: Bolin, Manfred, Dreyer, Heinrich und Schäfer, Andreas, Handbuch Handelsrechtliche Rechnungslegung, Berlin 2013, S. 609–636.

Toebe, Marc (2013b), Quotenkonsolidierung, in: Bolin, Manfred, Dreyer, Heinrich und Schäfer, Andreas, Handbuch Handelsrechtliche Rechnungslegung, Berlin 2013, S. 655–662.

Toebe, Marc (2013c), Equity-Methode, in: Bolin, Manfred, Dreyer, Heinrich und Schäfer, Andreas, Handbuch Handelsrechtliche Rechnungslegung, Berlin 2013, S. 663–674.

Toebe, Marc (2013d), Entkonsolidierung, in: Bolin, Manfred, Dreyer, Heinrich und Schäfer, Andreas, Handbuch Handelsrechtliche Rechnungslegung, Berlin 2013, S. 675–681.

Toebe, Marc (2013e), Konsolidierung bei geänderten Beteiligungsquoten, in: Bolin, Manfred, Dreyer, Heinrich und Schäfer, Andreas, Handbuch Handelsrechtliche Rechnungslegung, Berlin 2013, S. 682–704.

Winkeljohann, Norbert, Böcker, Anne, in: Beck'scher Bilanz-Kommentar. Handels- und Steuerbilanz, 8. Aufl., München 2012.

WP-Handbuch 2012, Wirtschaftsprüfung, Rechnungslegung, Beratung, Band I, 14. Aufl., Düsseldorf 2012.

Zündorf, Horst, Zur Problematik der Zwischeneliminierung im Rahmen der Quotenkonsolidierung, in: Betriebs-Berater 1987, S. 2125–2133.

Index

www.ingramcontent.com/pod-product-compliance
Lightning Source LLC
Chambersburg PA
CBHW070150240326
41598CB00082BA/6932